HISTOIRE DE LA MÉDECINE

ROGER DACHEZ

HISTOIRE DE LA MÉDECINE

De l'Antiquité au XXe siècle

TALLANDIER

À Imhotep.

18, rue Dauphine – 75006 Paris

SOMMAIRE

INTRODUCTION

« Je le pansay, Dieu le guérist. »

La célèbre formule d'Ambroise Paré, pétrie de modeste humanité, ne doit pas nous induire en erreur : si la médecine, depuis l'origine des temps sans doute, comme le rire, est le propre de l'homme, c'est que la spécificité de cet anthropoïde récemment apparu sur notre terre est de pouvoir penser la mort, et donc de lutter contre elle. L'histoire de la médecine est ainsi, à bien des égards, une histoire de la vie. C'est l'histoire d'un refus de la fatalité qui fixe un terme à chaque être vivant et qui génère, dans les couches les plus archaïques de notre cerveau, cette ancestrale horreur du spectacle de la mort qui saisit tous les animaux tant soit peu conscients.

Dès l'aube de l'humanité, du moins dès que des traces tangibles de l'activité humaine ont été laissées aux générations futures, les hommes ont levé les yeux vers le ciel, invoqué les esprits ou prié les dieux pour se protéger. Presque aussitôt, pourtant, devant la fièvre ou la douleur, ils ont cherché à soulager par leurs propres moyens les souffrances de leurs proches. L'apparition de la médecine, c'est le refus du mal : l'animal le subit, l'homme a toujours voulu l'affronter.

C'est aussi un témoignage précoce et éloquent de la solidarité humaine : les chasseurs du néolithique connaissaient les terribles blessures infligées par leurs proies. Ils apprendront, au fil des siècles, de retour d'expédition, à panser les plaies, immobiliser les fractures, et même, très tôt semble-t-il, à trépaner les crânes ! La médecine, en ce sens, est un indice précieux de vie sociale. Paradoxalement, la guerre aussi, et les conflits sanglants, vieux comme l'humanité elle-même, firent à toutes les époques accomplir de grands progrès à l'anatomie et à la chirurgie.

La médecine enfin, c'est toute la complexité de l'esprit de l'homme mise en action, au service de lui-même, de son bien-être, de sa propre conservation. Dans la médecine, chaque génération, chaque civilisation, a projeté ses espoirs, ses craintes, ses aveuglements et parfois ses fulgurantes intuitions. Si la médecine, selon une formule classique, est tout à la fois un art et une science, avant d'être cela même, elle fut toujours étroitement dépendante des conceptions philosophiques, religieuses et morales de son temps, non pas limitée ou entravée par elles, comme on le croit trop souvent, mais prolongeant dans le corps de l'homme, dans la découverte de la machine humaine, une vision du monde. En ce sens, et au même titre que l'architecture par laquelle toute une société se donne à voir à elle-même, la médecine est aussi une production culturelle.

D'où le regard erroné que, parfois, nous posons sur son histoire. Les diagnostics naïfs, les théories fantaisistes, les traitements inutiles – voire dangereux – qui parsèment les récits de la médecine ancienne suscitent trop aisément notre ironie. On en viendrait à croire que les hommes, les médecins notamment, n'ont acquis le don d'intelligence ou ne se sont dotés de quelque bon sens que depuis la découverte des antibiotiques ou la réalisation de la première transplantation cardiaque ! Les médias nous apportent désormais chaque jour leur moisson d'informations surprenantes sur les nouvelles prouesses du savoir médical, et nous nous étourdissons volontiers au spectacle de ces réussites incessantes. Dès lors, quelle considération, ou plus simplement quel intérêt accorder aux vaticinations des thérapeutes du Moyen Âge et aux péroraisons des médecins de Molière ? L'histoire de la médecine n'apparaîtrait donc que comme la galerie souvent amusante, parfois navrante, des enfances de la science humaine.

Il semble pourtant que la réalité soit tout autre, et le propos de ce livre est de le montrer. Une autre vision de l'histoire médicale est possible et, pour nous, plus enrichissante. Elle postule que dès les âges les plus reculés de l'humanité, la médecine a eu sa noblesse et sa spécificité.

Très tôt, semble-t-il, la figure du médecin – fût-il encore plus ou moins mage, sorcier ou prêtre, qu'importe ! – a émergé et s'est imposée.

Nous ne savons pas vraiment, dans les périodes d'avant l'écriture, ce que pouvait être l'art du médecin ou de ceux qui en tenaient lieu. Est-ce que le *chaman* de la Haute-Asie, le *medecine man* des ethnologues, en est l'héritier le plus direct ? Sans doute les pratiques extatiques de ces initiés en marge de la société des autres hommes, capables de se relier aux esprits et aux ancêtres mythiques, se rattachent-elles à une lointaine origine de la médecine, mais les choses ne sont évidemment pas si simples.

Ou peut-être le sont-elles beaucoup plus : la confection de pansements sommaires, à l'aide de feuilles et d'écorces, ou d'emplâtres grossiers, et l'usage de plantes aux vertus diverses – notamment hallucinogènes ou hypnotiques, mais aussi analgésiques – ne procèdent-ils pas de cette curiosité empirique qui s'est emparée des hommes, dès les temps les plus reculés, pour assouvir leur désir de s'approprier le monde qui les entourait ? À l'époque où, quittant leur grotte ou leur abri précaire pour des jours ou des semaines, ils vivaient de chasse et de cueillette, devant eux s'ouvraient deux immenses domaines de la future médecine : la traumatologie, révélée par les blessures reçues dans leurs furieux combats avec les bêtes, et la pharmacopée dissimulée dans les plantes, les fruits ou les baies qu'ils découvraient et s'essayaient à goûter. Beaucoup d'entre eux, sans doute, perdirent la vie avant qu'un de leurs congénères ne songe à comprimer une plaie béante pour contenir l'hémorragie, ou parce que l'ingestion d'un « fruit défendu » leur avait dévoilé, mais trop tard, l'effet des poisons de la nature. Peut-être aussi une mère, voici des dizaines de millénaires, angoissée devant le malaise de son enfant fiévreux et convulsif, découvrit-elle le pouvoir étrangement apaisant d'un pauvre potage d'herbes cueillies au hasard, qu'elle avait eu l'idée de lui proposer.

Lorsque l'histoire commence à nous laisser des témoignages interprétables, l'humanité est déjà très vieille. Une certaine médecine existe déjà, ou du moins un désir de guérir et quelques recettes, quelques usages, fragilement transmis dans la horde puis le clan, de génération en génération. Certains individus devaient être plus doués que d'autres, plus curieux, plus soucieux aussi de soulager leurs proches : ce furent, à leur façon, les premiers médecins.

D'autres sagesses, nous l'avons dit, se constituèrent, et notamment celles qui fondèrent les religions premières. Sans doute parce qu'ils touchaient à la vie même, les plus anciens médecins furent aussi, très souvent, les interlocuteurs des forces obscures qui paraissaient dominer le monde. La médecine mettra quelque temps à se séparer du cercle des dieux et des esprits mais elle ne s'écartera jamais de sa vocation initiale, essentielle à l'équilibre de toute société : soulager l'humaine souffrance. C'est probablement pour cela aussi que, lorsque se forment les premiers empires, quand s'établissent les premiers États, les médecins sont aux premiers rangs.

Vers 3500 avant notre ère, quand naquit l'histoire, entre l'Asie Mineure et les rives du Nil, la médecine put s'élancer. Nous la suivrons pas à pas, dès son premier essor.

Contre toute attente, il se révèle alors une certaine cohérence, une continuité subtile, comme une sorte de fil rouge ténu tout au long de l'histoire de la médecine en Occident. Nous nous bornerons en effet à évoquer cette unique tradition médicale, en délaissant volontairement la Chine, l'Inde, ou encore l'Amérique pré colombienne, d'abord parce leurs médecines traditionnelles s'insèrent dans un monde intellectuel trop profondément différent du nôtre, et qu'aucun rapprochement ne serait possible, ensuite parce qu'elles n'eurent jamais d'influence sensible sur le développement de la médecine occidentale.

À travers les progrès parfois chaotiques de l'art de guérir et ses longues stagnations, avec ses praticiens brillants comme avec ses docteurs obscurs, c'est finalement toute une aventure qui s'offre à notre regard.

C'est sur les traces de cette aventure que nous voudrions entraîner le lecteur, pour le rendre contemporain de ces médecins du temps passé, avec leurs convictions, leurs doutes, mais aussi leur passion.

Chapitre premier

D'ASSUR À BABYLONE
PRÉHISTOIRE DE LA MÉDECINE

L'histoire commence à Sumer

La Mésopotamie, le pays du Croissant fertile, entre les deux fleuves fougueux du Tigre et de l'Euphrate, d'Ur – la patrie d'Abraham – et de Babylone, sa fastueuse capitale, à Ninive, l'orgueilleuse cité assyrienne, c'est d'abord près de trois mille ans d'histoire, de la fin du IVe millénaire au milieu du VIe siècle avant notre ère, lorsque le sceptre passera à la Perse pour environ deux cents ans. Et cette histoire, c'est celle de tous les commencements, de toutes les « premières fois » : l'apparition de l'écriture, bien sûr, qui conditionne tout, mais aussi celle du pouvoir des rois et des prêtres, la naissance des administrations et des codes de lois, les premières cosmologies, les plus anciens mythes, et partout et toujours les guerres et les rivalités des cités et des empires. Or, toutes ces activités intellectuelles, politiques et sociales ont eu leur influence sur une médecine certes encore balbutiante mais qu'elles avaient rendue possible.

L'écriture en premier lieu, faite de ces fameux caractères cunéiformes imprimés dans la pâte molle d'une argile fraîche, déchiffrés depuis seulement le milieu du XIXe siècle, et dont nous sont parvenues des milliers de tablettes. Grâce à cette découverte fondamentale pour toute la vie sociale, le scribe, le lettré qui tient le calame, dispose de tout un ensemble de signes conventionnels qui se réfèrent aux réalités de la nature ou de l'esprit que l'on inventorie, distingue et classe. Démarche intellectuelle majeure de l'observation médicale dont l'une des disciplines de base, par laquelle commence de nos jours encore l'enseignement de la médecine, est précisément la sémiologie (du grec *semios*, « signe »), c'est-à-dire l'alphabet des maladies. L'écriture qui permet surtout de s'affranchir des aléas de la tradition orale et de son fragile témoignage pour consigner, d'âge en âge, les constatations faites par des générations de médecins sur les symptômes, les conséquences des affections rencontrées et les effets des thérapeutiques utilisées. En se constituant ainsi une mémoire longue, la médecine put réellement devenir sinon une science du moins un savoir cumulatif et transmissible – il en sera de même, du reste, pour l'astrologie et les mathématiques.

D'autre part, en organisant la vie sociale sous le double pouvoir à la fois temporel et religieux d'un roi d'essence divine, le *lugal* (« grand homme »), la civilisation mésopotamienne propose aussi une vue du monde, un système d'explication de la vie humaine qui permet à l'homme de comprendre – et peut-être d'accepter – les faiblesses de sa condition et lui en suggère les remèdes. La théorie impressionnante des dieux et des démons formant le tumultueux et pittoresque panthéon mésopotamien recèle à cet égard autant de menaces de malheur que d'espoirs de salut. Il n'était ainsi jusqu'aux mythes, aux récits de la naissance du monde et des premiers héros – dont le plus célèbre est l'*Épopée de Gilgamesh* (début du IIe millénaire) –, de leurs succès et de leurs fautes transmises jusqu'à nous, qui ne contiennent des informations utiles au bien-être de l'homme, le Mésopotamien en était convaincu. Le temps ne s'écoulait pas, à ses yeux, comme il le fait pour nous, et pour lui les dieux, les héros et les hommes vivaient ensemble, depuis l'origine des temps, la même fantastique histoire. La littérature sacrée – puisque l'écriture, là encore, lui avait permis d'exister – était donc aussi une source de connaissances pour élucider le destin de l'homme et rendre compte de ses revers de fortune ou de santé.

La guerre enfin, terrible « invention » qui structure véritablement l'histoire de Sumer et d'Akkad, lorsque les cités – c'est-à-dire pas seulement des villes, au sens moderne du mot, mais de vastes zones d'influence situées autour de quelques métropoles – se combattaient sans trêve pour obtenir l'hégémonie. Instrument de domination politique, sans doute, mais aussi effrayant et instructif terrain d'observation où les premiers chirurgiens et médecins purent apprendre les rudiments de l'anatomie et découvrir l'atroce variété de la traumatologie.

C'est ainsi que la médecine devint peu à peu un métier, ou du moins une fonction sociale distribuée entre des acteurs bien identifiés, possesseurs de certains savoirs et de quelques pouvoirs. Du reste, l'État s'en préoccupa assez tôt en édictant des règles, établissant le statut et précisant les compétences des médecins – qui devaient déjà prêter un serment –, en stipulant enfin leurs responsabilités et les peines qu'ils encouraient s'ils venaient à faillir. Ainsi, sur les 282 articles du *Code de Hammurabi*, publié au XVIIIe siècle avant notre ère, une douzaine est consacrée à la chirurgie : l'ordre médical était né.

Une vision pessimiste du monde

L'orientation prise par la médecine mésopotamienne n'est pas séparable de la conception générale de la vie qui prévalait alors. L'homme mésopotamien, quel que fût son statut social, semble en effet avoir été profondément impressionné par la précarité et surtout l'absurdité de la condition humaine. Une conviction forte l'habitait : les humains était faits pour servir les dieux.

Située sur une mince galette de terre, au centre d'un univers sphérique, l'humanité était surmontée par le Ciel, le monde d'En-Haut, celui des dieux. Ces derniers disposaient de nombreux pouvoirs, mais dans une large mesure ils avaient besoin des hommes qui, dans les temples, résidences divines, devaient abreuver et nourrir leurs dieux, les baigner, les parfumer, et chercher à leur plaire et à les distraire par des hymnes, des fêtes ou des promenades. En retour, les dieux ne promettaient rien ; distants et capricieux, ils s'intéressaient peu au bonheur des hommes, mais demeuraient attentifs à leurs moindres manquements, prêts à les punir lorsqu'ils n'observaient plus leurs devoirs. Si Nergal, le dieu des Enfers, n'hésitait pas à en sortir pour venir répandre parmi les hommes des épidémies, des cataclysmes divers et susciter des massacres, la plupart de ses collègues n'exécutaient généralement pas eux-mêmes les châtiments qu'ils décidaient. Ils avaient créé pour cela des démons, êtres maléfiques, invisibles, souvent évoqués sous la forme d'un souffle ou d'un venin. Sales, répandant de mauvaises odeurs, ils étaient capables de s'introduire dans les habitations sans qu'aucun obstacle ne les arrête. Leur cohorte est innombrable et tous ont des fonctions bien définies : si les *gallu* ont simplement pour tâche d'aller chercher les humains pour les traîner vers les Enfers, c'est-à-dire vers la mort, d'autres, comme les *alû,* provoquent des cauchemars et surtout des troubles du sommeil (insomnie ou somnolence perpétuelle), tandis que les *asakku* infligent aux humains des fièvres mortelles.

Dès sa naissance, l'enfant mésopotamien est marqué du sceau du destin.

Veillée pendant tout l'accouchement par la déesse-mère Mami et rassurée par les incantations rituelles à Sin, le dieu-lune – certains dieux consentant parfois à protéger les humains –, la future mère est accroupie ou soutenue sur un siège spécial, légèrement penchée en avant, tandis que des matrones massent son ventre de haut en bas. Au terme du travail, elle laisse « tomber » le nouveau-né sur la « brique de l'enfantement ». L'acte majeur de cette naissance consiste alors à couper le cordon ombilical à l'aide d'une lame en roseau. En cet instant précis, nous dit l'*Épopée de Gilgamesh*, le destin de l'enfant était scellé. Une prière incantatoire, destinée à le protéger dès le premier instant de sa vie contre les entreprises de la démone Lamashtu, la dévoreuse d'enfants, l'accueillait enfin dans un monde peu engageant.

Sous le monde des vivants s'étendait l'En-Bas, le domaine des morts. Lorsque l'homme avait « accompli son destin », il gagnait ce séjour éternel, mais c'était un lieu de désolation. Située au couchant, l'entrée du royaume d'En-Bas – l'*arallu*, le « pays sans retour » – se franchissait en traversant un fleuve dans la barque d'Hammut-tabal, le Charon mésopotamien, dont le nom signifiait : « Emporte rapidement ! » Au centre du monde infernal, le défunt découvrait la cité de Ganzi, sombre et lugubre, ceinte de sept fortes murailles. Tandis que sur la terre son corps matériel se décomposait, l'ombre du mort, pourvue d'ailes et revêtue d'un habit de plumes, menait une vie larvaire, languissante, dépourvue de tout espoir, sans joie ni peine. Quels qu'aient pu être leurs mérites ou leurs fautes, les âmes subissaient toutes le même sort. Toutefois, en cas de mort violente, ou lorsque les rites funéraires n'avaient pas été correctement observés par ses proches, le disparu pouvait devenir lui-même une sorte de démon et rejoindre la légion des *etemmu*, les spectres et les fantômes. S'introduisant dans le corps des vivants par les oreilles, ils entraînaient des troubles mentaux, principalement de type dépressif : telle était, dans leur morne éternité, leur seule distraction !

Il résulte de ces conceptions religieuses pessimistes que si les Mésopotamiens avaient pu se choisir une devise, ils auraient sans nul doute adopté celle que Horace énonça des siècles plus tard : « *Carpe diem* » ! Ils suivaient en cela l'exemple de Gilgamesh, de retour des Enfers, finalement soucieux de profiter de l'existence présente lorsqu'il découvre au terme de sa quête le caractère inévitable de la mort. Or, si l'on excepte les malheurs de la guerre, alors si courante et souvent si meurtrière, et les famines liées aux mauvaises récoltes dont les chroniques mésopotamiennes rapportent plusieurs cas, les seules menaces auxquelles soient constamment affrontés les hommes sont les maladies. Pour cette raison, la lutte contre les maladies devait occuper une grande place dans la vie des Mésopotamiens. Pour eux, le fait de conserver la santé, outre le bonheur que cet état procurait, signifiait surtout qu'ils avaient gardé la faveur des dieux et que le destin que ces derniers leur avaient réservé serait peut-être heureux. C'était un coin du voile soulevé par les habitants du Ciel.

Pour le Mésopotamien, la médecine est en effet avant tout un dialogue avec les dieux et les démons.

Médecine et divination

Toute maladie, comme tout malheur en général ou toute épreuve de la vie, résulte donc d'une offense, généralement involontaire, envers une ou plusieurs divinités. Les symptômes qui frappent le malade en sont la punition légitime. Pour parvenir à guérir le mal, il faut en retrouver la cause : en Mésopotamie, cela consistait à déterminer la faute qui avait courroucé le Ciel.

Il est alors curieux de constater que, sur un fondement intellectuel très profondément étranger, on le voit, à la mentalité qui prévaut dans la médecine occidentale depuis déjà plusieurs siècles, les médecins assyro-babyloniens avaient cependant développé une méthode d'investigation qui recoupe en de nombreux points la procédure de diagnostic médical en usage de nos jours.

Le premier temps de l'examen est l'interrogatoire du patient. Aujourd'hui, on recherche notamment les circonstances d'apparition des troubles, les antécédents personnels ou familiaux. Les médecins mésopotamiens y procédaient aussi, à leur manière.

Parfois, le malade pouvait avoir spontanément la conscience embarrassée et il avouait son péché. Le plus souvent, il ne pouvait y parvenir que par un scrupuleux examen auquel son médecin l'invitait tout d'abord :

> « As-tu semé la discorde entre le père et le fils, entre la mère et la fille, entre frère et frère, entre ami et ami ?
> As-tu dit "oui" pour "non" ?
> As-tu fait usage de balances fausses ?
> As-tu expulsé le fils légitime et installé au foyer le fils illégitime ?
> As-tu déplacé quelque clôture, borne ou limite ?
> As-tu violé la demeure de ton prochain ?
> As-tu partagé la couche de sa femme ?
> As-tu expulsé l'homme vertueux de sa famille ? »

La liste était souvent fort longue, mais au terme de cette litanie, et en fonction de la coopération du patient, le médecin pouvait sinon déterminer avec exactitude la transgression à l'origine de la maladie, du moins retenir quelques hypothèses. L'angoisse gagnait parfois le patient désemparé quand il confiait au médecin, comme nous le rapporte un vieil hymne mésopotamien :

> « Le péché que j'ai commis, je ne le connais pas ; la faute que j'ai commise, je ne la connais pas. »

Il pouvait en effet arriver, pensait-on, que le malade ne fût qu'indirectement la victime de l'impureté d'une autre personne qu'il avait pu côtoyer ou dont il avait simplement croisé le regard :

> « [As-tu] trempé ton pied dans de l'eau sale, touché une femme impure ou possédée par le démon, aperçu ou frôlé une personne aux mains sales ? »

Dans cette recherche, sans aucun doute laborieuse, d'une « contagion morale » par l'entourage, qui faisait donc partie de l'interrogatoire médical, on notera aussi une première intuition de la transmission des maladies par défaut d'hygiène. Cette constatation, née de la simple expérience et de l'observation, sera commune pendant de longs siècles, mais il faudra attendre la fin du XIXe siècle et la révolution pastorienne pour qu'on en tire toutes les conséquences.

Il serait toutefois inexact de prétendre qu'aucune approche clinique digne de ce nom n'a existé à cette époque. Certaines des tablettes d'argile qui servaient à l'enseignement des médecins en portent témoignage : le médecin est invité à prendre le pouls à différents moments de la journée, à apprécier la température du patient, à vérifier l'odeur de son haleine, à inspecter les urines. Il ne s'agit cependant que d'une sémiologie encore très sommaire, peu cohérente, et dont l'interprétation est surtout symbolique.

Lorsqu'il avait épuisé les ressources de l'entretien, le praticien devait confirmer ses soupçons, comme le ferait un de ses confrères d'aujourd'hui, en recourant à des « examens complémentaires. » La gamme, en Mésopotamie, en était fort étendue : on les regroupe sous le nom de « procédés de divination ». Ces méthodes avaient pour but d'aller en quelque sorte à la source du mal, puisque, par l'intermédiaire de la divination, activité sacrée reposant sur des rituels précis, c'étaient les dieux eux-mêmes qu'on interrogeait.

Quand le médecin se rendait au chevet de son patient, ces dieux pouvaient déjà, du reste, lui envoyer quelques signes comme autant de présages sur le destin du malade. Le vol des oiseaux, par exemple, en était le moyen habituel :

> « Si un homme, se rendant chez un malade, aperçoit un faucon voler sur sa droite, le malade recouvrera la santé. Si le faucon vole sur sa gauche, le malade mourra. Si un faucon volant le matin, derrière la maison du malade, passe d'une clôture située à droite à une autre située à gauche, le malade se remettra rapidement. [...] Si, au contraire, il vole de la gauche vers la droite, sa maladie se prolongera. »

L'homme de l'art faisait cependant appel à d'autres techniques, plus sophistiquées.

Ainsi de la *lécanomancie*, qui consistait à interpréter les figures formées par le mélange d'un peu d'huile et d'eau : si une goutte

« versée pour le patient » venait à être absorbée par une autre, la mort était promise. On pouvait aussi, selon des principes d'interprétation comparables, faire brûler de la farine et observer les volutes de fumée *(empyromancie)*. Le médecin pouvait encore, par l'*oniromancie,* s'aider des rêves récemment faits par son patient : les songes étaient en effet considérés comme des moments privilégiés où les dieux venaient parler aux vivants. Cependant, deux procédés divinatoires dominaient les autres : l'observation des astres et l'examen des entrailles d'animaux sacrifiés.

L'*astrologie* est née en Chaldée, dans une région du monde où le ciel est le plus souvent d'une clarté parfaite et où, le soir, les étoiles s'illuminent et laissent voir à l'œil nu les planètes où règnent les dieux. Toutefois, si cet art divinatoire occupa une place importante dans la société mésopotamienne, ce fut pendant longtemps au service presque exclusif des rois, pour prévoir les catastrophes – dont les épidémies – et surtout prédire l'issue des guerres si fréquentes. C'est tardivement, vers le Ve siècle semble-t-il, avec la maîtrise du zodiaque, qu'une astrologie « individuelle », dont nos horoscopes modernes sont les pittoresques héritiers, permettra de formuler des présages médicaux.

À l'époque mésopotamienne classique, la divination majeure reste l'*hépatoscopie*. Elle fut largement répandue dans tout l'Orient antique et l'*extispicine* (du latin *exta*, « entrailles » ; *specio*, « je regarde ») demeurait pratiquée chez les Étrusques, puis à Rome bien des siècles plus tard.

La technique hépatoscopique reposait sur un protocole très rigoureux, car c'était un acte solennel effectué par un praticien confirmé. L'animal choisi était le plus souvent un mouton que l'on sacrifiait en récitant une prière et en posant des questions aux divinités. Puis, on extrayait les viscères en examinant particulièrement la rate et surtout le foie *(kabittu)*, organe gorgé de sang, considéré comme le siège de la vie – pour les Mésopotamiens, l'âme, la conscience, siégeait en revanche dans le cœur *(libbu)* et la vigueur physique dans les reins *(kalîtu)*. On retournait ensuite le foie, de façon à en exposer la partie postérieure et à faire apparaître le fond de la vésicule biliaire. L'examen minutieux de l'organe permettait alors de formuler des conclusions, les plus petites variations par rapport à la normale revêtant des significations précises. Pour arrêter son diagnostic, le devin disposait de maquettes, aide-mémoires en argile ou en bronze, dont de nombreux modèles nous sont parvenus, reproduisant les principaux signes à rechercher. En cas d'incertitude, ce qui était assez fréquent, on répétait l'opération et plusieurs sacrifices étaient réalisés à la suite, aboutissant à une synthèse finale. La grande importance accordée à l'hépatoscopie ne doit cependant pas nous tromper : elle n'était certainement pas accessible au commun des mortels, car le coût du sacrifice – et sans doute les honoraires du devin – en réservait probablement le bénéfice aux personnes d'un haut rang social.

On peut observer que cette méthode divinatoire aurait pu conduire à une connaissance assez précise de l'anatomie abdominale. Pourtant, il n'en fut rien, car seules les analogies symboliques repérées à la surface des organes semblent avoir retenu l'attention des Mésopotamiens. L'heure des dissections scientifiques devait venir beaucoup plus tard.

Le praticien disposait désormais d'un diagnostic, puisqu'il avait établi l'origine et la cause des troubles. Derrière le mage, cependant, le clinicien veillait, et les annales de la médecine mésopotamienne nous permettent d'entrevoir un premier panorama des maladies antiques.

La pathologie mésopotamienne

Grâce aux centaines de tablettes, plus ou moins complètes, qui nous sont parvenues, beaucoup d'entre elles provenant de la bibliothèque d'Assurbanipal (qui régna de 668 à 630 environ avant notre ère) à Ninive, nous disposons de témoignages assez précis sur les connaissances cliniques des médecins assyro-babyloniens.

Pour eux, le concept de maladie, associant de manière constante des troubles bien définis, est inconnu ; ils ne décrivent que des symptômes, des signes isolés qu'ils ne cherchent pas à relier en un tableau précis : l'incohérence de la pathologie ne fait que refléter, à leurs yeux, les caprices des dieux.

En pathologie respiratoire, les médecins mésopotamiens savaient décrire la toux, la difficulté à respirer, les douleurs thoraciques liées aux congestions pulmonaires, et ils savaient aussi observer les produits d'expectoration. Une inscription assyro-chaldéenne nous a laissé une description saisissante d'un très probable état tuberculeux :

> « Le malade tousse fréquemment. Ses crachats sont épais et contiennent parfois du sang. Sa respiration fait un bruit de flûte. Son corps est froid, mais ses pieds sont chauds. Il transpire beaucoup et son cœur est très rapide. Quand le mal est très grave, ses intestins se relâchent souvent. »

En matière de pathologie digestive, les médecins babyloniens reconnaissaient la diarrhée et les douleurs coliques, et avaient décrit les gastrites (« Quand un homme a l'estomac en feu et qu'il ne tolère ni boisson ni aliment... »). Les références aux maladies de l'anus sont également fréquentes, notamment les hémorroïdes, aisément accessibles à l'examen visuel, et que l'on pouvait facilement rapporter aux douleurs anales et à la gêne éprouvée par le patient.

Ailleurs, il semble qu'on trouve la première description d'un possible infarctus du myocarde, auquel le médecin avait cependant attribué une cause tout autre :

> « Si un homme a des douleurs au cœur, si son estomac est en feu, si sa poitrine est comme déchirée, cet homme souffre de la chaleur du jour (!) »

Quant aux maladies urogénitales, les plus fréquemment citées sont la difficulté à uriner survenant avec l'âge, la présence de sang dans les urines, mais aussi les écoulements urétraux et tout le cortège des troubles vénériens, comme une tablette de l'époque néo-assyrienne l'affirme sans ambages :

> « Si ses testicules sont très enflammés, si son pénis est couverts d'ulcérations ; [il a forniqué] avec la grande prêtresse [de son dieu]. »

L'importance des symptômes était peut-être ici en rapport avec la dignité de la contaminatrice, en l'occurrence une « prostituée sacrée »...

On connaissait également l'existence des calculs urinaires et l'on a conservé une description très expressive d'une anurie liée à la migration d'une lithiase, la plus ancienne colique néphrétique de l'histoire :

> « S'il arrive qu'un homme ait mal aux reins, s'il est faible et insensible, s'il a des rêves pénibles, si ses cheveux se hérissent et si son cœur bat sans raison, l'empêchant nuit et jour de trouver le repos, cet homme souffre de rétention d'urine. »

D'autres praticiens, spécialisés dans les actes chirurgicaux, nous le verrons plus loin, immobilisaient les fractures, s'occupaient des plaies ou des hémorragies du nez ; ils traitaient aussi les infections de l'œil et des paupières, très répandues dans les pays chauds et sablonneux, ainsi que le trouble de la vision lié à la cataracte, poétiquement dénommée le « nuage de l'œil ».

Le caractère parfois très vivant, très suggestif, de ces brèves descriptions cliniques révèle la grande ambiguïté de cette médecine première : fondée sur une conception magico-religieuse, elle n'écarte cependant pas les données de l'expérience, de la relation du patient et de son médecin. Si aucune théorie médicale n'était encore possible, on pressent que le médecin, après des années de pratique, ne pouvait s'empêcher de soupçonner certains effets naturels sur la santé des hommes, indépendamment des obscures motivations des dieux.

Ce balbutiement d'une médecine clinique apparaît avec déjà plus de netteté lorsqu'on envisage les méthodes de traitement qu'on appliquait lors.

Traitement magique et thérapeutique naturelle

La thérapeutique mésopotamienne repose avant tout sur l'action magique et religieuse destinée à apaiser la colère des dieux et à mettre fin aux nuisances des démons. Là encore, des rituels très élaborés et immuables étaient mis en œuvre.

La technique la plus simple était celle de la prière et des incantations. Selon la pathologie observée, et d'après les données de la divination, on pouvait déterminer les dieux responsables des troubles. Il suffisait alors de trouver la formule traditionnelle qui s'y rapportait. Parmi les divinités guérisseuses, on doit notamment citer Gula, protectrice des médecins, dont les deux rejetons, Damu et Ninazu, étaient également invoqués pour obtenir la guérison. Les compétences de certaines divinités pouvaient être assez étendues si l'on en juge par cette incantation :

> « Déesse mère des hommes, Baba [...] toi qui cicatrises les chairs blessées, ô mère des créatures vivantes : le mal de tête, le mal de dents, le mal de cœur, la douleur anale, le mal d'yeux, la faiblesse, la raideur des articulations, toute maladie mauvaise, fais-la fuir ! »

Cependant, on renforçait généralement l'action de la prière par la vertu du sacrifice. Ce dernier avait la double valeur d'une offrande de réparation et d'un transfert qui identifiait l'animal à la maladie de l'homme et permettait en quelque sorte de tuer la maladie lors du sacrifice de substitution. Un agneau ou une chevrette était habituellement la victime expiatoire à qui l'on transmettait le mal, comme le rappelle cette instruction au médecin avant de procéder à un exorcisme destiné à Ereshkigal, la reine des Enfers :

> « Tu entres dans une maison où le sol a été creusé, tu touches la gorge du malade avec un couteau en bois de tamaris, puis tu coupes la gorge de la chevrette avec une lame de bronze […] »

Tandis qu'un autre texte, plusieurs siècles avant l'ère chrétienne, proclame de façon saisissante :

> « L'agneau est le substitut de l'humanité ; le sacrificateur livre la tête de l'agneau à la place de la tête de l'homme ; il livre la nuque de l'agneau à la place de la nuque de l'homme ; il livre le cœur de l'agneau à la place du cœur de l'homme. »

Toutefois, et c'est un intéressant paradoxe, les médecins assyro-babyloniens n'ignoraient nullement l'emploi des remèdes naturels pour soulager les maux de leurs patients. On ne sait pas trop comment ces thérapeutiques s'articulaient avec les pratiques magiques. Elles n'étaient sans doute pas exclusives les unes des autres.

De nombreuses tablettes médicales nous rapportent la grande richesse de la pharmacopée mésopotamienne, véritable préfiguration de cette « médecine des campagnes » qui persistera à travers l'histoire jusqu'à nos jours : plus de deux cent cinquante plantes, cent vingt substances minérales et plus d'une centaine d'origine animale étaient connues et utilisées sous des formes diverses.

En parcourant la liste des remèdes végétaux, ce sont toutes les couleurs et toutes les senteurs de l'Orient qui viennent à nous : le myrte, le thym, les feuilles de saule – qui renferment de l'acide salicylique (du latin *salix*, « saule »), précurseur de l'aspirine, aux vertus antalgiques et anti-inflammatoires –, le cyprès, la jusquiame, la myrrhe, la térébenthine ou le laurier-rose, sans oublier l'opium et le chanvre, dont les pouvoirs narcotiques étaient connus.

Parmi les produits minéraux, on utilisait le sel de mer et le salpêtre, l'alun – connu de nos jours encore pour ses propriétés hémostatiques par voie externe –, le soufre, l'orpiment (sulfure d'arsenic), la chaux et le bitume, enfin les sulfates naturels de cuivre ou d'antimoine, dont l'action antiseptique, notamment en collyre, était connue.

S'y ajoutaient enfin des substances animales de toutes sortes : viscères, écailles diverses, et même des excréments !

Ces substances étaient administrées en potions, souvent mêlées d'alcool, en particulier de bière ou de vin de palme : on les recommandait pour calmer le « feu de l'estomac » ou les troubles coliques. On confectionnait aussi des amalgames à base de miel pour en faire des pilules, ou des poudres mélangées renfermant des résines aromatiques que l'on faisait brûler pour des inhalations et des fumigations, indiquées dans la toux et l'expectoration mais aussi dans les troubles diarrhéiques, la fumigation étant alors administrée par l'anus – il est vrai qu'on n'hésitait pas non plus à prescrire des lavements pour certaines affections pulmonaires…

On réalisait encore des emplâtres, des onguents et des pommades, pour les plaies ou les maladies cutanées aussi bien que pour les infections oculaires. Les instillations urétrales et les lavements étaient déjà connus, et les hémorroïdes traitées par des suppositoires.

Ce dernier aspect, très empirique, de la médecine mésopotamienne doit être souligné. Fruit d'un savoir purement expérimental – bien que parfois contaminé par la pensée magique, car l'indication de certains remèdes relevait volontiers de considérations symboliques –, il nous permet d'esquisser un tableau finalement plus contrasté de cette première tradition médicale.

Les acteurs de la médecine, en Mésopotamie, étaient en réalité très divers et formaient eux-mêmes un monde complexe.

Asû, barû, ashipu et gallabu : médecine et société en Mésopotamie

Le personnage dont les compétences et les tâches se rapprochent le plus, dans le monde mésopotamien, de celles du médecin contemporain est l'*asû* (le sumérien *asûtu* signifie « médecine » en général). C'est lui qui, le premier, voit le malade, se rend à son domicile, l'interroge et éventuellement l'examine. C'est lui aussi qui formule les premières hypothèses et applique, le cas échéant, les remèdes naturels. Son statut est honorable, et lorsqu'il s'occupe de patients éminents, il officie dans une robe de cérémonie et souvent en cortège, accompagné d'aides et de musiciens dont les chœurs et les timbales éloignent les démons. Souvent issus de lignées familiales de médecins, les *asû*, d'abord formés à l'école des scribes, se transmettaient les savoirs complexes qu'exigeait la connaissance du monde des dieux autant que celle du monde des hommes.

À côté d'eux, ou après eux, intervenaient les *barû*, personnages clés de la société mésopotamienne, puisqu'ils étaient les devins chargés de formuler les présages. Praticiens accomplis de l'hépatoscopie, ils appliquaient du reste leur art à bien d'autres domaines, tout homme pouvant les consulter pour tenter de prévoir le destin. Ce sont eux qui, dans le cadre médical, contribuaient à préciser l'origine du mal en même temps qu'à en suggérer le remède, essentiellement magique à leurs yeux.

Il faut encore mentionner le rôle, plus complexe, des *ashipu*, souvent figurés dans un singulier costume de poisson car voués à Éa, le dieu de l'eau. Ils étaient les mages préposés aux exorcismes, aux prières thérapeutiques et naturellement aux sacrifices. Eux aussi, au demeurant, pouvaient intervenir pour toutes sortes de malheurs et d'épreuves pas nécessairement d'ordre médical.

Il ne s'agit toutefois que d'un schéma, car l'*ashipu*, par exemple, était parfois requis pour se rendre chez un malade à qui il prescrivait aussitôt le remède magique approprié.

Un autre personnage, méconnu, méprisé des précédents, apparaît cependant au fil des textes. C'est le *gallabu*, le barbier-chirurgien, rejeté par les médecins de son temps comme ses successeurs le seront pendant de longs siècles encore. Placé parmi les artisans alors que le statut des *asû, barû* et *ashipu* était assimilé à celui des scribes et des prêtres, praticien déclassé, jouissant d'une faible considération, c'est pourtant le *gallabu*, peut-être, qui apportait le plus de réconfort immédiat à ceux qui se confiaient à lui.

Au *gallabu*, en effet, la petite chirurgie, les pansements, le parement des plaies, l'évacuation des abcès. À lui encore, sans doute, le traitement des saignements abondants du nez par des tamponnements profonds, déjà bien maîtrisés, ou l'extraction des dents malades quand avaient échoué les prières destinées à chasser, selon la conception traditionnelle, « le ver de la dent ».

Dans un tout autre registre, ces habiles opérateurs semblent même avoir possédé des compétences en chirurgie plastique et reconstructive, puisqu'ils étaient capables, semble-t-il, de mettre en place des implants osseux sur un nez disgracieux ! À eux aussi, pourtant, revenait la tâche de marquer au fer les esclaves, dont on rasait également la tête : un barbier-chirurgien était tout indiqué...

Le *gallabu* procédait encore, à l'aide d'une lancette, à l'extraction du cristallin opacifié dans la cataracte. Cette intervention semble avoir été si fréquente qu'elle fait l'objet de prescriptions dans le *Code de Hammurabi,* où se révèlent toute la structure sociale du monde babylonien et toute la précarité du métier de *gallabu* :

> « 215. Si un [*gallabu*] a soigné un homme libre pour une blessure grave avec une lancette de bronze, et si l'homme guérit ; si, d'autre part, il a ouvert le "nuage de l'œil" d'un homme avec la lancette de bronze et si l'homme guérit, il recevra dix sicles d'argent[1].
> 216. S'il s'agit d'un plébéien, il recevra cinq sicles d'argent.
> 217. S'il s'agit de l'esclave d'un homme libre, celui-ci donnera au [*gallabu*] deux sicles d'argent.
> 218. Si un [*gallabu*] a soigné un homme libre pour une blessure grave à l'aide de lancette de bronze, et si l'homme en est mort ; ou s'il a ouvert

1. Le sicle d'argent pèse 8,416 g. Avec un sicle, on peut acheter 180 *sila* (74 litres) de dattes, l'une des bases, avec le pain et la bière, de l'alimentation mésopotamienne. Un agneau vaut deux sicles. Le salaire annuel d'un esclave est de trois sicles.

le “nuage de l’œil” de l’homme avec sa lancette de bronze et détruit l’œil de l’homme, on lui coupera les mains. »

On notera qu’aucune prescription ne semble s’appliquer à l’art purement médical des autres praticiens lesquels, par leur statut presque sacré, échappaient en fait à la loi des hommes – ce qui ne les mettait pas l’abri des réclamations de malades mécontents, comme nous le rapportent plusieurs tablettes. Mais si la dureté des peines encourues par le *gallabu* nous paraît aujourd’hui choquante, elle constituait aussi une protection, pour dissuader les charlatans et les barbiers peu habiles d’exercer leur art aux dépens des patients. C’était, d’une certaine manière, la naissance de la responsabilité médicale, qui demeure, de nos jours plus que jamais, au cœur des débats de la médecine.

Médecine hésitant encore entre la magie et la clinique, partagée entre des praticiens aux fonctions diverses et aux principes parfois contradictoires, la médecine assyro-babylonienne ne mérite cependant pas notre dédain. Elle a introduit dès l’origine une relation profonde entre le médecin et son patient, fondée sur une confiance et un respect qu’exigeait le nécessaire aveu des fautes. Ses conceptions religieuses, essentiellement liées à l’esprit de son temps, n’ont pas empêché les praticiens, dès cette époque fondatrice, de s’interroger sur la douleur de leurs malades et d’observer les progrès de leurs maux autant que l’effet des thérapeutiques.

Si, pour reprendre la formule du sumérologue S. Kramer, « l’histoire commence à Sumer », on peut dire que la médecine y a jeté ses premiers fondements. Il restait à en bâtir tout l’édifice.

C’est sur les rives du Nil que l’aventure allait se poursuivre.

Chapitre II

LA SAGESSE MÉDICALE DE L'ANCIENNE ÉGYPTE

Le miracle égyptien

Si l'on a pu évoquer un « miracle grec » pour rendre compte de l'apparition soudaine sur la côte ionienne, au VIe siècle avant notre ère, de la réflexion philosophique puis, entre Athènes et Sparte, de l'avènement du grand siècle politique, militaire et artistique de Périclès et de Phidias, on pourrait tout aussi bien parler de « miracle égyptien » pour décrire le surgissement, au milieu du IVe millénaire, en quelques décennies, à partir de petits États rivaux, d'un royaume centralisé et puissant, gouvernant sans partage une étroite bande de terre, dans l'immense vallée du Nil, et destiné à dominer durablement tout le Proche-Orient.

Contemporaine des cités-États de Chaldée ou d'Assyrie, et souvent en rivalité avec elles, l'Égypte s'en distingue pourtant nettement par l'originalité et l'unité de sa culture, comme par l'étonnante sophistication de son administration politique et religieuse.

Lorsque le mythique Ménès-Narmer, venu des contrées du Sud vers la fin du IVe millénaire, fédère sous son autorité toute l'Égypte, « l'assembleur des Deux Terres » fait entrer dans l'histoire une civilisation qui devait vivre plus de trois mille ans et n'a cessé de fasciner, depuis lors, tous ceux qui ont scruté son passé.

Si aucun document exploitable relatif à la médecine ne nous est parvenu de l'Ancien Empire (2686-2125) où s'illustrèrent surtout les constructeurs des plus anciennes pyramides, et très peu du Moyen Empire (2055-1650), les nombreux papyrus médicaux qui datent du Nouvel Empire (1550-1069) sont manifestement la copie de traités beaucoup plus anciens : on y retrouve des tournures grammaticales et un vocabulaire souvent archaïques. La médecine égyptienne semble ainsi remonter, dans ses principes, à l'origine même des temps dynastiques et paraît s'être fixée assez vite. Au Ier siècle avant notre ère, Diodore de Sicile, un bon connaisseur de l'Égypte, affirmait encore :

> « Le traitement des maladies [en Égypte] est fondé sur des préceptes écrits, rédigés et transmis par un grand nombre d'anciens médecins célèbres. Si, en suivant le précepte du livre sacré, le médecin vient à perdre son malade, il est reconnu innocent et exempt de tout reproche ; si, au contraire, il s'est écarté des préceptes écrits, il peut être condamné à mort, le législateur ayant pensé qu'on ne saurait trouver un meilleur traitement que celui qui avait été consacré par un si long temps et établi par les hommes les plus renommés dans leur art » (XVII, I, 82).

La Basse-Époque (1069-30) et notamment la période ptolémaïque, sous la dynastie des Lagides, dans les trois derniers siècles avant notre ère, verra cependant le regain d'une certaine magie populaire masquer en partie le pragmatisme et le sens clinique dont avaient toujours fait preuve les médecins du Nil. Le génie de la vieille Égypte venait à s'épuiser, et bientôt la Grèce prendrait sa suite pour révolutionner la pensée, gouverner la Méditerranée, transfigurer l'architecture, mais aussi pour prolonger la leçon millénaire des scribes et en faire naître la médecine de l'Occident.

En Égypte, d'autres sources encore nous parlent de la médecine, comme les *ostracas*, curieux éclats de calcaire et de poteries sur lesquels étaient inscrites de brèves recettes – aide-mémoire, ordonnances primitives ? – et les gravures rupestres retrouvées dans des mines et des carrières où officiaient peut-être les premiers

« médecins du travail ». Et surtout, d'innombrables monuments dont les murs imposants s'ornent de dessins ou de bas-reliefs qui mettent en scène de façon si vivante des médecins, des chirurgiens, et nous font découvrir leurs attitudes familières et leurs instruments. Ils montrent ainsi leur place au sein d'un monde social riche et complexe.

L'extraordinaire cohérence de l'Égypte ancienne, grâce à laquelle le pays pourra supporter de nombreuses et sanglantes invasions sans nullement perdre sa culture, tient à quelques institutions. Sans doute la royauté pharaonique est-elle la première de toutes, mais elle reposait elle-même sur un socle étendu à travers tout le pays : le corps des scribes.

Fonctionnaires omniprésents, strictement hiérarchisés, relais scrupuleux de la puissance du pharaon, les scribes sont les détenteurs du savoir qui conduit alors à tous les autres : l'écriture. Sous le Nouvel Empire, ils incarneront surtout la centralisation poussée de l'État dont ils étaient, ceints de leur pagne immaculé, les « hussards blancs ». Formés dès la petite enfance dans les maisons d'enseignement, les futurs scribes, parfois d'origine modeste, y travaillaient sous la férule de maîtres sévères :

> « Ne passe pas un jour dans l'oisiveté, sinon on t'administrera une correction. Car les oreilles du jeune garçon sont sur son dos, et il écoute quand on le frappe. »

Copiant et recopiant sans cesse des textes, les élèves acquéraient à la fois une connaissance approfondie de l'écriture – dont il existait plusieurs variantes – et un respect obsessionnel pour les écrits anciens : on produisait ainsi des fonctionnaires zélés et conservateurs. Il leur restait ensuite, selon leurs goûts ou la protection dont ils jouissaient, à choisir leur affectation.

On peut penser que pendant longtemps la transmission du savoir médical fut essentiellement familiale, par une sorte d'apprentissage qui conduisait le jeune scribe à acquérir sur le terrain, auprès de son père, de son oncle ou d'un parent quelconque, la pratique d'une médecine guidée par des textes abondants mais… parfois obscurs !

Parmi les scribes, beaucoup se destinaient à ce que nous appellerions aujourd'hui « l'état ecclésiastique » : dans la vieille Égypte, les prêtres sont des fonctionnaires de plus ou moins haut rang. Les temples sont alors des centres majeurs de l'activité économique, possédant de vastes domaines fonciers, des esclaves en grand nombre, et assurant une part importante de la production agricole comme de l'activité artisanale. La religion égyptienne faisait peu de place à la piété personnelle, elle était avant tout une sorte de culte d'État destiné à manifester la puissance du pharaon et la pérennité de l'Égypte. Détenteurs des secrets des dieux, dépositaires de leurs légendes, les prêtres disposaient de centres de formation annexés aux temples, préfigurant un peu les futures universités médiévales : on les appelait les « Maisons de vie » *(per ankh)*, comme il en fut établi à Memphis, Abydos ou plus tard à Saïs. On y enseignait la théogonie complexe des nombreux habitants du panthéon égyptien, ainsi que l'astronomie et les mathématiques, mais également la médecine. Investis d'une « mission de service public », les temples égyptiens devaient aussi apporter aux populations qui en dépendaient le soulagement de leurs maux.

Il serait pourtant erroné d'en conclure que la médecine était toujours entièrement inféodée à la religion. Sur les rives du Nil, dans ce domaine, un vent nouveau soufflait.

Religion et médecine

On connaît le mot fameux d'Hérodote, selon qui les Égyptiens étaient « les plus scrupuleusement religieux de tous les hommes » (II, 37). L'historien moderne, dans une large mesure, corrobore ce point de vue mais n'y trouve pas nécessairement une particularité de l'Égypte antique : nous avons vu qu'à la même époque, à Sumer, en Akkad ou en Assyrie, les dieux jouaient déjà un rôle majeur dans la vie des hommes et notamment dans les maladies qui les frappaient.

Ce qui fait la spécificité de l'Égypte n'est pas tant l'importance accordée aux dieux que la relation nouvelle qui s'établit entre eux et les hommes. La tonalité dominante de l'âme égyptienne est l'espérance et la joie de vivre.

Cet optimisme foncier trouvait son expression naturelle dans l'idée que les Égyptiens se faisaient de la vie *post-mortem.* À l'inverse des Enfers ténébreux promis pour tous à Babylone, les dieux d'Égypte annonçaient aux hommes une félicité éternelle dont le *Livre des morts*, selon une tradition qui remonte au moins au XVIIe siècle avant notre ère, nous décrit abondamment les étapes. Dans les versions plus récentes qui nous sont parvenues, des vignettes colorées et joyeuses nous montrent sur le visage du défunt, comme sur celui des dieux qui l'attendent, le même sourire confiant. Lorsqu'il soumet son âme à la pesée divine, le mort ne semble pas craindre l'approche de Mâat, la déesse de la vérité et de la justice, pas plus qu'il ne paraît redouter la « grande dévoreuse », créature monstrueuse postée près de la balance, prête à engloutir l'âme pécheresse si le jugement lui était défavorable.

En réalité, tout Égyptien, fût-il des plus modestes, était certain de suivre le destin mythique d'Osiris, le dieu déchiqueté par son frère Seth et dont les morceaux épars avaient été rassemblés par son épouse Isis. De cette mort divine avait surgi la vie, puisque, selon la légende, Isis ayant pourvu le corps de son défunt époux d'un phallus postiche, elle s'était unie à lui pour concevoir, par-delà la mort, leur fils unique Horus. Ce dernier, plus tard, avait pu embaumer le corps de son père Osiris, lequel trônait désormais dans le royaume des morts et y attendait ses enfants.

Cette conviction, partagée par tous les Égyptiens, a réellement transfiguré leur vision de la maladie et de la mort. De là, notamment, leur refus d'attribuer directement aux dieux la responsabilité des maladies. Sans doute beaucoup d'entre elles pouvaient-elles provenir d'un envoûtement, de quelque pratique démoniaque, mais les dieux étaient alors disposés à aider les hommes qu'ils avaient créés, pour soulager leurs souffrances. Du reste, toujours dans le *Livre des morts*, on voit un scribe à tête d'ibis, Thot, qui tient la plume et consigne le résultat du jugement : il acte ainsi, le plus souvent, l'entrée dans la vie éternelle. Les Égyptiens firent de lui le dieu tutélaire de la médecine autant que l'inventeur des hiéroglyphes, et le papyrus Ebers s'en fait clairement l'écho :

> « J'ai des formules qu'a faites le maître de l'Univers pour écarter la douleur. [...] J'appartiens à Rê. Il a dit : c'est moi qui le protégerai contre ses ennemis. Ce sera Thot son guide, lui qui a fait parler les écrits et qui est l'auteur du recueil ; il donne l'habileté aux savants et aux médecins, ses disciples, pour délivrer [de la maladie] celui que Dieu désire maintenir en vie. »

On comprend donc aisément qu'il se soit développé en Égypte, comme ailleurs, une médecine magico-religieuse dont les armes essentielles étaient, là encore, les prières et les incantations. Les prêtres pouvaient ainsi se voir confier des compétences curatives.

Le mage thérapeute pouvait par exemple tenter de guérir par la seule parole, éventuellement reprise par le malade lui-même ou son entourage, une morsure envenimée :

> « Tourne-toi en arrière, serpent, prends ton poison qui est dans un membre de celui qui a été mordu. Tiens, la vertu magique de Horus est plus forte que la tienne ! »

Lorsque l'injonction sommaire ne produisait pas d'effet, on préférait une formule de transfert qui appelait la pitié des dieux pour des maux dont, selon les légendes, ils avaient eux-mêmes soufferts :

> « Charme pour chasser la migraine. La tête d'un tel, fils d'une telle, est la tête d'Osiris Onnophris, sur la tête de qui furent placés 367 serpents divins, qui crachent des flammes, pour les contraindre à abandonner la tête d'un tel, fils d'une telle, comme la tête d'Osiris. »

Dans le cadre de cette magie imitative, il semble même que parfois on attribuait abusivement quelques maladies à certains dieux, lesquels paraissaient cependant toujours prêts à passer sur ces « pieux mensonges » pour venir en aide aux humains. On confectionnait aussi à leur image des amulettes protectrices.

Pourtant, les Égyptiens ont sur ce point amorcé une évolution qui s'accomplira pleinement dans la médecine grecque. Même s'ils ne refusaient pas de reconnaître à la survenue des maladies une origine surnaturelle qui pouvait justifier l'aide des dieux, il semble que très tôt ils aient accordé aux remèdes tirés de la nature et aux soins matériels une importance et surtout une confiance bien plus considérables. Ce passage d'un texte de l'époque des Ramessides (XIIIe-XIIe siècle avant notre ère) affirme ainsi, avec un solide pragmatisme :

> « Les incantations sont excellentes pour prendre les remèdes, et les remèdes sont en rapport avec les incantations. »

S'il est clair que le médecin ne voulait ici froisser personne, il souhaitait surtout ne rien négliger pour son malade...

La route semblait ainsi pouvoir s'ouvrir à ce qu'on a pu appeler avec sans doute un peu d'excès – ou quelque anachronisme – une « médecine laïque », nous le verrons bientôt.

Pour cette raison aussi, peut-être, l'Égypte avait finalement placé la médecine sous l'égide d'un homme, d'un personnage mi-historique, mi-légendaire, dont elle fit pour des générations le modèle accompli du médecin : Imhotep.

L'homme vécut au IIIe millénaire, sous l'Ancien Empire, pendant la IIIe dynastie, où s'illustra notamment le pharaon

Djoser (2667-2648 avant notre ère). Imhotep était avant tout architecte, et Djoser, qui en avait fait son chancelier, rêvait d'immortaliser son règne par un immense tombeau de pierre, matériau éternellement durable, ce qu'aucun souverain n'avait fait avant lui.

Imhotep voulut traduire dans cet édifice un projet grandiose en empilant six mastabas en retrait l'un sur l'autre, de façon à constituer, face aux quatre points cardinaux, une sorte d'escalier monumental dont chaque degré marquerait l'ascension du roi défunt vers le Ciel : la première pyramide de l'histoire naquit ainsi à Saqqarah.

Auteur d'une si parfaite réalisation, Imhotep, grand prêtre de Rê à Héliopolis, se distingua aussi dans les œuvres de l'esprit et laissa un enseignement aujourd'hui perdu, les *Maximes d'Imhotep*, que l'on considère comme le plus ancien recueil de sagesse de la vieille Égypte. Son souvenir défia ainsi les siècles et, à la Basse-Époque, de cet homme on fit même un dieu, réputé fils de Ptah, le grand dieu de Memphis. On lui dédia enfin de nombreux sanctuaires où les dévots à la recherche de sa protection se pressaient, pleins d'espoir, pour le soulagement de leurs maux.

Car Imhotep n'était pas seulement un sage architecte, patron des scribes : ce fut encore, à en croire la tradition égyptienne, le premier des grands médecins. Dans l'immense complexe de Saqqarah, du reste, avait aussi été enseveli un autre grand dignitaire de la cour de Djoser, Hésirê, qualifié en son temps de « Supérieur des scribes du roi » mais également de « Chef des dentistes et des médecins ». C'est probablement le plus ancien médecin connu au monde.

Scribe et médecin, alliance nécessaire, depuis Thot, dans cette Égypte qui nous a laissé pour notre bonheur une abondante littérature médicale, comme une véritable invitation au voyage

Les connaissances médicales

Une inscription funéraire du milieu du XXIIIe siècle avant notre ère rapporte qu'au début de la Ve dynastie le pharaon Neferirkarê, inspectant à Thèbes un chantier en compagnie de son chancelier et premier architecte, un certain Wesh-Ptah, ce dernier fut subitement victime d'un malaise qui lui fit perdre connaissance. Le pharaon donna aussitôt l'ordre au chef des médecins du palais d'aller chercher « le coffre aux livres ». On le fit sans tarder et, après consultation des rouleaux de papyrus, on conclut que l'architecte était perdu. Il mourut en effet peu après.

En décidant que serait gravé le souvenir de cette disparition brutale d'un de ses proches – sans doute emporté par une crise cardiaque ou une attaque cérébrale foudroyante – Neferirkarê nous permet de confirmer l'assertion de Diodore de Sicile sur l'importance en Égypte d'une littérature médicale dont l'existence est attestée ici dès l'Ancien Empire.

Le travail des égyptologues, depuis près d'un siècle et demi, a permis la mise au jour de nombreux textes couvrant tous les domaines de l'activité humaine, et certains nous permettent d'explorer assez précisément les connaissances des médecins du Nil.

On connaît à présent une quinzaine de papyrus médicaux, mais quatre d'entre eux sont de loin les plus importants et les plus riches en informations. Beaucoup sont le fruit des pillages qui se multiplièrent à partir de la fin du XIXe siècle dans la plupart des nécropoles égyptiennes.

Le papyrus Ebers, aujourd'hui déposé au musée de Leipzig, fut acquis en 1872 par l'égyptologue allemand Georg Ebers. Provenant d'une fouille clandestine, il avait été découvert une dizaine d'années plus tôt à Thèbes entre les jambes d'une momie du début de la XVIIIe dynastie. Daté de la neuvième année du règne d'Aménophis Ier (1525-1504 avant notre ère), on y trouve mention d'un remède capillaire cité dans un texte de la VIe dynastie (environ 2300 avant notre ère). Explorant les maladies dans un ordre purement topographique, de la tête aux pieds, il est incomplet dans l'état où il nous est parvenu et ne porte pas sur les pathologies de l'abdomen et des membres inférieurs. Le papyrus Ebers, long de 20 mètres et comptant 108 pages, n'en est pas moins le plus ancien traité de pharmacopée, puisqu'il renferme 875 recettes couvrant de larges domaines de la pathologie : c'est un magnifique compendium de thérapeutique égyptienne.

La deuxième source majeure est le papyrus acquis en 1862 par un jeune égyptologue américain du nom d'Edwin Smith. Seulement traduit en 1930 et désormais conservé à la New York Academy of Medecine, le papyrus Edwin Smith semble provenir de la même source que celui d'Ebers mais s'en distingue nettement. Long d'un peu moins de 5 mètres et composé de douze feuillets, c'est un étonnant traité de pathologie chirurgicale, portant aussi bien sur la traumatologie et l'orthopédie que sur les affections viscérales, et donnant pour chacun des 48 tableaux cliniques décrits, classés topographiquement, les signes diagnostiques et la conduite thérapeutique appropriée, assortie de considérations pronostiques. Ce document comprend aussi des tournures archaïques permettant de faire remonter sa source à l'Ancien Empire.

Le papyrus de Berlin 3038, découvert par Passalacqua près de Saqqarah, fut publié en 1909. Daté de la XIXe dynastie (XIIIe siècle avant notre ère), il se singularise par la signature d'une des nombreuses recettes thérapeutiques qu'il renferme, avec la mention suivante :

> « C'est le scribe des écrivains sacrés, le chef des excellents médecins, Netjerhotep [qui fit] de ce livre. »

Ce nom n'étant pas connu avant le Moyen Empire, on peut là encore supposer que le texte original datait du XXIe ou du XXe siècle avant notre ère.

Le papyrus de Kahoun, qui appartient à l'University College de Londres, mérite également une mention particulière. Découvert dans le Fayoum en 1889 par le célèbre égyptologue sir Flinders Petrie, il est à peu près sûrement daté du XXe siècle avant notre ère, et on le considère à ce titre comme le plus ancien manuscrit médical connu en Égypte. Il se réfère essentiellement aux affections gynécologiques et aux problèmes liés à la grossesse.

Citons encore le papyrus Hearst (XVIIIe dynastie), trouvé en 1889 et renfermant 260 recettes thérapeutiques, dont beaucoup se retrouvent dans l'Ebers. Il traite entre autres des affections du cœur et de la vessie, des abcès, des parasites intestinaux et des morsures. Le Chester-Beatty (XIXe dynastie), aujourd'hui conservé comme le précédent au British Museum, renferme notamment un important traité des maladies de l'anus.

De tous ces textes qui, rappelons-le une fois encore, constituaient la référence absolue des médecins égyptiens, émerge un savoir médical déjà élaboré, qui révèle notamment l'apparition des rudiments de l'anatomie et de la physiologie, deux sciences entièrement nouvelles.

Il faudra en effet attendre les Grecs pour que les sciences fondamentales de la médecine, celles qui étudient le sujet normal, prennent une certaine consistance – même si, naturellement, les conceptions qui prévaudront alors sont fort éloignées de ce que nous savons de nos jours. Toutefois, les Égyptiens furent sans doute les premiers à tenter une réflexion structurée dans ce domaine, les papyrus en témoignent.

On pourrait penser qu'une assez bonne connaissance de l'anatomie humaine aurait dû se développer en Égypte en raison de l'importance des rites funéraires et notamment de l'embaumement. La réalité est cependant plus nuancée. Dès l'Ancien Empire, le protocole de la momification fut mis au point, et à la Basse-Époque, le témoignage très documenté d'Hérodote décrit avec soin des pratiques établies depuis fort longtemps :

> « L'embaumement le plus soigné se pratique de la façon suivante : on commence par retirer le cerveau par les narines à l'aide d'un crochet de

> fer et en y injectant des drogues dissolvantes. Puis, on incise les flancs avec une pierre d'Éthiopie tranchante et on retire les intestins, qui sont nettoyées au vin de palme et purifiés avec des aromates broyés. On remplit le ventre de myrrhe, de fausse cannelle et autres aromates (sauf d'encens) et on le recoud. On plonge ensuite le cadavre dans le natron[1] où on le laisse soixante-dix jours. Au bout des soixante-dix jours, on lave le mort, on l'enveloppe dans de fines bandelettes de lin enduites d'une sorte de gomme que les Égyptiens utilisent en place de colle et on le livre à la famille » (II, 86).

Les constatations recueillies lors des autopsies de momies, dont le véritable pionnier fut le médecin français Marc Armand Ruffer dans les premières années du XXe siècle, ont largement confirmé, à quelques détails près, les données d'Hérodote. Toutefois, il faut observer que les praticiens de l'embaumement, placés en marge de la société, n'étaient nullement des médecins. Ils effectuaient, à travers une incision unique et limitée, habituellement du flanc gauche, une éviscération assez sauvage bien plus qu'une dissection en règle. Leur technique d'extirpation du cerveau consistait même, on l'a vu, à réduire en bouillie la masse cérébrale ! Tout au plus savaient-ils reconnaître certains organes, et notamment le cœur, que le rituel de l'embaumement prescrivait de laisser en place : siège du *ka*, souffle de vie et de santé, il assurait le destin *post-mortem* du défunt.

La source des connaissances anatomiques des médecins de l'ancienne Égypte semble avoir surtout été le constat des blessures, contractées sur les champs de batailles, les accidents survenus sur les innombrables chantiers pharaoniques, mais aussi, ce qui semble plus original, les données d'observations effectuées sur certains animaux.

Sur le plan strictement anatomique, les différents os du crâne étaient parfaitement connus et distingués – car les fractures de

1. Carbonate naturel de sodium au fort pouvoir de dessiccation, trouvé en abondance, sous forme solide ou semi-liquide, dans les lacs salés.

toutes sortes avaient été sûrement inventoriées –, et les principaux viscères abdominaux et thoraciques bien décrits.

Le papyrus Ebers renferme même un véritable traité d'anatomie cardio-vasculaire. Combinant leurs observations anatomiques avec les données de l'examen clinique, les médecins égyptiens avaient remarquablement repéré le parallélisme des battements cardiaques et des pouls périphériques, et décrit « la danse du cœur ». Cependant, faute d'une technique rigoureuse de dissection, ils confondaient les vaisseaux sanguins et les différents canaux excréteurs (urinaires, digestifs, respiratoires), qu'ils reliaient plus ou moins tous au cœur. D'où un singulier système, une sorte de théorie physiologique primitive selon laquelle 22 conduits *(met)* – dans un autre passage du papyrus, ils sont au nombre de 46 – se rattachaient au cœur, quoi qu'ils aient transporté (air, sang, urine, larmes, sperme, etc.), et constituaient le moyen grâce auquel le cœur, centre de l'activité vitale, « parlait » à tout le corps. Ils véhiculaient aussi les « souffles » de vie ou de mort, pénétrant respectivement par l'oreille droite ou l'oreille gauche. Les différents déchets charriés par ce réseau complexe étaient finalement éliminés par l'anus…

De cette conception découlait assez naturellement une explication générale des maladies. Lorsqu'à l'image du Nil, débordant de son lit et répandant son limon sur les rives, les matières fécales devenaient trop abondantes, elles envahissaient le torrent circulatoire, et cette contamination par des principes morbides (*oukhedou*) provoquait des troubles divers, comme les nausées ou la perte de conscience par exemple. On ne s'étonnera pas que les Égyptiens, très soucieux d'échapper à cette pathologie excrémentielle, aient eu la réputation de pratiquer fréquemment les purgations – ils connaissaient notamment bien l'effet des graines de ricin. Hérodote lui-même l'avait noté :

> « Ils se purgent tous les mois pendant trois jours consécutifs, et ils ont grand soin d'entretenir et de conserver leur santé par des vomitifs et des

lavements, persuadés que toutes nos maladies viennent des aliments que nous prenons » (II, 77).

Ce système n'était pourtant pas exclusif : les Égyptiens redoutaient aussi l'excès de sang dans le foie et ils n'ignoraient pas le rôle d'éventuels agents externes, tels que les « souffles », nous l'avons évoqué, c'est-à-dire des vents porteurs des maladies infectieuses notamment – lointain écho sans doute des démons sumériens : certains d'entre eux, les *deberet*, entraient dans le corps par l'œil gauche, entraînant « une cuisson dans toute la chair de l'homme ». Seule une conjuration prononcée par un prêtre de Sekhmet, aidée cependant de quelques remèdes, pouvait les contraindre à sortir… par le nombril du malade !

Malgré ces bases théoriques incertaines, au fil des siècles, grâce à leur insatiable curiosité et à leur réel don d'observation, les médecins du Nil ont pu recenser une pathologie très diversifiée.

Naissance de l'empirisme médical

Les maladies rencontrées en Égypte il y a quatre mille ans différaient peu de celles que tentaient de traiter à la même époque, sur les rives du Tigre et de l'Euphrate, les mages et les médecins assyro-babyloniens. Toutefois, les nécropoles égyptiennes, en conservant soigneusement des corps embaumés, nous ont légué de précieux documents pour inventorier quelques-unes des affections dont souffraient sinon tous les Égyptiens du moins les plus illustres d'entre eux.

Depuis les premières tentatives d'autopsies opérées vers la fin du XIXe siècle, de nombreux défunts extraits des tombes égyptiennes ont subi un *check-up* complet, associant désormais toutes les techniques radiographiques, le scanner et même l'endoscopie, c'est-à-dire l'examen des cavités anatomiques grâce à des dispositifs équipés de fibres optiques souples. On a même pu soigner certains patients de haut rang comme Ramsès II en personne, venu en 1976 à Paris, où il fut reçu avec les honneurs dus à un chef d'État, pour faire traiter une inquiétante prolifération de champignons microscopiques menaçant de détruire sa momie et qui furent éradiqués par une irradiation thérapeutique.

Toutes ces observations ont livré d'intéressantes informations.

On a pu ainsi identifier avec une quasi-certitude les signes cutanés de la variole sur le corps de Ramsès V, établir qu'Aménophis II était probablement atteint de spondylarthrite ankylosante, la maladie des « vertèbres de bambou » qui condamne à une rigidité progressive de la colonne vertébrale, ou encore reconnaître un mal de Pott – la tuberculose vertébrale – chez un prêtre d'Amon ayant vécu dix siècles avant notre ère. Les clichés radiographiques des mandibules ont surtout révélé l'extrême fréquence des lésions dentaires avancées, abcès et ostéites maxillaires, à l'origine desquelles on a notamment incriminé la contamination habituelle par le sable de la farine qui servait à confectionner le pain, base fondamentale de l'alimentation égyptienne qui soumettait ainsi les dents à rude épreuve. L'examen microscopique de prélèvements tissulaires effectués sur les artères a d'autre part montré que l'athérosclérose frappait souvent la haute société égyptienne : le culte des Égyptiens pour la bonne chère et leur vision de l'embonpoint comme un signe de respectabilité sociale n'y sont sans doute pas étrangers...

Face à toutes les maladies qu'ils rencontraient, comment procédaient les médecins égyptiens pour établir leur diagnostic ? Les papyrus, qui formaient leur « bible » habituelle, nous en donnent quelque idée par la façon même dont ils sont rédigés.

Les descriptions cliniques commencent le plus souvent par les mots : « Si tu examines un homme ayant... » Quelques symptômes sont mentionnés, plus ou moins clairement, et souvent sont assemblés pour former ce que appelons de nos jours des syndromes – ensembles coordonnés de troubles – que la médecine moderne peut parfois assez bien identifier. Le diagnostic est alors formulé : « Tu diras à son sujet : c'est quelqu'un ayant... » En règle générale, le texte se limite ici à répéter la description clinique : les Égyptiens ne donnaient qu'exceptionnellement un nom aux maladies. Des signes observés lors de l'examen découle ensuite le pronostic : « C'est un mal que je vais traiter. » Dans les cas plus graves, on peut lire : « C'est une maladie avec laquelle je me battrai » ou plus rarement : « C'est une maladie pour laquelle on ne peut rien. » Enfin, vient la sanction thérapeutique, assortie parfois de conseils de surveillance de l'évolution sous traitement.

Des commentaires marginaux complètent certains chapitres, le scribe chargé de la copie d'un manuscrit ancien ayant jugé nécessaire d'expliciter des expressions tombées en désuétude mais fidèlement recopiées.

Certaines observations de pathologie cardio-vasculaire – domaine qui paraît avoir beaucoup intéressé les Égyptiens – sont parfois surprenantes de vérité.

Ainsi, cette description d'une insuffisance cardiaque avancée, avec retentissement hépatique et pulmonaire :

> « Quant à la faiblesse qui existe dans le cœur, c'est jusqu'aux poumons et au foie. Il [le cœur] devient sourd, ses vaisseaux s'étant affaissés. »

Ou encore cette remarquable observation d'une crise d'angine de poitrine :

> « Si tu examines un malade qui souffre de l'estomac [c'est-à-dire de la région rétro-sternale], tandis qu'il a des douleurs dans son bras, dans sa poitrine, dans un côté de son estomac, et qu'on dit de lui : c'est la maladie *ouadj*, tu diras à son sujet : c'est quelque chose qui lui est entré dans la bouche [allusion à la théorie physio-pathologique évoquée plus haut], c'est la mort qui le menace. »

Les traitements proposés dans le papyrus Ebers reflètent bien les pathologies dominantes en Égypte en ces temps lointains, dont certaines n'ont toujours pas disparu.

En premier lieu, les troubles intestinaux, non seulement la constipation – très redoutée par les Égyptiens, nous l'avons vu –, mais aussi les dysenteries, diarrhées infectieuses très répandues, et les parasitoses parfaitement identifiées : les vers *betjou*, *hefet* et *pened* sont suffisamment bien décrits pour qu'on reconnaisse sans peine l'ankylostome, l'ascaris et le tænia, contre lesquels étaient prescrits toutes sortes de remèdes à prétention vermifuge.

L'hématurie – présence de sang dans les urines – est également un symptôme très fréquemment signalé. Il correspond le plus souvent à une parasitose chronique, récidivante, extrêmement répandue en Égypte de nos jours encore : la bilharziose.

La pathologie oculaire est un autre chapitre très important, dominé par une infection grave, le trachome, conjonctivite granuleuse qui demeure à l'heure actuelle la première cause de cécité dans cette région du monde.

Au plan chirurgical, enfin, les fractures et les luxations, mais aussi beaucoup de tumeurs extériorisées, sont abondamment décrites et commentées, ainsi qu'on peut le voir dans le cas n° 3 du papyrus Edwin Smith :

> « Si tu examines un homme ayant une blessure ouverte dans la tête, pénétrant jusqu'à l'os et perforant le crâne : tu dois palper sa blessure ; si tu le trouves incapable de regarder ses deux épaules et sa poitrine, et souffrant de rigidité du cou, tu dois dire : c'est quelqu'un ayant une blessure ouverte dans la tête pénétrant jusqu'à l'os et perforant le crâne, et souffrant de rigidité du cou. Un mal que je traiterai.
>
> « Maintenant, après que tu l'as suturé, tu dois poser de la viande fraîche sur la blessure le premier jour. Tu ne dois pas la bander. Amarre-le [il s'agit du patient] à son pieu d'amarrage [?] jusqu'à ce que la période de trouble soit passée. Tu dois ensuite le traiter avec de la graisse, du miel et des pansements chaque jour, jusqu'à ce qu'il guérisse. »

Ayant rencontré une tournure archaïque déjà devenue incompréhensible au XVIe siècle avant notre ère (« le pieu d'amarrage »), le scribe du papyrus Ebers a estimé utile d'en préciser le sens pour ses lecteurs « contemporains ». Il ajoute en effet :

> « Amarre-le à son pieu d'amarrage, cela signifie : maintiens-le à son régime habituel, sans lui administrer une prescription. »

Il fallait en effet certainement être scribe pour le comprendre...

Dans le même papyrus Smith, on trouve une remarquable description de tétraplégie consécutive à une luxation des vertèbres cervicales. Tous les signes, y compris les troubles génito-urinaires, sont parfaitement notés :

> « Si tu trouves qu'il n'a pas le contrôle de ses deux bras et de ses deux jambes à cause de cela, que sa verge est en érection à cause de cela et que l'urine tombe de son membre sans qu'il en ait conscience. [...] Tu diras à son sujet : un [homme] qui a une luxation dans une vertèbre de son cou. [...] Une maladie pour laquelle on ne peut rien. » (Cas n° 31.)

Même s'il ont été tenus par leurs textes « sacrés », les médecins égyptiens, on le devine aisément, ont développé à travers ces cas cliniques une méthode soigneuse et relativement structurée d'examen des patients, recommandant non seulement la palpation, mais aussi la percussion (« frappe sur tes doigts », dit le papyrus Ebers) et même l'auscultation immédiate à l'oreille car, précise encore le papyrus Ebers, « l'oreille entend ce qui est au-dessous ». Le sens de l'observation de ces médecins et leur inventivité apparaissent même dans un domaine inattendu : le diagnostic de la grossesse et la prévention des naissances !

Un passage du papyrus de Berlin nous indique à ce propos une recette étrange :

> « Orge [et] blé amidonnier, que la femme humectera au moyen de son urine, chaque jour, ainsi que des dattes et du sable, [mis] dans deux sacs

[séparés]. Si ensemble ils se développent, la femme accouchera [de façon normale]. Si [seul] l'orge se développe, cela signifie un enfant mâle. Si [seul] le blé se développe, cela signifie une fille. S'ils ne se développent pas, elle n'accouchera pas. »

Une telle prédiction peut sembler *a priori* assez fantaisiste. Pourtant, ce jugement n'est vrai qu'en partie. On sait aujourd'hui que pendant la grossesse, l'urine de la future mère recèle une grande quantité d'hormones stéroïdes qui présentent, curieusement, une analogie structurale avec des facteurs de croissance des végétaux. À plusieurs reprises, on a vérifié que l'urine de femme enceinte permet en effet la germination plus rapide de grains de blé, aussi bien que d'orge au demeurant : la précision du sexe – peut-être liée à un problème de traduction – est certainement aléatoire, mais le principe de ce « test de grossesse » n'est donc pas sans fondement !

Dans ce domaine, et malgré l'amour légendaire des Égyptiens pour les enfants, les médecins du Nil ont même inventé la contraception, notamment à l'aide d'un tampon vaginal imprégné d'un broyat de coloquinte, d'acacia et de dattes, le tout mêlé de miel, comme le mentionne le papyrus Ebers.

Singuliers praticiens, se libérant peu à peu de la magie pour aborder l'expérience clinique, attachés à des enseignements transmis d'âge en âge, mais ne dédaignant pas pour autant les découvertes et même les innovations, qui étaient au juste les médecins de l'ancienne Égypte ?

La médecine égyptienne au quotidien

Chronologiquement, il est vraisemblable que les premiers médecins égyptiens furent avant tout des prêtres, comme dans tout l'Orient ancien. Dans les sanctuaires qui bordaient le Nil ce furent les servants de la déesse Sekhmet qui se consacrèrent à cette activité. Déesse farouche à tête de lionne, dénommée

« la puissante », Sekhmet personnifie les effets destructeurs du soleil dont le disque orne la tête de ses statues. Protégeant le pharaon, elle déchaîne dans les batailles toute sa fureur contre les ennemis de l'Égypte. Prompte à la colère, elle répand les vents brûlants qui véhiculent des souffles maléfiques et provoquent des épidémies. Un prêtre *(ouâb)* de Sekhmet, de façon assez équivoque, est le dépositaire de la puissance mortifère de la déesse et, à ce titre, il peut aussi en combattre les effets. Épouse de Ptah à Memphis, où plus tard s'établira le culte d'Imhotep devenu son propre fils, Sekhmet est ainsi la déesse des médecins.

Pour les prêtres de Sekhmet, seuls les remèdes magiques avaient sans doute une réelle valeur, mais cela ne semble pas les avoir détournés d'un abord clinique des patients, comme en témoigne ce texte du Moyen Empire :

> « Je suis prêtre de Sekhmet, expert en mes devoirs, qui met sa main sur l'homme [malade], qui connaît [son mal] et qui est expert [dans l'art de diagnostiquer] avec la main. »

D'autres prêtres avaient une compétence encore plus restreinte, ou plus spécialisée : les conjurateurs *(herep)* de Selket. Cette déesse au buste de femme et au corps de scorpion était chargée de protéger la naissance du pharaon et veillait, avec Isis, Neith et Nephthys, sur les « vases canopes » renfermant dans les tombes les viscères des défunts. On lui accordait surtout le pouvoir de guérir les piqûres de scorpion, si fréquentes et si redoutables, et d'une manière générale toutes les morsures d'animaux venimeux. Les conjurateurs de Selket disposaient à cet effet de prières, mais aussi de remèdes consacrés par la tradition.

Le personnage qui représente à nos yeux le médecin proprement dit s'appelait, en Égypte, le *sounou*. Le hiéroglyphe qui le désigne combine le dessin d'une flèche, celui d'un vase, et la représentation d'un homme assis : en un mot, la chirurgie et la médecine s'unissaient en lui. Clinicien par excellence, il passait sa vie à rechercher sur ses patients les signes dont ses papyrus lui donneraient la clé.

Hérodote – encore lui – nous a laissé à ce propos un témoignage surprenant :

> « En Égypte, chaque médecin ne soigne qu'une seule maladie. Aussi sont-ils légion, il y en a pour les yeux, d'autres pour la tête, les dents, le ventre et même les maladies non localisées » (II, 84).

Le récit d'Hérodote comporte en fait une part de vérité. Il y avait, outre les *sounou* « généralistes », divers praticiens spécialisés. On connaît en particulier les « médecins des deux yeux », les ophtalmologistes, soulignant l'importance en Égypte de la pathologie oculaire, les « médecins du ventre » qui s'attachaient aux si fréquents troubles gastro-intestinaux, et les dentistes qui, nous l'avons vu, avaient semble-t-il fort à faire.

Il faut mentionner à part des praticiens poétiquement dénommés les « bergers de l'anus », possiblement affectés au traitement des hémorroïdes, mais plus vraisemblablement des auxiliaires chargés d'appliquer les lavements dont les Égyptiens était si friands…

Quant aux « médecins des maladies cachées », que le texte d'Hérodote qualifie de « maladies de localisation incertaine », si leur existence est bien attestée, on ignore quelle était exactement leur spécialité.

Jouissant généralement d'une réelle considération en raison de leur savoir, les médecins avaient cependant des conditions d'exercice déjà très diversifiées. Certains travaillaient parmi les artisans des chantiers, d'autres sur de grandes exploitations agricoles pour soigner les paysans, d'autres encore exerçaient dans des mines ou des carrières, et, bien sûr, les armées avaient leurs propres médecins. Salariés en nature, ces médecins de terrain percevaient une rémunération proche de celle d'un chef d'équipe ou d'un artisan spécialisé[2].

Quelques-uns avaient le privilège de mettre leur art au service des puissants de ce monde et notamment du pharaon, de sa famille, mais aussi de ses proches collaborateurs et même de toute sa domesticité – car tout ce qui touchait de près ou de loin au pharaon était sacré. Réputés pour leurs talents, souvent comblés de bienfaits par leur maître, ces médecins de palais possédaient dans tout l'Orient une réputation flatteuse, et plus d'une fois le pharaon fut invité à envoyer l'un deux s'occuper d'un royal patient dans un pays voisin.

Comme une grande partie de la société égyptienne, et notamment le monde des scribes dont ils étaient issus, les médecins étaient hiérarchisés. On distinguait, au-dessus du simple *sounou*, le chef des médecins *(mer sounou)*, le grand médecin *(our sounou)* ou l'inspecteur des médecins *(senedj sounouou)*. À la fin de l'Ancien Empire, on connaît même un médecin du pharaon portant le titre de « chef suprême des médecins de la Haute et de la Basse-Égypte » : on imagine sans peine de quel personnage considérable il devait s'agir. Peut-être ne le cédait-il qu'au « berger de l'anus » affecté au service du souverain de l'Égypte, orné du titre de « gardien de l'orifice royal » : sa responsabilité n'était en effet pas la moindre…

Après avoir posé son diagnostic, le *sounou* devait mettre en œuvre la thérapeutique. Dans ce domaine, les médecins égyptiens disposaient de remèdes très semblables à ceux de leurs collègues mésopotamiens. On peut supposer aussi que leur efficacité était

2. Le papyrus de Turin, datant du Nouvel Empire, mentionne les salaires suivants : « 2 *khar* de graines pour deux scribes, 3 *khar* pour un portier, 1 *khar* pour un médecin. » Le *khar* était une mesure de volume équivalant à 76 litres environ. Le simple médecin ne paraît pas ici très favorisé, mais en dehors de ce salaire mensuel, des rémunérations complémentaires en fonction de l'activité effectuée étaient vraisemblables, notamment sous forme de cuivre et de natron, qui servaient à une économie de troc.

souvent du même ordre. Pourtant, là encore, au milieu de recettes qui nous laissent quelque peu perplexes, on identifie des traitements plus crédibles.

Le papyrus Ebers nous fournit une liste impressionnante de substances naturelles diverses, employées sous les formes les plus variées, y compris de l'urine ou des excréments humains ou animaux (crocodiles, mouches). Des centaines de remèdes sont cités, dont beaucoup n'ont pas été identifiés de façon certaine. Par rapport aux vagues recettes mésopotamiennes, l'art pharmaceutique égyptien marque un indéniable progrès. Les doses utilisées sont assez précisément spécifiées, en volume sinon en poids, et le mode de préparation (broyage, cuisson, mélange) généralement assez soigneusement décrit. Cela commence à ressembler à une authentique prescription. Il semble du reste que les médecins égyptiens aient eu très tôt recours à des auxiliaires spécialisés, chargés de la confection des remèdes : c'est peut-être en Égypte que naquirent les apothicaires.

Les potions, les pilules, les emplâtres, les onguents, sans oublier les collyres, les fumigations et les inévitables lavements sont des modes d'administration habituels, déjà connus à Babylone. Si l'indication de nombre de ces médications semble souvent quelque peu obscure, il paraît certain que l'expérience des thérapeutes du Nil s'était enrichie d'observations qui leur avaient permis de retenir des remèdes parfois utiles.

Ainsi, une recette du papyrus Ebers stipule :

> « Un autre [remède] pour chasser des yeux le trachome : antimoine, ocre rouge [riche en cuivre], ocre jaune [argile riche en oxyde ferrique], natron rouge, sont appliqués sur les paupières. »

Comparons simplement cette prescription au traitement du trachome recommandé par un traité d'ophtalmologie en usage en Europe vers les années 1930 :

« Chez soi on emploiera des enveloppements d'argile avec une solution boratée ou acétique ; le soir, on appliquera une pommade de cuivre. »

Le progrès, en quatre mille ans, était-il vraiment spectaculaire ?

Les vertus laxatives du ricin et de l'aloès étaient connues, tandis que la bouillie d'avoine était prescrite en cas de diarrhée. Les propriétés adoucissantes et antibactériennes du miel étaient suffisamment établies pour être recommandées par plusieurs recettes dans le traitement des blessures et des petites infections cutanées, et la pierre d'alun était utilisée – comme de nos jours – en tant qu'hémostatique et désinfectant.

Enfin, les Égyptiens n'ignoraient pas les effets narcotiques et antispasmodiques du pavot, administré sous forme de jus, et si la mandragore n'est pas explicitement citée dans les papyrus, elle figure sans équivoque sur quelques bas-reliefs, et il est peu douteux que ses propriétés antalgiques et anesthésiques ont été utilisées dès cette époque.

C'est toutefois dans l'art chirurgical que les résultats étaient les plus intéressants. Le papyrus Edwin Smith décrit ainsi clairement les bandages à base de toile de lin imprégnée de graisse d'oie et de miel. Curieusement, les Égyptiens appliquaient fréquemment sur les blessures de la viande fraîche, sans doute parce que le contact avec le sang d'un animal récemment tué leur paraissait pouvoir transmettre un principe de vie bénéfique pour la réparation des plaies.

Les bandages servaient également à la fixation des attelles de bois pour la contention des fractures et des luxations, après qu'elles avaient été réduites selon des techniques soigneusement décrites. Les Égyptiens étaient aussi capables de suturer convenablement les plaies ouvertes à l'aide d'un fil obtenu à partir d'un boyau animal, comme le moderne *catgut* (de l'anglais, « boyau de chat »).

En dehors de la pathologie traumatique, l'activité chirurgicale semble s'être limitée à peu de chose. On possède pourtant un témoignage d'extirpation ou au moins d'ouverture, à l'aide d'un couteau de cuivre ou de bronze, d'une « tumeur » du cou dont on ne peut précisément reconnaître la nature (ganglionnaire, adipeuse, thyroïdienne ?). Le geste – dangereux à cause du risque hémorragique qui justifie une mise en garde explicite du papyrus Ebers – s'achevait par une cautérisation au fer rouge.

Certains praticiens – mais était-ce bien des médecins ? – étaient également chargés de procéder à la circoncision à laquelle se prêtaient irrégulièrement les jeunes hommes, non pour des raisons religieuses mais plus probablement pour des motifs d'hygiène locale. Il se peut du reste qu'au lieu d'une circoncision complète, il se soit simplement agi d'un clivage dorsal du prépuce destiné à dégager le gland. Nous disposons à ce sujet d'un témoignage iconographique très intéressant. Il s'agit d'un bas-relief de la VIe dynastie (2345-2181 avant notre ère) retrouvé à Saqqarah. Une première scène montre le jeune homme nu et debout, devant un homme accroupi préparant ses instruments. Une inscription suggère alors l'utilisation de la fameuse « pierre de Memphis » qui a fait l'objet de nombreux débats. En frottant cette pierre, on aurait dégagé une substance volatile, susceptible d'entraîner une narcose passagère ou du moins une élévation du seuil de la douleur chez le sujet : ce serait la plus ancienne méthode d'anesthésie de l'histoire de la médecine. Selon Pline, qui en fait état dans son *Histoire naturelle*, au Ier siècle, il se serait agi de marbre frotté à l'aide de vinaigre. On sait en effet qu'il se produit alors un dégagement de gaz carbonique. Pour d'autres, la pierre utilisée aurait été enduite d'opium et chauffée dans un second temps.

Dans le bas-relief de Saqqarah, une deuxième scène montre ensuite le patient maintenu les bras au-dessus de sa tête par un assistant placé derrière lui – la légende dit : « Tiens-le pour qu'il ne s'évanouisse pas ! » –, tandis que le praticien accroupi devant lui se saisit du phallus et le circoncit avec une obsidienne. Qu'on se rassure : cette fois, l'hémostase n'était pas assurée par cautérisation, mais par un habile et bienfaisant pansement…

La circoncision à laquelle nous venons de faire allusion nous conduit enfin à évoquer, avant de quitter la terre d'Égypte, la culture médicale des peuples nomades dont la Bible nous rapporte les aventures. Au premier rang d'entre eux, un peuple « sorti d'Égypte » s'impose à note enquête : celui des Hébreux.

La médecine et les peuples de la Bible

Le parcours biblique du peuple des Hébreux, dont le père mythique, Abraham, quitta Ur en Basse-Mésopotamie pour gagner le pays de Canaan, nous mène bien sûr vers l'Égypte avec la postérité de Jacob, jusqu'à l'Exode vers le désert sous la conduite de Moïse. Entre les mages de Babylone et les *sounou* de Thèbes, où se place la médecine de la Bible ?

En décrivant les tribulations du peuple élu, ses différends avec son dieu – auquel il est si souvent infidèle – et avec les peuples voisins – au premier rang desquels, bien sûr, les Assyriens, puis les Néo-Babyloniens –, l'Ancien Testament, s'attardant sur les malheurs qui frappent les Hébreux, nous livre aussi d'intéressantes descriptions cliniques.

Empruntant très naturellement à la pensée mésopotamienne, la Bible attribue à Dieu l'origine de la plupart des maladies qui sont le plus souvent une punition des fautes. Ainsi, après en avoir étrangement délibéré avec David, on lit que :

> « Yahvé envoya la peste en Israël depuis le matin jusqu'au temps fixé, et le fléau frappa le peuple et soixante-dix mille hommes du peuple moururent depuis Dan jusqu'au Beersheba » (II Samuel, 24, 15).

On reconnaît ici sans peine les fureurs vengeresses de Nergal ou de Sekhmet, déchaînant aussi la « peste » – mot qui désigne alors toute espèce d'épidémie. Lorsqu'il s'agit de troubles mentaux, on soupçonne plus volontiers l'action néfaste du démon

Belial, personnification « diabolisée » d'un dieu rival. Toutefois le dieu d'Israël, protégeant son peuple, peut aussi le guérir :

> « Si tu écoutes la voix de l'Éternel [...] il t'évitera les maux infligés à l'Égypte. [...] Je suis ton médecin » (Exode, 15, 26).

Dans l'Ecclésiastique, le rôle du médecin est même mis en valeur :

> « Honore le médecin, avant d'en avoir besoin, car aussi Dieu l'a créé. »

Mais la médecine biblique reste dominée par la prière et même le sacrifice, et toute sa doctrine s'exprime dans les versets qui suivent :

> « C'est du Très-Haut en effet que vient la guérison. [...]
> Mon fils si tu es malade, ne sois pas négligent, mais prie le Seigneur et il te guérira.
> Évite les fautes et redresse tes mains, et purifie ton cœur de tout péché,
> Offre le parfum et le mémorial de farine, et immole de grasses victimes comme si c'en était fait de toi,
> Puis fais place au médecin, car lui aussi le Seigneur l'a créé, et qu'il ne s'éloigne pas de toi, car tu as besoin de lui » (Sir, 38, 1-15).

On constate que l'espace laissé au médecin *(rophé)* est plus que mesuré. Cet état d'esprit, venu des origines mésopotamiennes, et d'autres obstacles propres aux Hébreux – la prohibition de toute manipulation d'un cadavre et le tabou du sang notamment – n'ont pas vraiment permis à la médecine de prospérer.

Toutefois, dit encore l'Ecclésiastique :

> « Le Seigneur a créé les remèdes issus de la terre, et l'homme sensé ne les repousse pas » (Sir, 38, 4).

On cite même « le pharmacien qui fait des mixtures ». On trouve donc dans le texte biblique le témoignage de remèdes tirés des produits de la nature, comme dans tout le Proche-

Orient à la même époque. Ils s'inspirent, selon les cas, des recettes babyloniennes ou égyptiennes. Il semble bien, cependant, que le médecin hébreu ne se soit préoccupé que de quelques maladies comme les affections bénignes de la peau, les ulcères (Job, 2, 7), peut-être aussi les insolations (II Rois, 4, 18-20), et bien sûr les blessures et les fractures. Il était même précisé que le traitement des blessures reçues par une victime devaient être pris en charge par leur auteur qui en payait lui-même les soins, en écho probable, du reste, à une disposition identique du *Code de Hammurabi* (Exode, 21, 18-19).

L'apport du peuple hébreu à la médecine se situe dans un autre domaine, que l'on pourrait qualifier d'hygiène préventive. En particulier, les interdits alimentaires – dont la justification religieuse alléguée est pour le moins difficile à saisir – portent sur des animaux, comme le porc, responsables de nombreuses affections parasitaires. De même aussi, la prohibition des relations sexuelles pendant la menstruation – et la gestation – permet d'exclure des périodes où les infections sexuellement transmissibles ont une contagiosité plus grande. Il faut évidemment relever le caractère désormais obligatoire de la circoncision, inconstamment pratiquée par les Égyptiens, nous l'avons vu, mais toujours pour des raisons exclusivement hygiéniques.

La Bible, enfin, nous apporte, dans un long passage du Lévitique, une description unique et très soigneuse des signes permettant de diagnostiquer la lèpre *(tsarâ'ath)*, l'un des fléaux qui terrifiaient l'Antiquité, et des mesures à prendre à l'égard de ceux qui en sont atteints. Près de soixante versets sont consacrés à ce sujet, et le tableau est si précis qu'on peut fortement soupçonner que la distinction entre les deux grandes formes classiques de la maladie – tuberculoïde et lépromateuse – avait été correctement faite. Le plus remarquable, surtout, est que l'examen soit en totalité effectué par un prêtre et non par un médecin :

« S'il se forme sur la peau d'un homme une tumeur, une dartre, ou une tâche luisante, un cas de lèpre de la peau est à prévoir. On le conduira à Aaron, le prêtre, ou à l'un des prêtres, ses fils. Le prêtre examinera le mal sur la peau. Si à l'endroit malade le poil a viré au blanc, si ce mal fait creux dans l'épiderme, c'est un cas de lèpre ; après observation, le prêtre déclarera l'homme impur » (Lévitique, 13, 1-4).

On notera qu'un tel diagnostic suppose une certaine connaissance des autres maladies cutanées sémiologiquement proches, comme certaines formes de psoriasis par exemple, lesquelles étaient alors sans doute déférées à « un simple médecin ». Nous pouvons naturellement nous interroger sur la pertinence des diagnostics effectués, mais lorsque la lèpre était affirmée, la sanction s'imposait aussitôt :

« Tant que durera son mal, il sera impur et, étant impur, il demeurera à part : sa demeure sera hors du camp » (Lévitique, 13, 14-18).

Le texte d'une tablette divinatoire babylonienne dont la traduction ne fut publiée qu'en 1957 montre du reste que, là encore, la Bible a largement transmis un savoir mésopotamien. On pouvait en effet y lire :

« Si la peau d'un homme présente des taches blanches ou est parsemé de nodosités, un tel homme est rejeté part son dieu et il doit l'être par la société. »

C'est donc par l'intermédiaire de la Bible, après une superbe description clinique, que la seule attitude à adopter a été fixée pour des siècles à l'égard de la lèpre : l'éviction du patient de la communauté des autres hommes. Les crécelles des « ladres » qui faisaient entendre leur sinistre bruit dans l'Europe du Moyen Âge n'en étaient que l'écho lointain et désespéré.

Le legs médical de l'Orient antique

Lorsqu'à la fin du VIe siècle avant notre ère l'Égypte est conquise par la Perse, après la Mésopotamie, la nouvelle puissance qui gouverne l'Orient antique ignore qu'elle devra elle-même céder la place, deux siècles plus tard, devant les Grecs. L'histoire de la médecine n'y est pas indifférente.

Entre le Croissant fertile et les rives du Nil, quelque chose d'essentiel s'est joué, en près de trois millénaires, dans l'élaboration de l'art de guérir. Des rituels magiques où l'homme est entièrement sujet, on est progressivement passé à une approche clinique où l'observation et la raison font peu à peu leur place, mais surtout où la volonté de l'homme s'oppose d'une certaine manière à la volonté du Ciel.

Les relations entre la médecine et le sacré, le mystère, la religion, allaient se poursuivre pendant des siècles encore, mais un tournant avait été pris, une page résolument tournée. Des hommes désormais bien identifiés, recevant une formation spécifique, échangeant de génération en génération leurs savoirs et leurs interrogations, avaient travaillé au soulagement des souffrances de leurs semblables. Il y avait désormais des médecins, mais y avait-il déjà une médecine ?

Parce que la médecine, comme toute discipline qui suppose à la fois une connaissance théorique et une expérience pratique, n'est pas séparable de l'évolution générale des idées, l'étape qui demeurait à franchir n'était pas proprement médicale mais avant tout intellectuelle. C'est en Grèce que ce franchissement allait s'accomplir.

Dans les derniers siècles de l'Égypte hellénisée, Imhotep – revenons à lui – recevait dans ses temples des malades qui, en y demeurant quelques jours, espéraient que sa bienveillance leur vaudrait la guérison. Bientôt, pourtant, un autre dieu allait le supplanter, imposant peu à peu ses sanctuaires et remplissant la même tâche. Et ce dieu serait grec et se nommerait Asclépios.

La tradition légendaire donnera à ses descendants le nom d'Asclépiades. Avec eux, la médecine grecque allait naître. Ou la médecine, tout simplement.

Chapitre III

LA MÉDECINE NAÎT EN GRÈCE

La médecine des dieux et des héros

En suivant les récits des amours et des combats des premiers dieux et de leurs mortels compagnons, nous découvrons aussi les plus anciens témoignages sur les pratiques médicales de la Grèce archaïque.

C'est notamment à Homère, au VIIIe siècle avant notre ère, puis à Hésiode, qui naquit au milieu du VIIe siècle, qu'il revint de fixer pour la postérité cette geste fabuleuse, dans l'*Iliade* et l'*Odyssée* pour le premier, dans la *Théogonie*, les *Travaux et les Jours* pour le second.

Dans ce temps intermédiaire à l'histoire et au mythe où s'accomplissent les destins des dieux et des héros grecs, l'un des premiers à évoquer la médecine est sans doute Mélampous. Il vivait en des siècles lointains où les rois légendaires des premières cités grecques passaient le plus clair de leur temps à se faire la guerre et à régler leurs problèmes familiaux. Nélée, qui avait fondé Pylos, dans le Péloponnèse, possédait une fille dénommée Péro. Elle inspira à son cousin Bias une passion qu'il déclara au roi Nélée. Ce dernier voulut bien accorder la main de sa fille, mais à la condition un peu inattendue que le prétendant parvienne à dérober les bœufs appartenant à un tyran voisin, Iphiclos. Bias, que l'amour n'aveuglait pas, se déroba et pria son frère Mélampous, jugé plus habile en ce genre d'exercice, de se substituer à lui.

Mélampous échoua pourtant dans sa tentative et se retrouva le prisonnier d'Iphiclos.

Or, Mélampous comprenait le chant des oiseaux et connaissait aussi celui des serpents. Méditant un jour dans sa prison, il entendit les vers qui rongeaient la charpente – on pensait alors que les vers étaient des reptiles – se dire entre eux que tout étant mangé, ou presque, les poutres ne tarderaient plus à tomber. Mélampous eut juste le temps d'annoncer l'écroulement imminent de sa geôle : à peine libéré, sa prédiction se réalisa. Iphiclos, fortement impressionné, fit alors venir Mélampous, dont il soupçonnait les dons secrets. Frappé d'un mal fâcheux – il était impuissant –, Iphiclos demanda à Mélampous de le guérir. Celui-ci lui prescrivit aussitôt un remède peu ragoûtant : ingérer un peu de rouille raclée sur une lame d'épée, en d'autres termes de l'oxyde de fer. Iphiclos, soumis à ce traitement, retrouva toute sa vigueur, et cette guérison valut à Mélampous sa liberté… et le troupeau de bœufs. Bias put enfin épouser Péro, mais la légende nous laisse surtout le premier témoignage du traitement martial – c'est-à-dire par le fer – d'une probable asthénie anémique.

La réputation de Mélampous, prophète et médecin, ne fit alors que grandir. Il fut ainsi requis de s'occuper des filles du roi Proetos, en Argos. Lysippé, Iphinoé et Iphianassa, victimes d'un délire singulier et tourmentées par une ardeur génésique hors du commun, se prenaient pour des génisses, couraient les champs dans le plus simple appareil et portaient sur le visage, selon Hésiode, « des dartres affreuses qui les tourmentaient beaucoup, et toute la peau était couverte de boutons lenticulaires. Leurs cheveux tombèrent et leur belle chevelure se trouva remplacée par une stricte calvitie[1] ».

1. La nature de l'affection qui a pu servir de modèle à cette histoire reste discutée. On a suggéré qu'il pourrait s'agir d'une syphilis parvenue au stade des manifestations dites « secondo-tertiaires », mais ce serait le seul cas connu dans l'Antiquité. : la maladie ne semble en effet pas attestée en Europe avant la fin du XVe siècle.

Mélampous prit les choses en main et appliqua un traitement énergique : il fit courir les jeunes filles pendant dix lieues, poursuivies par « de jeunes garçons nus dansant et poussant des cris ». Après ce psychodrame peut-être thérapeutique, il les fit se baigner dans les eaux bienfaisantes du fleuve Anibos et acheva par un rituel d'égorgement sur leur front d'un cochon de lait. Jusque-là, un médecin mésopotamien n'aurait sans doute pas fait mieux.

Cependant, Mélampous, à en croire la légende, n'ignorait pas les remèdes tirés de la nature. Ayant noté que les chèvres qui avaient brouté de l'ellébore blanc – qu'on nomme aujourd'hui encore *Melampodium* – étaient prises de diarrhée, il fit boire à ses patientes du lait de ces chèvres comme purgatif léger – un trait plutôt égyptien, cette fois. Il ajouta encore quelques bains chauds : les trois sœurs guérirent bientôt, et Mélampous, sans doute favorablement impressionné par leur généreuse nature, épousa la première d'entre elles, la jeune Lysippé. Pour prix de sa cure, il reçut en outre les deux tiers du royaume et y institua le culte de Phallos !

On retrouve bien ici, aux sources de la médecine grecque, ce mélange d'incantations, de sacrifices et de traitements naturels auquel l'Orient ancien nous a habitués.

On doit également citer Orphée, fils d'un roi de Thrace, qui pleurait sur sa lyre la perte d'Eurydice. Un poème orphique nous révèle qu'il avait étudié les pouvoirs magiques et les vertus thérapeutiques des minéraux – la future médecine grecque s'en souviendra. Son élève Musée, comme lui poète et magicien, fut aussi médecin aux dires d'Aristophane et enseignait « la guérison des maladies et les oracles ».

Puis vient le plus illustre des héros : Héraclès. Ses exploits, diversement rapportés par les nombreuses versions de la légende, ne sont pas sans rapport avec la médecine. Chez Hésiode et dans les poèmes orphiques ont lui attribue le mérite d'avoir mis un terme à des maladies épidémiques. Pour ces raisons il est dit *alexikakos* (« qui écarte les maux ») ou *sôter* (« sauveur »). Bien qu'alors il ne soit encore qu'un homme – son apothéose surviendra à sa mort –, on peut supposer que sa nature semi-divine – car il est fils de Zeus et de la mortelle et vertueuse Alcmène – est ici en rapport avec ses dons de thérapeute. Cependant, lors de ses fameux « travaux », il se révèle peut-être comme l'un des fondateurs de l'hygiène publique. En détournant le fleuve Alphée, il assèche les marais qui recelaient toutes sortes de pestilences et il fait sans doute de même en Argolide lorsqu'il vient à bout de l'Hydre de Lerne. Bien plus tard, à Messine, on le tenait pour un dieu de la médecine, et certaines traditions lui attribuaient la découverte de plantes médicinales et notamment des *heraclions*.

Toutefois, dans la légende grecque, c'est à un être partiellement humain qu'on doit réellement l'institution de la médecine : le Centaure Chiron, pourvu d'un buste d'homme et d'un corps de cheval. Il aurait vécu en Thessalie, à l'écart de ses sauvages congénères, au XIIIe siècle avant notre ère. Doux et pacifique, en communion avec la nature, Chiron enseignait à ses disciples qui figurent tous dans l'*Iliade* et l'*Odyssée* – parmi lesquels le glorieux Achille –, de nombreux arts comprenant la médecine, essentiellement fondée sur la thérapeutique par les plantes dont il avait acquis une connaissance approfondie. Héraclès, après avoir tué l'Hydre de Lerne, ayant trempé ses flèches dans le sang empoisonné du monstre, blessa Chiron de l'une d'elles par mégarde alors qu'il pourchassait le sanglier d'Érymanthe. Le Centaure pansa la plaie et chercha à combattre le venin mortel par l'action de la *centaurée*, dite encore *Chironia*. Le mal progressa néanmoins et Chiron en mourut. Il laissait pourtant un disciple, le plus grand de tous, l'Imhotep grec. Il se nommait Asclépios.

Celui que la tradition latine appellera Esculape serait né vers 1250 avant notre ère en Thessalie. La fille du roi Phlégès, Coronis, bien qu'ayant conçu Asclépios des œuvres d'Apollon – qu'ultérieurement la dévotion populaire reconnaîtra lui-même comme un dieu guérisseur –, se détourna de son divin amant en devenant l'épouse du mortel Ischys. Apollon, fou de jalousie, châtia aussitôt son rival mais confia le sort de Coronis à sa sœur la farouche Artémis, qui la cribla de flèches. L'infortunée mourut et fut portée au bûcher selon la coutume grecque. À cet instant, aux dires de Pausanias et d'Ovide, Hermès, un autre dieu médecin héritier du Thot égyptien, serait intervenu pour extraire l'enfant par l'une des plus anciennes césariennes de l'histoire. Le jeune Asclépios grandit alors sous la garde bienveillante de Chiron, qui put lui transmettre tous ses secrets de guérison.

Devenu adulte, Asclépios fut sans doute le premier médecin de marine en prenant part à la mythique expédition des Argonautes. Pindare rapporte qu'Asclépios « soigna par la parole, les simples et le couteau. » Prolongeant les méthodes de Mélampous et de Chiron, à la thérapeutique psychologique et au traitement par les plantes il ajouta par conséquent la chirurgie. Il sondait et pansait les plaies, et appliquait sur elles des onguents cicatrisants. Il semble aussi, comme nombre de médecins avant lui, s'être intéressé aux hémorroïdes. Son succès était tel que, selon la légende rapportée par Pindare, le dieu des Enfers, Hadès, vint un jour se plaindre auprès de Zeus, son frère, affirmant que les défunts se faisaient rares et que, par son talent de thérapeute, allant jusqu'à ressusciter un mort, Asclépios menaçait de dépeupler le royaume des ombres. Zeus se montra sensible à cette démarche et il fit périr par sa foudre le trop habile médecin. D'Asclépios comme jadis d'Imhotep on fit par la suite un dieu, puisque fils d'Apollon. Nous le retrouverons dans ses temples.

Désormais, les dieux allaient descendre de l'Olympe. Au milieu du XIIe siècle un drame aux suites immenses allait en témoigner : la guerre de Troie.

La médecine chez Homère

Dans les furieuses batailles de l'*Iliade* nous voyons d'abord naître la médecine militaire : les héros sont là, avant toute chose, pour mourir en se couvrant de gloire. Dans l'ombre des combats ou dans l'éclat de nuées ardentes les dieux interviennent, faussent le jeu, soutiennent leurs champions ou foudroient leurs ennemis. Mais après ces mêlées meurtrières, lorsque les assauts sont terminés, on voit apparaître des médecins qui ne sont, quant à eux, ni des dieux ni des héros. Pas des mages ni des prêtres non plus.

Dans une œuvre rédigée vers la fin du VIIIe siècle avant notre ère, Homère nous décrit pour l'essentiel, et c'est très remarquable, une chirurgie de guerre que ne contamine presque aucune pratique magique ou religieuse.

Ces morts violentes sont d'abord de terribles descriptions anatomiques qui durent nourrir la réflexion de générations de médecins. Ainsi, par exemple :

> « Idoménée frappa de sa lance Érymas dans la bouche : le bronze pénétra jusqu'au cerveau, brisant les os blancs [c'est-à-dire le massif ethmoïdal, situé au-dessus des fosses nasales], toutes ses dents se relâchèrent, et les yeux s'injectèrent de sang, tandis que le sang jaillissait aussi par la bouche et les narines. […] » (*Iliade*, XVI, 345-360).

Les guerriers eux-mêmes semblent avoir appris et mettent en pratique les cruelles leçons de cette anatomie de la mort :

> « La pierre [lancée par un adversaire] frappe au-dessous du flanc, à l'endroit nommé le cotyle, où la cuisse s'emboîte dans la hanche ; l'os est brisé, les deux tendons sont rompus, la pierre raboteuse a déchiré la peau. Une nuit sombre. […] » (*Iliade*, V, 306-312).

Ailleurs, l'aède poursuit ces constats chirurgicaux :

> « Il lui enfonce sa lance dans le nombril, endroit où les blessures d'Arès sont funestes aux mortels » (*Iliade*, III, 568-570).

Sur le terrain sont présents tous les élèves de Chiron : certains, comme Achille, vont bientôt se battre, d'autres, comme les fils d'Asclépios, soignent aussi les combattants : Podalirios exerçant la médecine et Machaon la chirurgie.

En peu de mots, du reste, Homère résume le programme de travail de ce dernier :

> « Il coupe de son couteau le trait aigu et cruel [une flèche], lave d'une eau tiède le sang de la plaie, y applique une racine amère qu'il a brisée entre ses mains et qui doit apaiser les douleurs. La blessure est séchée, le sang cesse de couler et les douleurs s'apaisent » (*Iliade*, XI, 842-848).

Aux gestes douloureux des hommes se joignent alors les attentions apaisantes des femmes initiées, elles aussi, aux secrets de la médecine. Hélène elle-même, bien après les combats, proposera à ceux chez qui l'angoisse et la douleur subsistaient encore le *népenthès* (« qui soulage le chagrin ») toujours chanté par Baudelaire vingt-cinq siècles plus tard :

> « Alors, Hélène jeta dans le vase où ils puisaient le vin le suc magique propre à calmer la douleur et la colère et qui fait oublier tous les maux » (*Odyssée*, IV, 219-222).

Elle tenait cette science de l'Égyptienne Polydamna, première mention littéraire de l'héritage reçu de la terre de Memphis par la médecine grecque : s'agirait-il ici de l'opium ou de la mandragore ?

Le reste du temps, pour restaurer les forces des héros, on leur proposait en guise de cordial un singulier breuvage dont la composition exacte demeure discutée : à du vin doux on aurait mélangé, selon certains, du caillé de chèvre et de la farine, pour d'autres de l'huile et des oignons : peut-être, à l'idée de l'absorber, les guerriers préféraient-ils aussitôt affronter de nouveau la mort…

Le témoignage d'Homère nous livre aussi l'ébauche d'un théorie de la vie humaine dont on suivra l'évolution dans la médecine grecque ultérieure. Pour le poète, comme pour la tradition orphique qu'il prolonge, la force qui maintient la vie est le *thymos*, souffle porteur de toutes les énergies et siégeant dans le cœur

– qui se met à battre de plus belle lorsqu'une émotion nous envahit ou qu'un effort nous sollicite –, tandis que l'*epithymia* qui en dérive, principe des passions, des désirs, des sentiments, siège dans les diaphragmes *(phrenes)* qui soutiennent les mouvements pulmonaires – et dont chacun ressent bien la contraction lorsqu'on a « la peur au ventre » –, mais aussi dans le foie sous-jacent.

Lorsque la mort survient, notamment au combat, dans le nuage qui environne alors le héros qu'un coup terrible vient de frapper, quand « les yeux s'injectent de sang » et que la « nuit sombre » obscurcit son regard, alors le *thymos* s'échappe par ses blessures. Au même instant, l'âme d'essence divine, la *psychè*, quitte à son tour un corps sans vie pour gagner l'Hadès, l'éternel séjour des ombres. En évoquant ce souffle, Homère inaugure l'un des problèmes conceptuels majeurs de la future médecine grecque : percer la nature précise de ce qui sera plus tard le fameux *pneuma* et formuler les lois qui le gouvernent

La fin de l'*Odyssée* marque, d'une certaine manière, la fin du temps légendaire et ouvre à l'histoire de la Grèce. Si la médecine devait en naître un peu plus tard, sur des bases entièrement nouvelles, c'est parce qu'une révolution de la pensée s'était préalablement accomplie. Chez les Grecs, le progrès de la médecine n'est pas séparable des acquis de la philosophie et, dans une certaine mesure, il en a historiquement procédé. Avant d'être l'art de guérir, la médecine grecque fut une science de l'homme. Dans ce domaine, tout restait à inventer.

De la philosophie avant toute chose

Au cours du VIe siècle avant notre ère, sur la côte ionienne, au bord occidental de l'Asie Mineure, de Milet et d'Éphèse à Halicarnasse, mais aussi dans les îles adjacentes jusqu'en Sicile et dans l'Italie méridionale qu'on appelait alors la Grande Grèce, un phénomène nouveau s'est produit qui a changé le cours de l'histoire en Occident. Des hommes ont une fois encore posé quelques questions essentielles sur lesquelles beaucoup avant eux avaient déjà réfléchi – quelle est l'origine de l'univers ? qu'est-ce que la matière ? pourquoi l'homme existe-t-il ? –, mais ils ont décidé d'en trouver les réponses non dans les récits mythiques ou dans la *Théogonie* d'Hésiode mais dans le simple exercice de la raison. La philosophie était née.

Les premiers philosophes de la Grèce, les Milésiens, dissertaient sur le principe dont avait procédé le monde : pour Thalès, c'était l'eau primordiale, pour Anaximène l'air illimité, pour Anaximandre l'infini. Comme ils étaient à la fois cosmologistes, astronomes, mathématiciens, géomètres, on les nomma longtemps « physiciens » ou « physiologues », car leur objet était avant tout l'étude de la nature *(physis)*. Ils ne devaient pas tarder à se pencher sur celle de l'homme.

Pythagore, qui dut naître dans le premier tiers du VIe siècle avant notre ère dans l'île de Samos et vécut jusqu'au début du Ve siècle, fut le premier, dit-on, à se qualifier de « philosophe » : à la différence des mages, des prophètes et des serviteurs des dieux, il ne prétendait pas posséder la sagesse mais seulement l'aimer et tendre vers elle. Il fonda à Crotone, en Italie du sud, l'une des premières écoles philosophiques. Il y dispensait à ses disciples un enseignement gradué, complexe, dont les aspects purement moraux étaient proposés aux débutants, aux « acousmatiques » (du grec *akousmatikoi*, « ceux qui écoutent »), tandis que les ultimes secrets étaient réservés aux vrais initiés, les « mathématiciens » (du grec *mathematikoi*, « ceux qui possèdent la science »). Pour Pythagore, les nombres et leurs rapports étaient la clé du monde. Outre son célèbre théorème, Pythagore se livra à des études sur la suite et les propriétés de nombres, les proportions, les racines carrées, les nombres irrationnels, les polyèdres réguliers, mais aussi sur l'astronomie et sur la musique, qui était à ses yeux un moyen de rendre de façon sensible les subtiles harmonies de l'univers.

Pythagore avait fait bien plus que d'élaborer une doctrine morale, physique ou mathématique, il visait à une science complète, englobant toutes les dimensions de la vie. La communauté qu'il animait était une secte au sens propre, coupée, séparée du monde. On y croyait à la transmigration des âmes, et une sévère discipline imposait à ses membres – des hommes ayant mis leurs biens en commun, vêtus de lin blanc, astreints à une absolue propreté corporelle – de respecter certaines règles alimentaires : ils se nourrissaient de pain et de miel, de légumes divers, mais proscrivaient les fèves de leur régime. Ce dernier point, assez curieux, mérite un commentaire. À lire les auteurs anciens, la proscription de la fève n'était pas clairement justifiée par la secte pythagoricienne. Pour certains, comme Pline, c'était parce que la tige du févier ne comportant pas de nœud, elle offrait aux âmes cherchant à s'échapper de l'Hadès – les Enfers grecs – un moyen facile pour s'y réfugier et qu'on ne devait donc pas l'arracher : on rapportait que pour cette raison Pythagore aurait un jour refusé de traverser un champ de fèves ; selon d'autres, comme Jamblique, les fèves étant en Grèce d'usage courant pour désigner les magistrats par tirage au sort, elles étaient un symbole de la démocratie dont l'aristocratique secte de Crotone se méfiait. Une autre explication peut cependant être proposée. Une affection héréditaire touchant surtout les hommes est répandue dans le bassin méditerranéen. Elle est due à un déficit de l'organisme en une enzyme dénommée G 6 PD, pouvant induire chez le sujet qui en est atteint une anémie hémolytique brutale et souvent grave, survenant notamment après ingestion de fèves : c'est ce que l'on appelle toujours le *favisme*. La seule prophylaxie connue consiste simplement... à ne pas manger de fèves ! On peut supposer que dans la communauté des disciples de Pythagore, le favisme avait dû frapper plus d'une fois. Peut-être avait-on rapproché les crises graves et parfois mortelles ayant atteint les victimes de la consommation, alors si habituelle, de cette légumineuse. On aurait par la suite donné à cette interdiction alimentaire – comme, en d'autres temps et d'autres lieux, à la circoncision – une justification morale et plus ou moins religieuse. Les pythagoriciens devaient enfin s'abstenir généralement de consommer de la viande, sauf si elle provenait d'animaux sacrifiés, et surtout de certains organes, tels le cœur ou le cerveau, qui étaient le siège des « principes » de la vie.

L'un des héritiers de cette école, Philolaos, au début du IVe siècle, posant avec Pythagore l'analogie absolue de l'univers et de l'homme et l'appliquant à la physiologie, pensait aussi qu'à l'image du monde qui possède un feu central, la chaleur est le principe de la vie du corps. Selon lui, d'après l'aristotélicien Ménon, la respiration faisant pénétrer dans les poumons de l'air froid pour en faire sortir de l'air réchauffé illustrait bien cet équilibre, perpétuellement rompu mais toujours rétabli, entre les deux principes qui s'opposent dans le monde. Il avait en outre distingué dans le corps humain trois substances fondamentales, le sang, le phlegme et la bile, dont les variations quantitatives créaient la maladie : on voit ici les bases incontestables de la théorie des humeurs que répandra Hippocrate.

Pythagore avait du reste placé la médecine à un rang élevé des préoccupations des sages. À en croire Jamblique :

> « Selon la tradition, les sciences que les pythagoriciens honoraient le plus étaient la musique, la médecine et la divination. [...] »

> En ce qui concerne la science médicale, ils faisaient leur son aspect diététique ; « ils étaient d'ailleurs très pointilleux sur le chapitre des régimes. [...] Les pythagoriciens avaient aussi recours aux cataplasmes, plus systématiquement qu'on ne l'avait fait jusque-là ; mais ils étaient plus réservés sur les drogues n'utilisant pour ainsi dire que celles destinées à traiter les ulcérations, et rejetaient presque totalement interventions chirurgicales et cautérisation » (*Vie pythagorique*, 163).

Curieusement, si Jamblique dit vrai sur ce dernier point, l'un des plus brillants disciples de l'école pythagoricienne fut aussi le premier anatomiste du monde grec.

Alcméon, né vers 535 avant notre ère, appartenait à l'école médicale établie de longue date à Crotone, nous le reverrons. Il y apprit sans doute les rudiments de son art, mais s'affilia aussi à la secte pythagoricienne qui lui permit de théoriser une pratique traditionnelle et incertaine. Inspiré par la vision encyclopédique de son maître, qu'il connut lorsque ce dernier atteignait la fin de sa vie, « polymathe » à son exemple (du grec *polymathes*, « possesseur de nombreux savoirs »), il se livra notamment à la dissection de divers animaux. Il nous en a laissé quelques descriptions, rapportées par les auteurs anciens, qui forment l'un des plus vieux traités d'anatomie de l'histoire.

Pour Alcméon comme pour nombre de ses devanciers et de ses successeurs dans les sciences anatomiques encore balbutiantes, les principaux viscères sont facilement identifiables, mais la description du système vasculaire est la première difficulté qui s'impose à l'observateur. On a vu, sur ce point, à quelle confusion avaient abouti les Égyptiens. Or, si Alcméon distingue bien les veines *(phleboi)* des artères *(artêriai)*, il affirme que seules les premières sont remplies de sang, tandis que les secondes sont vides ou plus exactement béantes et pleines d'air. On peut supposer qu'Alcméon avait surtout travaillé sur des cadavres d'animaux sacrifiés et donc saignés par un égorgement sectionnant les carotides. L'hémorragie du sujet vivant, sous l'effet de la pompe cardiaque, vide rapidement les artères, dont la paroi est rigide et qui apparaissent ensuite vides, alors que le secteur veineux, dont la paroi est fine et souple, demeure après la mort rempli d'un sang stagnant que le cœur n'attire plus à lui. Des auteurs considérables, comme Empédocle et Hippocrate lui-même, reprendront cette idée qui conduira probablement à une confusion durable, chez les auteurs antiques, entre les artères et les voies respiratoires – ces dernières étant naturellement aussi remplies d'air –, d'où l'appellation que les siècles n'ont curieusement jamais abolie de « trachée-artère » (du grec *trakheia artêria*, « artère rugueuse »), attribuée au gros conduit unique et de consistance cartilagineuse donnant naissance à l'arborisation bronchique. Cette vision fautive de l'anatomie aura évidemment par la suite des conséquences importantes sur la théorie physiologique des mouvements du sang et du rôle des artères.

De ces observations, Alcméon avait déduit une théorie expliquant les états de veille, de sommeil, et la cause générale de la mort. Selon ce que rapporte Aetius à partir de sources antiques :

> « Alcméon a vu que le sommeil se produit par un retrait de sang dans les veines, le réveil par l'afflux du sang dans les artères ; le retrait total produit la mort » (Aetius, *Opinions*, V, XXIII, 1).

Alcméon s'intéressa aussi à certains organes des sens, comme l'oreille et l'œil, avec des succès divers. Ainsi, sa découverte d'un conduit aérien situé entre la caisse du tympan et le pharynx (ce que nous appelons la « trompe d'Eustache ») lui fit supposer que les chèvres, chez qui il avait fait cette observation, respiraient par les oreilles... En revanche, si l'on en croit Théophraste, médecin et philosophe du IVe siècle avant notre ère, Alcméon situe bien le rôle de l'oreille dans l'audition et précise même les bases de la conduction aérienne des sons :

> « Nous entendons par le vide intérieur de l'oreille [la caisse tympanique], car c'est là ce qui résonne par suite de l'entrée du souffle [porteur du bruit] ; en effet, tout ce qui est creux résonne » (Théophraste, *Du sens*, 25-26).

De même, il reconnaît que la langue, poreuse et tendre, « dont la chaleur fait fondre les aliments », est à l'origine du goût. La vision quant à elle, s'effectue « à travers l'eau qui baigne les yeux », assertion qui suppose une dissection oculaire reconnaissant les différentes chambres de l'œil, notamment l'humeur aqueuse derrière la cornée et le corps vitré derrière l'iris.

C'est surtout en mentionnant le sens de l'olfaction qu'Alcméon introduit une notion très judicieuse. Il dit à ce propos :

> « L'odorat met en jeu le nez, organe qui, en même temps que l'on respire, fait pénétrer le souffle jusqu'au cerveau » *(id.)*.

En opérant ses dissections, Alcméon avait en effet mis en évidence des « canaux » – en réalité les nerfs – reliant les différents organes au cerveau. C'est particulièrement évident pour le nerf olfactif, en forme de gros bulbe, dont les ramifications visibles à l'œil nu se portent directement, en perforant une mince lame osseuse, de la partie antéro-inférieure du cerveau vers la partie supérieure des fosses nasales, et pour le nerf optique, gros cordon nerveux directement émané du cerveau et rejoignant l'œil par une large fente osseuse ménagée à l'arrière de la cavité orbitaire. De ces constatations Alcméon tire une intuition majeure en affirmant pour la première fois :

> « Le principat [le centre vital et organisateur de l'être, siège de la pensée et point de convergence de toutes les sensations] réside dans l'encéphale » (Aetius, *Opinions*, IV, XVII, 1).

C'est là un bouleversement complet des conceptions antérieures de tout l'Orient antique plaçant notamment la conscience et la source de la vie dans le cœur ou le foie. Plus tard, on trouve un écho de ce débat lorsque Philolaos, fidèle à la pensée de Pythagore mais certainement influencé par Alcméon, écrit dans une sorte de synthèse maladroite, selon le Pseudo-Jamblique :

> « Le cerveau est le principe de l'intellect, le cœur celui de l'âme et de la sensation » (*Théologoumènes arithmétiques, 25,*17).

La théorie d'Alcméon, en rupture trop profonde avec les conceptions universellement admises jusque-là, sera du reste oubliée ou rejetée par les penseurs qui étudièrent ensuite la physiologie, comme Empédocle ou Aristote. Néanmoins, ce sera l'un des mérites d'Hippocrate de reprendre cette opinion et d'en développer le principe.

Alcméon de Crotone, fondateur d'une certaine biologie expérimentale qui tire d'observations anatomiques nouvelles des conceptions physiologiques originales, semble aussi avoir le premier formulé une théorie générale de la santé et de la maladie qui exercera longtemps après lui une forte influence sur la médecine grecque.

Le Crotoniate part sans doute d'une idée pythagoricienne par excellence – mais que l'on retrouve au centre d'autres systèmes philosophiques comme celui d'Héraclite d'Éphèse (deuxième moitié du VIe siècle) – selon laquelle l'univers doit se déchiffrer d'après un système d'oppositions dualistes, et il l'applique aux phénomènes de la vie en mettant en jeu le chaud et le froid, le sec et l'humide, l'amer et le doux. Dans cet esprit, c'est l'équilibre de ces principes qui produit et conserve la bonne santé. Le déséquilibre ou la prédominance marquée de l'un d'entre eux conduit inévitablement à la maladie, voire à la mort. Selon l'opinion d'Alcméon, toujours rapportée par Aetius :

> « La maladie survient d'une part, pour ce qui est de l'agent, du fait d'un excès de chaleur ou de froid, d'autre part, pour ce qui est de la cause matérielle, du fait d'une abondance ou d'un manque de nourriture, et d'autre part enfin, pour ce qui est des lieux, du fait qu'elle a affecté soit le sang, soit la moelle, soit le cerveau. Ces parties peuvent aussi être affectées par des causes externes, comme certaines qualités des eaux, certains climats, la fatigue ou la violence subie, ou tout ce qui s'en rapproche. Mais pour revenir à la bonne santé, elle est le mélange harmonieux des qualités » (*Opinions*, V, XXX, 1).

Outre le principe fondamental de l'*isonomie* (du grec *isos*, « égal » et *nomia*, « administration »), qui suppose l'harmonie de l'organisme comme règle de son bon fonctionnement[2], Alcméon pose ici les fondements théoriques que l'on retrouvera dans le système hippocratique : l'importance attribuée au régime, à l'hygiène de vie, à l'environnement et la météorologie dans la compréhension et dans la prévention des maladies. Il n'y manque que la théorie des humeurs, au centre de la médecine d'Hippocrate, mais dont les sources pythagoriciennes, nous l'avons vu, sont vraisemblables.

Du point de vue de l'histoire de la médecine, c'est dans le sillage d'Alcméon qu'il faut situer l'œuvre et la pensée de celui qui fut sans doute le plus grand médecin philosophe de l'Antiquité, Empédocle d'Agrigente.

Né vers 490 avant notre ère dans la colonie dorienne de Sicile, Empédocle occupe dans l'histoire de la philosophie un rôle important, car il se situe à la jonction de deux époques. La première est celle des Milésiens, fondateurs de la réflexion philosophique et d'une physique élémentaire ; celle aussi des grandes oppositions entre l'école d'Élée, personnifiée par Parménide et Zénon, postulant l'inexistence du mouvement et la seule réalité de l'Un, immuable, éternel, et l'école d'Héraclite, affirmant selon la formule célèbre, *« pantha rhéi »* (« tout s'écoule »), que toutes les choses sont en perpétuel changement et que l'Un est inaccessible. La seconde époque sera celle des grandes synthèses issues de l'enseignement de Socrate, de Platon et d'Aristote : ce sera aussi celle d'Hippocrate.

Empédocle, contemporain d'Héraclite et de Parménide, l'est aussi des autres philosophes « pluralistes », comme Démocrite

2. Pour souligner à quel point l'avancement des sciences est inséparable des opinions généralement prévalentes dans la société à chaque époque, on peut signaler qu'une autre signification du mot *isonomia*, dans le domaine politique, était « égalité des droits » et se référait donc à l'idéal démocratique d'un certain nombre de Grecs. La prépondérance pathologique d'un des principes du corps sur les autres, cause de maladie, est en revanche qualifiée de *monarchia*.

et Anaxagore que nous découvrirons plus loin : la philosophie grecque cherche alors un équilibre après l'explosion initiale des hypothèses, des théories et de leurs multiples contradictions internes. C'est dans ce climat que l'œuvre d'Empédocle peut se comprendre. Lui-même est issu d'une tradition pythagoricienne très vivante dans sa région, et il est du reste vraisemblable qu'Alcméon séjourna à Agrigente. La pensée d'Empédocle est à la fois marquée d'une empreinte encore mystique – il se présentera parfois comme un thaumaturge, et certains de ses disciples le considéreront comme une sorte de dieu – et soucieuse de formuler avec rigueur une théorie du monde et de l'homme.

S'il conserve intégralement de Pythagore sa croyance en la métempsycose, en la transmigration des âmes, et le respect d'interdits alimentaires, il lui emprunte aussi, pour la remanier profondément, l'idée que l'univers est structuré à partir de dyades opposées, comme Alcméon lui-même s'en était fait l'écho. L'apport d'Empédocle, dans son grand poème *De la nature,* est de simplifier un système que l'école crotoniate avait compliqué à loisir jusqu'à distinguer dix *énantioses* (du grec *enantiosis*, « opposition ») parfois contradictoires ou redondantes (mâle-femelle, pair-impair, un-multiple, etc.). Il aboutit ainsi à un modèle simple qui persistera longtemps après lui.

Selon Empédocle, il existe à la base de toute manifestation deux couples d'opposition seulement : chaud-froid et sec-humide, dont on déduit quatre « racines » elles-mêmes couplées deux à deux, que sont respectivement le feu et l'air, la terre et l'eau. On reconnaît sans peine les éléments primordiaux postulés par plusieurs de ses prédécesseurs, mais il n'en admet aucun autre – comme l'infini ou l'éther mentionnés par certains avant lui. Ces éléments sont constants et durables, ils forment l'aspect permanent du monde, à la manière des Éléates. Empédocle ajoute cependant une notion majeure, qui aura un grand retentissement sur ses conceptions biologiques et médicales. Les « racines » sont mues par des forces qui les assemblent ou les disjoignent sans trêve : la Haine et l'Amitié. C'est ce qui rend compte, pour satisfaire Héraclite, de l'impermanence apparente du monde. À partir de cela, Empédocle peut tout expliquer :

> « Il faut en effet que les éléments ne cessent de se mouvoir alternativement, tantôt s'associant par l'action de l'amitié, tantôt dissociés par la haine. » (Simplicius, *Commentaire sur la physique d'Aristote,* 25, 21).

Comment les éléments s'assemblent-ils ou se séparent-ils lorsque l'Amitié ou la Haine les y contraignent ? Selon un principe simple : le semblable attire le semblable, les contraires se repoussent. Reformulée par Hippocrate et appliquée à la thérapeutique, cette idée se retrouvera pendant des siècles sous la forme d'un adage médical universellement connu : *« Similia, similibus curantur »* (« Les semblables se traitent par les semblables »), dont l'homéopathie fera plus tard sa devise.

Après avoir en avoir déduit une cosmologie, une physique et une astronomie, Empédocle appliqua sa méthode à deux problèmes majeurs de la biologie.

Il s'interrogea d'abord sur l'origine des formes animales. Empédocle fut sans doute le premier à formuler une théorie de l'évolution selon laquelle les différentes espèces se seraient formées, au cours des temps, par rapprochement aléatoire des semblables, sans plan préconçu. À l'origine auraient été produit des êtres incomplets, monstrueux (« des êtres aux pieds tors, ne pouvant marcher, mais pourvus d'innombrables mains ; d'autres à double visage et à double poitrine ; des bovins à figure d'homme et des humains à têtes de bœuf, des hermaphrodites ») ; puis, par assemblage selon la loi d'affinité, des êtres mieux équilibrés firent leur apparition et purent se conserver par reproduction. Si l'on fait la part d'une formulation poétique, ne perçoit-on pas dans cette théorie comme une lointaine intuition du concept darwinien de sélection naturelle des mutations aléatoires ?

Passant bientôt de l'évolution à la génération, Empédocle tente aussi de comprendre l'embryogenèse de l'être humain. Selon une idée déjà soutenue par Alcméon et plus tard reprise par Hippocrate, Empédocle pense que l'homme et la femme produisent l'un et l'autre une semence dont le mélange conduit à l'embryon. La prépondérance de l'une ou l'autre de ces semences détermine le sexe de l'enfant à naître. Ayant eu la possibilité de disséquer des embryons et des fœtus humains, Empédocle a bien observé la formation du cœur et noté que l'essentiel des différentes parties du corps est assemblé vers le quarantième jour. Il précise encore deux notions nouvelles : la première, certainement fondée sur une expérience clinique attentive, est que le moment optimal de la fécondation se situe vers le milieu du cycle menstruel – ce que nous savons aujourd'hui être vrai, puisque c'est l'époque de l'ovulation ; la seconde est que, contrairement à l'opinion d'Alcméon, ce n'est pas le corps de l'utérus qui nourrit l'embryon, par une sorte d'imbibition, mais un organe bien identifié dont Empédocle est le premier à reconnaître le rôle : le placenta.

Poursuivant sa théorie physiologique dans les domaines où Alcméon l'avait précédé, Empédocle nous a également livré sa vision du mécanisme de la sensation. Il postule à cet effet l'existence de minimes orifices sur toute la surface du corps – peut-être inspirés de ceux qu'on distingue, en effet, sur la peau. Ces « pores » laissent passer les effluves qui se détachent des objets extérieurs. Le point intéressant de cette physiologie sensorielle est qu'Empédocle fait ici encore appel à sa théorie des affinités. Pourquoi le son n'affecte-t-il pas l'œil ni la lumière l'oreille ? Empédocle répond que la lumière, par exemple, est de la nature du feu et que les pores spécifiques de l'œil ne laissent ainsi passer que ce qui ressemble au feu, qui réside dans l'œil lui-même. Alcméon avait du reste déjà affirmé la présence de feu dans l'œil et en donnait pour preuve le fait bien connu qu'un choc sur l'œil provoque la vision d'étincelles. Malheureusement, Empédocle se sépare d'Alcméon sur le lieu d'intégration finale des sensations : il revient à la conception classique qui faisait du cœur – et non du cerveau, comme l'avait dit Alcméon – le centre de la pensée et de la conscience.

Empédocle manifeste enfin toute son ingéniosité lorsqu'il s'attaque au rude problème de la respiration et des mouvements du sang. Prisonnier de l'erreur anatomique confondant les artères et les voies respiratoires, Empédocle introduit également ses fameux pores, dont il fait l'aboutissement à la peau des vaisseaux sanguins. Ces pores ne peuvent pas laisser passer le sang mais seulement l'air. Il imagine ainsi tout un jeu alterné de respiration par la peau au cours duquel l'air entre dans les vaisseaux. Lors de l'inspiration, le sang reflue vers le centre du corps et entraîne ainsi l'air avec lui. Lors de l'expiration, le sang se rapproche de la surface et chasse l'air devant lui. Curieusement, Empédocle ne semble pas avoir attribué aux poumons un rôle majeur dans ces échanges, mais peut-être un rôle comparable à celui de la peau, les poumons renfermant, eux aussi, des pores. Malgré d'énormes confusions, tout n'était pas faux cependant, on le voit, dans cette physiologie respiratoire primitive.

Le plus intéressant peut-être est que, pour asseoir sa théorie, recourant à un procédé de métaphore technologique qui dominera longtemps la médecine grecque, Empédocle compare les mouvements relatifs de l'air et du sang à ceux que l'on observe en maniant une clepsydre, cette horloge à eau alors couramment utilisée, faite d'une base sphérique perforée de petits trous – comme les pores – et surmontée d'un tube creux – comme la trachée-artère, sans doute – par lequel on la remplissait d'eau, pour laisser ensuite « s'écouler les heures ». Si, par jeu, un enfant plongeait une clepsydre vide dans un vase d'eau en bouchant l'orifice supérieur, l'eau n'y pénétrait pas ; si, à l'inverse, la sphère perforée étant remplie, on obturait encore le tube, l'eau ne s'écoulait plus. Pour Empédocle, la démonstration était parfaite. Ce qui est démontré, pourtant, c'est qu'une même constatation expérimentale peut recevoir, à des siècles de distance, des explications extrêmement différentes : celle d'Empédocle était, à ses yeux, d'une rationalité indiscutable.

Empédocle, grand philosophe, législateur, poète, fut donc médecin et lui-même se qualifia volontiers de *iatros* (« celui qui guérit »), mais l'on ne sait dans quelles conditions il exerça son art. Grand voyageur, il fut loué, dit-on, pour avoir mis fin à une épidémie – de malaria ou d'autre chose – qui sévissait à Sélinonte, à cause des eaux stagnantes du fleuve Hypas. En parfait hygiéniste, il aurait fait canaliser des eaux douces qu'il aurait ensuite fait affluer vers le fleuve pour l'assainir : on se souvient que, dans ses exploits, Héraclès avait déjà accompli des prouesses comparables. À la limite du faiseur de miracles, et à l'exemple d'Asclépios, Empédocle aurait aussi rappelé à la vie une femme asphyxiée et tenue pour morte depuis des jours – comme avant lui, selon la Bible, Élie s'étendant face contre face sur un enfant inanimé, dans ce qui fut peut-être le plus ancien bouche-à-bouche de l'histoire (I Rois, 17, 17-22), ou après lui Jésus « ressuscitant » Lazare (Jean, 11, 43-44). Mais que fit au juste Empédocle pour obtenir un tel résultat ? On ne le sait pas exactement.

Finalement, si le nom d'Empédocle demeure si fortement attaché à l'histoire de la médecine, c'est sans doute parce que, après Alcméon, il fit un effort parmi les premiers pour dégager cet art des restes de magie et de mystique qui l'environneront pourtant longtemps encore. C'est à lui aussi qu'on doit la théorie des « racines », qui fondera clairement chez Hippocrate celle des humeurs, promise à un si grand destin. Enfin, il a jeté les bases d'une physiologie rationnelle quoique pleine encore de naïveté, d'obscurité et de contradictions.

La philosophie s'était jusque-là principalement développée sur la côte ionienne où elle était née, dans la Grande-Grèce – c'est-à-dire en Italie du Sud – et en Sicile. Au tournant du ve siècle, elle gagna Athènes, dont le rôle politique, avec Périclès, devait aussi s'affirmer. Les plus grands philosophes antiques y accomplirent leur œuvre, mais deux d'entre eux furent parmi les derniers à pratiquer l'art des médecins, juste avant que parût Hippocrate. Dans une certaine mesure, ils récapitulent ce qu'on nommera après eux, avec un peu de dédain, la « médecine philosophique ».

Né vers 500 avant notre ère en Asie Mineure, près de Milet, Anaxagore de Clazomènes vint à Athènes à l'âge adulte. Il y fut ainsi le premier philosophe. Proche de Périclès et touché par la disgrâce qui frappa ce dernier, Anaxagore dut finalement s'exiler à Lampsaque, sur la côte de l'actuelle Turquie, près du détroit des Dardanelles, où il mourut entouré et respecté en 428.

Sa première préoccupation, comme celle de nombre de ses contemporains, est d'ordre physique. Il cherche à dépasser l'opposition toujours irrésolue à son époque entre, d'une part, les Éléates qui affirmaient l'immutabilité du monde et l'impossibilité pour l'Être de procéder du non-Être – en clair : rien de nouveau ne peut être créé – et, d'autre part, le flux universel et le changement permanent décrits par Héraclite. Anaxagore propose de concilier ces points de vue en introduisant la notion de *noûs* (ou *noos*), terme grec que l'on peut traduire par « esprit », « intellect » ou « raison ». Constitué d'infimes parcelles spirituelles, d'étincelles invisibles d'esprit répandues dans toute la nature, le *noûs* est le principe actif, l'agent intelligent qui, imprégnant tout, organise la matière et notamment la vie. Car de la physique Anaxagore passe bientôt à la biologie : l'embryogenèse à son tour le sollicite. Contrairement à d'autres auteurs de son temps, il pense que seule la semence masculine donne l'embryon, l'utérus ne faisant que le nourrir, mais une question majeure se pose à lui : comment un être complet peut-il naître de cette semence indifférenciée ? Pour reprendre ses propres paroles : « Comment se pourrait-il que le cheveu fût engendré à partir du non-cheveu, la chair à partir de la non-chair ? » Le *noûs* y pourvoit, selon lui, faisant apparaître dans le vivant le même esprit, le même souffle animé qui a organisé la matière.

Plus que théoricien, Anaxagore fut aussi un médecin apprécié par ses disciples. Il affirma que les maladies aiguës étaient le plus souvent liées à l'accumulation de bile dans les veines, les poumons ou la plèvre, et contribua ainsi également à nourrir la doctrine des humeurs dont Hippocrate fera la synthèse. On lui attribue enfin la théorie des crises dont le modèle pour les Anciens était l'épilepsie, souvent interprétée comme une intervention divine. Anaxagore aurait été le premier à en soutenir le caractère naturel : le *noûs*, parfois, jouait de vilains tours aux humains...

Pratiquement contemporain d'Anaxagore dont il connut l'œuvre, Diogène d'Apollonie naquit en Crète et vint enseigner à Athènes. S'il étudia, lui aussi, les doctrines relatives à la structure de l'univers, il a pris sa place dans l'histoire de la médecine en raison des importants travaux anatomiques auxquels il se livra et dont Aristote nous a livré d'abondants extraits dans son *Histoire des animaux* (III, II, 511b30).

Dans une remarquable description, Diogène reconnaît les gros vaisseaux de l'abdomen et du thorax, mentionne leurs bifurcations dans les membres, la ramification des carotides et des jugulaires dans le cou, ainsi que l'afférence aux différents viscères, comme le foie, la rate ou les reins, de vaisseaux qui leurs sont propres. Les trajets sont parfaitement retracés et distingués. L'ensemble traduit à l'évidence une pratique attentive et soigneuse de la dissection anatomique, faisant même soupçonner que Diogène eut l'intuition d'un réseau capillaire trop fin pour être aperçu à l'œil nu. Toutefois, Diogène ne semble toujours pas faire de différence entre les veines et les artères, décrivant sous le nom unique de « veines » l'aorte et les carotides clairement identifiables dans son texte, au même titre que la veine cave qui longe l'aorte et les veines jugulaires près des carotides. Avec bien d'autres auteurs grecs, il soutiendra aussi que dans les « veines », le sang et l'air se mélangent (sans doute, une fois encore, parce que certaines de ces « veines » – en l'occurrence les artères – étaient apparues vides de sang, pour les raisons que nous avons évoquées plus haut). Enfin, observant la riche vascularisation de la langue vers laquelle, pense-t-il, tous les vaisseaux semblent converger, il en déduit qu'elle est sans doute le miroir de toutes les affections : c'est à cette idée que nous devons peut-être, depuis vingt-cinq siècles, de devoir si souvent tirer la langue à notre médecin…

Vers la fin du ve siècle, les spéculations naturalistes des premiers philosophes semblaient s'épuiser. Ces pionniers de la pensée avaient agité quelques idées, fait quelques observations et surtout créé une méthode intellectuelle, mais leurs pures théories s'opposaient en vain. Pour la médecine grecque, un autre temps devait venir.

Nous avons, en parcourant cette galerie de penseurs illustres, laissé sur le bord du chemin l'un d'entre eux, Démocrite d'Abdère, qui vécut de 460 à 360 environ. Fondateur avec son maître Leucippe de l'école atomiste, postulant que le monde est fait d'infimes particules en perpétuel mouvement, les *atomes*, tombant dans le vide pour chercher leurs homologues afin de s'y associer – ce sont les « atomes crochus » – et former ainsi les objets qui sont donnés aux sens, Démocrite fut lui aussi médecin. La tradition lui attribue des ouvrages aux titres évocateurs comme *Les Opinions médicales*, *Les Épidémies*, *Le Pronostic*, *Les Remèdes*, malheureusement perdus. Vers la fin de sa vie, cet homme curieux, qui aimait à disséquer toutes sortes d'animaux, passait pour rire de tout. Ses familiers et ses concitoyens le crurent même devenu fou et s'en inquiétèrent. Du fond de la Grèce on fit donc venir pour l'examiner un praticien renommé. Ce dernier découvrit notre philosophe, dans son jardin, sans doute en train d'ouvrir joyeusement quelque caméléon. L'échange entre les deux hommes fut courtois, plaisant et même profond. Le médecin en conclut que « Démocrite, le sage d'entre les sages » était parfaitement sain d'esprit. Retournant libre à ses chères études, le philosophe ne devait pas oublier le nom du bienveillant expert et confrère qui l'avait ainsi sauvé : il s'appelait Hippocrate[3].

En médecine, l'autorité avait donc changé de camp : symboliquement, un autre chapitre avait été ouvert. Les médecins qui devaient l'écrire n'étaient pas les fils des philosophes mais, pour beaucoup d'entre eux, les rejetons tardifs et peut-être infidèles des dieux grecs de la santé.

Les Asclépiades, Cnide et Cos

Dès la haute Antiquité, les temples d'Apollon avaient fleuri en Grèce, et ses oracles – dont la célèbre Pythie de Delphes sur son trépied de fer – y dévoilaient l'avenir ou répondaient aux questions, éventuellement médicales, de ceux qui les consultaient. Les compétences d'Apollon étaient assez vastes, mais il allait être supplanté dans ses activités médicales par celui dont la tradition avait fait son fils.

Dans le courant du VIIe siècle avant notre ère, Asclépios était devenu un dieu. Ses temples se répandirent depuis la Thessalie vers Rhodes, Tarente, Pergame, Cos, Cnide et surtout Épidaure, dans le nord du Péloponnèse, où sera établi l'un des plus anciens et sans doute le plus magnifique d'entre eux. Ce culte atteindra Athènes dans les années qui suivirent la première peste de 429, et Rome adoptera enfin Esculape en 291, dans les deux cas à l'occasion d'une grave épidémie. En Égypte même, nous l'avons dit, le fils d'Apollon prendra la place d'Imhotep, ajoutant un maillon de plus à la chaîne traditionnelle qui relie la médecine égyptienne à celle qu'Hippocrate fondera plus tard.

---

3. La Fontaine évoque cette anecdote dans sa fable *Démocrite et les Abdéritains* (VIII, 26) et Pieter Lastman, le maître de Rembrandt, l'a immortalisée dans un tableau.

Les demeures du dieu étaient desservies par une caste héréditaire de prêtres-thérapeutes, les Asclépiades, dont la réputation gagna rapidement tout le pourtour méditerranéen et qui virent affluer vers eux des malades de toutes sortes.

Dans ces temples cliniques, les patients devaient résider plusieurs jours. Il leur fallait en premier lieu observer un jeûne expiatoire puis, après un sacrifice au dieu et quelques ablutions, ils étaient admis à dormir dans l'une des nombreuses salles prévues à cet effet au sein de l'*Asclepeion.* On pouvait éventuellement leur faire absorber un breuvage aux vertus hypnotiques. Dans la nuit qui suivait, au cours de l'*incubation* (du latin *incubere*, « être couché, étendu »), le patient pouvait être gratifié d'une visite du dieu qui lui parlait en songe – plus probablement d'un de ses prêtres jouant ce rôle. Soumis à une restriction alimentaire, souvent fatigués par un long voyage, impressionnés par le mystère du lieu, les malades faisaient volontiers part de visions fantasmatiques ou de rêves incertains survenus dans l'ombre silencieuse de l'*abaton* (« lieu inaccessible »).

Au terme de ce conditionnement physique et psychologique, le matin venu, les Asclépiades venaient s'enquérir des messages du dieu et les interpréter. Ils en déduisaient les thérapeutiques à appliquer en complément de la nécessaire bénédiction d'Asclépios, qui suffisait parfois à la guérison.

Aristophane, dans sa comédie *Ploutos*, rapporte avec un humour assez caustique les dons qu'il faut faire aux prêtres avant l'incubation, la véritable cour des miracles que forment les pèlerins auxquels se mêlent parfois des voleurs, et la visite pittoresque du dieu au milieu de la nuit, accompagné de ses serpents sacrés qui pouvaient à l'occasion lécher les plaies pour les guérir. Le héros de la pièce, Carion, évoque enfin Asclépios qui rend la vue à un aveugle en lui appliquant un collyre à base d'ail, de jus de figuier et de vinaigre fort…

Les traitements mis en œuvre par les Asclépiades étaient symboliquement résumés par les deux filles que la légende avait finalement attribuées au dieu : Hygie, qui enseigne les règles d'un bonne discipline de vie, l'usage des bains et d'une alimentation saine – de son nom vient l'*hygiène* ; Panacée ensuite – dont le nom signifie « qui guérit tout » –, héritière de l'art antique et vénérable de la guérison par les simples.

L'impressionnant complexe d'Épidaure – dont il subsiste des ruines – atteste du prestige et de la prospérité dont jouissaient les Asclépiades, et les nombreux *ex-voto* qu'il renferme témoignent de la satisfaction des patients. Au fil du temps, tout un monde s'organisa autour du temple. Aux salles d'incubation s'ajoutèrent des gymnases où l'on pouvait se livrer à des exercices physiques salutaires et prendre des bains apaisants. C'était du reste un mouvement assez général en Grèce. Vers 750, à l'époque où les temples d'Asclépios commençaient à se répandre, Lycurgue, le légendaire législateur de Sparte, avait fondé les Jeux gymniques auxquels tous les citoyens devaient prendre part et recommandé une alimentation frugale et simple : cette attention portée aux soins du corps demeurera l'un des fondements de la vie grecque. Les temples étaient également placés à proximité d'un bois sacré où l'on pouvait sans peine trouver une grande variété d'herbes et de plantes. Tout un terrain d'observation et d'expériences s'offrait ainsi aux Asclépiades. Ils se transmirent de génération en génération le récit des cas qu'ils avaient pu connaître et enseignèrent à leurs fils tout un savoir médical consigné sur des tablettes conservées au plus profond du temple.

Considérés d'abord comme des descendants du dieu, les Asclépiades furent longtemps jaloux de leurs prérogatives et s'efforcèrent de maintenir étroitement serrés les liens qui les unissaient entre eux en même temps qu'ils les distinguaient du reste de la société. Le père, le grand-père ou l'oncle, en même temps que leur disciple et rejeton recevait une instruction générale, lui enseignaient les rudiments de l'anatomie, les secrets de la pharmacopée, et l'emmenaient surtout examiner les malades jusqu'au jour où le jeune homme pouvait enfin être solennellement reçu dans le collège des Asclépiades afin d'en perpétuer la tradition. Cette transmission du savoir médical par apprentissage familial demeurera longtemps la voie principale d'accès au métier de médecin. Une défense absolue de communiquer à quiconque les secrets du collège était même faite à tous ses membres. Cependant, peu à peu, des fils de citoyens sans « ascendance divine » furent admis dans les écoles des temples d'Asclépios. Vers le Ve siècle, le mouvement s'accrut et les Asclépiades répandirent leurs enseignements à travers toute la Grèce. Les élèves qu'ils formaient finissaient par quitter les temples pour aller parcourir le monde à la recherche d'expériences nouvelles : ainsi devaient apparaître ces médecins itinérants, les fameux *périodeutes* (du grec *periodeutês*, « celui qui voyage, fait un grand tour ») qui fécondèrent la jeune médecine grecque par l'échange incessant de leurs connaissances.

De cette sécularisation progressive de la médecine naquirent enfin ce que l'on appelle les *écoles médicales* de la Grèce. La réalité qu'elles recouvrent est en fait très diverse, et l'on ne doit pas se méprendre sur la signification du mot « école » dans ce cadre particulier. Loin d'être des universités antiques, il s'agissait le plus souvent de centres d'activité médicale constitués autour d'une ville, anciennement un sanctuaire, et rassemblant des dynasties familiales qu'unissait une tradition locale, mais pas nécessairement un système médical ni une doctrine bien définie.

L'une des premières écoles médicales réputées avoir existé en Grèce est celle de Crotone, sans doute dès le VIIe siècle. Nous avons vu qu'elle fut marquée par l'influence pythagoricienne. À la fin du VIe siècle, elle fut surtout dominée par un praticien du nom de Démocédès. Nous ignorons pour l'essentiel les conceptions médicales de Démocédès – on peut supposer qu'elles se rattachaient aux opinions des deux autres plus illustres praticiens crotoniates, Alcméon et Philolaos – mais ce que Hérodote nous rapporte notamment de sa vie nous permet d'esquisser un premier portrait du médecin grec à l'époque classique.

Chassé de Crotone, où il exerçait, à la suite d'une mésentente avec son père, il fut contraint de s'exiler à Égine. Ce fut sans doute, en raison de cet événement, le premier périodeute connu, praticien voyageant pour acquérir de nouvelles connaissances et enseigner son art. Passant d'Égine à Athènes, il y rencontra le succès et la reconnaissance publique – et des honoraires chaque fois plus conséquents. Enfin, il accepta de se rendre auprès du tyran dc Samos, Polycrate, qui le combla de présents. C'est là que le destin s'empara de lui lorsque les Perses, la grande menace du monde grec, prirent le contrôle de Samos après avoir fait périr Polycrate en 522 : Démocédès fut déporté à Sardes, comme esclave à la cour de Darius Ier.

Au cours d'une chasse, le Grand Roi fit un jour une mauvaise chute de cheval qui entraîna une entorse grave de la cheville. Selon une coutume ancienne en Perse, Darius était entouré de médecins égyptiens, dont la réputation avait traversé les siècles. Or, ces derniers procédèrent à un bandage serré du pied royal qui fut à l'origine d'intenses douleurs. Désespérant de trouver le repos, Darius fit chercher un autre médecin qui pût le soulager. On lui signala alors la présence de Démocédès, jusque-là oublié parmi ses esclaves. Après quelques menaces destinées à vaincre ses réticences de Grec, ce dernier consentit à soigner le roi : il prescrivit une contention plus souple et appliqua des onguents. Le succès fut complet. Peu après, il eut à traiter une tumeur bénigne ou un abcès du sein chez Atossa, la femme de Darius ; de nouveau, la fortune lui sourit, et on le couvrit d'or.

Plus tard, revenu à Crotone et achevant ainsi sa *période* à la faveur d'une expédition navale, il y fut tellement apprécié que ses concitoyens bravèrent la colère de Darius pour conserver Démocédès. Il se maria enfin dans sa patrie et y exerça pour le reste de ses jours. L'histoire, sans doute largement hagiographique, souligne surtout qu'aux yeux de tous le sceptre de la science médicale passait de l'Égypte à la Grèce, comme Asclépios avait chassé Imhotep.

Démocédès, praticien reconnu à la vie mouvementée, était pourtant l'ultime rejeton d'une école abolie. Il représentait en fait la fin d'une tradition. Il en va de même pour l'école d'Agrigente, dont la réalité se limite peut-être à la vie et l'œuvre d'Empédocle, ou celle de Rhodes, dont l'histoire demeure obscure. En fait, au ve siècle, deux écoles dominent le monde médical grec : Cnide et Cos. C'est à l'ombre d'un *Asclepeion* que chacune d'elles s'était constituée.

Située au bout d'une mince langue de terre rattachée à l'Asie Mineure, Cnide faisait face à la petite île de Cos. Leur situation géographique est à l'image de leur rivalité, telle qu'elle transparaît notamment dans l'œuvre d'Hippocrate. C'est du reste toute la difficulté du sujet, car on ne sait presque rien de Cnide qui ne provienne d'ouvrages de la *Collection hippocratique*, produits par l'école de Cos dont Hippocrate était issu. Quoi qu'il en soit des différences réelles qui ont pu exister entre ces deux écoles, elles symbolisent bien deux tendances qui ont certainement partagé la pensée et la pratique médicales en Grèce au ve siècle.

À Cnide, si l'on en croit les textes, on privilégiait l'approche purement empiriste, essentiellement fondée sur des descriptions cliniques qu'on ne cherchait pas nécessairement à relier en un système. En ce sens, cette école paraît s'opposer fortement à la « médecine philosophique », qui semblait avoir oublié le patient – si elle l'avait jamais connu.

C'est aux médecins de Cnide, aux dires d'Hippocrate lui-même, que revient notamment le mérite d'avoir codifié l'auscultation, en appliquant l'oreille sur le thorax du patient pour rechercher le bruit de « vinaigre qui bout » ou de « frottement de cuir » traduisant divers types d'épanchements pleuraux : ces métaphores sont aujourd'hui encore enseignées aux étudiants en médecine. Les praticiens cnidiens avaient en outre poussé plus loin les possibilités de la chirurgie en se risquant à des incisions thoraciques que nul n'avait décrites avant eux, pour traiter notamment les kystes hydatiques du poumon, dus à une parasitose fréquente qu'ils avaient été les premiers à identifier, en les drainant pendant plusieurs jours à l'aide d'un tissu de lin appliqué sur l'ouverture. Praticiens sans crainte, au demeurant, ils maniaient volontiers le cautère et furent parmi les premiers à multiplier les indications de la saignée, promise à un si grand avenir et dont Hippocrate tentera de codifier et de rationaliser l'usage. Les Cnidiens n'hésitaient pas non plus à extirper des polypes du nez avec des fils noués sur une baguette de métal, ni à nettoyer l'enduit purulent d'une angine à l'aide d'une baguette de myrte grossièrement recourbée et garnie d'un peu de laine. Les procédés étaient rudes, assurément, mais sans doute couronnés de succès fréquents.

D'une manière générale, l'école de Cnide a produit des descriptions cliniques d'une précision et d'une sophistication sans précédent. Ce fut aussi son travers, maintes fois souligné par Hippocrate. Se souciant peu de construire une théorie médicale ni de comprendre les relations pouvant exister entre les diverses formes d'une même maladie pour les rapprocher, les Cnidiens ont multiplié les entités cliniques, suscitant les sarcasmes des médecins hippocratiques, qui leur reprochaient de distinguer sans raison ni profit quatre ictères, trois tétanos, sept maladies de la bile et douze de la vessie.

La même créativité se retrouvait dans la thérapeutique. Les formulaires qu'ils nous ont laissés décrivent ainsi plus d'une cinquantaine de potions indiquées en cas de fièvre et les remèdes gynécologiques se comptent par milliers. Les Cnidiens administraient volontiers leurs médications par voie nasale, mais connaissaient aussi les classiques purgatifs et vomitifs, sans oublier les fumigations ni les lavements ou les injections urétrales et gynécologiques, avec là encore une diversité de choix défiant toute imagination.

On doit cependant noter qu'à la différence des formulaires égyptiens, mentionnant un ou plusieurs remèdes sans en privilégier aucun, comme si tous étaient équivalents, les médecins de Cnide répétaient souvent : « Donne et expérimente. » Leurs innombrables remèdes sont donc le reflet de l'expérience accumulée par des générations de praticiens qui avaient consigné tout ce qui, un jour ou l'autre, avait réellement réussi à soulager un patient. Cliniciens hors de pairs, les Cnidiens étaient avant tout soucieux de guérir en appliquant au besoin des traitements successifs qu'ils savaient avoir été efficaces au moins une fois.

La tradition nous a laissé le nom de quelques praticiens issus de cette école. Ainsi Ctésias – au demeurant cousin d'Hippocrate –, lui aussi retenu en Perse pendant dix-sept ans auprès d'Artaxerxès, un autre roi chez qui il écrivit une *Histoire des Assyriens et des Perses*, ou encore Euryphon. Ce dernier, qui semble s'être beaucoup intéressé aux affections gynécologiques, avait bien assimilé les méthodes thérapeutiques sans complaisance chères aux Cnidiens : ainsi, pour accélérer la délivrance du placenta après l'accouchement, il conseillait de secouer la parturiente accrochée à une échelle, tandis que pour lutter contre un prolapsus utérin – descente des organes génitaux par relâchement des tissus –, il recommandait de placer la patiente la tête en bas, toujours sur une échelle, et de la faire tomber fermement sur le dos…

Face à Cnide, à son solide sens clinique et à son pragmatisme thérapeutique, Cos s'oppose sur beaucoup de points. Si le portrait que nous en avons conservé est certainement flatteur parce qu'il appartint à ses propres médecins de l'immortaliser dans une tradition littéraire qui a défié le temps, il est néanmoins certain que l'école coate jouissait dès une époque reculée d'un prestige particulier.

Les Asclépiades de Cos, remontant naturellement à Asclépios en lignée paternelle, selon la tradition, revendiquaient aussi Héraclès pour ascendant en lignée maternelle. On affirmait même que le héros s'était un jour réfugié à Cos, après le désastre de Troie, et qu'il y avait fait souche. On rapportait enfin que Nébros, un Asclépiade de Cos, avait été jadis désigné par l'oracle de Delphes pour mettre un terme à une épidémie qui sévissait à Cirrha, une ville proche du fameux sanctuaire d'Apollon. Dès le VIe siècle, un des praticiens de Cos, Ainéios, avait acquis une notoriété suffisante pour qu'il figure, orné d'une épigramme, sur un disque en marbre découvert à Athènes. Ainéios eut plus tard un petit-neveu nommé Hippocrate.

Mais avant d'aborder l'œuvre immense du plus grand médecin de Cos, dont la pensée résume celle de toute l'école, il nous faut envisager l'état de la médecine grecque à l'époque de la révolution hippocratique.

Médecine et société dans la Grèce classique

En s'éloignant des temples pour aller exercer leur art et enrichir leur expérience, les périodeutes, qui parfois se sédentarisaient et renonçaient à poser leurs tréteaux de ville en ville, ont créé la catégorie nouvelle des médecins civils et laïcs : ni militaires ni religieux. C'est d'eux, à l'évidence, que descendent tous leurs confrères des siècles ultérieurs.

Très tôt, ils durent trouver leur place dans une Grèce divisée en de multiples cités démocratiques ou oligarchiques, parfois tyranniques, surtout politiquement instables, où ils ne pouvaient assumer ni le statut des mages mésopotamiens ni celui des scribes-médecins de l'Égypte bureaucratique et centralisée.

L'itinérance de ces médecins était de toute façon ponctuée par des stations plus ou moins prolongées dans telle ville qui leur paraissait plus sûre ou leur faisait meilleur accueil. Soucieux de se distinguer des charlatans de tous ordres mais ne bénéficiant plus à l'ombre de l'*Asclepeion* de la protection et des privilèges du collège des Asclépiades, ces médecins libres eurent aussi à préciser leurs relations avec la cité. En ce domaine, les solutions les plus diverses furent adoptées.

Si l'on en croit Diodore de Sicile, vers l'an 600, un décret de Charondas de Catane, législateur de la Sicile, fixa dans l'île le principe que tous les citoyens seraient soignés aux frais de l'État : les médecins qui y exerçaient devenaient *de facto* des fonctionnaires et leurs patients ne payaient rien. Xénophon précise dans les *Mémorables* que les jeunes praticiens désirant s'établir à Athènes devaient dans un exposé public présenter leur expérience et nommer leurs maîtres, lointaine préfiguration de la reconnaissance des diplômes et du contrôle de la profession. Dans beaucoup de cas, le praticien était un « libéral » et son sort était alors plus précaire.

La rémunération des *iatroi* était très variable. Si Démocédès reçut de Darius entre un et deux talents d'or par an – sans compter les chaînes, faites d'or elles aussi, qui le retenaient prisonnier –, le revenu des médecins de l'époque pouvait être beaucoup plus modeste car, à vrai dire, aucune règle générale n'existait. Aristophane laissera même entendre que les praticiens se faisaient rares dans les villes, « où ils ne sont presque pas payés ». Quand l'État les prenaient en charge, un impôt spécifique, l'*iatricon*, pouvait être levé pour payer les médecins, qui bénéficiaient en outre de diverses exemptions fiscales, comme à Athènes ou Delphes.

Le médecin, lorsqu'il n'était que de passage dans une ville, allait simplement au domicile des patients qui recouraient à ses soins. Devenu sédentaire, et surtout lorsqu'il s'adonnait plus volontiers à la chirurgie, il lui était nécessaire de recevoir les malades dans sa propre demeure, dénommée *iatreion* : tenant à la fois du cabinet de consultation et de la maison médicale, on y procédait à quelques interventions chirurgicales et l'on y gardait quelques patients en observation. Les descriptions que nous a laissées Hippocrate montrent qu'on y pratiquait une petite chirurgie au moyen de lames et de pinces diverses, de ciseaux, de sondes et de cautères, sans oublier les trépans et tout le matériel permettant de confectionner pansements et bandages. Des baignoires de cuivre étaient parfois prévues pour les bains thérapeutiques. Le sols et les murs du lieu, largement éclairés, étaient en outre équipés pour installer les appareils de plus en plus complexes permettant la réduction des fractures et des luxations. Hippocrate, dont le grand-père avait été expert en orthopédie, y consacrera de longs développements. Dans de grandes boutiques, le médecin pouvait également trouver, soigneusement rangées, les matières premières dont il avait besoin pour élaborer ses remèdes.

On rencontrait aussi dans l'*iatreion* des étudiants qui apprenaient la pratique de leur métier. Ces endroits étaient au demeurant des lieux publics et animés, où les patients qui attendaient leur tour côtoyaient les médecins de passage et les personnes de la bonne société venues simplement passer un moment pour sacrifier à la passion grecque de la discussion. Le praticien bénéficiait enfin de quelques aides et notamment d'esclaves sommairement instruits par leur maître, qui se chargeaient pour lui des soins de leurs semblables. Nous abordons ici un des aspects les plus équivoques des cités de la Grèce antique : même lorsqu'elles étaient ouvertement démocratiques, elles reposaient sur une séparation profonde entre les esclaves et les hommes libres. Seuls ces derniers avaient droit aux égards du médecin. Platon, dans *Les Lois*, nous a laissé un témoignage expressif de l'atmosphère qui devait régner dans l'*iatreion* entre les gens de même condition :

> « Le médecin libre soigne et examine habituellement les maux des gens libres ; il s'en enquiert depuis l'origine, méthodiquement, communique ses impressions au malade lui-même et aux amis de celui-ci, et tandis qu'il se renseigne auprès des patients, en même temps, dans la mesure où il le peut, il instruit le sujet lui-même, ne lui prescrit rien sans l'avoir au préalable persuadé, et alors, à l'aide de la persuasion, il adoucit et dispose constamment son malade pour tâcher de l'amener peu à peu à la santé » (IV, 720).

Comparé à cet exercice de parfaite courtoisie citoyenne auquel semblent prendre part les proches du patient dans une aimable urbanité, que penser du travail de l'esclave du médecin, courant d'un esclave malade à l'autre pour leur prodiguer des soins et leur ordonnant avec « une arrogance de tyran », selon les mots mêmes de Platon, les mesures que sa formation empirique et limitée lui suggérait ? À un esclave même il n'était pas permis d'être bienveillant envers ses pareils. Du reste, les femmes n'étaient pas non plus autorisées à devenir médecins, mais elles pouvaient exercer en tant que sages-femmes, comme la mère de Socrate. L'*iatreion* demeurait un lieu d'exception pour les seuls hommes libres.

Dans la société grecque, un autre lieu avait pris une importance majeure qui n'est pas sans rapport avec les préoccupations de l'hygiène et de la médecine : c'est le gymnase.

Dès le VIIe siècle sans doute, nous avons vu qu'autour des temples de Cos ou d'Épidaure s'édifièrent des gymnases, des stades et des palestres. Ils étaient le complément naturel des miracles du dieu, qu'ils prolongeaient ou confirmaient par des bains et des exercices jugés nécessaires à la santé. Au Ve siècle, le gymnase était devenu l'un des centres de la vie grecque. Dès l'enfance, on y était conduit pour y recevoir une instruction générale sous la conduite de maîtres attentifs. On y croisait les grammairiens, les philosophes et les savants de toutes sortes. Tout un monde s'organisait entre les activités de l'esprit et les jeux du corps, car cet équilibre était essentiel aux yeux des Grecs.

Après avoir consacré un temps raisonnable à l'étude, l'enfant puis le jeune homme passait aux exercices physiques. Nu et oint d'huile, tous les sports s'offraient à lui et notamment toutes les disciplines de combat où s'affrontaient des corps qu'on s'efforçait de sculpter au mieux en s'inspirant d'un canon anatomique que la statuaire grecque a conservé, mais aussi l'athlétisme et la gymnastique, toujours en rythme scandé par le son de la flûte. Si les exercices mêmes auxquels se livraient les éphèbes étaient encadrés par une sorte d'entraîneur et arbitre, le *pédotribe*, les *gymnastes* étaient ceux qui veillaient avant tout au régime diététique et à l'hygiène des élèves, mais assuraient aussi les premiers soins lors des inévitables accidents qui se produisaient :

luxations, fractures, blessures et dents cassées. Non point médecins au sens vrai du terme, mais « officiers de santé » en quelque sorte, ils plaçaient ainsi au cœur de la vie quotidienne des jeunes gens dont ils avaient la charge les notions d'harmonie du corps et d'équilibre du régime, comme des facteurs essentiels de conservation de la santé.

C'est dans ce monde, parmi ses condisciples, que grandit le jeune Hippocrate. Nourri des leçons des philosophes, descendant des Asclépiades et acquis aux bienfaits de la palestre, il allait conjuguer ces trois cultures pour en faire naître le plus impressionnant édifice intellectuel de la médecine antique.

Hippocrate : le roman d'un médecin

La vie d'Hippocrate tient à la fois de l'histoire et de la légende. L'essentiel de ce que nous en savons provient d'un texte classiquement attribué à Soranos d'Éphèse, un médecin qui vivait au Ier siècle de notre ère et compila des documents anciens, mais aussi d'Ératosthène de Cyrène, qui vécut cent cinquante ans à peine après Hippocrate. Quantité d'affirmations concernant le « Père de la médecine » sont sujettes à caution et pour certaines d'entre elles totalement controuvées. De ce fait même, les opinions ont considérablement varié au cours des temps. Depuis l'apparition de la critique historique moderne à la fin du XIXe siècle, toutes les thèses ont été soutenues à son propos : certains ont cru pouvoir valider presque tous les faits rapportés par les sources antiques, tandis que d'autres sont allés jusqu'à nier la simple existence d'Hippocrate.

Hippocrate a bien existé, la chose n'est plus contestée et des témoignages antiques nous en apportent l'assurance, comme celui de Platon, par exemple, mais l'homme conserve indéniablement une part d'ombre et de mystère. Ses origines familiales mythiques – couramment admises en son temps –, la renommée prodigieuse qu'il a acquise très tôt dans sa vie, l'influence universelle enfin de son œuvre – ou celle des écrits qu'on lui attribue, nous le verrons – ont magnifié son image et lui ont valu une biographie qui s'apparente parfois à une hagiographie. Il importe peu, au demeurant, de démêler exactement le vrai du faux – pour autant que nous le puissions vraiment – dans une tradition dont il faut sans doute accepter la vérité indivise et d'où se dégage un personnage certainement hors du commun.

Hippocrate serait né en 460 avant notre ère, le 27e jour du mois d'Agnianos (début mai), dans la première année de la 80e olympiade. Il vit le jour dans une famille illustre, puisque c'était celle des Asclépiades de Cos. Nous savons aussi que le collège de l'*Asclepeion* y revendiquait, outre l'ascendance d'Asclépios, celle d'Héraclès : selon les annales locales, le jeune Hippocrate était ainsi le 19e descendant du dieu et le 20e du glorieux Atride. La branche à laquelle se rattachait Hippocrate se donnait précisément pour ancêtre Podalirios, celui des deux fils d'Asclépios à qui son père avait confié plus spécialement l'art de la médecine.

Il était le deuxième à porter dans sa famille le nom d'Hippocrate : Hippocrate Ier, son grand-père, s'était acquis une réputation flatteuse en enseignant l'anatomie des articulations et le traitement des fractures. Dans sa descendance, cinq autres médecins du même nom succéderont à notre Hippocrate.

Destiné à la médecine sous l'égide d'Asclépios, il reçut tout d'abord l'éducation des enfants de sa caste : de son père Héraclide et de son grand-père, il apprit la géométrie, l'arithmétique, sans oublier les rudiments de la physique et de l'astronomie, mais aussi la morale, qui jouera un si grand rôle dans son œuvre de médecin, tandis qu'à la palestre, il s'initiait aux exercices du corps et approfondissait avec d'autres maîtres la grammaire et l'histoire. Lorsqu'il aborda l'adolescence, le jeune Asclépiade, conformément à la vocation de sa famille, commença à apprendre les arcanes de la médecine des temples, le rituel de l'incubation, l'indication des bains, mais aussi l'art des bandages, des cataplasmes, et le secret des herbes qui poussaient dans le bois sacré, à l'ombre de l'*Asclepeion*. Enfin, reçu dans le collège des Asclépiades, sa voie était toute tracée.

La tradition rapporte que, pourtant, Hippocrate éprouva l'irrésistible besoin de voyager, de voir le monde, de vivre d'autres expériences. Un biographe imaginatif lui a assigné une première destination, presque inévitable et hautement symbolique même si elle a été rêvée : l'Égypte[4]. Là, il aurait découvert, dans un séjour presque initiatique, une médecine vieille comme le monde alors connu, hésitant encore entre la magie et l'empirisme et, dans la figure d'Imhotep, discerné l'ombre familière d'Asclépios. Quelle fut réellement la dette d'Hippocrate envers la médecine égyptienne ? Si sa pharmacopée – qui n'est pas la partie la plus brillante de son système, nous le verrons – évoque en plus d'un endroit un remède des bords du Nil, son « voyage en Égypte » apparaît finalement comme une métaphore de la formidable révolution médicale à laquelle Hippocrate devait laisser son nom, transférant définitivement à la Grèce la maîtrise sans partage de la science médicale qu'Imhotep était censé avoir fondée 2000 ans plus tôt : encore un siècle à attendre, du reste, et l'Égypte ne serait plus elle-même qu'une colonie grecque…

À Cos, Hippocrate se maria et succéda enfin à son père et à son grand-père : sa vraie vie commençait. Il est clair que, dès cette époque, cet homme véritablement inspiré travailla à l'élaboration de son système, n'hésitant pas à aller discuter avec des écoles rivales, à Cnide bien sûr, mais aussi Rhodes et à Délos où il séjournera, dit-on, quelque temps. À mesure qu'il écrivait une partie des textes qui porteront son nom, il pouvait comparer, sans doute, les annales cliniques du temple de Cos avec toutes les observations qu'il avait eu le loisir d'effectuer ailleurs. C'est

4. On prêtera du reste à Pythagore, Anaxagore et même Platon un tel « pèlerinage aux sources ».

peut-être alors seulement, et sous son impulsion, que « l'école de Cos » acquit une existence réelle.

On a prétendu que peu après 430, Hippocrate se serait rendu en compagnie de son fils Thessalos à Athènes, où il se serait installé. La fière cité connaissait alors de graves troubles à cause de Sparte, demeurée à l'écart de la ligue de Délos, qui groupait un grand nombre de cités grecques sous l'égide d'Athènes. Les Lacédémoniens, entrés en guerre en 431, dévastèrent les campagnes de l'Attique, et Périclès lui-même, après ce désastre, fut mis en cause et brièvement destitué. Pour comble d'infortune, une terrible épidémie s'abattit alors sur Athènes. La description qu'en fait Thucydide ne permet pas de déterminer avec certitude la nature de cette « peste » *(loimos)*. Le mot utilisé pour qualifier cette épidémie doit pas induire en erreur : il désigne en fait toute espèce de pestilence, de maladie épidémique grave, sans qu'on puisse le plus souvent l'identifier vraiment[5]. Il demeure certain que l'atteinte était sévère et fit environ 50 000 victimes, dont Périclès lui-même :

> « On avait tout d'abord de fortes sensations de chaud à la tête ; les yeux étaient rouges et enflammés ; le pharynx et la langue étaient à vif, le souffle sortait, irrégulier et fétide. Puis survenaient, à la suite de ces premiers symptômes, éternuement et enrouement ; alors en peu de temps le mal descendait sur la poitrine, accompagné d'une forte toux. Lorsqu'il se fixait sur le cœur, celui-ci en était retourné, et il survenait des évacuations de bile sous toutes les formes. [...] » (*Guerre du Péloponnèse,* II, 54, 57).

Selon des témoignages antiques, Hippocrate aurait été appelé pour lutter contre l'épidémie et organiser personnellement les soins. Ordonnant d'abattre une grande quantité d'arbres et de

5 En l'occurrence c'était peut-être une forme de typhus exanthématique, maladie infectieuse endémo-épidémique souvent grave due à un germe transmis par les poux.

cueillir des feuillages aromatiques, il aurait fait allumer d'immenses feux pour purifier les vents des miasmes responsables de la maladie, tout en isolant les malades – c'est-à-dire les mourants. La peste finit par s'apaiser. L'épisode est cependant presque certainement faux, ne serait-ce que parce que Thucydide, qui connut Hippocrate, ne mentionne jamais sa présence à Athènes lors de ce funeste événement et que les textes paraissent même se référer à une autre pestilence, postérieure de dix ou quinze ans peut-être. Mais la légende est révélatrice du crédit qu'on fit plus tard à la mémoire d'Hippocrate. En l'occurrence, les mesures qu'on lui prête sont en cohérence avec la thèse qu'il défendit sur le rôle des vents dans la genèse des maladies. Il se peut donc très bien que, lui-même n'étant pas présent, ses méthodes aient été appliquées au profit des Athéniens.

À la même époque, selon un récit qui semble lui aussi un joli conte, il eut l'occasion de se mesurer à l'école de Cnide en la personne d'un de ses plus brillants représentants, Euryphon. Ce dernier avait été appelé auprès du roi de Macédoine Perdiccas II, qui souffrait d'une incompréhensible langueur. Une certaine fièvre ne le quittait pas et une tristesse constante assombrissait sa vie. Ses nuits mêmes, interrompues par de brusques réveils, ne lui donnaient pas de repos.

Le Cnidien, l'ayant examiné, ne trouva pas dans les innombrables descriptions cliniques recueillies par son école une seule situation qui ressemblât à la présente. Prescrivant à tout hasard onguents et drogues, et peut-être aussi quelques révulsifs à la manière cnidienne, il n'obtint aucun résultat. On fit alors quérir Hippocrate. Ce dernier appliquant sa méthode, dont l'histoire veut précisément souligner la valeur, ne chercha pas à quel tableau clinique *a priori* correspondait le cas de son malade, comme l'avait fait Euryphon, mais il l'interrogea minutieusement, l'écouta, nota tous les traits de sa physionomie, reconstitua patiemment avec lui l'histoire de sa maladie. À force de soin et de compréhension, il parvint à résoudre l'énigme de Perdiccas :

celui-ci était secrètement épris de Phila, une compagne de son enfance, la jeune concubine de son défunt père le roi Alexandre, laquelle, à près de vingt ans, était à l'apogée de son charme et de sa beauté. À cette révélation, Perdiccas, achevant le « deuil du père », reconnut sa passion pour Phila qui lui fit aussitôt le même aveu. La médecine d'Hippocrate pouvait tout percer, même les incompréhensibles mystères du mal d'amour…

Il demeure probable que, dans les années qui suivirent, Hippocrate se porta à la rencontre des plus brillants esprits de son temps. Fréquentant assidûment le gymnase, comme tout honnête citoyen de son âge, peut-être y fit-il un jour la connaissance de Hérodicos de Sélymbrie, lequel se qualifiait lui-même de « gymnaste et médecin » et avait eu le premier l'idée de traiter exclusivement les maladies chroniques par la course, les marches forcées, les frictions vigoureuses et un régime sévère. Conscient de l'importance des exercices et de la diététique, Hippocrate repoussait cependant de telles outrances. À ceux qui, délaissant un instant les joutes de la palestre, venaient se reposer à son côté et lui demandaient quelques conseils pour conserver ou recouvrer toute leur vigueur, il prescrivait ce programme, qu'il consignera d'ailleurs dans son traité *Du Régime* :

> « Il convient de laisser les exercices sauf les promenades, de prendre des bains chauds, de dormir mollement, de s'enivrer une ou deux fois par semaine mais non de façon excessive, de se livrer au coït quand l'occasion s'en présente. »

Un tel médecin ne pouvait que devenir populaire. Il le devint, en effet, comme l'une des figures les plus en vue de la société grecque, ainsi qu'en témoigne la mention qui le concerne dans le *Protagoras* que Platon écrivit sans doute avant la mort de son maître Socrate, survenue en 399, et considérant le médecin coate à l'égal de Phidias en sculpture. Le même Socrate cite en exemple la méthode « d'Hippocrate, l'Asclépiade » dans le

Phèdre, rédigé une quarantaine d'années plus tard. Fréquentant les philosophes et les poètes, tout au long de ces années, dans un perpétuel balancement entre la réflexion et la pratique, Hippocrate n'avait pas cessé de se consacrer à ses patients et d'enseigner son art et sa méthode à ceux qui suivaient ses pas. Il écoutait, observait, examinait, opérait, puis ensuite réfléchissait et écrivait. N'oubliant pas non plus l'ascendance sacrée que lui conférait le *genos* des Asclépiades auquel il appartenait, il fut aussi admis, dit-on, par privilège exceptionnel, aux mystères d'Éleusis qui révélaient aux Initiés les ultimes secrets de la mort et de la renaissance.

Vers 423, une nouvelle « peste » frappa la Perse où régnait Artaxerxès. Ce dernier détenait depuis peu parmi ses esclaves Ctésias de Cnide qui, nous le savons, était parent d'Hippocrate. Devant l'impuissance de Ctésias à enrayer l'épidémie, Artaxerxès aurait fait convoquer Hippocrate, lui promettant des monceaux d'or. Une tradition tardive rapporte qu'Hippocrate, ayant regagné Cos pour la circonstance, aurait fièrement refusé « de soustraire aux maladies les barbares qui sont les ennemis de la Grèce ». Anecdote vraisemblablement apocryphe, remontant au IIe siècle avant notre ère, dans une Grèce désormais soumise par Rome. Si elle visait surtout à présenter Hippocrate – devenu alors une sorte de nouveau « dieu laïc » de la médecine – comme un loyal patriote hellène, cette réaction méprisante et insensible s'accorde mal avec la déontologie prêchée par le maître de Cos[6].

En 415, alors qu'un de ses fils prend part à l'expédition d'Alcibiade en Sicile qui s'achèvera par un désastre, Hippocrate se rend à Delphes où l'épigraphie a conservé le souvenir de son passage et des privilèges alors reconnus aux Asclépiades de Cos.

6. Girodet a également consacré un tableau à cet épisode : *Hippocrate refusant les présents d'Artaxerxès.*

Mais Hippocrate, si l'on en croit les récits qui nous sont parvenus, n'avait pas achevé son périple en compagnie de ses fils, Thessalos mais aussi Dracon, le plus jeune, qui l'avait rejoint. Désormais la direction de l'école de Cos, qu'il n'oubliait pas malgré sa longue absence, appartenait à son gendre Polybe. Il avait d'abord dirigé ses pas vers Larissa en Thessalie pour y fonder une nouvelle école, puis il reprit ses voyages pour gagner les côtes de l'Hellespont – l'actuel détroit des Dardanelles –, celles de la Sicile, puis Délos. Hippocrate, pourtant déjà chargé d'expérience, devenait ou redevenait à son tour un périodeute. Dans son traité intitulé les *Épidémies*, il mentionne l'origine géographique des malades qu'il a pu examiner. Hippocrate paraît ainsi avoir surtout arpenté les routes de Thessalie et de Grèce du Nord.

La puissance athénienne recouvrée se dressait à présent contre Cos ! Fort d'une autorité morale reconnue dans la Grèce entière, Hippocrate, recevant l'appui de la Macédoine, avait auparavant intercédé en faveur de sa patrie. En 399, il dut apprendre avec tristesse la nouvelle de la mort de Socrate, condamné à boire la ciguë par la nouvelle démocratie athénienne qui avait succédé à la tyrannie des Trente. Il reprit aussitôt son labeur.

Il envoya ses disciples acquérir encore de nouvelles connaissances en visitant de nouvelles contrées : Thessalos en Chalcidique, Polybe en Syrie, à Damas et jusqu'en Libye, un autre encore nommé Dioxippe en Perse jusqu'aux confins des Indes. Lui-même marcha enfin vers les côtes de la mer Noire, le pays des Scythes, la patrie des légendaires Amazones, d'où il rapporta de précieuses observations.

L'homme était presque une légende vivante, et le *corpus* auquel il avait travaillé sa vie durant avec l'aide de ses disciples était déjà conséquent et source, à travers toute la Grèce, d'un enseignement fructueux. Riche d'une expérience énorme, accumulant des données cliniques d'un exceptionnelle valeur, il pouvait avec assurance décrire les maladies en affirmant : « Ces signes sont les mêmes à Délos, en Syrie, en Libye, en Scythie. »

Vers 360 avant notre ère, ou un peu plus tôt, on découvrit un matin, le corps sans vie d'un vieillard : Hippocrate s'était éteint, à cent ans environ[7].

La légende pouvait s'emparer définitivement de lui : sur son tombeau, perdu entre Larissa et Gyrton, un essaim d'abeilles s'était fixé, produisant un miel succulent, tandis que dans son île de Cos on montre encore le platane à l'ombre duquel il enseignait...

La tradition rapporte qu'une épitaphe gravée sur son tombeau était ainsi rédigée :

> « Hippocrate le Thessalien dont la famille était de Cos repose ici, rejeton du tronc immortel de Phoïbos [Apollon, père d'Asclépios].
> Des maux innombrables vaincus par les armes d'Hygie, il dressa des trophées et s'acquit une gloire immense, qu'il dut à son seul art et non à la fortune. »

L'enseignement qu'il laissait allait dominer la médecine occidentale pendant plus de vingt siècles.

Les sciences médicales dans la Collection hippocratique

Le legs médical d'Hippocrate consiste en une soixantaine de documents, diversement classés, dont la longueur varie d'une à deux cents pages. Ces textes furent pour certains d'entre eux sûrement écrits par Hippocrate lui-même ou sous sa direction – peut-être une dizaine –, mais d'autres le furent par ses disciples – dont Polybe – et ses successeurs. Il est classique de leur adjoindre divers discours, décrets, et des lettres dont quelques-unes sont réputées de la main d'Hippocrate mais très certainement apocryphes.

7. Selon d'autres traditions, Hippocrate serait mort vers l'âge de quatre-vingt-cinq, quatre-vingt-dix, voire cent quatre ou cent neuf ans ! Absolument rien ne nous permet de trancher cette question.

La rédaction dut s'échelonner entre 450 et 350 avant notre ère. Classiquement, on désigne l'ensemble sous le nom de *Corpus hippocraticum* ou *Collection hippocratique*. Si des éditions de certains des traités du *Corpus* furent effectuées dès l'époque hellénistique, sous sa forme définitive ce dernier n'apparaît, dans les manuscrits qui nous sont parvenus, que vers le Xe siècle.

Depuis longtemps – avec Érotien déjà, médecin contemporain de Néron qui publia un *Glossaire hippocratique*, puis Galien qui passa beaucoup de temps à les commenter – mais surtout depuis le XIXe siècle, l'attribution des différents traités du *Corpus* a fait l'objet de débats complexes entre les érudits. Le premier à avoir tenté une synthèse cohérente fut Émile Littré, qui avant d'être lexicographe et dictionnariste était médecin, dans une imposante édition critique en dix volumes établie entre 1839 et 1861, présentant le texte grec et sa traduction française. L'auteur du fameux *Dictionnaire de la langue française* dira de ce fabuleux travail d'exploration de la littérature hippocratique : « Je le recommençai bien jeune et je le termine vieux. » De nos jours encore, malgré quelques objections modernes, c'est l'édition qui fait référence.

Rédigée dans la langue ionienne, celle des premiers philosophes, mais sans plan préconçu, la *Collection* est composée de traités de nature très variée. Certains sont de simples aide-mémoire, d'autres proviennent sans doute de cours ou de conférences prononcées devant un public averti et cultivé, d'autres encore sont des manuels de médecine populaire à l'usage des praticiens. Si beaucoup parlent de clinique et de thérapeutique, certains sont des traités d'anatomie ou de physiologie. Enfin, pour ajouter à la complexité, quelques-uns sont d'origine cnidienne, c'est-à-dire qu'ils énoncent des opinions contre lesquelles Hippocrate est supposé s'être élevé à maintes reprises, ce qui doit peut-être nous conduire à relativiser l'opposition classique encore Cos et Cnide.

Cependant, cette relative confusion n'est qu'apparente. La *Collection*, en dépit de ces difficultés, demeure un extraordinaire témoignage sur les pratiques et les tendances de la médecine grecque au ve siècle, et dans les traités majeurs l'esprit d'Hippocrate se fait clairement sentir, permettant finalement de dégager les grandes lignes d'un système médical bien défini, qu'il relève de l'homme de Cos en personne ou de son « école » : jamais peut-être ce dernier mot n'a eu autant de sens que dans la *Collection* qui en est l'expression.

Si la dominante de l'œuvre d'Hippocrate est la place considérable accordée à l'observation clinique, en Grec éduqué l'Asclépiade ne pouvait résister au besoin de conceptualiser sa pratique en une doctrine : il reprochera suffisamment aux Cnidiens d'avoir négligé de le faire. Il lui fallait donc reformuler les bases de la science médicale.

Observons d'emblée que cette révision ne semble guère avoir concerné l'anatomie qui, chez Hippocrate, demeure pauvre et dans l'ensemble assez négligée. On trouve certes dans quelques traités, comme *Des fractures*, *Des articulations*, ou *De la nature des os*, ou le *Mochlique* (du grec *mochlos,* « levier ») une bonne description de l'ostéologie des membres et du crâne. Il existait du reste une solide tradition orthopédique dans la famille d'Hippocrate et l'observation des squelettes n'a jamais représenté une grande difficulté. En revanche, l'anatomie interne, qui suppose des dissections soigneuses et bien conduites, est gravement déficiente et ne paraît marquer aucun progrès. Les médecins hippocratiques ne semblent avoir eu accès qu'à quelques dissections animales. La description du système vasculaire, en particulier dans le traité *De la maladie sacrée* ou le livre II des *Épidémies*, n'ajoute presque rien aux données de Diogène d'Apollonie : la même confusion entre les veines et les artères – au sens moderne de ces mots – y est de toute façon maintenue, de même qu'avec les uretères ou les bronches. Dans tous ces conduits interconnectés circulent sans distinction le sang, les fluides divers de l'organisme, et l'air enfin qui se mélange à eux. Un des traités de la *Collection*, intitulé *Du cœur*, apporte en quelques nouveautés sérieuses sur l'anatomie de cet organe : on y distingue bien l'enveloppe externe du cœur, le péricarde, et les quatre cavités – deux oreillettes et deux ventricules – sont correctement décrites, de même que les valvules sigmoïdes qui contrôlent la sortie du sang vers l'aorte. Néanmoins, il s'agit sans doute d'un texte tardif, postérieur à Hippocrate.

Il reste que la physiologie évoquée demeure la même que chez les auteurs précédents : l'air va jusqu'au cœur par la trachée-artère et se mêle au sang dans les vaisseaux où d'autres fluides progressent dans tous les sens. Pour Hippocrate, le cœur possède dans son ventricule gauche – le plus épais – un feu intérieur qu'il communique au sang, mais ce feu requiert un refroidissement constant : c'est l'air qui assure cette fonction. Hippocrate est ainsi conduit à préciser le rôle de l'air, ou plus précisément du souffle, dénommé *pneuma*, véhiculé par l'air mais ne se confondant pas entièrement avec lui. En marge de la théorie des humeurs, qui rend compte de la santé et de l'apparition des maladie, le *pneuma* est en quelque sorte l'esprit vital qui imprègne tout l'être, doctrine dont on trouve du reste également des échos chez Diogène d'Apollonie. À ce sujet, il s'établit un rapport particulier et nouveau entre le *pneuma* et le cerveau. On lit ainsi dans le traité *De la maladie sacrée* :

> « Quand l'homme attire en lui le souffle *(pneuma)*, ce souffle arrive d'abord au cerveau, et c'est de cette façon que l'air *(aêr)* se disperse dans le reste du corps, laissant dans le cerveau la partie la plus active, celle qui est intelligente et connaissante. Si en effet l'air se rendait d'abord dans le corps, pour se rendre de là au cerveau, il laisserait l'intelligence dans les chairs et les veines, il arriverait échauffé au cerveau, et il y arriverait non pur, mêlé avec l'humeur provenant des chairs et du sang, de sorte qu'il n'aurait plus ses qualités parfaites. »

Dans ce texte important, on notera qu'Hippocrate, reprenant une opinion d'Alcméon, confirme que c'est dans le cerveau, et non dans le cœur ou les *phrenes*, que siègent l'intelligence et la conscience.

Le plus remarquable est surtout que ces descriptions, justes ou erronées, n'ont de toute façon aucune influence sur les conceptions physiologiques et moins encore sur la compréhension des maladies. L'anatomie n'apparaît encore chez Hippocrate que comme une connaissance de curiosité – hormis quand elle aide à une réduction correcte des fractures. Elle ne s'imposera que beaucoup plus tard en tant que « science fondamentale de la médecine ».

À divers égards, il en va de même, nous allons le voir, pour la physiologie d'Hippocrate, pourtant bien plus élaborée et dont le socle est constitué par la célèbre doctrine des humeurs. L'incroyable faveur dont jouira celle-ci pendant des siècles mérite qu'on s'y arrête un instant.

La dette d'Hippocrate envers les philosophes-médecins qui l'avaient précédé est ici peu douteuse. Il avait étudié et assimilé leurs théories contradictoires et, dans le traité *De l'ancienne médecine* – attribué en fait à Polybe –, il nous à laissé une charge sévère contre ces purs théoriciens éloignés du réel vivant :

> « Pour moi, quand j'écoute ceux qui font des systèmes et qui entraînent la médecine loin de la vraie route, vers l'hypothèse, je ne sais comment ils traiteront les malades en conformité avec leurs principes. Car ils n'ont pas trouvé, je pense, quelque chose qui soit chaud, froid, sec ou humide en soi et sans mélange d'aucune autre qualité. [...]
> Quelques-uns disent, sophistes et médecins, qu'il n'est pas possible de savoir la médecine sans savoir ce qu'est l'homme et que celui qui veut pratiquer avec habileté l'art de guérir doit posséder cette connaissance. Mais leurs discours ont la direction philosophique des livres d'Empédocle et des autres qui ont écrit sur la nature humaine et exposé, dans le principe, ce qu'est l'homme, comment il a été formé d'abord et d'où vient sa composition primordiale : pour moi je pense que tout ce que sophistes ou médecins ont dit ou écrit sur la nature appartient moins à l'art de la médecine qu'à l'art du dessin. Je pense encore que c'est par la médecine seule qu'on arrivera à quelques connaissances positives sur la nature humaine, mais à condition d'embrasser la médecine dans sa véritable généralité. »

Cependant, Hippocrate n'avait pas entièrement renoncé à toutes ces constructions théoriques, bien au contraire, mais il a tenté d'en faire une synthèse éclairée par son expérience clinique. La doctrine des humeurs, dont les prémisses évidentes se trouvent justement chez Empédocle et les penseurs pythagoriciens, lui semble ainsi une formulation équilibrée susceptible de répondre à toutes les objections. Elles est assez clairement exposée dans le traité *De la nature de l'homme.*

Le milieu intérieur de l'homme, parcouru de conduits indifférenciés et tous communicants, est donc baigné par quatre fluides.

Le *sang (haîma)* est la première humeur *(khymos)* et la plus évidente de toutes. Bien réelle, à n'en pas douter, incontestable même, faisant issue du corps à la moindre plaie, on la retrouve dans nombre de vaisseaux lors de la dissection et, pour Hippocrate, le sang est collecté dans le cœur, d'où il s'écoule dans tout l'organisme – mais naturellement Hippocrate ignore complètement le principe d'une circulation du sang dans un réseau vasculaire fermé. Intuitivement chacun peut comprendre que la nature du sang est chaude et humide, par référence aux système des « racines » d'Empédocle.

La *bile jaune (cholè xanthè)* est la deuxième humeur la plus anciennement connue. Dès la Mésopotamie, les sacrifices en vue de l'hépatoscopie avaient permis de voir sourdre de la vésicule biliaire cette substance gluante, dont la couleur varie du jaune sombre ou brun verdâtre. Là encore, dans son expérience clinique, Hippocrate avait observé la présence d'une composante identique dans les vomissements de certains malades et il l'avait aussi retrouvée dans le tube digestif lors de dissections. C'était en outre une humeur répandue elle aussi dans tout le corps et dont l'excès produisait l'ictère – la jaunisse –, tandis que lors de la résorption des hématomes, on pouvait voir la peau prendre successivement des couleurs rappelant parfaitement celles de la bile : nous savons aujourd'hui que l'observation était fort juste et que la décomposition de l'hémoglobine dans une ecchymose produit bien ce que l'on nomme toujours une « biligénie locale ». Pour Hippocrate, cette humeur est sèche et chaude.

Le *phlegme (phlégma)*, encore appelé *pituite*, relève lui aussi de constatations cliniques. C'est en premier lieu le liquide plus ou moins clair qui encombre le nez et coule par les narines lors du coryza, et dont la couleur et la consistance changent parfois lors de l'évolution, pour devenir plus jaunâtre et muqueux. On en rapprochait, sur leur seul aspect, les glaires intestinales de certaines dysenteries ou les pertes blanches des femmes. Au cours des fractures crâniennes, le liquide clair qui s'écoulait parfois des plaies était considéré comme la forme la plus pure de la pituite – c'était en fait le liquide céphalo-rachidien. Selon Hippocrate, c'est du reste le cerveau, et plus précisément une « glande » située à sa partie inférieure, l'hypophyse, qui est la source du phlegme : anatomiquement elle repose dans une logette osseuse (la « selle pituitaire ») juste au-dessus et un peu en arrière des fosses nasales, et il était admissible pour les médecins grecs que le liquide se fraie un chemin à travers l'os pour faire issue à l'extérieur : ce flux *(rheuma)* a donné jusqu'à nous son nom au rhume... de cerveau ! La pituite n'était cependant pas cantonnée au rhino-pharynx. On la trouvait à divers stades dans l'expectoration lors des maladies broncho-pulmonaires, et même dans les plis cutanés infiltrés et pâteux de certains malades, on croyait aussi retrouver sa consistance, trahissant sa présence sous la peau. Le phlegme est de nature froide et humide.

Puis vient la *bile noire (mélaina)*, encore appelée *mélancholie* (du grec *melanè*, « noire » ; *cholè*, « bile ») ou plus tard *atrabile* (du latin *atra*, « noire » et *bila*, « bile »). La genèse de ce concept est plus obscure. On croyait la voir notamment dans le teint terreux de certains patients prostrés et asthéniques. On peut supposer que lors de certaines dissections l'attention avait été attirée par l'aspect de la rate, cet organe plein et fragile au rôle alors inconnu, mais qui, à l'ouverture, apparaissait formé d'une pâte noirâtre et poisseuse. Cette substance rappelait aussi les selles peu abondantes, noires et odorantes de certains patients, en fait victimes d'un saignement chronique du tube digestif et éliminant du sang digéré pour produire ce que l'on nomme aujourd'hui encore un *méléna*. On sait à présent qu'en tant qu'organe lymphoïde, la rate joue un rôle dans l'immunité, mais qu'elle est également, placée en dérivation sur le circuit sanguin, le lieu de destruction des globules rouges anormaux. Peut-être la bile noire apparut-elle surtout comme une utile quatrième composante, indispensable pour compléter le système inspiré d'Empédocle : la bile noire est donc froide et sèche…

À l'aide de cet ensemble simple constitué de substances bien réelles et vérifiables, et non de principes abstraits chers aux philosophes comme « le chaud, le froid, le sec ou l'humide en soi », Hippocrate entend tout expliquer ou presque. Pour y parvenir, il fait appel à deux autres grands principes de la première philosophie grecque : le premier est l'isonomie, dont nous avons déjà parlé, c'est-à-dire l'harmonie des constituants ; l'autre est l'intime relation entre l'homme et son milieu, entre l'être humain et le cosmos.

Hippocrate, empruntant encore à Alcméon, définit d'emblée la santé *(hygieia)* comme le juste équilibre des humeurs, mêlées et stabilisées dans une parfaite *crase* (du grec *krêsis*, « mélange »). La nature y conduit spontanément, mais cette harmonie n'est pas figée, elle subit des variations physiologiques, corrélées aux grands rythmes de la nature. C'est ainsi qu'en hiver, humide et froid, le phlegme domine – le coryza aussi –, tandis qu'au printemps, quand la sève – le sang des végétaux – monte dans les arbres, le sang augmente chez les hommes. En plein été, pendant la forte chaleur, la bile jaune domine à son tour, laissant peu à peu sa place à la bile noire, qui s'affirme avec la tristesse de la nature, à la chute des premières feuilles.

De même, à chaque âge de la vie correspond une prépondérance de l'une ou l'autre des humeurs : le sang dans la première enfance, fougueuse et pleine de vie ; la bile au cours de l'adolescence, ardente et passionnée ; la bile noire à l'âge mûr, où les austères réflexions plissent le front des hommes ; puis venait, avec la vieillesse, l'abondance du phlegme, dont le froid annonçait celui du tombeau.

De ces variations normales, Hippocrate déduisait toute une alimentation et un mode de vie destinés à conserver la santé : son système hygiéno-diététique, nous le verrons, avait pour but premier de prévenir la maladie en accompagnant ainsi la nature, à chaque saison et à chaque période de la vie.

Mais il pouvait arriver que sous l'action de divers facteurs l'abondance d'une humeur devînt réellement trop marquée. L'équilibre était alors irrémédiablement rompu : de la *crase* on passait à la *dyscrasie* et l'on entrait ainsi dans la maladie. La notion de lésion, d'altération initiale d'un tissu ou d'un organe par un agent quelconque, notion qui dominera la révolution anatomo-clinique du XIXe siècle et toute la médecine jusqu'à nos jours, est inconnue d'Hippocrate. La maladie, quels qu'en soient le siège et l'expression, n'est à ses yeux que la conséquence d'une dyscrasie. Pour Hippocrate, selon un principe important pour lui et qu'on pourrait appeler « principe de totalité », la maladie est toujours une atteinte globale de l'organisme et ses manifestations locales (douleur, abcès, toux, vomissements, etc.) ne font traduire les efforts de la nature pour résoudre un trouble général. Dans le traité des *Lieux de l'homme*, Hippocrate l'affirme clairement :

> « À mon avis, rien dans le corps n'est l'origine, mais tout est également origine et fin ; en effet, un cercle étant tracé, l'origine ne peut être trouvée. De toute façon, l'origine des maladies est dans tout le corps. »

Une question se pose alors : qu'est-ce qui peut faire ainsi basculer l'organisme dans la dyscrasie – en d'autres termes, quelles sont les causes des maladies ? Selon la thèse hippocratique, on peut distinguer trois grandes séries de causes.

Il peut en premier lieu s'agir d'une cause interne, propre à chaque individu, de l'exagération d'un disposition normale. Ainsi s'explique que certaines maladies ne surviennent pas à n'importe quel âge, puisque chacun d'eux correspond à une prédominance humorale spécifique. De même, l'équilibre de crase des humeurs spécifique à chaque individu, son *idiosyncrasie* (du grec *idios,* « propre, particulier »), l'expose plus qu'un autre à certaines affections. Ce concept, surtout développé après Hippocrate, conduira aux fameux *tempéraments hippocratiques* : le bilieux, le sanguin, le phlegmatique – ou lymphatique – et l'atrabilaire. Pour faire le diagnostic de ce terrain particulier, le traité *Nature de la femme* propose même une sorte de test : en faisant sécher un peu de sang menstruel d'une patiente sur du sable, « si elle est bilieuse, le sang sera jaune au-dessus du sable ; si elle est pituiteuse, il y aura comme une mucosité. »

La deuxième variété de causes, la plus importante pour Hippocrate, est externe et tient aux conditions climatiques au sens le plus large – nous dirions aujourd'hui « environnementales » : le régime des vents, la température extérieure et ses variations, l'hydrographie et la situation géographique en général. Dans le traité *Des vents*, Hippocrate le dit avec netteté :

> « En définitive, les vents sont dans toutes les maladies des agents principaux, tout le reste est cause concomitante et accessoire. »

Ces facteurs concourent évidemment aussi aux variations saisonnières des humeurs et des maladies qui leur correspondent, et rendent également compte de l'inégale fréquence des affections selon les lieux, comme Hippocrate avait pu le constater lors de ses nombreuses et parfois lointaines pérégrinations.

À l'aide de ces notions, Hippocrate va même jusqu'à établir, dans le traité *Des airs, des eaux, des lieux*, une sorte de typologie des maladies selon les pays. Ainsi, dans les villes ou les contrées exposées aux vents froids du nord :

> « Les eaux y sont généralement dures et froides ; les hommes y doivent être robustes et secs ; chez la plupart les organes digestifs sont fermes et durs dans leurs parties inférieures, puis relâchés dans les parties supérieures[8] ; les tempéraments y sont plus bilieux que phlegmatiques ; la tête y est sèche et saine ; les ruptures intérieures y sont fréquentes. Voici les maladies communes chez eux : les pleurésies et toutes les maladies aiguës. Il est fatal qu'il en soit ainsi quand le ventre est sec. [...] Il leur survient, par intervalle, des ophtalmies ; elles sont sèches et violentes et produisent rapidement la crevaison de œil. Au-dessous de trente ans, on y est exposé pendant l'été à de forts saignements de nez. Les maladies dites sacrées y sont rares mais intenses ; il est naturel qu'on y vive plus longtemps qu'ailleurs. »

Selon les mêmes principes, Hippocrate explique aussi que dans un pays de vents chauds du sud on trouvera des hommes phlegmatiques, facilement malades et « peu capables de bien manger et bien boire. »

Plus curieusement encore, le même traité, comparant les conditions auxquelles sont soumis les peuples d'Asie et d'Europe, en déduit des prédispositions physiques et des caractéristiques morales qui ne laissent d'évoquer, pour ces dernières notamment, « la théorie des climats » que Montesquieu formulera bien plus tard dans *L'Esprit des lois*.

Enfin, et c'est la troisième possibilité, les maladies peuvent résulter de ce que nous appellerions aujourd'hui des « erreurs de régime » ou, d'une manière plus générale, une mauvaise hygiène de vie. Dans le traité *Du régime,* Hippocrate considère qu'il s'agit d'un domaine important de la science médicale, et l'on comprend que les patients commettent facilement toutes sortes d'erreurs puisque, pour conserver la santé, il faut savoir apprécier :

8. Ce qui semble signifier que les troubles intestinaux sont plus rares, notamment les diarrhées, mais que les vomissements, sans doute bilieux, sont plus fréquents.

> « La proportion des exercices à l'égard de la quantité d'aliments, de la nature du patient, de son âge, des saisons de l'année, des changements de vents, de la situation de lieu où il vit, de la constitution de l'année. Il faut connaître le lever et le coucher des astres, pour savoir prendre garde aux changements et excès des aliments, des boissons, des vents et de l'univers entier. »

Il faut naturellement mettre à part les traumatismes, blessures ou fractures qui relèvent de la chirurgie, mais à la faveur desquels parfois les humeurs sont dérangées et procurent des complications (par exemple lors de la suppurations des plaies).

Dans tout cet édifice théorique, rigoureux malgré son artifice apparent, un trait s'impose : les causes des maladies sont désormais exclusivement naturelles et plus aucune magie, plus aucune intervention divine n'est sollicitée ni même envisageable. Sensible à tout ce qui l'entoure, la santé de l'homme dépend désormais des rythmes de la nature et non plus des caprices de dieux. Hippocrate aura l'occasion de le réaffirmer à propos d'une affection considérée de tous temps comme un signe divin : la *maladie sacrée*, c'est-à-dire l'épilepsie. Du traité qui lui est consacré, et où l'on trouve du reste une description parfaite de tous les signes de la maladie, date sans doute la naissance définitive de la médecine rationnelle :

> « Voici ce qui en est de la maladie dite sacrée . elle ne me paraît rien avoir de plus divin ni de plus sacré que les autres, mais la nature et la source en sont les mêmes que pour les autres maladies. Sans doute, c'est grâce à l'inexpérience et au merveilleux qu'on l'a regardée comme quelque chose de divin ; en effet, elle ne ressemble en rien aux autres affections. Mais si l'impuissance où l'on est de s'en faire une idée lui conserve un caractère divin, d'autre part, ce caractère lui est enlevé par la facilité d'employer le traitement que les gens mettent en œuvre, traitement qui consiste en purifications et en incantations.
>
> Veut-on la supposer divine à cause du merveilleux qu'elle présente ? Mais alors il y aura beaucoup de maladies sacrées et non une seule ; car je montrerai que d'autres maladies, que personne ne considère comme sacrées, ne sont ni moins merveilleuses ni moins monstrueuses. »

Avec la même assurance, il rapporte qu'au pays des Scythes, nombre d'hommes deviennent impuissants et se livrent alors, pour beaucoup d'entre eux, au travestisme : ce signe y est interprété par tous comme une marque d'élection divine – une sorte d'androgynie originelle –, quoique chacun en redoute la survenue. Hippocrate, après avoir observé les habitudes de ce peuple, tranche le problème sans difficulté :

> « Cette maladie affecte, parmi les Scythes, non les hommes du dernier rang, mais les riches, ceux qui sont les plus puissants par leur noblesse et leur fortune. L'équitation en est la cause, et si les pauvres y sont moins sujets, c'est qu'ils ne vont pas à cheval. Et cependant, si cette maladie est plus divine que les autres, il fallait qu'elle ne fût pas exclusive aux plus nobles et aux plus riches des Scythes, mais qu'elle les attaquât tous également et même, de préférence, ceux qui possèdent le moins et n'offrent point de sacrifices, s'il est vrai que les dieux se plaisent aux hommages des hommes et les en récompensent par de faveurs. »

Quoi qu'on puisse penser de la cause de l'impuissance des Scythes, la réfutation de son origine divine est un modèle de raisonnement rigoureux.

Dans les deux cas, le discours d'Hippocrate montre surtout que sa conviction était toujours étayée sur ce qui fera l'essentiel de sa vie de médecin : son travail clinique.

La consultation hippocratique

Si la postérité a surtout retenu d'Hippocrate la partie doctrinale et presque philosophique de son enseignement, au besoin pour la caricaturer gravement, il demeure pourtant certain qu'Hippocrate fut tout au long de sa vie un clinicien attentif. Le premier sans doute, il a consigné des observations qui sont des récits soigneux et chronologiques de la naissance, de la progression et de l'issue des troubles chez un patient. Il fut ainsi le premier à comprendre que la maladie a une histoire.

Certaines affections présentant une évolution assez stéréotypée, il a pu, sur une base clinique indéniable, recourir à nouveau à sa théorie des humeurs pour donner une explication théorique à la symptomatologie qu'il avait constatée. Dans le traité *De l'ancienne médecine,* il rapporte ainsi « l'histoire » d'un coryza :

> « Au début, l'humeur qui s'écoule du nez est ténue, limpide et âcre ; mais à mesure que le mal approche de sa guérison, cette humeur devient jaune, épaisse et elle cesse d'irriter les parties avec lesquelles elle est contact. [...]
> L'inflammation du nez s'apaise, non pas tant que dure le catarrhe et que la phlegmasie existe, mais quand l'humeur devient plus épaisse, moins âcre et quand, par coction, elle se mêle d'avantage au liquide primitif ; alors seulement, l'inflammation cesse. »

Ces différentes phases, qu'il retrouve aussi dans l'évolution de certaines ophtalmies ou de la pneumonie, suggèrent à Hippocrate un schéma explicatif des maladies en trois temps qui lui paraissent particulièrement évidents lors des maladies aiguës.

À l'origine de toute pathologie se trouve l'inflation d'une humeur qui, dominant les autres, s'en sépare, s'isole et tend à « fluer », c'est-à-dire qu'elle se manifeste en excès dans un endroit du corps (écoulement nasal, expectoration, vomissements, etc.). C'est la phase dite *d'incubation* – vieux rappel sans doute de son origine d'Asclépiade mais pourvu d'un sens radicalement nouveau – ou encore la *prophase (prophasis).*

La nature réagit alors pour vaincre cet excès d'humeur en état de *crudité (apepsia).* Elle utilise pour ce faire la chaleur innée afin de réaliser la *coction (pepsis)* des humeurs, c'est-à-dire, au sens propre du terme, leur cuisson. Une manifestation de cette réaction est la fièvre, le sensation de chaleur qui s'empare du corps. Cette coction a pour effet de rétablir la crase en mélangeant à nouveau les humeurs séparées.

Ce processus ne s'effectue pas toujours d'une seule tenue, mais par à-coups successifs où, entre des améliorations passagères, de nouveaux accès surviennent : ce sont les *crises*. Ces dernières se produisent souvent à jours fixes, volontiers impairs dans une tradition toute pythagoricienne, comme la « crise polyurique du neuvième jour » fréquemment constatée dans la pneumonie aiguë avant l'ère des antibiotiques, ou l'évolution classique de la typhoïde en « trois septénaires » – trois phases de sept jours au terme desquelles la symptomatologie changeait : ces *jours critiques*, s'ils étaient franchis sans encombre, étaient annonciateurs de la guérison prochaine. Parfois, au contraire, la maladie reprend ou effectue une *métastase* (du grec *méta*, « changement » et *stasis*, « position, état »), c'est-à-dire qu'elle se manifeste en un autre lieu du corps ou change d'aspect.

Quand l'organisme domine la maladie, on parvient à la phase finale où les humeurs cuites forment des dépôts résolutifs ou *apostasis* (du grec *apo*, « au loin ») que l'on peut éliminer. Cette élimination peut être naturelle – comme celle de l'humeur devenue « plus épaisse et moins âcre » du coryza – ou nécessite l'intervention du médecin qui, par exemple, évacuera un abcès : le contenu de ce dernier est alors interprété comme le résidu d'une maladie parvenue à son terme heureux.

On doit observer aussitôt que cette explication – qui n'est apparemment satisfaisante que pour certaines affections aiguës –, bien que nous la considérions comme totalement artificielle, éclaire dans une certaine mesure la manière dont Hippocrate aborde le diagnostic clinique. De façon assez singulière, une théorie sans aucun fondement réel a pu inspirer, ou conforter peut-être, une méthode d'évaluation clinique dont beaucoup d'éléments ont persisté jusqu'à nos jours.

Pour Hippocrate, reconnaître et identifier une maladie, c'est établir chez un patient singulier l'histoire de ses troubles autant qu'inventorier les caractéristiques spécifiques de ce patient, de son passé, de son environnement. On peut alors deviner quelle humeur est en cause et à quel stade de coction elle se situe. Pour établir ce qu'il nomme la *prognose* – ce qui signifie bien plus que le *pronostic*, mais également la compréhension globale de la maladie –, Hippocrate dresse à l'intention de ses confrères, dans le livre I des *Épidémies*, un catalogue impressionnant de renseignements à collecter. C'est en quelque sorte le schéma de la consultation hippocratique :

> « Dans les maladies, on apprend à tirer les signes diagnostiques des considérations suivantes : de la nature humaine en général, et de la complexion de chacun en particulier ; de la maladie ; du malade ; des prescriptions médicales ; de celui qui prescrit, car cela même peut suggérer des craintes ou des espérances[9] ; de la constitution générale de l'atmosphère, et des particularités du ciel et de chaque pays ; des habitudes ; du régime alimentaire ; du genre de vie ; de l'âge ; des discours, et des différences qu'ils offrent ; du silence ; des pensées qui occupent le malade ; du sommeil ; de l'insomnie ; des songes[10], suivant le caractère qu'il présentent et le moment où ils surviennent ; des mouvements des mains ; des démangeaisons ; des larmes ; de la nature des redoublements ; des selles ; de l'urine ; de l'expectoration ; des vomissements ; des échanges qui se font entre les maladies, et des dépôts qui se tourneront vers la perte du malade ou une solution favorable ; des éternuements ; des hoquets ; de la respiration ; des éructations ; des vents bruyants ou non ; des hémorragies ; des hémorroïdes. »

Avec lui naît véritablement une approche clinique. En parcourant son œuvre, nous découvrons un très grand nombre d'affections

9. On ne sait trop si Hippocrate évoque ici le plus ou moins grand talent des praticiens ou fait référence à l'effet *placebo*.

10. Il faut noter que l'Asclépiade n'envisage ici aucune valeur sacrée ni aucune signification divinatoire pour ces rêves dont il explique, dans le livre IV du traité *Du régime*, qu'ils procèdent pour l'essentiel des affections du corps dont ils sont une conséquence, bien qu'il n'exclue pas que « les dieux » puissent en envoyer parfois. La prudence au moins le commandait : Hippocrate ne pouvait ignorer qu'Alcibiade, en 415, avait été poursuivi pour avoir profané les mystères et mutilé les Hermès, ni que Socrate avait été mis à mort en 399 pour avoir attenté au respect et à la piété dus aux dieux.

minutieusement et méthodiquement décrites, même si l'absence de certains signes ou l'ambiguïté du vocabulaire rend parfois difficile leur identification. Dans beaucoup d'autres cas, au contraire, des diagnostics précis sont rétrospectivement possibles. Ainsi, dans le livre I des *Épidémies*, il nous a laissé une stupéfiante observation de fièvre bilieuse hémoglobinurique, une complication grave survenant lors d'une certaine forme de paludisme, tandis que dans le livre VIII on trouve un cas certain de tétanos.

D'une manière générale, Hippocrate n'a pas encore forgé le concept de maladie tel que nous l'entendons mais, du moins, il a évité de multiplier inutilement, comme les Cnidiens, les entités cliniques artificielles ne traduisant que des formes particulières d'un même syndrome. Hippocrate, quant à lui, rassemble des symptômes et connaît les *échanges* des maladies – c'est-à-dire leurs variantes, parfois successives chez un même patient –, mais pourtant il soigne comme des affections définies, par exemple, les *fièvres tierces* ou les *fièvres quartes*, c'est-à-dire survenant par accès (ou *redoublements*) tous les trois ou quatre jours – alors que nous les considérons comme des symptômes généraux de maladies très variées[11], et il présente aussi comme une affection en soi le gravissime *causus* qui nous paraît correspondre à un état septicémique dont les causes peuvent évidemment être multiples. La moisson clinique est cependant considérable et contient quelques brillantes intuitions.

La tuberculose, par exemple, maladie omniprésente en Occident jusqu'au milieu du XXe siècle, est parfaitement connue et ses manifestations clairement identifiées. Hippocrate établit que la *phtisie* se caractérise « par des tubercules dans le poumon » et il décrit aussi la fièvre légère qui s'élève le soir chez le tuberculeux, les sueurs profuses, l'expectoration tenace qui ramène peu de chose, et la lente déchéance physique. Il a aussi noté une bombement particulier des ongles des doigts chez les tuberculeux

11. Notamment le paludisme.

anciens : l'*hippocratisme digital* se voit toujours et son mécanisme est toujours aussi obscur. Plus remarquable encore, il a le premier affirmé un rapport entre la forme pulmonaire de la tuberculose et ses localisations osseuses aux vertèbres ou à la hanche – mal de Pott et coxalgie. Dans le traité *Des affections internes*, son pronostic et ses conseils sont simples :

> « Boire de l'ellébore et du bouillon de lentilles, se bien nourrir, peu d'exercices, s'abstenir du commerce des femmes. Cette maladie dure sept ou neuf ans. On en guérit quand on est soigné au début. [...] En cas d'hémoptysie, pour se guérir de façon définitive, un an de repos au lit. »

Jusqu'à l'introduction des antituberculeux, voici quelques décennies à peine, le traitement se résumait encore, avec un certain succès du reste, à la suralimentation et à la cure de soleil et de repos, au bord de la mer ou à la montagne...

Hippocrate a eu recours à toutes les ressources d'un examen clinique approfondi. Reprenant une pratique d'origine cnidienne semble-t-il, il s'est livré à l'auscultation immédiate en appliquant l'oreille sur le corps du patient, et la production du bruit liquide obtenu en secouant un malade porteur d'un épanchement pleural a conservé jusqu'à nous le nom de *succussion hippocratique*. Dans aucun traité, cependant, on ne fait allusion à la percussion comme méthode d'examen et le pouls artériel, pourtant connu des Égyptiens, sera négligé pour le diagnostic jusqu'à l'époque hellénistique.

L'encyclopédie clinique de la *Collection* est inépuisable et il est impossible de la résumer, mais plus d'une cinquantaine de situations cliniques y sont identifiées : laryngites, oto-mastoïdites, pleuro-pneumonies, occlusions intestinales, parasitoses, ictères, convulsions, tétanos, diphtérie, hydropisies, cancers, paralysies, sciatique et goutte, sans parler de nombreuses descriptions de pathologie traumatique. À chaque fois, Hippocrate cherchait aussi a évaluer la gravité du mal. Des générations de médecins ont appris après lui le saisissant tableau du *faciès hippocratique*, tiré du *Pronostic* et annonciateur de la fin prochaine :

> « Le nez est effilé, les yeux enfoncés, les tempes affaissées, les oreilles froides et contractées, les lobes des oreilles écartés, la peau du front sèche, tendue et aride, la face jaune ou noire, ou livide, ou plombée. »

Dans ses *Aphorismes*, en de courtes et frappantes formules, il a légué à ses élèves et à ses confrères la quintessence de dizaines d'années d'observation et de pratique. Le plus célèbre d'entre eux, sans doute, résume bien par sa prudence même le modeste génie d'Hippocrate :

> « La vie est courte, l'art est long, l'occasion fugitive, l'expérience trompeuse, le jugement difficile. Il faut, non seulement faire ce qui convient, mais faire encore que le malade, les assistants et les choses y concourent. »

Plus qu'à tout autre moment de son art, il devait en être conscient lorsqu'il abordait le traitement de ses patients.

Soigner avec Hippocrate

Avant Hippocrate et depuis que la médecine avait des annales, on n'y trouvait guère de théorie médicale cohérente. On proposait certes des diagnostics, bien souvent hasardeux, mais on se heurtait surtout à l'indigence de la thérapeutique. Avant de vaincre les grands fléaux de l'homme que seront pour des siècles encore la douleur et l'infection, l'humanité devra franchir bien d'autres étapes. Pourtant, dans ce domaine aussi, on peut soutenir qu'Hippocrate a innové.

Il a tout d'abord fondé l'art de guérir sur quelques préceptes qui demeureront longtemps, sous la forme d'adages latins, à la base de l'art médical pour le plus grand bien des patients sans doute.

Le premier est bien connu : *« Primum non nocere »*, répéteront à son exemple les médecins des siècles ultérieurs. Avant tout ne pas nuire : la prudence hippocratique n'est pas l'abstention ni l'attentisme, mais le respect de la personne humaine. Elle est l'une des clés de l'éthique médicale qu'Hippocrate, à défaut de l'avoir fondée, à codifiée pour la postérité. Elle s'impose au thérapeute comme le rappelle le maître, au vu d'une longue expérience des malades et de la maladie, à n'en pas douter, dans le livre II du *Prorrhétique* :

> « Je conseille d'être singulièrement réservé tant dans la médecine en général que dans ses prédictions, bien persuadé que, le pronostic réussissant, on serait admiré par un malade intelligent mais que, échouant, on serait, outre la haine, exposé à passer pour fou. »

Dans le beau traité *De l'art*, du reste, on borne dans des limites raisonnables les ambitions du médecin et on condamne sans appel ce que l'on nomme aujourd'hui l'acharnement thérapeutique, car l'objet de l'art c'est :

> « Délivrer complètement les malades de leurs souffrances ou émousser la violence des maladies, et ne pas traiter les malades qui sont vaincus par les maladies. »

Hippocrate peut alors poser le second principe : *« Nouson physeis ietroi »* (*Épidémies*, V, 5), dont proviendra l'adage latin *« Natura medicatrix »*. C'est dans les ressorts cachés de la nature que se trouvent les ressources de la guérison : le médecin doit aider la nature, lui permettre en quelque sorte d'accoucher de la guérison, aller dans son sens, ne pas la contraindre, l'écouter, la connaître et la respecter.

C'est une fois de plus dans la théorie de humeurs que réside le fondement de la méthode qui permet de réaliser ce programme :

traiter c'est résoudre la dyscrasie, c'est rétablir l'équilibre des humeurs. Plusieurs moyens sont à la disposition du médecin.

Il peut en premier lieu, à l'aide de quelques *procédés d'évacuation* libérer le corps envahi par une humeur trop abondante, combattre la « monarchie » à laquelle elle aspire pour revenir à « l'isonomie » qui est le régime de la santé.

La saignée, plus cnidienne au demeurant que proprement hippocratique semble-t-il, est un premier moyen. Si le sang est en excès, si la congestion menace, la soustraction de cette humeur peut contribuer au rétablissement, mais les indications en sont limitées. Hippocrate a peut-être préféré l'appliquer de façon plus locale, dans les pathologies pleuro-pulmonaires notamment, par l'usage des ventouses scarifiées qui persistaient dans l'arsenal thérapeutique voici quelques décennies à peine.

Une autre moyen salutaire est la purgation : Hippocrate avait-il été frappé par l'importance que lui accordaient les Égyptiens ? Il conseille, en tout cas, l'ellébore, l'huile de ricin, ou l'eau chaude si l'on préfère un moyen vomitif pour éliminer, selon le cas, du phlegme ou de la bile jaune.

On aura reconnu les deux bases de la thérapeutique occidentale pour les siècles futurs : la *lancette* et le *clystère*, mais au-delà de la caricature Hippocrate s'était efforcé d'en fonder l'usage en théorie.

Il pouvait enfin arriver que le geste libérateur intervînt à la fin du processus de coction, pour éliminer les dépôts résolutifs, par exemple les abcès. Le bistouri, en faisant sourdre le pus collecté, achève le travail de la nature dont le médecin, pour Hippocrate, n'est que l'assistant. Selon le même principe, la *Collection* décrit aussi des gestes plus avancés comme la ponction d'un *empyème*, d'un épanchement purulent de plèvre, qui dut soulager plus d'un malade.

Pourtant, en dehors de ces gestes à visée générale, Hippocrate n'ignore pas une deuxième ressource classique du thérapeute : la *pharmacopée*. On pénètre ici dans un terrain plus incertain et moins neuf.

Les substances médicamenteuses *(pharmaka)* auxquelles les traités de la *Collection* font allusion sont nombreuses et pour certaines déjà connues depuis longtemps : ainsi des vertus sédatives de la jusquiame et de la mandragore, de la belladone et de l'opium, ou encore des propriétés diurétiques du persil et du chiendent.

Curieusement, si l'on se réfère au caractère « global » de la médecine hippocratique, les thérapeutiques locales ne sont pas négligées : on sait ainsi badigeonner une angine ou une ophtalmie avec du cuivre, faire inhaler des essences balsamiques en cas de catarrhe bronchique et appliquer des cataplasmes chauds de farine d'orge. Les fumigations sont même très conseillées dans les affections gynécologiques et administrées par voie vaginale...

Les indications de ces remèdes, comme dans les pratiques médicales antérieures, sont souvent obscures et laissent plutôt sceptiques. Pour Hippocrate, il semble bien que certains médicaments aient une nature qui les rapprochent de l'une des humeurs du corps et qu'on puisse les mettre en correspondance – mais comment et pourquoi, il ne le dit jamais. C'est en cela que la théorie des humeurs, sollicitée pour justifier les remèdes, apparaît ici profondément arbitraire dans ses applications.

Un débat s'est instauré à ce sujet et a suscité dans diverses écoles médicales, tout au long des siècles suivants, des querelles rhétoriques assez navrantes : Hippocrate soignait-il par les semblables *(« similia similibus »)* ou par les contraires *(« contraria contrariis »)* ? La pensée hippocratique n'est pas toujours claire sur ce point et traduit sans doute des variations au sein de l'école. Hippocrate indique cependant que le médecin, en établissant la *prognose*, doit précisément repérer le stade de coction car, selon ce stade, il peut recourir à l'une ou l'autre méthode. Dans les *Lieux de l'homme,* Hippocrate écrit à ce propos :

> « De deux façons contraires, la santé se rétablit. Et s'il en était de même dans tous les cas, il y aurait une doctrine établie et l'on traiterait tantôt par les contraires suivant la maladie et son origine, tantôt par les semblables, suivant la maladie et son origine. »

Peu dogmatique sur ce point, il ajoute du reste :

> « Abandonnez chaque fois une méthode qui ne mène pas à la guérison ; et si elle fait pire plutôt que mieux, passez à la médication contraire. »

Gageons que dans chaque cas l'effet ne devait pas être sensiblement différent. Ce n'est pas la partie la plus originale de l'œuvre d'Hippocrate.

En abordant la troisième voie du traitement médical, nous découvrons en revanche l'aspect le plus séduisant de sa pensée : le *régime*.

Le régime, c'est-à-dire les pratiques alimentaires autant que les exercices du corps et les bains, « l'hygiène de vie » comme nous dirions aujourd'hui, avant d'être un chapitre de la thérapeutique, constitue pour Hippocrate le plus sûr moyen de conserver la santé. Il en découle tout d'abord un ensemble de conseils préventifs pour ceux qui entendent fuir les maladies.

Dans le traité *De l'ancienne médecine*, remontant aux origines de l'humanité, Hippocrate envisage même comment les maladies sont apparues et comment les hommes ont appris à les combattre en réglant leur alimentation :

> « Je pense que le genre de vie et de nourriture dont, en santé, on use de nos jours, n'aurait pas été découvert si l'homme, pour son boire et son manger, avait pu se contenter de ce qui suffit au bœuf et au cheval, et à tous les êtres en dehors de l'humanité, à savoir les productions de la terre, des fruits, des herbes et du foin. »

Après s'y être essayés, les premiers hommes ont vu se déclarer toute sortes de troubles que, par le raisonnement et l'expérience, ils ont tenté d'éviter :

> « En effet, en apprenant à macérer, à monder, à cribler, à moudre, à pétrir les grains, ils ont fabriqué avec le blé, du pain, avec de l'orge de la pâte qu'ils ont travaillée de mille manières. Ils ont fait bouillir, rôtir, composé des mélanges et tempéré par des substances plus faibles[12], ce qui était fort et intempéré[13], se réglant en toutes choses sur la nature et les forces de l'homme. »

On le voit, pour Hippocrate, la cuisson des aliments est une image de la coction des humeurs et la découverte de la cuisine une préfiguration de la médecine !

Il en déduit à l'usage de tous les gens bien portants des recommandations salutaires propres à chaque saison. Dans le *Régime de santé*, il nous livre ainsi le menu pittoresque de cette gastronomie médicale : en hiver, du vin pur et des viandes rôties – pour maintenir la chaleur du corps ; au printemps, du vin mêlé d'eau, de la pâte de farine d'orge au lieu de pain, et des légumes bouillis ; en été, des mets bouillis et du vin largement allongé en abondance, pour conserver le corps « frais et relâché » ; en automne, enfin, du vin de nouveau plus pur et des aliments secs.

La marche, des exercices mesurés – Hippocrate proscrivait toute violence en ce domaine – et des bains tempérés complètent ce programme de santé.

De semblables prescriptions diététiques permettent aussi de rétablir un équilibre humoral compromis. Ainsi, dans les maladies aiguës surtout, deux sortes de boissons sont particulièrement sollicitées.

La première est une décoction d'orge, la *ptisane (ptisanê)* dont nous avons fait la *tisane*, universellement recommandée par nos aïeux à tous les fébricitants. Elle était généralement administrée dans le cadre d'un diète plus ou moins rigoureuse.

---

12. Parce que cuites, c'est-à-dire en état de *coction*.

13. C'est-à-dire en état non mélangé *(akrêsia)* et de *crudité*, comme les humeurs néfastes.

Viennent ensuite des boissons alcoolisées, le vin notamment, mais aussi l'hydromel. Le traité *Du régime des maladies aiguës* nous en révèle les indications majeures :

> « Le vin doux cause moins de pesanteur de tête et porte moins au cerveau que le vin fort, et il dispose un peu plus aux évacuations alvines[14], mais il gonfle la rate et le foie[15] ; il n'est donc pas convenable à celui chez qui domine la bile amère, car il lui cause de la soif [...]
> L'hydromel, quand dans une maladie aiguë on le fait boire tant qu'elle dure, est en général moins convenable aux affections bilieuses, et à celles où les viscères sont le siège d'engorgements inflammatoires, qu'aux affections qui ne présentent rien de pareil. Il altère moins que le vin doux, par cela même qu'il adoucit les voies respiratoires, qu'il active modérément l'expectoration et qu'il calme la toux. »

La thérapeutique médicale d'Hippocrate, on le devine, à défaut d'être toujours efficace pouvait donc être réconfortante...

Il n'en allait pas de même pour l'autre versant de l'art de guérir : la *chirurgie*.

De tout temps, la lame du chirurgien avait soulagé les patients – au prix certes de quelques moments difficiles – bien mieux que les potions douteuses des médecins. Pour sa part, Hippocrate a considérablement amélioré certains domaines de la pratique chirurgicale.

Dans les traités comme *Des fractures* et *Des articulations,* il a minutieusement décrit les méthodes permettant de réduire sans récidive les luxations des membres et de consolider, si possible sans cal vicieux, les fractures les plus diverses. C'est ici sans doute que l'expérience alliée à un raisonnement anatomique bien conduit a porté ses plus beaux fruits. C'est ainsi qu'Hippocrate, dans toutes les fractures, cherche à reproduire, pour les immobiliser, la position la plus conforme à la nature et recourt à des

14. Des diarrhées.
15. Sans doute en cas d'usage trop prolongé ?..

bandages et des attelles autorisant une contention stable mais souple. C'est dans ce cadre aussi qu'il a mis au point le fameux *banc d'Hippocrate*, une table de traitement orthopédique réglable, équipée de treuils et de cordes, pouvant s'adapter à chaque traumatisme et y remédier par des tractions ingénieuses et orientées dans les meilleures conditions : on ne fera guère mieux avant Ambroise Paré.

Enfin, le talent de l'opérateur culmine sans doute dans une intervention emblématique de la chirurgie antique : la *trépanation*.

Le forage des os du crâne peut se justifier, de nos jours, par la nécessité d'éliminer les esquilles osseuses d'une fracture, sources d'infection et de lésion de la matière cérébrale, ou par celle d'évacuer un hématome compressif sous-jacent. Les indications posées par Hippocrate pour ce geste si impressionnant à son époque, quoique moins clairement définies, sont déjà sensiblement les mêmes. Il est surtout le premier à en avoir décrit la technique dans le traité *Des plaies de la tête*. Différents types de trépans étaient utilisés. Mis en mouvement par un archet ou une ficelle, l'instrument effectuait des rotations alternatives et usait l'os crânien pour un ménager un trou ou y découper une pastille osseuse. Il fallait prendre soin de refroidir le trépan afin d'éviter toute brûlure des tissus, et Hippocrate, faisant ici encore preuve d'un expérience clinique remarquable, mettait en garde contre le risque de dénuder la méninge voire de la rompre – ce qui expose, nous le savons, à des infections gravissimes du liquide céphalo-rachidien. Rappelons à ce propos que ces gestes s'effectuaient naturellement sans asepsie particulière et que la seule anesthésie disponible consistait à user d'un peu d'opium…

On comprend dans ces conditions – et on apprécie d'autant plus – qu'Hippocrate en ait soigneusement pesé les indications et qu'il ait multiplié les mises en garde.

Pour lui en effet, c'est le dernier aspect de sa pensée mais non le moindre, la responsabilité médicale doit être une préoccupation constante du praticien. Le *Serment* dont on lui attribue la paternité en est la charte fondatrice.

Le Serment : déontologie ou corporatisme ?

Le *Serment* est un des textes de *Collection* dont l'attribution à Hippocrate n'a jamais été contestée. Néanmoins, sa portée dépasse sans doute la personne du seul « Père de la médecine ». Le mouvement de laïcisation de la profession engagé en Grèce au ve siècle a rapidement dépossédé la caste des Asclépiades du privilège familial et traditionnel qui était le sien. Cette innovation majeure fut en partie peut-être délibérée, toutefois elle exposait aussi à de grands risques : d'une fonction sacerdotale elle faisait de la médecine un métier auquel tout un chacun pouvait désormais prétendre. Dans ces conditions, le *Serment* apparaît à la fois comme une protection pour la médecine et un ultime sursaut corporatiste des Asclépiades.

Le texte, maintes fois publié, doit être attentivement relu, car on y trouve assurément tous les éléments de l'éthique médicale occidentale depuis cette époque : le primat accordé à l'intérêt du malade sur les ambitions du thérapeute ; le secret professionnel et le respect de l'intimité des patients ; le refus d'accomplir des actes dangereux[16]. On comprend mieux aussi, après l'avoir lu, le portrait du praticien idéal qui s'en dégage, tel qu'il est tracé par Hippocrate dans son traité *Du médecin* :

> « Il doit avoir un bon teint et un juste embonpoint conforme à son tempérament. Ceux qui n'ont pas un bon aspect physique, aux yeux du public, paraissent peu aptes à bien soigner les autres. Il doit être d'une parfaite propreté corporelle et ne pas dégager la moindre odeur naturelle,

16. En particulier l'opération de « la taille » consistant à ouvrir l'urètre pour en extraire un calcul obstructif, ce qui demeurera pendant des siècles un acte à haut risque.

> dût-il recourir à quelque parfum de qualité ; car ceci est habituellement agréable aux malades.
> Quant au moral, non seulement l'homme sage sera discret, mais aussi il observera une grande régularité dans sa vie ; cela fait le plus grand bien à la réputation ; ses mœurs seront honnêtes et, après cela, il sera pour tous grave et humain car se mettre en avant et se prodiguer excite le mépris, quand même ce serait tout à fait utile. »

Dans un autre traité, *La Loi*, certains de ces aspects sont encore précisés, en particulier l'exigence de formation rigoureuse du médecin et la dénonciation sans faiblesse des charlatans :

> « La médecine est de tous les arts le plus relevé, mais à cause de l'ignorance fréquente de ceux qui l'exercent, elle est souvent rabaissée au-dessous de tous les autres. Voici, ce me semble, le motif principal de ce préjugé : c'est que la médecine est la seule profession dont le mauvais exercice n'est puni dans les cités que par l'ignominie ; mais l'ignominie ne blesse point les gens dont elle compose pour ainsi dire la nature, car ces gens-là ressemblent exactement aux figurants qu'on introduit dans les tragédies : comme ceux-ci ont le maintien, l'habit et le masque d'un acteur mais ne sont pas des acteurs, de même il est beaucoup de médecins de nom et fort peu par les œuvres. »

C'est pourquoi, poursuit l'auteur du traité :

> « Celui qui veut arriver à une connaissance intime de la médecine doit réunir à des dispositions naturelles une science acquise par l'enseignement et par un jour favorable aux études, une instruction commencée dès l'enfance, l'amour du travail et une longue application. »

Cependant, si l'apprentissage de la médecine est une longue patience, la méthode de formation qui est évoquée ressemble à s'y méprendre à celle… des Asclépiades ! La première partie du *Serment* renforce cette conviction : celui qui enseigne la médecine est pour son disciple « comme l'auteur de ses jours » – à l'exemple des Asclépiades, de père en fils ; il faut éventuellement pourvoir aux besoins de son maître et transmettre la même science à ses enfants, comme dans une famille, « mais à nul autre en dehors d'eux » ; enfin, pour qu'aucune équivoque ne persiste, le *Serment* – est-il nécessaire d'insister sur ce point ? – est prêté devant Apollon-médecin, Asclépios, Hygie et Panacée.

En ce sens, on peut suggérer que le *Serment*, s'il institue la médecine comme un art pratique *(technè)* et non plus comme un privilège de caste, encadre immédiatement la profession dans les limites familiales d'une sorte de corporation, nouveau *genos*, dont le savoir doit être protégé et défendu. C'était en quelque sorte une libération conditionnelle de l'art de guérir.

Or, un tel protectionnisme ne s'imposait pas *a priori* : nombre d'autres *technai* pouvaient s'exercer avec compétence sans requérir de telles précautions. Toutefois, pendant des siècles encore – et peut-être jusqu'à nous – la médecine conservera cette dimension héritée des Asclépiades. C'est d'une certaine manière un archaïsme structurel de la profession médicale, qui n'annule évidemment pas l'apport majeur de l'éthique et de la déontologie.

Finalement, l'originalité profonde de la morale médicale d'Hippocrate réside peut-être dans un autre passage du livre I des *Épidémies* :

> « La médecine a deux buts : soulager le malade et ne pas lui nuire. Trois éléments contribuent à notre art : la maladie, le malade et le médecin. Le médecin est le ministre de l'art, et le malade se doit de coopérer avec lui dans la lutte contre la maladie. »

Ainsi se construit et se définit le fameux *triangle hippocratique* qui réunit dans une relation singulière le médecin, son malade – un être différent de tous les autres – et sa maladie – la sienne, et non la maladie en général. C'est ici qu'apparaît également une conception profondément humaniste, au sens que les sophistes auraient pu donner à ce mot avec Protagoras : « L'homme est la mesure de toute chose. »

À cela Hippocrate, en écho, répondait : « Là où il y a l'amour de l'homme, il y a l'amour de l'art. »

En quelques décennies, le maître de Cos avait révolutionné l'histoire de la médecine, peut-être même lui avait-il simplement donné une histoire. Il faudra des siècles pour assimiler son apport et, un jour enfin, le dépasser.

Le retour des philosophes : de l'âme et du pneuma

À peine disparu, Hippocrate laissait en effet un héritage lourd à porter. D'emblée, ses disciples ne furent pas à la hauteur du maître, nous le verrons. Ils se montrèrent surtout incapables de maintenir l'unité, certes problématique, de sa doctrine et de ses pratiques. Le système hippocratique, éminemment clinique, avait été construit contre une certaine médecine philosophique, mais avec une réelle ambiguïté toutefois, car lui-même n'était pas dépourvu d'hypothèses théoriques parfois hardies.

De même que le maître de Cos avait dû tenir compte des spéculations présocratiques, de même ses successeurs ne purent ignorer la révolution philosophique initiée par Socrate, familier d'Hippocrate. Inexorablement, la médecine grecque allait de nouveau goûter les délices et les poisons de la pensée pure.

Platon avait fait mention « d'Hippocrate l'Asclépiade » en divers endroits de son œuvre. Né en 428 avant notre ère, le plus grand élève de Socrate fonda l'*Académie* en 389 et y enseigna jusqu'à sa mort en 347. Il aborda lui-même à plusieurs reprises, nous l'avons évoqué, les questions relatives à la médecine. C'est à cette occasion qu'il contribua aussi à placer au cœur de la théorie médicale une notion qui alimentera pendant des siècles d'interminables débats : le *pneuma*.

Dans le *Timée*, Platon s'attache assez longuement à décrire la constitution subtile de l'être humain. Pour lui, l'âme est ce qui, dans l'homme, est immortel et échappe à la corruption à laquelle son corps est destiné. Siégeant dans le cerveau, elle conduit l'homme et c'est en elle que sont ineffaçablement empreints les souvenirs de sa condition première ainsi que les savoirs essentiels – comme les lois mathématiques – dont il peut parfois avoir réminiscence. Observons que Platon, reprenant ici l'heureuse opinion d'Alcméon et d'Hippocrate, confortait à son tour l'encéphalocentrisme de ces auteurs.

Mais cette âme n'est pas seule pour « animer » la machine humaine. Une autre entité immatérielle et cependant mortelle, périssable comme le corps lui-même, réside dans la région du foie : c'est « l'espèce désirante », responsable des fonctions végétatives, de la vie animale de l'homme, et notamment de son ardeur génésique. Le diaphragme, qui sépare l'abdomen du thorax et revêt précisément le foie dans l'hypocondre droit, s'interpose enfin entre cette âme et une troisième, également mortelle mais intermédiaire en quelque sorte, dont le domicile naturel est le cœur de l'homme : « participant au courage, à l'ardeur, et cherchant la victoire », elle y fait naître les sentiments et les élans les plus nobles.

Le dernière partie du *Timée* apparaît comme une sorte de résumé de physiologie assorti d'une vague théorie de la maladie et même de quelques considérations thérapeutiques.

L'anatomie, en particulier celle du cœur et des vaisseaux, n'est guère plus brillante et maintient les mêmes erreurs que chez Hippocrate et ses prédécesseurs, mais Platon accorde plus d'attention à la physiologie cardio-vasculaire. La conception qu'il défend provient pour l'essentiel du rôle moteur qu'il attribue, dans le corps, à l'âme intermédiaire qui siège dans la poitrine.

Les battements incessants qui résultent de cette âme irascible échauffent en effet le cœur en permanence, et cette chaleur menace de perturber l'état d'équilibre qui caractérise l'homme en bonne santé. La respiration est alors invoquée par Platon comme ayant pour unique but de rafraîchir en permanence ce dispositif :

> « […] Le poumon, qui est avant tout une substance molle et exsangue et qui par ailleurs possède, percées en son intérieur, des cavités comme celle d'un éponge, afin que, recevant aussi bien l'air que la boisson, il puisse rafraîchir le cœur, quand il s'échauffe, en lui permettant de souffler et de se détendre » (*Timée*, 70).

On notera au passage que Platon, prolongeant une confusion anatomique qui persistera encore quelque peu après lui, considère que la boisson peut atteindre la vessie en passant par les poumons, de même que l'air absorbé par la bouche contribue, par le feu inné qu'il renferme, à la digestion, c'est-à-dire à la « cuisson » interne des aliments…

Or, le rôle central attribué par Platon au souffle, au *pneuma*, à peine évoqué par Hippocrate, le conduit précisément à infléchir la doctrine hippocratique qui reconnaissait dans la dyscrasie, nous l'avons vu, la cause unique des maladies. Certes, Platon admet encore le rôle des quatre humeurs, qu'il nomme plus souvent *éléments* (feu, air, eau, terre) : le mélange de la bile noire et du phlegme produit, selon lui, l'épilepsie, tandis qu'il explique ailleurs que la prépondérance de l'eau entraîne la fièvre tierce et celle de la terre, la fièvre quarte. Rien de très original en l'occurrence. Toutefois, il insiste, et c'est nouveau, sur les effets néfastes d'une mauvaise distribution du *pneuma* :

> « […] Quand le poumon, qui est le dispensateur du souffle, ne lui ménage pas de passage dégagé, obstrué qu'il est par des sécrétions, l'air, en ne pénétrant pas ici, alors que là il entre plus qu'il ne faudrait, amène une partie des vaisseaux à se putréfier, faute d'être refroidis, tandis qu'il passe en force dans les autres vaisseaux […] ; là trouvent leur origine un grand nombre de maladies, qui sont douloureuses et qui s'accompagnent souvent d'une abondante transpiration » (*Timée*, 84).

Cet apport d'un philosophe non médecin, « raisonnant » à son tour sur la biologie humaine, introduisait une sorte de rupture et laissait l'ébauche d'une théorie déséquilibrée. Pourtant, le *pneuma* allait désormais envahir la doctrine médicale. C'est à un autre philosophe, élève rebelle de Platon, qu'il appartiendrait d'en développer le thème.

Avec Aristote (384-322 avant notre ère) qui succède à Platon et ouvre sa propre école, le *Lycée*, à proximité du sanctuaire d'Apollon Lycéen et des Muses, c'est en effet une sorte de récapitulation de la pensée antique qui s'offre à nous. Véritable encyclopédiste, Aristote, autant que philosophe – ou parce qu'il était précisément philosophe – fut tour à tour logicien, mathématicien, astronome, physicien, botaniste, zoologiste, et enfin biologiste et théoricien de la médecine. Du reste, lui-même était fils de médecin. L'influence considérable qu'il ne cessera d'exercer jusqu'à la fin du Moyen Âge permet de comprendre le conséquences durables et importantes qu'eurent certaines de ses théories, parfois avec bonheur mais dans d'autres cas de manière plus regrettable.

L'enseignement anatomo-physiologique d'Aristote commence en effet par une régression : le cardiocentrisme. Cette doctrine repose sur deux convictions fondatrices.

La première est la conception de l'âme qui, pour Aristote, loin de s'opposer au corps à la manière platonicienne, est au contraire intimement liée à ce corps dont elle est à la fois la forme et le principe dynamique. N'étant donc pas, comme chez Platon, une entité en soi – une sorte de fantôme intérieur –, l'âme ne peut être vraiment localisée dans aucune partie du corps, mais elle est plutôt liée à la totalité de celui-ci.

Or, ce principe posé, Aristote le contredit aussitôt en affirmant que le cœur qui, selon lui, est le premier organe à se former dans l'embryon, est le centre de l'être, à l'origine de la « chaleur innée » dans laquelle Aristote voit la source même de la vie. La conséquence de ce raisonnement s'impose alors d'elle-même :

> « Il est donc nécessaire que le principe de cette chaleur se trouve dans le cœur [...] car [tous les êtres vivants] élaborent et digèrent la nourriture

> grâce à cette chaleur naturelle[17] […] [et] quand cette région se refroidit, c'est la destruction complète : c'est de là que dépend […] le principe de la chaleur et de l'âme. […] Il est donc nécessaire que résident en lui [le cœur] à la fois la vie et ce qui conserve cette chaleur [c'est-à-dire l'âme], et que ce que nous appelons la mort soit la destruction de cette chaleur » (*De la jeunesse et de la vieillesse et de la vie et de la mort et de la respiration*, 4, 469b).

Cette théorie centrale conduit alors Aristote à plusieurs impasses assez graves.

La première est la marginalisation du cerveau, considéré comme un organe froid et exsangue dont le seul objet est de contribuer à compenser, comme une source de fraîcheur, la chaleur cardiaque. Du reste, ébauchant une théorie de la sensation, Aristote va même jusqu'à affirmer que les perceptions sensorielles se rendent non pas au cerveau mais au cœur…

En second lieu, Aristote va sophistiquer à l'extrême la notion de *pneuma* introduite par ses prédécesseurs, pour l'intégrer dans une doctrine complexe et du reste peu cohérente, mais dont les obscurités nourriront pendant des générations des débats théoriques sans fin. Il attribue ainsi différentes fonctions au *pneuma* et surtout il lui désigne une source autre que l'air inspiré : le *pneuma* inné notamment, réchauffé par l'âme vitale du cœur, se propageant à tout le corps par des « conduits pleins de *pneuma* inné » – sans doute les artères –, communiqué également au sang à partir du cœur et capable de transformer le sang en semence mâle, transmettant enfin les sensations aussi bien que les influx nerveux et moteurs.

Substance impalpable, au même titre que l'éther baignant le monde astral, notion complexe et finalement encombrante, on le voit, le *pneuma* va pourtant s'imposer dans le discours médical pour de nombreux siècles. Avec Aristote prend fin la médecine

---

17. On retrouve ici la thèse de la digestion conçue comme une « coction » des aliments.

philosophique, mais cet ultime apport, par sa présentation systématisée et son ton d'autorité, devait laisser des traces durables dans les esprits et les pratiques.

Il faut dire qu'à la même époque l'élan de la médecine hippocratique avait subi un net coup d'arrêt. La complémentarité féconde établie par Hippocrate, conjuguant harmonieusement l'observation clinique et une approche rationnelle, eut beaucoup de mal à lui survivre. Dans les décennies qui suivirent, nous le verrons bientôt, les médecins se rangèrent schématiquement en deux camps, adoptant par préférence l'approche empirique ou privilégiant au contraire la doctrine *a priori*. Pourtant, pendant quelques temps encore, quelques praticiens tentèrent de se maintenir dans la voie étroite défrichée par Hippocrate.

On doit mentionner ici, par exemple, Philistion de Locres, qui vécut à la cour de Denys, le tyran de Syracuse, où il fit la connaissance de Platon et s'acquit une réputation d'habile chirurgien.

Tout autre, cependant, fut la notoriété de Dioclès de Caryste, surnommé « le deuxième Hippocrate » ou « Hippocrate le Jeune », qui vécut à Athènes au milieu du IVe siècle. Fils d'un médecin nommé Archidamos qui s'était illustré par ses travaux anatomiques, Dioclès reprit ce flambeau et contribua à renouveler ce domaine d'étude. Ainsi, disséquant à son tour de nombreux animaux, il fit quelques découvertes : le canal cystique, par lequel la vésicule reçoit et élimine la bile, la valvule iléo-cæcale, située à la jonction du côlon et de l'intestin grêle, les ovaires et les trompes, enfin, qu'il s'attache à mieux décrire. Il ne parvient cependant toujours pas à distinguer les nerfs, les artères et les veines.

En physiologie, comme beaucoup d'autres médecins de son temps probablement, il s'efforce de concilier la doctrine hippocratique des humeurs avec le pneumatisme cardiocentrique d'Aristote, dont on sent sur lui la profonde influence. Selon les cas, sa doctrine hésite, et si la mélancolie, selon une opinion alors classique, résulte bien à ses yeux d'un excès de bile noire, celui-ci peut se produire indifféremment dans le cœur ou dans le cerveau. De même, soucieux de ne rien exclure, mais au prix d'une incohérence plus grande, il affirme que les maladies proviennent soit d'une altération des humeurs, soit d'une mauvaise répartition du *pneuma*, soit des deux à la fois…

Loin de ces errances théoriques, plus proche au contraire de la clinique hippocratique, il se montre mieux inspiré lorsqu'il suggère que la fièvre est le symptôme annonciateur de la maladie et non une maladie en soi, ce que la tradition médicale s'empressera pourtant d'oublier aussitôt. Enfin, Dioclès a laissé un manuel d'herboriste, le *Rhizotomikon*, que l'on considère comme le plus ancien ouvrage de botanique médicale, auquel d'ailleurs les auteurs antiques firent ensuite de fréquents emprunts.

Avant le grand tournant du IIIe siècle, la médecine grecque, comme en un ultime hommage à son fondateur, s'illustra encore à travers deux médecins issus des deux écoles dont Hippocrate avait fait les centres incontestés de la science médicale : Chrysippe de Cnide et Praxagoras de Cos.

De Chrysippe nous savons peu de chose, si ce n'est que, prenant sans doute quelque distance par rapport à la théorie des humeurs, il critiqua fortement le recours trop systématique à la phlébotomie, c'est-à-dire à la saignée.

Sur Praxagoras, en revanche, nous sont parvenus de plus amples témoignages. Actif entre 340 et 320 avant notre ère et contemporain de Dioclès, il s'affronte aux mêmes difficultés. Pour tenter de les surmonter, il se consacre lui aussi à l'anatomie, qui demeurait à l'évidence la grande faiblesse de l'héritage hippocratique. Il accomplit à cette occasion un progrès considérable dans la connaissance anatomique : il est en effet le premier à distinguer enfin les veines des artères, mais il en tire cependant peu de profit quant à la physiologie. Il persiste à ne voir de sang que dans les veines, laissant le *pneuma* dans les seules artères. Adepte du cardiocentrisme – et sur ce point renonçant à la conception d'Hippocrate –, pour lui l'air inspiré, porteur du *pneuma*, parvient au cœur par l'artère pulmonaire[18] et se distribue ensuite dans les artères. De cette vision fantaisiste il tire cependant une belle intuition clinique : il est ainsi le premier à souligner l'intérêt d'examiner le pouls *(sphygmos)* dont il fait le témoin de la circulation du *pneuma* – et non du sang – dans les artères. Il combine ensuite cette hypothèse avec une autre confusion anatomique : il ne différencie pas les nerfs des tendons et considère que ces « conduits », proches des muscles, sont le prolongement des artères que, dans ses dissections, il perd de vue à leur contact. Il en conclut ainsi que c'est encore le *pneuma* qui transmet aux muscles les influx du mouvement volontaire.

En dépit de ces hardiesses théoriques peu convaincantes, mais qui laissaient présager qu'une nouvelle synthèse anatomo-physiologique devait bientôt survenir, Praxagoras se montra un clinicien hippocratique sans concession. Fidèle à la doctrine humoriste et reconnaissant même une dizaine d'humeurs différentes, il enseigna l'importance thérapeutique des évacuations et fut un partisan fervent de la saignée.

C'était pourtant bien la fin d'une époque, car un événement immense dans l'ordre politique allait changer le cours de l'histoire grecque comme celui de la médecine. Aristote, né à Stagire, en Macédoine, proche par sa famille du roi Philippe, avait été le précepteur du fils de celui-ci, Alexandre. Parvenu au trône en 336, le jeune conquérant, en une épopée foudroyante, va bientôt soumettre la Grèce puis tout l'Orient antique. En 331, ayant triomphé de l'Égypte elle-même, il y fonde la capitale d'un monde nouveau : Alexandrie.

18. L'artère pulmonaire, en réalité, dirige le sang du ventricule droit du cœur vers le poumon pour lui permettre de s'oxygéner. Il s'agit ici de ce que nous appelons aujourd'hui la veine pulmonaire.

Un ultime et flamboyant chapitre de l'histoire médicale grecque allait s'ouvrir.

Les dogmatiques : Hérophile et Érasistrate

C'est dans une région pourtant peu hospitalière en apparence, entre le lac Maréotis et la Méditerranée, à deux pas du delta du Nil, qu'un des plus brillants généraux d'Alexandre, Ptolémée Sôter, participant au partage de l'Empire créé par son maître, installe en 322 une nouvelle dynastie en terre d'Égypte.

Acclimatant l'esprit grec dans le pays de la plus ancienne sagesse, les Ptolémées vont développer en quelques années un foyer exceptionnel d'activité culturelle. Ayant été élevé dans une cour qui protégeait les philosophes et les savants, Ptolémée Ier fonde bientôt le *Musée (Mouseion)*, sorte d'académie dédiée aux Muses où vont s'épanouir les sciences, la philosophie et les arts, à l'ombre d'une fabuleuse Bibliothèque qui comptera plus de 700 000 volumes rassemblant tout le savoir antique. Créant ainsi ce que on a pu appeler « une nouvelle frontière intellectuelle », Alexandrie, nouvelle Athènes, va être le berceau d'un mouvement qui se poursuivra encore jusqu'au VIIe siècle de l'ère chrétienne. À partir d'Alexandrie, la pensée grecque, malgré la conquête romaine accomplie en 30 avant notre ère, gardera sa suprématie et s'imposera notamment en médecine.

C'est à Alexandrie surtout que pour la première fois s'établit une véritable école. En médecine, celle de Cos et celle de Cnide, nous l'avons vu, n'avaient été que le regroupement assez familial de quelques disciples autour d'un maître. Plus tard, Platon et Aristote avaient certes un peu plus formalisé leurs relations avec leurs disciples, mais le Lycée comme l'Académie étaient des lieux de rencontre et d'enseignement d'un caractère purement privé. À Alexandrie, tout change, car le Musée est une fondation de l'État qui met à la disposition des savants des moyens considérables et des lieux somptueux, assure leur entretien et leur permet d'accéder à une documentation d'une richesse sans pareille. Ils y sont payés pour réfléchir, discuter et enseigner, sous la houlette d'un président des études qui porte le beau titre de *Prêtre des Muses*...

Dans ce climat de refondation intellectuelle, et pendant au moins une cinquantaine d'années, un tabou va être violé pour le plus grand bénéfice de la science médicale : on put enfin pratiquer au grand jour la dissection systématique des corps humains et jeter les bases d'une anatomie plus exacte. Il faudra sans doute encore du temps pour parvenir à une connaissance juste, mais une étape majeure avait été franchie. Allant même bien au-delà de qui était pensable à peine quelques décennies plus tôt, on autorisera les premiers médecins alexandrins à procéder à des vivisections sur des criminels condamnés à mort et livrés à la science par les autorités royales...

En médecine, l'établissement de l'école d'Alexandrie eut aussi une autre conséquence. Cette fondation mit un terme à l'unité relative du corps médical qui, depuis Hippocrate, dans la tradition des Asclépiades « libres », comprenait essentiellement des médecins souvent itinérants qui pouvaient aussi enseigner, comme le maître de Cos lui-même, à la lumière de leur expérience clinique. Désormais, à Alexandrie, il y avait une médecine savante et enseignante – nous dirions, de nos jours, « universitaire » –, incarnée par des maîtres prestigieux et connus, à côté d'un foule de praticiens obscurs, mettant en œuvre une médecine courante et populaire. Cette distinction nouvelle perdurera jusqu'à nous.

Une telle atmosphère était favorable à la constitution de nouveaux systèmes médicaux. Ce travail devait s'accomplir sous l'égide de deux médecins influents qui illustrèrent la première école médicale de la tradition gréco-romaine : celle des *dogmatiques*.

Dénommées *sectes* – sans signification polémique – dans l'Antiquité romaine, les écoles médicales désignent, à partir du IIIe siècle avant notre ère, des groupes rattachés à un enseignement dispensé par un maître qui fonde ainsi une tradition « scolaire » à laquelle ses disciples et ses continuateurs sont supposés rester fidèles.

La secte ou école *(scholè) dogmatique* fut aussi dénommée secte *logique*. Dans un texte attribué à Galien, au IIe siècle de notre ère, les *Définitions médicales*, on apprend que « la secte logique est la science des choses cachées et les actions qui en découlent dans l'art de soigner ».

Dans un autre texte, le Pseudo-Galien précise encore :

> « Hippocrate de Cos fut le fondateur de la secte logique ; il fut aussi le chef de la secte et il fut le premier à diriger la secte logique. Après lui, il y eut Dioclès de Caryste, Praxagoras de Cos, Hérophile de Chalcédoine, Érasistrate de Céos [...] » (*Introduction*, 4).

On voit par conséquent que la première école médicale établie à Alexandrie se plaçait dans le droit fil d'Hippocrate. Cette école ne semble pas du reste avoir elle-même revendiqué la qualité « dogmatique » qui lui fut plutôt attribuée par ses détracteurs. Les dogmatiques formaient un groupe finalement hétérogène de médecins qui s'accordaient sur quelques points fondamentaux : attachés à la *rationalis medicina*, pour reprendre l'expression que leur appliquera Celse, naturaliste et érudit latin du Ier siècle de notre ère, ils admettaient les acquis de l'empirisme rationalisé d'Hippocrate, mais pensaient profondément que les causes ultimes des maladies échappaient à l'approche des sens et n'étaient accessibles que par le raisonnement. Ils acceptaient en outre les données d'une expérimentation contrôlée par la raison, et ils attendaient certainement beaucoup d'un nouveau savoir anatomique. Pour eux enfin, la thérapeutique ne pouvait pas être aléatoire, mais devrait procéder

« logiquement » des connaissances acquises par la raisonnement et l'expérimentation.

Le premier chef d'école qui mit en œuvre cette pensée fut Hérophile. Né à Bithynis, en Chalcédoine, vers 340 avant notre ère, il fut d'abord le disciple de Praxagoras, dont il développera quelques opinions, puis il s'installa à Alexandrie.

Hérophile, fidèle en cela à son maître, se fit surtout connaître comme un très grand anatomiste. Bénéficiant de la nouvelle tolérance établie en ce domaine dans l'Égypte ptolémaïque, il fut, dit-on, le premier à effectuer des dissections en public. La moisson d'observations nouvelles et minutieuses qu'il en retira est impressionnante.

Nous devons notamment à Hérophile un progrès important dans la connaissance de la morphologie du cerveau, dont il décrivit soigneusement les deux hémisphères, qu'il distingua par ailleurs du cervelet. Il se pencha longuement sur la structure du tronc cérébral, qui prolonge la moelle épinière à la base du crâne, et, l'ayant ouvert sur sa face dorsale, découvrit la cavité qui se trouve sous le cervelet et que nous nommons le IVe ventricule. Sur le plancher de cette cavité, il repéra enfin un relief allongé à qui il attribua un nom poétique : le *calamus scriptorius* (« plume de scribe »). Il en fit du reste le siège de l'âme car, revenant à la tradition hippocratique, il vit à nouveau dans le cerveau le centre de l'être.

Ses observations portèrent aussi sur les méninges, notamment la dure-mère, et il décrivit les grosses veines internes du crâne dont la réunion occipitale forme un confluent qui porte toujours le nom de « pressoir d'Hérophile ».

Le mérite le plus grand d'Hérophile fut cependant d'avoir définitivement distingué les artères des veines sur des critères d'épaisseur de leur paroi – les premières sont, dit-il, « six fois plus grosses » que les secondes. Il reconnut aussi que si les artères était remplies de vide – donc de *pneuma* – sur le cadavre, elles contenaient pourtant un peu de sang sur le vivant – était-ce un acquis de ses vivisections ?

Il introduisit aussi une innovation majeure en identifiant les nerfs moteurs, cordons pleins émanés du cerveau ou de la moelle épinière. Quant aux nerfs sensoriels, en revanche, comme le nerf optique qui avait déjà retenu l'attention d'Alcméon de Crotone, il considéra qu'ils étaient creux et remplis de *pneuma* sensoriel – ou psychique – dont le IVe ventricule était un réservoir : les sensations se rendaient donc bien au cerveau.

Enfin, il démontra que les battements artériels du pouls sont synchrones de ceux du cœur. Si cette observation ne lui permit pas de soupçonner que ce parallélisme était dû à la présence de sang dans les artères – pour lui c'était la dilatation du *pneuma* d'origine cardiaque, ou *pneuma* vital –, il tenta cependant de systématiser l'analyse du pouls dans le diagnostic des maladies, conseillant d'en évaluer l'ampleur, la fréquence, la force et le rythme. Un nouveau chapitre de la sémiologie clinique, promis à un grand avenir – et à beaucoup de fantaisies –, s'ouvrait ainsi. Il constata de même le rapport existant entre la vitesse du pouls et l'élévation de la température corporelle. Cela le conduisit à s'intéresser à la fièvre, qu'il s'efforça de mesurer à l'aide d'une clepsydre dont il fit une sorte de thermomètre primitif ! Au passage, il renonça à la conception d'Aristote qui faisait de la respiration un moyen de refroidissement du cœur, jugeant plutôt que sa seule fonction était de recharger l'organisme en *pneuma*.

Poursuivant ses investigations, il nomma le duodénum, identifia les vaisseaux lymphatiques intestinaux, ou chylifères – dont le rôle cependant ne sera reconnu qu'au XVIIe siècle – et décrivit les membranes de l'œil, en particulier la rétine.

L'anatomie féminine semble aussi l'avoir beaucoup sollicité. Il put notamment établir l'homologie formelle entre les testicules masculins et ceux retrouvés dans la cavité pelvienne de la femme, c'est-à-dire les ovaires. Il apportait ainsi un démenti à la conception d'Aristote qui, contre Hippocrate, avait affirmé que seul l'homme produisait une semence, la femme ne contribuant à la gestation que par le sang menstruel contenu dans l'utérus, substance inerte que le sperme « coagulait » pour former l'embryon – Aristote comparait du reste ce processus à la formation du lait caillé…

Une telle créativité, un tel don d'observation, d'analyse et de critique, auraient pu le mener fort loin. Or, le bilan que laisse Hérophile est plutôt décevant. On constate en effet un découplage complet entre l'énergie novatrice qu'il déploie en anatomie et le conservatisme dont il fait preuve en matière clinique. Dans ce domaine, il demeure un hippocratique fidèle, revenant même, contre son maître Praxagoras, aux quatre humeurs d'Hippocrate et fondant exclusivement sa thérapeutique sur le régime, la saignée et le traitement par les médicaments surtout végétaux qu'il appelait « les mains de dieux ».

Dans un domaine, toutefois, il fut plus original. Parmi les premiers, il accorda une grande importance à la gynécologie et à l'obstétrique, et, luttant contre les préjugés de son temps, il souhaita associer les femmes à la pratique médicale. Habile accoucheur, la tradition rapporte qu'il assista une parturiente qui mit au monde des quintuplés. Auteur également d'un *Livre des sages-femmes*, il avait du reste initié à l'art de l'accouchement une jeune Athénienne, Agnodice, qui, pour pouvoir suivre les leçons de son maître, avait dû se travestir en homme !

Néanmoins, le hiatus assez général entre ses recherches expérimentales et sa pratique médicale très classique nuisit gravement à la pérennité de son école. On put objecter à bon droit que la connaissance anatomique, pour spectaculaire qu'elle fût, était de peu d'intérêt, puisque sans influence sur le diagnostic et surtout sur la compréhension des maladies et sur leur traitement. Si l'on ajoute que vers le milieu du IIe siècle, sous le règne de Ptolémée III Évergète, un revirement se produisit et que le regain des influences religieuses traditionnelles aboutit à l'interdiction de la pratique anatomique, on comprend que les disciples tardifs d'Hérophile se soient détournés des vues révolutionnaires mais stériles de leur fondateur, pour privilégier le commentaire paisible du *Corpus hippocratique* auquel, finalement, il n'avait lui-même jamais vraiment renoncé.

Cependant, quelques années après Hérophile, une nouvelle école dogmatique vit le jour. Son fondateur était Érasistrate, un élève de Chrysippe. Était-ce enfin la revanche de Cnide ?

Né vers 320 à Iulis, dans l'île de Céos, Érasistrate avait d'abord accompli ses études à Athènes, fréquentant notamment Métrodore, un gendre d'Aristote. Fils et beau-frère de médecins, il s'était plus tard initié à la médecine sous la direction de Chrysippe avant de rejoindre Alexandrie, comme bien d'autres savants. Très tôt, il s'y affirma comme un chercheur de talent.

Prolongeant les travaux d'Hérophile il étudia, lui aussi, les cavités et les divisions du cerveau. Précurseur en ce domaine de l'anatomie comparée, il note très justement, en disséquant des cerveaux d'hommes, de lièvres et de cerfs, que le nombre des circonvolutions cérébrales est d'autant plus élevé qu'il s'agit d'une espèce présentant une plus grande évolution intellectuelle : il fut donc le premier à suggérer – sans en être lui-même très conscient – que ce que nous nommons aujourd'hui le *néo-cortex*, l'écorce cérébrale, est à l'origine des fonctions supérieures de la conscience. Enfin, observant qu'une lésion, un choc ou une section du bulbe rachidien entraîne la mort immédiate – par arrêt brutal du cœur et de la respiration – il y voit la confirmation d'une intuition d'Hérophile qui en avait fait le siège de l'âme.

Comme on peut le supposer par ce dernier exemple, si Hérophile fut sans conteste l'un des plus grands anatomistes du monde grec, Érasistrate s'imposa comme son plus brillant physiologiste.

À ce titre, il s'empara à son tour du problème central de la théorie médicale antique : la physiologie cardio-respiratoire. Or, malgré des conclusions finalement erronées, il fut bien prêt de découvrir, avec vingt siècles d'avance, le mécanisme général de la circulation du sang.

Ses hypothèses de départ sont celles de ses maîtres : le sang est produit dans le foie d'où il s'échappe par la veine cave pour se diriger vers le cœur ; les artères sont remplies de *pneuma*, distribué depuis le ventricule gauche du cœur ; les veines renferment le sang. Cependant, il manifeste bien cette attitude intellectuelle nouvelle, si caractéristique de la période alexandrine : lorsque par l'expérimentation il constate des phénomènes que la théorie n'explique pas, loin de les nier, il s'efforce au contraire de les intégrer dans une nouvelle synthèse.

Mettant à profit ses probables observations lors de vivisections humaines, il conduit aussi des expériences réglées sur des bœufs et des chevreaux. Il en retire une conviction que nul n'avait aussi nettement formulée avant lui : le cœur joue un rôle central et éjecte de façon synchrone par ses battements le sang qui lui vient de la veine cave et le *pneuma* qui lui parvient du poumon. C'est à ce point cependant qu'il demeure prisonnier d'une grave erreur : il pense que la veine cave, qui tout au long de son trajet comporte des branches vers différentes régions ou organes, envoie ainsi le sang vers le corps – en réalité, le sang circulant à l'inverse dans les veines, ces branches ramènent vers le cœur le sang périphérique. Érasistrate ne voit donc qu'une chose : le ventricule droit recueille du sang qu'il expédie ensuite vers le poumon par ce qu'il nomme justement « la veine semblable à une artère »[19], non pour que le sang s'y oxygène – Érasistrate ignore évidemment cette notion –, mais pour les simples besoins vitaux de cet organe : le poumon est donc une sorte d'impasse pour le sang qui s'y dirige, et le concept de circulation sanguine est inaccessible. De l'autre côté, à gauche, le *pneuma* recueilli dans l'air inspiré est envoyé du poumon vers

19. Qu'au XVIIe siècle encore, on nommera « la veine artérieuse » : c'est l'artère pulmonaire des modernes.

le ventricule gauche par « l'artère qui ressemble à une veine »[20] et de là, lors de la contraction ventriculaire, sera distribué dans tout le corps par l'intermédiaire de l'aorte.

Bien qu'il ait ignoré le rôle des oreillettes, qu'il semble incorporer au gros vaisseaux attachés au cœur, Érasistrate fit encore une découverte anatomique d'importance : les valvules cardiaques « bicuspide » et « tricuspide », qui empêchent, par exemple à gauche, que le *pneuma* ne retourne vers le poumon quand il doit être éjecté dans l'aorte.

Le schéma d'ensemble demeure évidemment profondément erroné, mais l'observation jointe à un raisonnement soucieux de ne rien négliger des phénomènes avait conduit Érasistrate à proposer le système le plus achevé et anatomiquement le plus juste de toute la physiologie antique : en ce domaine, nous le reverrons, les conceptions de Galien marqueront un recul.

Sur un autre point, la structure de vaisseaux, Érasistrate va même formuler une théorie audacieuse pour « sauver les phénomènes ». Si le sang ne circule que dans les veines, comment les parois des artères – désormais bien distinctes des veines – et celles des nerfs – également creux, selon Érasistrate – peuvent-elles se nourrir ? Question sans doute très théorique, mais à laquelle le curieux Alexandrin crut devoir donner une réponse satisfaisante.

Érasistrate, avec une ingéniosité étonnante, élabore pour ce faire la notion de structure « théoriquement observable » *(logôi theôrèton)*, assez proche de ce que nous appellerions aujourd'hui, dans les sciences physiques ou biologiques, un « modèle ». Pour lui, il s'agit d'une structure échappant à l'observation, mais dont l'existence est rationnellement nécessaire pour comprendre les faits que l'on constate. Il suppose donc que les trois types de conduits qui traversent le corps – les nerfs, les artères et les veines – sont eux-mêmes formés par le tressage,

20. Rappelons encore que cette « artère veineuse » est en réalité la veine pulmonaire. Il en existe en fait plusieurs.

l'enchevêtrement invisible et indiscernable de petites veines, de petites artères et de petits nerfs, formant ce qu'il nomme une *triplokia*. En clair, on ne trouve pas de sang dans la lumière des artères, mais dans leur paroi des micro-veines en transportent ; dans les nerfs qui, selon Érasistrate, sont creux et referment du *pneuma* psychique, la situation est à peu près la même que pour les artères ; dans les veines enfin, des micro-artères permettent le présence de *pneuma* vital dans la paroi du vaisseau. Hypothèse lourde et complexe, on le voit, mais qui avait l'avantage de sauver la théorie des trois systèmes et des trois fluides séparés, tout en permettant d'expliquer la nutrition des structures[21].

Cette véritable effervescence théorique, plus ou moins induite par l'observation expérimentale, devait conduire Érasistrate à d'autres révisions : la plus cruciale fut sans doute l'abandon de la théorie humorale. Après avoir beaucoup disséqué et réfléchi sur l'anatomie, Érasistrate ne voyait circuler dans le corps que le sang et le *pneuma* – que ce dernier soit « vital », dans les artères, ou « psychique », dans le cerveau et les nerfs. Le système des humeurs, qu'Hérophile avait conservé sans le justifier, ne lui paraissait plus tenir. D'autre part, il rapprocha ce premier problème d'un autre, aussi ardu : tout en croyant fermement que seul le *pneuma* circulait dans les artères, il fut en effet contraint d'admettre le fait, imposé par l'expérience, que la section d'une artère sur le sujet vivant faisait s'écouler… du sang ! Comment rendre compte d'un si embarrassant paradoxe ?

Cette fois encore, il recourut à un concept « théoriquement observable ». Il formula l'hypothèse qu'à leur terminaison ultime, lorsqu'on les perd à l'œil nu, les veines et les artères étaient connectées par de minimes orifices appelés *synanastomoses*,

21. Du reste, elle n'est curieusement pas totalement dépourvue de sens, puisqu'on sait aujourd'hui qu'il existe des nerfs dans la paroi des gros vaisseaux *(nervi vasorum)* et même des micro-vaisseaux *(vasa vasorum)*, et que les nerfs sont également vascularisés *(vasa nervorum)*.

habituellement obturés par des valvules encore plus infimes – comme il en avait pu en observer réellement, à une autre échelle de grandeur, sur les orifices du cœur. Dès lors, tout s'éclaire : lorsqu'une paroi d'artère est rompue, le *pneuma* s'en échappe aussitôt, et immédiatement après, en vertu du principe de l'*horror vacui* (« l'horreur du vide ») qui est supposé gouverner la nature, le sang veineux, forçant les valvules, franchi les synanastomoses et se déverse librement dans la lumière artérielle. Érasistrate, par une singulière intuition, avait ainsi forgé le concept de capillaire, grâce auquel il aurait pu élaborer une théorie générale de la circulation sanguine, mais il en avait fait une structure sans utilité habituelle, n'intervenant que dans des circonstances traumatiques ou pathologiques !

Les synanastomoses furent en effet mises à contribution pour rendre compte des maladies, les humeurs ayant été abandonnées. Pour Érasistrate, toute maladie est une *pléthore*, une accumulation de sang notamment, résultant surtout des excès alimentaires. Lorsque le sang surcharge trop les veines, les synanastomoses sont également franchies et les artères sont « contaminées » par le sang, ce qui déclenche alors des inflammations et des fièvres. Dans d'autres cas, le débordement s'accomplit dans les nerfs – qui sont creux – et cela conduit à des paralysies.

De cette théorie assez simple mais parfaitement conforme, il faut le souligner, à son anatomie et à sa physiologie, Érasistrate déduisait une thérapeutique tout aussi « rationnelle ». Il croit avant tout au régime, à la diète, à l'abstention de vin : toutes ces mesures mettent à l'abri de la pléthore. Les bains, les massages et la marche quotidienne sont également salutaires à ses yeux. Les évacuations, purgations et lavements, dans la mesure où ils réduisent l'apport nutritif, sont aussi à conseiller, mais il demeure très réservé quant à la phlébotomie. Cette position est du reste paradoxale, puisque l'excès de sang était à la base de son système pathogénique, mais Érasistrate répugnait sans doute à trancher dans la *triplokia* et à compromettre la précieuse étanchéité des conduits anatomiques...

Tout au long de sa vie – il dut mourir vers 250 – Érasistrate fut un praticien accompli et respecté. Il semble avoir également pratiqué la chirurgie, inventant une sonde courbe d'un modèle nouveau, et il se risqua même, dit-on, à ouvrir l'abdomen d'un patient. La tradition a laissé sur lui quelques traits hagiographiques qui en disent long sur son image. On rapporte ainsi que, consulté par la cour du roi Séleucos, en Syrie, il fut confronté au cas d'Antiochos, le fils du souverain, souffrant d'une incurable mélancolie. Érasistrate aurait alors subtilement deviné la passion secrète du jeune homme pour sa belle-mère et convaincu le roi son père de s'effacer pour rendre la santé à son fils et assurer l'avenir du royaume ! On reconnaît sans peine un décalque presque parfait de l'anecdote selon laquelle Hippocrate avait jadis percé à jour l'amour de Perdiccas pour la jeune concubine de son père : c'est dire que, jusque dans la légende, on avait fait d'Érasistrate un nouvel Hippocrate.

Ce grand chef d'une école dogmatique aura en effet une postérité intellectuelle jusque sous Galien, mais son système étourdissant avait également suscité le scepticisme de nombreux médecins.

Dès le milieu du IIIe siècle, des critiques furent clairement formulées à l'encontre d'Hérophile comme d'Érasistrate. L'artifice des doctrines, aboutissant notamment à multiplier les hypothèses complexes pour rendre compte de réalités assez simples – comme la présence de sang dans les artères – et à supposer des entités invisibles, paraissait à certains peu utile à la simple pratique médicale. Qu'avaient finalement apporté toutes ces spéculations – certes brillantes, mais souvent trop obscures – au bon sens clinique hérité d'Hippocrate ? En quoi avaient-elle vraiment amélioré la thérapeutique ? On pouvait en effet se le demander à bon droit.

Hérophile à peine disparu, une autre école se mit à fleurir, réclamant en quelque sorte le « retour au fondamentaux ». Elle rassemblait les *empiriques*.

Les empiriques et les derniers feux d'Alexandrie

L'école empirique, quoique constituée en réaction aux thèses dogmatiques, fut en fait la première à se définir en tant qu'école et à fixer les principes qui l'unissaient. Dans les *Définitions médicales* attribuées à Galien, déjà citées, on peut lire que « la secte empirique est celle de ce qu'on observe le plus souvent, et selon le même mode et plus ou moins de la même façon ». Pour éclairer cette formule un peu étrange, on peut chercher dans le *De medecina* de Celse. Il nous livre en effet ce qui paraît bien avoir été la conviction fondatrice des Empiriques :

> « Ce qui importe, ce n'est pas ce qui produit la maladie, mais ce qui la supprime. [...] Les malades ne guérissent pas par des discours, mais par des remèdes. »

On ne saurait exprimer un dédain plus net à l'égard des savantes considérations des traités d'Hérophile ou d'Érasistrate.

En vertu même de ce principe, on ne peut exposer la doctrine des empiriques car, par définition, ils n'en avaient pas. On peut en revanche supposer que ces praticiens, peu convaincus par les querelles et les contradictions des doctrines médicales, représentaient une fraction notable de la profession médicale et que dans leur école se reconnaissaient sans doute les médecins les plus nombreux et les moins connus, ceux qui étaient quotidiennement confrontés, non pas aux mystères du *pneuma*, mais à la fièvre, aux douleurs et aux souffrances de leurs patients. Peut-être, dans la brillante Alexandrie, l'école empirique fut-elle, d'une certaine manière, le signe de la réaction anti-intellectualiste d'une certaine médecine populaire.

Les noms que l'on peut citer ne sont donc pas, à proprement parler, des chefs d'école, mais des praticiens tous différents, plus célèbres que d'autres, mais acquis au principe de cet empirisme.

À en croire l'*Introduction* du Pseudo-Galien :

> « À la tête de la secte empirique il y eut Philinos de Cos, qui fut le premier à la couper et à la séparer de le secte logique ; il avait reçu l'impulsion nécessaire d'Hérophile, dont il avait été l'élève direct. »

On ne sait guère plus de chose de ce scissionniste de l'école dogmatique, mais on peut supposer que le « programme » de l'école fut plus clairement formulé par son successeur, Sérapion d'Alexandrie, qui naquit sans doute vers 220 avant notre ère.

Pour les empiriques, la médecine doit reposer sur un *trépied*, comme l'exposera plus tard Glaucas de Tarente, vers la fin du IIe siècle.

En premier lieu, l'*autopsie* (du grec *autos*, « de soi-même », et *opsis*, « vue »), qui renvoie ici non pas à l'anatomie, mais au constat par le médecin lui-même des signes et de l'évolution des maladies. Dans une perspective toute hippocratique, il faut le reconnaître, on privilégie donc l'expérience individuelle comme source majeure de formation et de perfectionnement du praticien.

Le second principe est l'*analogie*. Il faut entendre le travail de rapprochement des cas voisins, semblables, tant pour le diagnostic et l'évolution que pour l'effet des thérapeutiques : pour le médecin qui veut progresser, il s'agit donc moins de chercher à comprendre que de chercher à se souvenir.

Le troisième pied de l'empirisme est précisément l'*histoire*. C'est-à-dire le recueil de l'expérience collective, l'échange avec les autres praticiens, non de doctrines opposées, mais d'observations qui, en quelque sorte, décuplent la mémoire clinique de chacun d'entre eux.

Cette orientation d'esprit a rapidement conduit les empiriques à privilégier les recherches thérapeutiques, conduites par l'essai systématique des traitements les plus divers, sans souci de théorisation, mais en observant soigneusement leurs effets. On ne s'étonnera donc pas qu'ils aient beaucoup développé la pharmacopée, si déficiente notamment dans l'œuvre d'Érasistrate.

Sérapion s'y efforça lui-même de façon un peu déroutante : il prescrivait des clystères pour traiter les angines mais aussi les démences, et recommandait aux épileptiques de se badigeonner le cou avec du vinaigre et le corps à l'eau de rose. Refusant le moindre *a priori*, il essaya les substances les plus variées, comme le cœur de lièvre, le sang de tortue ou les testicules de sanglier, sans omettre les excréments de crocodiles – il y avait du reste, sur ce dernier point, de lointains antécédents en Égypte…

Héracléide de Tarente, au Ier siècle avant notre ère, renouant avec l'art d'écrire, composa des traités où il s'attachait à codifier les modalités de préparation des remèdes si nombreux en usage parmi les empiriques.

Leur absence de tout esprit de système en fit aussi des praticiens ingénieux dans le domaine chirurgical. Ils perfectionnèrent, aux IIe et Ier siècles, les gestes les plus couramment pratiqués à cette époque : réduction des fractures et des luxations, pansement des plaies, traitement de la cataracte et lithotomie, c'est-à-dire l'extraction si redoutée, à juste titre, des calculs vésicaux.

Dans un registre moins souriant, il faut le reconnaître, les mœurs mouvementées des derniers souverains lagides et des princes orientaux, au cours des deux derniers siècles avant notre ère, répandirent aussi largement l'usage des poisons qui réglaient quantité de problèmes publics ou privés. Une abondante littérature fut dès lors consacrée à ce sujet. Nicandre de Colophon, au IIe siècle, avait ainsi traité, dans ses *Thériaques*, des intoxications par les venins animaux et abordé dans les

Alexipharmaques les intoxications par les végétaux et les minéraux, en s'efforçant d'en indiquer les antidotes. Certains monarques, les premiers concernés par les risques d'empoisonnement, furent eux-mêmes de sinistres empiriques, mais contribuèrent de la sorte à enrichir les connaissances pharmacologiques. On peut citer ici Attale III Philométor, roi de Pergame de 138 à 133, qui cultivait la jusquiame, la ciguë ou l'ellébore, et en administrait à ses visiteurs, à leur insu, pour en déterminer les effets : pratique évidemment sauvage mais sans doute très didactique de la toxicologie…

Le célèbre Mithridate VI Eupator, souverain du Pont de 120 à 63 avant notre ère, acquit pour les mêmes raisons une célébrité considérable. Devenu très jeune le souverain d'un petit État profondément hostile à Rome, la grande puissance qui commençait alors à menacer tout l'Orient antique, ce fut un homme de science et de culture. Cherchant à se perfectionner dans l'art des poisons pour s'en prémunir et, avec l'aide de son médecin Cratevas, un empirique comme il se doit, il prétendit même composer un antidote universel, le *mithridation*, renfermant plus d'une cinquantaine de substances diverses.

Mithridate est surtout resté dans les mémoires pour avoir été, par une étonnante intuition, le pionnier involontaire de l'immunologie expérimentale : administrant des poisons divers à des canards, à doses progressivement croissantes pour ne pas les tuer, il recueillait ensuite leur sang pour en faire un antidote. Plus tard, fuyant devant Pompée, il tentera en vain de se donner la mort en absorbant un poison : préalablement « mithridatisé », il n'y était plus sensible. Le glaive d'un soldat galate y suppléa.

Enfin, Cléopâtre, l'ultime souveraine d'une Égypte absolument décadente, fut aussi dotée de connaissances médicales. La tradition lui attribue en particulier un traité des maladies gynécologiques, *Genesia*, dont on peut en effet penser qu'elle l'avait enrichi de sa vaste expérience en ce domaine…

En 47 avant notre ère, César fit incendier le port d'Alexandrie, ainsi que des dépôts de livres – peut-être une partie de la Bibliothèque. C'était le premier acte : en 30, après la bataille d'Actium, l'Égypte devint province romaine. Le sceptre passait en Italie, mais la médecine grecque l'y avait déjà précédé. Environ quatre siècles après Hippocrate, c'était comme une nouvelle fondation.

Chapitre IV

ROME ET LA SYNTHÈSE DE LA MÉDECINE ANTIQUE

Les origines étrusques

Lorsque la médecine grecque fait son apparition dans la péninsule italique, Rome s'apprête à dominer tout le monde antique, et bientôt la Méditerranée méritera son nom de *Mare nostrum*. Pline l'Ancien affirmera, dans son *Histoire naturelle*, que les Romains n'avaient pas eu de médecins avant l'arrivée des Grecs au IIe millénaire avant notre ère. Le petit peuple du Latium, devenu puissance hégémonique, avait pourtant déjà une longue histoire derrière lui.

Son fondateur éponyme, Romulus, avait, selon la légende, tracé en 753 le sillon délimitant l'*Urbs*. En quelques siècles, ses habitants avaient entrepris de soumettre successivement tous leurs voisins. Cependant, pendant tout le VIe siècle, les Romains avaient eux-mêmes été sujets d'un autre peuple qui leur donna trois rois, formant la dynastie des Tarquins : il s'agit des Étrusques. Par leur révolte contre le dernier et plus impopulaire de tous, les Romains acquirent enfin leur indépendance et proclamèrent la République en 509 avant notre ère. La domination étrusque laissa néanmoins des traces profondes dans la culture romaine. En médecine comme en de nombreux autres domaines.

Les Étrusques sont encore partiellement une énigme : leurs origines historiques sont incertaines, même si Hérodote affirme que les Tyrrhéniens venaient de Lydie, sur la côte ionienne, d'où la famine les avait chassés. Il apparaît toutefois que, dès le IXe siècle, une civilisation autochtone est établie dans l'actuelle Toscane et en Italie centrale. Du VIIe jusqu'à la fin du VIe siècle, comme l'écrira Caton l'Ancien, « presque toute l'Italie était sous l'autorité des Étrusques ».

Si la civilisation étrusque conserve bien des mystères, en raison notamment du fait que sa langue n'a été à ce jour que très imparfaitement déchiffrée, la structure sociale qu'on entrevoit tranche nettement sur celle des Grecs. Ainsi, dès l'époque archaïque, les femmes jouissent dans la société étrusque d'un statut enviable parmi les hommes. Un autre trait remarquable est leur religion, laquelle n'est pas sans rapport avec la médecine.

On retrouve en effet chez les Étrusques une pratique intense de la divination sur les entrailles d'animaux sacrifiés, exactement comme on le faisait en Mésopotamie. Le nom des devins spécialisés dans cette activité, les *haruspices* (du latin *haruspex*), que Rome conservera pieusement, dérive du reste de la racine chaldéenne *har*, qui signifie « foie ». Était-ce le signe d'une lointaine ascendance ? Il demeure que la religiosité des Étrusques semble marquée par une profonde méticulosité qui suggère fortement une étroite dépendance à l'égard de la volonté supposée des dieux, qu'on rendait, sans doute, responsables de nombreuses maladies.

Nous ignorons en fait ce que vaut l'affirmation attribuée à Eschyle et rapportée par Théophraste dans son *Histoire des plantes*, selon laquelle « l'Étrurie [abondait] en pharmaciens et le peuple étrusque [cultivait] la médecine » (IX, XV, 1). Divers auteurs latins ont rapporté que les Étrusques partageaient les animaux et les végétaux en deux catégories : les favorables *(felices)* et les funestes *(infelices)* : appliquaient-ils cette division à la confection de remèdes ? Les découvertes archéologiques ont simplement établi l'existence de pots à onguents, de vases pouvant servir à la préparation de drogues, et les fouilles opérées dans les tombes à Tarquinia, l'une des douze grandes cités de la confédération étrusque, ont révélé d'ingénieux travaux dentaires et notamment la réalisation de prothèses en or.

Dans deux domaines spécifiques, cependant, les Étrusques ont laissé des témoignages indiscutables de leurs préoccupations sanitaires.

En premier lieu, ils ont largement pratiqué le thermalisme, déjà en faveur en Grèce, on le sait, en raison de l'abondance des sources en Toscane. Pline en connaissait plus de quatre-vingts identifiées dans toute la péninsule à son époque et Galien contribuera à en préciser les indications. Les Romains s'y adonneront sans retenue, au point de les reconstituer en ville et de faire des thermes, installations publiques et monumentales, l'un des lieux majeurs de la sociabilité urbaine, comme le gymnase et les bains l'avaient été en Grèce.

D'autre part, les Étrusques, prolongeant une intuition ancienne des Grecs, semblent avoir très tôt établi un lien entre l'insalubrité évidente des marais, si nombreux en Italie centrale, et la présence d'un fléau considérable, la *malaria* ou paludisme. Déjà connue en Grèce – à l'origine des fièvres *tierces* ou *quartes* –, la maladie y avait fait à diverses époques des ravages démographiques. En Italie, à l'exemple des prouesses attribuées à Hercule, les Étrusques puis les Latins accomplirent de notables efforts pour tenter d'assécher les zones marécageuses par la mise en place de canaux, de puits ou de rigoles. Vers la fin de la République et au début de l'Empire, le relatif exode des campagnes, au profit des villes prospères d'une Rome victorieuse, laissera quelque peu en déshérence ces systèmes de drainage, relançant de plus belle l'endémie palustre. On sait du reste que l'assèchement définitif des *Marais pontins*, au sud de Rome, ne sera achevé qu'au début des années 1930…

En ville, le même souci d'hygiène publique fit pratiquer d'imposants travaux pour assainir les agglomérations par des ouvrages de voirie. C'est à l'un de leurs rois étrusques, Tarquin l'Ancien, que les Romains devront la construction de la *Cloaca Maxima*, impressionnant système d'égouts et d'évacuation des eaux usées de 5 mètres de diamètre, exceptionnel pour son époque, allant du Palatin et du Capitole au Tibre. Il faut y ajouter les nombreux aqueducs alimentant les habitants de Rome en eau potable.

Environ trois siècles plus tard, c'est à une épidémie que les Romains devront de rencontrer pour la première fois un dieu grec de la médecine : une sorte de nouveau cheval de Troie chez les méfiants descendants d'Énée.

La médecine et les Romains

En 293 avant notre ère, alors qu'ils étaient en guerre contre un peuple voisin, les Samnites, les Romains furent frappés par une terrible pestilence, une maladie épidémique sévère (peste ou typhus ?) dont la nature exacte ne nous est pas connue. Un an plus tard, elle persistait et entravait gravement les efforts de guerre de Rome. On se résolut alors, comme en toute circonstance grave, à consulter les *Livres sibyllins*, ancien recueil d'oracles sacrés, confiés à un collège de prêtres chargés de leur interprétation. Selon une tradition rapportée notamment par Tite-Live (X, 47) et dans les *Métamorphoses* d'Ovide (XV, 2), l'oracle conseilla de se rendre à Épidaure où se trouvait, on le sait, l'un des plus prestigieux temples d'Asclépios. Lorsqu'elle fut de retour, en 291, la mission navale dépêchée par Rome ramena avec elle un serpent sacré du sanctuaire grec. Alors que la nef remontait le Tibre, le reptile divin s'échappa du bord et gagna une île située à quelques milles en amont de l'embouchure du fleuve, Tiberina. Presque aussitôt, l'épidémie fut enrayée et la pestilence disparut. On édifia peu après un sanctuaire pour le dieu, lequel devint, à l'imitation de ce qui se faisait en Grèce, le premier hôpital de Rome.

Esculape, son nom ayant été latinisé *(Aesculapius)*, rejoignit ainsi la cohorte traditionnelle des dieux de la santé qui figuraient déjà au panthéon romain.

Parmi eux Hygie, elle aussi d'origine grecque, avait précédé le fils d'Apollon, de même que Diana Therma, la déesse des sources chaudes. On révérait également Salus, au nom évocateur (du latin *salus*, « santé ») qui possédait un sanctuaire sur le mont Quirinal. Quant aux déesses Febris (du latin *febris*, « fièvre ») et Mephitis, elles protégeaient évidemment des fréquentes fièvres émanées des marais et de leurs exhalaisons « méphitiques »...

Après les dieux, les médecins de la Grèce allaient suivre. S'il est certain que leur domination absolue ne s'établira pas avant le IIe siècle, l'affirmation de Pline, mentionnée plus haut, doit certainement être tempérée : avant les médecins grecs, il y eut forcément une médecine à Rome. La loi *Aquila*, votée au IVe siècle avant notre ère, y fait même clairement allusion en évoquant la responsabilité du praticien en cas d'échec grave de son traitement. Il demeure cependant incontestable que le peuple romain n'avait jamais attribué à l'art médical une très grande dignité.

Un préjugé ancien et tenace avait en effet toujours conduit les Romains à considérer les médecins – ou ceux qui en tenaient lieu depuis l'époque archaïque – comme des personnes d'une espèce peu enviable. Exercer l'art de soigner, c'est-à-dire de fréquenter les gens malades ou blessés, de toucher leurs plaies et d'observer leurs purulences, paraissait aux graves citoyens romains une occupation parfaitement indigne. Pendant longtemps, les membres de la meilleure société consentiront à peine à entretenir dans leur maisonnée un esclave-médecin, afin de pourvoir à cette vile besogne, comme on pouvait aussi avoir un esclave-grammairien afin d'assurer l'éducation des enfants. Entre les pratiques divinatoires, les offrandes aux dieux et l'empirisme de ces praticiens déclassés, on ne sait à vrai dire quel jugement porter sur l'ancienne médecine romaine...

Tout changea vers la fin du IIIe siècle quand, dans le sillage du fabuleux serpent de l'île Tibérine, les premiers médecins grecs firent leur apparition à Rome. Ils trouvèrent une terre quasiment vierge de toute culture médicale, mais, pour autant, l'accueil qu'on leur fit ne se révéla guère favorable.

L'hostilité qu'ils rencontrèrent était du reste en partie justifiée par la faible compétence des ces premiers périodeutes perdus, souvent des charlatans sans scrupule tentant leur chance dans un nouveau pays. On a conservé, grâce à Pline, le souvenir du plus anciennement connu d'entre eux, un certain Archagathos, citoyen de Sparte, venu du Péloponnèse en 219 avant notre ère pour ouvrir à Rome, au carrefour Acilius, une boutique de chirurgien. Il y recevait ses clients et proposait aussi quelques remèdes. Sous l'attrait de la nouveauté, sans doute, il bénéficia du trésor public pour s'installer et vit des patients curieux affluer vers lui. D'abord heureux, dénommé *vulnerarius* (« qui s'occupe des blessures »), il fut ensuite rejeté pour l'outrance de ses pratiques : les Romains, peut-être lassés des cautérisations, le baptisèrent *carnifex* (c'est-à-dire « bourreau »)...

La réserve profonde des citoyens de Rome à l'endroit des médecins nouveaux venus avait cependant un fondement plus grave : la haine des Grecs. L'un des imprécateurs les plus virulents contre l'influence hellénique fut Caton l'Ancien, le censeur, l'ennemi acharné de Carthage *(« Delenda est Carthago »).* Il s'était imposé comme le chantre des vieilles vertus et de l'austérité de la République romaine, déplorait la décadence des mœurs traditionnelles et combattit toutes les formes de luxe et de corruption qui avaient, selon lui, envahi Rome. Il réussira même, en 155, à faire voter un sénatus-consulte ordonnant l'expulsion de trois philosophes grecs séjournant à Rome et coupables à ses yeux de propager un hellénisme qu'il méprisait : bien d'autres reviendront plus tard...

Aux yeux de cet homme intransigeant, la médecine, exclusivement exercée dans sa maison par le *paterfamilias*, reposait essentiellement sur les vertus du chou, souverain sous toutes ses formes contre la goutte, la mélancolie, les palpitations, les affections urinaires ou les ulcères, et de quelques incantations traditionnelles indiquées dans les cas de luxations et de fractures, le reste n'étant que mensonges des Grecs. Dans ses *Praecepta ad filium*, il met en garde son fils Marcus contre leurs entreprises :

> « [Les Grecs sont] une race perverse et indocile. Croie qu'un oracle te parle quand je te dis : toutes les fois que cette nation apportera ses connaissances, elle corrompra tout. Ce sera bien pis si elle nous envoie ses médecins : ils ont juré entre eux de tuer tous les barbares à l'aide de la médecine ; ils exercent cette profession moyennant salaire pour gagner leur confiance et les perdre facilement. Nous aussi, ils nous appellent barbares et nous flétrissent plus que les autres en nous donnant le sobriquet d'*opiques* [étrangers ignorants]. Souviens-toi que je t'ai défendu de recourir aux médecins ! »

Gageons que ces propos, incroyablement sévères, étaient cependant partagés par nombre de vieux Romains !

Malgré tout, peu de temps après, en 146, quand la Grèce fut définitivement passée sous la domination romaine, elle changea sa défaite politique en victoire culturelle : l'influence grecque à Rome fut désormais invincible. L'effet s'en fit sentir aussitôt en médecine.

Devant l'afflux de médecins plus compétents, bientôt fondateurs de véritables centres réputés d'activité médicale, l'attitude de l'État romain – à défaut de celle des citoyens les plus conservateurs – évolua en leur faveur. La profession médicale put enfin s'organiser à Rome et le statut des praticiens gagner un peu de considération. Si la citoyenneté romaine ne leur fut accordée collectivement qu'en 46 avant notre ère par Jules César lui-même, cet acte ne faisait que consacrer une victoire déjà ancienne. Aux dires de Suétone, dans ses *Vies des douze Césars*, la mesure avait même pour objet d'inciter d'autres médecins grecs à s'installer à Rome ! Un siècle plus tard Pline, volontiers si critique, observait encore :

> « Ceux qui pratiquent la médecine sans parler le grec n'ont point d'autorité, même auprès des personnes à qui cette langue est inconnue et peu familière. »

Du reste, nombre de médecins de vieille souche romaine exerçaient désormais leur art sans encourir le mépris de leurs concitoyens, comme en témoignent enfin ces propos de Sénèque, qui écrivait au Ier siècle de notre ère, dans les *Bienfaits* :

> « Il y a chez nous deux classes d'hommes très aimées et très considérées : celle des médecins et celle des professeurs [...]. Nous achetons des médecins un bien inestimable, la vie et la santé. Que de services ils nous rendent ! Quelle patience, quel courage, quel dévouement ne nous montrent-ils pas ! Un médecin se met-il en colère contre un frénétique ? Prend-il en mauvaise part les imprécations du fiévreux auquel il défend l'eau froide ? Hésite-t-il à toucher, si elles ont besoin de remède, les parties les plus honteuses du corps de ses malades, à examiner les derniers produits de leurs aliments et de leurs boissons, à essuyer leur fureur qui s'exhale en invectives ? »

Le changement d'état d'esprit était évidemment complet et les fureurs du vieux Caton bien oubliées...

Il faudra cependant beaucoup de temps pour parvenir à une organisation définitive et stable de la profession, et les dernières mesures ne seront prises que sous l'Empire, aux IIe et IIIe siècles de notre ère On pouvait alors distinguer plusieurs catégories de médecins.

Être médecin à Rome

Il y avait en premier lieu les médecins libéraux, installés à l'origine dans une boutique d'abord sommaire *(taberna)* qui, au fil du temps, et à mesure que leur rang s'éleva, devint le confortable équivalent de l'*iatreion* de leurs confrères grecs, appelé à Rome *medicatrina.* Ils y travaillaient, du reste, dans des conditions assez semblables, recevant les patients, mettant quelques-uns en observation, se livrant à quelques gestes chirurgicaux à leur portée. Ils leur vendaient aussi les remèdes, élaborés par le *pharmacopole*, à partir des matières premières que récoltait le *rhizotome* (du grec *rhiza*, « racine » et *tomos*, « coupeur »).

Peu à peu ils acquirent des privilèges de plus en plus nombreux, comme l'exemption de taxes et plus tard celle des obligations militaires – ce qui, dans une nation perpétuellement en guerre, n'était pas un mince avantage. Par leur réputation certains pouvaient même prétendre à des honoraires conséquents. Si la plupart réclamaient un simple *nummus* pour une consultation, d'autres, à l'instar de Quintus Stertinius, au début du Ier siècle de notre ère, percevaient jusqu'à 500 000 sesterces par an.

Dans quelques grandes familles, la pratique de posséder un médecin-esclave pour son usage privé se prolongea fort tard, alors même que l'art médical était bien mieux considéré, et sous l'Empire il en coûtait environ soixante pièces d'or. On rapporte en outre qu'au Ier siècle de notre ère, une femme, Metrodora, put s'établir à Rome pour exercer la médecine : si le fait est avéré, elle demeura longtemps, il faut le reconnaître, une rare exception.

La deuxième catégorie de médecins était celle des *archiatres*. Ces médecins publics ne jouissaient pas tous des mêmes conditions de travail.

Les *archiatres populaires*, ou municipaux, ne furent strictement organisés que vers le IIe siècle de notre ère, notamment sous Antonin le Pieux qui en fixa le nombre : dix pour les grandes villes, sept ou même cinq pour celles de moindre importance. Parfois constitués en guildes, bénéficiant d'un traitement de l'État, ils étaient chargés de soigner gratuitement les pauvres. Sous Théodose II, en 438, ils furent toutefois autorisés à percevoir directement des honoraires auprès de ceux qui pouvaient les payer.

Certains, parmi eux, étaient affectés à des services spéciaux : ainsi, on distinguait les archiatres des gymnases – comme en Grèce –, ceux des gladiateurs – dont les combats meurtriers nécessitaient une bonne maîtrise de la chirurgie –, ou encore ceux du collège des Vestales, prêtresses du foyer sacré de Rome, vouées à la virginité pendant les trente années de leur ministère.

Tout autre était la vie des *archiatres palatins*, attachés aux plus hautes personnalités de la cour, voire à l'empereur lui-même. Leur haut rang allait naturellement de pair avec des revenus considérables. Traiter César – et surtout le soulager – pouvait du reste conduire au sort le plus brillant. Ainsi d'Antonius Musa, ancien esclave devenu médecin d'Auguste et de son ami Mécène. L'empereur ayant un jour éprouvé une « violente hépatite » – sans doute un dérangement digestif dont la nature demeure obscure –, Musa, qui passait pour prescrire des remèdes souvent fantaisistes bien qu'il fût l'élève du grand Asclépiade de Pruse, prescrivit de l'eau glacée, des bains froids et une cure de légumes frais : à ce régime l'empereur guérit, paya somptueusement son médecin et lui attribua l'anneau d'or des chevaliers ainsi qu'une statue en bronze érigée sur le mont Palatin, le figurant sous les apparences d'Esculape. À la suite de cette heureuse guérison, les médecins furent même exemptés du paiement des impôts.

Enfin, une nation guerrière comme Rome ne pouvait manquer d'organiser la médecine aux armées. C'est sous l'Empire qu'elle connut son plein développement. Au nombre de quatre par cohorte (600 hommes), les médecins militaires avaient rang d'officiers non combattants *(principales)*. Ils veillaient à la santé des soldats et vérifiaient l'hygiène des campements. Aucune recrue n'était incorporée sans leur accord et, bien sûr, au plus dur des combats ils s'efforçaient de soulager les blessés.

La plupart des praticiens étaient généralistes, surtout dans les débuts de la médecine romaine. Avec le temps des spécialisations apparurent. Au Ier siècle de notre ère, le poète Martial ironisait sur la multiplicité des sortes de médecins que l'on pouvait trouver à Rome, mais déjà Cicéron, cent cinquante ans plus tôt, écrivait dans son dialogue *De l'orateur* :

> « Crois-tu que du temps du grand Hippocrate de Cos, il y avait des médecins spécialisés dans les traitements, les uns des maladies, d'autres des blessures, d'autres encore des yeux ? »

Telles semblent avoir été, en effet, si l'on en juge par les inscriptions qui nous sont parvenues, les trois grandes subdivisions de l'art médical romain. Les cachets de médecins portent le plus souvent l'une des trois mentions *medicus*, *chirurgicus* ou *ocularius*. Beaucoup plus rarement, on trouve *medicus auricularius*, ancêtre probable des otologistes. Cette évolution paraît du reste surtout marquée dans les seules villes où le nombre important d'habitants permettait à un spécialiste de trouver suffisamment de patients. Plus fondamentalement, pourtant, elle traduit aussi le fait qu'au tournant du Ier siècle, comme Celse lui-même le constatera avec un peu de nostalgie, le développement des connaissances médicales rendait de plus en plus difficile à un seul homme de les maîtriser toutes. Si le cas de l'ophtalmologie demeure à part, il résultera de la séparation progressive des chirurgiens et des médecins un statut différent pour ces deux catégories de praticiens : les médecins s'arrogeront la partie noble de l'art, celle qui cultive la théorie et la réflexion, les chirurgiens se concentrant sur la qualité du geste et l'habileté de l'opérateur. Ces derniers perdront ainsi peu à peu le contact avec une certaine médecine intellectuelle et, vers le Ve siècle de notre ère, la figure du chirurgien sera nettement inférieure à celle du médecin. Les barbiers-chirurgiens du Moyen Âge européen hériteront de cette infériorité et il leur faudra des siècles pour recouvrer leur pleine dignité.

Les médecins romains se préoccupèrent cependant de ces questions et songèrent à se regrouper, à la fois pour se reconnaître et pour contrôler, autant qu'il était possible, la formation des jeunes praticiens.

Des *Collegia medicorum,* comme à Rome ou Bénévent, se virent attribuer la responsabilité d'admettre tout nouveau confrère souhaitant s'installer et exercer librement la médecine. Leur rôle demeura bien souvent théorique et n'empêcha pas la prolifération des charlatans de toutes sortes, des *circulatores*, caricatures de doctes périodeutes grecs, allant de ville en ville et s'installant aux carrefours de Rome pour proposer aux plus crédules des remèdes sans valeur.

La faiblesse de la médecine romaine était incontestablement son origine étrangère : aucune école digne de ce nom n'était en mesure d'y assurer l'enseignement, et les praticiens, pour se former, devaient se rendre à Athènes, à Pergame, à Alexandrie, puis plus tard à Antioche, Saragosse ou Lyon.

L'Empire procéda tardivement à cette organisation. Alexandre Sévère, au début du IIIe siècle de notre ère, concédant des locaux et des bibliothèques, encouragea le développement d'un corps professoral délivrant un enseignement structuré autour de l'anatomie, la botanique et la chirurgie. Valentinien, au IVe siècle, édictera même des sanctions sévères contre les étudiants insuffisamment assidus, mais il avait fallu attendre Julien pour que l'exercice de la médecine fût subordonné à la délivrance d'un permis après un examen obligatoire devant un jury de médecins réputés : au crépuscule de l'Empire, il était bien tard…

L'enseignement clinique (du latin *clinicus*, « lit de malade ») n'était pourtant pas dépourvu d'intérêt. Comme de nos jours, les étudiants suivaient ainsi leurs maîtres pour aller examiner les malades et les blessés dans les *valetudinaria*, ces vastes infirmeries pour pauvres indigents, progressivement établies dans les grandes villes à l'image de celles qu'avaient depuis longtemps instituées les médecins militaires, lors des campagnes de guerre ou dans les places fortes. Ce furent les ancêtres immédiats des grands hôpitaux médiévaux.

Le poète Martial, dans une de ses épigrammes, fait à son médecin Symmaque l'amer reproche d'y avoir été palpé cent fois par les mains froides des étudiants : « Jusqu'alors je me sentais bien ; depuis ta visite, j'ai la fièvre ! ».

Du reste, les opinions les plus divergentes s'opposaient sur la nature et la durée de ces études : pour Galien, onze années étaient nécessaires pour faire un bon médecin, tandis que Thessalos de Tralles se faisait fort d'enseigner tout l'art en moins de six mois…

Il faut dire que depuis son établissement, la médecine à Rome était le lieu de querelles incessantes, quoique parfois fécondes, entre ses fondateurs et grecs et leurs successeurs.

Les fondateurs grecs et les sectes médicales à Rome

Archagathos, en 219, n'avait été qu'un piètre éclaireur, sans doute suivi de quelques autres dont l'histoire a oublié le nom. Le véritable commencement de la médecine grecque à Rome survint bien plus tard, en 91 avant notre ère, lorsque vint s'installer Asclépiade de Pruse.

Né en 124 en Bithynie, il avait fait ses classes à Athènes puis à Alexandrie. Porteur d'un nom illustre – tout un symbole en vérité – avec lui c'était toute la tradition médicale grecque qui prenait place à Rome.

Sans aucun doute formé à la rigoureuse école clinique de l'hippocratisme, expérience qu'il consigna dans des ouvrages dont aucun ne nous est parvenu, il était également sensible à la philosophie, comme beaucoup de médecins grecs. La doctrine alors en vogue était celle exposée deux siècles plus tôt par Épicure, qui avait combiné un atomisme rénové avec une conception de la vie faisant du plaisir librement vécu le bien le plus désirable. Lucrèce, poète latin et ami d'Asclépiade, s'en fera le héraut en exposant dans son *De natura rerum* les principes de cette philosophie matérialiste et paisible.

Asclépiade retint l'essentiel de cette pensée et en déduisit une doctrine médicale assez sommaire : puisque le monde n'était fait que de corpuscules en perpétuel mouvement, le corps de l'homme – et même son âme – répondait à la même structure. Toute la physiologie d'Asclépiade reposait sur la libre circulation de ces éléments dénommés depuis Héraclide du Pont, l'un des animateurs de l'Académie au milieu du IVe siècle, *anharmoi oncoi* (littéralement : « masses incomposées ») qui entraient et sortaient du corps par de minuscules orifices, les *poroi* – dont les perles de sueur, surgissant sur la peau quand on allait aux thermes, étaient peut-être les témoins. Lorsque l'homme était en bonne santé, les corpuscules cheminaient ainsi sans entrave à travers les pores.

Les maladies se rangeaient dès lors en deux catégories : celles qui relevaient de la pléthore – comme les fièvres, la congestion, l'hydropisie, les pleurésies par exemple –, par excès d'*oncoi* encombrant des pores plus ou moins rétrécis, et celles qui traduisaient l'asthénie – les états de faiblesse, les maladies « de langueur » –, lorsque les corpuscules, fragilisés et fragmentés, circulaient trop librement dans des pores dilatés et s'en échappaient pour « fluer »...

De cette physiopathologie simple – ou simpliste ? –, dans le droit fil de l'école dogmatique qui l'avait formé, Asclépiade tirait une théorie thérapeutique toute de modération et fidèle à la morale d'Épicure. Elle se résumait dans une formule éloquente : *« tuto, celeriter et jucunde »*, c'est-à-dire « sûrement, rapidement et agréablement ». Il recommandait simplement la gymnastique, les bains, l'eau fraîche et le bon vin.

Quoiqu'on puisse penser de ce système, incertain mais prudent, son succès fut immédiat. La personnalité d'Asclépiade n'y était sans doute pas étrangère : volubile, charmeur, beau parleur comme tous les Grecs, il séduisit enfin les Romains. Bientôt introduit dans la meilleure société, il devint le familier de Cicéron, de Crassus et de Marc Antoine. Tous les espoirs lui étaient permis.

Plus tard, on le présentera parfois sous un jour moins favorable : épris de luxe et d'honneurs, ambitieux et sans scrupule, si l'on en croit Pline qui traçait ce portrait cent cinquante ans après, Asclépiade fut pourtant généralement adulé de son vivant. Toute une hagiographie s'édifia même autour de lui et l'on rapportait sur son compte une anecdote significative dont Apulée se fera l'écho dans les *Florides* (IV, 19).

Un jour, non loin de sa demeure, Asclépiade avise un cortège funèbre. S'approchant de la sinistre procession, il s'informe des circonstances du décès. Les réponses qu'on lui fait ne le satisfaisant pas, il soulève le linceul et croit déceler quelques infimes traces de vie dans ce corps que l'on conduisait déjà au bûcher. Ordonnant alors qu'on porte le présumé défunt à son domicile tout proche, Asclépiade lui prodigue quelques soins et l'infortuné patient recouvre bientôt la vie...

La nouvelle, on s'en doute, gagna la ville en un instant : quel talent que celui de cet homme, capable de reproduire les prodiges d'Esculape !

Asclépiade ne bouleversa cependant pas la médecine et son apport à la science paraît assez mince, mais il exerça son influence d'une tout autre manière. Attirés par sa notoriété, quantité de médecins grecs vinrent à Rome pour se ranger sous sa bannière et accrurent sa renommée. Il eut bientôt de nombreux émules, dont des Romains, comme le trop fameux Antonius Musa : en un mot, il fit école ou, pour mieux dire, l'un de ses meilleurs élèves, sous son inspiration, en fonda une nouvelle.

Après la mort d'Asclépiade, survenue en 40 avant notre ère, Thémison de Laodicée, son plus brillant disciple, établit en effet une autre secte médicale, la troisième école médicale grecque et la première à Rome. On regroupa les médecins qui s'y rattachèrent sous le nom de *méthodiques.*

Thémison, dont l'apogée se situe dans les années qui suivirent la mort d'Asclépiade, tenta de codifier les enseignements rudimentaires de son maître pour en faire naître une nouvelle vision de la médecine. Souvent décriés par les auteurs plus tardifs, comme Galien et Celse, les méthodiques tenaient en quelque sorte la voie moyenne entre les dogmatiques et les empiriques.

Leur principe de base était que les débats théoriques sur les humeurs, le *pneuma*, et les mécanismes supposés des maladies, sujets qui avaient tant préoccupé les médecins depuis Hippocrate lui-même, ne présentaient au fond aucun intérêt. Selon Celse :

> « Certains médecins de notre époque [les méthodiques], se rangeant, à les en croire, à l'autorité de Thémison, prétendent qu'il n'est aucune cause dont la connaissance ait une importance quelconque pour les traitements, et qu'il suffit d'observer certains caractères communs des maladies. »

En cela, les méthodiques avaient manifestement intégré l'apport des empiriques et ils accordaient à l'examen clinique un rôle de premier plan. Déjà, Asclépiade avait donné l'exemple en contribuant notamment, par un examen minutieux, à distinguer les pleurésies – épanchements liquidiens du thorax – des péripneumonies – affections broncho-pulmonaires –, alors qu'on les confondait généralement dans l'Antiquité. Thémison et les méthodiques, très peu soucieux d'anatomie et de physiologie, vont ainsi fonder toute leur clinique sur la mise en évidence de ce qu'ils appellent les *phénomènes*, les signes sûrs et bien identifiés qui permettent d'orienter résolument le diagnostic. Ils insisteront du reste sur la nécessité pour le médecin de parfaire l'acuité de ses sens, et certains d'entre eux, comme l'illustre Soranos que nous reverrons plus loin, introduiront même l'usage de nouveaux instruments d'examen, comme le spéculum en gynécologie.

Toutefois, les méthodiques aspiraient surtout à rendre plus commode la pratique clinique et proposaient pour y parvenir un procédé de classement permettant au praticien, à partir des phénomènes observés, de déduire le diagnostic non par simple intuition, mais à l'aide d'une véritable méthode. La clé de ce procédé était la notion de communauté. Difficile à cerner – et pour cette raison sévèrement critiquée par leurs adversaires – cette notion trahissait surtout la composante « dogmatique » de cette école. Pour rendre compte des apparences cliniques, les méthodiques, à la suite d'Asclépiade, distinguaient trois grands états physiologiques ou communautés : l'état resserré *(strictus)*, l'état relâché *(laxus)*, entre lesquels se situait l'état ou communauté mixte. Il leur suffisait alors de classer les phénomènes dans une des trois communautés – selon des critères évidemment assez arbitraires à nos yeux – pour en déduire « méthodiquement » l'*indication*, c'est-à-dire, le type de traitement à appliquer.

L'objectif des méthodiques était en effet de constituer une médecine essentiellement orientée vers le traitement et qui ne reposerait plus sur la fantaisie d'un thérapeute imaginatif – comme l'époque en connaissait tant ! –, mais sur le respect de règles à peu près intangibles : avant tout fondée sur l'observation clinique, la médecine devenait ainsi à la fois simple et reproductible.

Le traitement, quant à lui, reposait sur un principe exclusif d'allopathie que Celse résumera très simplement :

> « Une fois qu'on a pris connaissance de ce dont il s'agit, si le corps est resserré, il faut procéder à un relâchement ; s'il souffre d'écoulement, à un resserrement. »

La mise en œuvre de ce programme était cependant plus complexe qu'il n'y paraît. Les méthodiques établirent de véritables stratégies thérapeutiques.

Généralement fondé sur des cycles successifs de trois jours, le traitement comportait le plus souvent une première phase de jeûne sévère visant à éliminer tous les excédents. Ensuite venait une phase de restauration qui consistait en des frictions, des onctions douces, une gymnastique modérée et un régime équilibré. Dans le cas de « relâchement » prédominant, cette phase pouvait même se substituer au traitement d'attaque. Enfin, en fonction de l'évolution, de la nature des phénomènes, du caractère aigu ou chronique de la maladie, on pouvait encore appliquer des traitements plus agressifs, comme des purges ou des saignées, dont Thémison faisait un large usage – éventuellement par l'application de sangsues ou de ventouses. Dans ce schéma, on le voit, Thémison et ses plus proches disciples accordaient peu de place à la pharmacopée et aux remèdes en général. Tenaient-ils cette réticence d'Asclépiade, qui avait été l'ami de Mithridate l'empoisonneur ?

Si les méthodiques eurent leurs grands praticiens, ils comptèrent aussi dans leurs rangs des médecins d'un genre plus douteux, qui portèrent ombrage à la réputation des disciples d'Asclépiade. Parmi eux figure l'étrange Thessalos de Tralles. Originaire de Lydie, il vécut au Ier siècle de notre ère, sous les règnes de Néron – dont il devint pendant un temps le familier – et de Trajan. Quoique n'ayant jamais suivi de formation à la médecine, il s'installa à Rome et y acquit, par son entregent et sa superbe, une réelle popularité. Entouré de nombreux disciples que, selon Galien, on appelait « les ânes de Thessalos », il y propageait un méthodisme modifié selon ses propres idées. Il avait particulièrement développé la phase de restauration du corps, dite *métasyncrétique*, qui mettait en œuvre, pour *recorporer* le patient, une polypharmacie à base d'infusions de pavot, de moutarde et de vinaigre, associée à des cataplasmes. Il préconisait en outre d'empêcher les malades « resserrés » de s'endormir, car le sommeil, disait-il, aggravait leur état. Pour les contraindre à veiller, il recommandait par exemple de leur appliquer de la nuque au bas du dos, après avoir scarifié la peau, un emplâtre adhésif qu'on arrachait ensuite brutalement : à en juger par son succès, les Romains s'étaient singulièrement endurcis depuis Archagathos le *carnifex* !

Ne doutant de rien, même au-delà de la mort, Thessalos, qui affirmait que six mois suffisaient pour apprendre la médecine, fit du reste graver sur sa tombe, au bord de la via Appia, le surnom qu'il s'était accordé : *Vainqueur des médecins (Iatronicès).*

C'est peut-être en réaction contre ces méthodiques égarés que se constitua une ultime secte médicale à Rome, au cours du Ier siècle. Dans les *Définitions médicales* du Pseudo-Galien, que nous avons déjà citées plus haut, on lit en effet :

> « Les deux premières sectes de la médecine sont l'empirique et la logique ; la troisième, la méthodique. Mais il semble qu'Agathinos de

Sparte en ait inventé une quatrième, que certains ont appelé *épisynthétique*, ou encore *éclectique* et d'autres *ectique*. »

La dénomination de cette école est elle-même variable, car, selon une tradition fixée par Galien, « tous ces médecins appelés *pneumatistes* adoptent les dogmes venant du Portique ».

Éclectiques ou *pneumatistes*, les nuances maintenues par certains sont sujettes à caution et de peu d'intérêt. Un point commun, comme nous l'indique Galien, existait de toute façon entre eux : leur attachement à la nouvelle philosophie en vogue à Rome, le stoïcisme.

Cette pensée n'était nouvelle qu'à Rome, car elle remontait à Zénon de Cittium qui, vers 300 avant notre ère, en avait exposé les principes fondateurs à ses disciples, réunis en un lieu d'Athènes dénommé *Stoa poikilè*, c'est-à-dire le « portique peint », décoré d'œuvres du célèbre Polygnote de Thasos, d'où fut tiré le nom d'*école du Portique*. L'une des deux dernières grandes écoles de la philosophie antique avec l'épicurisme, le stoïcisme connut une phase tardive essentiellement romaine, du Ier au IIIe siècle de notre ère, s'épanouissant avec les œuvres de Sénèque, d'Épictète et de Marc Aurèle.

Doctrine complète, comportant une logique, une physique et une éthique, le stoïcisme a surtout franchi les siècles sous ce dernier aspect. L'idéal du stoïcien, « vivre selon la nature », en accord avec le *logos* divin, engendre une éthique du devoir rationnel et de la vertu entendue comme sagesse. Fuyant toutes les passions, conçues comme des maladies de l'âme, le stoïcien y oppose l'*apathie,* par laquelle on s'abstient de toute action injuste. Libres et d'esprit cosmopolite, les disciples du Portique, à l'époque romaine particulièrement accepteront néanmoins de s'engager politiquement en s'efforçant de ne jamais sombrer dans la violence et l'injustice, ou consentiront à mourir « stoïquement » comme Cicéron, victime de la vengeance de ses ennemis, offrant sans résistance sa gorge au couteau de son exécuteur. Marc

Aurèle, empereur en 161, avait pour ambition d'incarner ce modèle éthique, dont ses *Pensées* sont en quelque sorte le programme. D'un grand éclectisme, les doctrines stoïciennes ont répondu à l'exigence d'une nouvelle synthèse à la fois politique, culturelle et religieuse, qui a marqué la fin de la période alexandrine et l'Empire romain. Son influence y a été considérable.

C'est par le biais de sa physique que le stoïcisme tardif a contribué à renouveler la pensée médicale à Rome. La doctrine cosmique des stoïciens voit dans le monde une immense entité vivante, régie par le *logos* et animée par le *pneuma*, véritable souffle de l'univers. Ce dernier, source de vie, se retrouve naturellement en l'homme. Les médecins, depuis Platon, étaient du reste accoutumés à cette idée, mais c'est avec l'école pneumatiste ou éclectique qu'elle prit enfin sa pleine dimension.

Reprenant un cadre anatomique comparable à celui exposé par Aristote, pour les pneumatistes le sang provient du foie, est épuré dans la rate et gagne le cœur, d'où il est réparti dans les veines. Les artères, en revanche, sont toujours remplies de *pneuma*, provenant de l'air inspiré. C'est par ces artères que le *pneuma* se distribue dans tout le corps et l'imprègne entièrement. Il y joue désormais le rôle majeur. Les pneumatistes ont en effet sophistiqué à l'extrême les raffinements du *pneuma* dans les diverses fonctions qu'ils contrôle. Ainsi, dès le stoïcisme ancien, au milieu du IIIe siècle avant notre ère, Chrysippe de Soles enseignait que le *pneuma* « continûment répandu à travers tout le corps tant que la respiration normale reste à la disposition de ce corps » se spécialise ensuite en un *pneuma* « psychologique » qui fait naître la voix dans la trachée-artère, un *pneuma* oculaire qui fait sortir de la pupille un souffle d'air et de feu pour se propager dans le monde extérieur, un *pneuma* auriculaire qui fait résonner les sons autour de notre tête, et encore un *pneuma* lingual pour le goût, nasal pour l'odorat, sans oublier celui qui réside dans les parties génitales pour transmettre la vie…

On a peine à comprendre ce que pouvaient signifier ces différentes sortes de *pneuma*, et comment ils s'articulaient entre eux, mais les auteurs ne semblent pas s'être souciés d'apporter plus de précision. Les médecins pneumatistes ont saisi cette théorie globale pour fonder sur elle une physiopathologie générale : toutes les maladies résultent essentiellement d'une mauvaise circulation du *pneuma* – comme, chez Hippocrate, il s'agissait d'une mauvaise répartition des humeurs. Si le *pneuma* est de mauvaise qualité – trop léger, trop dense, trop sec, trop humide – et s'il s'accumule dans un organe, celui-ci devient malade : dans l'intestin, il produit la constipation, dans le corps entier, l'épilepsie. S'il est animé d'un mouvement incessant, il causera le vertige.

De ce système, typiquement « dogmatique », assez obscur et arbitraire, les pneumatistes tirèrent cependant une belle intuition clinique. Reprenant une idée déjà développée par Hérophile, ils en vinrent à considérer que désormais, le *pneuma* étant cause de tous les maux, le pouls artériel, traduisant les mouvements qui l'affectent, devenait l'élément majeur du diagnostic. De sa force, de son rythme, de sa profondeur, ils tentaient de déduire l'état du *pneuma* et de déceler ses désordres éventuels. C'est sur ces bases, au demeurant, que pendant des siècles le pouls sera « tâté », avant qu'on ne découvre son intérêt véritable, comme reflet de l'activité cardiaque et de la pression artérielle.

Cette théorie éclairait peu la clinique et n'introduisit aucune nouveauté en thérapeutique : l'école pneumatique, comme toutes les autres écoles, recommandait peu de remèdes, des bains, des exercices, de l'eau et du vin – ou en condamnait l'usage, selon les cas.

Nantis de ces principes peu originaux, les pneumatistes et éclectiques virent néanmoins apparaître parmi eux des médecins brillants et estimés.

C'est généralement à Athénée d'Attaleia, qui vécut sous le règne de Claude, au milieu du Ier siècle, qu'on attribue la fondation de l'école. Il en fut du moins un inspirateur et forma, dit-on, de nombreux disciples. Des trente ouvrages qu'on lui prête, aucun ne nous est parvenu. Il semble avoir professé des principes d'hygiène dont certains s'adressaient notamment aux femmes qui, selon lui, par leur constitution « froide et humide », devaient pencher vers un « régime chaud et sec ». Aux hommes qui désiraient concevoir des enfants, il recommandait, en revanche, en bon stoïcien, de conserver « l'âme tranquille » et d'éviter les aliments « échauffants » comme le cresson, la roquette, le thym, l'ail ou les oignons. Il ajoutait encore ces conseils :

> « De plus, on devra mener une vie réglée, afin que le sperme qu'on accumule soit bien élaboré et en quantité suffisante, et qu'il y ait une attraction et un penchant ardents pour le coït, le corps étant en effervescence ; car, dit Andréas[1], ceux qui font un usage continuel du coït récoltent une semence crue et verte. »

Le véritable fondateur semble être toutefois Agathinos de Sparte, actif à la fin du Ier siècle. C'est lui qui aurait rallié d'anciens partisans des écoles méthodique et empirique aux thèses pneumatistes, pour en accentuer l'éclectisme. Rompant avec le dédain parfois affiché par les méthodiques à l'égard des drogues, il aurait repris des expériences de toxicologie en étudiant l'effet de divers poisons sur des chiens.

On doit lui rattacher Hérodote, à la fin du Ier siècle, qui semble avoir le premier distingué les caractères de la variole et reconnu sa nature épidémique. Au début du IIe siècle, Apollonios de Pergame, en fidèle pneumatiste, conseillait les ventouses et les scarifications au lieu de la saignée, afin d'épargner le *pneuma.* Léonide d'Alexandrie, un peu plus tard, acquit une réelle réputation de chirurgien des hémorroïdes et des fistules, et aurait identifié la nature endémique, dans certaines contrées, d'une

1. Andréas de Caryste, médecin alexandrin du IIIe siècle avant notre ère.

parasitose connue depuis sous le nom de filariose de Médine. Dans son sillage, Héliodore, spécialiste de la castration des esclaves, fut également un chirurgien réputé, maîtrisant notamment les trépanations.

On le voit, la galerie somme toute assez pâle des derniers pneumatistes semble peu influencée par une doctrine devenue inconsistante à force de remaniements : on imagine mal comment, dans leurs activités chirurgicales, Léonide ou Héliodore pouvaient s'en inspirer !

Parmi les lointains disciples d'Athénée, un nom toutefois se dégage de tous les autres et nous révèle une personnalité intéressante et créative : il s'agit d'Archigène d'Apamée.

Fils d'un médecin grec versé dans l'art de la pharmacopée, Archigène vécut à Rome sous le règne de Trajan. Raffiné, épris de belles-lettres, il séduisit par son habileté comme par sa culture, et plus tard Galien le citera élogieusement. Il représente parfaitement cette tendance de la médecine romaine au tournant du Ier siècle de notre ère, renonçant aux artificielles divisions des écoles pour tendre vers une pratique unifiée. Le champ exploré par Archigène est extrêmement vaste. On lui prête un nombre considérable d'ouvrages portant sur les domaines les plus variés de l'art médical. Disciple direct d'Agathinos, il privilégiait avec lui les onctions d'huile sur les bains chauds. On rapportait même qu'un jour, son maître ayant éprouvé de graves troubles nerveux à force de travail et de veille, Archigène les avait soulagés en aspergeant d'huile tiède le front d'Agathinos…

Comme on pouvait s'y attendre de la part du plus brillant des pneumatistes, il perfectionna jusqu'à un degré jamais atteint la sémiologie du pouls, base de toute la clinique selon son école. Il distingua ainsi dix caractéristiques que le médecin devait apprécier : ampleur, vitesse, rigueur, battement, fréquence, tension, égalité, régularité, débit et rythme. Si quelques-unes ont persisté jusqu'à nous, d'autres, en revanche, nous semblent aujourd'hui incompréhensibles ou relèvent d'une subjectivité impressionnante. Combinant ces différents aspects, Archigène n'hésitait pas à décrire de multiples variétés de pouls : double, houleux, capricant, vermiculant, et les rapportait à des pathologies précises. Affolant inventaire, en réalité, que Galien augmentera pourtant encore !

Archigène se pencha également sur la pharmacopée – sans doute par tradition familiale, mais aussi parce qu'un réel besoin se faisait sentir en ce domaine, nous le verrons –, et on lui doit d'autre part d'excellentes descriptions cliniques de l'angine diphtérique et de la lèpre. Il s'illustra encore par des innovations en chirurgie : il aurait ainsi pratiqué des ligatures vasculaires lors des amputations pour en réduire le risque vital. Sa réputation de médecin des femmes – pour soigner leurs maladies comme pour prendre part à leurs intrigues – traduit enfin l'émergence de la gynécologie comme une discipline autonome, que Soranos d'Éphèse consacrera bientôt.

Au-delà des écoles, ce dernier nom permet d'évoquer les trois grands praticiens qui, avant le tournant majeur que constituera la venue de Galien, illustrent les connaissances et les talents de cette première et grande époque de la médecine romaine.

Trois grands médecins du Haut-Empire : Soranos, Rufus d'Éphèse et Arétée de Cappadoce

C'est avec Soranos d'Éphèse que l'école méthodique acquit son plus vif éclat. Traditionnellement considéré comme le plus brillant gynécologue de l'Antiquité, il doit en partie cette réputation au hasard qui a fait que le seul de ses ouvrages qui nous soit parvenu est son traité des *Maladies des femmes*. Il laissa pourtant un souvenir si grand qu'un auteur tardif, Coelius Aurelianus, compilateur numide qui vécut au Ve siècle et traduisit des œuvres de Soranos, n'hésita à le qualifier de *princeps methodicorum* : « le Prince des méthodiques ».

Après s'être formé à Alexandrie, il vint à Rome vers le début du IIe siècle de notre ère et y entreprit très tôt une œuvre immense, comptant jusqu'à trente livres, semble-t-il, dont presque tout s'est perdu. On lui doit cependant un traité des *Maladies aiguës et chroniques* dont Coelius Aurelianus fit une traduction et qui se situe clairement dans le sillage de l'école méthodique : les maladies aiguës sont pour lui de type « resserré », tandis que les chroniques procèdent du « relâchement ». Dans le même esprit, il manifestait peu d'intérêt pour l'anatomie, à ses yeux sans utilité pour la médecine, quoiqu'il ne jugeât pas mauvais qu'un médecin en eût « quelques notions ».

Soranos justifie surtout notre intérêt parce qu'il illustre cette tendance de la médecine romaine, dans les trois siècles qui suivirent sa fondation, à s'écarter peu à peu de la rigide observance des principes « scolaires » – c'est-à-dire des théories des écoles médicales –, au point du reste qu'à partir de cette époque les médecins les plus illustres seront en quelque sorte « hors secte », prenant dans chacune d'elles ce qui leurs paraîtra le plus utile ou le plus judicieux.

C'est ainsi qu'il emprunte sans doute aux empiriques son souci de l'examen clinique, s'efforçant par exemple d'interpréter des signes de palpation ou de percussion que l'on oubliera ensuite pour quelques siècles.

Il demeure que Soranos doit sa célébrité au manuscrit, exhumé seulement en 1838, du plus intéressant traité de gynécologie et d'obstétrique de toute la médecine antique. On ne possédait alors de lui qu'un abrégé du traité, à l'usage des sages-femmes, rédigé vers le Ve siècle par un certain Moschion, seul texte connu de Soranos au Moyen Âge.

D'emblée, il apporte dans ce domaine des précisions anatomiques – ce qui n'est pas banal venant de lui – lorsqu'il affirme que l'utérus ressemble « à la ventouse du médecin » et compare la texture du col utérin de la vierge (« mou et charnu ») avec celle qu'il présente après plusieurs accouchements (« plus calleux, comme la tête d'un poulpe »). Soranos avait à l'évidence surveillé beaucoup d'accouchements et examiné quantité de femmes.

Cette curiosité pour l'anatomie féminine l'a du reste conduit à une observation plus intrigante. Abordant la question de l'hymen, cette membrane qui obture partiellement le vagin chez la vierge et s'effondre lors de la défloration, Soranos rapporte :

> « C'est par erreur que l'on parle d'une membrane ténue fermant le vagin et dont la rupture, au cours du premier coït, serait douloureuse : car le sang menstruel passe. Cette membrane n'a pas été trouvée dans les dissections. »

Délaissant les constatations *post-mortem*, il ajoute même :

> « Quand on explore une vierge avec un stylet, ce stylet, que n'importe quel obstacle devrait arrêter, peut pénétrer jusqu'au fond ».

Cette constatation, contraire à l'évidence anatomique, a conduit par la suite de nombreux auteurs à porter sur la vertu des jeunes filles romaines un jugement mitigé…

Soranos émettait du reste un avis assez austère sur la vie sexuelle. Il lui semblait en effet, contre l'opinion d'Hippocrate notamment, que la « virginité perpétuelle [était] salutaire aux deux sexes ». Partageant la conviction de quelques auteurs antiques selon laquelle l'homme et la femme fournissaient chacun une semence qui leur était propre, il redoutait l'affaiblissement entraîné par la déperdition de ces précieuses liqueurs. Pour s'en convaincre, il empruntait même à l'expérience des éleveurs de chevaux :

> « Toute émission de semence est nuisible aux hommes comme aux femmes. La virginité est donc salutaire car elle empêche l'émission de la semence. Les animaux en fournissent la preuve. Les juments qu'on ne fait pas saillir sont les meilleurs coursiers. »

Reconnaissant néanmoins qu'il fallait bien propager l'espèce humaine, il conseillait d'attendre la quatorzième année pour consommer l'union charnelle, tout en se gardant des « filles dont l'éducation n'a pas été modeste et qu'échauffent des désirs prématurés ».

C'est toutefois dans l'art de l'accoucheur lui-même que Soranos nous apparaît le plus compétent et le plus sérieux. Il reconnaît en effet les différentes causes de *dystocie* – c'est-à-dire d'obstacle ou de difficulté à l'accouchement – que sont la taille et la forme du bassin ou du col utérin, et il sait aussi apprécier, par l'examen obstétrical, la position du fœtus et prévoir les problèmes qui peuvent en résulter.

Dans la pratique qui est la sienne, l'accouchement se fait sur une chaise spéciale pourvue d'un siège en demi-lune, avec des accoudoirs et un dossier, et surtout avec l'aide de sages-femmes. Deux d'entre elles massent le ventre de la parturiente, tandis qu'une troisième la maintient vers l'arrière. Soranos sait éventuellement manipuler le fœtus pour lui donner une présentation convenable, ou modifier la position vicieuse d'un de ses membres, ne recourant qu'en dernière extrémité à l'*embryotomie*, la destruction *in utero* de l'enfant, manœuvre très souvent fatale à la mère jusqu'à la fin du XIXe siècle.

Quant à la césarienne, rappelons qu'elle ne fut pendant toute l'Antiquité qu'une intervention exceptionnelle effectuée sur une femme mourante ou déjà morte, pour tenter de sauver l'enfant. La légende rapportera que Caius Julius naquit ainsi – ce qui est improbable, car il connut sa mère –, gagnant son *cognomen* de Caesar du mot *caesum*, participe passé du verbe *cadere*, qui signifie « tailler » ou « couper »…

Après l'accouchement, Soranos recommande la délivrance manuelle, la sage-femme introduisant la main dans l'utérus pour aider à l'expulsion du placenta. Enfin, il conseille de bien nettoyer les yeux et la bouche de l'enfant qui vient de naître :

ce sont aujourd'hui encore deux des premiers gestes qu'on se doit d'accomplir sur chaque nouveau-né.

Manifestement soucieux d'accomplir dans le moindre détail son devoir s'assistance, Soranos, accoucheur avisé, se révèle aussi un médecin sensible et attentionné lorsqu'il pose les premiers principes de la puériculture et de la pédiatrie : laisser la jeune mère reposer pendant vingt jours et confier jusque-là son enfant à une bonne nourrice, ou lui donner du miel cuit et du lait de chèvre. Il décrit bien les troubles dentaires du nourrisson – mettant en garde contre la tentation de lui inciser les gencives ! –, les premières angines, les fièvres éruptives de l'enfant, et les difficultés que suscitent parfois pour le médecin les convulsions fébriles, pas nécessairement graves.

Hostile à l'avortement, il s'est aussi intéressé à la contraception : on lui doit des recettes de tampons vaginaux imbibés de diverses substances à visée spermicide ou pour obturer l'orifice du col, mais aussi, plus surprenant, le conseil donné aux femmes désireuses de ne pas concevoir, de se lever immédiatement après l'acte sexuel et d'éternuer violemment pour expulser la semence masculine…

Actif sous Trajan, soit à peu près à la même époque que Soranos, c'est également d'Éphèse que venait Rufus, dont la biographie nous est par ailleurs mal connue. Comme nombre de ses collègues de l'époque, il avait toutefois accompli un séjour en Égypte et certainement connu les enseignements d'Alexandrie. Quoique parfois rattaché par l'historiographie classique à l'école éclectique, Rufus a poussé si loin cet « éclectisme » qu'il se situe véritablement en dehors de toute appartenance sectaire. De l'œuvre abondante qu'on lui prête ne nous sont parvenus que quatre titres : *Du nom qu'ont reçu les diverses parties du corps*, *Des maladies de la vessie et des reins*, *De l'interrogatoire des malades*, *De la goutte*. Ces quelques fragments d'une œuvre très appréciée par ses contemporains nous laissent cependant apercevoir quelques progrès importants de l'art médical de son temps.

D'Alexandrie sans doute il avait reçu le goût, assez rare chez les médecins romains avant Galien, de l'anatomie. Dans le livre qu'il lui consacre, il fait part de connaissances acquises seulement sur des singes, déplorant – comme Galien lui-même plus tard – de n'avoir pas eu accès à des cadavres humains. Il put cependant perfectionner la description du cerveau, signalant notamment le croisement des nerfs optiques, dénommé *chiasma*.

Dans son traité d'urologie, il nous livre surtout une description saisissante de la technique opératoire d'une des rares interventions régulièrement pratiquées dans l'Antiquité : la taille, c'est-à-dire l'extraction d'un calcul urinaire enclavé dans l'urètre. Intervention souvent redoutée, au point que le *Serment* d'Hippocrate, on s'en souvient, faisait défense aux médecins d'y procéder !

Selon Rufus, praticien manifestement accompli de cet acte dont il a mesuré tous les risques et toutes les difficultés :

> « Après avoir saisi la pierre et l'avoir poussée à l'origine de l'urètre[2], on la maintient fermement afin qu'elle ne s'échappe pas ; on pratique au périnée une incision transversale. Si la pierre est à portée, on l'enlève avec le manche d'un machaire[3] ; si elle ne l'est pas, on a recours à l'instrument inventé pour cette circonstance[4]. Ne faites pas d'ouverture trop grande, car vous courriez le danger de blesser la vessie elle-même : or, c'est ce qu'il faut éviter par-dessus tout[5]. Quant à l'incision, on doit la traiter comme les plaies qu'on panse avec de la charpie. Telle est la meilleure manière de reconnaître et de traiter les pierres de la vessie. »

---

2. Par la palpation externe du contenu vésical à la base de l'urètre, dans l'espace situé en avant de l'orifice anal, appelé *périnée*.

3. Gr. *machaira*, petit coutelas.

4. En d'autres termes, il faut sonder à travers l'incision et tenter d'agripper la pierre à l'aide d'une sorte de pince.

5. Outre le risque d'hémorragie et d'infection, on exposerait le patient à une incontinence post-opératoire par lésion du sphincter. Une autre complication d'un geste mal maîtrisé était la section des canaux spermatiques.

La technique, admirablement décrite, restera sensiblement la même pendant de nombreux siècles, avec des succès divers selon les opérateurs…

Rufus était également un clinicien averti et attentif. Sans doute influencé par les pneumatistes, il accordait une grande importance aux caractères du pouls, mais il a eu aussi des belles intuitions : il considérait la fièvre comme un moyen de défense naturelle de l'organisme, et pensait que dans certaines contrées l'eau que l'on buvait était sans doute responsable de la fréquence de la goutte.

Dans son *Interrogatoire*, il montre enfin la persistance de la tradition hippocratique qui faisait du recueil des données cliniques auprès du patient un exercice minutieux et difficile dont dépendait en grande partie le diagnostic final.

Cette même conception exigeante de la pratique médicale se retrouve chez Arétée de Cappadoce, qui connut la notoriété sans doute à la même époque que les précédents, voire un peu plus tôt. Lui aussi étranger à toute doctrine étroite, il nous a laissé d'abondants témoignages d'une expérience clinique désormais très bien maîtrisée. Parfois méconnu car redécouvert tardivement, Arétée est l'auteur d'un important traité sur les signes et le traitement des maladies aiguës et chroniques, dont la première édition en grec sera imprimée à Venise en 1552 et que le grand Boerhaave, cent cinquante ans plus tard, considérait comme « un monument d'or de la médecine » : au XIXe siècle encore, Laennec jugera même utile d'en effectuer une nouvelle traduction.

Arétée, lui aussi, fait revivre les principes d'Hippocrate, et notamment sa théorie des humeurs, mais sans lui subordonner toute sa pratique, qui est essentiellement fondée sur une sémiologie précise et claire. Il représente d'une certaine façon l'un des sommets de l'art clinique antique. Cherchant à isoler des tableaux cliniques évocateurs et compréhensibles, peu de domaines de la pathologie ont échappé à sa curiosité et à sa perspicacité.

On a retenu notamment sa description si juste de la crise épileptique, étonnant complément au fameux traité hippocratique *De la maladie sacrée*. Dans les hémiplégies, il note très subtilement que la paralysie siège du côté opposé à celui de la lésion, et en suggère sans erreur la raison anatomique : le croisement des voies nerveuses au sein du système nerveux central, ce qu'on ne démontrera que longtemps après lui. Il donne aussi un tableau très clair du diabète sucré insulino-dépendant, avec son syndrome polyuro-polydypsique – caractérisé par une soif permanente et une abondante diurèse –, l'amaigrissement et l'évolution du patient vers la misère physiologique. On ne peut encore que citer les signes qui, selon Arétée, permettent de reconnaître l'asthme, même s'il n'avait pas encore les moyens de distinguer toutes les maladies « sifflantes » alors rassemblées sous ce nom :

> « Ces malades se redressent pour respirer ; ils errent au-dehors, en proie à une soif d'air qui les oblige à ouvrir la bouche avidement, aussi largement que possible, mais sans résultat. [...] »

Celui qu'on a pu considérer comme le premier pneumologue digne de ce nom indiquait également tous les risques évolutifs des signes observés et connaissait même le danger de certaines thérapeutiques, en particulier les somnifères – comme les opiacés –, donnés pour apaiser le patient angoissé, mais qui peuvent entraîner une dépression respiratoire mortelle.

Environ cinq siècles après Hippocrate, le savoir médical avait incontestablement atteint un niveau appréciable et, en médecine comme ailleurs, Rome avait été – en dépit de Caton – la digne continuatrice de l'Hellade. Les Romains, en quelque sorte, s'étaient pris au jeu, et une expérience suffisamment considérable rendait possible une nouvelle synthèse, le franchissement d'une autre étape.

On le sent bien, au tournant du Ier siècle, en découvrant l'étonnante activité de compilateurs latins – et non plus grecs – qui vont rassembler, comme pour un ultime inventaire, le savoir médical disponible.

Philiatres et encyclopédistes au Ier siècle : Pline l'Ancien, Celse et Dioscoride

Les Romains s'étaient donc convertis à la médecine, mais certains d'entre eux, quoique convaincus de l'importance de connaître et d'étudier cette discipline, ne purent se résoudre à l'exercer : sans doute un reste de l'antique répugnance romaine en ce domaine. De cette contradiction naquit, au tournant du Ier siècle de notre ère, un nouveau type d'hommes : les amateurs de médecine, autrement dit les *philiatres*. Érudits, curieux d'histoire, de littérature, d'économie agricole, d'élevage autant que d'urbanisme – Rome s'achemine alors vers son plus grand développement urbain –, ils n'ont pas hésité à aborder dans leurs écrits les questions médicales, souvent avec bonheur, il faut le reconnaître. Parmi une cohorte assez hétéroclite de noms souvent obscurs, deux personnages méritent d'être d'abord mentionnés.

Le premier est Marcus Terentius Varro – le Varron de nos manuels classiques. Ami de Cicéron, avocat comme lui, formé aux subtilités de l'art oratoire à Athènes, comme il se doit, il fut aussi proche de Pompée et de César. Ce Romain cultivé a laissé de nombreux ouvrages, dont un *De agricultura*, traduisant la passion persistante des citoyens de l'*Urbs* pour la terre dont ils venaient tous. Au milieu de considérations judicieuses d'économie domestique et de digressions philologiques, on y trouve une fine observation d'hygiéniste :

> « Il faut faire attention, dans le voisinage des marais, parce que, dans les temps de sécheresse, ces marais engendrent des petits animaux imperceptibles, qui pénètrent dans le corps par la bouche et les narines avec l'air qu'on respire, et y occasionnent des maladies fâcheuses. »

Extraordinaire pressentiment de l'existence de germes bactériens véhiculés par l'air fétide, que seule la révolution pastorienne confirmera définitivement à la fin du XIXe siècle, et de parasites des marais insalubres, comme l'hématozoaire responsable du paludisme que découvrira le médecin français Laveran en 1880. Pour un amateur, l'observation et le raisonnement étaient à l'évidence d'une grande perspicacité, mais on doit rappeler que déjà quatre siècles plus tôt Hippocrate avait livré des indications identiques.

Dans le même ouvrage, s'intéressant aux bâtiments, Varron notait encore :

> « Les influences malignes ou du sol ou des eaux, les miasmes fétides quoi s'exhalent en certaines localités, l'exposition à un soleil trop ardent ou à des vents contraires, tous ces inconvénients se corrigent par des dépenses bien entendues. »

Varron conseillait en effet de se soucier d'établir sa demeure dans une zone saine et sur un terrain à l'abri de tous ces risques. Il rejoignait du reste les préoccupations comparables exprimées par un des plus illustres architectes de l'Antiquité : Marcus Vitruvius Pollio, que la postérité a retenu sous le nom de Vitruve, actif sous le règne d'Auguste. Dans son traité *De architectura*, le seul sur ce sujet que nous ait légué son époque, cet autre grand philiatre insiste également sur la nécessité de construire sur un lieu élevé, aéré, à l'abri du brouillard et des grosses variations de température.

Dans le chapitre 3 du livre VIII de ce même traité, abordant la question des sources auxquelles on peut puiser pour assurer l'adduction d'eau, il met aussi en garde contre celles qui sortent des mines de plomb, notamment, car, écrit-il :

> « [...] lorsqu'on a bu de ces eaux, qu'elles ont passé dans le corps, et qu'en s'insinuant dans les veines et les nerfs, elles parviennent jusqu'aux jointures, elles produisent des endurcissements et des gonflements. »

Cette observation, à rapprocher des troubles liés au saturnisme – par ingestion excessive de plomb –, contraste avec les recommandations qu'il fait aussi à propos des sources sulfureuses, par exemple, « bonnes aux malades [qu'elles] fortifient en les échauffant et en consumant les mauvaises humeurs » : vieille passion romaine pour le thermalisme.

Avec Pline, en revanche, c'est dans la tradition encyclopédique de Rome que la médecine fait enfin son entrée. Caius Plinius Secundus, dit Pline l'Ancien, appartient avant tout à l'histoire des lettres latines. Le peu que nous sachions de sa vie, c'est à son neveu adoptif que nous le devons, Pline le Jeune.

Pline était né à Côme, en Gaule cisalpine, vers 24, sous le règne de Tibère. Issu de l'ordre équestre, il exerça divers commandements militaires avant de devenir procurateur puis préfet de la flotte de Misène, en Campanie. Vers la fin de sa vie, il était devenu un très proche collaborateur de l'empereur Vespasien. Fortement engagé dans la vie de la cité, on le voit, il manifesta toujours une curiosité universelle, qui se traduisit par une abondante production littéraire. C'est du reste de cette curiosité qu'il mourut en 79, lors de la fameuse éruption du Vésuve qui détruisit Pompéi et Herculanum : résidant à Misène, située sur un cap à l'ouest de la baie de Naples, et désireux de mieux observer l'énorme nuage qui se formait à l'est au-dessus du volcan, il se fit conduire en barque sur le rivage à Stabies, à quelques kilomètres au sud de Pompéi. Deux jours plus tard, au terme de l'effroyable catastrophe, essayant de fuir avec ses compagnons la pluie de cendres et pierre ponce qui menaçait de les ensevelir, il mourut brutalement.

D'une œuvre abondante, portant notamment sur les guerres de Germanie ou les ambiguïtés du langage, l'histoire de la médecine retient son imposante *Histoire naturelle* en trente-sept livres, achevée en 77. Il y déclare vouloir « prendre comme sujet la vie » et, dénonçant les dérives de l'hellénisme tardif, il s'oppose au

« déferlement d'obscurantisme magique, issu pour l'essentiel de l'Orient ».

L'*Histoire naturelle* porte sur la religion, l'histoire, le droit, la grammaire, les arts, mais accorde une large place aux sciences avec l'astrologie, la nature du monde, la zoologie et enfin la médecine. Le succès de l'ouvrage fut important et durable, au point qu'il fut plus tard l'un des premiers a être imprimé, après la Bible, à Venise en 1469.

Peu soucieux de critiquer les traditions recueillies au hasard de ses voyages, il consigne sans hésiter des affirmations qui nous paraissent d'une absurdité complète. Par exemple, il rapporte que « quelques individus ont les os solides et sans moelle. On les reconnaît à ce qu'ils ne ressentent pas la soif et ne suent pas » (XXVI, 63).

L'essentiel de ses informations médicales portent en fait sur la thérapeutique. Là encore, il transcrit sans examen des pratiques empruntées aux usages des campagnes, comme lorsqu'il affirme que « la cervelle de chameau desséchée et prise en boisson dans du vinaigre guérit, dit-on, de l'épilepsie » (XXVIII, 26), ou quand il recommande, pour le traitement des otites, l'urine de sanglier (XXVIII, 48). Il faut admettre que la pharmacopée antique contenait bien d'autres singularités...

On trouve pourtant, en parcourant les huit livres consacrés aux remèdes végétaux, les cinq livres de thérapeutique d'origine animale et les cinq autres explorant les remèdes minéraux, des informations plus sérieuses.

C'est ainsi que, décrivant la préparation de l'opération de la cataracte – vieux classique, on le sait, de l'art chirurgical –, il note l'intérêt du jus de la plante *anagallis* pour dilater la pupille (XXV, 92). Cette indication suggéra en 1800 à Himly, lors d'une lecture de Pline, de tester sur la pupille l'action de la belladone et de la jusquiame. De même, Pline indique à juste titre que « l'éphédra est donné pilé dans du vin pour la toux et pour l'asthme » (XXVI,

20). L'éphédrine demeurera pendant longtemps l'une des seules thérapeutiques disponibles de ces affections.

Parmi les encyclopédistes romains de la médecine, c'est cependant à Celse que revient incontestablement la palme du mérite. C'est son œuvre qui apporte à l'historien la plus ample moisson d'informations sur l'état de la médecine à Rome au début de l'ère chrétienne.

Aulus Cornelius Celsus, qui naquit peut-être en Gaule ou en Espagne, vécut au premier siècle de notre ère et aurait composé l'essentiel de son œuvre vers les années 25-35, sous le règne de Tibère.

Esprit universel, intéressé par l'agriculture, la rhétorique, le droit, la philosophie, l'art militaire, il a rédigé un ensemble de traités sous le titre général *De artibus (Les Métiers)* dont, curieusement, seule la partie médicale a survécu. Dans ce domaine, il a puisé à des sources aujourd'hui perdues, comme celles que pouvait renfermer la Bibliothèque d'Alexandrie, peut-être déjà éprouvée par un premier incendie en 47 avant notre ère, et qui connut plus tard d'autres désastres, notamment, pense-t-on sans certitude, à partir de 642 sous le calife Omar, après la conquête d'Alexandrie par les Arabes. De cette culture, Celse demeure ainsi l'un des derniers témoins, en médecine notamment.

En son temps, et ce n'est pas le moindre des paradoxes, Celse fut un « illustre inconnu ». Pline, qui écrit presque cinquante ans après lui, le cite à peine, et les médecins romains de l'époque paraissent même l'ignorer tout à fait. On trouve quelques allusions à ses traités chez Cassiodore, fondateur de l'érudition monacale au VIe siècle, ou dans les écrits d'Isidore de Séville, encyclopédiste et Père de l'Église au début du VIIe siècle. Il faut attendre le XVe siècle pour qu'un manuscrit de son œuvre médicale soit retrouvé à Milan par Thomas de Sézanne, plus tard pape sous le nom de Nicolas V. La première édition imprimée paraît en 1478 à Florence, avant même que ne soient imprimées les œuvres de

Galien et d'Hippocrate ! Celui que l'érudit Isaac Casaubon surnommera aussitôt « *Medicorum deus* » connaîtra alors une formidable gloire posthume, et les éditions se multiplieront, assorties de commentaires et de traductions, jusqu'à la fin du XIXe siècle.

Le *De medecina* constitue la sixième partie des traités de Celse et comporte huit livres : quatre sont consacrés à la diététique, deux à la pharmacie et deux autres encore à la chirurgie.

Bien que Celse ait largement puisé dans le *corpus* hippocratique, auquel il reste généralement fidèle, il s'est aussi référé à l'Asclépiade de Pruse, fondateur de la médecine romaine, et à de nombreux autres médecins de son époque, dont il prit le temps de lire et de commenter les œuvres. Sur leurs connaissances et leurs doctrines, son regard est à la fois riche et distancié.

C'est dans la préface du *De medicina* que l'on trouve la première description des écoles médicales et que sont distingués les dogmatiques, les méthodiques et les empiriques. En ce sens, Celse est aussi une source précieuse pour l'histoire de la médecine. Dans la définition qu'il donne de la médecine transparaît également bien son effort de synthèse de tout l'acquis gréco-romain :

> « Je pense que la médecine doit être rationnelle, qu'elle doit s'appuyer sur des causes évidentes et éloigner les causes obscures » (I, 74).

À cet hippocratisme sage, il ajoute cependant, en écho à l'école d'Alexandrie, l'importance de l'anatomie dans les études médicales. Évoquant implicitement les vivisections imputées à Érasistrate, il poursuit :

> « Je crois qu'il est inutile et cruel d'ouvrir le corps de personnes vivantes, mais il est nécessaire que les élèves dissèquent des cadavres, parce qu'ils doivent connaître la position et l'ordre des organes » (I, 74).

Dans le domaine des connaissances anatomiques comme en physiologie, du reste, Celse se reposera entièrement sur les enseignements des médecins d'Alexandrie.

Dans son livre premier, sur le régime et l'hygiène, il se rattache à la grande tradition hippocratique qui fournit aux personnes en bonne santé, selon leur âge et la saison, des conseils diététiques, des recommandations de promenade, de propreté, de bains, d'exercice physique modéré. Enfin, lorsque se profile une épidémie, le conseil de Celse est le bon sens même : « Il faut, dit-il, voyager, naviguer… »

Le livre II, consacré à l'étiologie, aux symptômes et au pronostic des maladies, est expressément placé sous les auspices d'Hippocrate. Celse y disserte sur les risques liés aux caprices de la nature comme aux misères de l'âge.

L'été est dangereux pour les nourrissons, que la chaleur peut tuer, observe-t-il, et les adolescents sont sujets aux crachements de sang et à la consomption, symptômes sous lesquels on reconnaît aisément la tuberculose alors si fréquente. Il a également identifié la poliomyélite aiguë, qui se manifeste par « la paralysie d'un membre dès le début de la fièvre », et son pronostic est parfaitement connu : « Bien que le patient revienne à la santé, dit Celse, le membre reste d'ordinaire infirme. »

Quant aux personnes âgées, Celse inventorie tous les troubles qui les affligent : insuffisance respiratoire, difficultés urinaires, douleurs articulaires, maux de rein et insomnies. Chez eux, souligne-t-il encore, l'amaigrissement rapide est toujours de mauvais pronostic. À leur sujet aussi, la description des selles du syndrome dysentérique, traduisant le plus souvent une infection intestinale grave, pourrait être retrouvée sans peine dans les manuels modernes :

> « Il y a du danger si les excréments sont petits, gluants, lisses, blancs, sanguinolents ou plus fétides qu'à l'ordinaire. »

Celse n'ignore pas non plus les si fréquents accidents vasculaires cérébraux et leur absolue gravité :

> « Celui qui, en pleine santé, est pris d'une douleur de tête subite, puis qui tombe dans le sommeil et ronfle sans se réveiller, meurt dans les sept jours. »

Les livres III et IV, qui portent sur les maladies aiguës et chroniques, selon une distinction alors classique, comprennent une bonne description des précautions à prendre avant d'évaluer le pouls d'un patient :

> « Un médecin expérimenté doit, dès son arrivée, non point s'emparer du bras du malade, mais s'asseoir d'abord près de lui, le visage souriant, s'informer de son état, et s'il a quelque sujet de crainte, le calmer par des raisons plausibles, puis avancer la main et explorer le pouls. La présence du médecin peut accélérer le pouls, de même que mille accidents peuvent facilement le troubler. »

Comment ne pas admirer ici le profond sens clinique de ce passage, récapitulant une longue expérience, et comment ne pas noter l'importance attribuée à l'établissement d'une relation de confiance et de respect entre le malade et son patient : n'est-ce pas d'une parfaite actualité ?

Celse aborde aussi les affections psychiques et distingue plusieurs variétés de démences, comme la *phrenitis*, fébrile et délirante, et une forme qui paraît plutôt évoquer une psychose hallucinatoire chronique. Il signale enfin « une tristesse sans fièvre » qui pourrait correspondre à un état dépressif ou mélancolique.

Explorant les différentes affections du corps selon une succession topographique classique, de la tête aux pieds – *a capite ad calcem* –, il décrit encore des maladies déjà soigneusement étudiés par Hippocrate, comme le coryza, l'angine ou le tétanos. Fait plus remarquable, abordant les parasitoses intestinales, il signale une distinction qui demeure aujourd'hui encore à la base des classifications en usage, entre les « verts ronds » et les « verts plats », précisant que ces derniers – parmi lesquels le tænia, par exemple – sont les plus mauvais.

Dans les deux livres suivants, V et VI, Celse nous apporte de nombreuses précisions sur la thérapeutique et en particulier la pharmacopée en usage à Rome à son époque. Il s'efforce à une classification méthodique des remèdes en les regroupant selon leurs actions principales (cicatrisants, détersifs, résolutifs, digestifs, émollients). Pour en poser correctement les indications, il fournit encore de nombreuses descriptions cliniques où l'on reconnaît sans peine la colique néphrétique (« la douleur descend vers les aines et les testicules ; l'urine sort difficilement [...] »), la blessure de la moelle épinière (« il y a résolution ou distension des nerfs, perte de la sensibilité et, au bout d'un certain temps, excrétion involontaire de sperme, d'urine ou de matière fécale »), ou le furoncle (« tubercule acuminé, accompagné d'inflammation et de douleur, surtout au moment où la suppuration s'établit »).

Les affections du nez, de la bouche et des oreilles ne sont pas négligées, non plus que les infections oculaires, pour lesquelles est indiquée une variété de collyre à base de suc de pavot, de gomme, de safran et de feuilles de rose fraîches.

Enfin, Celse évoque avec une grande prudence de langage les « affections des parties honteuses », dont la seule mention semble encore heurter la *gravitas* romaine. Celse nous prévient en effet :

> « Les Grecs ont pour ces dernières des expressions assez convenables et acceptées par l'usage ; mais chez nous, ces termes sont un peu choquants et n'ont pas même l'excuse d'être employés par les personnes qui parlent avec une certaine retenue. »

Si l'encyclopédie clinique dont nous venons de parcourir les grandes lignes est déjà assez imposante, la partie la plus précieuse de l'œuvre léguée par Celse réside sans aucun doute dans les deux derniers livres, VII et VIII, consacrés à la chirurgie (« la troisième partie de la médecine est celle qui guérit par le secours de la main » – les deux premières étant la diététique et la pharmacopée). Les autres sources romaines sur ce sujet sont en effet, avant Celse, assez succinctes. Les révélations qu'il nous livre n'en sont que plus étonnantes.

Celse propose en premier lieu un saisissant portrait du chirurgien idéal :

> « Le chirurgien doit être jeune ou du moins assez voisin de la jeunesse ; il faut qu'il ait la main prompte, ferme, et jamais tremblante ; la gauche non moins habile que la droite, la vue nette et perçante ; l'esprit hardi, le cœur assez compatissant pour vouloir la guérison de son malade, mais non au point de mettre, sous l'émotion de ses cris, plus de précipitation que la circonstance ne le comporte ou de moins retrancher que le cas ne l'exige. »

Jusqu'à l'invention de l'anesthésie, les qualités exigées à Rome d'un *chirurgicus*, selon Celse, resteront requises de tous les chirurgiens : audace et prudence, virtuosité et dextérité, exactitude et rapidité.

Le traitement des fractures, des luxations, comme la suture des plaies de crâne et la trépanation, empruntent sans véritable innovation à une tradition hippocratique désormais assez bien dominée. Sur d'autres points, cependant, nous pouvons mesurer l'ampleur des progrès accomplis depuis l'époque alexandrine.

Celse examine notamment les cas de fistules thoraciques ou abdominales, dont il décrit les techniques de sondage et de résection. La traitement des fistules anales, dont l'abord est plus aisé, est également clairement exposé : il demeurera pour longtemps l'un des domaines les mieux maîtrisés de l'art chirurgical.

D'autres interventions, déjà assez classiques, sont abordées, comme celles de la chirurgie oculaire – nous avons signalé la spécificité de l'*ocularius* à Rome –, qui ne se limite plus à la cataracte, du reste soigneusement décrite par Celse, mais concerne aussi les paupières et le globe oculaire : vingt et une interventions sont connues.

On découvre avec un peu de surprise que la chirurgie plastique de la face est déjà largement avancée. La réparation des lésions traumatiques et des pertes de substance du nez ou des oreilles fait appel à des prothèses sommaires, mais aussi au déplacement de lambeaux cutanés, technique demeurée à la base de la chirurgie plastique contemporaine.

En un temps où les blessures de guerre étaient si fréquentes, Celse expose aussi les procédures de sondage des plaies pénétrantes du thorax et de l'abdomen, et il mentionne l'évacuation des épanchements du péritoine ou de la plèvre à l'aide d'une « canule de plomb ou de cuivre à bords recourbés. Celse connaît le traitement compressif des hémorragies, ainsi que la ligature vasculaire.

Dans le cadre des urgences chirurgicales, les signes de la hernie étranglée sont parfaitement identifiés lorsque surviennent douleurs et vomissement et que la tuméfaction molle de l'aine est devenue dure et irréductible. Le chirurgien, selon Celse, n'hésite pas à intervenir pour libérer l'anse intestinale occluse lorsque le bandage herniaire a échoué. On ne peut ici qu'admirer la complexité déjà atteinte par l'art chirurgical et l'on mesure sans peine les risques pris par des chirurgiens qui, pourtant, devaient respecter les règles mentionnées par Celse. Ils semblent même avoir tenté des interventions encore plus ambitieuses, puisque Celse recommande l'ablation de certains cancers du sein et nous livre une description certaine d'une variété de tumeur bénigne de l'ovaire, un kyste dermoïde (« qui renferme parfois des cheveux mêlés à des débris osseux ») extirpé par un opérateur audacieux. Les collections du musée national de Naples renferment de nombreux instruments de chirurgie découverts dans les ruines de Pompéi : canules, ciseaux, pinces, trépans, écarteurs, sondes et couteaux témoignent, s'il en était besoin, de la relative sophistication des techniques et de la spécialisation des gestes.

La gloire posthume et assez tardive de Celse peut cependant nous surprendre : rien dans son œuvre n'est vraiment orignal, et n'étant pas lui-même praticien, il ne fait que rapporter les opinions des auteurs les plus célèbres de son temps, avec cependant une qualité d'analyse et une finesse critique qu'on ne peut manquer de comparer à la naïveté dont fait montre si souvent Pline l'Ancien. Celse a eu également l'immense mérite de créer une grande partie de la langue médicale latine, ou du moins de contribuer à la fixer : c'est chez lui qu'on trouve en effet pour la première fois la traduction en latin de certaines expressions grecques et c'est sous cette forme latine que nombre d'entre elles traverseront les siècles jusqu'à nos jours.

Bien que Celse n'apporte que peu de chose en anatomie et en physiologie, nous l'avons dit, il a contribué à définir les signes cardinaux de certains grands processus pathologiques. Pour n'en citer qu'un exemple, mais il est majeur, il faut rappeler qu'il a décrit les manifestations cliniques caractéristiques du syndrome inflammatoire en formulant la fameuse *tétrade de Celse* : « *calor, dolor, rubor, tumor* » (chaleur, douleur, rougeur, tuméfaction).

Finalement, patient et rigoureux observateur de l'art médical de son siècle, il résumait ainsi l'évolution accomplie par l'esprit romain à l'égard de la médecine depuis l'arrivée d'Asclépiade :

> « La médecine est digne de confiance, puisqu'elle rend souvent service à un grand nombre de malades » (II, 10).

Cette confiance désormais accordée à la médecine se retrouve dans d'autres œuvres à vocation encyclopédique, mais axés sur la pharmacopée, au cours du Ier siècle de notre ère.

La voie avait été ouverte par le médecin Scribonius Largus, actif sous le règne de Tibère et donc contemporain de Celse. Dans son imposant traité *Compositiones medicamentorum*, sans doute écrit vers 45, il soutient, contre une certaine tradition hippocratique relayée par les méthodiques, l'importance des remèdes par rapport au vertus du seul régime et de la diététique. Il n'hésite pas à remettre en cause l'opinion attribuée en ce domaine à Asclépiade de Pruse car, écrit Scribonius en parlant du fondateur de la médecine à Rome, *« Homo fuit »*. Asclépiade n'était qu'un homme, un médecin parmi d'autres. Scribonius, qui avait beaucoup voyagé, interrogé, observé, livrait à son tour une compilation très riche des propriétés établies ou supposées de plus de deux cent soixante-dix remèdes, dont l'immense majorité est de nature végétale.

Sans doute, à l'exemple de Pline, il lui arrive encore de transcrire des recettes sur l'efficacité desquelles lui-même ne semble pas s'engager – il raconte par exemple qu'une vieille femme de la campagne les lui a indiquées : ainsi de la corne de cerf ou du foie de gladiateur égorgé pour lutter contre l'épilepsie ! Plus sérieusement pourtant, il est le premier à soigneusement décrire la préparation et les indications de l'opium, de même qu'il introduit dans ses formules l'absinthe, l'aconit, la gentiane ou l'écorce de saule, toutes substances aux effets pharmacologiques indéniables et qui demeureront longtemps en usage après lui.

Il n'en demeure pas moins que le traité majeur de la pharmacopée antique est l'œuvre de Pedanius Dioscoride. Médecin et botaniste grec né en Cilicie au Ier siècle, sous le règne de Néron, il fit carrière comme médecin des armées et devint romain.

Les prédécesseurs dont s'inspire Dioscoride sont connus : Cratevas, le rhizotome de Mithridate, Théophraste, médecin et disciple d'Aristote qui nous a laissé une imposante *Histoire des plantes*, et enfin Andréas de Caryste, praticien alexandrin élève d'Hérophile. Mais, de ses nombreux voyages, Discoride a surtout rapporté d'innombrables observations qui donnent à son travail une originalité incontestable. Ce dernier point est important, car il traduit une tendance expérimentale, certes encore balbutiante mais réelle, de la pharmacopée, qui ne se nourrit plus seulement de données traditionnelles, mais aussi d'évaluations effectuées sur des patients. En ce domaine, les nombreux blessés et malades confiés à ses soins à la suite des armées avaient fourni à Dioscoride un large champ d'expérience

Étudiant plus de 600 végétaux, il en précise remarquablement les conditions de récolte, de préparation, de dosage, de conservation. Il mérite certainement le titre de plus grand pharmacien de l'Antiquité.

Si Dioscoride emprunte de nombreuses recettes au monde végétal, il est aussi le premier à mentionner certains remèdes minéraux comme l'acétate de plomb ou le sulfate de cuivre.

Bien que son œuvre ait été naturellement rédigée en grec, elle fut largement pillée par Pline et souvent citée par Galien, en sorte que son traité de *La Matière médicale* s'impose comme une référence majeure de la thérapeutique romaine sous le Haut-Empire. Lui aussi imprimé à Venise en 1499, il demeurera jusqu'au XIXe siècle une source habituelle de tous les ouvrages de pharmacologie en Europe.

Vers la fin du Ier siècle, on le voit, l'acquis médical de Rome était considérable : c'était là désormais, et non plus en Égypte ou en Grèce – devenues toutes deux provinces romaines –, que la médecine progressait, à mesure que l'Empire lui-même s'étendait. Sous la dynastie des Antonins, particulièrement au IIe siècle, Rome va précisément connaître son apogée dans le domaine politique, militaire, administratif et culturel.

En médecine, un homme va être l'acteur et le témoin de cet accomplissement : Galien. Il sera le dernier prince de la médecine antique.

Galien de Pergame, prince de la médecine

Il n'y a pas de « question galénique » comme il existe une « question hippocratique », car la biographie de Galien est bien plus assurée que celle d'Hippocrate. Le grand médecin romain a du reste largement contribué à sa gloire future en laissant dans ses écrits d'abondantes indications sur sa vie et sa carrière. Si ces informations sont parfois à prendre avec prudence en raison de la personnalité plutôt orgueilleuse et volontiers suffisante de leur auteur, elles nous permettent néanmoins de tracer un portrait assez précis du personnage.

Galien est né vers 130, sous le règne d'Hadrien, à Pergame, riche et brillante cité d'Asie Mineure où se dressait depuis des siècles un temple d'Asclépios. Issu d'une famille de notables aisés, son père, Nicodémos ou Nicon, était un homme cultivé et, selon le propre témoignage de son fils, « sain, brave et humain ». Épris de lettres et de sciences, il cultivait aussi l'architecture et surveilla sans aucun doute dans cet esprit la première éducation de son fils. La mère de Galien apparaît sous un jour moins favorable. Irascible et véhémente, elle ne laissera à son fils d'autre souvenir que celui des incessantes querelles qu'elle faisait à son mari, à l'égard de qui elle se montrait, à en croire Galien, « pire que Xanthippe avec Socrate »…

Vers l'âge de quatorze ans, il entame sa formation de jeune éphèbe, dominée par la philosophie dans tous ses états : il étudiera sous la houlette de maîtres respectés les quatre grandes écoles de la philosophie grecque : l'Académie de Platon, le Lycée d'Aristote, le Portique de Zénon et le Jardin d'Épicure. Il restera toute sa vie profondément marqué par ces enseignements et ne cessera d'accorder à la réflexion philosophique et aux lettres en général une place prépondérante.

Une autre influence le marquera durablement : celle d'Asclépios, dont le temple dominant la ville recevait depuis si longtemps des cohortes de malades venant implorer son aide et attendant la guérison. C'est du reste à un songe au cours duquel Esculape lui-même l'aurait visité que Galien attribuera sa vocation médicale. Bien qu'étranger au *genos* des Asclépiades, il montrera toute sa vie une piété sincère à l'égard du dieu de la médecine et lui attribuera même la guérison d'un abcès profond dont il avait souffert. À dix-sept ans, Galien décide de se consacrer à l'art de guérir.

À Pergame, les premières notions de médecine lui sont enseignées, sans sectarisme, par des praticiens d'appartenances très diverses : avec Satyros, il s'initie à l'anatomie, tandis que l'empirique Aeschrion et l'hippocratique Stratonicus lui transmettent les rudiments de la clinique et de la thérapeutique. Dès cette époque, on lui attribue déjà quelques écrits anatomiques, dont un ouvrage *De la dissection de l'utérus*, et un autre en trois livres, *Du mouvement du thorax et du poumon.* Le jeune épigone se révélait d'une précocité prometteuse. C'est alors que commencent les voyages qui ponctueront une bonne partie de sa vie.

Son père ayant disparu vers 149, Galien se rend à Smyrne pour se perfectionner, passe à Corinthe et gagne enfin Alexandrie où, pendant un an, il se livre avec passion à l'étude approfondie de l'anatomie. Doté de connaissances nombreuses, au terme d'une formation exemplaire, il se décide enfin, à l'âge de vingt-huit ans, à rejoindre sa terre natale.

De retour à Pergame, son succès fut immédiat, et il fut bientôt nommé médecin des gladiateurs, ce qui était alors un emploi assez recherché. Les citoyens de l'Empire se vouaient en effet sans retenue aux jeux du cirque et le spectacle des combats de gladiateurs était l'un des plus prisés. Si nombre d'entre les combattants étaient des esclaves ou des condamnés de droit commun, d'autres étaient des hommes libres qui avaient choisi cette vie à la fois dangereuse et parfois glorieuse. Les furieux et meurtriers assauts de l'arène suscitaient un enthousiasme immense et l'on connaissait les noms des plus fameux gladiateurs, dont plusieurs étaient véritablement adulés par le public. Lorsqu'ils avaient accumulé de brillantes victoires, ils pouvaient recevoir des primes considérables, les puissants recherchaient leur compagnie et leur demandaient des leçons, tandis que les femmes de la bonne société espéraient leurs faveurs.

Galien acquit en peu de temps une réputation flatteuse et fit montre d'une réelle virtuosité pour réparer les horribles blessures infligées à ses patients, dont il devait par ailleurs surveiller et entretenir la parfaite forme physique. Possesseur d'une science anatomique peu commune à son époque, Galien sut rapidement gagner à son tour la faveur du public : ne contribuait-il pas au succès du spectacle ?

Avec le temps, pourtant, Galien en vint à se lasser de ces athlètes dont il déplorera, dans son *Exhortation à l'étude des arts*, que « boiteux, ridés, l'œil louche, [ils] trouvent sans doute honorable de s'être pendant tout le jour couverts de poussière ». Peut-être aussi finit-il par se trouver un peu à l'étroit dans la cité de Pergame. Peut-être enfin, son caractère difficile, dont tous ses proches mais surtout ses confrères témoigneront, lui avait-il déjà mérité quelques solides inimitiés, notamment dans le milieu médical. En 163, il quitte sa patrie pour aller tenter sa chance au cœur de l'Empire, à Rome.

Son succès y est presque immédiat, semble-t-il. Dans une communauté médicale à nouveau ravagée par ses querelles scolaires, les principes d'Hippocrate sont bien oubliés, et Galien rapporte avec lui le sang nouveau de l'antique tradition grecque. Il est surtout féru d'anatomie et de physiologie, deux disciplines alors en grave déclin à Rome depuis longtemps déjà. Habile et brillant, il se met à enseigner sans entrer dans les débats navrants de ses confrères. Praticien accompli de l'art oratoire, il maîtrisera d'ailleurs tous les dialectes grecs et naturellement le latin.

Rapidement adopté par la meilleure société, il sait se rapprocher des gens qui comptent, guérissant le philosophe Eudémos à l'aide d'un thériaque de sa composition, gagnant l'amitié de Sergius Paulus, préteur urbain, et enfin parvenant dans l'entourage de l'empereur Marc Aurèle lui-même.

Dans un théâtre, il entreprend de donner des conférences sur la médecine, sa philosophie et son histoire, et d'effectuer des démonstrations d'anatomie et de physiologie. Un public choisi et curieux se presse enfin pour assister avec une ferveur parfois équivoque aux séances de vivisection animale auxquelles il se livre. On n'avait jamais rien vu de tel à Rome.

Galien entreprend aussi avec détermination la rédaction d'une œuvre immense. Il ne cessera plus d'écrire. Dans ses ouvrages, au milieu de théories et d'observations médicales, il trace de lui-même un portrait avantageux, se montrant, au hasard des anecdotes, praticien attentif, sobre, indulgent et doux, généreux envers les pauvres et dévoué à ses patients, attaché à sa patrie et à ses amis. Peu porté à la modestie, il n'hésitera pas écrire, dans sa *Méthode de soigner*, que « personne n'a donné avant [lui] la vraie méthode pour traiter les maladies ». On comprend sans peine qu'il ait aussitôt déclenché contre lui la jalousie et les rancœurs de nombreux médecins romains qui le qualifieront de « phraseur » ou de « débiteur de faux miracles »... Tout au long de sa vie, du reste, il ne cessera de dénoncer leur hostilité – la fameuse *invidia medicorum* –, parfois en termes vifs, et de lutter contre elle.

En 166, alors qu'une peste menace Rome, il quitte la ville pour voyager en Campanie, puis à Smyrne, en Phénicie, en Palestine et à Chypre. Les motifs de son départ ont fait l'objet de commentaires peu amènes, et l'on a accusé Galien de fuir devant l'épidémie, couardise sans doute condamnable chez un médecin. Il reste que pendant ses voyages, Galien continua à glaner des informations et en rapporta des plantes et des remèdes inconnus à Rome. Alors que la peste redoublait et décimait l'armée en campagne, Marc Aurèle rappela Galien sur le théâtre des opérations conduites contre les Germains. Galien sembla se dérober, mais en 168, à Aquilée, il se vit confier par Marc Aurèle la santé du jeune Commode et rejoignit enfin Rome.

Il ne quittera pratiquement plus jamais l'*Urbs* et y accomplira le reste de son œuvre et de sa carrière. Son jeune pupille deviendra à son tour empereur en 180, mais Commode – qui aimait, dit-on, se produire au cirque comme gladiateur – sera le fossoyeur de sa dynastie. En 193, Galien se retrouvera pourtant auprès de son successeur, Septime Sévère, fondateur d'un nouvelle dynastie – l'année précédente, un terrible incendie avait ravagé le temple de la Paix, où était entreposée une imposante bibliothèque médicale, et plusieurs des œuvres de Galien furent perdues à cette occasion.

Reconnu et unanimement révéré, Galien se décidera semble-t-il à regagner Pergame à la fin de sa vie, qui s'achèvera entre 210 et 215 environ.

Dans une sorte de testament professionnel, Galien n'avait pas craint d'écrire :

> « Ayant exercé la médecine jusqu'à la vieillesse, jamais jusqu'à ce jour je n'ai eu à rougir d'un traitement ou d'un pronostic, ce que j'ai vu arriver à des médecins illustres. »

Dans un dernier mouvement de fierté ou d'orgueil, comme on le voudra, il s'était enfin adressé à la postérité en ces termes :

> « Si quelqu'un veut s'assurer la célébrité grâce aux œuvres de l'art [médical], il peut sans fatigue recueillir ce que j'ai découvert au prix de nombreuses recherches tout au long de ma vie. »

Qualifié de « divin » par Alexandre de Tralles, à l'époque byzantine, reconnu plus tard par les auteurs arabes comme le « Prince de la médecine », Galien est bien le deuxième père fondateur de la médecine antique. Il en consacre l'achèvement, au double sens de ce mot, comme perfection et comme fin.

Les sciences médicales dans l'œuvre de Galien

L'ensemble des œuvres attribuées à Galien forme aujourd'hui une imposant *corpus,* à la fois philosophique et médical, qui représente vingt fort volumes en grec, sans compter d'autres textes en latin ou en syriaque par exemple. Si l'on rassemble tous les écrits supposés de Galien, c'est par centaines qu'il faut compter. La centaine de traités qui a survécu a connu un destin inégalé, la plupart d'entre eux nous étant parvenus par l'intermédiaire des auteurs et des traducteurs arabes.

C'est en 1490 que fut procurée à Venise la première traduction complète en latin, tandis la première impression en grec eut lieu en 1525. On retiendra aussi la grande édition latine de 1541. Les éditions se alors sont succédé sans trêve pour l'usage courant jusqu'à la fin du XVIIIe siècle. La dernière édition savante des traités d'anatomie et de physiologie fut établie au milieu du XIXe siècle par le grand historien de la médecine que fut Charles-Victor Daremberg.

Dans son ensemble, la pensée médicale de Galien ne se présente pas comme celle d'un fondateur d'école, de l'auteur d'une doctrine nouvelle. Galien ne fait pas du passé table rase : il le rassemble, le résume, tente d'en faire une synthèse cohérente, au besoin en corrigeant, en retouchant. Le plus souvent, il essaie de concilier des éléments d'origines diverses plutôt que de retrancher des opinions inconciliables. Il l'exprime fort bien en précisant sa position à l'égard d'Hippocrate, qui demeure à la base de tout son système :

> « Comme il est le premier à [avoir découvert la voie], il n'y a fait que quelques pas. Il a marché un peu à l'aventure, ne s'est pas arrêté aux endroits importants, a négligé certaines indications essentielles, certaines distinctions nécessaire. [...] En un mot, s'il a commencé, il appartient à un autre de finir. »

Ce dernier mot est le plus révélateur : « finir » le travail d'Hippocrate, achever la médecine, telle est bien l'ambition de Galien. Il dispose, pour y parvenir, de deux guides, deux sources de réflexion.

En premier lieu, la philosophie d'Aristote, ce grand encyclopédiste de la nature, qui l'a fortement impressionné et lui a fourni le système à ses yeux le plus satisfaisant pour s'appliquer à la physiologie et la pathologie de l'homme. En ces domaines, les sommaires et obscures allusions du stoïcisme et de l'épicurisme ne lui fournissaient pas les moyens d'une doctrine cohérente. De Platon toutefois – mais aussi du Portique – il retiendra le *pneuma*, nous y reviendrons. Du Lycée il adopte surtout le finalisme, qui lui fait voir dans chaque élément de la nature la trace d'un dessein, une « cause finale » qui le justifie et l'explique. L'appliquant au fonctionnement comme aux désordres de la machine humaine, Galien considère que chaque organe a une fonction définie et nécessairement une seule, que chaque fonction n'est que le produit d'un organe, et que tout doit s'expliquer ainsi. Corrélativement, le dysfonctionnement d'un organe entraîne le désordre de sa fonction, lequel rend compte de la maladie. Tout est finalement simple et unitaire. De ce schéma intellectuel un peu rigide Galien ne pourra tirer l'intuition fondamentale de l'étroite interdépendance des différents constituants du corps humain.

Paradoxalement, la seconde source d'inspiration de Galien réside dans les données de l'expérience. Il fut, à beaucoup d'égards, l'un des pionniers les plus brillants de la physiologie expérimentale, utilisant, lors de ses vivisections animales, des ligatures, des sections, avec des contre-épreuves, pour abolir puis rétablir une fonction. Dans certains domaines, nous le verrons, cette méthode encore balbutiante le conduisit à des résultats brillants et justes.

Au cours de sa propre formation, nous l'avons vu, Galien avait d'abord été anatomiste. Il avait régénéré à Rome une discipline assez oubliée et négligée. Dans ce domaine, son passage à Alexandrie et les dissections auxquelles il procéda tout au long de sa vie lui permirent d'accomplir d'incontestables progrès.

Certes, n'opérant que sur des animaux – singes, porcs, bœufs, petits mammifères, et même l'éléphant de l'empereur –, il ne put s'exercer qu'à de très rares reprises sur des cadavres humains. Son erreur fut simplement de transposer sans nuance à l'homme les constatations effectuées : c'est ainsi que, par exemple, il maintiendra la description erronée de l'utérus comme étant bifide, ainsi qu'on le trouve notamment chez la lapine, et qu'il décrira à la base du cerveau un fin réseau vasculaire, dénommé par lui *rete mirabilis* – « réseau admirable » –, dont il faisait le lieu d'élaboration du *pneuma* psychique – malheureusement, une telle structure n'existe que chez le porc...

Pour le reste, l'ostéologie de Galien est remarquable – les squelettes humains, eux, ne manquaient pas –, et il l'a même améliorée en distinguant les os avec ou sans cavité médullaire ou, au sein des os longs, les parties qui en comportent une – la diaphyse – et celles qui n'en comportent pas – la métaphyse et les épiphyses. Il est surtout le premier sans doute à décrire précisément les trajets et les insertions de muscles qu'il avait sans doute si souvent opérés chez ses gladiateurs, sur le thorax ou sur les membres notamment. Il soulignera le premier le rôle majeur du diaphragme dans le mécanisme de la respiration.

L'anatomie du système nerveux le sollicite également beaucoup et il établit des descriptions de belle qualité. La morphologie des différentes parties du cerveau lui est désormais familière, il décrit en outre très bien les nerfs crâniens, mais aussi les nerfs rachidiens, et il découvre le nerf récurrent, qui présente dans le cou un trajet particulier, et dont la section entraîne une abolition de la voix du fait d'une paralysie du larynx.

Sa connaissance des territoires cutanés d'innervation sensitive lui permettra notamment de guérir le sophiste Pausanias d'une anesthésie d'une partie des doigts de la main, en la rapportant à une compression du plexus brachial exercée au niveau de la septième vertèbre cervicale.

Les viscères abdominaux et thoraciques sont par ailleurs correctement décrits, en dehors de quelques erreurs, certaines de peu d'importance – il pense que les voies biliaires sont doubles –, d'autres plus graves par leur incidence sur la théorie physiologique : il soutient ainsi qu'une communication permanente, sous forme de pores, existe entre les deux ventricules du cœur !

C'est dans son système physiologique qu'apparaît le plus « clairement », si l'on peut dire, le caractère composite et syncrétique de sa pensée.

D'Hippocrate il retient sans discussion la théorie des quatre éléments (terre, feu, air, eau), qui constituent l'homme comme ils forment la structure de l'univers, et dont les correspondances se retrouvent dans les quatre liquides ou humeurs que sont le sang, la bile, le phlegme et l'atrabile. Galien, selon un principe qui est assez typique de sa méthode, complique cependant encore le schéma en insistant sur la composition des humeurs entre elles et sur le mélange particulier à chaque individu qui en résulte, pour produire le *tempérament* (du latin *temperamentum,* « juste proportion »). Cette notion ne prend en effet tout son sens et toute sa portée que chez Galien. De même que pour Hippocrate chaque âge ou chaque saison faisait prédominer une humeur, de même chez chaque individu, en fonction de son *idiosyncrasie* (du grec *idios*, « propre, particulier » ; *syncrasis*, « mélange »), une ou plusieurs domineront, déterminant le caractère sanguin, bilieux, phlegmatique ou mélancholique qui préside à des affections particulières et indique le cas échéant des remèdes particuliers. Fondant la notion de *diathèse* ou de « terrain », une longue tradition médicale s'en inspirera jusqu'à nos jours.

Cependant, Galien n'a pu renoncer à la présence du *pneuma* dont il fixe, après Platon, une subdivision tripartite qui restera canonique pendant de nombreux siècles. Pour Galien, il existe définitivement trois sortes de *pneuma* : le *pneuma psychicon*, animal, produit dans le cerveau et véhiculé par le système nerveux, à l'origine de la sensation et du mouvement ; le *pneuma zôticon* ou vital, émané du cœur, se propageant par les artères, à l'origine du dynamisme de la circulatoire, des pulsations et de la thermogenèse – la chaleur vitale ; enfin, le *pneuma physicon* ou naturel, né dans le foie où il préside à la formation du sang conduit par les veines. Promis à un bel avenir les « esprits animaux et vitaux » alimenteront encore au XVIIIe siècle des débats théoriques sans fin jusqu'à l'avènement de la physiologie moderne.

Ce système, on le voit sans difficulté, emprunte à diverses sources anciennes qu'il tente de concilier, et il s'inscrit pleinement dans la conception finaliste et simple inspirée d'Aristote : un organe, un *pneuma*, une fonction. À l'aide de cette triade, Galien explique quelques-unes des grandes fonctions de l'organisme, mais il en manque pourtant. Afin de rendre compte d'autres fonctions dont il connaît bien l'importance, comme la digestion et l'excrétion urinaire, mais aussi la génération, Galien introduit alors une notion théorique nouvelle : les forces ou facultés secondes *(dynameis),* qu'il distingue en attractive, altérative, secrétive, rétentive ou expulsive. Ce sont les modalités d'action du dynamisme vivant permettant à chaque organe d'agir « selon sa nature » en vue d'un dessein, d'une finalité particulière. Elles traduisent, aux yeux de Galien, l'action permanente de la Providence dans la physiologie humaine, mais n'expliquent pourtant rien. On ne peut ici s'empêcher de songer à l'ironie de Molière ridiculisant la « vertu dormitive » alléguée par les médecins galéniques de son temps ! Bien qu'attaché à la vérification anatomique et aux expériences physiologiques, Galien, on s'en rend compte aisément, n'avait pu échapper aux pièges d'une spéculation détachée du réel, conduisant à un système finalement plutôt confus et arbitraire.

Sa plus grande faiblesse réside cependant avant tout dans sa vision de la physiologie cardio-respiratoire, schéma auquel la médecine restera fixée pendant plus de quinze siècles.

Partant des idées proposées par Hippocrate ou Aristote, Galien doit tenir compte des acquis de la médecine alexandrine et doit notamment reconnaître définitivement la présence de sang dans les artères – la vieille confusion anatomique des vaisseaux avait enfin cessé d'être. Pour arrêter son système, il formule une affirmation dont on ignore l'origine, mais qu'une simple observation anatomique erronée a pu lui suggérer : la communication permanente entre les deux ventricules du cœur. Dès lors Galien propose un schéma dynamique, rendant compte de beaucoup de faits observés, mais se condamne à ne pas comprendre le système circulatoire, qui ne sera élucidé par Harvey qu'au XVIIe siècle.

Selon Galien le sang s'écoule, on peut même dire qu'il circule, mais il le fait dans deux secteurs vasculaires indépendants et qui ne se font pas suite l'un à l'autre – bien que Galien semble admettre parfois quelques anastomoses entre les plus petites veines et artères.

Tout commence d'une part dans le foie, qui produit le sang, lequel doit véhiculer les esprits naturels – le *pneuma* physique – aussi bien vers le cœur que vers le reste du corps. Le sang qui parvient à l'oreillette droite passe dans le ventricule droit et se dirige vers le poumon par la veine artérieuse[6], et ce simplement pour nourrir le poumon d'esprits naturels. Quant à l'oreillette gauche, elle reçoit les esprits vitaux puisés dans l'air par les poumons et les conduit vers le ventricule gauche. C'est alors, fait nouveau, que la communication entre les deux ventricules joue son rôle : le sang du ventricule droit passe en partie dans le ventricule gauche pour se mélanger intimement avec les esprits vitaux. On sauve ainsi les phénomènes et l'on peut expliquer que l'aorte et les artères qui en dérivent contiennent bien du sang tout en ayant pour fonction de véhiculer dans tout le corps du *pneuma*, comme on l'avait toujours pensé, en l'occurrence les esprits

6. Rappelons qu'il s'agit de ce que nous nommons aujourd'hui l'artère pulmonaire, qui envoie vers le poumon le sang désaturé pour qu'il s'y réoxygène.

vitaux ou *pneuma* vital : le sang « vitalisé » des artères en devient le véhicule. Les deux systèmes sont donc indépendants – et doivent absolument l'être pour préserver la cohérence du système. La troisième variété de *pneuma* forme les esprits animaux, apparus dans le cerveau, et qui se répandent du reste de la même manière dans tout le corps, mais en empruntant eux aussi des vaisseaux particuliers que sont tout simplement les nerfs, généralement considérés comme étant creux.

Le plus singulier est que cette construction théorique fausse – quoique relativement cohérente si l'on admet l'erreur anatomique initiale – permettait à Galien d'intégrer sans difficulté les résultats d'une remarquable expérience qu'il avait conduite à plusieurs reprises sur des animaux vivants.

On avait toujours considéré que le pouls, désormais cliniquement bien connu et même largement utilisé dans les diagnostics, reflétait la circulation du *pneuma*. On discutait en revanche son déterminisme : relevait-il du cœur ou d'un dynamisme propre de la paroi artérielle ? Galien, en rigoureux expérimentateur, répond définitivement à cette question. Il observe qu'en dénudant une artère fémorale et en plaçant deux ligatures sur son trajet, le pouls est aboli entre les deux ligatures et au-dessous d'elles, mais subsiste au-dessus. Lorsque les ligatures sont ôtées, la pulsation réapparaît partout. Si maintenant on remplace la partie ligaturée par un tube que l'on interpose sur le trajet de l'artère, le pouls se maintient en amont comme en aval du tube sur la paroi artérielle ; il disparaît en aval si on ligature au-dessus du tube. La conclusion s'impose : l'artère conduit bien la pulsation mais ne la produit pas, elle n'est donc que le reflet d'une dynamique impulsée par le cœur. Galien pouvait démontrer sans crainte que la présence de sang ne gênait en rien sa démonstration, puisque le sang, nous l'avons vu, n'avait dans les artères comme unique fonction que de véhiculer le *pneuma* !

C'est à l'aide d'un protocole expérimental de même nature que Galien démontre les fonctions réciproques du rein et de la vessie, contre certaines affirmations d'Asclépiade. Lorsqu'on ligature les uretères, la vessie se vide, en ligaturant l'urètre à la sortie de la vessie, elle se remplit, mais rien ne remonte dans les uretères vers les reins. Il existe donc bien un mouvement continu de l'urine qui s'écoule uniquement des reins vers la vessie, et les uretères en sont l'intermédiaire obligatoire.

Enfin, dans le domaine de la neurophysiologie, Galien établit le premier des protocoles reposant sur des sections étagées de la moelle pour décrire les troubles de la paraplégie par section transversale de la moelle, et les déficits unilatéraux par section incomplète de la moelle. Il reconnaît également les effets de la section du faisceau pyramidal et le syndrome déficitaire moteur controlatéral qu'elle produit. Au XIXe siècle, les grands noms de la neurophysiologie française n'useront pas d'autres méthodes pour élucider définitivement le trajet et les fonctions des grandes voies nerveuses.

Entre dogmatisme revisité et expérimentation hésitante, Galien avait reformulé l'anatomo-physiologie antique en une synthèse nouvelle qui, malgré son caractère artificiel, et pour la première fois peut-être, pouvait se corréler plus aisément à la clinique. Le dessein de Galien était en effet de constituer une médecine globale.

Le galénisme et la synthèse de la médecine antique

Galien fait sienne la théorie héritée d'Alcméon et formulée par Hippocrate, selon laquelle la santé est une *isonomia*, un équilibre des humeurs. Il lui faut cependant intégrer cette idée fondatrice dans un système où l'anatomie a désormais sa place – Hippocrate l'ignorait largement.

Selon Galien, il existe en fait trois sortes de maladies, sachant que des passages d'un groupe à l'autre peuvent s'observer en cours d'évolution.

Le premier groupe concerne les troubles des humeurs, dans une perspective purement hippocratique : la maladie est alors une *dyscrasie*.

Le deuxième groupe renferme les maladies qui affectent les « parties semblables », c'est-à-dire les tissus homologues répartis dans tout le corps, comme les aponévroses, les muscles, les nerfs, les vaisseaux, les os. Dans ce cas, l'origine du trouble, empruntée aux méthodiques, est soit un relâchement soit un resserrement.

Enfin, le troisième groupe concerne les maladies touchant un organe en particulier – l'estomac, le rein, etc. –, et Galien parvient ici presque à formuler le concept de *lésion causale*, qui pourtant ne sera véritablement défini qu'au XIXe siècle pour fonder la théorie médicale moderne.

On mesure sans peine le caractère syncrétique de cette classification. Galien, malgré la relative incohérence de l'étiologie, adopte en revanche un schéma univoque pour l'évolution des maladies. Délaissant quelque peu les jours critiques d'Hippocrate, il distingue quatre stades dans toute maladie : le début, le développement, l'acmé et enfin la terminaison. Rappelons que, dans une perspective elle aussi typiquement hippocratique, le diagnostic est avant tout pour Galien une *prognose*, qui exige du médecin de « s'enquérir de tous les symptômes présents et passés, en examinant par soi-même les symptômes actuels » (*Aff*, I, 1). Il appartient en effet au médecin non seulement de déterminer l'affection en cause, mais aussi son stade, car la conduite à tenir pourra alors varier.

Il est certain que l'apport clinique de Galien est l'aspect le plus significatif de son œuvre et pour nous le plus parlant. À travers une œuvre immense, il a passé en revue tous les chapitres de la pathologie et nous a laissé d'innombrables descriptions cliniques, concises et claires, qui ont fixé une véritable somme sémiologique qu'on n'enrichira plus guère pendant des siècles. Le résumé rédigé par ses soins de ses principales œuvres, l'*Ars parva* ou *Micro-*

techné, sera jusqu'après la Renaissance un véritable manuel d'usage universel. À côté des vraies maladies du corps, Galien y décrit même les *pathomimes*, c'est-à-dire les simulateurs, plus ou moins conscients, en un mot les « malades imaginaires »...

En dehors de la recherche des signes généraux – fièvre, couleur de la peau, fatigue, maigreur, somnolence –, et de l'examen attentif des excrétions – crachats, vomissements, selles –, Galien a beaucoup insisté sur deux sources de renseignements cliniques : le pouls et les urines. Il n'est pas indifférent de rappeler que deux de ses plus célèbres expérimentations physiologiques avaient porté sur eux. On sait aussi qu'après lui – et sans nul doute à cause de lui – l'appréciation du pouls et l'inspection des urines demeureront pendant des siècles à la base d'un examen clinique qu'ils finiront même par résumer, ou presque.

La *sphygmologie* – la science clinique du pouls – prend avec Galien un développement affolant et connaît une sophistication sans égale. On reste confondu par les nuances qu'il distingue et recommande de rechercher. Le pouls, selon lui, peut être simple ou composite, long, large, haut, fréquent. On doit encore évaluer s'il est dicrote, précipité, lent, faible ou doux, dur, inégal ou intermittent. On ne doit enfin pas négliger les pouls ondulatoires, tremblants ou convulsifs. Toutes ces variations, dont le caractère subjectif ne fait guère de doute, traduisent les troubles de circulation du *pneuma* vital. Ils doivent être interprétés en fonction de l'âge, du sexe, du « tempérament », et indiquent alors autant de maladies ou d'affections différentes.

Les urines, qui constituent pour Galien un excrétion majeure - car il a démontré qu'elles sont en rapport direct avec la quantité de liquide ingéré –, doivent aussi être appréciées selon leur volume, leur couleur, la présence de sang ou sédiments. Si Galien, après d'autres[7], en fait un reflet de l'état général, il

7. Pline lui-même rapporte cette maxime : « *Augurio valetudinis ex urina tradunt* » – « Les urines permettent de faire des pronostics sur la santé » (XXVIII, 19).

n'ignore cependant pas leur valeur localisatrice : il distingue ainsi clairement les hématuries (présence de sang dans les urines) d'origine vésicale et celles qui relèvent d'une lésion du rein.

Conservant pour la vieille doctrine des humeurs un attachement réel Galien ne manque pas, au terme de son examen, de classer son malade dans l'une des quatre dyscrasies possibles. Il dépiste ainsi la *cacochymie* (du grec *kakos*, « mauvaise » ; *chymos*, « humeur »), qu'elle soit bilieuse, sanguine, mélancolique ou phlegmatique. On verra les conclusions qu'il en tire en thérapeutique.

Galien a enfin apporté une précision toujours d'actualité au diagnostic clinique du syndrome inflammatoire, déjà résumé par Celse dans sa fameuse tétrade : il y ajoute l'impotence fonctionnelle. Cette obsession du lien intime entre les tissus, les organes et les fonctions demeure, malgré son schématisme, l'une des plus belles intuitions de Galien.

Le traitement galénique

C'est sans doute dans le domaine thérapeutique que Galien a fait preuve de la plus grande ingéniosité mais aussi, pour ses lecteurs modernes, d'un raffinement du raisonnement qui laisse parfois perplexe.

Avec tous ses prédécesseurs grecs et romains, Galien continue d'accorder au régime, à la diète, aux exercices physiques, aux massages, aux bains, une place prépondérante. Il insiste sur leur valeur préventive et décrit à son tour les « régimes de santé » propres à chaque catégorie d'individus. Ainsi, pour les intellectuels, il conseille une alimentation modeste faite de mets faciles à digérer, et recommande marcher au grand air et de prendre de fréquents bains frais plutôt que chauds.

En thérapeutique, il pense avant toute chose que, la maladie étant « contre la nature », il faut la traiter par les contraires ·

d'Hippocrate il ne retient donc que l'axiome « *contraria contrariis* ». Il en fait la base de tout son système.

Il est parfois assez facile de déterminer le « contraire » des symptômes observés : ainsi en cas d'affection froide – où prédomine le phlegme par exemple – on recommandera les bains chauds ; ailleurs, dans la pléthore – quand le sang en excès produit des troubles – la saignée s'impose, dont les indications sont cependant soigneusement pesées par Galien. Dans le même esprit il n'ignore pas les vertus des purgatifs pour « relâcher » par exemple un système digestif « resserré ».

La partie la plus sophistiquée de sa thérapeutique réside toutefois dans l'usage qu'il fait de la pharmacopée. On trouve dans son œuvre des centaines de remèdes, le plus souvent d'origine végétale, qu'il aime prescrire en monothérapie par préférence aux complexes polypharmacies traditionnelles. Les ancestrales préparations répugnantes et plus ou moins magiques ont en outre totalement disparu. Galien n'avait pas pour autant renoncé à composer sa propre thériaque, qui renfermait notamment de l'opium et qu'il indiquait assez logiquement pour faciliter le sommeil, calmer les douleurs ou arrêter les diarrhées excessives.

En pharmacologie, Galien se montre d'un pointillisme extrême. L'indication du remède, tout d'abord, repose sur les symptômes de la maladie, mais aussi les caractères propres du patient. À chaque remède, en outre, est affecté une sorte de coefficient de chaud ou de froid, d'humide et de sec, sur une échelle à quatre degrés. Galien consacre un temps considérable à classer les remèdes pour distinguer ceux qui possèdent un, deux, trois ou quatre degrés de l'une ou l'autre de ces qualités. Il appartenait alors au médecin de grader de la même façon le chaud et le froid chez son malade pour lui prescrire, à degré égal, la médication opposée. Ainsi, l'amande amère était échauffante au premier degré et desséchante au deuxième. Le poivre, quant à lui, échauffait au quatrième degré. Les femmes devaient du reste, en raison de leur nature foncièrement « humide », s'abstenir de moutarde et d'ail, sèches et chaudes au quatrième degré...

Enfin, dans l'art chirurgical, le maître de Pergame n'a pas non plus démérité. Réduction des luxations et des fractures sont parfaitement maîtrisées et il recommande aussi de déposer sur les plaies des pansements imprégnés de vin rouge, ancêtres de nos toujours actuels pansements alcoolisés.

Il semble aussi s'être livré à des actes encore plus audacieux. On trouve dans ses œuvres le récit de résections costales et celui, plus impressionnant encore, de la cure d'une suppuration médiastinale consécutive à un abcès post-traumatique du sternum insuffisamment traité. Galien décrit avec une sobriété rare le terme heureux d'une intervention à haut risque :

> « Après que j'eus excisé l'os malade, principalement en un point proche de celui où le sommet du péricarde prend naissance, le cœur m'apparut à nu, car son enveloppe elle-même était nécrosée. Pour toutes ces raisons j'était pessimiste quant au sort de l'enfant ; il a pourtant guéri complètement en un court délai. Cela ne se serait pas produit si personne n'avait osé réséquer l'os malade. Or, nul ne l'aurait fait s'il n'avait pas été versé dans la connaissance de l'anatomie. »

Ces faits se déroulaient il y a environ 1 800 ans, et l'on voit que Galien, lorsqu'il abandonnait sa morgue et sa jactance, savait magnifiquement nous faire partager le talent, la prudence et la sensibilité du dernier des grands médecins antiques.

Le legs de Galien et la fin de la médecine antique

Galien avait été autant philosophe que médecin et toute sa vie, à travers toute son œuvre, il s'était montré sensible à la dimension religieuse de l'univers. Il nous a du reste laissé, dans un traité de physiologie, une profession de foi éloquente :

> « Il faut reconnaître et révérer la sagesse, le toute-puissance, l'amour infini et la bonté du créateur de l'être. »

S'il avait emprunté son finalisme à Aristote, il n'avait pas méconnu la dimension esthétique de la vie : la santé, pour lui, était une forme de la beauté, de même que le corps humain, dont il avait si patiemment recherché les secrets, lui apparaissait comme l'expression d'un projet divin de parfaite harmonie, de *symmetria*, pour se référer à une idéal grec classique. Ainsi, décrivant les caractéristiques de l'anatomie humaine, et s'efforçant même d'expliquer par la Providence jusqu'à la pilosité différente des hommes et des femmes, Galien réaffirme que « certaines choses sont impossibles à la nature, et Dieu n'y peut absolument rien ; mais de toutes les choses qui peuvent être, il choisit ce qu'il y a de mieux ». Dans son traité *De l'utilité des parties du corps*, il ajoutera même que « la Nature est le Polyclète de l'intérieur », comparant ainsi la divinité non seulement à un architecte, comme l'eût aimé son père, mais encore à l'un des plus illustres sculpteurs des temps antiques. Intéressé par le judaïsme si répandu dans l'Empire, ce païen tardif a développé une pensée aux accents monothéistes qui ne pourra effaroucher le christianisme naissant.

On comprend que dix siècles plus tard, lorsque l'Église, ayant permis l'émergence d'une Europe structurée, entreprendra de formuler sa théologie en empruntant le vocabulaire d'Aristote, on ait vu dans Galien l'Aristote de la médecine. Ils seront pour plusieurs siècles les deux piliers de la culture – on pourrait presque dire de l'idéologie – européenne.

Alors que Rome, au tournant du IIIe siècle, entame le dernier chapitre de son histoire, en médecine peu de noms sortent de l'ombre après Galien. L'art s'exerçait encore, sans doute, mais nul ne contribuait plus à le vivifier ni à le faire progresser. L'inspiration s'était tarie.

On peut sans doute mentionner Antyllus, venu d'Alexandrie, auteur d'un dernier grand traité de chirurgie auquel les auteurs arabes feront plus tard des emprunts, notamment pour sa fameuse technique de mise à plat des anévrysmes artériels, tandis qu'à la même époque, en revanche, Quintus Serenus Sammonicus publie un recueil versifié de médecine populaire, un *Liber medicinalis* d'inspiration magique auquel Galien, à coup sûr, n'eût pas souscrit.

Au ve siècle, un brillant compilateur, Coelius Aurelianus, rassemblera enfin les fragments épars d'une tradition en voie de s'éteindre. C'est à lui qu'on doit de connaître le fameux traité de Soranos d'Éphèse qu'il traduisit en latin et qui sans cela aurait été perdu.

Pour l'heure, les Germains, déjà difficilement repoussés par Marc Aurèle lorsqu'il appelait Galien auprès de lui, menaçaient chaque jour un peu plus l'Empire. Les invasions barbares auraient bientôt raison de Rome, mais l'Empire allait persister pour un temps à Byzance. C'est de là, c'est de l'Orient que, pour une fois encore, la vraie lumière devait se transmettre, en médecine comme en beaucoup d'autres domaines…

Chapitre V

RETOUR VERS L'ORIENT

De Byzance à Constantinople : le legs d'Alexandrie

À partir du IIIe siècle, l'Empire est constamment menacé sur ses frontières par les peuples germaniques. Pour parer à ce danger et répartir les défenses, Dioclétien, en 293, achève d'instaurer la tétrarchie : chacun des deux coempereurs, qualifié d'Auguste, est assisté par un second, qui porte le titre de César. En 324, Constantin rétablit pour un temps l'unité de l'Empire mais en 330 il en déplace le siège de Rome à Byzance, qu'il rebaptise Constantinople. En 395, à la mort de l'empereur Théodose, l'Empire est définitivement divisé en deux : l'Empire romain d'Orient et l'Empire romain d'Occident. Ce n'est que le premier acte.

Le Goth Alaric s'empare de Rome en 410, et en 476, le dernier empereur romain – dont l'ironie de l'histoire a retenu le nom de Romulus Augustule – est déposé : c'est la fin de l'Empire romain d'Occident. Rome n'est plus dans Rome et ne subsiste qu'à Constantinople. Mais Rome n'y est plus Rome : depuis 380, c'est la capitale d'un État chrétien. En quelques décennies l'histoire de l'Europe a basculé. Celle de la médecine va s'assoupir un peu.

Après Galien, nous l'avons dit, un grand silence se fit parmi les médecins latins. Alexandrie, où le maître de Pergame avait été formé, redevint pour un temps le centre de la science. Depuis le IIe siècle une école y avait persisté, une école anonyme en quelque sorte, dont les enseignements n'avaient cessé de se propager pour féconder d'autres mouvements, à Pergame, à Rome, ou à Corinthe : à travers Marinus, qui avait restauré les études anatomiques, ou Quintus qui n'avait fait qu'un court séjour à Rome, mais dont le disciple Satyrus avait été lui-même le maître de Galien, une chaîne continue avait poursuivi les recherches initiées longtemps auparavant par Hérophile et Érasistrate : les vicissitudes de Rome ne l'avait pas interrompue.

Un syncrétisme philosophique, religieux, mystique, s'y était constitué peu à peu, dont les textes souvent obscurs qui forment les *Hermetica* nous donnent une saisissant témoignage. Dus à des auteurs divers, entre le IIIe siècle avant et le IIIe siècle après notre ère, voire plus tard, ils se réfèrent tous à un personnage mythique dénommé Hermès Trismégiste : à travers lui on évoquait ainsi son modèle, le vieux Thot, l'un des premiers dieux de l'Égypte, auteur des hiéroglyphes et patron des scribes et des médecins, et il y est aussi souvent question d'Asclépios, « disciple d'Hermès ». Proposant et développant la vision mystique d'un monde structuré en cercles hiérarchisés, décrivant le parcours de l'âme qui remonte vers sa source, ces œuvres déroutantes comprennent des parties médicales. Dans un texte écrit au début du IIIe siècle, les *Stromates*, Clément d'Alexandrie, dénombrant quarante-six traités « fondamentaux » attribués à Hermès, mentionne six livres médicaux, sur « la fabrique des corps », « les maladies », « les organes », « les remèdes », « les maladies des yeux, « les maladies des femmes ». On y trouve des applications médicales de l'astrologie, tandis qu'avec les balbutiements de l'alchimie c'est un singulier renouveau – ou une régression ? – de la pharmacopée qui s'introduit.

Au milieu de conceptions théurgiques et de thérapeutiques empruntant à la magie imitative, ces spéculations permettent aussi de comprendre l'intérêt persistant à Alexandrie pour les vertus des *pharmaka*, et il faut peut-être également y voir l'origine du singulier qualificatif « d'iatrosophistes » que les maîtres de la médecine alexandrine revendiqueront jusqu'à la fin.

Là aussi, pourtant, le monde changeait avec l'apparition du christianisme : la lumière d'Alexandrie elle-même commençait à pâlir devant le nouvel astre du christianisme. Déjà en 215, Caracalla, qui rêvait pourtant d'égaler Alexandre, avait fait fermer le *Mouseion*, tandis qu'en 389 les chrétiens dévastèrent et incendièrent à nouveau le *Serapeion*, la fameuse bibliothèque, symbole à leurs yeux des erreurs païennes : à partir de 642, l'occupation d'Alexandrie par Amr, le général du calife Omar, protégera paradoxalement plus qu'elle ne saccagera une ville qui n'était cependant déjà plus que l'ombre d'elle-même.

Par une sorte de paradoxe, le premier nom qui surgit en médecine, à Byzance, au IVe siècle, est pourtant celui d'un païen – on devrait plutôt dire d'un néopaïen : Oribase.

En effet, en accédant au trône en 361, Julien avait rétabli le paganisme antique, ce qui lui vaudra le surnom d'« Apostat ». Courte parenthèse de deux ans qui sera refermée à sa mort, en 363, par son successeur Jovien. Étrange règne que celui de Julien, qui souhaitait concilier la philosophie néoplatonicienne où allait sa préférence et la religion populaire que le paganisme n'avait pas su maintenir devant la déferlante chrétienne. Il s'efforça, mais en vain, d'édifier un culte nouveau empruntant aux religions à mystères. Nombre d'intellectuels et de philosophes l'avaient accompagné dans cette aventure et, en médecine, un de ses proches s'était même assez brillamment illustré. L'œuvre d'Oribase demeure ainsi l'un des rares témoignages de ce dernier et bref sursaut de la pensée païenne antique.

Oribase avait curieusement plus d'un point commun avec Galien. Né lui aussi à Pergame vers 325, dans une famille patricienne, il était allé se former à Alexandrie puis, vers 355, il avait rejoint Julien qui guerroyait en Gaule après avoir été nommé César par l'empereur Constance II. La fortune de son glorieux maître, proclamé Auguste six ans plus tard par l'armée, fit celle d'Oribase.

Très tôt, il manifesta un talent de compilateur intelligent et méticuleux qui lui fit rédiger, à la demande de Julien, un abrégé « uniquement tiré de Galien ». Il ne dérogera plus jamais à cette ligne, se faisant le fidèle propagandiste des théories de son illustre compatriote, qui lui-même, souvenons-en, peut-être en raison de son caractère difficile, n'avait eu aucun disciple connu et n'avait fondé aucune école. C'est ainsi en grande partie à l'œuvre du laborieux Oribase que Galien dut de voir perdurer son système : n'ayant jamais connu son fondateur, Oribase fut en quelque sorte le Saint Paul du galénisme…

Oribase a composé une encyclopédie plus vaste que le *corpus* hippocratique et que les traités de Galien eux-mêmes. Ses *Collections médicales (Iatrikai Synagogai)* rassemblent soixante-dix volumes – dont vingt-cinq nous sont parvenus – qui s'inspirent de tous ses prédécesseurs, jusqu'aux plus récents comme Dioscoride ou Antyllus, mais reposent avant tout sur Galien. Il y manifeste bien la tendance lourde de la médecine alexandrine tardive transmise à Byzance : renonçant aux stériles querelles d'écoles, préférant l'empirisme et l'éclectisme, résolument tournée vers les applications pratiques.

Il ne faut cependant attendre aucune originalité, aucune nouveauté : Oribase compare, synthétise, met en page, mais n'entend pas créer ni même faire progresser la science médicale dont on sent que pour lui, déjà, comme pour nombre de ses successeurs pendant des siècles, elle est définitivement constituée. Il précise bien lui-même son projet : « Rassembler ce qu'il y a de plus important dans les meilleurs médecins. » Tous les chapitres de la médecine sont passés en revue – sans oublier l'anatomie, à laquelle il ajoute quelques détails, à propos des glandes salivaires par exemple. Les bains, les purges, les régimes et les remèdes, essentiellement tirés de Dioscoride, forment la majeure partie de l'ouvrage. La chirurgie n'est pas non plus ignorée.

Archiatre puis questeur du palais sous Julien, sa réputation était suffisante pour qu'après la tragique disparition de son maître, ayant dû fuir en exil chez les Goths, il fût rappelé par les nouveaux empereurs à Byzance, où il mourra vers 403. Dans un nouveau traité en neuf livres, simplement présenté comme un résumé, le *Synopsis*, rédigé à l'intention de son fils Eustathios, il apporte d'autres précisions sur la sémiologie des fièvres notamment, dispense des conseils d'hygiène et de diététique aux femmes enceintes et décrit parfaitement le sombre et inéluctable pronostic des cancers, dont il mentionne les principaux sites anatomiques.

On lui doit enfin un utile ouvrage en quatre volumes, les *Euporista*, sorte de guide thérapeutique destiné, selon lui, au public « soit en voyage, soit à la campagne, quand vous n'avez pas de médecin sous la main ».

Oribase fut ainsi l'ultime passeur de la tradition médicale antique, qu'il contribua largement à fixer. Traduit dès le VIIe siècle en latin, il connut un succès durable, et certains des ses livres furent au programme officiel de la faculté de médecine de Paris jusqu'au XVIIIe siècle.

La médecine chrétienne en Orient

Dans le cours du IVe siècle, la médecine à Byzance prit un tour nouveau. En 313, Constantin autorisa le culte chrétien et, en 380, nous l'avons vu, la religion du Christ devint la religion de l'État. À compter de cette époque, le statut de la science dut s'adapter à un univers dans lequel le christianisme régnait désormais sans partage, ou presque.

Rien ne prédestinait en effet cette foi nouvelle à privilégier la médecine telle que Galien, dans le lointain sillage d'Hippocrate, l'avait figée : une discipline essentiellement rationnelle et recourant à des moyens de guérison empruntés à la nature.

Rappelons que Galien lui-même défendait une théorie presque matérialiste de l'âme, dont il ne concevait pas nécessairement le caractère immortel. Ce sujet, pour tout dire, l'intéressait peu. La nouvelle religion de l'Empire, en revanche, née de la victoire de son fondateur sur la mort, promettant à « la multitude » la vie éternelle par la conversion des pécheurs et la foi dans le Christ Sauveur *(Sôter)*, présentait certains aspects peu compatibles avec une telle vision de la vie humaine et du destin de l'homme.

En outre, Jésus s'était souvent manifesté en tant que thaumaturge et les Évangiles rapportaient le récit de ses cures miraculeuses, voire des résurrections qu'il avait opérées, comme jadis Asclépios. Enfin, les premières communautés chrétiennes vivaient surtout dans le désir à la fois angoissé et impatient de la fin des temps, du Jugement dernier : le moment n'était plus à se soucier de la vie matérielle, moins encore de sa conservation, car c'est à une tout autre vie que les chrétiens aspiraient désormais. Or, vers le IVe siècle, la Parousie se faisait encore attendre : pour reprendre le célèbre mot d'Alfred Loisy, l'un des pionniers de l'histoire critique des origines du christianisme au début du XXe siècle, « Jésus annonçait le Royaume et c'est l'Église qui est venue. » L'Église, en effet, qui va tout changer.

Les textes évangéliques, et plus encore la prédication des apôtres, introduisent au cœur de la morale la notion de *caritas*, d'amour du prochain, de compassion : c'est elle qui désormais va justifier la médecine et lui donner un sens nouveau, alors même qu'il fallait se résoudre à organiser durablement la vie du peuple chrétien. Jacques, le « frère du Seigneur », le dit lui-même dans son Épître :

> « L'un de vous est-il malade, qu'il fasse venir les Anciens de la communauté, et qu'ils prient pour lui, en faisant une onction d'huile au nom du Seigneur » (5, 14).

Il est cependant évident que nous sommes loin de la médecine de Galien ! Pourtant, la médecine ne va plus quitter les premiers chrétiens : Luc, l'évangéliste, n'est-il pas réputé avoir été médecin ? Quant à Côme et Damien, originaires de Cilicie et martyrs vers 287 sous Dioclétien, médecins eux aussi, ils deviendront les saints patrons d'un art que la foi chrétienne ne reniait pas : l'empereur Justinien érigera en leur honneur une église qui deviendra un lieu de pèlerinage pour les malades venant y implorer leur guérison, comme jadis dans les temples d'Asclépios. Parmi les premiers noms de l'époque patristique, nombre d'évêques de la jeune Église se livrèrent à l'art de guérir : Théodote de Laodicée, Némésios d'Émèse, Zénobius de Sidon, et même Eusèbe, d'origine grecque, né en Sicile, qui fut évêque de Rome, c'est-à-dire pape, en 309.

Si cette inspiration première marquera longtemps une certaine médecine populaire et fera naître une impressionnante cohorte de saints guérisseurs, à l'instar des divinités antiques de la santé dont ils prendront purement et simplement la place, la charité chrétienne va aussi profondément remanier une institution née sous l'Empire : l'hôpital.

Les *valetudinaria*, nous l'avons vu, étaient essentiellement liés à l'organisation militaire et poursuivaient un but très utilitaire : maintenir en vie les combattants et prévenir les épidémies qui ravageaient si souvent les armées en campagne. Dans un monde devenu chrétien, deux populations vont faire l'objet d'une sollicitude particulière : les pauvres et les vieillards d'une part, les voyageurs et notamment les pèlerins d'autre part. C'est principalement pour eux, pour soulager leurs souffrances, pour reposer leurs fatigues, pour soutenir leur foi dans les épreuves, que les hôpitaux, les *xenodochia* (« lieux d'accueil des étrangers ») *ou nosokomia* (« lieux pour les malades »), vont se répandre, où exerçaient des infirmiers *(parabolani)* et où des femmes, selon le nouvel esprit chrétien, participaient aux soins des pauvres et des malades. L'un des premiers fut fondé par Basile de Césarée en Cappadoce, vers 370, puis un autre à Édesse en Syrie, à la même époque. D'autres suivront, souvent dotés par des femmes de la bonne société acquises à la foi chrétienne : Fabiola à Rome, et même l'impératrice Eudoxie, qui crée un établissement à Jérusalem, vers 400. L'administration impériale va favoriser leur essor et un *Grand Orphanotrophe*, véritable ministre de la Santé et de l'Assistance publique, en assurera plus tard la coordination.

Ayant imposé la domination du christianisme, alors que l'Empire d'Occident parvenait à sa fin, Constantinople put devenir le grand centre de la culture chrétienne, récupérant et organisant dans une nouvelle perspective l'essentiel du savoir antique. En dehors de la médecine populaire et charitable, une médecine savante et chrétienne put enfin naître. Plusieurs figures brillantes vont l'illustrer.

Aetius d'Amida vécut au début du VIe siècle. Originaire d'une localité située sur les bords du Tigre, il se forma à Alexandrie puis gagna Constantinople. Il y fit carrière sous le règne de Justinien et reçut le titre de comte *(comes)* à la cour impériale.

Prolongeant l'œuvre des compilateurs romains, dans le droit fil d'Oribase, son prédécesseur immédiat, il laissa un *Tetrabiblos*, ensemble de quatre livres composés chacun de quatre parties. Empruntant à Archigène et Galien en médecine, Rufus et Antyllus en chirurgie, à Soranos en gynécologie et en obstétrique, il y passe en revue tous les chapitres de la pathologie.

On lui doit notamment une étude des goitres, une excellente description de l'hydrophobie – c'est-à-dire de la rage –, ainsi que de pertinentes remarques sur l'amygdalectomie, la technique de la taille – toujours elle – et enfin la résection des hémorroïdes. Il avait étudié l'anatomie de l'œil et bien décrit les grandes variétés de la pathologie oculaire. La description qu'il a donné d'un cas de paralysie du voile du palais consécutive à une angine diphtérique demeure, aujourd'hui encore, saisissante :

> « L'enfant parle de façon indistincte et les liquides déglutis refluent par le nez [...] J'ai vu ainsi une fillette mourir au bout de quarante jours alors qu'elle était déjà entrée en convalescence. »

On a aussi prétendu qu'il avait été le premier à rapporter une ligature effectuée sur un anévrysme de l'artère humérale.

Malgré sa culture classique, Aetius d'Amida n'est pourtant pas insensible à une dimension sinon magique du moins religieuse et miraculeuse de la médecine, et son œuvre en témoigne par les références qu'il y fait parfois à des charmes aux vertus thérapeutiques supposées, tirés de la Bible.

De telles mentions ont en revanche pratiquement disparu dans les écrits de l'un de ses successeurs, Alexandre de Tralles, qui naquit vers 525 : de tous les médecins de la Byzance chrétienne, ce fut sans doute le plus grand.

Né près d'Éphèse, dans une famille illustre qui comptaient des médecins, comme son père, mais aussi des architectes, comme son frère Anthémios qui construisit la basilique Sainte-Sophie de Constantinople, il fit ses études à Alexandrie et en Grèce puis exerça la médecine militaire. Périodeute d'un nouveau genre, il parcourut tout le monde oriental en suivant les campagnes de Justinien et de son général, Bélisaire, auprès de qui il occupait la fonction de médecin en chef.

Au terme d'une vie médicale riche d'observations, il revint à Constantinople où, sur le conseil de ses proches, il se résolut à consigner, selon ses propres mots, « ce qu'une longue pratique des maladies des hommes avait fourni à [son] expérience ».

Ses *Therapeutica*, ou *Douze livres de la médecine,* se distinguent des compilations antérieures en ce qu'ils renferment un authentique savoir original, minutieusement exposé et passé au crible d'une critique que nourrissait une longue réflexion sur la pratique de son art. Tout au long de sa vie, jusqu'à sa mort à Rome vers l'âge de quatre-vingts ans, Alexandre de Tralles ne cessera d'en transmettre les principes à une fervente assemblée de disciples.

On trouve ainsi dans les *Therapeutica* de magnifiques descriptions cliniques, comme celle de l'abcès du foie consécutif à une probable dysenterie amibienne. La rigueur et la précision de la sémiologie en sont la marque, et l'on y reconnaît sans peine la « douleur projetée » à l'épaule et l'inhibition respiratoire des douleurs hépatiques :

> « Il y a de la fièvre, une expectoration souvent de couleur rouille, une sensation de tiraillement au niveau de la clavicule, une toux diaphragmatique qui provoque plutôt une sensation de pesanteur hépatique qu'une douleur. »

Il se penche aussi avec bonheur sur les affections neuro-psychiques, sujet très obscur dans la médecine antique. L'état d'agitation souvent fébrile classiquement décrit depuis Hippocrate sous le nom de *phrenitis* – et donc rapporté aux *phrenes*, c'est-à-dire au diaphragme, siège des passions –, est considéré par Alexandre de Tralles comme une affection cérébrale qu'il recommande traiter par les narcotiques, la saignée, les bains chauds. Quant à la mélancolie – à savoir, la dépression – il observe qu'elle peut se changer en manie, c'est-à-dire en un état d'agitation psychique, chez le même patient, reconnaissant ainsi le caractère bipolaire de la psychose maniaco-dépressive. Il signale du reste que l'évolution peut conduire à la démence.

Alexandre de Tralles avait eu également le temps d'observer les signes de la peste bubonique qui ravagea le monde oriental pendant plusieurs décennies à partir de 541-542, faisant environ dix mille morts à Byzance lors de son apparition.

Thérapeute expérimenté, il consigne dans une *Lettre sur les vers* demeurée fameuse, adressée à l'un de ses amis, les traitements à opposer aux principales helminthiases qu'il distingue parfaitement : graines de grenadier, fougère et huile de ricin contre le tænia ; décoction d'*artemisia maritima* et grains de coriandre contre les ascaris ; lavements d'huiles éthérées contre les oxyures.

Sa stratégie de traitement de la goutte, dont les douloureuses fluxions articulaires étaient si fréquentes dans les classes favorisées usant d'une nourriture trop riche, repose sur les vertus toujours actuelles de la colchique d'automne, dont il signale en outre les effets secondaires intestinaux.

Enfin, sa prudence se manifeste lorsqu'il met en garde contre les excès des opiacés, en l'occurrence les têtes de pavot, chez les patients atteints d'affections broncho-pulmonaires. Si le traitement est utile lors « d'une fluxion légère tombée de la tête sur la trachée-artère[1], quand il y a de l'insomnie entraînée par la fréquence de la toux », Alexandre de Tralles n'ignore pas que le remède « peut tuer souvent si on le fait prendre à des sujets très faibles ou à ceux dont la poitrine renferme une quantité excessive de matières à rejeter ». La médecine contemporaine ne peut que souscrire à ces judicieuses remarques dont l'oubli produit encore parfois des drames…

Sur le fond, Alexandre demeure fidèle à la pensée antique, qui faisait de la diététique et de l'hygiène de vie la base de la santé : exercices, hydrothérapie, eaux thermales, massages, et surtout contrôle de l'alimentation qui est, selon lui, « la première et la plus importante partie du traitement dans toutes les maladies ».

Sans doute ce « médecin par excellence », comme on le nomma, fut-il parfois plus léger en admettant par exemple l'emploi épisodique de quelque amulette ou de quelque sortilège. Il s'en explique, du reste, avec un certain humour : « [Le médecin] doit, comme on dit, faire flèche de tout bois. »

---

1. Autrement dit, en cas de simple trachéite sèche faisant souvent suite à une rhinite virale.

L'un des passages les plus remarquables de son œuvre demeure néanmoins celui où il réclame le droit d'examiner librement les opinions des médecins illustres qui l'ont précédé, même Hippocrate ou Galien, dont pourtant il parle toujours avec respect :

> « Par cela même qu'on est homme, il est difficile de ne pas se tromper souvent. Aussi n'aurais-je pas parlé comme je l'ai fait d'un aussi grand savant [Galien], si la vérité ne m'avait donné ce courage et si le silence ne m'eût paru impie. [...] Platon est mon ami, mais la vérité aussi est mon amie. Entre les deux, il faut choisir la vérité. »

Un programme intellectuel qu'oublieront malheureusement nombre de ses successeurs...

Si Alexandre de Tralles s'impose, nous venons de le voir, comme le plus illustre des médecins de Byzance, le plus brillant chirurgien de cette époque est Paul d'Égine. Ce fut aussi le dernier des grands praticiens de la tradition byzantine.

Venu au jour dans la petite île qui fait face à Athènes, il vécut de 620 à 680 environ. Son parcours est classique : il se forme à Alexandrie, qui vit alors ses dernières années de gloire, puis voyage beaucoup, séjournant à Rome et en Asie Mineure. Accumulant par une pratique intense une expérience considérable, il s'aventure particulièrement dans des domaines où peu de médecins avaient jugé utile de s'avancer : en particulier, c'est un vrai praticien de l'obstétrique, comme le fut sans doute Soranos.

Des différents ouvrages qu'on lui attribue, un seul a traversé le temps : un *Abrégé* de médecine en sept livres, ou *Épitomé*. Paul d'Égine le présente du reste très modestement :

> « J'ai composé ce recueil abrégé d'après les Anciens. En effet, je n'y ai pas mis mes propres conceptions, excepté un petit nombre de choses que j'ai vues et expérimentées dans la pratique de l'art. »

Le contenu de l'*Épitomé* est cependant plus riche et plus complexe. Il y traite successivement de l'hygiène et de la diététique, de la pathologie générale, des affections de la tête et du cou, des maladies de la peau, des poisons et des venins, de la chirurgie et enfin de la pharmacopée.

Si l'ouvrage est très dépendant de Galien et d'Oribase pour la pathologie interne ou les maladies cutanées, les fièvres et la toxicologie, et s'il se démarque à peine de Dioscoride en ce qui concerne la pharmacopée, le livre VI, consacré à la chirurgie, en est à l'évidence la partie plus originale et la plus intéressante. Il y fixe notamment la distinction, devenue classique jusqu'à nous, entre la chirurgie « molle », ou viscérale, et la chirurgie orthopédique, consacrée aux traumatismes et à la pathologie ostéo-articulaire. Il nous permet surtout de mesurer les indéniables progrès techniques accomplis, depuis Celse par exemple, alors même que les sciences anatomiques, pourtant si nécessaires à la pratique de l'art, avaient à peu près cessé de progresser.

En le lisant, tous les actes de la chirurgie antique passent sous nos yeux : incision des abcès hépatiques au cautère, drainage des ascites par des canules de bronze, cathétérisme vésical qu'on met à profit pour procéder à des instillations de médicaments dans la vessie, indications et procédure de la lithotomie, traitement par ligature des anévrysmes et ligature vasculaire préalable à une amputation, sans oublier l'ablation du sein en cas de cancer. L'auteur met aussi en garde contre le danger d'un trachéotomie mal maîtrisée, geste si fréquent à une époque où la diphtérie était si courante. Naturellement, l'exploration des plaies, les fractures et les luxations n'ont pas de secret pour lui.

Dans plusieurs domaines, Paul d'Égine apporte sa propre contribution. Ainsi dans l'art des accouchements, précisant notamment les causes de dystocies et les modalités d'extraction du fœtus. Il décrit aussi le premier, avec une précision et une exactitude que le temps n'a pas entamées, les conditions de l'examen gynécologique :

> « La femme est placée sur un siège, renversée sur dos, les cuisses fléchies contre le ventre et écartées. L'avant-bras est placé contre le genou et maintenu par un bandage qui fait le tour du cou. L'opérateur doit s'asseoir à droite de la patiente et effectue son examen à l'aide du spéculum dont la taille doit être proportionné à l'âge de la patiente. [...] Pendant que l'opérateur tient le spéculum, l'assistant tourne la vis qui sépare les valves du spéculum et rend ainsi possible l'ouverture du vagin. »

À l'aide de cette préparation soigneuse, il effectue aussi des actes de petite chirurgie gynécologique, comme l'ablation de condylomes acuminés (« végétations vénériennes » ou « crêtes de coq »).

Plus loin, il fixe également une technique de cure radicale de la hernie inguinale qui demeurera l'intervention classique jusqu'à la fin du XVIIe siècle :

> « On fait une incision de trois travers de doigts de long dans la région inguinale au-dessus de la zone de hernie. On sépare ensuite la peau de la graisse et l'on expose le péritoine, puis l'on repousse l'anse intestinale avec la pointe d'une sonde. Les bourrelets de péritoine qui se forment de chaque côté de la sonde sont réunis par une suture, enfin la sonde est retirée ; on ne doit pas couper le péritoine ni toucher au testicule. [...] »

Si Paul prend ici bien soin de ne pas blesser le cordon spermatique, risque classique des techniques téméraires dans cette dernière intervention, il n'en va naturellement pas de même lorsqu'il expose ses procédés plus sommaires de castration, geste destiné à la production des eunuques, coutume qui persistera très longtemps en Orient : selon lui, l'extirpation sanglante des parties génitales peut en effet être remplacée, dans le cas d'un jeune enfant, par le martelage des testicules dans un bain très chaud...

Avec Paul d'Égine prend fin l'âge d'or de la médecine byzantine. Sans doute, la médecine persistera-t-elle, mais les maîtres avaient disparu pour laisser la place à quelques compilateurs tardifs.

Ainsi, au début du XIe siècle encore, Michel Psellos, nouveau philiatre, rédige une encyclopédie de toutes les connaissances de son temps et produit une *Collection des principes de médecine* ainsi qu'un *Abrégé de l'art de guérir* – qu'il n'exerça jamais lui-même –, dédiés à l'empereur Constantin X. Dans le même esprit, à la fin du XIIIe siècle, Nicolas le Myrepse (littéralement « le préparateur de drogues ») écrit une gigantesque compilation intitulée *Sur les médicaments*, renfermant plus de 2 500 recettes.

Sans doute, depuis longtemps l'esprit ne soufflait plus sur la médecine byzantine, mais elle joua pourtant, jusqu'avec ses obscurs encyclopédistes, une rôle majeur pour la transmission du savoir antique. C'est ainsi qu'un décret de la faculté de médecine de Paris, en 1607, imposera aux étudiants l'étude du traité des bandages dû à Oribase et de celui de Paul d'Égine sur la chirurgie. En 1651, la même faculté nommera aussi une commission chargée de réviser enfin la pharmacopée de Nicolas le Myrepse, qui formait toujours à cette époque l'une des bases de l'enseignement thérapeutique...

Après la chute de Jérusalem en 636 et celle d'Antioche en 640, la prise d'Alexandrie en 642 – dont Paul d'Égine fut le témoin – mit un terme à la suprématie de l'école médicale qui formait depuis des siècles tous les médecins du monde méditerranéen. L'Empire romain d'Orient avait encore huit siècles à survivre, au milieu d'innombrables soubresauts, mais dans le domaine politique comme dans celui des sciences, des arts, du savoir, le sceptre passait encore en de nouvelles mains. En moins d'un siècle, l'Islam allait s'étendre à tout l'Orient et même à une partie du continent européen.

Médecine arabo-musulmane et médecine antique

Entre 632 et 732, des tribus guerrières aux traditions polythéistes, jusque-là cantonnées dans le désert d'Arabie où elles vivaient de rapines, fédérées par la foi révélée au prophète

Mahomet, vont établir un empire qui s'étendra du cours de l'Indus à l'Atlantique, englobant l'Iran, la Mésopotamie, l'Égypte, l'Afrique du Nord et une partie de l'Espagne.

Au-delà même de la religion, ou à travers elle, c'est n'est pas seulement l'Islam qui conquiert toute cette région du monde, c'est aussi une langue, l'arabe, qui n'effacera nullement les idiomes régionaux, mais sera le providentiel ciment administratif et culturel d'un monde nouveau.

Parmi les diverses factions qui très tôt divisent l'Islam, une dynastie s'impose dès 660, les Omeyyades, qui établissent le califat à Damas. S'installant au cœur d'un ancienne province aux marges de l'Empire byzantin, entre Édesse et Antioche, ils découvrent un monde encore tout baigné de la culture de Constantinople. Ils y trouvent aussi de nombreux monastères où sont alors conservés et copiés les manuscrits grecs. De cette rencontre improbable va surgir pour plusieurs siècles une civilisation brillante : au milieu des Bédouins farouches vont naître en quelques décennies les *hakim*, les savants, les lettrés et, parmi eux, les médecins.

L'expression « médecine arabo-musulmane », comme la civilisation dont elle est issue, ne doit pas induire en erreur : elle n'est pas exclusivement arabe, puisque parmi ses plus grands noms on peut citer Rhazès et Avicenne, qui étaient persans ; elle n'est pas non plus uniquement musulmane, car de nombreux chrétiens y contribuèrent et même des Juifs comme Maïmonide. Il n'en demeure pas moins qu'elle procède de ce formidable élan conféré à une religion du désert, porteuse d'une langue unificatrice, et que les caprices de l'histoire ont confronté aux derniers feux du monde gréco-romain. Pressés de fonder une culture nouvelle, les conquérants, démunis mais avisés, se sont emparés du savoir antique. Parmi ses plus beaux joyaux, ils ont découvert la médecine.

Est-ce à dire qu'il n'existait auparavant aucune médecine du désert, une médecine des Bédouins *(al-tibb al-badawi)* ? Sans doute non, mais nous n'en possédons que peu de traces. En revanche, le Coran contient des prescriptions hygiéno-diététiques nullement indifférentes : l'abstention de l'alcool, l'interdiction de la viande de porc, l'obligation du jeûne périodique enfin. Le Prophète y ajoutera divers conseils de santé, et l'on prétendait qu'il avait lui-même, plus d'une fois, apporté des soins aux blessés et aux malades. Une tradition orale, consignée bien plus tard dans des ouvrages populaires, recueillera ces usages pour former la *Médecine du Prophète (al-tibb al-nabawi)*, ensemble disparate et peu cohérent, sans base théorique, mêlant les observations de bon sens et quelques fantaisies. Les *hadiths*, sentences attribuées au Prophète, publiés au Xe siècle par al-Bukhari, comprennent ainsi de nombreux passages consacrés à la thérapeutique : on y évoque notamment les migraines et les maux de tête – dont était souvent affecté le Prophète – à traiter par les douches froides, la cautérisation des plaies, l'application de ventouses, la ponction des épanchements et les bienfaits du musc, de la camomille et du pavot. Une sourate du Coran conseille même le miel « qui porte la guérison pour les hommes » (16, 69).

La pensée arabe naissante était prête à accueillir la médecine. Parmi les *hadiths*, l'un affirmait du reste que « Dieu n'a pas fait descendre de maladie qu'il n'en ait fait descendre le remède ». Quant au Prophète, il n'avait jamais été thaumaturge et il avait pratiqué une médecine certes balbutiante mais cependant naturelle. Or, l'Islam va précisément découvrir la médecine sous la forme que lui avait donnée Galien, un païen plutôt rationaliste, mais dont la pensée faisait sa place à une Providence quasi divine où les musulmans pouvaient sans peine reconnaître la volonté d'Allah.

À la fin de la période alexandrine, on avait d'ailleurs fort opportunément compilé l'essentiel de l'œuvre de Galien, notamment sous la forme des *Seize Livres*, ensemble rédigé au VIe siècle. Cet ouvrage collectif, *Summaria Alexandrinorum*, dont l'un des auteurs aurait été Stéphane, le père d'Alexandre de Tralles, constituera l'une des sources majeures des traductions qui vont bientôt mettre à la disposition des Arabes la tradition médicale grecque.

De même encore, un prêtre d'Alexandrie contemporain de Paul d'Égine, Arhun, avait réalisé dans le même esprit les *Pandectes médicales*, traité dont la traduction sera le plus ancien texte médical connu en langue arabe, vers 695.

Les querelles théologiques qui agitèrent l'Église chrétienne, pendant le IVe et le Ve siècle, achevèrent de favoriser l'exode de cette culture antique. À la suite du concile de Chalcédoine, en 451, les monophysites, considérés comme hétérodoxes, avaient été chassés de Constantinople : ils se replièrent en Syrie, à Édesse, Antioche et Ras el-Aïn où l'hellénisme s'épanouira au VIIe siècle. Des lettrés, notamment des prêtres et des moines, y jouèrent un rôle central dans la transmission des textes grecs, et c'est en effet d'abord par des traductions syriaques que les manuscrits hellénistiques furent mis à la disposition des *hakim*. Ainsi, Sergius, médecin et prêtre jacobite formé à Alexandrie, traduisit en syriaque dès le début du VIe siècle vingt-cinq ouvrages de Galien. En 431, le concile d'Éphèse avait déjà condamné d'autres hérétiques, les nestoriens. Ces derniers s'établirent en Perse, notamment dans la ville de Gundishapur, qui devint un grand centre de culture grecque où ils apporteront les traductions de Sergius. Curieusement, ils seront rejoints, après la fermeture des écoles d'Athènes sur ordre de Justinien, en 529, par les derniers philosophes païens qui y trouveront refuge. Lorsque la vieille dynastie des Sassanides s'effondrera à son tour devant les troupes musulmanes, les nouveaux maîtres de la Perse auront là aussi à leur portée les trésors de la médecine hellénistique.

Quand la dynastie des Abbassides, en 750, remplaça celle des Omeyyades et qu'elle fixa sa nouvelle capitale à Bagdad, près d'une ancienne métropole sassanide, ces deux mouvements se rejoignirent. Tout était prêt pour la naissance d'une nouvelle culture arabe.

Souverains éclairés, les premiers califes de Bagdad s'impliquèrent personnellement pour attirer les hommes de lettres et les savants dans la *Maison de la Sagesse (Bait al-hikma)* où une immense bibliothèque, à l'instar du musée d'Alexandrie, accueillait des philosophes, des géographes et des astronomes, et où des érudits pouvaient en toute quiétude étudier et traduire Aristote, Platon, Hippocrate et Galien.

Autour des premiers Abbassides, dès al-Mansur, le fondateur de Bagdad, les médecins chrétiens furent nombreux, établissant souvent de véritables dynasties familiales qui dominèrent pendant longtemps la médecine arabe. Honorés et bien payés, à l'exemple de Jibrail, le médecin personnel d'Harun al-Rashid, lequel justifiait ainsi les privilèges accordés à son praticien : « Le sort de l'empire dépend du mien, le mien dépend de Jibrail. »

Puis vint le temps des traducteurs qui permirent à une littérature médicale arabe de voir le jour. Il faut citer en tout premier lieu Yuhanna ibn Masawayh, que les Latins appelleront Jean Mésué, né à la fin du VIIIe siècle, fils d'un préparateur en pharmacie de l'hôpital de Gundishapur, et qui assista pendant un temps le médecin Jibrail auprès de son illustre maître à Bagdad. La palme revient néanmoins au célèbre Hunayn ibn Ishaq, au IXe siècle, que l'Europe connaîtra sous le nom de Johannitius. Issu d'une famille nestorienne, disciple de Jean Mésué à Bagdad, il apprit le grec pour accomplir une œuvre de traduction immense : plus d'une centaine de traités tirés de Galien et des principaux médecins grecs. Il fut aussi l'auteur des premières œuvres originales de la médecine arabe, avec le *Livre d'introduction à la médecine (al-Kitab al-mudkhal fi l-tibb)* et surtout le *Livre des questions sur la médecine (al-Kitab al- masa'il fi l-tibb)* exposant la doctrine médicale de façon concise et simple, sous forme de questions et de réponses : ce premier catéchisme médical arabe, d'un galénisme fidèle quoique schématisé, connut un succès prodigieux et fut en usage pendant des siècles.

Du Xe siècle au milieu du XIe siècle s'ouvrit enfin la période la plus faste de la civilisation musulmane, humaniste, féconde et ouverte : on a pu parler de la « Renaissance de l'Islam ». C'est pendant cette courte mais brillante époque que fleurirent les grands encyclopédistes de la médecine arabe. Il se trouvent qu'ils furent pour la plupart d'entre eux originaires de la Perse.

Les premiers encyclopédistes : Rhazès et Al-Majusi

Le premier de tous est Abu Bakr Muhammad ibn Zakariyya al-Razi, que les chroniqueurs médiévaux désigneront comme le « Galien des Arabes » et que les Européens en général connaîtront sous le nom de Rhazès.

Il naquit vers 865 à Rayy, dans le Tabaristan, à quelques kilomètres de l'actuelle Téhéran. Formé à la philosophie, l'astronomie, les mathématiques, il marquera aussi dès son jeune âge et toute sa vie durant une prédilection pour la musique, se faisant reconnaître comme un excellent joueur de luth. Très tôt, il quitte sa patrie pour rejoindre Bagdad qui exerçait alors sur tous les beaux esprits une attraction invincible.

Une tradition veut qu'une visite à l'hôpital de Bagdad ait subitement décidé de sa vocation. Il reste cependant probable que ses motifs furent plus sérieux et plus réfléchis. Il entreprit ainsi d'étudier l'art, notamment sous l'égide d'Ali al-Tabari, médecin d'origine nestorienne converti à l'Islam, qui avait déjà rédigé vers 850 le *Paradis de la Sagesse (Firdaws al-hikma)*, l'un des tous premiers *compendia* de la médecine arabe. Les progrès du jeune praticien furent rapides et il s'imposa bientôt comme le chef des médecins de son époque, partageant son temps et ses soins entre Bagdad et sa ville de Rayy. On le décrira plus tard, œuvrant à l'hôpital qu'il dirigeait, « doux avec les malades riches ou pauvres, s'occupant d'eux sans cesse, suivi par de nombreux élèves ».

En dehors de la médecine, une autre passion domina sa vie et nous éclaire beaucoup sur les sources de sa pensée : il s'agit de l'alchimie.

Prolongeant une tradition de l'Égypte tardive et du monde hellénistique, les Arabes furent très tôt attirés par ce que l'on appelait « l'art d'Hermès » et qu'ils nommèrent « alchimie » (de l'arabe *al kimiya* et du grec *chymia*, « action de fondre les métaux », et par extension, « magie noire »). Divers traités disponibles en langue grecque furent ainsi traduits en arabe et des alchimistes musulmans purent naître, comme le célèbre Jabir ibn Hayyan, que les Européens connaîtront sous le nom de Geber. Familier de la cour d'Harun al-Rashid, il aurait un jour sauvé d'une mort certaine l'esclave préférée du calife grâce à un « élixir » (de l'arabe *al-ksir*, « pierre philosophale ») de sa composition. Travaillant sur les minéraux, aux confins de la pharmacopée et de la métallurgie, cet art, comme une grande partie de la médecine antique, procédait aussi bien de la science que de la philosophie, voire d'une certaine mystique. On prêtait ainsi aux substances issues de la terre les mêmes qualités de froideur, de chaleur, de sécheresse ou d'humidité que celles attribuées dans le corps humain aux humeurs. De ces recherches désordonnées et parfois un peu folles sortiront néanmoins quelques découvertes comme l'eau forte, l'huile de vitriol, le sublimé corrosif ou le nitrate d'argent, même s'il faut bien se garder de réduire l'art hermétique à un simple balbutiement de la chimie. Grâce à sa dimension incontestablement expérimentale, l'alchimie pratique n'en ouvrira pas moins, le moment venu, l'ère de la chimie médicale, de l'*iatrochimie*, préfiguration de la thérapeutique chimique moderne. Au temps des croisades, c'est également par les Arabes que les études alchimiques reviendront en Occident, où elles connaîtront à partir de la Renaissance un nouvel âge d'or.

Cette passion de Rhazès pour la pierre philosophale, que plus tard Avicenne lui reprochera, lui fut cependant funeste et assombrit – dans tous les sens du terme – la fin de son existence. Selon la chronique, n'ayant pu fournir au calife al-Mansur la formule alchimique que ce prince espérait tant, ce dernier lui décocha un coup à la tête qui rendit Rhazès quasiment aveugle[2]. Alors qu'un charlatan proposait de l'opérer, Rhazès déclina l'offre en reprochant à ce thérapeute aventureux sa méconnaissance de l'anatomie oculaire, et il affirma être las d'un monde qu'il avait trop vu. Il mourut à un âge avancé, vers 925.

Rhazès a laissé une œuvre d'une ampleur considérable et on lui attribue plus de cent quatre-vingts ouvrages, dont une soixantaine sont consacrés à la médecine. Donnant dès l'origine ce qui sera la tonalité dominante de la médecine arabe, il fonde avant tout son travail sur la relecture attentive des Anciens. Le plus important de ses livres, composé après sa mort à partir de ses notes et de ses observations, résume bien son dessein : *Kitab al-hawi*, c'est-à-dire « le livre qui contient tout », immense somme embrassant tout le savoir médical du Xe siècle et que l'Occident découvrira sous le titre évocateur de *Continens*. Rhazès y affiche clairement sa vision de la science :

> « Pendant un millier d'années sans doute, un millier de médecins ont contribué au progrès de la médecine : celui qui lit leurs livres avec assiduité et réflexion y découvre en une brève existence plus qu'il ne pourrait apprendre en attendant pendant mille ans l'occasion d'observer lui-même un cas déterminé. »

Les choses ne sont pourtant pas si simples, car plus loin le même Rhazès affirme :

> « La lecture ne fait pas le médecin, mais bien l'esprit critique et le talent d'appliquer à des cas particuliers les vérités dont il a connaissance. »

2. Toutefois, dans un texte écrit à la fin de sa vie, Rhazès attribue sa cécité à l'abus de travail auquel il s'était livré, jour et nuit pendant des années, pour composer son plus grand ouvrage.

Ce dernier propos le décrit bien : Rhazès fut un authentique clinicien dans la grande tradition hippocratique, et ses écrits contiennent de nombreuses et minutieuses observations où les signes, les réactions du patients et la nécessité de gagner sa confiance sont soigneusement exposés. Il cite bien sûr tous les anciens Grecs, mais aussi les auteurs syriens, sans oublier les premiers praticiens arabes. Rhazès a également connu la médecine traditionnelle indienne, dite *ayurvédique*, dont certains traités furent assez tôt traduits en persan puis, au VIIIe siècle, en arabe. Ce fut l'un des rares points de rencontre entre la médecine du monde méditerranéen et celle l'Orient plus lointain, à la faveur du grand carrefour de communication, de commerce et d'échanges entre ces deux mondes que constituait la Perse.

À l'occasion, Rhazès n'hésite pas à reprendre Galien à la lumière de sa propre expérience, comme sur la cicatrisation des plaies artérielles ou le diagnostic des ulcères gastriques par exemple. Ce travail gigantesque, traduit en latin dès la fin du XIIIe siècle, sera imprimé à Brescia en 1486 : le *Continens* sera l'un des ouvrages majeurs grâce auquel tout le legs de la médecine antique sera redécouvert en Europe.

On peut faire les mêmes remarques pour d'autres œuvres de Rhazès promises à une grande fortune. Ainsi du *Kitab al-mansuri*, abrégé en dix livres, dont le septième, consacré à la chirurgie, et le neuvième, décrivant toutes les maladies connues, seront étudiés par des générations de médecins occidentaux.

On trouve aussi chez Rhazès des descriptions originales et brillantes. Il nous a notamment laissé une *Dissertation sur une cause de coryza qui survient au printemps quand les roses répandent leur parfum*, qui est une monographie remarquable et d'une observation perspicace sur le rhume des foins. Son succès le plus marquant, aux yeux de la postérité, demeure pourtant son *Traité de la variole et de la rougeole* où, pour la première fois et d'une manière définitive, il établit les éléments de diagnostic permettant de distinguer ces deux affections alors fort répandues mais au pronostic bien différent. Le tableau qu'il dresse de la variole, détaillé et précis, n'aurait rien perdu de sa valeur si la terrible maladie, aujourd'hui heureusement éradiquée, existait encore :

> « L'éruption de variole est précédée d'une fièvre continue, de douleurs rachidiennes, d'un picotement nasal et d'un délire nocturne. Elle se manifeste par un prurit que le malade éprouve sur tout le corps. Les joues sont très rouges et les yeux enflammés. Le malade ressent une pesanteur généralisée, une malaise profond accompagné d'éternuements et de bâillements, de maux de gorge, de douleurs thoraciques avec gêne respiratoire et toux, de sécheresse de la bouche, de céphalées, de nausées, d'agitation et d'angoisse. »

Il n'ignore pas l'issue souvent fatale dont il mentionne les signes avant-coureurs :

> « Toutes les pustules qui sont de couleur verdâtre ou noirâtre sont dangereuses ; si la fièvre augmente après leur apparition ou s'il survient des palpitations cardiaques, le pronostic est très sombre. »

Enfin, toute la dimension humaine de ce grand clinicien peut se laisser saisir dans un texte qu'il composa au soir de sa vie, lorsque, contraint de se justifier, il écrivit un court traité intitulé *La Conduite du philosophe*, dans le genre des auteurs antiques pour qui la philosophie était avant tout une manière de vivre :

> « Quant à mon amour, ma curiosité et mon zèle pour la science, tous ceux qui m'ont fréquenté et en ont été témoins peuvent constater que dès ma jeunesse jusqu'à présent, je m'y suis consacré sans cesse. »

La gloire de Rhazès, qui fut son devancier, et celle d'Avicenne, qui le suivit, ont sans doute injustement éclipsé la mémoire du deuxième grand encyclopédiste de la médecine arabe, Ali ibn al-

Abbas al-Majusi, que l'Occident retiendra sous le nom d'Haly Abbas.

Né lui aussi en Perse, sans doute vers 925, son surnom de « Mage » *(Majusi)* rappelle son appartenance à la tradition religieuse traditionnelle de la Perse, le zoroastrisme qu'il ne semble jamais avoir renié. Entre Shiraz et Bagdad où il mourut avant la fin du Xe siècle, proche d'Adud al-Dawla qui devint l'émir du calife en 978, al-Majusi n'a laissé qu'un seul ouvrage, mais il est immense.

Le *Livre royal (al-Kitab al-Malaki)* encore appelé le *Livre complet sur l'art médical (al-Kitab Kamel al-sinâa al-tibbiyya)* est un vaste projet encyclopédique qui récapitule Hippocrate, Galien, Oribase, Paul d'Égine, qu'il cite tous largement, sans oublier le traité *al-Hawi* de Rhazès, dont al-Majusi déplore pourtant le relatif désordre.

Sans conteste la meilleure synthèse, clairement exposée, de toute la science médicale, le *Kitab al-Malaki* renferme aussi de nombreux conseils aux étudiants, à qui il recommande vivement d'acquérir, en plus des connaissances livresques, une sérieuse formation clinique en fréquentant l'hôpital, sans doute le nouvel établissement construit à Bagdad en 980 par Adud al-Dawla, l'ami et le protecteur d'al-Majusi.

Traduit en latin dès la fin du XIe siècle, l'ouvrage sera imprimé à Venise en 1492 et connaîtra une très large diffusion en Europe sous le titre de *Liber Regius*. Exempte de toute référence à l'astrologie, à l'alchimie, cette somme représente parfaitement le galénisme simplifié des Arabes dans sa forme la plus pure. Elle peut se comparer sans peine à l'œuvre – qu'elle inspira sûrement – du plus illustre des médecins musulmans : Avicenne.

Avec lui, l'art médical de l'Islam allait parvenir à l'un de ses sommets et acquérir un prestige cependant non dénué d'ambiguïté.

Le Canon d'Avicenne

Parmi tous les grands noms de la médecine arabo-musulmane, Avicenne se singularise par le fait que toute sa vie il demeura en Perse, sans jamais se rendre à Bagdad. Il écrivit du reste plusieurs de ses nombreux livres en langue persane. Né en 980 dans la région orientale de la Perse, près de Boukhara, non loin de Samarkand, dans l'actuel Ouzbékistan, il vint au monde dans une famille respectable et fortunée de hauts fonctionnaires au service de la dynastie des Samanides, dont les émirs gouvernaient la Perse depuis environ un siècle. Ils avaient fait de Boukhara, leur capitale, un grand centre intellectuel où se produisit notamment une véritable renaissance de la littérature persane. La vie et la carrière d'Abu Ali al-Husayn ibn Abdallah ibn Sina, que l'Occident dénommera Avicenne, faites de nombreux voyages, de succès et de revers de fortune, furent marquées par tous les conflits politiques d'une époque tourmentée qui préparait un grand tournant dans l'histoire de l'Islam.

L'essentiel de ce que nous savons de lui provient d'une longue chronique rédigée par son fidèle compagnon et disciple, al-Juzjani, qui pendant vingt-cinq ans tint le journal autobiographique qu'Avicenne avait commencé lui-même des années auparavant. C'est dire que si les informations qu'on y trouve sont dignes d'intérêt, elles semblent parfois verser dans l'hagiographie. Quand Avicenne parle de lui-même, il emploie du reste un ton qui n'est pas sans rappeler la suffisance et les forfanteries dont Galien était coutumier.

Il reçut l'éducation soignée d'un enfant de son rang et, selon ses propres dires, « à l'âge de dix ans révolus, [il était] venu à bout du Coran et d'une bonne partie des belles-lettres ».

Son talent précoce n'avait pas encore donné toute sa mesure. Après s'être initié aux mathématiques, il fit la rencontre de celui qui allait devenir son maître, Abu Abdallah al-Natili. Celui-ci l'initia d'abord aux merveilles de la philosophie en lui donnant notamment à étudier l'*Isagoge* de Porphyre, manuel d'inspiration néoplatonicienne rédigé au IIIe siècle et qui prétendait exposer le système d'Aristote, en particulier sa logique. Le jeune Avicenne passa en suite à la géométrie avec les *Éléments* d'Euclide, modèle axiomatique de toutes les mathématiques occidentales, puis enfin à l'*Almageste* de Ptolémée, somme incontournable de toutes les connaissances astronomiques remontant au IIe siècle. Le bilan qu'Avicenne dressera plus tard de cet apprentissage est plutôt flatteur :

> « Tout problème que mon maître me présentait, je parvenais à le résoudre mieux que lui-même. [...] Que de problèmes al-Natili n'avait-il pas compris jusqu'à ce que je les lui expose et les lui explique ! »

Si le récit d'Avicenne est véridique, on comprend que son précepteur ait décidé en 995, alors que son pupille avait à peine quinze ans, de le laisser poursuivre seul sa formation...

L'étape suivante fut la médecine.

Al-Jurjani, un médecin qui demeurera très lié à Avicenne, conseilla alors au jeune homme quelques ouvrages. Toujours selon l'*Autobiographie*, il apparaît en effet que son travail fut avant tout livresque :

> « Puis je m'intéressai à la médecine et me mis à lire tous les ouvrages composés dans cette science qui n'est assurément pas une science difficile ; aussi j'y fis de rapides progrès [...] et je commençai à soigner les malades ; ainsi s'ouvrirent pour moi les portes des traitements appris par l'expérience ; [...] j'étais alors âgé de seize ans. »

Il nous est évidemment impossible de vérifier la véracité de cette impressionnante chronologie, mais il demeure certain qu'Avicenne vécut ses années de formation dans un milieu privilégié et cultivé et que les sources d'accès aux connaissances les plus diverses étaient à sa disposition. Il estimait du reste que

« parvenu à l'âge de dix-huit, [il en avait] fini avec l'étude de toutes les sciences »...

Il semblait, par ses propres mérites autant que par la position de sa famille, promis à belle carrière de médecin ou de philosophe à Boukhara, lorsque l'histoire changea son destin personnel. En 999, la dynastie samanide fut chassée par les Ghaznévides, d'origine turque, qu'Avicenne refusa de servir. Il choisit alors d'émigrer vers Gurganj, au nord du pays, dans l'actuel Turkménistan, où le souverain Ali ibn Ma'mun et son vizir, amis des sciences et des lettres, préservaient et protégeaient une cour brillante. Pendant quelques années Avicenne travailla en tant que médecin à l'hôpital, fréquentant chaque jour un groupe de philosophes et de mathématiciens, et il commença à composer son œuvre en écrivant plusieurs poèmes, un livre sur la musique, un autre sur la réfutation de l'astrologie, et ses premiers traités médicaux, comme *Les Remèdes pour le cœur* et l'*Épître du médecin*.

Las ! Les Ghaznévides, étendant leur emprise, menacèrent un jour Gurganj. Une nouvelle fois, médecin et philosophe de cour victime de l'infortune de ses maîtres, Avicenne résolut de gagner Jurjan, au sud-est de la mer Caspienne. C'est là, pendant un court répit, qu'il commença à rédiger son *Kitab al-Qanun*, le *Canon de la médecine* – c'est-à-dire les « règles de l'art » (du grec *kanon*, « règle »). Poursuivant son chemin vers l'ouest, il passa ensuite à Rayy, la patrie de Rhazès, où l'avait appelé la princesse Sayyeda, dont le fils était en proie à une mélancolie incurable que le talent d'Avicenne sut guérir.

Vers 1015, Avicenne et son fidèle al-Juzjani s'installent à Hamadan où il devient le vizir de l'émir Shams al-Dawla. Ce dernier avait en effet eu recours à la science d'Avicenne pour traiter d'inexplicables douleurs qui le tenaillaient à la poitrine, au dos et dans l'abdomen. La nature exacte de l'affection qui tourmentait le prince est impossible à déterminer mais Avicenne, ayant diagnostiqué un ulcère gastrique, prescrivit judicieusement une thérapeutique lactée qui soulagea son auguste patient. En remerciement celui-ci lui offrit une énorme somme d'argent et sut convaincre Avicenne de l'assister aussi dans la gestion de l'État.

Imagine-t-on la vie d'Ibn Sina, Premier ministre le jour, philosophe le soir, poète à ses heures, écrivain la nuit et peut-être encore médecin de temps à autre ? Son activité littéraire ne faiblissait pas et parmi les textes qu'il écrivait ou dictait, un nouveau genre avait fait son apparition : c'est ainsi qu'il produira un traité *Sur l'impôt foncier* et un autre abordant un sujet éternel et un problème insoluble, intitulé *Sur les remèdes aux différentes erreurs administratives*...

Mais la rédaction de ses œuvres majeures l'occupait toujours autant : le *Canon de la médecine*, qu'il achèvera en 1019, mais aussi son *Shifa*, immense entreprise philosophique.

> « Le plus étonnant, poursuit al-Juzjani, c'est que malgré ses occupations débordantes, à aucun moment il n'abandonna l'écriture. Dans les salles de garde de l'hôpital, entre deux réunions du conseil, au terme d'un débat avec les étudiants, il poursuivait avec la même efficacité son œuvre créatrice. »

Al-Juzjani a également rapporté, quand s'interrompaient les séances d'écriture, ces nuits interminables faites de conversations entre philosophes et savants, émaillées de chants et de poèmes, et égayées par la dégustation parfois immodérée de vin, boisson qu'affectionnait Avicenne. Sans compter, à en croire ses amis, qu'Ibn Sina ne dédaignait jamais de sacrifier à l'occasion aux plaisirs sensuels qui s'offraient à lui...

En 1021, à la mort du souverain, en butte à l'hostilité de son héritier, Avicenne fut inquiété et séjourna même en prison. Il parvint pourtant à fuir à nouveau et trouva refuge à Ispahan, où il s'établit en 1023. Là, un nouveau prince lui assura les moyens de mener une existence paisible et studieuse pendant les quatorze années qui lui restaient à vivre.

La mort vint le saisir en 1037 à Hamadan, où il succomba à une maladie intestinale peut-être infectieuse, lors d'une campagne militaire.

Devenu au fil des âges un lieu de pèlerinage populaire, son tombeau s'orne depuis quelques décennies d'un majestueux mausolée où douze colonnes symbolisent les sciences dans lesquelles a brillé celui que, très tôt, les Arabes ont surnommé as-Sayh ar-Rais, le Maître et Prince…

L'historien de la médecine ne doit pas oublier qu'au sein d'une œuvre très volumineuse, riche de dizaines de livres – plus de 270 titres, dont environ une centaine est perdue – touchant à peu près à toutes les connaissances humaines, Avicenne est au moins l'auteur de deux sommes d'ampleur équivalente et non d'une seule : à côté du *Canon de la médecine* qui retient naturellement notre attention, le *Kitab al-Shifa* ou *Livre de la guérison*[3] est un vaste traité des sciences philosophiques qui reprend, reformule et commente le système d'Aristote selon un plan immuable : logique, physique et métaphysique. Si Rhazès, lui-même « polymathe », fut sans doute meilleur clinicien que brillant philosophe, il n'est peut-être pas exagéré de dire, ou du moins de suggérer, que chez Avicenne la priorité semble inverse. La question vaut en effet d'être posée, même si elle semble provocante à propos du « prince des médecins » : Avicenne fut-il vraiment médecin, comme Hippocrate, Galien et Rhazès le furent sans l'ombre d'un doute ? La réponse n'est pas si simple et sa recherche permet en tout cas d'évoquer un point majeur de l'évolution de la pensée médicale vers la fin de la Renaissance musulmane.

---

3. Il s'agit ici de la guérison de « l'âme humaine », apaisée par la découverte des vérités essentielles, et non de la guérison du corps. Depuis l'époque hellénistique, il était habituel de considérer la philosophie comme une thérapie de l'âme.

Lorsqu'on examine le contenu du *Canon*, on est frappé par la grande similitude qu'il présente, dans les doctrines et les opinions qu'il soutient, avec le travail de Rhazès ou celui d'al-Majusi. Pour quelle raisons Avicenne l'a-t-il emporté sur eux en gloire et en influence ? La réponse tient probablement dans la structure même du texte, extrêmement élaboré et très abouti, divisé soigneusement en livres, parties, chapitres, sous-chapitres et sections. On se souvient qu'al-Majusi avait déjà adressé à Rhazès quelques critiques de forme. Avicenne a produit, quant à lui, une œuvre d'un parfaite limpidité, d'une très grande cohérence, un ouvrage fait pour faciliter la compréhension et l'apprentissage. Sans doute ne faut-il pas chercher ailleurs les raisons de son succès prodigieux pendant des siècles : traduit en latin dès le XIIe siècle, en hébreu[4] vers la fin du XIIIe siècle, il sera imprimé à Milan en 1473 et deviendra pour toutes les écoles de médecine d'Orient et d'Occident, jusqu'au XVIIe siècle, une véritable bible de la médecine. Mais l'autorité que sa forme parfaite à donné au fond a en revanche fixé, pour ne pas dire figé une pensée médicale que les grands auteurs arabes n'avaient guère enrichie depuis Hippocrate ou Galien et leurs disciples byzantins.

En premier lieu, on chercherait vainement dans l'ensemble des chapitres du *Canon* quelque nouveauté notable par rapport aux auteurs anciens. En anatomie, du reste, il ne pouvait en être question, du fait de la proscription par le Coran de toute manipulation et même de tout contact avec les cadavres : on se bornera à répéter Aristote et Galien avec toutes leurs erreurs. Pour la physiologie, la théorie des humeurs et les conceptions galéniques de la respiration et du fonctionnement de cœur sont également reprises pratiquement sans modification.

Sur le fond, la définition de la médecine donnée par Avicenne est prudente et modeste : « L'art de conserver la santé

4. C'est du reste par l'intermédiaire de la variante en hébreu d'Ibn Sina, qui donne Aven Sina, dont les Latins feront Avicenna.

et *éventuellement*[5] de guérir les maladies. » C'est dire la place majeure accordée à la prévention, au régime, à la diététique. On notera aussi sa relative réserve à l'égard de la chirurgie, partagée par d'autres auteurs arabes qui en demeurent généralement aux gestes très superficiels.

Le plus frappant est sans doute la liste impressionnante des maladies, toujours précisément et sérieusement décrites. On ne peut cependant manquer de remarquer que l'ouvrage est totalement dépourvu de toute observation clinique concrète, comme on en trouve en si grand nombre chez les auteurs gréco-romains : Al-Jurjani rapporte qu'Avicenne en avait consigné, mais qu'elles furent perdues. Il ne semble pas du reste y avoir de découverte sémiologique, hormis peut-être sur quelques détails. En d'autres termes, on comprend qu'Avicenne ait pu écrire que « même sans la pratiquer » on pouvait acquérir la maîtrise de la médecine en lisant son livre…

L'exposé systématique des connaissances tirées des auteurs anciens a eu aussi pour conséquence de simplifier et de schématiser l'ensemble. C'est un galénisme modifié que propose le *Canon*, sans doute plus éloigné de l'expérience – on persiste d'ailleurs à se demander quand Avicenne pouvait trouver le temps de l'acquérir et de l'enrichir –, mais finalement plus accessible et plus satisfaisant pour l'esprit. Sur ce dernier point, le *Canon* marque un progrès qui explique sans doute son destin.

Si l'on prend par exemple la pharmacopée, on s'aperçoit qu'Avicenne reprend de Galien, dans les différents remèdes, le principe des qualités (chaud, humide, sec, froid) et des degrés qui leur étaient attribués. Il perfectionne cependant ce système en définissant de véritables « algorithmes » qui permettent de déterminer le dosage ou l'association des remèdes dans une maladie déterminée : le raisonnement mis en œuvre nous paraît évidemment sans fondement – que sont les « qualités » ? que sont les

5. Souligné par nous.

« degrés » ? –, mais il était méthodique et cohérent. Cela n'empêche nullement Avicenne de proposer aussi, et c'est plus intéressant, une approche presque expérimentale pour essayer un nouveau remède : l'utiliser d'abord pur, sans mélange avec un autre, puis en association et sur des maladies différentes, enfin ne pas se fier à ses effets sur un animal qui peuvent différer de ceux que l'on constate chez l'homme. Si cette voie avait été explorée après lui, elle aurait pu hâter la survenue d'une véritable thérapeutique expérimentale. Il faudra attendre longtemps avant qu'elle n'apparaisse.

L'Occident a connu la médecine grecque essentiellement sous la forme que lui a conférée Avicenne. Fut-il responsable, dans cette discipline, de la même schématisation dogmatique que celle qu'on trouve aussi dans la partie philosophique de son œuvre à propos d'Aristote – et qui inspirera directement Thomas d'Aquin au XIIIe siècle ? Ne serait-il pas du même coup l'un des ancêtres du discours scolastique et stérilisant qui fleurira en Europe pendant tout le Moyen Âge, en médecine comme en philosophie ?

Au-delà de ce débat, une ultime image d'Avicenne doit cependant nous retenir : celle d'un homme aimant la vie malgré l'austérité de ses études, recommandant la sexualité pour reprendre des forces, et conseillant à ses lecteurs, finalement « bon prince » :

> « Ne t'enivre pas sans cesse ; si cela t'arrive, que ce soit une fois par mois. »

La médecine arabe en Espagne

Lors de la première expansion musulmane, la majeure partie de la péninsule Ibérique fut aisément conquise, entre 711 et 716 : l'Islam avait pris pied en Europe et le pays conquis, soumis au califat de Damas, se nomma désormais al-Andalus.

Lorsque les Abbassides, en 750, mirent fin à la dynastie des Omeyyades, l'un des derniers représentants de la famille, ayant échappé au massacre perpétré à Damas, parvint à gagner Cordoue et y installa un émirat indépendant. L'Espagne musulmane était devenue maîtresse de ses destinées.

Les princes musulmans y agirent à l'égard des autres confessions comme ils l'avaient fait en Orient : les différentes communautés purent continuer à vivre ensemble dans la paix. Un siècle plus tard, ayant affermi son pouvoir, l'émir de Cordoue, Abd al-Rahman II, put même initier une politique de rapprochement politique, commercial et culturel avec les Abbassides qui régnaient à Bagdad. Ainsi, la culture arabo-musulmane élaborée sous l'égide du calife put traverser la mer et atteindre al-Andalus. Si la tolérance religieuse ne fut pas remise en cause, un facteur d'unification fit son œuvre comme sur l'autre rive de la Méditerranée : l'arabe devint la langue commune de la péninsule Ibérique, facilitant d'autant la circulation des nouveaux savoirs.

Le point culminant de cette évolution fut atteint en 929 lorsque Abd al-Rahman III, certain de son pouvoir, mit fin à la fiction qui reconnaissait théoriquement encore l'autorité du calife résidant à Bagdad et prit lui-même le titre califal. Par cette mesure symbolique, il acheva de constituer al-Andalus comme un nouvel Orient. De nombreux lettrés et savants furent encouragés à travailler dans le même esprit qui prévalait dans la capitale abbasside, et une imposante bibliothèque riche de milliers de volumes fut constituée à Cordoue en quelques années.

Avant l'arrivée des Arabes, dans le pays wisigoth qu'était alors l'Espagne, la médecine était réduite à l'état de pratique empirique souvent confiée aux moines, selon la tradition latine que nous retrouverons plus loin en évoquant les débuts de la médecine dans l'Italie médiévale. Il n'existait pas de praticiens reconnus et le savoir livresque était réduit à peu de chose.

Vers 950, Abd al-Rahman III, mettant a profit l'hostilité des dynasties abbasside de Bagdad et fatimide d'Égypte à l'égard de

Constantinople, conforta sa propre position en faisant alliance avec l'empereur romain d'Orient. De Cordoue à l'ancienne Byzance un lien se récréait entre la chrétienté et l'Islam. Il reposa avant tout sur des échanges culturels. Ainsi un exemplaire grec de *La Matière médicale* de Dioscoride fut adressé à Cordoue par Constantin Porphyrogénète, dont une traduction arabe fut rapidement procurée, ainsi qu'un exemplaire d'Oribase. D'autres ouvrages suivirent. Des médecins se rendirent aussi à Bagdad et y séjournèrent parfois des années pour rapporter à Cordoue les rudiments de la science médicale nouvelle qu'on y enseignait.

C'est sous le règne d'Abd al-Rahman III que se fit connaître le premier grand praticien de l'Espagne musulmane : Abu al-Qasim Khalaf al-Abbas al-Zahrawi, que les Latins nommeront Abulcasis. Né à Cordoue en 936 et mort vers 1009, il fut donc le contemporain d'Avicenne qui vivait alors à l'autre extrémité du monde de l'Islam.

Il fut lui aussi l'auteur d'une volumineuse encyclopédie médico-chirurgicale au titre interminable : *Pratique médicale pour celui qui ne peut composer lui-même un livre (Kitab al Tassif li-man ajiza an al-talif)*. Adoptant un plan classique en trente volumes, il passe en revue toutes les sciences de la médecine mais quatre de ces livres représentent à eux seuls plus de la moitié de l'ouvrage.

Si les livres I et II, consacrés aux généralités sur la médecine et aux maladies décrites *a capite ad calcem*, doivent beaucoup au *Kitab al-hawi* de Rhazès, et si le livre XXVIII portant sur les remèdes emprunte naturellement à Dioscoride, en revanche, le dernier livre, dédié à la chirurgie, tranche par son originalité.

Abulcasis, bien qu'il s'inspire directement de l'œuvre de Paul d'Égine, ajoute des observations et décrit des instruments et des techniques opératoires qui ne figurent pas dans les traités classiques. Il y a donc ici, et c'est un fait nouveau, un manifeste enrichissement du savoir, un progrès de la connaissance issu de l'expérience et de la pratique. Abulcasis évoque même le fait que la chirurgie n'avait jusque-là accompli que fort de peu de progrès parmi les Arabes et il en recherche les causes. À son avis, la difficulté tient essentiellement à la méconnaissance assez générale de l'anatomie de la part des médecins musulmans, pour les raisons évoquées plus haut, ignorance à peine palliée, déplore Abulcasis, par une étude souvent insuffisante des données tirées de Galien.

En lisant les indications opératoires et la description des techniques qu'il utilise, on sent revivre le savoir médical grec. Il précise bien les conditions de la lithotomie, les modalités de la cure herniaire et le traitement des plaies abdominales. Il recommande aussi d'user, pour le cathétérisme vésical, d'une canule en argent plutôt qu'en bronze. Enfin, en expert avisé, il disserte sur les mérites et les inconvénients des différents moyens de suture : crin, coton, soie, boyau de chat, voire mâchoires de grosse fourmi, selon une technique qu'on trouvait déjà décrite dans les anciens traités indiens de médecine ayurvédique.

Le succès durable de l'ouvrage fut également lié, et c'était aussi une innovation, aux illustrations originales, de cent cinquante à deux cents selon les exemplaires, reproduisant les instruments décrits dans le texte, comme un ciseau spécial pour procéder à l'amygdalectomie ou le fin trocart utilisé pour la paracentèse.

Insistant beaucoup sur le fait que la responsabilité du chirurgien est grave et qu'il l'exerce sous le regard de Dieu, Abulcasis exhorte ses confrères à ne pas opérer pour leur seul profit matériel. L'importante diffusion de cet ouvrage du plus grand chirurgien du haut Moyen Âge, traduit dès le XIIe siècle, a sans doute contribué à faire progressivement de la chirurgie une activité à part exigeant un savoir spécifique.

Au tournant du XIe siècle, l'Espagne entra de nouveau dans une période troublée qui vit la disparition du califat de Cordoue et la constitution de diverses principautés plus ou moins indépendantes. Au XIIe siècle, les dynasties almoravide et almohade se succédèrent, et la capitale fut transportée à Séville. Un nouveau centre de culture s'y établit alors pour quelques décennies.

Le représentant le plus remarquable de cette période est Abu Marwan Abd al-Malik ibn Zuhr, issu d'une grande famille de médecins andalous et qui deviendra l'Avenzoar des Latins.

Né en 1113 à Séville, il y mourut cinquante ans plus tard. Il se singularise par son opposition aux débats doctrinaux dans lesquels, selon lui, Avicenne s'était enlisé. Il en refusait l'approche par trop dialectique et préférait privilégier l'approche pratique. À lui seul il avait en quelque sorte renoué avec la lointaine école des empiriques. On lui fit un jour cadeau d'un exemplaire du *Canon* et l'on rapporte qu'il fit usage des feuillets pour rédiger ses ordonnances. Galien, le cas échant, n'échappait pas non plus à ses critiques !

Avenzoar fut de son temps un praticien estimé et on lui attribue l'idée de nourrir les grands dénutris par un sonde œsophagienne. Cependant, marchant dans la voie ouverte par Abulcasis mais avec moins de délicatesse, il renforça le préjugé grandissant contre la chirurgie et déclara que cet art était indigne du médecin. Il refusait également de préparer lui-même ses remèdes. Le temps s'approchait où les trois professions de médecin, d'apothicaire et de chirurgien, encore souvent confondues au temps d'Hippocrate ou de Galien, seraient définitivement séparées et parfois inutilement rivales.

Avenzoar eut sinon un disciple du moins un brillant successeur, sans doute le dernier de son époque : il s'agit d'Averroès. Avec lui, une fois encore, ce n'est pas seulement un médecin dont le nom est évoqué : c'est un esprit universel, également physicien, astronome, mathématicien et philosophe.

Abu al-Walid Mohammed ibn Rushd vint au jour à Cordoue, en 1126. Dans sa longue existence – il mourut en 1198 à

Marrakech –, il récapitula en quelque sorte, comme en un dernier sursaut, toute la sagesse d'al-Andalus, avant qu'une ombre politique et religieuse ne l'ensevelisse à son tour.

Averroès naquit dans une famille de brillants juristes qui avaient occupé – comme il le fera lui-même – des positions importantes au service des Almoravides. Esprit ouvert et cultivé, son grand-père avait ainsi contribué à faire libérer le célèbre Avempace – Ibn Bajja – philosophe, encyclopédiste, poète et médecin qui avait eu maille à partir avec les autorités califales pour ses opinions hétérodoxes. Le jeune Abu al-Walid Mohammed ibn Rushd, dont le père était devenu *cadi* suprême en 1137, suivra ses traces en recevant une formation théologique et juridique – ce qui, en Islam, allait de pair – du plus haut niveau. Enfin, il étudia la médecine entre Séville et Marrakech.

Dès 1153, il fut distingué par la nouvelle dynastie des Almohades et se vit confier la charge de structurer des collèges à Marrakech. Il entreprit à la même époque une œuvre immense dans le domaine de la philosophie, dont sortira notamment le *Commentaire d'Aristote*, une des références majeures du genre pendant tout le Moyen Âge. Son œuvre médicale ne fut pas moins considérable. Commençant par un copieux *Commentaire sur le poème de la médecine d'Avicenne* – cette littérature d'exégèse connaîtra du reste longtemps un vif succès –, il entama assez vite la rédaction d'un nombre impressionnant de livres médicaux, dont une vingtaine au moins sont dignes d'intérêt.

Averroès nous a surtout laissé un *Livre sur les généralités de la médecine (Kitab al-kulliyat fil-tibb)* qui, d'abord traduit en hébreu puis en latin dès le milieu du XIIIe siècle, sera connu en Occident sous le titre de *Colliget* et largement diffusé à partir de sa première édition imprimée à Venise en 1482.

Si le plan du traité est assez classique, en sept livres, son contenu s'éloigne en plusieurs points des positions de Galien, d'Avicenne ou même d'Aristote – si bien connu d'Averroès – lorsque ce dernier traite de biologie.

C'est ainsi qu'il manifeste un intérêt renouvelé – et singulier en Islam – pour l'anatomie. Il n'hésite pas à corriger – mais on ignore à partir de quelles sources – l'idée de Galien transmise par Avicenne sur le rôle des vaisseaux du cœur. En contestant que le sang effectue un va-et-vient dans la « veine artérieuse » et « l'artère veineuse », Averroès est ainsi bien près de découvrir le principe de la « petite circulation », c'est-à-dire de la circulation qui s'opère dans le circuit pulmonaire – ce que fera, mais dans l'anonymat le plus complet, nous le verrons, un de ses successeurs de Damas : il n'y aura plus rien de nouveau à attendre sur ce point avant le XVIIe siècle.

De même, contre son maître Aristote, s'il admet que le cœur est le siège des sensations – c'est le fameux « cardiocentrisme » aristotélicien –, il affirme avec Hippocrate que le cerveau finalise l'intégration des perceptions sensibles.

Enfin, il s'efforce de simplifier la pharmacopée : des sept à huit cents médicaments connus et mentionnés par Avicenne, il n'en retient que moins de trois cents, reconnaissant au passage l'effet vasodilatateur de l'ail, l'effet vasoconstricteur de la noix de galle, et recommandant comme un bienfait diététique et préventif l'usage immodéré de l'huile d'olive – ce que tous nos nutritionnistes contemporains ont confirmé.

Vers la fin de sa vie, Averroès eut cependant à souffrir les attaques tolérées, voire encouragées, par un nouveau souverain qui se raidissait dans la lutte contre les chrétiens – lesquels entamaient alors la Reconquête au nord du pays –, laissant le champ libre à une nouvelle orthodoxie plus ou moins fanatique. Le climat d'ouverture intellectuelle et de tolérance qui avait fait la gloire d'al-Andalus allait bientôt disparaître. C'était déjà, et pour toujours, la fin de la « Renaissance de l'Islam ». En 1197, des livres d'Averroès seront même brûlés à Marrakech et à Cordoue. À cette occasion, l'un de ses disciples devra fuir la persécution déclarée par les Almohades. C'était un Juif érudit, Maïmonide.

Il faut rappeler ici que depuis l'époque où l'Islam avait bâti son gigantesque empire jusqu'à l'Espagne, les nouveaux conquérants avaient généralement respecté les croyances et les coutumes des « gens du Livre », chrétiens ou juifs. On a vu que de nombreux adeptes de la religion du Christ avaient même puissamment contribué à fonder la médecine arabo-musulmane. Les praticiens juifs ne s'étaient pas moins distingués qu'eux.

Contemporain de Rhazès, à la fin du IXe siècle, Ishaq ibn Suleyman al-Israili, Isaac le Juif, né à Kairouan vers 880, avait ainsi acquis une renommée enviable. Notamment connu pour ses travaux dans le domaine de l'ophtalmologie, il fut l'auteur de traités sur les fièvres *(Kitab al-Hummayat)* et sur l'uroscopie *(Kitab al-bawl)* ou encore sur le régime *(Kitab al-agdiya)*, au demeurant très fidèles à Galien et Hippocrate et que l'on traduisit en latin dès la fin du XIe siècle. On a surtout retenu son *Guide du médecin*, perdu dans sa version arabe mais connu en hébreu, traduit lui aussi et imprimé à Padoue dès 1487. Ses œuvres complètes, *Opera Omnia Isaaci*, éditées à Lyon en 1515, inspireront du reste des générations de praticiens européens.

Au-delà de ses contributions proprement médicales, il nous a livré quelques réflexions qui nous en disent long sur l'attention qu'il portait – avec sans doute nombre de ses confrères – aux relations subtiles et complexes qui s'établissent entre le malade et son médecin. Convaincu sans doute par une longue pratique clinique, il écrit ainsi :

> « Réconforte le patient par une promesse de guérison, même si tu n'y crois pas. Venant de toi, une telle promesse peut aider à l'œuvre de la nature. »

Toutefois, malgré ces pieux mensonges, éclairé probablement aussi par l'expérience, il n'oublie pas de mettre de gardes son confrère :

« Réclame tes honoraires lorsque la maladie est à son point culminant, car une fois guéri, le malade aura certainement oublié ce que tu auras fait pour lui »...

Le plus grand médecin juif de l'Espagne musulmane reste cependant Rabbi Moshe ben Maïmon, que le monde arabe connaîtra sous le nom de Musa ibn Maymun al-Qurtubi et que l'Occident appellera Maïmonide.

Né en 1138 à Cordoue, il dut fuir encore très jeune les persécutions des Almohades et, après quelques années d'errance avec sa famille, il gagna Fès puis la Palestine, avant de s'établir enfin à proximité du Caire.

Au fil des ans, il édifia une œuvre de philosophe, de moraliste et surtout de talmudiste, dont son célébrissime *Guide des égarés* reste l'un des plus brillants témoignages. Celui que les chrétiens eux-mêmes qualifieront de « grand aigle de la synagogue », exerça aussi la médecine et y acquit une renommée telle qu'il comptera à la fin de sa vie parmi les médecins de l'héritier de Saladin, Richard Cœur de Lion ayant, dit-on, tenté en vain de le prendre à son service...

C'est d'ailleurs à son dernier maître qu'il dédiera l'un de ses plus fameux traités, sur le *Régime de la santé (Tadbir al-Sihha)*. Plusieurs autres s'y ajoutent, portant sur les relations sexuelles, l'asthme, les poisons, sans compter de pertinents commentaires de Galien et d'Hippocrate. Esprit indépendant et libre, dans son ouvrage sans doute le plus original, les *Aphorismes de Moïse (Kitab al-fusul Musa)*, il n'hésite pas à mettre en balance les affirmations des deux pères fondateurs de la médecine et les observations qu'il a retirées de sa propre expérience. Enfin, dans sa *Prière médicale*, version juive du serment d'Hippocrate, il livre une émouvante évocation de la déontologie médicale, en cette fin du XIIe siècle arabe qui marquait le crépuscule d'une grande époque de la médecine. Gageons qu'Avicenne lui-même n'en aurait rien renié :

« Dieu, emplis mon esprit d'amour pour l'art et pour toutes les créatures. Éloigne de moi la tentation que l'appât du gain et la recherche de la gloire ne m'influencent dans l'exercice de mon métier. Soutiens les forces de mon cœur, afin qu'il soit toujours prêt à servir le pauvre comme le riche, l'ami et l'ennemi, le juste et l'injuste.

Fais que je ne voie que l'être humain dans celui qui souffre. Fais que mon esprit demeure clair en toutes circonstances, car grande et sublime est la science dont l'objet est de conserver la santé et la vie de toutes les créatures.

Fais que mes patients aient confiance en moi et en mon art, et qu'ils suivent mes conseils et mes prescriptions. Éloigne de leur lit les charlatans, la cohorte des parents aux mille conseils et les gardes-malades qui savent toujours tout ; c'est une engeance dangereuse qui fait échouer par vanité les meilleures intentions.

Accorde-moi, mon Dieu, indulgence et patience à l'égard des malades obstinés et grossiers. Fais que je sois modéré en toutes choses, mais insatiable dans mon amour de la science.

Éloigne de moi l'idée que je peux tout. Donne-moi la force, la volonté et l'occasion d'élargir de plus en plus les connaissances, afin que j'en fasse bénéficier ceux qui souffrent.

Amen. »

Pratique et enseignement de la médecine dans le monde arabo-musulman

L'évocation des innombrables médecins qui illustrèrent l'art de soigner dans l'Orient musulman laisse parfois le sentiment d'une décevante continuité, d'une stagnation inquiétante des connaissances. Cette impression n'est pas totalement fausse, il faut bien le reconnaître. Si quelques figures, nous l'avons vu, émergent nettement et ont acquis le mérite de traverser les siècles, on doit légitimement s'interroger sur les acquis réels de la médecine arabo-musulmane.

Hérités de la culture gréco-romaine, païenne et rationaliste, les fondements de la science médicale en Islam ne pouvaient pas échapper aux contraintes morales et religieuses du monde musulman.

Certes, la *Médecine du Prophète*, tardivement individualisée et compilée à partir du XIIe siècle comme une sorte de réaction aux « innovations » venues d'Occident, persista comme médecine populaire, mais Avicenne et Rhazès sont clairement les héritiers intellectuels d'Hippocrate et de Galien, et d'eux seulement. En ce sens, on peut bien affirmer que la médecine de l'Islam médiéval ne fut tout d'abord que le prolongement improbable et inattendu d'une aventure intellectuelle initiée en Occident plusieurs siècles auparavant. Pendant environ trois siècles, une religion conquérante venue du désert a su accueillir et préserver une part immense de la culture antique.

Dans certains domaines, les médecins musulmans ne pouvaient cependant guère contribuer au progrès des connaissances : ainsi de l'anatomie, devenue parmi eux une discipline purement intellectuelle, se bornant à reproduire, sans possibilité de les vérifier, les conceptions de Galien, erronées en plus d'un endroit. Il y eut pourtant, sur un point majeur, une étonnante exception qui demeura très longtemps totalement ignorée.

Au XIIIe siècle, un médecin du Caire, Ibn al-Nafis, d'origine syrienne, écrivit un surprenant *Commentaire anatomique du Canon d'Avicenne (Sharh Tashrih al-Qanun)*. Surprenant, en effet, à un double titre : en premier lieu parce qu'il traduisait un intérêt peu commun en terre d'Islam pour les études anatomiques ; en second lieu parce que, réfutant clairement Galien, le médecin syrien y décrivait le principe de la « petite circulation », c'est-à-dire de la circulation pulmonaire, quatre siècles avant Harvey !

Soit par déduction, soit par l'observation anatomique directe, sinon sur l'homme – on n'ose imaginer la transgression d'un tel tabou – du moins sur des animaux, Ibn al-Nafis affirma que la fameuse communication entre les deux ventricules du cœur, postulée par Galien et reprise par ses successeurs… n'avait aucune réalité ! Il constatait ainsi que le sang parvenait aux cavités gauches du cœur par « l'artère veineuse » depuis le poumon où, disait-il, « il s'est réchauffé ». Un ultime pas aurait donc permis, dès cette époque, de concevoir le système complet de la circulation sanguine. Malheureusement, la théorie de ce précurseur méconnu, mort en 1288, demeura apparemment ignorée en Occident. Seule la découverte fortuite d'un texte manuscrit dans les années 1930 permit d'établir rétrospectivement à côté de quel progrès majeur l'anatomie était passée, au crépuscule de la médecine arabo-musulmane.

Dans le domaine clinique, toutefois, partant d'un savoir d'abord purement livresque, les médecins de l'Islam ont développé un savoir-faire indéniable. C'est ainsi qu'on leur doit l'individualisation ou la description plus précise de quelques entités cliniques nouvelles : les pleurésies et les méningites avec Avicenne, les péricardites, l'ictère, la lithiase vésiculaire avec Avenzoar, mais aussi le diabète et le pneumothorax. Ils ont également, notamment avec Rhazès, contribué à identifier les différentes fièvres éruptives de l'enfant. Il faut également souligner des contributions importantes dans le domaine de l'ophtalmologie – les pathologies oculaires étant si fréquentes dans les pays chauds et désertiques.

La chirurgie arabo-musulmane, en revanche, demeure très dépendante des auteurs antiques, notamment de Paul d'Égine, et elle semble du reste avoir peu passionné certains grands praticiens, comme Avicenne par exemple. C'est pourtant à l'hôpital de Bagdad qu'avait été établi l'usage de faire respirer par le patient, avant l'intervention, une éponge imbibée de cannabis et de jusquiame : en somme un balbutiement de l'anesthésie chirurgicale…

Quant à la thérapeutique, elle ne se singularise que par un effort de simplification, de « rationalisation » – mais sur quelles bases ! – de la pharmacopée gréco-romaine.

En fait, l'apport majeur du monde arabo-musulman semble surtout résider dans l'organisation de la pratique et de l'enseignement de la médecine.

C'est au calife Harun al-Rashid, nous l'avons vu, que l'on doit le plus ancien établissement hospitalier digne de ce nom en terre musulmane. Le *bimaristan*, comme on le nommait alors, semble bien le digne héritier, avec de notables améliorations, du *nosokomion* byzantin. Les Abbassides multiplièrent les fondations, d'abord à Bagdad puis au Caire. Plus tard, toutes les grandes villes de la région compteront un ou plusieurs hôpitaux. Dans ces établissements bien organisés et largement pourvus, spacieux et aérés, de nombreux médecins de toutes confessions se relayaient, dans différentes spécialités, pour accueillir et soigner les malades. Ainsi, vers le XIe siècle à Bagdad, on trouvait environ un médecin pour trois cents habitants, ce qui était une proportion remarquable. Dans la biographie de Rhazès comme dans celle d'Avicenne, on trouve du reste de nombreuses références à leurs visites à l'hôpital et à l'enseignement qu'ils y délivraient aux plus jeunes. Sur ce point aussi, un progrès décisif avait été accompli.

Dès le début du XIe siècle, parallèlement aux *bimaristans* et souvent dans les mêmes villes, d'autres structures se répandirent dans le Proche-Orient arabe : les *madrasas*, collèges où l'on enseignait les sciences islamiques, juridiques, théologiques, administratives, et auxquels s'adossèrent bientôt de riches bibliothèques. Dans ce même mouvement, les hôpitaux devinrent des lieux électifs de transmission des connaissances. La profession y était contrôlée, les compétences médicales supervisées par un haut-fonctionnaire *(al-Muhtasib)* et l'exercice de l'art soumis à la prestation d'un serment inspiré d'Hippocrate. À l'hôpital, chaque malade était examiné par un jeune médecin puis, selon la gravité ou la difficulté de son cas, par un praticien plus expérimenté, jusqu'à ce que le maître du lieu – Rhazès ou Avicenne – vînt trancher les problèmes les plus sévères ou disserter devant les étudiants sur les signes observés et sur les traitements qu'on pouvait leur opposer. Haly Abbas nous a laissé un vivant témoignage de cet enseignement au lit du malade :

> « Parmi les choses qui incombent à l'étudiant, il doit être constamment dans les hôpitaux, apporter une attention soutenue aux conditions dans lesquelles se trouvent les malades, interroger fréquemment sur leur état et leurs symptômes, enfin conserver à l'esprit ce qu'il a lu sur les variations de ces symptômes et les indications qu'on peut en tirer, soit en bien soit en mal. Si l'étudiant agit ainsi, il atteindra un haut degré de perfection dans son art. »

Nombre d'étudiants contemporains, à n'en pas douter, se reconnaîtront encore dans ce portrait.

En 1085, la prise de Tolède avait déjà porté à l'empire musulman d'Espagne un coup sévère. À partir de la fin du XIe siècle, l'effort consenti par les royaumes chrétiens pour la *Reconquista* fut désormais irrésistible. En 1212, une immense armée infligea aux troupes musulmanes une terrible défaite à Las Navas de Tolosa. Peu après, Cordoue et Séville tombèrent aux mains des chevaliers chrétiens. Le petit réduit d'al-Andalus, à Grenade, résistera jusqu'en 1492, mais d'ores et déjà l'aventure arabo-musulmane en Espagne était achevée. Une autre époque de l'histoire espagnole commençait ; un autre temps de l'histoire de l'Islam aussi : le sac de Bagdad par les Mongols en 1258, préludant à la montée en puissance des Turcs Ottomans, qui devaient prendre Constantinople en 1453 avant d'étendre leur empire jusqu'en Égypte, mit un terme à la brillante « Renaissance musulmane ».

Bientôt, les écoles médicales de Perse et de Syrie entrèrent en décadence. Si l'école du Caire brilla encore de quelques feux au cours du XIIIe siècle, le sceptre de la médecine était de nouveau passé en Occident : la « parenthèse arabo-musulmane » de la médecine se refermait. C'est pourtant bien grâce à l'immense travail de traduction et d'approfondissement qui s'était accompli en près de trois siècles entre la Perse, Bagdad, Damas et Cordoue, que l'Europe chrétienne pouvait redécouvrir son héritage antique et tenter, dans un esprit nouveau, de poursuivre son œuvre.

Lorsque l'aventure recommença, vers le XIe siècle, sur les rives occidentales de la Méditerranée, la médecine y était presque entièrement à reconstruire.

Chapitre VI

OMBRES ET LUMIÈRES DE LA MÉDECINE AU MOYEN ÂGE

La médecine en Europe depuis le haut Moyen Âge

Lorsque l'Empire romain d'Occident disparut en 476, on constata, plus qu'on ne précipita, la fin d'un monde qui depuis déjà longtemps ne parvenait plus à se soutenir. La péninsule italique une fois conquise, pour les Germains qui avaient longtemps servi Rome avant d'en devenir les maîtres, d'immenses problèmes se posèrent dans le domaine politique et administratif évidemment, mais aussi en matière de religion et de culture.

Très tôt, les nouveaux conquérants, Goths puis Lombards, convertis au christianisme, songèrent à s'inscrire dans le sillage de la civilisation romaine dont le prestige posthume, malgré l'effondrement final, demeura presque intact. L'exercice de la médecine et la transmission des connaissances médicales, en Italie comme en Gaule – mais aussi en Espagne avant la conquête musulmane du VIIIe siècle – se firent ainsi dans des conditions entièrement nouvelles et d'ailleurs encore imparfaitement documentées.

Les nouveaux peuples vainqueurs disposaient en ce domaine de quelques traditions. En Gaule, les Celtes avaient jadis connu le pouvoir des Druides, détenteurs des légendes et connaisseurs des mystères de la nature. Guérisseurs à l'occasion, ces derniers établissaient par des procédés de divination l'origine des troubles et appliquaient dans leur art les recettes magiques et les formules sacrées qui leur avaient été léguées, mais ils n'hésitaient sans doute pas à y joindre quelques remèdes tirés des plantes – et pas seulement du mythique gui blanc recueilli sur le chêne-rouvre : la verveine, le trèfle, la jusquiame et la marjolaine figuraient dans leur pharmacopée à la fois empirique et magique. Sans l'ombre d'une doctrine anatomique ou physiologique, méconnaissant toute clinique rationnelle, cet art traditionnel de guérir ne faisait cependant pas une médecine.

Quant aux Germains, ils apportaient avec eux une médecine tout aussi magico-religieuse où le guérisseur, le *lachner*, chassant les démons, invoquait aussi le dieu Wotan qui présidait à des guérisons fondées sur les plantes et les pierres magiques.

Or, au début du VIe siècle, lorsque Théodoric, roi des Ostrogoths et beau-frère de Clovis, entreprit de constituer sous son règne un royaume qui rassemblerait Germains et Romains, il résolut de le faire selon les normes de l'empire déchu : « *Delectamur jure romano vivere* », proclamait-il à Ravenne – « Nous apprécions de vivre selon la loi romaine. » Il faut dire que, retenu comme otage dès l'âge de sept ans à la cour de Constantinople, le jeune Barbare y avait appris le grec, le latin, et s'était imprégné de culture antique.

C'est dans ce climat que purent être rassemblées quelques bribes de l'ancien savoir médical de Rome car, malgré les vicissitudes de l'État, tout n'avait pas été perdu.

Rappelons que la médecine romaine n'avait jamais été vraiment structurée sur le plan institutionnel, notamment en vue de son enseignement, malgré quelques tentatives au IVe siècle, nous l'avons vu. Sans doute pour cette raison, elle ne disposait que fort peu d'écrits en latin, si l'on excepte les œuvres alors bien oubliées de Pline et de Celse et, par exemple, au Ve siècle, le *De medicamentis* du Bordelais Marcellus Empiricus, au nom évocateur. Or, la connaissance de la langue grecque, même chez les lettrés, ayant marqué en Europe un profond recul après la chute de l'Empire, c'est d'abord en traduisant en latin des textes grecs que les médecins du royaume ostrogoth commencèrent à récupérer les acquis épars de l'ancienne médecine romaine.

En faisant venir auprès de lui, pour l'établir comme chancelier, Aurelius Senator Cassiodorus, Théodoric le Grand lui-même donna à ce mouvement sa première impulsion. Celui que l'histoire retint sous le nom de Cassiodore présida pendant sa longue existence, au cours du VIe siècle, à la réforme des études des clercs et introduisit dans leur cursus des notions médicales, faisant traduire et commenter des textes d'Hippocrate, de Galien et d'Oribase, mais aussi de Coelius Aurelianus, qui avait notamment traduit au Ve siècle la *Gynécologie* de Soranos. Cassiodore y contribua lui-même dans ses *Instructions des sciences divines et profanes (Institutiones divinarium et saecularium lectionum)*. À la cour de Théodoric, un médecin d'origine grecque, Anthimus, produisit aussi une œuvre originale, un traité de diététique intitulé *De observatione ciborum*, qui connut un succès durable.

Au VIIe siècle, un grande partie de l'œuvre d'Alexandre de Tralles fut à son tour disponible en latin et, dans ses fameuses *Étymologies*, Isidore de Séville, l'un des derniers témoins de la culture classique dans l'Espagne wisigothique avant la conquête arabe, qualifiant la médecine de « seconde philosophie », consacra quelques pages à définir certaines notions d'anatomic, dc physiologie et de pathologie.

On ne doit cependant pas se méprendre sur la portée de cette fugace renaissance de la médecine romaine au VIe siècle : son bilan est assez modeste.

En premier lieu, seules de rares sources anciennes furent traduites, et en particulier un très petit nombre de traités de Galien. Ensuite, on y trouve surtout quelques mentions cliniques, quelques astuces diagnostiques, quelques aperçus thérapeutiques : ce sont, pour l'essentiel, des compilations hâtives assorties de quelques brefs commentaires pratiques ; aucune vaste perspective anatomique ou physiologique n'y est proposée. Une question mérite ici d'être posée : à qui ces textes, qui eurent au moins le mérite d'exister, étaient-ils destinés ? Qui pouvaient-ils bien intéresser ?

En ce qui concerne les textes de Soranos, une source de l'époque, Moschion, lui-même traducteur de la *Gynecologia*, nous apprend que les sages-femmes ignorant généralement le grec, le besoin de textes latins pour assurer leur formation se faisait cruellement sentir. Toutefois, en dehors de ce cas particulier, il apparaît que les autres textes relevaient essentiellement de l'activité médicale qui s'était développée au sein des monastères. En effet, malgré un essai de réglementation de la pratique médicale et de rétablissement des anciens *archiatres* publics, la « médecine laïque », qui connut un bref renouveau sous Théodoric, disparut assez vite dans les désordres politiques et sociaux d'un royaume mal assuré : avant le XIe siècle, en Europe, la médecine restera avant tout monastique.

Né en Orient, en Cappadoce, en Syrie, en Égypte, le monachisme gagna l'Europe au début du VIe siècle. Vers 530, saint Benoît fonda au Mont-Cassin, en Italie, le premier monastère d'Occident et remit à ses moines la première règle de l'Ordre.

De cette fondation jaillirent de nombreuses autres un peu partout en Europe, mais d'abord en Italie, près de Pavie, puis dans les pays germaniques, comme à Saint-Gall ou Cologne, enfin en Angleterre, à Oxford, York ou Canterbury. Plus tard d'autres ordres naquirent, notamment en France avec Cluny, Clairvaux ou Cîteaux.

Quoique parfois rivales, les abbayes formèrent en quelques décennies un réseau uni par de solides relations institutionnelles et une communauté de vie. Havres d'ordre, de savoir et de paix en des temps troublés et dangereux, ces établissements religieux répondaient partout à une triple mission : spirituelle, érudite et charitable. La médecine était éminemment au confluent de ces trois préoccupations.

En Syrie, on s'en souvient, les monastères avaient déjà reçu et préservé de nombreux textes grecs qui devaient servir de base aux premières traductions arabes. Vers 551, Cassiodore à son tour fonda en Italie du Sud, à Vivarium, près de Squillace, un monastère où l'on mit en pratique le programme d'enseignement qu'il avait établi. Particulièrement chez les Bénédictins, moines également consacrés par leur règle à la prière et à l'étude, on se livra à une incessante et intense activité de copie, mais parfois aussi de commentaires et de glose, de tous les textes antiques disponibles. Parmi les traités relevant des sept arts libéraux[1], des sciences sacrées, du droit, des sciences naturelles, la médecine figurait en bonne place et devint, en quelque sorte, une discipline de la vie monastique.

Toutefois, la conception chrétienne de la *caritas*, de l'amour fraternel, et la nécessité morale de porter aide et assistance aux pauvres et aux faibles, selon le principe qui faisait d'eux comme des images vivantes du Christ, devaient conduire les moines à mettre en pratique les connaissances qu'ils avaient acquises. À l'ombre du *scriptorium*, où s'accomplissait la transmission du savoir, allait naître l'*hospitium*.

Des quelques lits initialement réservés aux moines malades, de simples infirmeries conventuelles, on fit peu à peu des centres qui accueillaient les malades de toutes provenances, notamment ceux qui travaillaient dans le ressort de l'abbaye et souvent lui appartenaient comme les terres et les domaines attenants. Ces établissements de portée plus large furent souvent qualifiés d'« hôtels-Dieu », comme celui de Paris, fondé en 829. Au début du IXe siècle, chaque évêché en comptait au moins un, parfois d'une taille imposante, comme celui que Cluny construira en annexe au monastère, capable de recevoir quatre-vingts malades. Dans le même esprit, afin de soigner les pèlerins en route pour Compostelle ou la Terre sainte, naîtront au XIIe siècle les ordres

1. Le *trivium* (grammaire, rhétorique, dialectique) et le *quadrivium* (arithmétique, géométrie, astronomie, musique).

hospitaliers, au premier rang desquels l'ordre de Saint-Jean-de-Jérusalem[2], fondé à la suite de la première croisade (1095-1100), dont la mission essentielle sera d'entretenir et de faire fonctionner des dizaines d'hôpitaux, de l'Europe à la Palestine.

Détenteurs d'un savoir limité par des sources antiques parcellaires, reçues et transmises sous une forme délibérément simplifiée, clercs et infirmiers monastiques ne pratiquaient pas une médecine savante et ne cherchaient pas, du reste, à faire progresser l'art de guérir mais tentaient simplement de soulager les misères de leurs semblables. Si leurs diagnostics étaient sans doute sommaires, leurs moyens thérapeutiques souffraient aussi d'indigence. Au vrai, ces derniers se limitaient à la pharmacopée car, en vertu de l'adage *« Ecclesia abhorret a sanguine »* (« l'Église a horreur du sang »), les moines s'interdisaient tout geste chirurgical. Eu égard à leur absence totale de formation et à leurs connaissances anatomiques absolument rudimentaires on ne peut qu'approuver rétrospectivement leur abstention, mais cette attitude eut aussi pour conséquence d'abandonner les patients aux mains des barbiers improvisés, des chirurgiens de rencontre, charlatans en puissance que ne contraignait aucune règle et qui contribuèrent sans doute à ternir encore, et pour longtemps, l'image et la réputation des manieurs de lancette et de bistouri…

En revanche, un art nouveau se développa au sein des monastères : celui du jardin médicinal établi dans les cloîtres, où l'on cultivait toutes sortes d'herbes selon les indications puisées dans Dioscoride ou Oribase. Divers remèdes, plus ou moins complexes, y étaient préparés et disponibles en permanence pour répondre aux besoins : leur conservation rendit ainsi nécessaire la construction de pharmacies. De ces expériences naquit une littérature très prisée : celle des *Hortuli* (« jardins »), désignant génériquement de petits livres, souvent rédigés en vers, qui décrivaient les variétés de simples en usage en médecine et la manière de

2. Fixé ensuite à Rhodes, puis à Malte qui lui laissera son nom.

les utiliser. À ce genre se rattache notamment le *Commentarium medicinale* de Benoît Crispus, qui fut ensuite archevêque de Milan, au début du VIIIe siècle, en 241 vers hexamétriques, et bien plus tard le *De viribus herbarum (Des vertus des plantes)*, composé de 2 269 hexamètres écrits par Odon de Meung, abbé de Saint-Martin de Tours au XIIe siècle, sous le pseudonyme de Macer Floridus.

De là aussi vint la tradition, maintenue jusqu'à nos jours mais désormais sous-traitée, des liqueurs monastiques aux vertus médicinales supposées, de ces « élixirs de jouvence » aux multiples plantes qui firent la fortune des abbayes… et parfois aussi la damnation des moines si l'on en croit Alphonse Daudet[3] !

Cette première version de l'hôpital en Europe ne comportait pas, comme en Orient, de dimension pédagogique. Sans doute le savoir se transmettait-il de moine en moine, par la pratique et l'exemple après quelques lectures, mais ces hôpitaux n'étaient en rien des écoles. Un premier changement intervint sous l'Empire de Charlemagne, au IXe siècle.

Le royaume des Francs, devenu nouvel Empire d'Occident en 800, vit s'épanouir la « Renaissance carolingienne » et se déployer un effort considérable pour réorganiser l'enseignement dans tous les domaines, sous les auspices d'un érudit d'origine anglaise, Alcuin d'York. Les capitulaires publiés dès le début du règne ajoutèrent ainsi officiellement au programme des études, en plus du *trivium* et du *quadrivium*, des notions de médecine sous le nom de *physica* (du grec *physica*, « connaissance de la nature »[4]). Raban Maur, moine bénédictin originaire de Mayence et disciple d'Alcuin, abbé de Fulda au milieu du IXe siècle, lui-même auteur

3. Cf. « L'élixir du Révérend Père Gaucher », dans *Les Lettres de mon moulin*.

4. D'où le nom de « physicien » pour désigner le médecin, terme souvent utilisé en français au Moyen Âge et qui subsiste dans l'anglais « *physician* » toujours en usage.

encyclopédique, se pencha aussi sur les plantes médicinales comme son propre élève, le célèbre Walahfrid Strabo, abbé de Reichenau près de Constance vers 840, qui laissa un fameux *Hortulus* décrivant les herbes du jardin médicinal de son abbaye : la sauge, l'absinthe, le pavot et la menthe y figurent notamment. Avec de tels hommes, la médecine des monastères – qui redevenait graduellement une discipline d'étude – prenait un tour nouveau, car tous étaient d'immenses érudits et non d'obscurs copistes.

C'est grâce à un homme de leur trempe, de leur envergure, venu d'Afrique du Nord, que l'accomplissement de cette période de transition allait enfin s'opérer. En quelques décennies, grâce à lui et à quelques autres, la médecine de Rome et d'Athènes, oubliée depuis environ six siècles, allait revenir en Europe, « ni tout à fait la même, ni tout à fait une autre »...

L'œuvre des traducteurs latins :
Constantin l'Africain et Gérard de Crémone

Par un singulier retour de l'histoire, c'est dans la littérature médicale de langue arabe que l'Occident, à partir de la fin du XIᵉ siècle, retrouva la tradition perdue d'Hippocrate et de Galien.

Le pionnier et l'un des acteurs les plus brillants de cette redécouverte fut Constantin l'Africain qui naquit sans doute vers 1015 ou 1020 à Carthage, près de l'actuelle Tunis. Nombre de points de sa biographie, qui repose en grande partie sur le récit qu'en fit une cinquantaine d'années après sa mort le Diacre Pierre, sont sujets à caution. On sait toutefois que Constantin était chrétien, pas nécessairement converti, comme on a pu le dire, car des familles chrétiennes avaient toujours subsisté en Afrique du Nord sous la domination musulmane, notamment autour de Kairouan où, du reste, un brillant enseignement médical s'était également développé au cours du Xᵉ siècle. Ayant appris la médecine, Constantin aurait accompli pendant des années divers voyages, notamment en Syrie et en Égypte, et pour certains en Éthiopie et en Inde, mais rien n'est moins sûr.

Il demeure en revanche certain que Constantin avait acquis par ses études et son expérience une connaissance assez profonde de la médecine arabo-musulmane. Il semble que vers l'âge de cinquante ans, en proie à divers tracas, ce chrétien érudit qui maîtrisait l'arabe, le grec et le latin, ait finalement décidé de quitter la terre d'Islam pour gagner l'Italie du Sud. Ce choix était assez compréhensible. En effet, la Sicile, occupée par les musulmans vers la fin du IXe siècle, fut emportée dans la conquête normande qui s'étendit à toute la Campanie, la Pouille et la Calabre entre 1061 et 1091. Un prince fameux, Robert Guiscard, avait d'abord chassé les Byzantins de la péninsule puis, en compagnie de son frère Roger, repris la Sicile aux Sarrasins pour établir entre Naples et Palerme une dynastie normande qui durera environ un siècle. C'est auprès de ce prince, non loin de Naples, que Constantin trouva refuge à Salerne où avait déjà été établie, à cette époque, la plus ancienne faculté de médecine de l'Occident médiéval. Très vite soutenu par l'archevêque Alfanus, lui-même très désireux de voir renaître la culture gréco-romaine et auteur d'un traité intitulé *Les Quatre Humeurs du corps humain (De quatuor humoribus corporis humani)*, Constantin y commença ses traductions. Plus tard, il se rendit enfin au monastère du Mont-Cassin, distant d'à peine cent cinquante kilomètres, où l'abbé Desiderius – qui deviendra le pape Victor III – l'accueillit parmi ses moines lettrés, dans la tradition toujours vivante de leur fondateur saint Benoît. Constantin s'y établit et pendant environ dix ans, jusqu'à sa mort en 1087, il poursuivra un intense travail de compilation et de traduction en latin de sources médicales arabes.

Or, le travail discret qui s'accomplit pendant ces brèves années eut une influence déterminante sur l'évolution ultérieure de la médecine en Europe. Constantin, en effet, ne traduisit pas tout, loin s'en faut, de l'immense *corpus* que constituait alors le savoir médical arabe. Son choix, probablement surtout dicté par le hasard des ouvrages disponibles et des documents d'origines diverses qui vinrent en sa possession, contribua dès l'origine à orienter la future pensée médicale du Moyen Âge.

Assez naturellement, les premiers textes que traduisit Constantin étaient issus de l'école médicale établie à Kairouan au Xe siècle et qui avait donné quelques beaux fleurons. Ainsi, Isaac le Juif, on s'en souvient, avait notamment laissé trois fameux traités sur les urines, les fièvres et la diététique *(De urinis, De febribus, De dietis)*. Constantin y ajouta un ouvrage écrit par un des élèves d'Isaac le Juif, Ibn al-Jazzar : le *Viatique du voyageur (Zad al-musafir)*. Toutefois, ces quelques livres, qui avaient peut-être été les manuels d'étude du jeune Constantin, donnaient une idée bien lointaine de la grande tradition gréco-romaine. Essentiellement pratiques, ils visaient surtout à faciliter le diagnostic clinique et proposaient aussi des indications thérapeutiques pour un usage commode des médicaments les plus connus. Leur portée n'était pas très considérable : le *Viaticum peregrinatorum* était même fait pour servir « au voyageur qui se dirige vers les pays lointains où il n'y a pas de médecins ».

C'est au Mont-Cassin que Constantin – que le Moyen Âge qualifiera pour cela de *Magister Orientis et Occidentis* – aborda ses traductions majeures. Deux ouvrages dominent son travail.

Le premier passera à la postérité sous le titre d'*Isagoge*. Traduit par Constantin sans aucune référence au nom de son auteur – ce qu'on lui reprochera sévèrement plus tard –, il s'agit en fait d'une adaptation partielle du *Masa'il fi l-tibb* écrit au IXe siècle, comme nous l'avons vu, par Hunayn ibn Ishaq, le désormais célèbre Johannitius des Latins. Lui aussi très populaire parmi les médecins arabes, ce *Livre des questions sur la médecine* était cependant plus ambitieux et possédait une valeur bien plus grande que les précédents. Dans sa version latine, Constantin en avait retenu les chapitres essentiels, exposant les principes de la physiologie galénique des humeurs et faisant aussi place aux différentes variétés de *pneuma* et à leur rôle dans la pathologie. Il ne s'agissait plus de recettes pratiques ni de vagues connaissances empiriques, mais d'un exposé structuré et didactique des bases de la médecine, qui fournissait à nouveau un cadre théorique à l'exercice de l'art. La traduction de Constantin fut du reste très tôt considérée comme une introduction autorisée à l'*Art médical* de Galien.

La seconde grande traduction de Constantin fut du même ordre, mais il s'attaquait cette fois à un classique plus grand encore : rien moins que le *Livre complet sur l'art médical (al-Kitab Kamel al-sinâa al-tibbiyya)* du prestigieux Haly Abbas, une des premières sommes encyclopédiques du la médecine arabo-musulmane, soigneuse et exhaustive, compilée au Xe siècle. Sous le titre de *Pantegni (Tout l'art)*, Constantin avait ainsi introduit en Occident ce que des générations d'étudiants connaîtront, sous le nom de *Liber regius*[5], comme l'une des sources majeures de la science médicale. On mesure sans peine l'ampleur de cette révélation, mais aussi l'ambiguïté qu'elle recélait pourtant.

Les médecins européens redécouvraient, certes, un continent disparu, mais il faut observer qu'en aucun cas ils n'accédaient aux auteurs classiques eux-mêmes : en dehors de quelques bribes, aucun texte important d'Hippocrate ou de Galien ne figure parmi les traductions de Constantin. On offrait donc au lecteur un système médical revu et corrigé par les premiers encyclopédistes arabes, qui eux-mêmes avaient simplifié la pensée de Galien ou l'avaient rendue compatible avec leurs préférences philosophiques ou avec les données leur propre expérience. Si l'on ajoute les effets d'une double traduction à quelques siècles de distance – de grec en arabe, puis d'arabe en latin –, on s'explique aisément

5. On se souvient que l'autre titre de l'ouvrage était *Kitab al-Malaki*, c'est-à-dire le *Livre du prince*, ou le *Livre royal*.

les obscurités et parfois les contradictions qui pouvaient apparaître en maints endroits dans les textes de Constantin.

Il y avait plus fâcheux encore. Les œuvres traduites, quoique fort estimées, n'appartenaient pas à la plus brillante tradition de la médecine arabe, celle de Rhazès et d'Avicenne notamment. Il semble que Constantin ait ignoré ces auteurs ou n'ait pu y avoir accès. Or, sans cet apport majeur, les références textuelles de la médecine médiévale auraient manqué singulièrement d'envergure.

C'est à Gérard de Crémone, au XIIe siècle, qu'il appartint de combler cette lacune. Sa biographie, elle aussi, est incertaine. Originaire de Lombardie, le futur traducteur d'Avicenne se révéla très jeune comme un esprit curieux de toutes sortes de connaissances, en philosophie, en mathématiques et en astronomie notamment. C'est même, rapporte la chronique, pour découvrir le grand ouvrage écrit par l'astronome Ptolémée au IIe siècle, l'*Almageste*, disponible en arabe, qu'il se rendit à Tolède afin d'y apprendre cette langue et y étudier tous les manuscrits qui l'intéressaient. Il s'y fixa puis, devenu chanoine dès 1157, *« magister Gerardus »* dédia les trente derniers années de sa vie à composer des versions latines de quelques grands ouvrages de la philosophie, de la science et la médecine arabes. Alors que Constantin l'Africain s'était rendu en Italie pour y apporter les manuscrits arabes, Gérard de Crémone avait rejoint l'Espagne arabo-musulmane pour accéder à la source du savoir. De la deuxième vague de traductions qu'il initia ainsi devait résulter le *corpus* presque définitif des connaissances médicales des médecins européens du Moyen Âge.

L'apport nouveau de Gérard de Crémone fut essentiel, qu'on en juge : l'*Introduction à l'art médical* puis le *Liber ad Almansorem* de Rhazès, le *Canon* d'Avicenne, la *Chirurgia* d'Abulcasis (trentième livre de son Encyclopédie), sans oublier le *Breviarum* de Sérapion (Ibn Sarabiyun, qui vécut au IXe siècle). Il fit mieux encore en traduisant directement du grec quelques traités de

Galien, enfin accessible sans intermédiaire, tandis que ses collaborateurs et quelques successeurs poursuivirent et complétèrent son œuvre pendant plusieurs années.

Le retentissement de ce travail fut considérable. Dès le XIIIe siècle, Rhazès et Avicenne furent mis au programme des universités qui naissaient alors, et la *Chirurgia* d'Abulcasis inspirera les premières œuvres originales du Moyen Âge, comme la *Grande Chirurgie* de Guy de Chauliac.

Vers la fin du XIIIe siècle, la vaste entreprise de traduction fut pratiquement achevée. En environ deux siècles, tout un savoir avait été restitué. Il fallait désormais le faire revivre, le transmettre et le mettre en pratique.

Les premières écoles : Salerne, Montpellier

Sans doute dès la fin du VIIe siècle, dans le sillage du Mont-Cassin tout proche, les moines bénédictins avaient fondé à Salerne un hôpital qui devint très tôt, du fait de l'orientation de leurs travaux monastiques, un centre d'enseignement. C'était en Europe une innovation d'importance. D'emblée, cette fondation nouvelle fut en effet placée sous des auspices particuliers. Une légende veut ainsi que l'école de Salerne ait été créée par quatre savants médecins : le Grec Pontus, l'Italien Salernus, le Juif Helinus et le Sarrasin Adela. Rien n'est moins probable, on s'en doute, mais cette fable révèle que Salerne, au confluent des mondes chrétien et arabe, placée sous le signe du regain des études grecques et latines, avait établi un lieu nouveau d'enseignement, en l'occurrence une école de médecine.

Il est en tout cas certain que dès le IXe siècle la réputation de ses praticiens était assez largement connue en Europe : Charles le Simple, roi de France, fera appel à eux et, à la fin du Xe siècle, l'évêque Adalbéron, résidant à Verdun, ira jusqu'à Salerne pour tenter de soulager une lithiase urinaire.

Un autre fait remarquable est la séparation précoce qui s'opère entre les religieux et les médecins laïcs. Si des clercs médecins continueront pendant longtemps à y enseigner, l'institution se dégagera en fait de la tutelle ecclésiastique. Une structure se met en place à Salerne qui servira de modèle à nombre d'universités médiévales : à la tête de l'école, un *Collegium hippocraticum* de dix médecins élit en son sein un *praepositus*, doyen de la faculté en quelque sorte. Les maîtres sont rétribués par leurs étudiants, la majorité des enseignants est composée de laïcs, et si le légendaire cofondateur sarrasin, Adela, n'eut apparemment pas de successeur, plusieurs médecins juifs laisseront leur nom dans les annales de l'école.

Cette évolution, dont Salerne fut l'une des pionnières, répondait aussi aux souhaits de l'Église. Dès le début du XIIe siècle plusieurs conciles (Clermont en 1130, Latran II en 1139, Tours en 1163) avaient prohibé la pratique de la médecine par les moines, et en 1219, il leur fut même rappelé qu'ils ne pouvaient pas quitter leur monastère pour aller étudier la médecine *(physica)*. Quant à Honorius III, pape en 1216, il fit interdiction aux clercs d'exercer la médecine en ville – ce qui suppose que le cas se produisait souvent et qu'on manquait donc cruellement de bons médecins laïcs. Ces mesures ne furent pas toujours respectées et n'eurent pas immédiatement les effets escomptés, mais elles facilitèrent évidemment la montée en puissance d'une médecine essentiellement laïque pour se substituer à celle des monastères, qui mit toutefois assez longtemps à disparaître tout à fait.

En 1231, Frédéric II de Hohenstaufen, empereur germanique et successeur des Normands en Sicile, engagé dans une lutte sans merci contre le pape, confirma le privilège de l'école salernitaine, dont le *Collegium* était seul habilité à autoriser l'exercice de la médecine, au terme de cinq années d'études. Pour la première fois, des enseignants portant officiellement le titre de *Magister* tentèrent de structurer le savoir médical universitaire, en lien étroit avec l'hôpital, qui devenait à son tour, comme jadis en

Orient, un lieu de soin et d'acquisition de l'art. Jusqu'à la fin du XIIIe siècle, l'école allait briller de feux sans pareils qui vaudront à Salerne d'être surnommée *Civitas Hippocratica.*

Avant le XIe siècle, l'enseignement médical de Salerne fut fondé sur quelques textes relativement simples, fragments épars, nous l'avons dit, de la science médicale antique. Une méthode, cependant, s'était mise en place, un intérêt pour l'étude systématique et la confrontation clinique : une sorte de redécouverte empirique de la méthode hippocratique. En témoignent quelques œuvres originales des maîtres salernitains, comme l'*Antidotaire* de Nicolas, sorte de formulaire thérapeutique pour pratique de routine à l'hôpital, ou le *Passionarius* du maître Gariopontus. On doit en rapprocher, au XIe siècle, la *Practica* de Petroncello, élève du précédent, là encore très orientée vers l'usage quotidien. Toutefois, le véritable essor de l'école se produisit grâce aux travaux de Constantin l'Africain. Les médecins de Salerne en furent naturellement les premiers destinataires et les premiers étudiants.

Au XIIe siècle, l'école atteignit son apogée. Quelques ouvrages en portent témoignage et nous permettent de bien cerner la théorie et la pratique de la médecine à cette époque.

Le premier d'entre eux est le *De aegritudinum curatione (De la guérison des maladies)*, immense encyclopédie de cent soixante-treize chapitres qui parait être un recueil factice, classique attribuée à Cophon l'Ancien, mais rassemblant vraisemblablement des traités d'auteurs différents et sans doute d'époques diverses. On peut considérer que c'était au XIIe siècle le « grand livre de cours » de l'école.

Dans une tradition très classique, les fièvres sont étudiées selon leur aspect clinique et leur périodicité. Toujours considérées comme des maladies en soi, elles sont justiciables de la diète et du bouillon. On y aborde aussi les troubles nerveux, comme la somnolence ou la léthargie qu'on attribue à un abcès formé en divers endroits du cerveau. Les affections psychiques en sont bien distinguées et relèvent, selon les cas, du régime, des purgatifs ou de la saignée et de divers remèdes, sans négliger, ce qui est remarquable, un abord purement psychologique – comme les paroles apaisantes et la musique douce.

Une part importante est consacrée à la phtisie, où l'on confond diverses infections pulmonaires et la tuberculose, alors si fréquente. Dans cette maladie chronique qui évolue vers la « consomption », on recommande toujours avec Hippocrate un régime alimentaire riche et une vie calme.

Enfin, lacune notable, les affections chirurgicales sont traitées de manière très superficielle et aucun savoir instrumental réel ne se manifeste encore dans ce domaine.

La chirurgie ne pouvait en effet prospérer en l'absence d'études anatomiques sérieuses. Sur ce point, toute une science faisait encore défaut. Avec la redécouverte des textes grecs, l'anatomie redevint un objet d'étude, comme le prescriront du reste explicitement les règlements de Frédéric II. Entre la fin du XIIe et le début du XIIIe siècle, deux praticiens seront à Salerne les acteurs du renouveau de l'art chirurgical.

Roger de Salerne avec sa *Cyrurgia*, que son élève Roland de Parme enrichira de quelques *Additiones* vers 1200, nous permet de mesurer les progrès accomplis en quelques décennies.

On y étudie notamment avec soin les traumatismes crâniens, exposant les signes qui permettent de suspecter une lésion cérébrale et définissant les indications et la technique de la trépanation. Les méthodes de réduction des luxations et des fractures sont également retrouvées, de même que les indications et les gestes classiques de la cure de hernie et de la lithotomie.

Signe des temps, peut-être, de longs développements sont consacrés à des sujets plus difficiles encore, comme les plaies pénétrantes de l'abdomen – causées par un poignard, une épée ou une lance – et les lésions intestinales qui peuvent en résulter. Avec une étonnante maîtrise du problème, les auteurs recommandent notamment de protéger du refroidissement les anses intestinales extériorisées, après les avoir nettoyées à l'aide d'un éponge imprégnée d'eau chaude, et conseillent de ne pas recoudre entièrement la plaie abdominale mais d'y placer un drain, périodiquement changé, pour évacuer une éventuelle collection purulente !

Malgré ces avancées considérables, il demeure que la renommée prestigieuse dont jouira pendant longtemps l'école de Salerne reposa en majeure partie sur un ouvrage que tout le Moyen Âge relira sans cesse : le célèbre *Flos medicinae*, ou *Regimen sanitatis salernitanum.* Avec ce *Régime de santé salernitain*, c'est bien plus qu'un livre – fût-il fameux – qui se présente à nous : c'est en fait un pan entier de la pensée médicale du Moyen Âge. De nombreux ouvrages du même genre seront écrits jusque dans le cours du XVe siècle, et il importe peu qu'on ait pu douter que le premier d'entre eux ait été réellement écrit à Salerne : la caractéristique commune de ces livres est d'être toujours anonymes, en sorte que du premier au dernier, ils traduisent une conception de la « vie saine » dont la médecine a voulu être porteuse tout au long du Moyen Âge. On y trouve certaines de ses convictions les plus fortes et l'un de ses plus grands messages.

Le premier conseil des médecins médiévaux est de respirer un bon air. L'air ayant pour fonction de rafraîchir le cœur, il faut s'abstenir des fumées, des odeurs trop fortes, de l'air stagnant des pièces fermées. Il convient de préférer l'air subtil et tempéré, comme celui du printemps. Sans doute la passion traditionnelle du « bol d'air » s'est-elle constituée à cette époque. Pourtant, les auteurs du Moyen Âge ne songeaient pas nécessairement que l'air de la campagne fût préférable : bien au contraire, ils trouvaient dans l'air des villes plus de salubrité et moins de miasmes ! On pouvait cependant améliorer l'air ambiant en faisant brûler dans sa chambre, avant de s'endormir, du sel, de l'encens ou des herbes aromatiques.

Le second point mis en valeur par les *Regimina sanitatis* est la nécessité de l'exercice physique. Là encore, un lointain passé revenait en force. Certes, palestres et gymnases ne se voyaient plus guère, de sorte que les médecins recommandaient principalement la marche d'un pas rapide aux heures tempérées de la journée. L'équitation étant réservée aux classes les plus élevées, on pouvait encore, pour varier les plaisirs, transformer temporairement sa chambre en salle de gymnastique pour y faire un peu de corde à nœuds. Ces exercices pouvaient ensuite se conclure par des bains, si souvent pratiqués au Moyen Âge, et pas seulement dans ces établissement publics dénommés « étuves » à la réputation joyeuse et si controversée...

L'alimentation faisait naturellement l'objet d'une attention particulière. La préoccupation majeure des auteurs semble surtout de lutter contre la gloutonnerie volontiers attribuée à la plupart des leurs contemporains. L'habitude de l'homme du Moyen Âge est de prendre, s'il le peut, quatre repas par jour : un dès le réveil, notre petit déjeuner *(jejunium)* ; un autre en milieu de matinée *(prandium)* ; un troisième le midi *(merenda)* ; un dernier enfin vers six heures du soir *(cena)*. Les médecins conseillaient vivement de s'en tenir à deux : le *prandium* vers dix heures du matin et la *cena* en fin d'après-midi.

En dehors du pain qui constituait la base de l'alimentation, l'auteur du *Regimen* préférait la volaille à toutes les autres viandes, comme étant plus proche de la complexion humaine, mais aussi le poisson, tout en regrettant qu'il soit le plus souvent consommé sous forme séchée ou salée – pour des raisons de conservation : rappelons qu'au Moyen Âge, environ cent cinquante jours par an étaient « maigres » et imposaient l'abstinence de viande à tous les chrétiens.

Pour les auteurs des *Regimina*, le sommeil était un moment important de réparation des désordres du corps : pendant cette période, notamment, les esprits vitaux circulaient et la chaleur se répartissait mieux entre les différents viscères. C'était surtout, à leurs yeux, la condition nécessaire à une bonne digestion, véritable obsession des médecins médiévaux. Désapprouvant généralement la sieste de l'après-midi, les auteurs recommandaient huit à dix heures de sommeil, de préférence dans un lit dont la tête était surélevée afin de prévenir la régurgitation des aliments ! On privilégiait enfin la position latérale, alternativement droite et gauche, dormir sur le ventre ou le dos exposant à des affections diverses.

Renouant avec une vieille notion hippocratique, les praticiens, qui redoutaient plus que tout la pléthore, voyaient encore dans la purgation préventive le meilleur moyen d'empêcher la survenue des maladies : l'élimination des déchets du corps et des « humeurs peccantes » (c'est-à-dire mauvaises, du latin *peccantes*, « fautives, coupables ») devait se faire de préférence le matin par la prise d'émétiques, de purgatifs intestinaux, la saignée, les ventouses ou les sangsues.

Le Moyen Âge a été généralement propre, et les *Régimes de santé* insistent aussi sur la toilette quotidienne soigneuse, sans oublier l'hygiène dentaire ni celle des oreilles.

Enfin, n'omettant aucun détail, les auteurs conseillaient de recourir aux bienfaits du coït pour éliminer le sperme parfois fâcheusement accumulé dans les testicules par la « troisième digestion ».

Au XIIIe siècle, dans le brillant sillage de Salerne mais aussi en rivalité avec elle, un nouveau foyer de l'enseignement médical apparut à Montpellier. Pendant tout le Moyen Âge ce sera, avec Paris, l'une des deux grandes facultés de médecine en France, Montpellier même, achetée par la France en 1349, n'ayant d'ailleurs été définitivement intégrée au royaume que dans le dernier tiers du XIVe siècle.

L'histoire richement documentée de cette école nous permet d'évoquer ici la genèse et la vie quotidienne d'une grande université au Moyen Âge.

Situé sur l'une des routes traditionnelles du pèlerinage de Compostelle – celle qui partait de Notre-Dame du Puy et qu'on appelait la *Via Podiensis* –, Montpellier était depuis de nombreux siècles un carrefour culturel et marchand. L'accueil et le soulagement des pèlerins et des voyageurs avaient d'ailleurs très tôt suscité la création de petites hôtelleries-hospices, le plus souvent entretenues par des moines. Vers 1173, Benjamin de Tudèle, un grand voyageur de passage dans la ville, rapporte avec étonnement la diversité des nationalités qu'il a pu croiser dans les rues :

> « [...] des chrétiens, des Sarrasins, des Arabes, des Lombards, des Romains, des Égyptiens, des Juifs, des Grecs, des Gaulois, des Pisans, des Génois, des Espagnols et même [ajoute notre témoin au comble de la surprise] des Anglais. »

Un tel brassage de populations ne pouvait que favoriser la cheminement des connaissances. Au cœur de ce Languedoc aux liens alors si forts avec la péninsule Ibérique, où de nombreux familles juives, et parmi elles beaucoup de médecins, s'étaient établies en paix dès le IXe siècle – comme à Narbonne, à Béziers et surtout à Lunel –, Montpellier avait très tôt connu une activité médicale.

On prétend ainsi qu'en 1137, l'archevêque Adalbert de Mayence, avide de connaissances, serait venu du cœur de l'Europe pour étudier la médecine à Montpellier. Vers 1160, la réputation de la ville est même si bien établie en ce domaine que Jean de Salisbury, évêque de Chartres, peut écrire :

> « Certains se rendant compte de leur propre ignorance en philosophie[6], s'en vont à Salerne et Montpellier, et là, s'attachant à des médecins, deviennent bientôt des médecins eux-mêmes, aussi habiles en cet art qu'ils l'étaient auparavant en philosophie. »

En janvier 1180, Guilhem VIII, seigneur de Montpellier, publia du reste un édit imposant que « tous, quels qu'ils soient,

---

6. Rappelons que pour Isidore de Séville, la médecine était une « seconde philosophie ».

de quelque pays qu'ils viennent, puissent, sans être inquiétés, donner l'enseignement de la physique[7] à Montpellier ».

Il faut observer qu'à cette époque ancienne, il n'existait pas à proprement parler de faculté à Montpellier. Pour y apprendre l'art, comme le décrit très bien Jean de Salisbury, on « s'attachait » à un médecin librement établi dans la ville comme *magister* en vertu de l'édit de Guilhem. Ce maître travaillait seul, chez lui, affichant chaque jour sur sa porte le sujet de ses cours et les heures de ses visites. Le matin, ayant assemblé autour de lui des élèves, il commentait d'abord pour eux les grands et rares ouvrages des auteurs grecs et arabes. Puis, à travers la ville, parfois peut-être dans l'un de ces hospices dont nous avons parlé, il se rendait au chevet des malades, prodiguant de la sorte un enseignement clinique à ses disciples. Ses visites achevées, il allait enfin chez un apothicaire pour lui confier ses prescriptions du jour. Il restait alors à chaque étudiant, qui rétribuait son maître, à reprendre le soir les leçons et les expériences du jour. Au cours de cette formation qui était très exactement un apprentissage, on suivait ainsi plusieurs maîtres successivement puis, lorsqu'on estimait avoir retiré d'eux toute la science désirable, on pouvait à son tour s'installer en toute liberté et sans diplôme pour exercer et enseigner à ceux qui le souhaiteraient.

Au début du XIIIe siècle, tout changea. En 1220, le cardinal Conrad, légat du pape Honorius III en Languedoc, édicta des statuts qui, complétés et précisés un siècle plus tard, organisèrent durablement le cursus des études dans ce qui était vraiment devenu une école de médecine.

La première partie des études durait trois ans, dont six mois devaient se dérouler obligatoirement en dehors de Montpellier. Sous la surveillance du plus ancien des maîtres, le doyen, les étudiants parcouraient tout un programme où figuraient bien sûr les

7. C'est-à-dire de la médecine, comme nous l'avons vu.

grands ouvrages d'Avicenne et de Rhazès, les *Aphorismes* d'Hippocrate, quelques traités de Galien, sans oublier Johannitius et Haly Abbas traduits par Constantin.

Au terme de cette formation, ils subissaient devant un jury un premier examen d'une durée de quatre heures qui, si l'issue en était favorable, leur permettait d'accéder au baccalauréat. Ce terme signifiait qu'ils avaient symboliquement le droit de cueillir une baie (de latin *bacca*) sur la couronne de laurier (du latin *laureus*) qui ceignait traditionnellement le front d'Apollon, ancien dieu de la médecine. Pour prix de leur réussite, il devaient alors eux-mêmes assurer trois cours consistant à lire et commenter publiquement des textes médicaux.

Venait ensuite l'examen de licence, au cours duquel l'étudiant devait soutenir quatre thèses, de deux jours en deux jours, sur des sujets qui lui étaient indiqués la veille. Huit jours plus tard, un ultime examen, dénommé les « points rigoureux », lui imposait de traiter, entre midi et quatre heures, deux sujets portant l'un sur une maladie, l'autre sur un aphorisme d'Hippocrate. S'il franchissait cette épreuve redoutée, la licence s'ouvrait à lui.

Il s'agissait d'une véritable cérémonie au cours de laquelle, au domicile montpelliérain de l'évêque de Maguelone, la Salle-l'Évêque, on lui remettait en présence de deux de ses professeurs le diplôme de son grade, lui conférant « licence », c'est-à-dire « permission », d'exercer la médecine en tous lieux. L'ultime obligation que contractait le jeune *magister* envers l'école était d'y donner des « lectures », des cours, pendant deux ans.

Cependant, certains souhaitaient aller plus loin, plus haut. Pour ceux-là, un nouveau parcours scolaire s'imposait. C'était les *triduanes*, examens qui se déroulaient sur trois jours, matin et soir, pendant au moins une heure. Les candidats devaient alors se plier au feu roulant des questions posées par le jury. En cas de succès, ils parvenaient enfin au grade suprême : celui de docteur en médecine.

La cérémonie de leur investiture dans ce grade était grandiose. Annoncé depuis la veille par la cloche, le licencié était conduit en cortège à travers la ville jusqu'à l'église Saint-Firmin. Là, devant toute l'école assemblée, maîtres et condisciples, les autorités civiles et ecclésiastiques de la ville, les amis et les proches, il écoutait les discours en latin prononcés en son honneur. Puis, c'était l'instant solennel où, guidé par son parrain, on lui remettait les insignes de sa dignité : le bonnet carré surmonté d'une houppe cramoisie, une ceinture dorée, un anneau d'or, un ouvrage d'Hippocrate et enfin l'accolade donnée par le président du jury, qui lui faisait aussitôt prêter serment. Véritable adoubement universitaire, ce rituel lui donnait enfin le droit enfin de s'asseoir au milieux de ses pairs pour enseigner avec eux la science médicale.

Comme presque toujours en pareille circonstance, la soirée s'achevait par un banquet, tandis que le nouveau docteur faisait à ses amis des cadeaux traditionnels : gants, dragées et fruits confits.

Lorsqu'en 1289 l'université de Montpellier fut créée, regroupant l'école de droit et la faculté des arts – c'est-à-dire des sciences et des lettres[8] –, les médecins consentirent à s'y associer mais, en vertu de leur ancienneté, retinrent la dénomination d'« université de médecine » et non celle de faculté. Ce n'est du reste qu'au XVe siècle qu'elle acquit ses locaux propres mais, jusqu'à la Révolution, son siège et son nom lui demeureront.

D'emblée et tout au long du Moyen Âge, l'université de Montpellier fut un haut lieu d'enseignement et même de développement de l'art médical.

D'abord parce que ce fut là que, pour la première fois en Europe depuis l'Antiquité, les études anatomiques reprirent un cours sérieux.

8. Il s'agissait en effet des sept *arts libéraux* déjà mentionnés.

À Salerne, le rejeton d'une grande famille médicale de la région, Cophon le Jeune, avait sans doute déjà produit une *Anatomie du porc*, mais elle reprenait surtout les méthodes et les affirmations de Galien. C'est peut-être aussi à Bologne, en 1316, qu'eut lieu la première dissection humaine du Moyen Âge, effectuée par Mondino dei Luzzi qui, en 1319, acheva d'ailleurs un ouvrage intitulé *Des organes du corps humain (De omnibus humani corporis interioribus membris anathomia)*. Pourtant, là encore, cette *Anathomia*, quoique présentant quelques illustrations originales, se démarque à peine des conceptions galéniques bien plus qu'elle ne procède de réelles observations autopsiques. L'auteur y fait notamment place à une anatomie symbolique qui met en correspondance les différentes parties du corps et les signes du zodiaque, en vertu d'une pensée astrologique dont l'influence sera durable, nous le reverrons, tout au long du Moyen Âge. L'ouvrage sera d'ailleurs imprimé et traduit en français au XVIe siècle encore.

Pour d'autres enfin, le première véritable redécouverte du corps humain se serait précisément produite à Montpellier, en 1315, mais plus sûrement à partir de 1340, les nouveaux statuts de la faculté promulgués alors faisant explicitement référence à la pratique de la dissection. C'est pourtant en 1376 seulement que Louis d'Anjou, lieutenant du roi, ordonna expressément qu'un corps de supplicié soit livré à l'école tous les ans, puis deux fois par an, à des fins d'étude anatomique. Certes, de nombreuses étapes demeuraient à franchir, et pendant longtemps encore, il faut en convenir, la dissection ne sera guère qu'une démonstration scolaire sans véritable esprit de recherche, tout juste destinée à illustrer les opinions de Galien, que le maître commentait livre en main devant un corps disséqué sans grande méthode. Un mouvement s'était néanmoins amorcé. Il correspondait, à Montpellier, à une pratique renouvelée : celle de la chirurgie. Cette renaissance, du reste, avait commencé quelques décennies plus tôt.

Deux maîtres chirurgiens : Henri de Mondeville et Guy de Chauliac

Il faut évoquer ici ce que l'on peut appeler l'école chirurgicale d'Italie du Nord, à partir du XIIIe siècle et au cours du XIVe où elle connaîtra son apogée. On a vu qu'à Salerne déjà, à la fin du XIIe siècle, la *Cyrurgia* de Roger de Parme, dont l'influence sera durable, avait traduit l'émergence de ce mouvement. D'autres écoles de médecine s'étaient développées dans la partie septentrionale de la péninsule. À Bologne notamment, où un *Studium* de médecine fut officiellement établi vers 1220, nous le reverrons, mais aussi à Padoue à peu près à la même époque. Dès l'origine, l'anatomie y avait été remise en honneur – avec Mondino dei Luzzi – et les études chirurgicales y avaient fait naître une littérature nouvelle, qui n'était plus seulement l'imitation servile des traités antiques.

À Montpellier, le premier nom qui s'impose en ce domaine est celui d'Henri de Mondeville. D'origine normande, né probablement vers 1260, il étudia à la fois à Paris et Montpellier. Rapidement distingué pour son talent, il devint le médecin des enfants de Philippe le Bel vers 1300 puis revint pendant un temps enseigner à Montpellier en 1304. Chirurgien attaché à la personne du roi et chargé par lui de plusieurs missions qui le firent voyager en diverses régions du royaume, et même en Angleterre, il mourut vers 1317, sans doute emporté par une tuberculose pulmonaire dont il avait lui-même mesuré la progression. À sa mort, il laissa inachevée une *Chirurgie* dont le manuscrit ne sera redécouvert qu'en 1746, mais qui exerça une forte influence sur ses élèves et ses successeurs immédiats.

Ayant acquis une expérience de chirurgien aux armées, Mondeville manifeste une réelle maîtrise du traitement des plaies, refusant notamment, en vertu de la classique explication « humorale », de susciter par des pansements humides une suppuration réputée capable d'éliminer « les humeurs peccantes », et préférant les pansements secs, « dessicatifs », régulièrement changés. Il recommande aussi ce que l'on nomme aujourd'hui le « parage » des plaies, c'est-à-dire leur nettoyage préalable au premier pansement, l'élimination des souillures et corps étrangers, et conseille de traiter avec des étoupes de lin imbibées de « bon vin fort, aussi chaud que le patient peut le supporter ». Cette méthode nouvelle avait déjà été soutenue par Hugues de Lucques et Théodoric de Cervia, tous deux chirurgiens à Bologne, où Mondeville lui-même avait aussi passé quelque temps. Ce qu'on a parfois interprété, mais sans doute avec excès, comme une première intuition de l'antisepsie se prolonge avec les plaies étendues, traitées à plat et saupoudrées, selon Henri de Mondeville, « d'onguent vert corrosif » préparé avec du vert-de-gris[9], c'est-à-dire d'un mélange à base d'oxyde de cuivre, effectivement antiseptique.

C'est pourtant son élève, Guy de Chauliac, qui marqua le plus profondément l'école chirurgicale de Montpellier et la chirurgie tout entière au XIVe siècle.

Né dans une famille de pauvres paysans de la Lozère vers 1300, Guy de Chauliac mena d'abord la vie simple d'un jeune pâtre et d'un valet de ferme. Probablement initié par ses parents aux recettes des rebouteux de la campagne, mais sans doute aussi porté par un don réel, on rapporte qu'il parvint à traiter avec succès une fracture qui avait affligé la châtelaine de Mercœur. Celle-ci, en remerciement, envoya le jeune prodige étudier à l'université de médecine de Montpellier. Maître en médecine vers 1325, il se rendit ensuite en Italie, notamment à Bologne, pour y parfaire ses connaissances, puis à Paris. En un temps où la séparation entre les chirurgiens et les médecins allait s'accomplir pour des

9. Expression attestée au XIIIe siècle sous la forme « vert de Grèce ». Dans ce pays, nous le savons, l'effet antiseptique des sels de cuivre était connu depuis l'Antiquité, notamment en pommade ophtalmique.

siècles, aux dépens des malades, il fut l'un des derniers à proclamer une certaine unité de l'art, s'honorant du titre de « maître en médecine et en chirurgie ».

C'est d'ailleurs à l'occasion de la terrible épidémie de peste qui éclata en 1348 que Guy de Chauliac fit preuve, non seulement de son courage et de son dévouement, mais aussi de son talent clinique, laissant au passage une remarquable description de la maladie, dont il faillit lui-même être victime, séparant bien la forme bubonique et la peste pulmonaire de « grande contagion ». C'est du reste de cette dernière affection que mourut alors la célèbre Laure de Noves, muse de Pétrarque, qui ne pardonna jamais à Guy de Chauliac de n'avoir pas sauvé son égérie.

La réputation du Montpelliérain ne cessa pourtant de s'étendre, notamment auprès des papes français d'Avignon, comme Clément VI, Innocent VI et Urbain V, dont il fut même le chapelain. C'est à Lyon qu'il mourut en 1368.

Vers la fin de sa vie, en Avignon, il se mit à composer sa *Grande Chirurgie*, œuvre majeure achevée en 1363 qui demeurera pendant près de quatre siècles un classique absolu, maintes fois copié puis réimprimé, véritable texte fondateur de la tradition chirurgicale française, dont Joseph Malgaigne, un grand chirurgien et anatomiste du XIXe siècle, disait encore « qu'il n'est pas un seul traité de chirurgie, grec, latin, ou arabe [qu'on] mette au-dessus, ou même au niveau de ce magnifique ouvrage ».

La *Magna Chirurgia* repose, comme toute œuvre médicale de ce temps, sur la relecture attentive des auteurs anciens comme Galien, Paul d'Égine et Abulcasis, jusqu'aux modernes, c'est-à-dire les Salernitains et naturellement Henri de Mondeville. On en doit pas perdre de vue que pour Guy de Chauliac comme pour tous ses contemporains, fussent-ils parmi les novateurs, la cohérence intellectuelle d'un texte était en soi un critère de vérité, l'expérience venant préciser ou amender certains points.

C'est ainsi qu'en certains domaines Guy de Chauliac semble même effectuer un recul, comme lorsqu'il s'oppose à la doctrine de Théodoric ou de Henri de Mondeville sur le traitement des plaies par des pansements alcoolisés au vin, affirmant que cette pratique relève d'une mauvaise interprétation de Galien et d'Avicenne ! Au demeurant, les auteurs italiens réservaient ce traitement innovant aux plaies franches, récentes et propres, continuant à pratiquer les pansements humides sur les plaies contuses et suppurées. D'autre part, la *Magna Chirurgia* fait toujours une place enviable au *séton*, une pratique très en vogue en Orient, consistant à introduire sous la peau, à l'aide d'une incision ou d'une aiguille, une bandelette de lin effilochée ou une mèche de coton imprégnée ou non de diverses substances, afin d'entretenir un foyer de suppuration localisée où viendraient confluer toutes les mauvaises humeurs…

On doit par conséquent se garder de toute vision schématique du progrès des connaissances, même en cette pré-Renaissance que constitue le XIVe siècle : Guy de Chauliac n'est pas un révolutionnaire, mais il propose indéniablement – et c'est déjà beaucoup – une synthèse nouvelle du savoir chirurgical, plus ouverte et plus proche de l'expérience.

Ainsi, en affirmant l'importance de l'anatomie, aussi bien pour le médecin que pour le chirurgien – mais pour des motifs différents –, il préfigure l'introduction officielle de la démonstration anatomique dans le cursus médical à Montpellier, en 1376, nous l'avons vu, alors même qu'une telle disposition n'entrera en vigueur à Paris qu'en 1498, même si des dissections y eurent lieu dès le début du XVe siècle. Surtout, en insistant sur l'utilité des études anatomiques pour la pratique de la médecine en général, il suggère qu'elles n'ont pas seulement qu'un but utilitaire – guider la main du chirurgien –, mais qu'elles permettent encore de mieux comprendre la vie du corps humain et ses dérèglements, en examinant la relation entre ses structures et les fonctions qu'elles exercent. À cet égard, la traduction nouvelle, procurée en 1317 par Niccolò da Reggio, du traité galénique *De l'utilité des parties du corps* était venue à point pour relancer ce débat. Certes, cette idée n'est alors que balbutiante, mais on ne peut s'empêcher d'y trouver une lointaine ébauche de ce qui sera, avec la physiologie au XVIIIe siècle et la méthode anatomo-clinique au XIXe siècle, la pensée fondatrice de la médecine moderne.

Chemin faisant, Guy de Chauliac introduit quelques préceptes : il décrit à nouveau la trachéotomie et l'intubation, préconise la traction des fractures du fémur, la suture immédiate des plaies du thorax s'il ne semble pas y avoir de lésion interne, et recommande en certaines circonstances la ligature artérielle – il n'était pas le premier, mais il faudra attendre Ambroise Paré pour que soit reconnue, sinon toujours mise en pratique, cette méthode d'hémostase des plaies d'amputation. Du reste, Guy de Chauliac lui-même n'abandonne pas le cautère. Ses compétences semblent s'être également étendues à l'art dentaire, puisque, parmi les sept livres de son copieux ouvrage, intitulé par lui *Inventarium* – titre évocateur de son extrême diversité –, il décrit un nouvel instrument destiné aux extractions et recommande avec insistance de se faire soigner les dents par un médecin plutôt que par un barbier…

Enfin, il trace aussi un portrait du chirurgien idéal : lettré, consacré à l'étude, riche d'expérience, mais surtout irréprochable dans sa vie et dans la pratique de son art :

> « gracieux au malade, bienveillant à ses compagnons, sage en ses prédictions ; […] pitoyable et miséricordieux ; non extorsionnaire d'argent, mais qu'il reçoive salaire selon son travail, les facultés du malade, la qualité de l'issue et sa dignité »

Lorsque s'éteignit Guy de Chauliac, la chirurgie, consommant son divorce d'avec la médecine, allait entrer dans une période un peu obscure, que plus tard la venue du glorieux Ambroise Paré commencera à progressivement dissiper.

À Montpellier toujours, un autre brillant praticien s'était fait connaître, dans le domaine exclusif de la médecine cette fois, avec pourtant d'autres ambiguïtés.

Arnaud de Villeneuve : médecine et irrationnel au Moyen Âge

En la personne du Catalan Arnaud de Villeneuve (Arnau de Vilanova), esprit universel et audacieux, Montpellier eut un maître qui, par les contradictions de sa vie, faite de travail et d'aventures, autant que par celles de sa pensée, illustre bien tous les contrastes de la médecine médiévale.

Né vers 1240 d'une famille juive convertie au christianisme, dans le royaume d'Aragon, comprenant le latin et l'arabe, il vint étudier la médecine à Montpellier – pour lui, la faculté la plus proche – jusqu'en 1260. Plus tard, entré au couvent des dominicains de Barcelone, il y apprit l'hébreu tout en approfondissant les Écritures. Dès 1281, il met son talent médical au service de la maison royale d'Aragon mais, après la mort du roi Pierre III, survenue en 1285, il retourne à Montpellier et s'y installe : il deviendra en 1291 *maître-régent* de l'école de médecine, jusqu'en 1299, sans jamais rompre ses liens avec l'Aragon. Cette période fut la plus fructueuse pour lui, et il y écrivit l'essentiel de son œuvre, non seulement en médecine mais aussi en philosophie, en théologie et, nous le verrons, dans des sciences plus obscures encore.

Désormais hostile aux Dominicains – fondateurs de l'Inquisition – et proche des Franciscains, il eut grâce à ces derniers accès à la pensée de Joachim de Flore, mystique italien de la fin du XIIe siècle, et évolua vers une certaine hétérodoxie millénariste, professant notamment dans son ouvrage *De adventu Antechristi* que la fin du monde surviendrait en 1378. Pour cette raison, alors qu'il séjournait à Paris pour le compte du roi Jacques II d'Aragon, il y fut inquiété par les autorités religieuses et même emprisonné temporairement en 1299 : l'intervention du roi de France et une caution de ses amis lui valurent de recouvrer la liberté. Venu à Rome pour plaider sa cause, il y fut d'abord mal reçu et de nouveau appréhendé mais, soulageant Boniface VIII d'une « maladie de la pierre », il devint de façon inattendue l'ami du pape, pour qui il rédigea même un régime de santé. Il ne put cependant éviter de connaître une fois encore la prison sous Benoît XI, à qui il avait imprudemment suggéré une réforme de l'Église. Libéré en juillet 1304, il voyagea, passant par Nice, Marseille, la Sicile, Barcelone, puis Bordeaux.

En 1308, devenu ambassadeur de Jacques II auprès de Clément V, premier pape d'Avignon élu en 1305, et ami du souverain pontife, il conseilla à ce dernier de fixer le programme des études médicales dans sa chère université de Montpellier, ce qui fut réalisé par une bulle en septembre 1309. Il trouva finalement refuge à la cour de Frédéric II de Sicile et mourut lors d'un naufrage au large de Gênes en 1311.

Dans le domaine proprement médical, l'œuvre d'Arnaud de Villeneuve est abondante. De plus, elle n'est pas seulement faite d'écrits personnels, mais également de textes traduits, comme lors de la redécouverte qui s'était produite presque deux siècles plus tôt. Révélant à nouveau plusieurs textes de Galien, d'Avicenne et d'Avenzoar, Arnaud de Villeneuve est sans aucun doute à l'origine des prescriptions de la bulle pontificale de 1309 incluant dans la liste des ouvrages imposés aux étudiants de Montpellier une quinzaine de traités gréco-arabes et marquant un retour en force de Galien « dans le texte », avec des traités comme *De la méthode thérapeutique*, *Des complexions* ou *De l'art*, mais aussi de Rhazès, auteur du *Continens* et considéré par Arnaud de Villeneuve comme le « second Galien ».

À l'aube du XIVe siècle, le projet du Catalan est assez clair : refonder une médecine rationnelle, c'est-à-dire régie par une doctrine cohérente donnant au praticien des règles précises en vue de l'action thérapeutique. Il exprime cette double exigence en affirmant qu'un médecin n'est pas digne de ce nom si sa connaissance des principes de la science *(doctrina cognitiva)* ne lui permet pas de gouverner la pratique de son art (*doctrina operativa*). Entre la voie des philosophes *(via philosophorum)* et celle des médecins *(via medicorum),* distinguées par les scolastiques en écho à un très vieux débat, Arnaud de Villeneuve refuse qu'il y ait divergence, mais il recherche au contraire une parfaite complémentarité.

Pour parvenir à cette synthèse, il se choisit un guide, Galien, préalablement rendu à sa « solide vérité », et un interprète autorisé du guide, Rhazès, qui avait eu le mérite aux yeux du maître montpelliérain de clarifier le galénisme sans pour autant le trahir, alors qu'il manifestait en revanche beaucoup plus de réticence devant l'œuvre d'Avicenne. Sur ces bases, le programme d'Arnaud de Villeneuve est de formuler un système médical compréhensible, dépourvu d'obscurités et de contradictions, et résolument tourné vers la pratique.

Dans son œuvre, on trouve une illustration de ce souci sous la forme des *experimenta*, sortes de cas cliniques, d'histoires concrètes de malades et de maladies, permettant de confronter la théorie des livres et les résultats obtenus par le praticien. Arnaud de Villeneuve s'inspirait manifestement de ces exemples tirés de la pratique, dénommés *consilia*, déjà en usage à Bologne, mais il en trouvait aussi le modèle dans les descriptions de cas concrets rapportées par son cher Rhazès et qui manquaient si cruellement, nous l'avons vu, dans les œuvres d'Avicenne. Ce désir de mettre en avant une pratique constamment réévaluée est assez caractéristique de la pensée médicale qui s'ébauche au cours des XIVe et XVe siècles. Bien que très succincte encore, cette ambition ne pouvait manquer de prospérer un jour.

En thérapeutique, Arnaud de Villeneuve distingue deux approches : la conservatrice et la réductrice.

Il a contribué à la première, qui consiste à poser des règles de vie susceptibles d'éloigner la maladie, en écrivant à son tour des *Regimina sanitatis*, dans ce genre si populaire et si prisé des patients, créé par les Italiens au siècle précédent. Au XIVe siècle, trois auteurs ont porté cette littérature préventive à son plus haut point : Bernard de Gordon, contemporain d'Arnaud de Villeneuve et régent à Montpellier en 1282, Maynus de Mayneriis, lui aussi maître-régent à Paris en 1325, et dont le *Régime* s'agrémente de recettes culinaires, enfin Arnaud de Villeneuve lui-même.

Quant à la thérapeutique réductrice, c'est celle qui fait appel aux médicaments. C'est en ce domaine qu'Arnaud de Villeneuve a donné toute la mesure de son approche méthodique. Avec ses *Aphorismes sur les degrés (Aphorismi de gradibus)*, sans doute écrits vers 1300, il tente de rationaliser la théorie des degrés attribués par Galien aux médicaments. On se souvient en effet que le maître de Pergame voyait dans les différents remèdes de la nature des niveaux de froid ou de chaud par exemple, que l'on pouvait ensuite appliquer à une maladie donnée selon la complexion du patient, c'est-à-dire selon l'équilibre des qualités (chaud, froid, sec, humide) que l'on repérait en lui. Toute la difficulté de ce système – et même tout son arbitraire apparent – était évidemment de savoir sur quoi reposait la détermination du degré d'un médicament et le dosage qu'il convenait d'utiliser : d'où la relative incohérence des indications mentionnées dans les différents traités de thérapeutique depuis l'Antiquité…

En s'inspirant d'ouvrages méconnus d'Averroès et surtout d'al-Kindi, un des premiers grands penseurs de l'Islam, surnommé le « Philosophe des Arabes » et qui fut aussi un savant mathématicien au IXe siècle, Arnaud de Villeneuve élabore un système à vrai dire assez complexe de proportions arithmétiques et géométriques visant à définir, pour un remède d'un degré donné, la dose propre nécessaire à la production de l'effet recherché. L'édifice théorique qui en résulte nécessite sans doute une bonne compréhension de la part du praticien, mais il n'est pas inapplicable. On peut évidemment douter qu'il repose sur une base réelle quelconque et il n'eut du reste qu'un très faible écho, mais l'important n'est pas là. Cet essai d'Arnaud de Villeneuve traduisait bien sa volonté d'introduire en médecine des méthodes pratiques et rigoureuses, laissant le moins de champ possible à l'improvisation.

Ce premier portait d'Arnaud de Villeneuve pourrait se suffire à lui-même et posséderait même une indéniable cohérence. Or, il se trouve qu'à côté de lui – ou dans son ombre, si l'on veut –, un autre Arnaud de Villeneuve travaille et réfléchit : ce dernier est astrologue, alchimiste et oniromancien !

Si la critique moderne a justement contesté l'attribution à Arnaud de Villeneuve de nombre d'ouvrages alchimiques et plus ou moins magiques, il demeure que cet aspect de la pensée est bien présent dans son œuvre. Le fait n'est pas surprenant et doit être correctement interprété.

S'agissant de l'alchimie, tout d'abord, si une cinquantaine d'écrits divers portant sur ce thème ont pu abusivement se présenter comme des ouvrages d'Arnaud de Villeneuve, c'est aussi parce que l'on trouve en divers endroits de son œuvre d'attribution certaine des passages qui s'y rapportent. L'un de ces livres, le *Rosaire des philosophes (Rosarius philosophorum)*, a même un réel caractère d'authenticité. Il se réfère notamment au thème de la « longue vie », qui figure ailleurs dans des textes médicaux d'Arnaud de Villeneuve. Le point principal du *Rosaire* est la production du « mercure philosophique », l'un des trois principes traditionnels de la physique alchimique (mercure, soufre et sel), à ne pas confondre, bien sûr, avec le mercure vulgaire. Produit du travail millénaire de la nature, ou de l'art de l'alchimiste – qui doit « suer sang et eau », dit le texte, et obtenir l'aide de Dieu pour y parvenir –, le mercure philosophique est une substance immatérielle, subtile et spirituelle dont un élixir pourrait être tiré, un « or potable », susceptible de guérir tous les maux.

De telles spéculations, provenant des textes de la littérature alchimique arabe, étaient courantes parmi les lettrés du Moyen Âge, et non parmi les marginaux et les égarés. Elles se référaient à une conception du monde alors souvent admise, qui voyait entre l'univers et l'homme tout un réseau de correspondances secrètes, comme autant de signes laissés par le Créateur pour aider sa créature à recouvrer sa vraie nature, à percevoir le message libérateur déposé dans le sein de la Création.

C'est du reste dans le même esprit que la médecine médiévale la plus sérieuse a pu recourir au symbolisme astrologique. Nous avons à ce propos déjà signalé la figure, cent fois reproduite, illustrant la correspondance entre les différents signes du zodiaque et les diverses parties du corps de l'homme.

Sur ce sujet, l'attitude des autorités religieuses comme celle des autorités médicales fut variable selon le temps et le lieu, et pas nécessairement favorable, loin s'en faut. Il reste que des auteurs considérables ont pu tout au long du Moyen Âge introduire dans leurs œuvres une dimension astrologique sans susciter de scandale. Ils avaient du reste en leur faveur l'opinion de Galien lui-même qui, dans son troisième livre du traité *Des jours critiques*, par exemple, se réfère, quoique sans exclusive, aux mouvements des astres et notamment à ceux de la lune pour rendre compte de la survenue des crises et de la périodicité des fièvres. Dans un autre domaine, la similitude de durée du cycle menstruel de la femme et de la révolution lunaire autour de la terre avait depuis des siècles frappé les esprits comme une évidence. Enfin, les habitudes séculaires des paysans, qui réglaient leurs semailles et leurs récoltes en fonction des phases de la lune, mais également des mouvements supposés de la sève qui leur étaient liés, étaient des indices assez convaincants de la révolution des humeurs qui probablement aussi s'opérait en l'homme sous les mêmes influences. La reconnaissance assez générale d'un lien entre le monde des astres et le « monde sublunaire » autorisait donc, mais sans que cela fût systématique ni obligatoire, le recours à des données astrologiques pour guider plus ou moins certaines conduites du praticien. Il n'y avait là ni mystique ni naïveté mais, au contraire, d'un certain point de vue, l'expression d'une rationalité cohérente.

Pour ne donner qu'un exemple délibérément emprunté à un auteur réputé et reconnu, maître-régent à Paris dans les années 1220-1230, Maynus de Mayneriis, déjà cité pour son célèbre *Regimen sanitatis*, celui-ci détermine le moment optimal de la saignée ou de la purgation en fonction de la position de la lune. Si cette dernière est dans le signe des Gémeaux, qui correspond anatomiquement aux membres supérieurs, la saignée au bras est exclue, car elle risquerait d'être trop abondante. La présence de l'astre de la nuit dans un signe zodiacal dit « fixe » (Taureau, Lion, Scorpion, Verseau) contre-indique également les purgatifs, alors que ces derniers sont très recommandés quand la lune siège dans un signe « mobile » (Gémeaux, Vierge, Sagittaire, Poissons) surtout si c'est en outre un « signe d'eau », comme les Poissons...

Chez les praticiens raisonnables, et ils étaient nombreux, l'astrologie médicale n'allait guère plus loin !

À travers l'évocation des premières écoles médicales du Moyen Âge et des principaux praticiens qui les ont illustrées, on mesure sans peine que l'image classique d'une certaine médecine médiévale, figée dans un discours scolastique artificiel et incapable de se référer à la raison critique ni de tirer les leçons de l'expérience, relève d'une vision ancienne, certes longtemps classique, mais aujourd'hui largement révisée. Pourtant, il faut aussi reconnaître que le Moyen Âge, époque de contrastes et contradictions autant que de réflexion intense, de questionnement et de recherche, a néanmoins produit, avec le foisonnement remarquable de ses universités, des modèles différents, en médecine comme ailleurs, pour le meilleur et parfois pour le pire...

La médecine universitaire et la scolastique en Europe

En raison du rayonnement propre à toute institution siégeant dans la capitale, de la place éminente qui fut celle de Paris dans le mouvement universitaire européen au XIIIe siècle, et enfin de la personnalité des maîtres qui la dirigèrent, la faculté de médecine de Paris s'imposa dès l'origine comme un lieu majeur dans cette discipline. Cadette de l'université de Montpellier mais très différente aussi, notamment en raison de ses liens bien plus forts avec les autorités religieuses et du conservatisme intellectuel qui s'y manifesta souvent, elle représente bien une autre face de médecine universitaire au Moyen Âge.

Officiellement organisée entre 1215 et 1219 par Innocent III, sous le règne de Philippe Auguste, l'université de Paris – qui était déjà un lieu d'enseignement depuis quelques décennies – fut d'emblée placée sous la tutelle de l'Église. Ainsi, seuls les clercs furent autorisés à s'y inscrire, sous la surveillance immédiate du chancelier de Notre-Dame. Comme à Montpellier à ses débuts, l'université de Paris ne jouissait pas de locaux propres pour l'enseignement, et la faculté de médecine elle-même ne s'établira dans ses murs qu'à la fin du XVe siècle, lorsqu'un don de Jacques Despars, l'un de ses plus célèbres doyens, lui permit d'acheter et de réunir deux terrains au bourg de la Bûcherie, afin d'y édifier son siège auquel fut bientôt adossé une chapelle pour les diverses cérémonies de la vie scolaire.

Véritable communauté de maîtres et d'élèves – *Universitas magistrorum et scholarium* –, l'université de Paris attira des milliers « d'escholiers » regroupés très tôt en quatre « nations » : les Français – c'est-à-dire, à cette époque, ceux d'Île-de-France –, les Normands, les Picards et les Anglais – cette dernière nation comptait aussi les Écossais, les Irlandais et les Allemands ; au début du XVe siècle, du fait de la guerre de Cent Ans, les Anglais ayant déserté l'université de Paris, la quatrième nation fut désormais qualifiée « d'allemande ». Entre la rive gauche de la Seine et la Montagne Sainte-Geneviève s'établit alors tout un peuple joyeux, turbulent et frondeur, parlant latin pour étudier comme pour se battre : le Quartier latin était né.

L'université de Paris avait d'abord été dédiée à la théologie puis aux arts, mais vers 1275 la faculté de médecine y était bien individualisée et dotée de statuts particuliers. Sous le mandat de son premier doyen, Pierre de Limoges, elle fit alors interdiction aux Juifs d'exercer la médecine : cette première proscription en annonçait d'autres, comme celle qui aboutira à la séparation des médecins et des chirurgiens, nous le reverrons. Dès cette époque, à Paris, les étudiants en médecine, étant considérés comme des clercs, étaient à ce titre astreints au célibat. Cette contrainte ne sera levée qu'en 1452, et l'on rapporte qu'en 1395 un bachelier – qui devint doyen quinze ans plus tard – ne put passer sa licence parce qu'il s'était marié : il ne lui fut possible de reprendre le cours de ses études qu'une fois devenu veuf – mais on ignore comment il le devint…

Au XIVe siècle, le cursus des études médicales parisiennes, bien établi, est un peu plus complexe que celui de Montpellier. En ce domaine, comme en ce qui concerne son esprit et ses doctrines, l'université de Paris fut un modèle pour d'autres universités qui naquirent en Europe par la suite.

Les professeurs, dénommés « maîtres-régents », n'exerçaient leurs fonctions que par périodes de deux ans. La rentrée universitaire, qui s'effectuait le samedi suivant la Toussaint, donnait ainsi lieu tous les deux ans au renouvellement du collège professoral. Le doyen rendait compte de son enseignement, puis on inscrivait sur des bulletins le nom de tous les docteurs en distinguant les « anciens » et les « nouveaux » : le doyen tirait alors trois noms parmi les anciens et deux parmi les nouveaux. Le nouveau collège élisait alors en son sein le doyen, qui ne pouvait être qu'un ancien docteur.

L'enseignement de l'anatomie, de la physiologie et de l'hygiène avait lieu le matin, la journée des étudiants commençant dès six heures en été, sept heures en hiver. L'après-midi était généralement réservé à la pathologie, la thérapeutique et la matière médicale – c'est-à-dire les médicaments.

Pour pouvoir faire sa médecine, il fallait, en règle générale, être bachelier ès arts : cette connaissance des arts et des sciences du *trivium* et du *quadrivium*, sorte de tronc commun culturel, était un pré-requis. Après en moyenne trois ans d'études, on pouvait prétendre au baccalauréat de médecine.

Les candidats subissaient d'abord un examen général (*examen commune*, ou *examen publicum*) devant une assemblée de maîtres qui évoquaient avec eux, de façon très succincte, les enseignements reçus. À l'issue de ce court examen probatoire, les étudiants étaient convoqués par le bedeau de la faculté et se rendaient à l'heure des vêpres en la maison du doyen pour y apporter la preuve de leur temps d'études *(probatio temporis auditionis)*, et acte leur en était donné. Ils devaient ensuite comparaître devant un jury de quatre à six maîtres qui, pendant près d'une semaine, évaluaient les connaissances des futurs bacheliers : le premier jour, on les interrogeait sur l'anatomie et la physiologie, le deuxième, sur l'hygiène, et le troisième, sur la pathologie. On leur proposait alors un aphorisme d'Hippocrate en leur demandant de préparer un commentaire. Deux jours plus tard, on entendait les candidats. Le samedi, enfin, un vote du jury intervenait. S'il était favorable, chaque candidat reçu devenait bachelier « en la très salutaire faculté de médecine de Paris ». À cette occasion, les impétrants devaient solennellement prêter un serment qui en dit long sur l'ambiance de leur école :

> « Vous jurez d'observer fidèlement les secrets d'honneur, les pratiques, les coutumes et les statuts de la Faculté, de tout votre pouvoir ; et, quoiqu'il vous arrive, de n'y contrevenir jamais.
> De rendre honneur et respect au doyen et à tous les maîtres de la Faculté.
> D'aider la Faculté contre quiconque entreprendrait quelque chose contre ses statuts ou contre son honneur, et surtout contre ceux qui pratiquent illicitement, toutes les fois que vous en serez requis, comme aussi de vous soumettre aux punitions qu'elle inflige en cas de faute.
> D'assister en robe à toutes les messes ordonnées par la Faculté, d'y arriver au moins avant la fin de l'épître, et de rester jusqu'à la fin de l'office,

> fût-ce même une messe d'anniversaire pour les morts, sous peine d'un écu d'or d'amende : comme aussi, et sous peine d'une égale amende, d'assister tous les samedis à la messe de l'école, le temps des vacances excepté.
>
> D'assister aux exercices de l'Académie[10] et aux argumentations de l'école pendant deux ans ; de soutenir une thèse sur une question de médecine et d'hygiène, enfin d'observer toujours la paix et le bon ordre, et un mode décent d'argumentation dans les discussions scientifiques prescrites par la Faculté. »

Véritable acte de mariage avec l'institution, c'était aussi, on le voit, un acte d'obédience : l'autorité religieuse y est certes présente, mais plus encore un rigide corporatisme et un encadrement strict du débat intellectuel – limité à un « mode décent d'argumentation ». Dans l'immédiat, ce serment préparait aussi les candidats au rude travail de deux années qui devait les conduire vers la licence.

Devenus eux-mêmes des acteurs de l'enseignement, à l'instar des assistants de nos facultés modernes, ils étaient astreints à donner des cours assortis de commentaires sur quelques textes fondamentaux tirés des auteurs anciens. Les livres eux-mêmes étaient alors très rares, puisque la Faculté, en 1395, ne possédait pas plus de neuf volumes, dont un unique exemplaire en deux tomes du *Continens* de Rhazès ! Priée par Louis XI de lui prêter pour quelques mois le précieux ouvrage en 1471, la Faculté ne s'y résoudra du reste que contre une solide caution de vaisselle d'argent et la souscription d'un billet de cent écus d'or…

En dehors de ces leçons *(lectiones)*, les bacheliers devaient aussi se livrer aux délices de la *disputatio*. Au cours de cet exercice scolastique par excellence l'étudiant devait, à l'égard d'une

10. Il ne s'agit pas ici de l'*Académie de médecine*, créée bien plus tard, mais de l'assemblée des maîtres-régents, réunie pour écouter et questionner les étudiants.

thèse proposée par le maître, tenir le rôle de *respondens*. À ce titre, il avait à répliquer à l'*opponens*, qui présentait des arguments contraires à la thèse présentée. À l'issue de ces discours *pro* et *contra*, la maître proposait une solution générale, en l'occurrence celle retenue par l'école.

Au terme de longs mois d'argumentations sur des aphorismes, des thèses de physiologie et d'hygiène, les bacheliers émérites pouvaient présenter une supplique pour être admis à la licence.

Là encore, tout commençait par une *probatio temporis* : les étudiants devaient ainsi établir que, depuis le début de leurs études de médecine, cinq ou six années s'étaient écoulées. Puis venait l'*examen particulare*, assez informel, à l'occasion duquel le futur licencié visitait individuellement chacun de ses maîtres – ils étaient en moyenne plus d'une vingtaine qui régnaient, toutes années confondues, sur une quarantaine d'étudiants –, pour parler avec eux librement de médecine. Un vote final classait tous les candidats reçus.

Toutefois, dès 1335, on ressentit la nécessité de compléter cet enseignement purement théorique par une formation de caractère plus pratique. On fit alors obligation aux bacheliers de se livrer à la pratique médicale sous la surveillance d'un maître pendant au moins deux étés à Paris et sous certaines conditions en dehors de Paris. Ce stage pratique de quelques mois – on pourrait presque dire ces « devoirs de vacances » –, dont l'observance semble du reste avoir été irrégulière, était leur seule expérience effective de la médecine au contact des patients, en six années d'études !

Il faut cependant ajouter que ces exercices pratiques semblent bien souvent s'être réduits à ce que l'on nommait une *collatio*. Réservée à des patients d'un certain statut social, la *collatio* survenait lorsque plusieurs médecins – et parmi eux des bacheliers, précisément – étaient appelés ensemble au chevet d'un malade. Il s'agissait d'abord d'une sorte de consultation collective, dont le tableau piquant nous a été brossé dans sa *Chirurgia* par Henri de Mondeville, qui prit part plus d'une fois à ces séances où médecins et chirurgiens pouvaient collaborer. Les assistants ayant examiné le cas, le plus digne d'entre eux s'adressait ainsi au patient :

> « Monsieur, nous avons vu votre fait et cela nous semble bien. Vous devez grandement vous réconforter et vous réjouir, car nous sommes ici tant et tels que nous devrions suffire à un roi et que le moindre d'entre nous pourrait seul trancher [sur la maladie], mener et parfaire votre traitement. »

Après ce beau discours, la *collatio* s'engageait réellement. Henri de Mondeville nous en décrit le déroulement :

> « Une fois toutes les questions pertinentes diligemment posées au patient, qu'ils sortent tous de la chambre de celui-ci pour entrer dans une autre, dans laquelle il n'y ait qu'eux ; en effet, lors de toute *collatio*, les maîtres disputent entre eux afin de discerner la vérité et parfois, en raison de la dispute, ils se déchirent en paroles, ce qui pourrait laisser croire qu'il y a quelque discorde ou litige. De fait, cela arrive parfois. Qu'ensuite celui qui est le plus ancien, le plus important ou le plus fameux donne à chacun son tour la parole – de telle manière qu'il demande à tous individuellement de se prononcer en commençant par le moindre [le bachelier ?], le moins fameux, et en continuant ainsi en montant de l'inférieur au supérieur. En effet, si le ou les plus importants parlaient en premier, les plus jeunes ou les moindres ne modifieraient rien du tout, et la *collatio*[11] n'existerait pas. »

Véritable *disputatio* à domicile, exercice scolastique en chambre, la *collatio* était cependant un moyen privilégié de mettre le futur médecin au contact d'un patient, espèce pour lui sans doute étrange, et c'était aussi, notons-le au passage, l'une des circonstances où chirurgiens et médecins pouvaient aussi échanger leurs connaissances.

---

11. Le sens de *collatio* auquel Henri de Mondeville fait ici référence est en effet celui de « réunion contradictoire, confrontation ».

Un jour enfin, les nouveaux licenciés étaient officiellement reçus, en présence des autorités et des corps constitués, ainsi que « de nombreux maîtres en théologie, ès décrets, en médecine et même ès arts ». Le doyen prononçait un discours auquel le chancelier répondait, puis les licenciés offraient à tous des dragées et des bonbons. Le dimanche suivant, une ultime cérémonie à l'église leur rappelait leurs devoirs et leurs engagements.

Après l'obtention de la licence, on avait en théorie achevé ses études et l'on pouvait à son gré s'installer et pratiquer en ville. Si l'on envisageait une carrière universitaire, on avait encore à franchir un échelon pour parvenir au grade de *magister* et siéger parmi les docteurs. Toutefois, depuis 1271, à Paris, toute prescription de médicaments était soumise à une approbation magistrale, en sorte que le fait de s'en tenir à la licence signifiait que l'on ne pourrait pas exercer à Paris même. Beaucoup devenaient par conséquent maîtres à leur tour, sans pour autant souhaiter s'engager dans l'enseignement et compter parmi les maîtres-régents de la faculté.

Cette ultime et prestigieuse étape supposait deux épreuves, du reste assez formelles, auxquelles on ne se présentait qu'en fonction de son rang de classement à la licence. La première était la *vespérie*, qui consistait simplement en une *disputatio* assez classique, mais sans doute d'un niveau plus élevé qu'à l'ordinaire. La seconde était le *principium*, véritable leçon magistrale délivrée devant les maîtres-régents.

Parvenu au faîte de la science, le nouveau docteur pouvait alors rêver qu'au prochain renouvellement biennal, il prendrait place parmi les professeurs d'une des plus brillantes facultés de médecine en Europe.

Parmi ces grands centres d'enseignement de la médecine, Bologne, dont nous avons déjà parlé, se rapproche par plus d'un trait de Paris. Les trois facultés de Montpellier, Paris et Bologne assureront du reste, jusqu'au cœur du XIVe siècle, le quasi-monopole de l'enseignement de la médecine en Occident.

Fondée en 1123, l'université de Bologne compta une faculté de médecine vers 1250, notamment sous l'égide du Florentin Taddeo Alderotti, qui transmit des conseils pour la *Conservation de la santé* très inspirés du régime salernitain.

La réputation de Bologne s'établit surtout dans le domaine chirurgical. C'est là en effet qu'Ugo Borgognoni – Hugues de Lucques – et son fils Théodoric, qui entra dans l'ordre des Dominicains sous le nom de Frater Teodorico, posèrent des principes nouveaux dans le traitement des plaies, nous l'avons vu. C'est également ce dernier qui, devenu évêque de Cervia – et pourtant chirurgien ! –, consigna dans sa *Chirurgia magna* l'expérience de son père et la sienne propre, décrivant le premier l'usage d'éponges imprégnées d'opium, de jusquiame et de mandragore, puis introduites dans le nez et la bouche du patient, pour induire chez lui une certaine analgésie avant de le livrer au couteau du chirurgien.

On comprend aussi que dans un tel contexte Mondino dei Luzzi ait été le premier, peut-être dès 1316, à remettre en vigueur la dissection humaine.

C'est encore à Bologne, dont il a exprimé toute la fécondité, que s'illustra l'un des plus grands praticiens du XIIIe siècle, prédécesseur de Guy de Chauliac qu'il annonçait à beaucoup d'égards.

Guillaume de Salicet – Guglielmo da Saliceto – un siècle avant le Montpelliérain, affirme en effet l'unité de l'art de guérir et s'oppose à la scission qui s'amorçait alors entre les médecins et les chirurgiens. Sa position, comparée à celle des maîtres parisiens, mérite l'attention.

Né en 1210 près de Plaisance, il fit ses études à Bologne, où il sera maître-chirurgien en 1269, mais il voyagea aussi passant par Crémone, Pavie et Milan. Auteur d'une *Somme pour la conservation et la guérison du corps (Summa conservationis et curationis corporis)*, traitant de la médecine en général, il est également célèbre pour une *Cirurgia*, achevée en 1276 et profondément originale en plusieurs points.

Le premier est certainement son insistance à placer la chirurgie au même niveau de dignité académique que la médecine, dont elle ne doit se séparer en rien. Ensuite, Guillaume de Salicet consacre de nombreux passages à souligner l'importance des études anatomiques, annonçant les travaux de Mondino dei Luzzi. Enfin, bien que s'inspirant de ses prédécesseurs immédiats, Roger de Parme et Théodoric de Cervia, il adopte une classification des affections chirurgicales qui traduit un esprit complètement nouveau. Depuis l'Antiquité, en effet, il était d'usage de décrire les maladies selon un ordre purement anatomique « de la tête aux pieds » *(a capite ad calcem)*. Les fondateurs de l'école de Bologne, Théodoric notamment, y avaient substitué un schéma distinguant les fractures, ruptures et plaies d'un part, et les autres domaines offerts au chirurgien d'autre part. Guillaume va plus loin, en séparant en trois livres distincts les maladies chirurgicales liées à un « trouble interne », comme les goitres, les hémorroïdes, les adénopathies, puis les blessures diverses et enfin les fractures. C'est ici une approche étiologique, replaçant les affections dans le cadre général de la médecine, qui sert de principe classificatoire.

Bien que l'œuvre de Guillaume n'ait pas eu le même retentissement que celle de Roger et de Théodoric, par son élève Guido Lanfranchi, chassé de Milan en 1290 et qui gagna Lyon puis Paris, où il enseigna à partir de 1295 sous le nom de Guy Lanfranc, l'esprit de l'école chirurgicale de Bologne fut partagé par tous les praticiens européens.

Bien que ce même Lanfranc ait trouvé en France une « terre de paix », il y découvrit aussi une fameuse querelle, dont il fut lui-même l'un des acteurs et qui structura pour des siècles l'évolution de la médecine.

Médecins, barbiers et chirurgiens : la grande querelle

Pendant longtemps, les facultés de médecine furent des lieux rares et fondamentalement urbains, alors que les besoins médicaux, par nécessité, se manifestaient partout. Autant le dire : la qualification de *medicus* fut, au Moyen Âge, une appellation non contrôlée, en tout cas très imparfaitement. L'ambiguïté se redoublait du fait de la coutume suivie par les « mestiers jurés », où l'artisan au faîte de son art portait lui aussi le titre de maître ou *magister*. Lorsqu'on échappait ainsi à l'influence de la Faculté, cantonnée au ressort d'une ville et de ses alentours immédiats, nombre de praticiens usant du titre de médecin ne s'étaient en fait jamais assis sur les bancs d'une école de médecine…

Dans le sud de la France, autour de Montpellier où la tradition salernitaine avait laissé des traces, la pratique de l'apprentissage de la médecine auprès d'un maître libre, comme dans les autres métiers, permettant de façon tout a fait régulière de s'établir à son tour comme maître et même d'enseigner, sans titre ni diplôme, persista en fait longtemps.

Dans ces mêmes régions peut-être plus qu'ailleurs, la différence entre le médecin et le chirurgien était fortement estompée, pour autant qu'elle ait jamais eu de sens. Peu à peu va émerger assez naturellement la figure du chirurgien – quel que soit son nom exact –, se livrant bien sûr aux actes élémentaires que requiert la dure vie des campagnes : panser les plaies, réduire luxations et fractures et, le cas échéant, avec des moyens sommaires, pratiquer les amputations que rendaient inévitables des traumatismes graves – on imagine dans quelles conditions et à quel prix ! Pourtant, l'homme de l'art voyait souvent son champ d'intervention s'élargir : il opérait aussi quelques tumeurs externes, perçait des abcès et arrachait quelques dents. Enfin, pour traiter les plaies et les blessures, il avait appris à se servir des plantes et à confectionner des emplâtres qui lui avaient donné une certaine connaissance de la pharmacopée. Lointain héritier de l'herboriste des abbayes, il touchait un peu à tout et annonçait déjà, on le voit bien, l'image familière du médecin de campagne, qui surgira à la fin du XVIIIe siècle pour survivre presque jusqu'à nos jours.

C'est parmi la troupe incertaine de ces praticiens de terrain, des ces empiriques que nul ne pourchassait, qu'on trouva aussi quelques femmes souvent citées comme versées dans l'art de la chirurgie, elles à qui les portes des facultés étaient fermées et la médecine savante nécessairement interdite.

Il reste que vers la fin du XIIe siècle et au début du XIIIe siècle, les monitions répétées de l'Église interdisant à ses clercs de pratiquer la chirurgie aggravèrent le divorce, même et peut-être surtout dans les villes, entre les médecins formés dans des facultés très liées aux autorités ecclésiastiques[12], pouvant faire payer cher une clientèle huppée, d'une part, et d'autre part les chirurgiens urbains qui, pour une compensation financière bien plus modeste, traitaient en fait tous les maux de la très grande majorité de la population. La concurrence fut d'autant plus inévitable qu'à Paris, vers 1400, il n'y avait guère qu'une quarantaine de docteurs en médecine pour toute la ville, qui comptait encore, malgré l'épreuve de la peste noire du milieu du XIVe siècle, bien plus de 100 000 habitants…

C'est pourtant du milieu chirurgical lui-même que partit le premier coup de la querelle. Là encore, l'exemple parisien, sans doute le mieux documenté, est certainement aussi le plus révélateur des tensions qui s'exprimèrent alors et des enjeux qu'elles masquaient.

Vers 1260, un schisme intervint parmi les gens qui « soignaient avec leurs mains » (du grec *kheirourgia*, de *kheir*, « main » et *ergon*, « travail »). Les barbiers-chirurgiens, se plaçant sous la protection de saint Côme et de saint Damien, rédigèrent des statuts

---

12. Ils ont même, à Paris, le statut de clercs durant leurs études et au-delà s'ils sont maîtres-régents.

agréés par le prévôt de Paris, ce qui leur valut de figurer en 1268 dans le *Livre des métiers* d'Étienne Boileau, au même titre que tous les autres métiers jurés, pour y former une corporation nouvelle. Ce nouveau corps laissait surtout au-dehors le simple barbier illettré, *rasor et minutor sanguinis*, cantonné aux tâches les plus viles – le rasage bien sûr, et le cas échéant la phlébotomie – dont les nouveaux chirurgiens entendaient bien se libérer. Cette initiative semble surtout traduire la volonté déterminée d'une partie du corps des chirurgiens, particulièrement dans les villes, de se rapprocher du statut universitaire des médecins : observons simplement que la fondation du Collège des chirurgiens-barbiers suit de très peu l'organisation de la faculté de médecine à Paris…

C'est un peu plus tard qu'arriva dans la capitale le disciple de Guilllaume de Salicet, le fameux Guy Lanfranc. Véritable fondateur de l'école chirurgicale française, il ne fut pas reçu dans le sein de la Faculté, où il n'avait pas pris ses grades et dont son état d'homme marié lui interdisait *a priori* l'entrée : tout naturellement, il rejoignit le Collège de Saint-Côme-et-Saint-Damien. Fidèle à la tradition bolonaise, il affirmait encore que « nul ne peut être bon médecin s'il ignore les opérations chirurgicales, de même que nul ne peut opérer s'il ne connaît la médecine ».

Sa venue se produisit à un moment idéal car il lui fut possible de doter la nouvelle profession d'un corpus littéraire rapidement traduit dans diverses langues nationales, et par là même accessible au plus grand nombre de praticiens. Henri de Mondeville comptera du reste au nombre de ses élèves.

Dès 1295, sa *Chirurgia parva* récapitule dans un style alerte et clair toutes les connaissances et les acquis de l'école italienne, ne négligeant pas même les pathologies oculaires, et sans méconnaître les applications de la pharmacopée aux gestes chirurgicaux. C'est surtout sa *Grande Chirurgie*, achevée en 1296 et dédiée au roi, qui laissera l'empreinte la plus forte, s'imposant comme le classique majeur de la spécialité jusqu'à la parution des œuvres d'Ambroise Paré au XVIe siècle. Pourtant, chirurgien prudent, il refusait lui-même d'opérer les hernies, de traiter la cataracte et de pratiquer la lithotomie, laissant ainsi ces gestes à d'autres praticiens plus aventureux et moins savants.

À Paris, la structuration de la profession de chirurgien se poursuivit. En 1311, Philippe le Bel la réglementa par un édit. Constatant que la chirurgie était pratiquée par « nombre de gens de divers états », le texte stipule qu'à l'avenir ni homme ni femme *(nullus chirurgicus, nulla chirururgica)* ne pourrait se livrer à l'art chirurgical sans avoir été examiné par les chirurgiens-jurés du roi, placés sous l'autorité du premier d'entre eux, Jean Pitard. Dès 1360, officiellement reconnue par le roi, la confrérie de Saint-Côme-et-Saint-Damien se vit même accorder le privilège de percevoir la moitié du montant des amendes perçues pour l'exercice illicite de la chirurgie.

Parallèlement, le territoire consenti aux humbles barbiers était de plus en plus restreint. En 1371 et 1372, des décisions royales, en plus du droit de saigner, leur accordent seulement de pouvoir « curer et guérir toutes manières de clous[13], bosses, apostumes[14], et plaies ouvertes en cas de péril et autrement, [seulement] si les plaies n'étaient pas mortelles[15], sans pouvoir en être empêchés par les chirurgiens-jurés ».

Dès lors, dans la lutte d'influence qui s'engage résolument à la fin du XIVe siècle et se poursuit tout au long du XVe siècle, pour ne s'apaiser qu'au début des années 1500, la faculté de médecine va agir de manière assez rouée, prenant en quelque sorte en otages les barbiers, qu'elle affectera de protéger – et qui se montreront flattés d'une telle attention – pour mieux gêner, en fait, la profession des chirurgiens…

Dans un premier temps, la Faculté s'efforça de soumettre pacifiquement les chirurgiens. En 1436, elle déclara que désormais

13. Furoncles.
14. Abcès.
15. Cette formule exclut les plaies très graves pouvant menacer la vie.

tous les chirurgiens « approuvés comme il convient » jouiraient du titre de *scholares*, de toutes les franchises et libertés et de tous les « privilèges de l'Université » liés à cette qualité. Tout bachelier ou licencié en chirurgie devait en effet s'inscrire dans les livres de la faculté de médecine et payer un droit : les conditions d'obtention du droit d'opérer *(licencia operandi)* n'étaient nullement modifiées et dépendaient toujours d'une formation propre au Collège des chirurgiens mais, en échange d'une sorte de reconnaissance universitaire flatteuse, les chirurgiens étaient ainsi placés sous la bienveillante tutelle de la faculté de médecine et formaient en son sein une sorte de groupe à part, composé d'étudiants perpétuels. Ce n'était pourtant que le premier pas.

En 1470, la Faculté tenta de s'introduire dans le jury qui accordait le titre de maître en chirurgie, en y déléguant deux de ses membres. Cette fois, la confrérie de Saint-Côme-et-Saint-Damien s'y opposa farouchement. En réponse, la Faculté institua, en 1493 et 1494, des cours d'anatomie – en français – destinés aux… barbiers ! En 1505, selon un accord intervenu avec la faculté de médecine, ces praticiens méprisés obtinrent même de s'appeler désormais « barbiers-chirurgiens *de robe courte* », par opposition aux chirurgiens de Saint-Côme-et-Saint-Damien, « *de robe longue* », dont le vêtement s'apparentait en effet aux longs habits des docteurs en médecine auxquels ils voulaient tant ressembler.

Enfin, lorsque la même année la faculté de médecine crut pouvoir accorder de son propre chef le titre de maître en chirurgie, la fureur des chirurgiens parisiens atteignit son comble. Après une décennie de querelles assez médiocres, cette guerre picrocholine trouva une issue. En 1515 enfin, un compromis intervint qui devait sans trop de heurts, et malgré quelques escarmouches au siècle suivant, régler les relations entre les trois métiers jusqu'à la fin du XVIIIe siècle.

Pour autant, les « petits métiers » de la médecine, notamment dans les campagnes, n'étaient pas affectés par ces arrangements propres à Paris et à quelques grandes villes. Un peu partout en France et dans la plupart des autres pays d'Europe, tout un petit peuple d'empiriques, d'ambulants et de bateleurs, s'occupait également de ceux qui souffraient et les soulageait, sinon de toutes leurs misères, du moins de quelques-uns de leurs deniers. Ils formaient une troupe pittoresque dont quelques figures se dégagent.

La première d'entre elles est sans doute celle de l'*inciseur*, c'est-à-dire le lithotomiste, celui qui n'hésite pas à se livrer à cette intervention déjà repoussée par Hippocrate et que des chirurgiens considérables, comme Lanfranc lui-même, refusaient d'accomplir. Les indications en étaient fréquentes, mais le geste n'était pas sans risque. Les douleurs insupportables de la rétention urinaire et de l'impossible passage d'un gros calcul dans l'urètre incitaient pourtant les malades à se livrer finalement aux mains d'un inciseur de passage. Selon une technique immuable, mais dont la maîtrise pouvait varier énormément d'un praticien à l'autre, on abordait le col vésical par une incision inférieure du plancher périnéal. Une hémorragie post-opératoire était fréquente et l'infection presque habituelle. Nombre de patients ne s'en relevaient pas, mais l'opérateur, ambulant par nécessité, pour sa propre sécurité, était déjà loin sur la route, courant d'un village à l'autre à la rencontre d'autres patients – ou d'autres victimes.

Parmi ces empiriques prêts à tout faire – ou du moins ce que les chirurgiens « sérieux » se refusaient à faire –, certains traitaient exclusivement les hernies. La hernie inguinale, notamment, pouvait bénéficier depuis l'Antiquité d'un traitement assez bien codifié. Las ! Ces praticiens de rencontre, dépourvus de connaissances anatomiques suffisantes, pressés d'en finir, incapables de disséquer convenablement le sac herniaire, accomplissaient trop souvent une castration…

Enfin, on peut encore citer les « oculistes », dont le travail consistait surtout à extraire le cristallin en cas de cataracte. Ce geste, connu depuis Babylone, relativement simple quand on en connaissait les risques, avait été parfois encore, au Moyen Âge, décrit par d'authentiques chirurgiens, mais était le plus souvent laissé aux « spécialistes » errants.

Au bas de l'échelle de cette armée de bateleurs, l'arracheur de dents, soulageant la douleur par une avulsion pénible, hémorragique et source d'abcès, faisait la jonction entre ces marges de la médecine et le pur commerce des charlatans vendant aux villageois des charmes et des poudres miraculeuses…

Les grands fléaux

Face à une profession médicale divisée, souvent repliée sur des positions corporatistes, volontiers engluée dans des querelles doctrinales peu substantielles malgré l'apport de brillantes individualités, la population médiévale était affrontée à de multiples maux que l'historien peine souvent à identifier avec certitude. Les descriptions cliniques, certes parfois pertinentes et vivantes, mais volontiers lacunaires ou ambiguës, nous laissent tout au plus formuler des hypothèses vraisemblables.

Il est en revanche un domaine dans lequel le doute n'est guère permis : c'est celui des grands fléaux, des maladies endémiques pour certaines, épidémiques et meurtrières pour d'autres, qui ont ravagé l'Europe pendant des siècles et pesé plus d'une fois sur sa démographie, sa culture, et donc aussi son histoire. Plusieurs maladies, dont certaines sont presque mythiques, composent ainsi la *pathocénose*[16] médiévale.

16. On désigne ainsi l'ensemble des pathologies qui affectent une population déterminée dans un moment donné et tendent alors vers un état d'équilibre, notamment dans une situation écologique stable. Toute modification de cet équilibre, soit par évolution de la sensibilité ou de la résistance des individus, soit par arrivée de nouveaux agents pathogènes, peut conduire à une rupture de pathocénose, qui modifie plus ou moins profondément la répartition et le type des maladies observées.

En premier lieu s'impose la *peste*. Sous le nom de *loimos* les Grecs désignaient en fait toutes sortes de maladies épidémiques violentes et mortelles, comme celle que rapporte Thucydide, sans qu'on puisse affirmer qu'il s'agissait toujours de l'infection due, comme on le sait depuis la fin du XIXe siècle, à une bactérie dénommée *Yersinia pestis*, véhiculée et transmise à l'homme par la puce du rat[17].

Dès le haut Moyen Âge pourtant, les descriptions qui nous sont parvenues nous permettent un diagnostic rétrospectif plus assuré. C'est bien la peste (du latin *pestis*, « fléau ») qui se déclara ainsi en 541 à Péluse, gagnant bientôt Alexandrie puis Antioche, Constantinople l'année suivante, où elle acquit le nom de « peste justinienne » et fit en deux ans peut-être 300 000 morts. Étendue à toute l'Europe méditerranéenne sous une forme endémo-épidémique, évoluant par accès successifs entrecoupés de répits de quelques années, elle sévira pratiquement jusqu'à la fin du VIIIe siècle. Puis, une accalmie survint. Six siècles plus tard, on l'avait presque oubliée.

C'est au milieu du XIVe siècle que s'ouvre le drame de la *peste noire*. Apparue vers 1320 en Extrême-Orient, elle devient endémique en Chine, se répand en Asie centrale, puis suit les routes d'Asie centrale pour atteindre Caffa, un comptoir génois de Crimée, en 1346. De là, une galère porteuse de la terrible maladie aborde à Constantinople en juillet 1347. Bientôt, tous les ports du Proche-Orient sont contaminés, et en septembre, douze galères génoises importent à Messine la maladie, qui gagne aussitôt la Sicile. En novembre enfin, Gênes ayant refusé l'entrée de son port à ses propres navires, ces derniers arrivent à Marseille. En quelques semaines, alors que déjà Livourne, Venise, Barcelone et Valence sont touchées, la peste remonte vers le nord, atteint Paris à la fin du mois d'août 1348 et, un

17. S'agissant de la peste d'Athènes en 430, ce qu'en dit Thucydide évoque plutôt une variété de typhus.

mois plus tard, passant par Calais, elle franchit la Manche et apparaît à Londres.

La violence de l'affection et sa virulence inouïe choquent les esprits et sèment l'effroi. La maladie se répand sous deux formes : l'une, dite « bubonique », produit rapidement des ganglions axillaires et inguinaux tuméfiés et douloureux (les « bubons ») qui se noircissent – d'où le nom de « peste noire » – et se fistulisent, tandis que des plages de nécrose se développent sur la peau au contact des piqûres de puces. En quelques jours, parfois en quelques heures, le malade meurt dans un tableau septicémique. La forme pulmonaire n'est pas moins dramatique, avec sa toux et ses expectorations sanglantes. Elle contribue surtout à amplifier encore la transmission du germe, passant aux sujets sains à travers les gouttelettes de salive et les crachats des pestiférés.

Guy de Chauliac, de passage en Avignon où la maladie fera 60 000 victimes, nous en a laissé une évocation saisissante :

> « On mourait sans serviteur, on était enseveli sans prêtres, le père ne visitait pas son fils, ni le fils son père, la charité était morte, l'espérance anéantie. »

Pétrarque, dont la chère Laure a péri, victime elle aussi de l'épidémie, exprime dans une de ses *Lettres* un désarroi et une incompréhension qui durent s'emparer de nombre de ses contemporains :

> « Dans quelles annales a-t-on jamais lu que les maisons aient été aussi vides, les villes aussi abandonnées, les campagnes aussi désolées, les champs aussi encombrés de cadavres, la solitude partout aussi effroyable et aussi étendue. Consulte les historiens : ils demeurent muets. Interroge les médecins : ils demeurent frappés de stupeur. Tourne-toi vers les philosophes : ils haussent les épaules, plissent le front et d'un geste du doigt porté à leurs lèvres ils t'imposent le silence. »

Devant cette catastrophe inconcevable, la médecine dispose alors de faibles moyens. Si l'on soupçonne assez vite le caractère contagieux de la maladie et qu'on recommande de brûler les cadavres ainsi que tout ce qu'ils ont touché, on conseille surtout de fuir « l'air vicié » des villes où sévit la maladie pour se mettre à l'abri – ce qui, en l'absence de toute autre mesure sanitaire, ne fera souvent que propager la peste dans les villages.

C'est à cette occasion, ironie de l'histoire, que Boccace écrit son *Décaméron* qui s'ouvre par un effroyable tableau de la maladie à Florence, où elle fera 100 000 morts. Sept jeunes femmes et trois de leurs amants – les autres ont déjà succombé – vont se réfugier à la campagne pour échapper à la peste et, en attendant des jours meilleurs, se racontent des histoires galantes et font l'amour tandis que la mort frappe inexorablement à quelques kilomètres de là...

Pour effectuer leurs diagnostics les médecins, courant de grands risques – qui conduiront nombre d'entre eux à la mort –, enfilent une grande houppelande noire et revêtent de longs gants. Protégeant la tête et le visage, ils se couvrent d'une étrange cagoule pourvue d'un long nez rigide en forme de bec qu'ils emplissent d'éponges imbibées de vinaigre, de cannelle et d'aromates divers. Nantis des ces dérisoires protections, ils recommandent pourtant des inhalations de plantes balsamiques et des fumigations – dans la forme pulmonaire notamment, mais aussi pour « purifier » les maisons – et posent des emplâtres pour hâter la « maturation » des bubons, présumée salutaire. Purgations et saignées sont bien sûr largement pratiquées, en vain naturellement.

Au plus fort de la crise, la faculté de médecine de Paris prescrit de faire brûler de l'encens et de la camomille – celle de Montpellier dit préférer l'eau de rose et le vinaigre. On conseille aussi de s'abstenir de volaille et de viandes grasses, de proscrire l'huile d'olive, d'éviter les bains et de modérer autant que possible l'activité sexuelle...

En proie à une détresse sans égale devant tant d'impuissance, les populations manifestent parfois des comportements irrationnels et violents. Ici, les cohortes de flagellants s'automutilent en processions pour implorer la pitié du Ciel, tandis qu'ailleurs les Juifs, éternels boucs émissaires, sont massacrés, à moins qu'il ne s'agisse des lépreux qu'on va chercher au fond des léproseries pour en faire des victimes expiatoires. Enfin, quelques sorciers ou supposés tels, soupçonnés de répandre des purulences maléfiques sur les portes des maisons – on les appelle les « graisseurs[18] » – font également les frais de la folie générale...

En 1349, la peste parvint sur les côtes de la mer du Nord, en Autriche et en Hongrie. L'année suivante, elle ravagea aussi la Pologne et la Courlande – la Lettonie d'aujourd'hui. En 1352 ce fut enfin tour de la Russie.

Puis, la « mort noire » s'apaisa. La maladie ne disparut pas, mais le cataclysme de 1348 ne se revit jamais. En moins de cinq ans, la peste noire avait détruit au moins le tiers de la population européenne mais, dans certaines contrées et quelques villes, plus de la moitié ou les trois quarts des habitants avaient parfois péri. Désormais bien implantée en Europe, la peste prit alors un rythme de croisière, comme entre le VIe et le VIIIe siècle, survenant par épidémies de plus ou moins grande ampleur tous les dix à douze ans, comme à Londres en 1665-1666, faisant 70 000 morts, ou à Marseille en 1720, où elle tuera 30 000 personnes en six mois.

Cette première épidémie ne fut pas sans conséquence sur la pratique et la pensée médicales. Elle inspira même une réflexion salutaire sur cette pathologie nouvelle que semblaient avoir ignorée aussi bien Hippocrate que Galien – n'étaient-ils donc plus infaillibles ? On en déduisit en tout cas les premières mesures connues d'hygiène publique et préventive. Ainsi, en 1374, en Émilie, un règlement impose l'éviction à la campagne des pesti-

18. Au XVIe siècle encore, Ambroise Paré lui-même accordera sa confiance à ces théories sur les « semeurs de peste ».

férés, « pour y mourir ou y guérir », et l'enfermement pendant dix jours de tous ceux qui les ont soignés ou approchés. La théorie classique des « miasmes » et de « l'air corrompu », classiquement invoquée pour expliquer les maladies épidémiques, faisait donc progressivement place à une explication qui sera clairement formulée au XVIe siècle : la contagion interpersonnelle. En 1377, la république de Raguse (Dubrovnik) ira jusqu'à imposer à tous les navires suspects une immobilisation de trente jours au large du port avant de débarquer leurs équipages : c'est la *trentina*, dont le principe sera adopté en 1383 par Marseille et Venise, pratiquant une éviction déjà prolongée en *quarantaine*. Désormais, plus rien n'était sûr et dans tous les esprits l'avenir était chargé de sourdes menaces.

C'est dans ce contexte que se produisit aussi une singulière et mystérieuse épidémie, d'un genre absolument nouveau et qui ne se renouvela guère par la suite : la *danse de Saint-Guy*. En un temps profondément troublé où les manifestations mystiques communautaires prenaient souvent l'aspect d'une véritable folie collective, on vit se produire en Rhénanie, à partir de 1374, de curieux phénomènes. Des dizaines puis des centaines de couples de jeunes gens et de jeunes filles, venus de toutes parts, s'assemblaient pour chanter et danser sans trêve – et sans raison – jusqu'à l'épuisement. Cette « folie contagieuse » s'emparait volontiers des passants, eux-mêmes entraînés par ces bacchanales itinérantes qui semaient partout le désordre et la frayeur. Les autorités y mirent bon ordre, non sans mal, mais ces excès inexplicables se répétèrent de temps en temps jusqu'à la fin du XVe siècle. Depuis la peste noire, qui avait terriblement marqué les esprits, quelque chose de nouveau s'était résolument introduit dans la conscience des Européens. L'ordre de la nature avait été ébranlé. Celui des Églises et des États le serait également un jour : au XVIe siècle, la Réforme et les bouleversements politiques de l'Europe en porteront témoignage. Ce siècle de la Renaissance sera aussi, du reste, celui du renouveau de la médecine.

Pour l'heure, un autre fléau ancestral demeurait en revanche toujours présent, finalement assez bien contrôlé : la *lèpre*.

La maladie remontait, on le sait, à la haute Antiquité. Toutefois, comme pour le *loimos* des Grecs, on ne sait pas si le mot *zaraath* qu'on lit dans la Bible désigne bien la lèpre telle que nous l'entendons. Il reste, en tout cas, quelle faisait partie d'un ensemble de maladies cutanées présentant, quoique différentes, des caractères cliniques communs qui pouvaient conduire à les confondre.

Omniprésente en Orient, la lèpre avait quelque peu régressé en Europe au IXe siècle, mais elle connut une nette recrudescence à partir du XIe siècle, peut-être à cause des contacts renouvelés, à l'occasion des croisades, avec les pays d'endémie lépreuse. Ce fut alors, pendant environ trois siècles, la grande époque de la maladie.

Redevenue plus fréquente, elle suscita surtout l'angoisse et même le rejet, en raison de l'horreur physique à laquelle elle menait les malades. Existant sous deux formes, l'une dite « tuberculoïde » et l'autre dite « lépromateuse », sous cette dernière forme la lèpre aboutit à un tableau clinique effrayant que rapportait ainsi un auteur du temps :

> « Le visage du malade ressemble à un charbon demi éteint ; il est onctueux, luisant et enflé ; il est semé de boutons fort durs, dont la base est verte et la pointe blanche, et en général son aspect donne de l'horreur ; [...] son front forme divers plis qui s'étendent d'une tempe à l'autre et ses yeux sont rouges, enflammés, et ils éclairent comme ceux d'un chat ; [...] son nez s'enfonce à cause que le cartilage se pourrit. »

Vers le XIIe siècle, le diagnostic, fort grave, reposait déjà sur une procédure assez élaborée. Parfois dénoncé par un parent ou un voisin, le suspect passait devant un sorte de jury composé d'un médecin ou d'un chirurgien – selon la disponibilité locale –, d'un prêtre et d'un prévôt. La communauté réunissait donc toutes ses autorités, pour un jugement qui pouvait exclure de son sein l'un de ses membres : on avait du reste le droit de se faire assister d'un avocat et de contester une décision susceptible d'appel.

Outre les caractères cliniques déjà mentionnés, relevant d'une forme évidemment avancée, on s'efforçait de retrouver des indices plus discrets. Certains étaient totalement illusoires : soumis au clair de lune, le visage du lépreux était, disait-on, marqué de diverses couleurs, tandis que celui de l'homme sain demeurait pâle ; sur l'urine d'un lépreux, la cendre de plomb brûlé surnageait, alors qu'elle coulait, bien sûr, dans l'urine d'un sujet normal…

Plus sérieusement, on cherchait les plages dépigmentées de la peau où se manifestait une insensibilité à la piqûre. L'anesthésie cutanée consécutive à l'atteinte nerveuse est en effet un bon signe de la maladie. Il faut cependant souligner qu'à cette époque, l'existence de zones d'insensibilité de la peau figurait aussi parmi les signes permettant de démasquer une sorcière !

Puis, le diagnostic – on devrait dire le jugement – tombait : il s'agissait d'un *ladre*, ou d'un *mésel* (du latin *misellus*, « pauvre » ou « misérable »).

La médecine unanime considérait les lépreux comme incurables : la lèpre était moins une maladie qu'une sorte de malédiction ou de châtiment, en tout cas un signe de réprobation dont on n'avait quasiment aucune chance de se délivrer. Comment et pourquoi devenait-on lépreux ? Le caractère infectieux était d'autant moins évident que la période d'incubation de la maladie est très longue – dix à vingt ans. Face à ce mystère, on pouvait toujours tenter de panser les plaies ulcérées avec des emplâtres et prodiguer aux malades diverses potions, mais la conviction générale était qu'aucune thérapeutique ne pouvait venir à bout de cette maladie si déroutante. Tout juste proposait-on, pour lutter contre la « complexion chaude et sèche, mélancolique » des lépreux, de les castrer ! Il était en effet couramment admis que ces malades, dont l'apparence était si répugnante, étaient aussi

« persécutés par un désir extraordinaire et insupportable de l'acte vénérien, [ayant] toujours le membre raide comme les satyres ». Il s'y ajoutait aussi une intention eugénique, car on ne souhaitait pas qu'ils répandissent leur turpitude dans une quelconque descendance. Toutefois, il semble qu'on ait peu appliqué cette thérapeutique quelque peu barbare.

Il ne subsistait donc qu'une seule issue : le retranchement du monde des vivants.

On récitait alors sur le malheureux l'Office des morts et l'on procédait même à son inhumation symbolique, en jetant sur son corps recouvert d'un drap noir quelques pelletées de terre. Une « vie nouvelle » s'ouvrait pour lui, dont le prêtre, tout en le bénissant en vue de cette épreuve, lui rappelait les règles cruelles :

> « Je te défends d'entrer dans les églises, aux marchés, aux moulins, aux fours et autres lieux dans lesquels il y a affluence de peuple. Je te défends de te laver les mains et autres choses nécessaires pour ton usage dans les fontaines et ruisseaux, et si tu veux boire, tu dois puiser l'eau dans un vase convenable. [...] Je te commande, si d'aucuns ont propos avec toi, ou toi avec eux, de te mettre au-dessous du vent, et il ne faut pas que tu passes par chemin étroit, à cause des inconvénients qui pourraient advenir. [...] »

Désormais revêtu d'un habit noir ou rouge marqué de certains signes convenus, coiffé d'un chapeau à larges bords et à ruban blanc, il devait alors gagner la léproserie, cheminant au son d'une crécelle ou d'une cliquette pour prévenir les « vivants » d'avoir à s'écarter de son chemin.

Toutefois, les principes de la charité chrétienne commandaient de donner pour les lépreux et de se soucier de leur vie. Au début du XIIe siècle, l'ordre de Saint-Lazare fut même entièrement consacré aux soins des lépreux et construisit de nombreuses *maladreries*, quand d'autres furent fondées par des seigneurs, des rois, voire des communautés urbaines. Au début du XIVe siècle, on comptait en Europe environ vingt mille de ces établissements, dont plus de deux mille en France, et ils rassemblaient au total probablement six cent mille lépreux.

La réalité fut cependant plus nuancée. Tous les diocèses ne pratiquaient pas la cérémonie terrible décrite plus haut, et la vie dans les léproseries, qui faisaient coexister en moyenne une trentaine de malades[19], ne fut pas toujours carcérale. Quelques lépreux pouvaient se joindre à certains pèlerinages et entretenir quelques activités de petit commerce avec les villes et les villages, notamment dans la corderie ou la charpenterie, moyennant quelques accommodements. Si certains refusaient les sacrements à ces réprouvés, d'autres se bornaient à leur assigner une place à part dans les églises. Au XVe siècle, on dut même démasquer les simulateurs qui souhaitaient entrer dans une maladrerie pour vivre paisiblement de la charité publique !

Vers la fin du XIVe siècle, la maladie se mit à régresser nettement et les léproseries se vidèrent de leurs habitants. On ne sait au juste ce qui suscita cette évolution. Pour certains, la peste de 1348 avait entraîné des pogroms qui exterminèrent ceux des lépreux qui n'avaient pas eux-mêmes succombé à la maladie, mais cela ne peut tout expliquer. On a également invoqué une progression de l'hygiène, sans que cet argument paraisse déterminant – ni réellement fondé. Enfin, pour d'autres, la parenté immunologique entre la tuberculose, qui progresse de nouveau à partir du XIIe siècle, et la lèpre[20] aurait créé une immunité croisée contre cette dernière. Le mystère demeure entier, mais au XVIe siècle, la lèpre avait pratiquement disparu d'Europe.

---

19. Le nombre de pensionnaires pouvait en fait varier de quelques-uns à plus de cent.

20. Dont l'agent causal, *Mycobacterium leprae,* appartient à la même famille de bactéries que le bacille de Koch.

La médecine européenne vers la fin du Moyen Âge

Au tournant du XVe siècle, la médecine européenne n'était pas, contrairement à la caricature qu'on en a parfois tracée, la pâle et servile réplique de la médecine gréco-romaine. La redécouverte du XIe et du XIIe siècle s'était enrichie, nous l'avons vu, d'une élaboration propre aux praticiens du Moyen Âge. Certes, le cadre épistémologique de l'art médical et ses fondements doctrinaux essentiels demeuraient pratiquement inchangés, mais les médecins et les chirurgiens avaient restructuré leurs domaines respectifs et valorisé plus qu'on ne l'a dit parfois leurs expériences et leurs observations. Du reste, qu'avait-on réellement retrouvé à travers les auteurs antiques ? Certainement pas la doctrine de Galien, accessible dans quelques textes seulement, moins encore celle d'Hippocrate, mais l'interprétation qui en avait été faite par les médecins arabes et la synthèse qu'ils avaient élaborée pour leur propre usage. Vers la fin du Moyen Âge, cet édifice était menacé de diverses parts, et l'un des enjeux de la Renaissance sera le retour aux sources primitives, engendrant la querelle entre les « hellénistes » et les « arabisants » : cette restitution « finale » aboutira du reste à la remise en cause de tout le système médical antique.

Toujours dominée par le modèle doctrinal de la théorie des humeurs, la procédure diagnostique demeurait au XVe siècle essentiellement fondée sur l'interrogatoire – parfois par écrit, nous l'avons vu – plus que sur l'examen du patient. Lorsqu'on y procédait, c'est surtout à son pouls – selon l'enseignement de Galien – et à ses urines – à l'exemple des auteurs arabes – qu'on s'intéressait.

La pratique de la médecine s'était pourtant enrichie de quelques institutions nouvelles, ou du moins renouvelées.

En premier lieu, après l'individualisation de la chirurgie, l'art de préparer les remèdes s'était peu à peu séparé du travail du médecin lui-même : les apothicaires avaient acquis un statut bien défini. Ils leur avait fallu pour y parvenir se distinguer d'abord des épiciers, comme les chirurgiens l'avaient fait des barbiers ! Ainsi, en 1484, des lettres patentes émises par Charles VIII stipulent expressément :

> « [...] avons ordonné et ordonnons en outre, que dorénavant, nul épicier entre notre dite ville et cité de Paris, ne se puisse mêler de fait et vacation d'apothicaire [sans avoir] de serviteur apothicaire qui voudrait tenir sa maison, si ledit épicier n'est lui-même apothicaire connaissant et approuvé audit métier et qu'il ait lui-même servi en ce métier d'apothicairerie l'espace de quatre ans, fait le serment, et gardé les solennités requises. »

L'art des apothicaires était du reste soumis à certaines obligations, notamment à Paris, depuis une ordonnance de Jean II le Bon, en 1353. Le chef de la corporation qui réunissait les apothicaires et les épiciers devait ainsi visiter les officines deux fois par an, accompagné par deux maîtres en médecine et deux apothicaires désignés par le prévôt des marchands. Il était également précisé que chaque apothicaire devait au moins posséder un exemplaire de l'*Antidotaire* de Nicolas, œuvre compilée au milieu du XIIIe siècle et qui restera jusqu'au milieu du XVIIe siècle le *codex* officiel.

Si les deux métiers liés aux herbes et aux épices ne furent réellement séparés à Paris qu'en 1514, à Rouen par exemple, dès 1508, on avait agrégé les apothicaires à la confrérie de Saint-Côme-et-Saint-Damien, celle des chirurgiens-barbiers, punissant de soixante sols l'exercice illégal de l'apothicairerie mais réprimant aussi la pratique de la médecine par les apothicaires, autorisés seulement à donner quelques conseils pendant la nuit, en cas de nécessité. À Paris comme à Rouen, on interdisait en outre l'entente illicite et la « dichotomie » entre médecins et apothicaires...

Peu à peu, la boutique de l'apothicaire prend l'aspect qu'elle conservera pendant quelques siècles. On recommande qu'elle soit vaste et bien aérée, et que l'endroit où l'on reçoit les patients – mais aussi les médecins qui viennent eux-mêmes déposer leur ordonnance – soit séparé de la « cuisine » où les apprentis et les serviteurs préparent les remèdes sous le contrôle de l'apothicaire.

La longue parenté des épiciers et des apothicaires est surtout révélatrice, du fait que pendant tout le Moyen Âge la source essentielle des remèdes, de la matière médicale, demeure avant tout le monde végétal : feuilles, fleurs, fruits, racines, écorces, sans oublier les résines et les gommes. Nombre de substances, empruntées aux auteurs arabes, devaient du reste être importées d'Orient, et ce négoce s'inscrira évidemment dans le fameux commerce des épices qui fit pendant des siècles la fortune des Vénitiens.

Selon un schéma immuable, les remèdes se classent alors en trois catégories.

Les *altératifs* sont supposés agir sur les *facultés premières*, en compensant l'excès de chaleur ou d'humidité qui produit les troubles. Ainsi, les semences de citron, de courge, de melon ou de concombre sont froides ; à l'inverse, celles de fenouil, d'anis ou de cumin sont chaudes.

La deuxième classe est celles des *évacuatifs*, indiqués lorsqu'il s'agit de faciliter l'expulsion d'une humeur en trop grande abondance. La rhubarbe chasse la bile jaune, l'ellébore combat la bile noire, la coloquinte est un *nasipurge* qui élimine la pituite du cerveau et du nez. Employés sous forme externe, les évacuatifs donnent des *révulsifs* sous forme des pâtes de farine de lin, d'huile et d'eau, mêlés de vinaigre, de levure, de cantharides et de poivre, que l'on applique par exemple sur la poitrine en sinapismes légers à base de moutarde ou en vésicatoires, plus agressifs, devant produire une bulle cutanée comme lors d'une brûlure du deuxième degré. La forme la plus violente de la révulsion est du reste le *cautère*, qui évoque sans doute le fer rouge, mais peut aussi être appliqué sous la forme d'un emplâtre préparé par l'apothicaire à partir de substances très corrosives comme la chaux vive, le sublimé[21] ou le vitriol[22]...

Viennent ensuite les *spécifiques*, qui possèdent une action déterminée sur un tissu ou un organe particulier : la chélidoine et le fenouil agissent sur les affections de l'œil, la pomme de pin et la résine de térébinthe sur les flux broncho-pulmonaires, la chicorée est bénéfique pour le foie. Dans certains cas enfin, la spécificité concerne la maladie elle-même : le suc de plantain est efficace contre l'érysipèle, la racine de pivoine prévient l'épilepsie et le jus de citron protège de la gravelle (la lithiase urinaire). Enfin, on n'a pas oublié les vertus analgésiques et narcotiques du pavot, de la jusquiame et de la mandragore.

Un grand classique de la pharmacopée médiévale demeure bien sûr la mythique *thériaque*, la « reine des médecines », dont la complexe formule et les indications obscures faisaient l'objet d'innombrables débats. La seule présence d'opium, dans la plupart des cas, pouvait au moins expliquer son utilité dans les dysenteries, en raison de son action puissante sur le transit intestinal.

Dans un autre domaine, la médecine médiévale a également innové : il s'agit de l'institution hospitalière.

On a vu que dans le sillage du mouvement monastique, les premières structures recevant les pauvres, les voyageurs malades et les infirmes avaient vu le jour en Europe. Entre le VIIe et le XIe siècle, ces asiles dispersés ne furent pas des établissements liés au pouvoir médical, encore moins des lieux de transmission du savoir. On y prodiguait simplement des soins rudimentaires, sans autre souci que celui de la charité chrétienne.

À partir du XIIe siècle, les choses vont changer. Le développement économique, le mouvement urbain et, à la suite des croisades,

21. Chlorure de mercure
22. Acide sulfurique.

l'extension des Ordres hospitaliers, avec leur mission spécifique d'aide et d'assistance aux pèlerins, vont multiplier les fondations et spécialiser leur objet. À côté de l'*hospitale* classique, abritant pour une courte durée des hôtes de passage ou quelques indigents, on commence à envisager, notamment dans les villes, des établissements durables destinés à recevoir des malades sédentaires – mais aussi à les isoler de la population et à les traiter éventuellement, lors des épidémies.

Cette mutation s'inscrivit du reste dans un cadre plus large. Les fléaux qui se sont manifestés au XIIe siècle – la lèpre, mais aussi la tuberculose – et les grandes crises du XIVe siècle – avec la peste, naturellement – ont alors conduit de nombreuses cités, un peu partout en Europe, à prendre des dispositions préventives et à s'attacher les services de médecins publics, à l'exemple des archiatres municipaux antiques : ce furent les *medici condotti* dans l'Italie du XIIIe siècle, et Venise comptait en 1324 douze médecins et surtout dix-sept chirurgiens salariés. Le même phénomène s'observera en Espagne, puis en Flandre et en Allemagne, en France à partir du XVe siècle.

C'est peu à peu que ces praticiens, d'abord affectés à la surveillance sanitaire de la population et chargés des préconisations d'hygiène publique, prirent leur place au sein des hôpitaux. Ainsi, à Paris, en 1328, une ordonnance de Charles IV prescrit aux chirurgiens royaux de soigner les malades de l'Hôtel-Dieu, tandis qu'un maître régent de la Faculté est affecté à cet hôpital au milieu du XVe siècle. Il ne paraît cependant pas qu'il se soit régulièrement préoccupé des patients.

L'hôpital médiéval, peu à peu médicalisé, demeurait en effet avant tout un *locus pius* placé sous l'obédience de l'Église et n'était pas encore un lieu d'enseignement et de formation des praticiens. Les chirurgiens, on l'a vu, y furent du reste longtemps bien plus nombreux que les médecins, mais leur rôle variait beaucoup d'une ville à l'autre. Toutefois, un schéma se mettait progressivement en place : celui d'une institution recevant et soignant des personnes souffrantes, distinguant les incurables de ceux qu'on pouvait traiter, les infirmes des vrais malades, et donnant peu à peu une place à la corporation médicale pour reconnaître les maladies et orienter la thérapeutique. Même si beaucoup de praticiens considéraient les hôpitaux avant tout comme des observatoires où il leur était donné d'étudier des pathologies diverses et souvent graves, sans se considérer pour autant comme responsables des hospitalisés, le principe même de la *visite*, symbole du pouvoir médical dans l'hôpital moderne, était déjà posé. De nombreuses étapes demeuraient cependant à franchir.

Face à ces évolutions qui annoncent déjà la médecine future, on ne doit évidemment pas ignorer la persistance, à la veille de la Renaissance et jusqu'au XVIIIe siècle, d'une pensée magique qui inspirera longtemps encore la médecine des campagnes, ainsi que d'une influence religieuse sur la médecine qui, dans la France médiévale, atteignit son point culminant avec le fameux *toucher des écrouelles*.

Les termes écrouelles ou scrofules (du bas latin *scrofulae*, de *scrofa*, « truie », symbole de saleté) apparaissent au XIIe siècle pour désigner de façon générale une tuméfaction des ganglions siégeant au cou, mais également aux aines et aux aisselles. La cause habituelle de cette situation clinique était la tuberculose ganglionnaire, principalement due à la variété du bacille tuberculeux aujourd'hui connue sous le nom de *Mycobacterium tuberculosis bovis*. Cette forme clinique de la maladie connut une forte recrudescence à partir de cette époque, sans doute à la suite de l'importation massive dans toute l'Europe de bovins infectés en provenance de Lombardie.

On ne soupçonnait pas encore la parenté de cette maladie avec la phtisie, et l'on considérait généralement qu'il s'agissait de sortes d'abcès enrobés de « pituite épaissie ». Divers traitements étaient proposés (emplâtres, incision, résection ou ligature), mais avec beaucoup de prudence, car le cou était une région anatomique dont l'abord chirurgical était risqué : on conseillait finalement l'abstention thérapeutique devant cette affection d'évolution lente.

Renouant avec la tradition des rois thaumaturges (Pyrrhus, Vespasien ou Hadrien) de l'Antiquité, mais exploitant aussi le statut particulier du roi de France, oint du saint chrême lors de son couronnement, la cérémonie du « toucher royal » se mit en place au cours au cours du XIIe siècle. Intervenant dès le lendemain du sacre, elle se reproduisait à intervalles variables, souvent lors des grandes fêtes comme Pâques, la Pentecôte, la Toussaint et Noël. Des centaines de scrofuleux, atteints du « mal royal » *(morbus regius)*, étaient présentés au roi, qui les touchait en disant : « Le roi te touche, Dieu te guérit. » Ce rite ne s'interrompit du reste jamais sous l'Ancien Régime, puisque Louis XV et Louis XVI toucheront encore plus de deux mille « patients » à l'occasion de leur couronnement, et que l'infortuné Charles X, en 1825, voulut même le ressusciter dans l'incompréhension générale lors de l'ultime sacre de Reims. Les rois d'Angleterre revendiqueront eux aussi ce pouvoir de guérison et s'y essaieront, plus ou moins régulièrement d'ailleurs, jusqu'au début du XVIIIe siècle où les rois hanovriens, protestants d'origine allemande, y mettront un terme[23].

Généralement incontesté au Moyen Âge, le pouvoir de guérir les écrouelles souleva pourtant très tôt quelques doutes. Ainsi, Jan Yperman, surnommé le « grand chirurgien de la Flandre », élève de Lanfranc à Paris vers la fin du XIIIe siècle, n'y croyait guère et n'hésitait pas à l'écrire, tandis qu'à la même époque son

23. À l'exemple de l'usage français on parlait alors en Angleterre, pour désigner les écrouelles, de *King's Evil*. Il faut noter que les derniers représentants des Stuarts, Charles-Édouard (Jacques III) et son oncle Henry, cardinal d'York, exilés à Rome mais s'estimant les souverains légitimes de Grande-Bretagne, continueront à pratiquer dans leur entourage le « toucher royal » jusque dans les premières années du XIXe siècle…

confrère anglais d'Oxford, John de Gaddesden, plus pragmatique, conseillait aux patients d'essayer le toucher royal puis, en cas d'échec, de s'en remettre aux mains du chirurgien. Quant à Bernard de Gordon, le célèbre Montpelliérain d'origine écossaise, il conseillait lui aussi cette double approche, mais à condition de commencer par la chirurgie…

Toutefois, au milieu du XVe siècle, un fait majeur de civilisation, une innovation technologique considérable devait, en médecine comme en de nombreux autres domaines, bouleverser le cours de la pensée : l'avènement du livre imprimé.

Le livre médical avait été jusque-là un objet assez rare, précieux et recherché : on a vu l'indigence de la bibliothèque de la faculté de médecine de Paris sous Louis XI. Avant même l'apparition d'une littérature anatomique entièrement nouvelle et surtout enrichie enfin d'illustrations démonstratives, la fin du XVe siècle mit à la disposition d'un nombre grandissant de médecins les textes fondamentaux auxquels la plupart d'entre eux n'avait jamais eu d'accès direct.

Ainsi, les *Articella*, véritable *compendium* des études médicales au Moyen Âge, rassemblant plusieurs traités et commentaires sur les auteurs antiques, dont l'*Ars parva* de Galien et les *Aphorismes* d'Hippocrate, furent imprimés dès 1476 à Padoue et connurent un succès immédiat, avec au moins cinq rééditions à Venise en vingt-cinq ans. La première édition latine des ouvrages du Maître de Pergame parut en 1490. L'encyclopédie médicale de Pline fut disponible en 1469 à Venise encore, et le *De Medicina* de Celse, exhumé après des siècles d'oubli, à Florence en 1478. La même année, en Toscane, ce fut le tour du *De materia medica* de Dioscoride, référence absolue de la pharmacopée antique.

Puis vinrent les œuvres des médecins arabo-musulmans : Jean Mesué, publié à Venise en 1471, Avicenne, dont le *Canon* fut imprimé en latin à Milan en 1473, Averroès, dont le *Colliget* parut à Venise en 1482, Rhazès enfin, dont on imprima l'immense *Continens* en 1486.

Les « Modernes » ne furent pas oubliés, notamment avec des recueils comme le *Fasciculus medicinae* de Johannes de Ketham, qui contenait notamment l'*Anatomia* de Mondino, édité à Venise en 1491. On vit également paraître, dans la tradition toujours vivante des régimes de santé, le commentaire d'Arnaud de Villeneuve sur le *Regimen sanitatis salernitatum* en 1493, tandis qu'à la même époque, en quelques courtes années, furent procurés tous les grands classiques de l'art chirurgical : la *Chirurgie* de Lanfranc et la *Chirurgia* de Guy de Chauliac, à laquelle étaient souvent jointes les œuvres des Italiens Théodoric, Bruno, Roger et Roland. Dans le domaine de la thérapeutique, l'incontournable *Antidotaire* de Nicolas, quant à lui, avait été mis à la disposition des médecins dès 1471.

Ce déluge de publications, ces précieux incunables[24] vont en peu d'années faciliter non seulement la diffusion, mais surtout la comparaison des connaissances et des opinions des Anciens et des Modernes. Cette épreuve, qui allait marquer un tournant majeur de la pensée occidentale, ne pouvait manquer de toucher aussi la médecine. Le débat qui allait s'engager dès la fin du XVe siècle dépassait en effet largement les disciples d'Hippocrate, même si ces derniers devaient y occuper une place de choix. Il traduisait l'émergence d'un nouveau regard porté sur le monde, la nature et la science. Et ce regard avait un nom : l'humanisme.

24. Il s'agit par définition d'ouvrages imprimés antérieurement à 1501.

Chapitre VII

LA RENAISSANCE ET LES FONDEMENTS DE LA MÉDECINE MODERNE

L'humanisme et le renouveau de l'anatomie

La Renaissance ne s'est évidemment pas instaurée en un jour. Elle a du reste surgi, dans les différentes contrées de l'Europe, à des moments successifs – comme une sorte « d'épidémie de la pensée » : au XVe siècle – le *Quattrocento* –, elle naît en Italie, berceau du mouvement ; au XVIe siècle, elle s'épanouit en France et dans le nord de l'Europe, ainsi qu'en Allemagne ; au XVIIe siècle enfin, elle gagne les îles Britanniques.

C'est d'abord un mouvement littéraire et artistique fondé, autour notamment de l'Académie néoplatonicienne de Florence établie dans les années 1450 par Marsile Ficin, sur la redécouverte des auteurs anciens et notamment grecs, dans le texte original d'une langue elle aussi restituée et de nouveau cultivée. Car la chute de Constantinople en 1453 a consacré l'exode des savants grecs, emportant avec eux vers l'Occident, surtout l'Italie, les trésors préservés des manuscrits byzantins. C'est aussi, à cette occasion, la naissance de la critique historique et de la philologie, qui conduisent à des révisions parfois déchirantes, faisant ainsi conclure à l'érudit protestant Isaac Casaubon, en 1614, que le *Corpus hermeticum*, réputé remonter à l'époque de Moïse, n'était en réalité guère antérieur aux premiers siècles de notre ère.

C'est également, toujours en Italie et surtout à Rome, une « leçon des ruines », un inventaire archéologique minutieux des restes de l'architecture antique, dont on s'avise aussitôt qu'ils ne sont pas forcément conformes aux règles consignées dans l'ultime traité de l'architecture romaine, le *De architectura* de Vitruve, actif sous Auguste, dont le manuscrit, retrouvé en 1414, est imprimé à Venise en 1486 parmi tant de traités de médecine. Ce décalage entre le contenu d'un traité classique et la réalité observable troubla plus d'un esprit. En était-il de même pour l'anatomie de Galien, presque contemporain de Vitruve ?

C'est encore et surtout un mouvement scientifique qui, de la révolution galiléenne à la révolution copernicienne, va bouleverser la physique et l'astronomie, remanier profondément l'image du monde et suggérer, sous l'apparente opacité des phénomènes de la nature, l'existence de lois universelles et intangibles que l'esprit humain peut formuler, comprendre et vérifier. Au milieu du XVIe siècle, déjà, Pierre de la Ramée pourra écrire qu'en « un siècle, [on a] vu un plus grand progrès chez les hommes de science que nos ancêtres ne l'ont vu dans tout le cours des quatorze siècles précédents ».

La Renaissance enfin marque un profond déchirement religieux, la Réforme, qui prône le retour aux Écritures, offertes à la libre interprétation de chacun, et refuse de s'en remettre aux seules certitudes léguées par la Tradition.

Prodigieux foisonnement de réflexions, de recherches, source d'innombrables remises en causes et d'un conflit de plus en plus ouvert entre l'autorité morale de l'Église catholique et l'autorité intellectuelle d'un groupe d'hommes qui, partout en Europe, écrivent et se concertent : les humanistes.

Apôtres d'une Antiquité plus rêvée que reconstruite, surtout désireux de s'opposer à l'Université et à sa scolastique, clercs, professeurs, mais aussi fonctionnaires ou publicistes au service d'un éditeur-imprimeur, menant une vie difficile et cherchant paradoxalement la protection – ou la férule dorée – des princes pour se garantir des foudres de l'Église, ils comptent dans leurs rangs, on s'en doute, de nombreux médecins.

Parmi ceux qui vont initier la révolution intellectuelle de la Renaissance médicale, il faut d'abord mentionner Nicolas Leonicenus, un Italien de Vicence, professeur à Ferrare, traducteur en latin d'Hippocrate et de Galien, auteur en 1492 d'un ouvrage passant tous les auteurs antiques au crible d'une critique nouvelle et épinglant à l'occasion toutes les erreurs de Pline l'Ancien. En Angleterre, le mouvement est également donné par Thomas Linacre de Canterbury, formé à Padoue, où il devient docteur en 1492, l'un des premiers médecins anglais illustres. Latiniste distingué, il fondera des cours de médecine à Cambridge et à Oxford, et à Londres, en 1518, le Collège royal des médecins.

Dès la fin du XVe siècle, la consultation directe des traités anatomiques de Galien avait donc été rendue possible grâce aux traductions imprimées, à l'époque même où, contrairement à une opinion trop souvent répandue, l'Église avait réitéré son intérêt pour l'étude du corps, autorisant même formellement son enseignement par la dissection didactique sous Clément VII, dans le premier quart du XVIe siècle. Ainsi, dans un traité du reste encore très dépendant des conceptions classiques, l'*Anathomiae corporis humani liber*, publié en 1502 par Gabriele Zerbi, on peut lire que « celui qui veut connaître l'œuvre de la nature ne doit pas faire confiance aux textes d'anatomie, mais doit observer la nature telle qu'elle se présente à ses yeux ».

Si l'anatomie demeurait encore pour beaucoup un commentaire de l'œuvre de Mondino – tenu pour le plus brillant anatomiste du Moyen Âge –, cela n'empêchait déjà plus la découverte de nouvelles structures. Alessandro Achillini, en 1520, dans un livre modestement intitulé *Annotationes anatomiae in Mundinum*, décrit ainsi l'enclume et le marteau de l'oreille moyenne, de même que le canal excréteur de la glande sous-maxillaire[1] au niveau du plancher de la bouche.

Chirurgien à Bologne, Jacques Bérenger de Carpi, lui-même commentateur de Mondino (*Commentaria super anatomia Mundini*, 1521), ne manqua pourtant pas de mentionner pour la première fois en 1522 des organes aussi importants que l'appendice vermiculaire et le thymus, dans ses *Isagogae breves,* ouvrage inspiré par des centaines de dissections et qui influencera de nombreux traités de la Renaissance.

L'échange des connaissances, par une disponibilité accrue des livres et la coopération des savants, se manifeste aussi chez Giovanni Battista Canano, professeur à Ferrare, qui publie en 1541 un remarquable atlas de myologie *(Musculorum humani corporis picturata dissectio).* Ce devait être la première partie d'un vaste traité que Canano renonça à écrire. Il y mentionne notamment l'existence des valvules veineuses, dont il ne put réellement comprendre le rôle, mais dont il fit part à Vésale. La compréhension de l'anatomie cardio-vasculaire, préalable nécessaire à la découverte de la physiologie circulatoire au siècle suivant, nous le verrons, résulta ainsi tout au long du XVIe siècle d'une élaboration progressive et concertée.

Une autre innovation technique accrut enfin l'intérêt des traités anatomiques. Les ouvrages les plus anciens, comme ceux de l'école allemande, avec par exemple l'*Anthropologium de hominis dignitate* de Magnus Hundt, publié à Bâle en 1501, étaient accompagnés de figures assez sommaires gravées sur bois. Leur valeur didactique était tout au plus indicative. Jacques Bérenger avait marqué un progrès grâce à des illustrations en couleurs où des « morts-vivants » aux poses expressives désignaient au lecteur leurs propres structures anatomiques. C'est cependant avec Canano, précisément, qu'une mutation s'accomplit par l'introduction des gravures sur cuivre. Le trait plus fin et le tracé plus

1. Dénommé depuis *canal de Wharton*

précis y rendent enfin plus lisibles les figures, qui s'apparentent désormais à de véritables instantanés de dissections. Tout était prêt pour une grande anatomie du texte et de l'image.

Au cours du XVe siècle, du reste, une autre révolution avait affecté l'art du dessin et de la peinture. En effet, au schématisme plus ou moins symbolique qui prévalait encore au Moyen Âge se substitua peu à peu une démarche résolument réaliste. Dessinateurs et peintres, dans leur nouvelle approche de la réalité sensible, ne pouvaient manquer d'aborder à leur tour l'anatomie.

Ils le firent en effet, et l'un des plus illustres d'entre eux y apporta même une contribution majeure et pourtant méconnue.

L'anatomie des artistes : de Vinci à Dürer

La visite du Vatican ou de nombreux autres édifices de l'Italie renaissante suffit à s'en convaincre : les grands peintres de l'époque avaient acquis une connaissance approfondie de l'anatomie descriptive. De l'anatomie externe en premier lieu, comme le démontrent par exemple les étonnants et énigmatiques *Ignudi*, ces éphèbes nus aux postures singulières dont Michel-Ange a peuplé les ciels de la Chapelle Sixtine, ou son admirable et provocant *David*. De même, les dessins et les gravures de Raphaël révèlent un don nouveau pour l'observation exacte des corps. Toutefois, les écorchés du Dôme de Milan et ceux de Baccio Bandinelli, outre le talent de l'artiste, nécessitent aussi une véritable préparation anatomique, un savoir-faire technique de la dissection et une certaine fréquentation des amphithéâtres.

L'engouement des artistes pour l'anatomie savante fut du reste assez général tout au long du XVIe siècle : ainsi, Véronèse sera l'illustrateur du *De re anatomica* de Realdo Colombo en 1559 – il le sera aussi pour Vésale –, et Francesco Salviati illustrera la *Collection des chirurgiens grecs (Chirurgia e graeco in latinum conversa)* procurée par Guido Guidi en 1544.

Mais, le plus grand d'entre eux demeure incontestablement Léonard de Vinci. Il n'est pas utile de rappeler ici sa contribution à l'histoire de la peinture et du dessin, ni de revenir sur les multiples aspects de son génie visionnaire. Cependant, on oublie parfois qu'il fut aussi l'un des plus brillants précurseurs de l'anatomie moderne.

Principalement entraîné vers les études anatomiques par un jeune ami issu d'une famille de médecins et lui-même anatomiste, Marco Antonio della Torre, Léonard de Vinci disséqua à trois époques de sa vie : à Milan tout d'abord, vers 1490 – l'année même ou l'on imprimait Galien –, à Florence vers 1503-1506, mais surtout à Milan de nouveau, vers la fin de sa vie, en 1510-1511.

De son propre aveu, Léonard procéda à la dissection de plus de trente cadavres d'hommes et de femmes, du fœtus au vieillard, dont une dizaine uniquement pour étudier leur système vasculaire, et notamment les veines. De cette expérience il tira plusieurs milliers d'esquisses et des centaines de notes, qui devaient former la matière d'un grand traité qui eût compté 120 livres et qu'il n'acheva pas. Cette œuvre immense, dont le retentissement eût été certainement considérable, devait non seulement élucider les structures du corps humain, mais aussi en observer l'évolution et en décrire les transformations tout au long de la vie.

Nullement influencée par le « canon » de l'anatomie galénique, étrangère à la doctrine médicale, sa vision d'artiste au « coup d'œil » inégalé le conduit à un examen minutieux et radicalement nouveau des organes. Non content d'observer, il invente aussi de nouvelles techniques de dissection, s'éloignant du rituel immuable et figé de la dissection didactique qu'on pratiquait alors un peu partout dans les facultés. Il réalise ainsi des coupes sériées d'organes lui permettant une reconstitution tridimensionnelle, procède à des injections vasculaires pour mieux suivre le trajet des veines et des artères, et coule également de la cire dans les viscères creux – comme le cœur par exemple – pour en restituer la forme exacte et comparer leur structure interne à leur aspect externe. L'ingéniosité de ces procédés jointe à l'audace de l'artiste le conduira ainsi à effectuer un dessin qui, pour la première fois, présentait la coupe longitudinale d'un couple en train de copuler...

Le témoignage le plus expressif sur cette prodigieuse activité anatomique est certainement celui de Giorgio Vasari, peintre, architecte et historien de la peinture, qui a laissé une passionnante galerie de portraits faisant revivre les plus grands noms de l'art italien de la Renaissance, dont il fut le contemporain :

> « [Léonard de Vinci se livra] à l'étude de l'anatomie humaine, travaillant de concert avec Messer Marcantonio della Torre, qui professait alors à Pavie et qui écrivait beaucoup à ce sujet. J'ai ouï-dire qu'il fut[2] l'un des premiers à adapter avec éclat la doctrine de Galien aux choses de la médecine et à éclairer de la lumière de la vérité l'anatomie, qui jusqu'alors restait enveloppée dans les profondes ténèbres de l'ignorance. Dans ces travaux, il se servit beaucoup du génie, de la science et de la main de Léonard de Vinci. Celui-ci fit un livre[3] dont les figures sont dessinées à la sanguine avec des hachures à la plume ; il écorcha des corps, de sa propre main, et les reproduisit avec grand soin. Il dessina tout d'abord les os, puis y adjoignit les nerfs, dans leur ordre, et les recouvrit de muscles, les premiers attachés aux os, les seconds qui forment la masse des tissus, les troisièmes qui donnent le mouvement. Chacune de ces figures est accompagnée de notes succinctes, écrites à rebours et de la main gauche, de sorte que celui qu'il n'en a pas l'habitude n'en peut rien déchiffrer sans l'air d'un miroir[4]. »

La moisson de connaissances fut importante. Il précisa la forme exacte de l'unique cavité de l'utérus – comme Bérenger de Carpi – et distingua les membranes du fœtus – notamment l'amnios et le chorion. Ses coupes lui permirent de reconnaître

2. Il s'agit de Della Torre.
3. Qui demeura à l'état de projet.
4. On sait qu'il s'agit d'un procédé de cryptographie généralement utilisé par Léonard de Vinci dans ses carnets.

la forme exacte et les particularités macroscopiques du cerveau et du cervelet, et aussi de reconnaître le trajet de différents nefs crâniens. Il ira même jusqu'à décrire une cavité de l'os maxillaire supérieur que l'anatomiste Highmore ne retrouvera pour la décrire officiellement qu'un siècle et demi plus tard.

Mieux encore, il apparaît nettement que pour Léonard de Vinci, l'anatomie permet de comprendre la physiologie. Ainsi, en disséquant les tuniques de l'œil, ce fabuleux dessinateur, maître de la perspective mais aussi mathématicien et géomètre, émet quelques hypothèses sur le mécanisme de formation de l'image dans la cavité oculaire. De même, ses observations sur le cœur et les vaisseaux, son étude des valvules cardiaques le conduisent à une étude plus large et à soupçonner le rôle du sang. Mettant à profit ses innombrables connaissances, il compare le cycle de l'eau dans la nature – alternativement évaporée puis condensée à nouveau – à celui du sang et suggère qu'un animal ne pourrait vivre dans une atmosphère impropre à entretenir une flamme : le rôle vital de l'oxygène de l'air était donc en germe dans ses réflexions !

Cependant, toutes ces recherches, dont il reste plus de deux cents cahiers manuscrits et plus de mille cinq cents dessins, demeurèrent à peu près inconnues. Après la mort de son jeune mentor, survenue en 1511, il quitta Milan, puis, après un séjour à Rome, il gagna la France à l'invitation de François Ier. Il mourut à Amboise en 1519, sans plus jamais s'être occupé d'anatomie.

Seuls quelques membres de son entourage avaient vu ses dessins et ses notes, comme en témoigne un proche de son ami le cardinal Louis d'Aragon, en 1517, alors que Léonard réside désormais en France. Albrecht Dürer, dont les œuvres gravées expriment aussi un goût réel pour l'anatomie, souhaita même, dit-on, en copier des fragments. Peut-être s'en inspira-t-il pour son traité sur *Les Proportions du corps humains* publié en 1528, où sont jetées les bases d'une véritable anthropométrie. Pourtant, jamais publié après la mort de l'artiste, l'ensemble des carnets de

Léonard fut vendu pour aboutir à la fin du XVIIe siècle dans la bibliothèque du château de Windsor. Quelques rares privilégiés y eurent accès, comme l'anatomiste et chirurgien écossais William Hunter à la fin du XVIIIe siècle, mais il fallut attendre le début du XXe siècle pour que soit révélée l'ampleur des découvertes que renfermaient ses *Cahiers,* enfin édités.

L'œuvre anatomique de Léonard de Vinci est donc très paradoxale car, demeurée confidentielle, elle fut accomplie apparemment en pure perte et n'eut aucune influence perceptible sur le savoir médical de son temps. Elle est cependant très révélatrice de l'esprit nouveau qui soufflait en médecine comme en d'autres cercles scientifiques. La vérification par l'expérience et le croisement des connaissances devaient inévitablement produire une synthèse nouvelle.

En anatomie, c'est en Italie une fois encore qu'un homme put la réaliser.

Le père de l'anatomie moderne : Vésale et l'école de Padoue

Le renouveau de l'anatomie ne pouvait réellement s'opérer qu'au sein de l'institution médicale, à laquelle Léonard de Vinci était étranger – ce qui explique peut-être qu'il ait finalement renoncé à publier un traité que la Faculté n'aurait sans doute pas pris en considération.

Au début du XVIe siècle, une école d'anatomie se constitua à Paris, qui aurait pu être le lieu de cette renaissance tant attendue.

Le nom le plus important à cette époque fut celui de Jacques Dubois, dit Sylvius en vertu de la règle qui attribuait à des auteurs écrivant exclusivement en latin un surnom dans cette langue – simple traduction du leur (du latin *sylva,* « forêt, bois »). Devenu en 1531 le premier professeur libre d'anatomie à la faculté de médecine de Paris, il manifeste d'emblée un esprit nouveau. En effet, renonçant à la dissection purement passive classiquement pratiquée, qui n'était qu'une illustration servile des œuvres de Galien, il privilégie une approche plus active quoique toujours pénétrée de respect envers le Maître de Pergame. Il n'en corrige pas moins quelques erreurs : par exemple, il établit que la méninge externe, la dure-mère, est adhérente aux os de la voûte du crâne et que les artères du cerveau ne débouchent pas dans les sinus endo-crâniens, qui sont de nature veineuse. Sa contribution à l'anatomie cérébrale a du reste franchi les siècles, puisqu'on lui doit l'*aqueduc de Sylvius* (petit canal empli de liquide céphalo-rachidien conduisant du tronc cérébral aux hémisphères), la *scissure de Sylvius* (profond sillon séparant le lobe temporal du cerveau du lobe frontal) et l'*artère sylvienne*, dont l'obstruction est l'une des causes habituelles des accidents vasculaires cérébraux. Il découvre aussi le canal vagino-péritonéal, dont la persistance chez l'homme est à l'origine de la hernie inguinale congénitale, préoccupation si fréquente des chirurgiens de l'époque. Il montre enfin que les fosses nasales ne sont pas connectées aux cavités cérébrales renfermant ce que nous nommons aujourd'hui le liquide céphalo-rachidien : c'est pourtant en vertu de cette continuité qu'on expliquait que la pituite, humeur provenant du cerveau, s'épanchait dans les cavités nasales, notamment lors du « rhume de cerveau ».

Parmi ses disciples figure Gonthier d'Andernach, philologue et lettré autant que médecin – traducteur latin de Paul d'Égine, d'Oribase ou d'Alexandre de Tralles –, d'origine allemande mais fixé à Paris où il devient docteur en 1530. Très attaché à la tradition de Galien comme son maître Sylvius, cela ne l'empêche nullement, porté finalement par l'esprit du temps, de se pencher avec bonheur sur la structure des muscles – alors que c'était jusque-là un domaine très négligé au profit de l'anatomie « viscérale » – ni de découvrir le pancréas, auquel il donne son nom (du grec *pan*, « tout », et *kreas*, « chair »), « parce qu'il a partout similitude de chair », comme l'expliquera Ambroise Paré. Enfin, Charles Estienne, de la famille du célèbre imprimeur et humaniste parisien Henri Estienne, publiera en 1545 un traité intitulé *La Dissection du corps humain (De dissectione partium corporis humani libri tres)*, orné de soixante-deux gravures sur bois. Ce livre, dont l'essentiel était déjà achevé à la fin des années 1530, suscita des commentaires mitigés, notamment en raison des illustrations qui privilégiaient parfois trop la théâtralité, volontiers empruntée à une certaine peinture italienne, aux dépens de la rigueur anatomique.

Au fond, cette école parisienne, malgré quelques acquis nouveaux, demeurait prisonnière de sa tradition scolastique et de son attachement doctrinal sans faille aux thèses galéniques. C'est bien ce qu'éprouva un jeune étudiant venu de Bruxelles, où il était né en 1514, après un détour par l'université de Louvain et peut-être par Montpellier : Andréas Vesal, dit Vésale.

Très tôt passionné par l'anatomie, cet élève de Sylvius et de Gonthier d'Andernach s'y adonna sans retenue. Avide de vérifications anatomiques, mais limité par la rareté des sujets de dissection, on rapporte qu'il organisait des expéditions nocturnes pour dérober des cadavres au gibet de Montfaucon...

Il ne put que constater l'écart qui existait entre certaines affirmations de Galien et les constations effectuées lors de la dissection. Il fut aussi contrarié de ne pas retrouver, par exemple, l'abouchement de la grande veine azygos à la veine cave inférieure, ni la suture intermaxillaire – qui pourtant existaient bien, car il pouvait arriver que Galien n'ait pas complètement tort et que le jeune Vésale rate ses dissections...

Il lui fallut pourtant quitter Paris avant d'accomplir le travail qui allait transformer sans retour toute l'anatomie. En 1536, poussé par les événements politiques – la troisième guerre entre la France et le Saint Empire –, mais sans doute peu fâché de quitter une faculté intellectuellement rigide, il retourna quelque temps à Louvain. Il y découvrit le corps jaune, c'est-à-dire le follicule ovarien post-ovulatoire, qu'il décrit comme un « mamelon » saillant à la surface de l'ovaire, sans toutefois, c'est évident, en comprendre la signification et le rôle.

C'est cependant l'Italie qui va l'attirer irrésistiblement : la terre des grands chirurgiens, celle des anatomistes de la fin du Moyen Âge. En décembre 1537, nouveau docteur en médecine de l'université de Padoue, il se voit attribuer une chaire conjointe de lecteur en anatomie et en chirurgie au sein de cette prestigieuse institution. Pour lui, après les années d'apprentissage, une nouvelle vie commençait ; pour l'histoire de la médecine, c'était un moment capital.

L'école de Padoue méritait à plus d'un titre d'accueillir un tel novateur. Troisième grande université italienne, après celles de Salerne et surtout de Bologne, Padoue s'était organisée dans le courant des années 1220, sans doute à partir d'un groupe venant de Bologne. D'emblée, elle s'était signalée par son esprit frondeur, se plaçant notamment dans le camp averroïste, qui apparaissait alors avant tout comme celui des adversaires de l'orthodoxie aristotélicienne, en philosophie comme en anatomie ou en physiologie. Très influencée par l'apport de la médecine arabe, Padoue avait produit des esprits brillants, dont l'illustre Pietro d'Abano. Actif à la fin du XIIIe siècle, ce philosophe versé en médecine avait eu maille à partir avec les Dominicains, qui avaient trouvé dans ses écrits des conceptions jugées peu compatibles, selon eux, avec un catholicisme pur. Protégé de son vivant par des princes et même par le pape, Pietro d'Abano n'échappa pourtant pas à l'Inquisition, qui le condamna après sa mort.

Pietro d'Abano avait notamment laissé un ouvrage important achevé vers 1310[5], le *Conciliateur (Conciliator differentiarum philosophorum et praecipue medicorum),* qui s'efforçait de trouver un moyen terme acceptable entre le respect dû aux auteurs antiques et aux dogmes de la foi, d'une part, et les données de

5. Il sera imprimé à Venise en 1476.

l'observation, d'autre part, notamment en médecine. Cette pensée qui, en son temps, n'avait pas pu se faire entendre, avait continué à régner à Padoue. C'est dans cet esprit que Vésale vint y travailler.

Désormais libre de ses mouvements, Vésale publie dès 1538 à Venise, comme une urgence, les six *Tabulae Anatomicae*, dont trois sont de sa main et portent sur le système de la veine cave avec le foie et le rein droit, le cœur et le système aortique, les reins et leurs vaisseaux. Il se fait aider pour le reste par un élève du Titien, Jan van Calcar. Ce premier travail, qui veut souligner l'intérêt d'une iconographie rigoureuse par préférence à un texte flou ou fautif, n'est cependant pas encore dépourvu d'erreurs : Vésale y reproduit notamment le *rete mirabile*, réseau vasculaire de la base du crâne qui n'existe pas chez l'homme et qu'il n'a donc pas pu retrouver, mais que Galien avait observé sur des animaux, et les *Tabulae* admettent encore cinq lobes dans le foie humain.

Vésale ne s'arrête pourtant pas en si bon chemin. Relisant intégralement Galien à la faveur d'un traduction nouvelle à laquelle il collabore en 1541, il y découvre les sources essentiellement animales de l'anatomie du Maître de Pergame et relève d'autres fautes d'observation. Il est désormais convaincu qu'il est nécessaire de publier un traité reconsidérant tout le savoir anatomique à la lumière des dissections. Ce travail immense est prêt dès la fin de l'année 1542 et paraît à Bâle en 1543, l'année même où est publié l'ouvrage de Copernic *Des révolutions des orbes célestes*. Le livre de Vésale est un événement majeur dans l'histoire de l'anatomie, presque une autre révolution copernicienne. Le *De humani corporis fabrica libri septem,* est un fort *in-folio* de 663 pages qu'illustrent plus de 300 planches gravées sur bois, dues au talent d'un groupe d'artistes de l'école du Titien. Vésale vérifie et contrôle chaque étape du travail, et les planches sont gravées à Venise pour être ensuite adressées à l'imprimeur en

Suisse. Quelques semaines plus tard, un résumé, l'*Épitomé*, est disponible. Le succès est immédiat, immense, dans toute l'Europe. Les éditions vont se succéder de son vivant même : une deuxième à Lyon en 1552, presque sans illustration, une troisième à Bâle, notablement révisée par Vésale, en 1555. Une autre encore verra le jour à Venise en 1568, après sa mort.

L'ouvrage est d'une facture admirable, luxueuse, les gravures sont impressionnantes, claires, détaillées. C'est un changement profond dont Vésale est conscient, et son programme est simple : « Mettre sous les yeux de tous les savants médecins l'œuvre de la Nature, comme s'ils se trouvaient devant un corps disséqué. » Sur plus de deux cents points, il s'écarte en effet de l'opinion galénique, on ne saurait mieux dire, mais Vésale n'ignore pas non plus les dangers auxquels l'expose ce qui apparaît comme une terrible réfutation de 2 000 ans d'erreurs anatomiques :

> « Il ne m'échappe pas qu'à cause de mon âge – je n'ai pas vingt-huit ans révolus –, mon ouvrage manquera d'autorité et qu'à cause des dénonciations fréquentes des fausses théories de Galien, il sera encore moins à l'abri des attaques de ceux qui ne sont pas appliqués à l'anatomie, comme nous, dans les universités italiennes. »

Les adversaires sont donc attendus et presque désignés. Ils ne vont tarder à se manifester. La controverse la plus terrible – la plus douloureuse aussi, peut-être – va l'opposer à son maître Sylvius, qui se déchaîne dans un pamphlet dont le titre fait un mauvais jeu de mots en rapprochant *« Vesali »* de *« vesani »*, tiré de *vésanie* qui, en latin, signifie « folie, déraison, extravagance ».

Entre-temps, Vésale a accepté, dès 1543, l'offre flatteuse qui lui était faite par l'empereur et roi d'Espagne Charles Quint : devenir son premier médecin personnel. Il effectue auparavant un voyage triomphal à Padoue, Pise et Bologne, procédant à des dissections publiques devant des amphithéâtres combles. À Pise, Cosme Ier de Médicis veille à lui procurer des cadavres pour ses travaux anatomiques, dont celui d'une nonne récemment décédée à Florence. À la fin de 1544, Vésale prend son poste à la cour impériale de Gand. Désormais intouchable, il commence une vie confortable d'errance et de mondanités qui le conduit à travers un vaste empire à la suite de son maître.

En 1556, lorsque Charles abdiqua et résolut de se retirer dans un monastère, son successeur Philippe II ne manqua pas de s'attacher à son tour les services du prestigieux médecin, qui n'était pas seulement un grand anatomiste, mais était également tenu pour un brillant praticien.

En 1564 enfin, vivant à Madrid depuis des années dans une aisance dorée, mais lassé des inimitiés qui le poursuivaient encore, brouillé avec ses maîtres comme avec certains de ses disciples, victime peut-être de la jalousie, mais aussi de son amertume et parfois de son injustice, il semble que Vésale ait voulu tout abandonner, partir loin[6]. En son temps, cela ne pouvait signifier qu'une chose : le pèlerinage en Terre sainte. Bien que très soucieux de conserver auprès de lui un tel homme, Philippe ne put s'opposer à un tel dessein et Vésale s'embarqua. Lors du voyage de retour qui le conduisait vers sa chère Italie, où il comptait reprendre à Padoue la chaire d'anatomie qu'avait occupée après lui son disciple Fallope, mort en 1562, Vésale fut victime d'un naufrage qui jeta son navire sur les rivages de l'île ionienne de Zante. Sain et sauf, il demeura sur l'île, où il contracta un probable typhus dont il mourut le 2 octobre 1564.

Restait une œuvre étrange par la brièveté de sa genèse, singulière par l'énormité de ses conséquences. On peine à résumer l'apport de Vésale : ce n'est pas une rectification, c'est une refondation de l'anatomie.

6. On prétendit aussi, mais sans preuve, qu'il avait voulu échapper aux conséquences d'une dissection un peu hâtive, pratiquée sur un sujet encore vivant. Une accusation de même nature, probablement tout aussi infondée, avait déjà été portée contre Bérenger de Carpi.

Dans sa *Fabrica*, il n'a pas seulement redressé les erreurs classiques sur l'anatomie du foie et des voies biliaires, décrit le pylore et découvert, nous l'avons vu, le corps jaune. Il a décrit aussi le sphénoïde, un os situé au centre du crâne et d'accès difficile, précisé les rapports des ménisques articulaires, élucidé la structure exacte du sternum et du sacrum et mentionné le premier les cartilages aryténoïdes, qui participent à la constitution du larynx.

Sa contribution à l'anatomie du cerveau n'est pas moindre, recourant notamment, à la suite de son maître Sylvius, à des coupes sagittales et transversales qui permettent de reconstituer des structures complexes.

Au regard de ces nouveautés, les erreurs qui persistent sont de peu d'importance : il croit en l'existence d'un septième nerf moteur oculaire – il n'y en a que six –, pense que la veine cave part du foie – alors qu'elle ne fait que passer derrière lui dans une profonde gouttière – et situe mal la position du cristallin dans l'œil…

Le plus remarquable est peut-être une découverte qu'il manque presque de faire et à laquelle il renonce, en quelque sorte, en raison de ses conséquences. S'agissant de la fameuse communication entre les deux ventricules, pilier de l'anatomo-physiologie galénique, Vésale écrit en effet, avec une gêne évidente :

> « La cloison des ventricules du cœur est très dense. Des deux côtés, il y a de nombreux pores. Parmi ces pores, aucun, tout au moins selon ce que les sens peuvent percevoir, ne pénètre du ventricule droit dans le ventricule gauche. Nous sommes donc obligés d'admirer l'œuvre du Créateur de la nature grâce à laquelle le sang transsude de ventricule droit au ventricule gauche par des conduits qui échappent à la vue. »

On ne sait trop pourquoi Vésale, qui dit clairement ne voir aucune communication interventriculaire, en reconnaît pourtant l'existence « invisible ». Or, dans l'édition révisée de 1555, il dévoile un peu plus le fond se sa pensée et corrige le passage « transsude » par la formule « paraît transsuder ». Il avoue surtout que s'il ne renonce pas à la conception anatomique de Galien – comme il l'a fait en de nombreux autres endroits –, c'est « non parce [qu'il la croit] parfaitement exacte, mais parce [qu'il] hésite à tenter une description tout à fait nouvelle des fonctions du cœur ». Lors de vivisections animales, il avait du reste noté le synchronisme de la contraction cardiaque – la systole – et de la dilatation du pouls, que la physiologie galénique considérait comme des phénomènes passifs répondant à la circulation active du *pneuma* : c'est dire si la solution était proche et à la portée de Vésale !

On ne peut cependant pas lui reprocher, après avoir bouleversé toute l'anatomie, d'avoir renoncé à endosser également la « querelle des circulateurs », mais l'on comprend aussi qu'après lui elle ne pouvait plus tarder à surgir.

L'œuvre de Vésale fut désormais incontournable et une école anatomique, principalement à Padoue, poursuivit dans son sillage la redécouverte du corps humain. Plusieurs noms illustrèrent ce travail.

Le successeur de Vésale fut Gabriel Fallope, qui devint professeur à Padoue en 1551. Il consigna le résultat de ses recherches dans ses *Observationes anatomicae*, parues un an avant sa mort, en 1561.

Très intéressé par l'anatomie de la tête, il élucide notamment la structure fine de l'oreille interne, des organes de l'équilibre, du nerf auditif, le contenu de la caisse du tympan. Il précise aussi le trajet intra-osseux d'une partie du nerf facial, dans un petit canal qu'on nommera après lui l'*aqueduc de Fallope.*

S'agissant de l'appareil génital, il est le premier à exposer une conception qui prévaudra longtemps, voyant une analogie formelle entre les organes masculins et les organes féminins, et notamment entre le clitoris et la verge, dont il étudie la vascularisation. Contrairement à des théories anciennes, il sait que la verge ne pénètre pas dans le corps utérin, mais dans la gaine qu'il dénomme vagin (du latin *vagina*, « gaine, étui, enveloppe »), au fond de laquelle s'ouvre le col de l'utérus. Enfin, toujours chez la femme, il individualise bien de chaque côté du corps utérin les « conduits séminaux, ou tubes » que l'on nomme toujours les trompes de Fallope.

Son successeur, Fabrice d'Acquapendente, décrivit en 1603 dans son *De venarum ostiolis* le système des valvules veineuses, dont il pensait qu'elles servaient à ralentir le sang pour en assurer une meilleure répartition : l'idée qu'elle facilitent au contraire le retour du sang veineux vers le cœur ne pouvait évidemment pas lui venir à l'esprit. Il est surtout célèbre pour avoir fondé à Padoue, en 1594, un théâtre anatomique, très bien nommé et maintes fois reproduit, où les dissections devenaient de véritables spectacles qui attiraient des étudiants de l'Europe entière, établissant à quel point le temps était loin où la pratique anatomique était suspecte et prohibée…

S'intéressant aussi à l'embryologie et à l'obstétrique, en 1600 il fit part de vues intéressantes dans son *Traité de la formation du fœtus (De formato fœtu)*, en rapportant certaines dystocies – obstacles à l'accouchement – à des anomalies malformatives du bassin qu'il avait observées lors de dissections. Il tenta de mieux comprendre le développement de l'embryon en effectuant des études comparées chez divers animaux et en s'efforçant de reconnaître les ébauches embryonnaires du foie et du cœur : il s'agissait des premiers pas d'une discipline qui ne pourra prospérer qu'au XVIIIe siècle. Enfin, moins heureux dans la théorie de la génération, il se prononça pour un rôle secondaire du sperme, amorçant la querelle entre ovistes et spermatistes qui éclatera au siècle suivant.

La grande tradition instaurée par Vésale suscita aussi de beaux travaux en dehors de Padoue. Parmi les plus remarquables anatomistes italiens de la fin du XVIe siècle, il faut mentionner en premier lieu Bartolomeo Eustachi, dit Eustache, qui professa à Rome. Dans son *Livre sur la structure du rein (Libellus de renum structura),* publié en 1561, il inaugure une nouvelle approche de l'anatomie en procédant à l'étude de la structure interne de l'organe, sur lequel il procède à de minutieuses dilacérations, faisant apparaître des tubules de diverses tailles, à la limite de la visibilité. Cette anatomie fine, que les auteurs du XVIIe siècle qualifieront d'*artificiosa et subtilis*, ne prendra définitivement son envol que lorsque le développement de la microscopie le permettra, pour donner naissance à une discipline nouvelle : l'histologie.

Eustache reconnut aussi, à cette occasion, les glandes surrénales, très fragiles, souvent lysées lors de la dissection et jusque-là confondues avec le pôle supérieur du rein. Enfin, si dans sa *Lettre sur l'organe de l'audition (Epistula de auditus organis)* il revendique, comme son collègue de Naples Gian Filippo Ingrassia, la découverte qu'il fit en 1549 de l'étrier de l'oreille moyenne – on connaissait déjà les deux autres osselets –, il lui revient clairement d'avoir décrit l'équilibre de pression auquel est soumise la membrane du tympan ainsi que le conduit d'origine pharyngée contrôlant l'aération de la caisse tympanique, c'est-à-dire la trompe d'Eustache[7].

À Giulio Cesare Aranzio, dit Arantius, enseignant à Bologne entre 1556 et 1589, on doit aussi des descriptions brillantes d'anatomie du cœur fœtal, et la définition du rôle du placenta comme un « foie artériel », car situé sur le trajet des vaisseaux ombilicaux et destiné à purifier le sang destiné au fœtus.

Mentionnons enfin Costanzo Varolio, ou Varole, qui renouvela à Bologne et à Rome l'étude du cerveau par des coupes horizontale qui lui permirent notamment de découvrir à sa base un structure nouvelle, la protubérance dénommée depuis pont de Varole.

---

7. Rappelons qu'Alcméon de Crotone l'avait déjà reconnue chez la chèvre, 2 000 ans plus tôt...

À la fin du XVIe siècle, la quasi-totalité du savoir anatomique était constituée. Cet immense acquis n'était pourtant que la première pierre de l'édifice. La deuxième étape, préalable nécessaire à la constitution d'une doctrine médicale pertinente, était la révision de la physiologie. C'est aux XVIIe-XVIIIe siècles qu'il devait appartenir d'y procéder pleinement. À la fin de la Renaissance, pourtant, on sentait aussi un frémissement de la pensée dans ce domaine. On allait, une fois encore, assister à la naissance difficile d'une discipline nouvelle.

Les premiers pas de la physiologie

L'anatomie ne pouvait demeurer une science purement descriptive et statique. Elle introduisait irrésistiblement le besoin de comprendre comment ces organes, enfin révélés sous la lame de l'observateur rigoureux, prenaient vie et exerçaient toutes les fonctions du corps. On se souvient que Léonard de Vinci s'était aussitôt interrogé sur les mécanismes de la vision par exemple, et l'on sait qu'Eustache et Fallope ne s'étaient pas bornés à décrire les structures de l'oreille mais avaient ébauché une théorie de l'audition. Fabrice d'Acquapendente, quant à lui, s'était penché sur la dynamique fonctionnelle des muscles et avait observé la motilité pupillaire.

Aucun anatomiste, après Vésale, ne devait plus s'éloigner de cette voie nouvelle.

Vésale eut d'abord un brillant élève, en fait son premier successeur à la chaire d'anatomie de Padoue, Realdo Colombo qui, fidèle à la méthode qu'on lui avait enseignée, entreprit de parfaire ses investigations au point de pouvoir rectifier, avec modestie, les observations consignées dans la *Fabrica*, sur des points minimes : il ne s'en attira pas moins les foudres de Vésale.

Colombo, nullement découragé, continua ses recherches en les appliquant plus particulièrement à un problème central de l'anatomo-physiologie antique – mais l'avait-il choisi ou s'était-il imposé à lui ? –, c'est-à-dire le fonctionnement du cœur et le rôle des vaisseaux sanguins. Depuis les observations embarrassées de Vésale, on l'a vu, un certain trouble s'était emparé des meilleurs esprits. En fait, au cours du XVIe siècle, nombre d'auteurs vont frôler la solution et avoir l'intuition, sinon la claire conscience, que le sang circulait des artères vers les veines et que le cœur en était le moteur. Il restait pourtant, avant de formuler cette conception devant laquelle Vésale lui-même recula, plusieurs obstacles à surmonter.

Il faut dire qu'on s'attaquait à l'un des piliers de la doctrine médicale antique : la synthèse du cardiocentrisme d'Aristote et de la théorie du *pneuma* selon Galien ! Seul un obscur médecin arabe du XIIIe siècle, nous l'avons vu, Ibn al-Nafis, avait remis en cause une partie de ce dogme en décrivant – on ne sait trop sur quelles bases – la circulation pulmonaire. Son travail extraordinairement visionnaire mais superbement ignoré n'avait laissé, semble-t-il, aucune trace dans les mémoires.

Les premiers doutes étaient donc venus de Vésale. Son disciple Realdo Colombo les reprit et, à la suite de dissections effectuées au milieu des années 1540, il parvint à la même conclusion que son maître sur la cloison interventriculaire et approcha à son tour – sans l'atteindre encore – l'explication finale de la circulation. Dans son *De re anatomica libri XV*, publié en 1558, il s'exprime pourtant sans ambages :

> « Entre les ventricules, il y a une cloison où tout le monde croit qu'un passage est ouvert pour le sang, du ventricule droit au ventricule gauche [...] Mais ils suivent une mauvaise route, car le sang passe à travers la *veine artérieuse*[8] vers les poumons où il est atténué ; puis, mélangé à l'air, il revient par l'*artère veineuse*[9] vers le cœur gauche, ce que chacun peut observer, mais que personne ne semble avoir vu jusqu'à ce jour et que nul n'a consigné dans ses écrits. »

8. L'artère pulmonaire.
9. Les veines pulmonaires.

Colombo décrit même parfaitement le mécanisme valvulaire qui permet l'ouverture des ventricules lors de la diastole[10] pour leur remplissage, et leur fermeture lors de systole[11] pour que le sang ne revienne pas en arrière tandis que s'ouvrent à leur tour les valvules de la *grande artère* [12]et de la veine artérieuse.

On voit qu'il ne reste pratiquement rien à ajouter, et cependant Colombo ne conclut pas ! Encore dominé par un schéma conceptuel dont il ne peut se libérer totalement, il continue à penser que le sang, formé dans le foie, se distribue exclusivement par les veines aux différents organes…

Plusieurs de ses collègues firent des remarques analogues. Ainsi, Guido Guidi, dont Vésale avait suivi les travaux à Paris, confessa lui aussi n'avoir jamais trouvé de pores, tandis qu'Arantius, paraissant également convaincu de cette absence, s'interrogeait en vain sur ce qui pouvait expliquer les mouvements du sang. On se rend compte que l'obstacle majeur, là encore, était représenté par la conviction forte, nullement remise en question par ces auteurs, que le sang naissait dans le foie et, de là, se répandait dans toutes les direction du corps à travers le seul système veineux : le dynamisme cardiaque n'était en rapport qu'avec la circulation du *pneuma*, non avec celle du sang…

C'est précisément ce dernier point que contesta pour la première fois Andrea Cesalpino, un élève de Colombo qui fut professeur de médecine à Pise et acheva sa carrière auprès de Clément VIII à Rome, où il mourut en 1603.

Dans son œuvre, dont l'essentiel fut publié de 1571 à 1593, le point de départ n'est pas à proprement parler anatomique mais plutôt doctrinal. Il réfute simplement l'idée galénique du *pneuma* subdivisé en vital, animal et psychique, et lui substitue un principe unique qu'il dénomme *anima*. Cette force créatrice de la

10. Phase de repos et de dilatation du cœur.
11. Phase de contraction cardiaque
12. C'est-à-dire l'aorte.

chaleur vitale réside uniquement dans le cœur, dont tout doit procéder et vers lequel tout retourne. Nanti de ce principe directeur purement théorique, il en cherche assez naturellement la confirmation dans un schéma de la circulation du sang qu'il nomme pour la première fois : *circulatio*.

Il y avait pourtant encore loin de la coupe aux lèvres. Si Cesalpino, comme plusieurs de ses contemporains, décrit assez bien le schéma de la circulation pulmonaire et même de la grande circulation, puisqu'il va jusqu'à proposer en 1571, dans ses *Quaestionum peripateticarum libri quinque*, l'hypothèse de fines connexions entre les artères et les veines, qu'il dénomme *capillamenta*, il s'arrête lui aussi au seuil de la vérité. Bien que d'astucieuses observations lors de la ligature d'une veine lui aient montré que la veine gonfle sous le lacet dans sa partie distale – ce qui prouve bien, contre les galénistes, la circulation de la périphérie vers le centre dans les veines –, il admet incompréhensiblement que pendant le sommeil, le sang artériel reflue lui aussi de la périphérie vers l'aorte et le cœur, sans doute parce que l'*anima* s'endort...

L'histoire de cette quête exténuante de la vérité physiologique est cependant encore plus fascinante quand on découvre enfin que la théorie de la circulation fut en réalité formulée dans sa quasi-totalité dès 1546 et publiée en 1553, soit trois quarts de siècle avant Harvey, dans un ouvrage de théologie !

L'auteur de cette surprenante intuition est un homme que l'on situe habituellement surtout dans le cadre de l'histoire de la Réforme, puisque Michel Servet eut le discutable privilège d'être l'un des premiers protestants à faire les frais de l'intolérance protestante...

L'histoire, qui vaut la peine d'être contée, dépasse évidemment la cadre des sciences médicales mais est très révélatrice de l'ampleur et surtout de la violence des débats intellectuels qui agitèrent le XVIe siècle dans l'Europe entière – violence à laquelle, naturellement, la médecine ne put échapper.

Né vers 1511 à Villanueva de Sijena, en Aragon, Michel Servet s'enthousiasme très tôt pour les débats religieux, épouse la cause réformée et publie à l'âge de vingt ans à peine un traité assez polémique intitulé *Des erreurs au sujet de la Trinité (De trinitatis erroribus).* Avançant sur l'un des terrains les plus risqués de la théologie chrétienne, il s'oppose à la conception classique d'un Dieu en trois personnes et préfère une sorte de panthéisme au sein duquel le Christ est un déité voulue par le Père, mais non préexistante à la conception et la naissance.

De telles discussions passionnaient alors les sectes chrétiennes et entraînaient des réactions enflammées – à tous les sens du terme, on va le voir. En 1547, résidant à Vienne, dans le Dauphiné, Servet crut bon d'adresser à Calvin, le grand Réformateur établi à Genève, l'ébauche d'un nouvel ouvrage intitulé *La Restitution du christianisme (Christianismi restitutio).* Pour toute réponse, un ami de Calvin communiqua ces pièces aux autorités ecclésiastiques – catholiques ! – de Lyon, qui condamnèrent l'ouvrage et son auteur au bûcher…

Michel Servet parvint à s'enfuir à temps et résolut de se rendre à Genève pour convaincre ses coreligionnaires. Malheureusement, on ne l'entendit pas plus qu'à Lyon et, malgré les réticences – bien faibles – de Calvin, Servet fut à nouveau condamné au bûcher, et cette fois la sentence fut exécutée, le 27 octobre 1553.

Or, Michel Servet était aussi médecin. Né dans la patrie d'Arnaud de Villeneuve, il avait étudié l'art à Toulouse, mais aussi à Padoue et à Pavie. Lorsque ses activités religieuses l'avaient contraint à quitter les villes d'Allemagne, berceau de la Réforme, où ses opinions avaient suscité divers troubles, il s'était installé pour un temps à Paris, y ouvrant un cours public de médecine en 1535, puis avait exercé à Charlieu, près de Lyon, et enfin à Vienne, où le destin devait le saisir.

Dans son livre, *Christianismi restitutio*, dont deux exemplaires furent brûlés avec lui en 1553 et des centaines d'autres par la suite[13], sur sept cents pages, six sont curieusement consacrées à la médecine. Et ces six pages sont étonnantes, car elles contiennent notamment une description à peu près exhaustive de la circulation du sang et plus précisément des modalités de ce que l'on nomme aujourd'hui l'*hématose*, c'est-à-dire son oxygénation dans les poumons[14]. Qu'on en juge :

> « le souffle divin [...] se distribue partout dans le corps, après avoir été inspiré et mélangé avec le sang dans les poumons. [...] Cette communication ne se produit pas par la partie médiane du cœur ainsi qu'on le croit d'habitude, mais par un admirable artifice[15]. Du ventricule droit du cœur, dans un long conduit qui traverse les poumons, le sang subtil est agité, préparé par les poumons, devient clair et, de la veine artérieuse[16], se transfuse dans l'artère veineuse[17]. Ensuite, dans cette même artère veineuse, l'inspiration le mélange à l'air et par l'expiration le purge de ses résidus. De cette manière, dans le ventricule gauche du cœur est attiré par la diastole tout le sang mélangé à une autre matière [l'air] pour devenir l'esprit vital. [...] Il est envoyé des poumons jusqu'au cœur avec de l'air simple par l'artère veineuse. Le mélange se fait donc dans les poumons. »

À Paris, Servet avait travaillé sous l'égide de Sylvius et avait ensuite assisté Gonthier d'Andernach, l'un des successeurs de Vésale. C'est sans doute en lisant les œuvres de ce dernier, mais aussi en réfléchissant sur sa propre expérience d'anatomiste, que son esprit de réformateur, s'appliquant aussi aux dogmes de la

---

13. Cette persécution posthume fut assez efficace puisque, sur les mille exemplaires imprimés, seuls trois sont aujourd'hui connus et conservés à Paris, Vienne en Autriche et Édimbourg dont l'exemplaire est du reste incomplet.

14. Il faut noter que le mot *hématose* existait au XVIe siècle, mais il désignait alors la transformation du chyle, c'est-à-dire du bol alimentaire transformé par l'estomac, qui en passant dans le foie y subissait la « deuxième coction » pour donner naissance au sang.

15. Le mot signifie alors « moyen, manière de faire ».

16. L'artère pulmonaire.

17. Les veines pulmonaires.

médecine, l'avait conduit à récuser la doctrine galénique. Pourtant, son sort tragique fut partagé par l'ouvrage qu'il avait écrit, essentiellement considéré comme un livre sulfureux de théologie : sa théorie ne fut pas connue.

Lors de son séjour parisien, Servet avait côtoyé un grand médecin de son temps, Jean Fernel, dont la pensée l'avait probablement influencé. Avec Fernel, en effet, la médecine de la Renaissance devait tenter de jeter les fondements, encore mal assurés, d'une théorie physio-pathologique. C'était l'un des préalables nécessaires à la constitution d'une nouvelle rationalité médicale.

De l'anatomie à la physio-pathologie

Au début du XVIe siècle, le galénisme demeurait à la base du discours médical, cependant les coups très rudes que lui avaient porté les incroyables progrès de l'anatomie ne pouvaient demeurer sans effet.

Ces difficultés allaient en fait bien au-delà de celles qu'impliquait, comme nous venons de le voir, la presque découverte du système circulatoire. Les investigations anatomiques avaient apporté d'autres fruits.

Dans leurs activités d'amphithéâtre, Vésale, Colombo, Eustache ou Fallope n'avaient pas seulement élucidé les structures réelles du corps humain et rectifié au passage beaucoup d'erreurs anciennes. En de nombreuses occasions, disséquant des cadavres dont ils ignoraient bien souvent l'histoire clinique, ils découvrirent des variations anatomiques tellement importantes qu'ils les interprétèrent immédiatement comme des manifestations pathologiques. Les corps qu'on livrait aux anatomistes, souvent des cadavres de suppliciés, n'étaient pas forcément ceux d'hommes malades, mais peu à peu on prit l'habitude, quand c'était possible, de « vérifier anatomiquement » un malade récemment décédé.

Ainsi, Vésale connaissait les anévrysmes aortiques et les avait rapportés à certains symptômes observés lors du vivant du sujet. De la conception holistique de la maladie, propre à la doctrine galénique – depuis Hippocrate, en réalité, la plupart des affections étaient considérées comme des maladies globales, manifestant localement un trouble général des humeurs –, on passait ainsi insensiblement à la notion encore très floue, il faut le reconnaître, de lésion organique. C'était néanmoins le premier pas d'une discipline qui, à la fin du XVIIIe siècle, allait fonder la théorie médicale moderne : l'anatomie pathologique.

Dès la fin du XVe siècle, l'un des premiers à avoir théorisé cette approche fut Antonio Benivieni, un médecin de Florence mort en 1502, dont l'ouvrage posthume *De quelques causes secrètes et étonnantes des maladies et de la santé (De abditis nonnullis ac mirandis morborum et sanationum causis)* fut publié en 1507. À partir d'une série de vingt-deux patients qu'il avait suivis de leurs vivant et pour lesquels il avait demandé et obtenu l'autorisation de pratiquer une nécropsie, il s'était déjà efforcé de rapprocher les données cliniques des constatations anatomiques *post-mortem.* C'est ainsi qu'il avait pu notamment décrire les épanchements péricardiques soupçonnés depuis l'Antiquité. L'absence de procédure autopsique rigoureuse ne lui avait cependant guère permis d'aller très loin dans cette voie.

Félix Platter, professeur d'anatomie à Bâle, aurait également procédé à plus de trois cents dissections en cinquante années d'activité. Dans sa *Praxis medica*, publiée en 1608, il rapporte ainsi de nombreuses observations d'anatomie pathologique : une « pierre sous la langue » – peut-être un calcul enclavé dans la glande sublinguale –, une tumeur du thymus, des parasites intestinaux, une tumeur fibreuse du cœur, des kystoses rénales et hépatiques, etc.

Le Flamand Rembert Dodoens, qui exerça au milieu du XVIe siècle et fut notamment le médecin personnel des empereurs

Maximilien II et Rodolphe II, décrivit aussi l'aspect macroscopique des poumons pneumoniques et des tumeurs gastriques.

Il faut enfin souligner l'apport de l'Allemand Johann Schenk von Grafenberg, qui pratiqua à Strasbourg et Fribourg. Encore étudiant à Tübingen, il eut l'heureuse idée de rassembler les observations macroscopiques éparses dans les œuvres de Sylvius, Vésale et Colombo dans son ouvrage *Observationum medicarum*, publié en 1597. On trouve également de semblables mentions, du reste, dans les *Dix livres de la chirurgie* d'Ambroise Paré, en 1564.

À la fin du siècle, à Padoue, Oddi et Bottoni pratiquaient même de façon presque systématique l'autopsie des femmes mortes à l'hôpital, afin d'instruire les étudiants sur les causes et le lieu des maladies dont elles avaient souffert.

Ce nouveau regard porté sur les relations entre les maladies et les structures du corps ne pouvait manquer d'influencer la théorie médicale dans son ensemble. Un praticien français illustra bien cette difficile mutation intellectuelle.

Fils d'un aubergiste aisé du nord de la France, Jean Fernel, né en 1497, se consacra longtemps aux mathématiques puis se passionna pour l'astronomie et la géodésie – il construisit notamment un astrolabe et imagina de mesurer le méridien terrestre –, toutes disciplines qui ne représentaient pour lui que des variantes de la philosophie. Son beau-père lui ayant imposé plus tard l'étude de la médecine afin de lui permettre de subvenir aux besoins de son ménage, il réussit dans cette voie et devint même professeur à la faculté de médecine de Paris.

Médecin de Henri II et de Diane de Poitiers, très tôt Fernel comprit la stérilité de la scolastique médicale, qui formait d'excellents dialecticiens mais ne pouvait contribuer au développement des connaissances. Publiée en 1554, quatre ans avant sa mort, sa *Medicina,* très souvent rééditée, s'imposa comme une référence à travers toute l'Europe.

Jean Fernel privilégie d'emblée l'observation des phénomènes, puis il passe à la déduction. Comme Aristote, il accorde une grande importance aux sens et il emprunte au Stagirite le terme de « physiologie » pour désigner la partie la plus conséquente de sa *Medicina,* de même qu'il consacre le terme de « pathologie » dans la deuxième partie de l'ouvrage, pour qualifier la science qui identifie et classe les maladies. Il y accorde du reste une place importante à la description des modifications pathologiques des organes observées lors des autopsies, comme les cavernes de la tuberculose pulmonaire et un cas d'appendicite, par exemple.

Faisant preuve d'un sens clinique renouvelé, il fixe notamment le tableau clinique de la grippe. Dans le même esprit, il propose une nouvelle classification des maladies, qu'il distingue en deux groupes : celles qui affectent tout le corps – comme les fièvres – et celles qui ont une localisation anatomique – grand acquis des autopsies. Pour les maladies « générales », il s'éloigne aussi de Galien en discutant la théorie de la dyscrasie pour soutenir l'idée d'une « cause cachée » qui affecterait l'ensemble de l'organisme. En un siècle où l'une des plus impressionnantes épidémies de l'histoire médicale allait se déclencher – la grande vérole, nous le reverrons bientôt –, cette nouvelle théorie médicale pouvait rendre compte d'un fait surprenant pour tous les médecins : des maladies nouvelles, inconnues de Galien, pouvaient apparaître.

Ces recherches auraient pu conduire à des progrès substantiels dans le domaine médical, mais Fernel ne put se libérer complètement du poids des traditions. Malgré ses observations et ses doutes, il demeura finalement attaché aux théories confuses de Galien et tint encore pour à peu près indiscutable la conception des quatre humeurs du corps et des quatre éléments avec leurs qualités. Ses ancêtres de l'école d'Alexandrie l'auraient également qualifié de « pneumatiste », car il croyait aussi aux esprits vitaux permettant le fonctionnement des organes. De plus, Fernel ne parvint pas à discerner la spécificité de la médecine qui, pour cet esprit universel, restera toujours une branche de la philosophie. Les temps n'étaient pas encore venus pour une réforme radicale de la pensée médicale.

Il n'en allait pas de même pour la pratique de la chirurgie, depuis longtemps libérée du lourd carcan intellectuel des dogmes médicaux. Ce fut là, à n'en pas douter, la vraie révolution médicale du XVIe siècle.

Les nouvelles ambitions de la chirurgie

De tout temps, on ne fut bon chirurgien que si l'on était bon anatomiste. Un savoir approfondi, en ce domaine, mit du temps à se constituer, mais au XVIe siècle presque tous les grands anatomistes furent, assez logiquement, de grands chirurgiens.

Opérateur hardi, Bérenger de Carpi, l'un des précurseurs du renouveau anatomique, s'était déjà illustré par l'évidement sans crainte des os nécrosés dans les foyers fracturaires et prétendait avoir extirpé trois utérus prolabés, faisant issue dans la cavité vaginale et atteints de gangrène, ce qui est moins sûr.

On se souvient que Vésale était professeur de chirurgie à Padoue. Il fut parmi les premiers à porter le diagnostic d'anévrysme de l'aorte et à réaliser une amputation réglée du bras. Fallope avait aussi fait progresser le traitement de certaines tumeurs et mis en pratique la science des ligatures vasculaires, qu'Ambroise Paré répandra plus largement, tout comme Fabrice d'Acquapendente qui précisa également, sur des bases anatomiques, la technique de la trachéotomie indiquée dans les complications de la diphtérie.

Parmi la cohorte grandissante des praticiens renommés et inventifs, perfectionnant chaque jour les techniques et les indications de la chirurgie, quelques-uns méritent une mention particulière, car ils permettent de bien mesurer les progrès accomplis.

Issu de l'incomparable école italienne, le nom de Giovanni da Vigo s'impose en premier lieu. Chirurgien auprès du pape Jules II, sa *Practica in arte chirurgica copiosa*, publiée à Rome en 1514 et disponible sous forme d'un abrégé en 1517, connut un immense succès et plus de quarante éditions, dont de nombreuses traductions dans la plupart des langues européennes. Il y décrit de nouveaux instruments – notamment une variété de trépan – et propose aussi pour la traitement des plaies un emplâtre à base de mercure qui portera son nom et demeurera longtemps utilisé après lui.

Giovanni Andrea della Croce, à Venise, produisit aussi en 1573 une *Chirurgiae libri septem*, magnifiquement illustrée, où l'on trouve notamment deux gravures relatives à la chirurgie de guerre – hélas ! très formatrice, au point que della Croce, parlant d'expérience en un siècle troublé, pouvait écrire que « celui qui veut être bon chirurgien a besoin de suivre les armées ».

Renouant avec les grands auteurs du Moyen Âge comme les Henri de Mondeville, les Guy de Chauliac, les Guillaume de Salicet, ces nouveaux chirurgiens contribuaient aux progrès de l'art par de nouveaux traités de référence désormais imprimés et promis à une plus vaste diffusion.

Le plus remarquable fut sans doute le travail de Guido Guidi, ou Vidius, Florentin appelé par le roi François Ier et qui fut nommé le premier professeur de médecine au Collège de France en 1542. Humaniste et traducteur autant que praticien de l'art, avec sa *Chirurgia e graeco in latinum conversa* il mit en 1544 à la disposition de ses confrères une monumentale anthologie des chirurgiens grecs anciens, contenant notamment les commentaires de Galien sur les traités attribués à Hippocrate relatifs aux fractures et aux luxations, les livres de Galien lui-même et ceux d'Oribase, somptueusement illustrés par des gravures d'après Francesco Salviati.

Quoique désireux de répandre une nouvelle science chirurgicale plus éclairée par l'anatomie, ces grands auteurs demeuraient néanmoins très dépendants du galénisme médiéval qui voyait surtout dans la chirurgie le moyen d'assurer, par la saignée ou l'évacuation des purulences, l'action purgative exigée par la doctrine. La persistance de cette influence causa même, dans les années 1520, une querelle singulière mais plaisante qui mit en émoi tout le petit monde chirurgical de l'époque.

Docteur en médecine en 1514, Pierre Brissot avait été appelé en 1518 auprès du roi du Portugal, qui souffrait d'une pleurésie. À cette occasion, le praticien s'opposa à la théorie prévalant alors parmi ses collègues portugais pour qui le but de la saignée était la révulsion, selon les données de Rhazès et d'Avicenne qui conseillaient une saignée effectuée goutte à goutte sur un vaisseau éloigné, du côté opposé à celui de la maladie. Brissot, rompant avec une doctrine que soutenait aussi la faculté de Paris, conseillait selon Hippocrate de faire pratiquer par le chirurgien une saignée de dérivation, consistant à faire couler abondamment une veine située près de la zone affectée et en tout cas du même côté. Le roi ayant suivi l'avis de Brissot et s'étant parfaitement rétabli, le médecin victorieux fut pourtant violemment pris à partie par l'un de ses confrères qui lui reprochait, en quelque sorte, de n'avoir pas guéri son auguste patient selon les règles de l'art. Sommé de se justifier, notre infortuné praticien, emporté en 1522 par une dysenterie, ne put répondre qu'à titre posthume dans un mémoire publié à Paris en 1525. La polémique s'enfla au point que la faculté de médecine de Salamanque fit prendre un décret stipulant que tout pleurétique serait toujours saigné du côté opposé ! Toute l'Europe s'en émut, et la mémoire de Brissot vit se dresser contre elle l'opinion de Gonthier d'Andernach, tandis que Vésale et Guido Guidi volaient à son secours.

Tout finit par s'apaiser, mais cette « querelle des saigneurs » pouvait faire espérer pour la chirurgie des débats d'une plus haute volée. Certains s'y employèrent, du reste, en contribuant à créer des disciplines nouvelles.

Ainsi du talentueux et inventif Gasparo Tagliacozzi, professeur à Bologne, qui jeta les bases de la chirurgie plastique en renouvelant notamment la technique de la rhinoplastie.

L'intervention, destinée uniquement à remplacer les nez arrachés, était l'une des plus anciennes de l'art chirurgical. Introduite par les Arabes peut-être à partir de sources indiennes, elle avait été pratiquée, selon des techniques mal connues, en Sicile et en Calabre au XVe siècle, par des chirurgiens qui s'en transmettaient le secret de père en fils.

Dans un magnifique ouvrage publié à Venise en 1597, Tagliacozzi décrivit pour la première fois la « technique italienne », consistant à prendre un lambeau tubulé sur le bras et à le mettre au contact du nez coupé jusqu'à la prise du greffon, le bras demeurant fixé en position convenable par tout un jeu de bandages maintenus en place le temps nécessaire. On pouvait alors, le moment venu, sectionner l'insertion du lambeau sur le bras et remodeler le greffon pour en faire un nouveau nez.

La prouesse chirurgicale, qu'illustraient d'étonnantes gravures du savant appareil de contention mis en œuvre sur le patient, fut largement reconnue. Elle avait surtout requis une étude préalable approfondie de l'anatomie et de la vascularisation des tissus à greffer. Cependant, trop novatrice, elle fut rejetée par certains, comme Paré lui-même ou Fallope, et surtout condamnée par l'Église, qui voyait dans cette intervention une tentative inacceptable de modifier l'œuvre de Dieu. On ne la reprendra qu'au début du XIXe siècle.

Si la chirurgie savante éprouvait donc parfois de la difficulté à faire prévaloir ses découvertes, en revanche le peuple des chirurgiens ambulants, qui continuaient à passer de village en village depuis le Moyen Âge, fut parfois à l'origine de réels progrès opératoires. L'exemple le plus frappant est celui du célèbre Pierre Franco. Appartenant à une catégorie de praticiens déclassés sans aucun prestige reconnu, il compta pourtant parmi les plus grands noms de la chirurgie renaissante, non loin de celui de l'illustre Ambroise Paré.

Franco fut une exception parmi de nombreux praticiens obscurs et souvent dangereux. Venu de Provence, acquis à la Réforme, son errance tint à la fois aux contraintes de son métier et à son appartenance à une foi persécutée.

On ignore du reste à peu près tout de ses années de formation : qui furent ses maîtres, comment put-il acquérir les bribes d'anatomie que son art nécessitait ? Tout cela est assez incertain, mais en 1546, cet homme de quarante ans environ, chassé de sa terre natale pour trouver refuge en Suisse, peut déjà se présenter comme « Chirurgien de Lausanne » et, dix ans plus tard, il publie à Lyon un ouvrage sobrement intitulé *Petite Chirurgie contenant une des parties principales de la chirurgie, laquelle les chirurgiens herniers exercent*. De 1559 à 1561, au gré des appels qu'on lui lance et des persécutions qu'il fuit, il passe à Lyon, Orange, puis revient vers Genève où il se fixe. En 1561 paraît une nouvelle édition de sa *Chirurgie*, tandis qu'il se trouve désormais, et jusqu'à sa mort vers 1579, pensionné par les autorités pour répandre et pratiquer l'art des « chirurgiens herniers, inciseurs et abatteurs de cataracte ». On voit donc que ses compétences occupaient en fait tout le champ laissé libre par les chirurgiens « savants ».

Son apport le plus remarquable fut l'amélioration de la technique jusque-là hasardeuse de la réduction des hernies inguinales. Renonçant aux interventions hâtives, il préparait soigneusement ses patients et conseillait une position opératoire inversée, la tête inclinée vers le bas, préfigurant ce que l'on nomme de nos jours « la position de Trendelenburg[18] ». Renonçant aux techniques expéditives classiques, qui donnaient le choix entre le refoulement

18. Du nom d'un chirurgien allemand du XIXe siècle qui en imposa l'usage pour diverses interventions abdomino-pelviennes, car elle possède notamment l'avantage de dégager vers la haut les anses intestinales.

à l'aveugle du contenu herniaire ou, pis encore, la ligature de l'ensemble suivie habituellement d'une section castratrice, il opérait en disséquant le sac herniaire et prenant aussi le risque, immense à cette époque, d'ouvrir le péritoine. Il lui fallait soigneusement respecter les vaisseaux et le cordon spermatique, mais le succès était souvent au rendez-vous.

Dans la non moins redoutable lithotomie, Franco fit preuve d'une même ingéniosité. Il fut l'un des premiers à codifier une alternative à l'intervention classique dite « du petit appareil » – elle-même très irrégulièrement maîtrisée par les opérateurs –, laquelle consistait à effectuer sur le plancher périnéal une incision sous la saillie du calcul, qu'on extrayait ensuite par cette voie. Franco, mettant à profit une indéniable expérience clinique, observa qu'une plaie franche et plus large se traitait et cicatrisait mieux qu'une infime brèche, volontiers déchirée par le passage du calcul et des instruments, plus ou moins bien obstruée après l'intervention. Pour la taille « au grand appareil », il guidait son incision en introduisant une sonde métallique dans l'urètre et pratiquait alors une incision latérale large sur la col de la vessie. Les suites opératoires de ce procédé, parfois appliqué en deux temps espacés de quelques jours, étaient souvent beaucoup plus simples. Mais Franco sut aller plus loin encore. Un jour, confronté au cas d'un enfant porteur d'un calcul vésical[19] de la grosseur d'un œuf de poule et incapable de l'extraire par une incision périnéale, il eut l'idée de recourir à un abord sus-pubien, en incisant la vessie par le haut : c'était « la taille haute », promise à un grand avenir. Là encore, son audace était réelle, car il lui fallait maîtriser les risques hémorragiques plus importants, la menace d'infection du péritoine, et lutter contre l'extrusion de anses intestinales, sans

19. La plupart des inciseurs opéraient alors surtout des enfants et des adolescents, chez qui la lithiase n'était pas exceptionnelle, car l'intervention effectuée sur l'adulte était réputée plus dangereuse pour le patient... et peut-être aussi pour l'opérateur !

compter qu'en dehors de toute anesthésie sérieuse, le patient était soumis à plus rude épreuve encore qu'à l'ordinaire…

Singulier destin que celui de Franco, tout à la fois modeste et génial découvreur de techniques plus sûres, plus rigoureuses, plus efficaces, mais confiné dans un statut sans gloire et chichement payé par ses maîtres, les « Messieurs de Berne ». Lui qui n'était pas médecin, avait retenu d'Hippocrate – lequel avait reculé devant la lithotomie – l'exigence morale que son engagement protestant lui rappelait sans doute à chaque instant. Dans la tradition la plus fidèle au Père de la médecine, Franco n'omettait pas de donner à ses émules un ultime conseil : « Il se faut donner garde de faire, à la volée, les choses qui sont de si grande importance. »

En cela aussi, il était bien le digne compagnon du plus grand chirurgien de son temps, l'incomparable Ambroise Paré.

Le siècle d'Ambroise Paré

La vie et l'œuvre d'Ambroise Paré ont un peu l'allure d'un roman, d'une aventure sans pareille qui, à travers les siècles, est devenue comme une sorte de mythe fondateur de la chirurgie moderne. Sans doute les récits ont-ils enjolivé et parfois exagérément magnifié l'homme et son héritage. Il n'en demeure pas moins qu'après lui la chirurgie ne sera plus tout à fait la même.

C'est à Bourg-Hersent, près de Laval, qu'Ambroise vit le jour en 1510. Issu d'une famille modeste, il fut très tôt confié à un chapelain nommé Orsoy pour lui prodiguer quelque instruction. On rapporte que le jeune Ambroise, pour payer son maître, lui servait aussi de domestique. Son mentor trouva pourtant chez son pupille suffisamment de bonnes dispositions pour qu'il conseillât de le placer, devenu adolescent, chez un barbier-chirurgien à Vitré : après tout, c'était un état qui lui procurerait toujours du travail. Chez ce praticien débonnaire, le jeune Ambroise apprit donc à saigner et à soigner, selon l'usage, « clous et aposthumes ». Or, un beau jour, il fut appelé en aide chez un prêtre ami de son maître Orsoy. On y attendait un fameux praticien ambulant, issu d'un illustre lignée de lithotomistes, Laurent Collot. Ambroise ignorait sans doute que, ce jour-là, il allait sceller son destin.

Les Collot, par tradition familiale, détenaient le secret de la lithotomie « au grand appareil ». Avec une parfaite maîtrise, on y procéda devant Ambroise Paré, pour le plus grand bénéfice de son patient. La dextérité de Laurent Collot était telle, au demeurant, qu'il devint plus tard le lithotomiste protégé par les derniers rois Valois, de Henri II à Henri III. On prétendait même que, lorsqu'il taillait à l'Hôtel-Dieu de Paris, des chirurgiens l'épiaient par un trou du plafond afin de surprendre son secret...

À ce spectacle, le jeune barbier-chirurgien de Vitré est immédiatement conquis, émerveillé. Pour lui, la cause est entendue : adieu les saignées et les bosses, il sera chirurgien.

Notre Ambroise, âgé d'à peine vingt ans, se retrouve ainsi à Paris, dûment recommandé, et placé entre les mains d'un bon praticien du nom de Jacques Goupil. Dès 1533, il fait ses premières armes à l'Hôtel-Dieu, où les médecins ne paraissaient presque jamais et où les pauvres malades étaient laissés aux soins des seuls chirurgiens qui voulaient bien s'occuper d'eux. Ambroise Paré ignore le latin et le grec, ne sera jamais docteur en médecine et se moquera toute sa vie d'une telle reconnaissance. En revanche, pendant toutes les années de sa longue pratique, le soulagement des souffrances sera sa vraie passion.

En 1536, Paré entre précisément dans la vie active en devenant chirurgien au service du baron de Montejean qui partait pour le Piémont, où le roi François Ier avait décidé une fois encore de porter la guerre. Pour un chirurgien, comme l'avait rappelé un autre Italien, Giovanni Andrea della Croce, c'était en effet la meilleure école – mais quelle terrible école...

L'art de la guerre s'était lui aussi raffiné depuis quelques décennies. En particulier avec l'introduction des premières armes à feu portatives, les arquebuses, fusils primitifs à mèche ou à rouet qui, à la cadence d'un coup par minute, portant à 150 mètres environ, produisaient des blessures d'un genre nouveau. Rien dans la littérature des Anciens ne pouvait aider à les traiter. Une doctrine s'était cependant assez rapidement imposée, considérant que la poudre utilisée pour propulser la balle empoisonnait d'emblée les plaies d'arquebuse. Il convenait donc, estimait-on, de les cautériser aussitôt par application d'huile bouillante. Les suites étaient souvent effroyables, car la nécrose induite par ce traitement agressif ne faisait que favoriser l'éclosion d'une infection fatale, dans les pires douleurs…

Pendant la campagne d'Italie, Paré usa pendant des jours de quantités impressionnantes d'huile bouillante. Cette rude expérience devait lui fournir la matière d'un ouvrage qu'il publiera en 1545 : *La Méthode de traiter les playes faictes par hacquebutes et aultres bastons à feu […]*[20], livre naturellement rédigé en français, comme tous ceux qu'il publiera. Il y rapporte notamment qu'en 1537, à la bataille du Pas de Suse, les arquebuses ayant fait merveille, l'huile bouillante vint à manquer. Pour panser les plaies de ses soldats, Ambroise Paré eut l'idée de leur appliquer un traitement tout différent, employant un emplâtre « digestif » fait de jaune d'œuf, de miel rosat et de térébenthine. Lui-même s'était effrayé de cette innovation inouïe :

> « La nuit je ne pus bien dormir à mon aise, craignant, par faute d'avoir bien cautérisé, de trouver les blessés où j'avais failli à mettre ladite huile morts empoisonnés, [ce] qui me fit lever de grand matin pour les visiter où, [contre mon attente], trouvai ceux auxquels j'avais mis le médicament digestif sentir peu de douleurs et leurs plaies sans inflammation ni

20. Au témoignage de Paré lui-même, c'est l'anatomiste Sylvius qui l'avait prié, « de grande affection », de mettre par écrit le récit de son expérience.

tumeurs, ayant assez bien reposé la nuit. Autres où l'on avait appliqué ladite huile bouillante, les trouvai fébricitants, avec grande douleur et tumeur[21] aux environ de leurs plaies. Adonc je me délibérai de ne jamais plus brûler ainsi cruellement les pauvres blessés d'arquebusades. »

C'était la première découverte, le premier pas d'une carrière prodigieuse.

De retour à Paris, il se marie et s'installe en 1541, ouvrant boutique rue de l'Hirondelle, dans le Quartier latin, près de l'actuelle rue Saint-André-des-Arts. Il ne cessera pourtant de reprendre la route pour suivre d'autres campagnes et acquérir d'autres mérites.

L'année suivante il servit à nouveau lors du siège de Perpignan, au service du vicomte de Rohan : deuxième campagne, deuxième découverte. Le comte de Brissac avait, lui aussi, reçu une balle dans l'épaule. On cherchait en vain à la localiser pour l'en délivrer lorsque Paré, anatomiste autant que chirurgien, songea à replacer le bras du blessé dans l'exacte position où il se trouvait quand le projectile l'avait atteint : redevenue apparente, la balle fut aussitôt repérée et facilement extraite. Paré, en un instant, avait posé l'un des principes que n'oublieront plus, pour des siècles, les chirurgiens des armées.

En peu de temps, sa réputation avait commencé à croître et lorsqu'il put regagner Paris sa fortune était faite. Dès 1543, il se mit à consigner ses observations, tandis que sa boutique du Quartier latin attirait de plus en plus de pratiques auxquelles il prodiguait ses soins, soignant leurs fractures et luxations, opérant la taille ou l'abaissement de la cataracte et se penchant même sur les difficultés qui peuvent survenir lors des accouchements : en 1550, il publie une *Briefve Collection de l'administration anatomique ; avec la manière de conjoindre les os, et d'extraire les enfans tant mors que vivans du ventre de la mère, lorsque la*

21. Aspect de tuméfaction dû à l'inflammation et à la suppuration.

nature de soy ne peult venir à son effect. Il fut ainsi l'un des pionniers de l'obstétrique médicale.

Mais son destin de médecin des armées le poursuivait inexorablement. En 1552, au faîte de son art, il doit partir à la suite du vicomte de Rohan pour prendre part au siège de Damvillers. La bataille faisait rage et l'artillerie des ravages. Nombre de blessés, le bras ou la jambe horriblement fracassés, broyés, ne relevaient que de l'amputation. L'opération était évidemment le plus souvent fatale : pour contenir l'hémorragie de la tranche de section du membre amputé, on ne savait encore que recourir à l'inévitable fer chauffé à blanc pour carboniser les chairs, produisant toujours d'épouvantables escarres, sources de souffrances et d'infection.

Un gentilhomme de la suite du vicomte de Rohan dut à son tour être amputé. Paré avait assisté à cette scène à de nombreuses reprises, toujours avec le même dégoût. Cette fois, au lieu d'appliquer « les fers ardents », il décida d'employer une autre méthode, approximativement décrite avant lui mais très peu utilisée, sans doute faute de la dextérité nécessaire et plus encore d'une réelle volonté de soulager les blessés. Paré décrira pourtant cette innovation comme une sorte d'intuition :

> « C'est sans l'avoir vu faire à aucun, ouy dire ni lu, qu'il a plu à Dieu de m'aviser de l'idée d'étreindre d'un fil l'artère béante des amputés. »

La ligature vasculaire, dont on il codifiera les techniques et les indications, fut à n'en pas douter la grande révolution chirurgicale imposée par Ambroise Paré : combien de douleurs et de morts inutiles n'a-t-elle pas épargnées ?

Il distingue la *ligature immédiate*, attirant à l'aide d'une pince spéciale l'artère hors des chairs pour la lier à son extrémité, et la *ligature médiate*, notamment dans les récidives hémorragiques, lorsque l'extrémité artérielle n'est plus distincte, en liant globalement l'artère et les tissus voisins.

Le geste était simple, les effets furent miraculeux : « Je le pansay, dit seulement Ambroise Paré, Dieu le guérist. »

Cette fois, la gloire attendait notre homme : au retour de la campagne contre les Autrichiens, Henri II fit d'Ambroise Paré son chirurgien ordinaire.

Dès octobre 1552, pourtant, il est encore à Metz, où la garnison, assiégée par des milliers d'Impériaux, l'avait appelé à l'aide car les blessés y mourraient faute de soins convenables. Maître Ambroise parviendra à rejoindre la place et il y rapportera l'espoir.

De retour à Paris, les honneurs ne pouvaient que fondre sur lui. Il y en avait un, notamment, auquel il pouvait légitimement prétendre : devenir membre du collège de Saint-Côme-et-Saint-Damien, lui l'ancien petit barbier sans instruction ! Mais il subsistait des obstacles : les chirurgiens de Saint-Côme, depuis des décennies, aimaient à singer leurs collègues de la faculté de médecine – que Paré ignorera toujours sans chercher à les combattre –, et les règlements de 1544 exigeaient encore la connaissance du latin pour faire partie des chirurgiens de Paris.

Pour Ambroise Paré, chirurgien du roi, praticien consacré, on eut le bon goût de passer outre. Il accomplit alors son cursus universitaire à une vitesse inégalée – et dont l'exploit ne fut sans doute jamais reproduit après lui : bachelier le 23 août 1554, il fut admis à la licence le 8 octobre de la même année et finalement reçu maître le 18 décembre ! Plus tard, il devint même prévôt de la compagnie...

Maître Ambroise pouvait enfin se vouer à son œuvre et consigner par écrit tant de savoir et d'expérience. En 1561, c'est l'*Anatomie universelle du corps humain*, où il ne se montre guère novateur mais parfaitement au fait des découvertes de son siècle. La même année, il fait paraître *La Méthode curative des playes et fractures de la teste humaine*, où sont exposées de nouvelles techniques de suture pour le visage et des modèles de prothèses en argent ou en cuir bouilli pour les oreilles et les nez arrachés. En 1564, il publie enfin les inappréciables *Dix livres de la chirurgie avec le magasin des instrumens nécessaires à icelle*, magnifique exposé du savoir chirurgical de la Renaissance, rédigé en un style et dans une langue que chacun peut comprendre. Il y rapporte sa connaissance parfaite de la traumatologie, acquise sur les champs de bataille, mais ne méconnaît pas les maladies qui affectent les soldats en campagne, « chaudepisse et suppression d'urine ».

Depuis janvier 1562, Ambroise était le « premier chirurgien » du roi Charles IX. Il le sera aussi auprès du dernier des Valois, Henri III. En un temps de violences où les intrigues de la Cour, à la fois politiques et religieuses, rendaient tout incertain et chacun plus ou moins suspect, Ambroise Paré ne suscitait aucune inquiétude. Ne l'avait-on pas appelé en toute hâte lors du tournoi tragique qui avait coûté la vie à Henri II[22] dont il était le « chirurgien ordinaire » ?

On rapporte aussi qu'un jour Charles IX, éternel malade, lui avait dit :

> « J'espère que tu vas mieux soigner le roi que les pauvres d'hôpital.
> — Non, sire, c'est impossible !
> — Et pourquoi ?
> — Parce que je les soigne comme des rois. »

Plus tard, sous Henri III dont il était un familier, il répandit à la cour la mode d'une tisane de sa composition, dénommée l'*Ambroisie,* et fit graver pour le roi des figures d'anatomie.

On a pourtant prétendu qu'Ambroise Paré, réformateur de la chirurgie, étranger aux dogmes de la Sorbonne comme à ceux de la faculté de médecine, était proche du protestantisme, sinon huguenot lui-même. La question, qui n'est d'ailleurs que secondaire, n'a jamais été tranchée. Il n'est pas certain que

22. En cette terrible circonstance, on avait aussi requis la présence de Vésale.

Charles IX ait eu à le protéger lors de la folle journée de la Saint-Barthélemy, mais il demeure établi que tous les actes de la vie d'Ambroise Paré, y compris sa mort, furent consacrés en l'église Saint-André-des-Arts. Il n'est cependant pas douteux qu'un tel esprit ne pouvait que s'affliger des atrocités de son temps. Ambroise le prudent ne nous a rien livré du fond de sa pensée, mais il s'est exprimé sans réserve – et non sans risques – sur l'art de guérir.

Esprit curieux qui, tout au long d'une longue carrière, avait contemplé toutes les misères humaines, Ambroise Paré, devenu presque intouchable, était même sorti du champ de la chirurgie en publiant notamment, en 1568, son *Traicté de la peste, de la petite vérolle et rougeolle*. Le titre de l'ouvrage est du reste équivoque, car sous le nom de « peste » ou de « maladie pestilentielle », on désignait aussi la scarlatine, ce qui se comprend mieux au voisinage de la variole et de la rougeole. Ambroise Paré n'en suggère pas moins la notion de contagion, qui faisait alors son chemin dans les esprits de certains médecins, nous le reverrons. Malgré les protestations de la faculté contre les outrances d'un tel livre, totalement étranger à sa doctrine et publié par un chirurgien ignorant Galien, la protection du roi permit à l'ouvrage de prospérer. Ambroise pourra même l'inclure en 1575 dans les *Œuvres de Mr Ambroise Paré, conseiller et premier chirurgien du roi, avec les figures et portraicts, autant de l'anatomie que des instruments de chirurgie, et de plusieurs monstres*[23] : un somptueux *in-folio* de 945 pages, le couronnement de toute une vie de travail[24].

23. On y avait également joint le contenu des *Cinq livres de chirurgie*, consacrés aux bandages, plaies, luxations et fractures, publiés en 1572.

24. Cette somme, qui rencontra un grand succès, fut rééditée en 1579 et en 1585, avec de nouvelles gravures sur bois. Ironie de l'histoire, une traduction en latin en fut même procurée en 1582 par un médecin de la faculté de Paris !

Libérant la chirurgie mais cherchant aussi, avec une retenue compréhensible, à décloisonner les sciences médicales, Ambroise Paré demeure avant tout un praticien et non un théoricien. Dans ses *Deux livres de chirurgie* publiés en 1573, dont le second volume est consacré aux « monstres tant terrestres que marins avec leurs portraits », il se laisse parfois gagner par une certaine naïveté et accorde sa foi à des récits fantastiques. Il n'importe, il est l'incontestable porte-parole de l'art médical de son temps lorsqu'il écrit sans ambages : « Ce n'est pas grand-chose de feuilleter des traités et de caqueter en chaire si la main ne besogne. »

Lorsqu'il mourut, le 20 décembre 1590, chargé d'ans et d'honneurs, sa disparition marqua moins, en médecine, la fin d'une époque que le début de temps nouveaux.

Paracelse et les sources de l'iatrochimie

Singulière figure, en vérité, que celle de Paracelse si on la compare à celle du paisible et sage Ambroise Paré ! Tout semble les opposer : que peut-il y a voir de commun entre le premier chirurgien des rois de France et Paracelse le rebelle, provocateur et iconoclaste, que ses thèses révolutionnaires exprimées sans nuances et son caractère emporté contraignent, tout au long de sa courte vie, à une perpétuelle errance ?

Beaucoup de choses les rapprochent pourtant : tous deux ont choisi, en dehors des cénacles universitaires et de la pensée unique de leur temps, de consigner leur science en langue vulgaire – un élégant français pour Ambroise, un « allemand grossier », selon ses critiques, pour Paracelse ; tous deux ont délibérément et courageusement choisi – Maître Ambroise avec sérénité et Paracelse dans l'outrance – de faire prévaloir l'expérience sur la servile observance de la tradition ; chacun d'eux enfin, dans son domaine, Paré du côté de la chirurgie et Paracelse du côté de la médecine et de la pharmacopée – mais sans jamais disjoindre la main et l'esprit, ce qui les réunit aussi –, ils ont renouvelé la pensée et les pratiques de l'art de guérir. Ils ont ouvert un débat, car ils ne leur appartenait pas de produire une synthèse nouvelle, mais de mettre un terme à des erreurs anciennes.

Avec Paracelse, un autre aspect de la Renaissance prend également toute sa place en médecine. Sa pensée et son œuvre dépassent en effet de beaucoup le seul cadre de la médecine. Le lieu n'est évidemment pas ici d'examiner dans le détail ses conceptions philosophiques et religieuses ou, pour mieux dire, sa théosophie. On ne doit cependant pas oublier que son système médical s'insère pleinement dans la tradition hermético-kabbalistique de la Renaissance qui mène de Raymond Lulle à Pic de la Mirandole, à Marsile Ficin, à Reuchlin, à Agrippa von Nettesheim et à Giordano Bruno. À travers la redécouverte de la pensée grecque, surtout hellénistique et néoplatonicienne, par l'étude du *Corpus hermeticum*, qui occupaient tous leurs soins, ces intellectuels curieux de tout cherchaient une doctrine universelle qui ne refuserait aucune hypothèse, n'admettrait aucune borne. À leurs yeux, le monde et l'homme étaient tout ensemble un immense organisme vivant dont il fallait décrypter les mystères cachés et déchiffrer les subtiles correspondances.

Sans doute serait-il profondément erroné de ne voir ici, notamment dans la vision renaissante de l'astrologie et de l'alchimie, qu'une préhistoire de la pensée rationnelle, un simple balbutiement des sciences. Il n'en demeure pas moins que de ces recherches qui tenaient à la fois de la mystique et des sciences naturelles – car, à cette époque, l'oratoire conduisait souvent au laboratoire – sont nés, notamment en médecine, des concepts nouveaux. L'un d'entre eux, incontestablement, devait plus tard s'imposer pour devenir de nos jours un fondement majeur de la thérapeutique médicale : l'*iatrochimie*, c'est-à-dire, notamment, le traitement des maladies à l'aide de substances chimiques ignorées par la tradition des Anciens, isolées par l'industrie humaine, évaluées par l'expérience. Or, Paracelse joua un rôle central dans cette mutation essentielle.

Issu d'une vieille famille de notables souabes, Théophraste Bombast von Hohenheim naquit à Einsiedeln dans le canton de Schwyz, près de Zürich, sans doute en 1493. Il dut son prénom au choix de son père, médecin et professeur à l'école des mines de Villach, qui voulut ainsi rendre hommage au célèbre Théophraste, le disciple d'Aristote qui avait laissé une fameux *Histoire des plantes*, en partie à la base de la pharmacopée antique.

Le grand-père du jeune Théophraste avait été chevalier de l'Ordre teutonique et, à la suite de quelques princes, il avait connu la vie d'un chevalier errant. À beaucoup d'égards Paracelse accomplira le même destin en médecine.

Ses premiers maîtres furent des ecclésiastiques, dont plusieurs étaient liés au milieu hermético-kabbalistique, comme l'illustre Jean Trithème, féru de théurgie. Théophraste Bombast ne reçut pourtant pas une éducation soignée : bon orateur – on devrait dire « beau parleur » –, séduit par l'encyclopédisme – mais faisant souvent figure de touche-à-tout –, il ne lira jamais le latin ni le grec. Ce fut en quelque sorte un humaniste atypique ou plutôt un aventurier de la pensée.

Vers l'âge de dix-sept ans, il commença un périple qu'il poursuivra, parfois en dépit de lui-même, pendant toute sa vie. Il n'est pas certain qu'il ait étudié à Vienne pour y préparer un diplôme de bachelier, et s'il fut bien en Italie entre 1513 et 1516, il ne put jamais produire les preuves du doctorat que, plus tard, il prétendra avoir obtenu à Ferrare. Écolier turbulent, implacable pour ses maîtres, irrespectueux des autorités académiques – et des autres ! –, il est peu probable qu'il ait jamais acquis le moindre parchemin. En revanche, sa soif de connaissances lui permit très tôt de révéler ses talents de thérapeute.

De 1517 à 1524, il est chirurgien militaire, partageant la vie que connaîtra bientôt Ambroise Paré. Il suit les armées en campagne en Italie, puis en Hollande, en Scandinavie, en Prusse. On ignore ses sources, on ne sait qui furent ses maîtres ni si ses prétendus voyages au Proche-Orient relèvent du rêve ou de la réalité. Dès cette époque, on connaît du moins le fond de sa pensée. Il faut, selon lui, refuser l'étrange divorce intervenu entre la chirurgie et la médecine : il n'y a qu'un art de guérir, et c'est celui qu'il veut exercer sans partage, envers et contre tous.

Après un séjour à Salzbourg, où il eut peut-être quelques contacts avec les anabaptistes et les tenants d'un panthéisme populaire en révolte contre les autorités ecclésiastiques et civiles, il semble être admis en 1526, de passage à Strasbourg, dans la corporation des chirurgiens.

C'est à Bâle cependant que pour la première fois il prend un peu de repos. Installé là en 1527, après avoir soigné Froben, l'éditeur d'Érasme, il jouit de la précieuse recommandation d'Œcolampade, réformateur et humaniste modéré, ami d'Érasme et de Reuchlin, chef de l'Église bâloise. Devenu médecin de la municipalité, Paracelse s'oppose aussitôt à la Faculté en refusant de se soumettre aux formalités d'homologation de son doctorat et notamment au serment qu'elles imposent – peut-être souhaitait-il ne pas commettre de parjure, car il ne disposait en fait d'aucun diplôme...

D'emblée, son esprit provocateur se manifeste. Il annonce notamment qu'il passera deux heures par jour à enseigner en langue allemande la médecine théorique et pratique sans référence à Hippocrate et Galien – qu'il n'a probablement jamais lus. Enfin, le 24 juin, il offre à la ville des feux de la Saint-Jean d'un goût spécial, puisqu'il brûle en public le *Canon* d'Avicenne et sans doute aussi quelques volumes de Galien !

La tension atteignit son comble lorsque, après avoir guéri un dignitaire ecclésiastique de la ville qui souffrait de violentes douleurs abdominales – que Paracelse, déjà iatrochimiste, avait opportunément soulagées grâce à ses pilules de laudanum –, son auguste patient refusa de lui payer les somptueux honoraires qu'il avait promis. Théophraste voulut alors poursuivre son malade récalcitrant devant les tribunaux. La cour l'ayant débouté, Paracelse fut même décrété d'arrestation pour avoir insulté un magistrat !

En janvier 1528, il dut fuir Bâle et reprendre la route…

Nouveau périodeute, il est à Nuremberg en 1529. Carrefour commercial, lieu de rencontre et d'échanges entre les artistes et les réformateurs religieux, la ville avait tout pour le séduire. Mais ses vieux démons ne l'abandonnaient pas : le conflit avec le corps médical s'engage aussitôt.

Cette fois, Paracelse eut à se prononcer sur un mal nouveau qui se répandait alors dans l'Europe entière : la grande vérole ou « mal français », c'est-à-dire la syphilis. Devant cette pestilence nouvelle et déroutante, inconnue des Anciens, les médecins hésitaient entre mille thérapeutiques, presque toutes sans effet. Deux d'entre elles avaient néanmoins la faveur du plus grand nombre : l'onguent mercuriel et la tisane de bois de gaïac, une essence importée d'Amérique – d'où provenait aussi la maladie.

Paracelse avait déjà reconnu les mérites du mercure, à condition, en bon chimiste, d'en contrôler l'administration par des dosages minutieux et des préparations atténuées. À Nuremberg, il fit publier un petit traité qui dénonçait en revanche le gaïac comme une imposture. Fuyant une fois encore l'immédiate censure de la Faculté, Paracelse se retira, en 1530, à Beratzhausen. C'est là qu'il produisit l'une des ses œuvres médicales les plus importantes.

Dans le *Paragranum (Par-delà le grain)*, Paracelse met en place les « quatre colonnes » sur lesquelles, selon lui, doit reposer toute la médecine. C'est donc un précieux exposé des fondements mêmes de sa pensée.

La première colonne est la philosophie naturelle, c'est-à-dire la connaissance des lois de la nature ; la deuxième est l'astronomie, par laquelle il entend aussi bien la connaissance de la mécanique céleste que celle des rapports qui unissent à travers elle l'homme et le cosmos ; la troisième colonne est l'alchimie, où

Paracelse voit moins l'art de transmuter les métaux que celui de créer, grâce aux produits de la terre, des remèdes nouveaux ; la vertu, enfin, au sens du mot latin *virtus*, c'est-à-dire la force, le pouvoir qui réside dans la science du médecin et dans les substances chimiques qu'il est conduit à mettre en œuvre.

En 1531, établi à Saint-Gall, il poursuit son travail en produisant son livre majeur, l'*Opus paramirum (L'Œuvre au-delà des merveilles)*, véritable somme de la médecine paracelsienne.

Théophraste Bombast n'était pourtant pas devenu un simple écrivain, son métier de médecin était toujours pour lui l'occupation de ses journées. En 1533, il est à Appenzell, où il se consacre aux pauvres paysans et visite les mines de Hall et de Schwaz. Cette expérience, qui lui rappelait son enfance auprès de son père, lui inspirera son traité sur les *Maladies des mineurs*, où il décrit des symptômes d'intoxication par les métaux (tartre, arsenic ou mercure) dont il affirme le caractère professionnel. Plus tard, à Saint-Moritz, il vante l'eau acidulée qu'on y trouve et qui, selon Paracelse, « chasse la goutte et donne à l'estomac la vigueur de celui des oiseaux qui digèrent le tartre et le fer ».

En 1536, entre Ulm et Augsbourg, il récapitule sa vieille expérience de chirurgien militaire pour rédiger sa *Grosse Wundarznei (Grande Chirurgie)* qui demeurera inachevée. L'année suivante, en Bohême, il écrit aussi une œuvre philosophique importante : l'*Astronomia magna* ou la *Philosophia sagax*.

Oscillant en permanence entre la misère et la célébrité, il connaît encore un moment d'embellie en 1537, puisqu'il parvient même à être reçu en audience par le roi Ferdinand, frère de Charles Quint. Las ! un conflit avec le Trésor autrichien le conduit à s'éloigner de nouveau...

La fin est proche. En 1538 Paracelse s'arrête en Carinthie et publie encore quelques livres, dont un *Labyrinthe des docteurs errants,* sans doute largement documenté par sa propre vie...

Le seul portrait qu'on ait de lui et qui soit susceptible d'un certaine fidélité date de cette époque. Le graveur Augustin

Hirschvogel nous présente les traits d'un homme d'environ quarante-cinq ans, fatigué, prématurément vieilli, l'air désabusé et vaguement triste. On peut lire cette devise : *« Alterius non sit qui suus esse potest »*, « *Qu'il ne soit pas autre, celui qui peut-être lui-même.* » N'était-ce pas là un résumé frappant de la vie de Paracelse ?

En 1541, appelé en consultation par l'évêque de Salzbourg, il se rend en cette ville et y meurt le 24 septembre. Son corps, enfin assagi, y repose toujours en l'hospice Saint-Sébastien.

Complexe et plurielle, parfois contradictoire, la pensée indivise de Paracelse, sa *pansophie*, se laisse difficilement saisir. Son aspect médical comporte cependant quelques traits essentiels.

À beaucoup d'égards, il a voulu refonder la médecine sur des bases entièrement nouvelles. D'où le surnom cocasse qu'il prendra et qu'accoleront surtout à ses œuvres, pour l'essentiel publiées après sa mort[25], ses disciples et ses proches : Paracelse, c'est-à-dire « à l'égal de Celse », cet encyclopédiste romain dont l'œuvre monumentale avait été redécouverte, on s'en souvient, et imprimée à Florence en 1478.

Contre Galien et Avicenne, Paracelse et les siens veulent une médecine fondée sur l'expérience et l'observation. Cette approche, qui nous semble si familière, n'est cependant pas encore dénuée d'ambiguïté : Paracelse n'est pas Claude Bernard, et sa médecine n'est pas purement expérimentale, elle repose sur des choix théoriques qui accordent, nous l'avons vu, une place essentielle à la correspondance entre le macrocosme (l'univers) et le microcosme (l'homme), et elle envisage l'art chimique à partir des trois principes de l'alchimie traditionnelle : le sel, le mercure et le soufre, très différents de leurs simples équivalents minéraux.

---

25. Dès 1575, vingt-six études paracelsiennes furent réunies en deux volumes, mais l'édition définitive de ses œuvres fut procurée par Huser en 1589-1590.

Cependant, les paracelsiens ne sont pas que des *souffleurs*, des chercheurs de poudre transmutatoire. Les *tria prima* de l'alchimie sont subtilement réinterprétés comme des qualités propres à toutes les substances chimiques, à commencer par les métaux et les minéraux, si négligés par la pharmacopée alors en usage. Le sel signifie ainsi la solidité et le goût, le soufre se réfère aux caractère inflammable des substances, à leur « feu secret », tandis que le mercure évoque les propriétés subtiles de fluidité et volatilité. Il est alors théoriquement possible de comprendre les qualités des éléments chimiques et de les appliquer à la thérapeutique.

L'alchimie devient ainsi un paradigme des opérations de la nature : la pluie évoque la distillation, les volcans sont une figure de l'*athanor* et la Terre un énorme alambic. Le corps humain lui-même, selon une expression familière à Paracelse, possède une « alchimiste interne », et Dieu, considéré ailleurs comme un « Grand Architecte », devient ici « le Distillateur, le Créateur de toute chose. Dans ses mains se trouve l'alambic [...] », comme le rappellera Sendivogius, un de ses disciples.

De ces présupposés résulte une vision profondément renouvelée de la thérapeutique. Les humeurs de Galien et leurs dyscrasies n'ont plus leur place. La maladie, pour Paracelse, est un trouble localisé dans le corps, résultat d'un défaut de l'alchimiste interne – nous dirions aujourd'hui : d'un « désordre métabolique » – qui n'a pas suffisamment séparé, épuré, éliminé les substances absorbées ou produites par l'organisme. Les maladies de surcharge, la goutte, et surtout les intoxications chroniques des mineurs, si bien étudiées par Paracelse, semblent lui avoir servi de premier modèle physio-pathologique. Du reste, il écrira un jour : « L'Homme est une mine. »

Vitaliste, la doctrine de Paracelse suppose dans chaque organe un principe directeur, une *archée* (du grec *arché*, « principe causal »). Son dysfonctionnement produit par exemple les calculs vésicaux ou les concrétions bronchiques de la phtisie. La maladie n'est donc plus un déséquilibre des humeurs, mais un trouble du chimisme que l'art du médecin doit corriger. Chaque maladie a son remède spécifique que la médecine doit découvrir.

Alors que le galénisme recommandait de combattre le froid par le chaud, l'humide par le sec, en partant d'une arbitraire classification des remèdes, surtout végétaux, selon leurs qualités supposées, le système de Paracelse réintroduit le principe du traitement « par les semblables » : bien plus tard, au XIXe siècle, Samuel Hahnemann, le fondateur de l'homéopathie, désignera pour cette raison Paracelse comme l'un de ses inspirateurs.

Toutefois, au-delà de cette option théorique, la doctrine paracelsienne induit une autre conséquence importante : l'art du médecin, nécessairement chimiste, est de rechercher dans les produits de la nature et notamment de la terre, par les opérations de l'alchimie, les principes qui serviront à la thérapeutique, soigneusement épurés, isolés et essayés. Les paracelsiens seront ainsi indéniablement à l'origine d'un vaste mouvement de chimie pratique dont sortiront toutes sortes de recettes, plus ou moins dangereuses, pour préparer des compositions à base de mercure, de plomb ou d'arsenic, mais aussi de nouveaux remèdes, comme l'antimoine, ardemment défendu par Paracelse comme un excellent purgatif et que la faculté de médecine de Paris, en 1566, qualifiera de vénéneux.

Paracelse, à travers la « guerre de l'antimoine » qui occupa les meilleurs esprits pendant de longues années, avait lancé la querelle de l'iatrochimie, qui prendra toute sa dimension au siècle suivant. Désormais, partisans ou adversaires ne pouvaient plus faire l'économie d'une réflexion sur la médecine chimique.

En Suisse et en Allemagne, tout d'abord, où Paracelse trouva ses premiers disciples et aussi son plus rude adversaire, Thomas Erastus, professeur de médecine à Heidelberg et de théologie à Bâle – mais ce dernier acceptait néanmoins le principe des composés chimiques.

En France où, dès 1567, une traduction française de la *Grande Chirurgie* fut disponible, et l'année suivante un *Compendium* de médecine paracelsienne. La faculté de médecine de Paris, bastion du galénisme, immédiatement hostile, ira même jusqu'à interdire en 1615 la vente de tous les remèdes chimiques...

En Angleterre aussi, où les travaux de Paracelse reçurent un meilleur accueil, car on voyait en lui le Luther, le Calvin ou le Copernic de la médecine.

Météore improbable de la médecine, en tout cas, et surtout première victime de ses provocations, Paracelse laissait une œuvre immense mais équivoque. Le germe qu'il avait déposé dans la science médicale ne pouvait cependant manquer de s'épanouir. Que cela plût ou non aux facultés, la médecine ne pouvait plus que changer en profondeur après une telle bourrasque, notamment dans un monde où, fait impensable et peut-être signe des temps, apparaissaient des maladies nouvelles.

Vieux fléaux et maladies nouvelles : l'irruption de la grande vérole et l'œuvre de Fracastor

Au XIVe siècle, la peste avait accompli son œuvre de mort, puis elle s'était apaisée sans s'éteindre tout à fait. Quelques épidémies localisées, parfois de quelques années, émailleront encore l'histoire du l'Europe au XVIe siècle, sans reproduire le cataclysme de 1348 : dans les années 1575 à 1577, plusieurs foyers se déclarèrent en Italie, à Venise ou Milan, par exemple, faisant dans certaines régions plus de 25 % de morts. La peste faisait désormais partie de la vie, en quelque sorte, et nul ne cherchait vraiment à la combattre avec de nouvelles armes, en dehors de l'exécution de quelques prétendus « semeurs de peste ».

Quant à la lèpre, elle était au XVIe siècle en complète régression.

D'autres fièvres, certes anciennes mais souvent mal reconnues, relevèrent alors la tête : une autre pathocénose se mettait en place.

Le typhus exanthématique en premier lieu. Maladie due à un germe[26] transmis par les poux, connue depuis l'Antiquité – ce fut probablement la fameuse « peste d'Athènes » en 430-429 avant notre ère – elle semble avoir épargné l'Europe jusqu'à la fin du XVe siècle. S'il subsiste un doute sur la nature exacte d'une épidémie survenue à Milan en 1477, en 1489 un foyer certain se déclare à Grenade et le mal, peut-être venu de Chypre, se répand naturellement comme une traînée de poudre dans une population jamais immunisée. Rapidement dénommé *tabardillo*, le typhus se reconnaît à son éruption fébrile et aux troubles nerveux graves qui l'accompagnent. Lors du siège de la ville où apparaît l'épidémie, 17 000 personnes sont emportées par l'infection, alors que « seulement » 3 000 meurent au combat. En quelques mois, le typhus ravage l'Espagne. Ce sera avant tout, depuis le XVIe siècle jusqu'à la Seconde Guerre mondiale, la maladie des armées en campagne.

Pendant le siège de Naples, en 1528, elle emporte les galériens et, en 1552, elle décime l'armée de Charles Quint à Metz, alors qu'Ambroise Paré s'active dans la ville assiégée. En 1572 encore, elle frappe les Espagnols aux Pays-Bas. Tous les lieux de promiscuité, les cantonnements précaires des soldats et les prisons sont autant de relais pour la propagation de la maladie.

D'abord considérée comme une « peste sans bubon », elle attire cependant l'attention de quelques cliniciens comme l'Italien Jérome Cardan, qui en fait une première description en 1536 sous le nom évocateur de *morbus pulicares* (« fièvre liée aux puces »), et surtout l'illustre Fracastor qui, le premier, dans son *De Contagione* (1546), ouvrage majeur de l'infectiologie renaissante sur lequel nous reviendrons, souligne les caractères de l'éruption avec son érythème pétechial[27] et les rapports de la maladie avec la guerre et la famine – c'est-à-dire avec la promiscuité et le manque

26. *Rickettsia prowaseki*.
27. Produisant de petites hémorragies sous-cutanées.

d'hygiène propices à la prolifération des poux. Toutefois, les médecins galénistes, pendant longtemps encore, ne se résolvant pas à démembrer les *fièvres pestilentielles*, proposeront pour toutes le maître-remède de la saignée…

Si la grippe avait acquis son nom d'*influenza* lors d'une épidémie italienne en 1357, elle sévit sur un mode sévère en France en 1510, où on la qualifia de coqueluche, puis dans toute l'Europe, de nouveau en 1557, en 1580 et en 1593, accomplissant des ravages comparables à ceux qu'elle provoquera pendant la Première Guerre mondiale.

La première vraie nouveauté vint en fait d'Angleterre. La *suette anglaise*, diversement nommée *sudor Anglicus*, *sweating sickness*, *pestis Britanniae*, éclata brutalement en 1485 et fit rapidement 15 000 morts. Le tableau, effrayant, frappa vivement les observateurs, comme celui de la peste de jadis, mais il s'agissait bien d'une affection différente : en quelques jours ou quelques heures, les patients mouraient d'une fièvre violente associée à des sueurs profuses avec des douleurs des extrémités, de la poitrine, et une sensation d'étouffement parfois, le tout s'achevant dans un délire fébrile et un coma terminal. Parfois, on s'effondrait « en marchant dans la rue » et l'on passait « sans s'être confessé ».

Plusieurs épisodes se succédèrent en Angleterre tout au long du siècle, en 1507, 1528 et 1551.

D'abord confinée à l'Angleterre, la mystérieuse maladie franchit la Manche en juillet 1529 et se diffusa bientôt depuis Hambourg dans toute l'Europe. En quelques mois, elle fit des milliers de victimes en Alsace, en Allemagne, au Danemark, en Suède et même en Pologne et en Russie. Toutefois, l'épidémie de 1551 ne fut à nouveau qu'exclusivement anglaise. La maladie, sous une forme un peu modifiée, ne se manifestera encore en France qu'au début du XVIIIe siècle, dans le nord du pays, où elle sévira par intermittence jusqu'à la fin du siècle sous le nom de *suette picarde* ou *fièvre miliaire*, ainsi qu'en Belgique et en Allemagne, avant de s'éteindre tout à fait, emportant son mystère. Depuis 1551, elle n'était du reste jamais réapparue en Angleterre.

De telles innovations de la nature pouvaient certes inquiéter les galénistes, qui n'en trouvaient nulle trace dans leurs livres, mais un bouleversement bien plus considérable allait survenir. Avec la *grande vérole*, c'est bien plus qu'une simple maladie qui prit pied en Europe : c'était le début d'une affection véritablement mythique, qui dominera tout un pan de la vie médicale jusqu'au milieu du XXe siècle.

La syphilis est due, nous le savons depuis 1905, à un bacille spirillaire de la famille des spirochètes, le *Tréponème pâle (Treponema pallidum)*. Plusieurs autres germes de la même famille sont à l'origine de maladies dites *tréponématoses endémiques*, comme le *pian* ou la *pinta*, sévissant depuis toujours dans certaines régions du monde et notamment en Amérique centrale et du Sud, où elles touchent volontiers les enfants en dehors de tout contact sexuel et déterminent des lésions cutanéo-muqueuses et osseuses chroniques de gravité variable.

Un long débat, jamais totalement achevé, a divisé les historiens pour savoir si telle ou telle forme de tréponématose avait pu s'observer en Europe depuis l'Antiquité. La chose est assez improbable, semble-t-il, et de, toute façon, presque impossible à établir comme à réfuter. La syphilis telle que nous la connaissons encore de nos jours paraît donc bien résulter d'une contamination massive des populations européennes survenue à la fin du XVe siècle. Ce fut l'un des premiers « trésors » rapportés des Amériques par les Conquistadores.

Un médecin espagnol qui écrivit son récit en 1504-1506, Rodrigo Diaz de l'Isla, rapportera qu'il avait eu l'occasion d'observer pour la première fois les signes de la maladie sur un marin du navire-amiral de la flotte de Christophe Colomb, à son retour des Indes-Occidentales en 1493, et qu'il avait soigné dès cette époque des marins atteints de ce mal à Barcelone.

Aussitôt, la diffusion du germe, suivant les pérégrinations des marins et des soldats, fut facilitée par les immenses brassages d'êtres humains qu'engendrèrent les campagnes d'Italie sous Charles VIII, où se côtoyaient des mercenaires espagnols, italiens, allemands, suisses et français. Lors de la dislocation des armées, en 1495, la maladie, découvrant une fois encore des populations nouvelles, gagna le continent entier : en 1496, elle est à Lyon, Besançon puis Paris, bientôt elle apparaît dans les Flandres et en Hollande. L'Allemagne est touchée en 1497. En 1498, toute l'Italie est contaminée et, à la fin du XVe siècle, toute l'Europe et le Bassin méditerranéen.

Tandis que les Espagnols avaient sobrement désigné la maladie nouvelle sous le nom de *« las bubas »*, en référence au ganglion inguinal (au « bubon ») qui est un des signes précoces de l'infection, les Français le dénommeront « mal de Naples » en souvenir de leur séjour italien, tandis que les Italiens eux-mêmes l'appelleront en retour « mal français[28] ». Cette dernière formule rencontra du reste le plus grand succès en Europe, où la maladie restera longtemps connue comme le *morbus gallicus...*

Personne ne voulait apparemment endosser la responsabilité de ce nouveau fléau, véritable mistigri. Dès l'origine, en effet, il se singularisa par certains caractères marquants.

Le premier était l'aspect spectaculaire de l'infection. Bien que les marins de retour des Amériques n'aient jamais rien signalé de comparable chez les indigènes qui leur avaient évidemment transmis le germe, la maladie, évoluant sur un nouveau terrain, prit en Europe une forme assez impressionnante. Après le chancre initial – et son bubon –, au bout de quelques semaines, les manifestations cutanéo-muqueuses survenaient, sous forme de pustules et d'ulcérations affreuses, dans un contexte souvent fébrile

28. Dans la même veine, la maladie, transmise aux Arabes, deviendra chez eux le *« bouton des Francs »* et plus tard, dans les comptoirs d'Extrême-Orient, le *« mal des Portugais »...*

qu'accompagnaient habituellement d'intenses douleurs articulaires. Des lésions destructrices des yeux, des lèvres et surtout de la gorge pouvaient même conduire à la mort. La maladie n'épargnait pas les grands de ce monde et semblait même les atteindre particulièrement, y compris les hommes d'Église…

Ce n'est que vers le milieu du XVIe siècle que le tableau clinique devint plus modéré, pour donner jusqu'à nos jours une maladie chronique évoluant à bas bruit et suivant le patient tout au long de sa vie. Le premier choc surmonté, on se mit à réfléchir. Certaines certitudes s'imposèrent rapidement.

La première était l'origine sexuelle évidente. Le chancre de la verge, mais parfois aussi vaginal ou anal, la fréquente notion d'un contact avec des prostituées – ou, pour les femmes, avec un homme notoirement volage – consacrèrent bientôt le caractère immoral de l'affection qui révélait au grand jour les secrètes turpitudes de ses victimes. Toute l'histoire de la syphiligraphie sera marquée, jusqu'au milieu du XXe siècle, par cette universelle réprobation et par le sentiment de culpabilité lié à la maladie. L'attitude du corps médical, comme de la société en général, s'en ressentira. On ne se contentera pas de poursuivre les prostituées, immédiatement désignées comme les principales contaminatrices, on stigmatisera aussi les malades : un arrêt du parlement de Paris, dès 1496, enjoint à tous les étrangers malades de la « grosse vérole » de quitter la ville sans délai sous peine de pendaison. Au XVIIe et au XVIIIe siècle, d'autres mesures de même nature seront promulguées un peu partout en Europe. Dans la conscience publique, le vérolé avait pris la place laissée libre par le lépreux : il inspirait la même horreur et les mêmes soupçons…

Restait le principal problème : théoriser la signification d'un mal entièrement nouveau, comprendre sa genèse et proposer, sans le secours de Galien ou d'Hippocrate, un remède adapté. C'est au cours de cette réflexion que furent jetées les bases de l'infectiologie et de l'hygiénisme. À cette occasion, un médecin italien imposa son nom : Girolamo Fracastoro.

Fracastor appartenait à une famille illustre qui avait compté plusieurs médecins. Né à Vérone en 1478, il fit les études brillantes auxquelles son milieu le prédisposait. Philosophe et mathématicien, il acheva son cursus par la médecine et, vers 1500, il travailla à Padoue au moment même où Copernic y résidait. Fuyant les désastres de la guerre et les armées françaises, il trouva refuge dans le Frioul en 1530, et il écrivit alors un poème intitulé *Syphilis sive morbus gallicus*.

Transposant dans une Antiquité de rêve les malheurs de son temps, il y rapporte les mésaventures d'un jeune berger du nom de Syphilis, frappé d'un mal terrible pour avoir offensé Apollon. Fracastor livre en fait une description clinique parfaite du « mal français » dans sa forme première. Plus tard, le nom du pâtre grec s'y attacha sans retour…

Pour autant, Fracastor ne considérait pas cette maladie comme entièrement nouvelle, mais il y voyait plutôt une pestilence parmi d'autres, provoquée selon l'opinion classique par les *miasmes*, c'est-à-dire par la corruption de l'air ambiant : sa pensée sur ce point devait évoluer par la suite. Dès 1530, il signale cependant la première thérapeutique disponible, le bois de gaïac, contre lequel, presque à la même époque, Paracelse fulmine un pamphlet vengeur. Dans le poème de Fracastor, Syphilis en avait pourtant guéri !

Quinze ans plus tard, en 1546 exactement, Fracastor publie cette fois un copieux volume, le *De contagione*, qui fonde une nouvelle théorie sur l'origine des maladies pestilentielles et formule clairement l'hypothèse de la contamination interpersonnelle.

Fracastor n'est pas seulement un clinicien attentif qui décrit et distingue parfaitement le typhus, dont il donne la première description précise, nous l'avons vu, la variole, la lèpre et la phtisie, mais pour rendre compte de leur caractère épidémique, il se prononce en faveur de leur transmissibilité d'un malade à l'autre et tente de l'expliquer.

La théorie galénique classique postulait que les miasmes, poisons engendrés dans un milieu pollué, corrompaient les humeurs du corps qui, pour s'éliminer, produisaient pustules et bubons. Fracastor ne renie pas complètement ce schéma et admet que le fermentation et la putréfaction sont les causes évidentes de ces purulences infectes qui s'écoulent du corps des syphilitiques. Il ajoute cependant une idée tout à fait originale.

Selon Fracastor, le facteur contaminant, le poison de la nature qui cause et répand la maladie, est doté d'une sorte de vie et ne s'épuise d'ailleurs pas en passant de malade en malade comme le ferait une substance vénéneuse, nécessairement diluée après plusieurs passages. Il suppose donc, et cette intuition est admirable, des particules matérielles invisibles capables de se multiplier et transmises par contact direct, ou projetées et véhiculées par l'air loin du malade. Il les nomme *« germes primordiaux » (« seminaria prima »).*

Au-delà même de la syphilis, Fracastor étend sa théorie à la phtisie, la tuberculose pulmonaire, dont il affirme aussi le caractère contagieux et transmissible. Il ajoute même :

> « La ténacité et la persistance de ces germes dans les corps solides sont véritablement surprenantes. Par exemple, les vêtements portés par un phtisique peuvent encore communiquer le mal au bout de deux ans, et l'on peut en dire autant de la chambre, du lit, du pavement là où le phtisique est décédé. Force est donc d'admettre qu'il subsiste des germes de contagion *[seminaria contagionis]*, et que ces germes ont une correspondance incroyable et affinité élective pour la substance pulmonaire, puisqu'ils la contaminent à l'exclusion de toute autre partie du corps. »

Si le raisonnement est remarquable, on ne doit pas en exagérer la portée : Fracastor n'a pas découvert ni même supposé le tréponème ou le bacille de Koch. Pour lui, les *seminaria* sont le produit spontané de la corruption des humeurs, et leur « correspondance » avec un organe donné s'inscrit encore dans une pensée presque magique qui envisage une « sympathie » entre l'homme et la création. Il faudra encore trois siècles et demi pour que naisse la bactériologie. En revanche, étaient d'ores et déjà posées les bases rationnelles de l'isolement des malades, de la quarantaine, de la « désinfection » des locaux ayant abrité un patient contaminé. C'était en soi un apport considérable, un autre acquis de la Renaissance que l'avenir devait faire fructifier car, dans l'immédiat, l'écho en fut faible.

À l'aube du rationalisme philosophique, la médecine européenne avait encore de nombreux obstacles à franchir.

Chapitre VIII

NAISSANCE DU RATIONALISME MÉDICAL

Le siècle de Descartes et le nouvel enjeu des sciences

Accomplissant les promesses de la Renaissance, le XVIIe siècle, du point du vue de l'histoire de la pensée et du mouvement des sciences, fut le temps d'une triple mutation : révolution philosophique, constitution d'une physique expérimentale et quantitative, naissance enfin d'une chimie scientifique. Quelques hommes illustrèrent ces apports nouveaux, et tous, à des degrés divers, eurent leur place dans l'histoire de la médecine.

René Descartes en premier lieu, trop emblématique de ce siècle pour qu'il ne soit pas nommé avant tous les autres, même si d'autres en effet l'ont précédé et ont parfois eu plus de courage que lui. Nul n'ignore son ouvrage le plus fameux, mais dont on abrège souvent fâcheusement le titre : *Discours de la méthode pour bien conduire sa raison et chercher la vérité dans les sciences* (1637). Le grand mot est lâché : la vérité. Dans les sciences, dans la nature, et naturellement bientôt dans l'homme. Ce sera l'obsession de tout le XVIIe siècle et la passion du suivant.

Dans les *Règles pour la direction de l'esprit et la recherche de la vérité* (1620-1628), Descartes avait déjà posé les principes qu'il développera ensuite pour tous ses contemporains. La raison humaine est également répartie entre tous, « le principal est de l'appliquer bien ». Mais les sens sont trompeurs, il faut donc douter, se méfier des apparences pour dissiper les illusions si communes : toute la méthodologie des sciences, lentement élaborée au long du siècle, reposera de près ou de loin sur ces simples bases. Une seule certitude s'impose : si je pense, c'est que je suis *(cogito, ergo sum)*. L'unité irréductible du sujet pensant est ainsi fondée « sans aucun doute » et, par l'usage méthodique de la raison, la conscience peut partir à la conquête de la vérité.

Au passage, Descartes introduit une autre notion, une conséquence immédiate et presque inévitable de son raisonnement : le corps, dont je puis douter, est radicalement séparé de la pensée. Il existe donc en l'homme deux substances distinctes : c'est le dualisme cartésien, dont les conséquences seront notables dans l'évolution de la doctrine médicale de son temps, car Descartes fut, sinon médecin, du moins anatomo-physiologiste à ses heures. Il écrira même un livre fondamental simplement intitulé *De l'homme* : bien plus qu'un simple mot à ses yeux, en vérité tout un programme, on devrait dire tout un monde.

D'autres avaient déjà, il est vrai, défriché ces voies nouvelles, et notamment l'Anglais Francis Bacon. Philosophe formé à Cambridge, il avait défendu l'idée d'un renouvellement complet des connaissances humaines, d'une nouvelle partition du savoir. Il avait proposé pour y parvenir un *Nouvel Instrument* (*Novum organum,* 1620) autour d'une méthode de raisonnement : l'induction. Une nouvelle philosophie de la nature qui ne serait pas la répétition des doctrines anciennes, mais procéderait d'une attitude neuve à l'égard du monde, d'une exploration active s'instruisant de l'expérience. Elle devait aussi, selon lui, déboucher sur une République des savants qu'il nommait *La Nouvelle Atlantide.* Belle utopie, sans doute, mais que réaliseront en partie quarante ans plus tard les fondateurs de la Royal Society, la première Académie des sciences au monde : parmi eux, on s'en doute, on trouvera nombre de médecins.

Le XVIe siècle s'était achevé sous le signe de la révolution copernicienne : le ciel s'était en quelque sorte retourné, on voyait un peu le monde à l'envers. Au XVIIe siècle, un homme reprendra le flambeau : Galileo Galilei. Non seulement il adhère dès 1595 au système de Copernic, mais il adapte et tourne vers le ciel une lunette qui lui fait découvrir un monde minéral et pourtant mouvant et changeant, celui des astres réputés inaltérables depuis Aristote. Galilée bouleversera encore, à ses dépens on le sait, l'astronomie de son temps[1], mais il fondera aussi une physique nouvelle : dans ses *Discours et démonstrations mathématiques concernant deux sciences nouvelles* (la résistance et le mouvement des corps), publiés en 1638, il entreprend ainsi de substituer au paradigme d'Aristote, statique et structuré par des causes subtiles et des forces impénétrables, un modèle dynamique et gouverné par des lois universelles.

En 1687, au crépuscule du siècle, Isaac Newton achèvera ce travail avec ses *Principes mathématiques de la philosophie naturelle*. Désormais, l'esprit humain pouvait mesurer l'univers, en comprendre et en écrire les lois : en quelques décennies, tout un pan de la science antique s'était irrémédiablement effondré.

Après avoir scruté le nouveau monde des astres et mesuré les effets de la gravitation sur les objets en mouvement, il restait à percer les secrets de la matière. Depuis des siècles, les alchimistes s'y efforçaient : ce n'était pas pour eux une simple science, mais presque un sacerdoce. Là encore, tout devait changer.

En 1630, un modeste médecin périgourdin, Jean Rey, chimiste amateur, publie un mémoire sur la calcination des métaux et, précurseur éclairé de Lavoisier, il émet l'hypothèse que l'augmentation de leur poids lors de leur oxydation provient d'un principe qu'ils tirent de l'air. On n'attachera du reste que peu d'intérêt à ces travaux mais, on le voit, les trois principes de l'alchimie classique (sel, soufre, mercure) étaient en passe d'être bien oubliés.

1. Avec le *Dialogue sur les deux plus grands systèmes du monde*, en 1632, qu'il devra renier l'année suivante, dans la robe blanche des pénitents, sous la pression de l'Inquisition.

Trente ans plus tard, l'Irlandais Robert Boyle les abandonnera tout à fait, postulant que la matière est faite « de petits agrégats primaires de minuscules particules [...] ».

En quelques décennies à peine, le démontage de la science des Anciens avait été presque entièrement réalisé. En médecine, le même chantier s'annonçait.

Il allait commencer par la solution tant attendue d'une des plus grandes questions de la physiologie.

La querelle des circulateurs et l'œuvre de William Harvey

À de nombreuses reprises, les anatomistes du XVIe siècle avaient frôlé la vérité sur l'origine et la circulation du sang. Il appartint à un médecin du XVIIe siècle, l'Anglais William Harvey, d'opérer la synthèse finale qui démentit deux mille ans de physiologie inconsistante. Il fit plus encore que décrire la circulation sanguine : en l'occurrence, il fonda définitivement une certaine conception expérimentale de la physiologie.

Né en 1578 dans une famille de négociants aisés, il lui fut permis de suivre de brillantes études, d'abord à Canterbury ; puis surtout dans la prestigieuse université de Cambridge, où il devint bachelier en 1597. Il accomplit alors, grâce à la fortune dont ses parents jouissaient, un voyage essentiel en l'Italie, où il fut, à Padoue, l'élève du célèbre Fabrice d'Acquapendente. On se souvient que ce talentueux successeur de Vésale avait mis en évidence le système valvulaire des veines, sans toutefois en saisir pleinement la signification et le rôle. En 1602, après quatre années d'études, et notamment de travaux anatomiques sous l'égide d'un maître qui lui avait aussi transmis le désir de comprendre le fonctionnement de la machine humaine, William Harvey, devenu docteur en médecine, put enfin regagner l'Angleterre.

De retour d'Italie, nanti de forts soutiens familiaux, une belle carrière se profilait devant lui. Installé dans la capitale, à l'hôpital Saint Bartholomew, il se lia en effet très tôt à l'entourage du roi Jacques Ier, en épousant notamment la fille d'un de ses médecins, Lancelot Browne. Admis en 1607 dans le Royal College of Physicians, il y fut chargé dès 1615 des *Lumleian Lectures* (cours d'anatomie et de chirurgie), et devint à son tour médecin de Jacques Ier comme il sera celui de son fils, l'infortuné Charles Ier.

Partageant son temps entre Londres et Cambridge, il publia en 1628, à Francfort, une œuvre majeure, la *Dissertation anatomique sur les mouvements du cœur et du sang chez les animaux (Exercitatio anatomica de motu cordis et sanguinis in animalibus)*, dont les thèses essentielles avaient déjà été soutenues par lui dans ses cours publics et dans ses *Lumleian Lectures* dès 1616.

Harvey vivait en une époque très troublée de l'histoire d'Angleterre, qui vit une révolution abattre la royauté, à laquelle il était très attaché, et établir pendant une douzaine d'années une sorte de dictature dénommée *Commonwealth* sous la direction de Cromwell, après la mort du roi Charles Ier, décapité en 1649. Profondément affecté par ces événements mais également plus intéressé, semble-t-il, par l'étude et l'expérimentation que par la pratique médicale, tourmenté par une goutte rebelle, Harvey se retira pour mener jusqu'à la fin de ses jours une vie de travail qui le conduira à explorer, nous le reverrons, d'autres champs de la physiologie humaine.

Cet aimable savant, peu fait pour vivre dans le monde agité et incertain de son temps, mourut paisiblement en 1657.

En quelques années, il avait pourtant déclenché une tempête dans l'Europe entière.

Le plus remarquable est que les données expérimentales recueillies par Harvey, quoique très pertinentes, sont en elles-mêmes assez modestes, et qu'il n'apporte guère plus d'éléments que ses prédécesseurs. Son seul mérite – mais il est immense – est d'en tirer la conclusion générale qu'aucun d'entre eux, curieusement, n'avait su formuler. Harvey, en homme de son siècle, s'était suffisamment libéré du carcan doctrinal des Anciens pour oser cette vision nouvelle : cette simple mutation intellectuelle lui avait ouvert les yeux

La théorie de Harvey repose en effet sur un petit nombre d'observations soigneusement choisies dont il sait tirer la juste leçon.

En premier lieu, il observe simplement que les valvules veineuses, bien décrites par son maître Fabrice d'Acquapendente, mais considérées par ce dernier comme ayant pour fonction de ralentir l'impétuosité du sang, sont toujours dirigées vers la racine des membres et qu'elles paraissent donc plutôt empêcher le reflux du sang vers les extrémités et faciliter ainsi sa progression vers le centre, c'est-à-dire vers le cœur : c'est un simple fait d'observation, mais il est gros de conséquences sur le sens unique du courant sanguin.

Harvey rapporte aussi des expériences effectuées sur des animaux :

> « Après avoir ouvert la poitrine d'un quelconque animal et lié la veine cave contre le cœur, de telle sorte que rien en elle ne puisse s'écouler dans le cœur, qu'on s'emploie à ouvrir aussitôt de chaque côté les artères jugulaires. Si alors vous constatez que les artères se sont vidées par le chemin ouvert, mais non par les veines, n'en ressort-il pas manifestement que le sang ne peut aller de veine à artère que par les ventricules du cœur ? »

Poser la question ainsi, c'est en effet y répondre.

Notre expérimentateur reprend alors une observation ancienne mais souvent mal interprétée, par Galien notamment : la compression des veines du bras. Là encore, la rigueur de son raisonnement porte la marque infaillible de son époque :

> « Sur n'importe laquelle des longues veines visibles dans la région du coude, si de votre main tout entière, fortement appuyée, vous refoulez le mieux possible le sang qui descend de la main du sujet, vous verrez

> la veine s'affaisser et comme un fossé se faire à la place[2]. Mais dès que vous n'en comprimez qu'un point, vous voyez la partie en amont du côté de la main se remplir et se gonfler, et par là le sang qui vient de la main saillir. »

Le doute sur le sens du flux sanguin n'étant plus permis, il reste encore à l'inscrire dans le dynamisme cardiaque. Il suffit à Harvey d'observer attentivement le cœur dans le thorax ouvert d'animaux sur lesquels on effectue aussi des sections artérielles. Le résultat est net : la chasse sanguine est contemporaine de la systole, c'est-à-dire de la contraction cardiaque. C'est donc bien l'activité du cœur qui rythme la circulation du sang dans les artères.

Harvey aborde ensuite la question d'un point de vue nouveau, très caractéristique d'une époque de mathématisation de la nature. Il fait ce qu'aucun de ses devanciers n'avait jamais eu l'idée de faire : il calcule. En estimant le volume de sang contenu en moyenne dans le cœur et en le multipliant par le nombre de contractions que ce dernier effectue en une demi-heure, par exemple, on obtient un volume qui excède très largement la quantité totale de sang qu'on peut extraire d'un corps ; si l'on étend le calcul sur vingt-quatre heures, on dépasse aisément le poids du corps ! La conclusion s'impose d'elle-même, si l'on veut échapper à l'absurdité :

> « On doit nécessairement en conclure que le sang des animaux est animé d'un certain mouvement circulatoire et que ce mouvement est perpétuel. »

Intégrant enfin à sa réflexion l'absence évidente de communication entre les deux ventricules, qui avait plongé ses maîtres italiens dans la perplexité, Harvey peut énoncer le théorème final :

---

2. Ce qui ne devait pas de se produire si, comme Galien le pensait, le sang était distribué vers la main par les veines en venant du corps.

> « Tels sont les organes et le tracé du transit du sang et de son circuit : d'abord de l'oreillette droite au ventricule, du ventricule à travers les poumons jusqu'à l'oreillette gauche, et de là dans le ventricule gauche, dans l'oreillette et dans toutes les porosités des organes, dans les veines et, par les veines, vers la base du cœur où le sang revient rapidement. »

En quelques lignes, l'histoire de la médecine avait basculé. Les difficultés, pourtant, ne faisaient que commencer.

Tout d'abord parce que le système de Harvey n'avait pas tout résolu. Il subsistait un point obscur : celui des « porosités des organes », c'est-à-dire des structures supposées mais invisibles auxquelles Harvey avait été obligé de recourir pour rendre compte de l'évidence, à savoir le passage du sang des artères vers les veines. Il avait également envisagé l'hypothèse intéressante de fines connexions entre les deux réseaux, « d'anastomoses artérioveineuses », mais il reconnaissait volontiers n'avoir jamais pu les retrouver. La solution ne devait venir que quelques années plus tard, lorsque Malpighi découvrit les capillaires sanguins grâce à un nouvel instrument d'observation du corps, le microscope. Pour l'heure, les « porosités » pouvaient encore convenir pour sauver les phénomènes…

Les plus grosses difficultés vinrent d'ailleurs. On ne jugea pas utile de discuter sa théorie sur un aussi infime détail, le scandale était bien plus considérable car, dans cette affaire, Galien lui-même était outragé et avec lui toute la doctrine médicale classique. Partisans ou adversaires de Harvey, tous prirent très vite la mesure des événements. Si de grands noms se rallièrent à sa thèse, comme Descartes lui-même, dès les années 1630, Harvey fut attaqué pour ses opinions, en France notamment où la faculté de médecine de Paris compta dans ses rangs quelques-uns des plus farouches adversaires du nouveau système : la querelles des « circulateurs » était lancée.

L'un des plus virulents fut Jean Riolan le Jeune, issu d'une lignée de docteurs parisiens, médecin ordinaire de Henri IV comme il le sera de Louis XIII, qualifié de « Prince des anatomistes » pour ses *Œuvres anatomiques*, publiées en 1628. Ses attaques furent telles que Harvey jugea nécessaire d'y répondre par deux *Lettres* publiées en 1649. L'obstiné galéniste était de ceux qui allaient jusqu'à suggérer que si les dissections n'étaient pas en accord avec Galien, c'est que la nature avait peut-être changé depuis lors, mais que le Maître de Pergame n'avait pu se tromper...

Le représentant le plus caricatural de cette opposition à toute évolution de la science médicale fut cependant Guy Patin. Pendant une quarantaine d'années, il incarna à Paris le refus absolu de toute innovation. Le personnage, assez haut en couleur, quoique fort peu sympathique, mérite plus qu'une simple mention pour ses combats perdus.

Nommé en 1632 précisément à la chaire de chirurgie qu'avait laissée libre son ami Jean Riolan, promu au Collège royal[3], censeur de la faculté de Paris dès 1642, il en sera le doyen en 1650 avant de succéder à nouveau à Jean Riolan au Collège royal en 1654. C'était donc un personnage assez considérable.

Brillant mais hautain, comblé d'honneurs mais malheureux en famille, il épancha sa bile contre tous les novateurs et traita sans vergogne Harvey. Jouant sur le nom de « circulateur » pour le rapprocher du mot latin *circulator*, qui désignait dans l'Antiquité les charlatans ambulants, il n'hésita à qualifier la théorie nouvelle de « paradoxale, inutile, fausse, impossible, absurde et nuisible ». Il était intervenu, du reste, dans une autre polémique, pour s'opposer sans nuance aux médicaments chimiques...

Signe des temps, la querelle devint publique, et les beaux esprits s'en emparèrent.

Molière, par exemple qui en 1673, dans *Le Malade imaginaire*, fait parler Guy Patin et ses émules en la personne de Diafoirus père, vantant les mérites de son jeune fils Thomas, prêt à marcher sur ses traces à la faculté de médecine :

---

3. Ancêtre du Collège de France, créé sous François Ier

> « Mais, sur toute chose, ce qui me plaît en lui, et en quoi il suit mon exemple, c'est qu'il s'attache aveuglément aux opinions de nos anciens, et que jamais il n'a voulu comprendre, ni écouter les raisons et expériences des prétendues découvertes de notre siècle, touchant la circulation du sang, et autres opinions de même farine. »

Deux ans plus tôt, c'est Boileau qui avait publié un irrésistible *Arrest burlesque du Parlement*, dénonçant « certains quidams factieux » ayant attribué au cœur « la charge de recevoir le chyle, appartenant ci-devant au foie, comme aussi de voiturer le sang par tout le corps, avec plein pouvoir audit sang d'y vaguer, errer et circuler impunément par les veines et les artères »...

Grâce à de nouvelles découvertes, Harvey reçut cependant de ses confrères des soutiens plus sérieux.

En 1622, un médecin de Pavie, Gaspare Aselli, identifia sur le mésentère d'un chien ayant mangé depuis peu de temps des « veines blanches et lactées ». Il s'agissait en fait de vaisseaux lymphatiques entrevus par quelques anatomistes antiques, dénommés « chylifères », formés dans la paroi du tube digestif et transportant les nutriments lipidiques extraits du bol alimentaire. L'enjeu était d'importance, car l'un des fondements de la doctrine galénique était que le foie élaborait le sang, lors de la « deuxième coction », à partir du chyle provenant de l'estomac. Il en découlait assez logiquement que le sang ainsi formé se répandait ensuite dans tout le corps à partir des veines issues de ce foie. La découverte d'Aselli aurait pu donner un fondement à cette théorie fausse.

Or, dans ses *Experimenta anatomica nova*, le Français Jean Pecquet, démontra en 1651 que les « vaisseaux lactés » ne se rendaient pas au foie, mais confluaient en un vaisseau unique, dénommé depuis « citerne de Pecquet », lequel finissait par se jeter, sous la forme du canal thoracique déjà reconnu par Eustache, dans les veines sous-clavières. En d'autres termes, le foie était dépossédé de sa fonction hématoformatrice, et cette découverte se connectait évidemment parfaitement au système de Harvey.

En 1675, Pierre Dionis, chargé de démonstrations d'anatomie et de chirurgie au Jardin royal[4] créé deux ans plus tôt, reçut de Louis XIV l'autorisation d'y enseigner, envers et contre la Faculté, la doctrine harveyenne.

La victoire des « circulateurs » était complète : par un acte de l'absolutisme royal, la première conquête de la physiologie moderne avait donc trouvé sa consécration.

Pour les adversaires du galénisme, il y avait cependant encore d'autres combats à mener.

Iatrochimie et iatromécanique : le grand débat

Paracelse, en attaquant de front le système de Galien, n'avait guère connu de fortune, sans doute en raison de son caractère difficile et de ses méthodes provocatrices. Il n'en demeure pas moins que son influence posthume fut considérable, car ses disciples, dans les années qui suivirent sa mort, entreprirent de procurer aux médecins un édition soignée des œuvres de leur maître. En moins de quarante ans, la communauté médicale européenne put consulter la somme paracelsienne, dont les thèses essentielles alimentèrent un immense débat tout au long du XVIIe siècle.

Les partisans de cette réforme de la pensée médicale, souvent liés au protestantisme, en Allemagne comme en Angleterre et en France, furent plus tard dénommés *iatrochimistes*. En France, notamment, leur combat s'identifia pendant quelques décennies à ce qu'il est convenu d'appeler la « guerre de l'antimoine ». Cette controverse volontiers cocasse révélait en fait des enjeux importants.

4. Ancêtre du Muséum d'histoire naturelle.

Connu depuis la plus haute Antiquité, le *stibium* est un métal assez rare, mais que l'on rencontre sous forme de cristaux mixtes naturels, souvent en association avec l'arsenic. La variété la plus commune est le sulfure d'antimoine, ou stibine, qui servait selon la Bible à farder les yeux de Jézabel, mais à laquelle les Romains et les Grecs attribuaient déjà des vertus curatives.

Au XVe siècle, le moine Basile Valentin, mystérieux alchimiste réputé avoir vécu à Erfurt[5], aurait écrit un ouvrage à la gloire de cette substance capable de séparer l'or des impuretés et peut-être aussi de régénérer le corps : le *Char triomphal de l'Antimoine (Triumphwagen des Antimonii)*. La légende prétendait qu'ayant observé que la stibine engraissait les porcs, Basile Valentin, téméraire expérimentateur, en avait fait l'essai sur les moines de son couvent, trop amaigris selon lui, et que tous en étaient morts, d'où le nom d'antimoine désormais attribué à la stibine[6]...

Quoi qu'il en soit de cette plaisante histoire, dès 1554, un médecin italien, Pier Andrea Mattioli, dans un commentaire du livre de Dioscoride, écrivit à son tour un long chapitre insistant sur les mérites thérapeutiques de l'antimoine, considéré avant tout comme un puissant purgatif. Dix ans plus tard, un médecin rochelais, Loys de Launay, publiait un traité recommandant l'usage de l'antimoine contre toutes sortes de maladies, tandis qu'en 1567, une traduction française de la *Grande Chirurgie* de Paracelse rappelait l'appui de ce dernier à la thérapeutique nouvelle.

Alertée dès 1566 par l'un de ses membres, la faculté de médecine de Paris rendit en août de la même année un décret affirmant solennellement que l'antimoine était un poison. À Paris, du reste,

5. L'existence même de Basile Valentin reste douteuse. Ses œuvres, prétendument datées de 1413, ne furent révélées qu'en 1599, soit longtemps après la mort de Paracelse...

6. Les accidents liés à l'antimoine dépendaient en fait de la dose utilisée et de fréquentes impuretés arsenicales qui subsistaient dans les préparations

les médecins suspects de sympathie pour la « médecine chimique » furent pourchassés par les autorités académiques, mais les événements politiques, une fois de plus, en décidèrent autrement.

En 1594, le nouveau roi Henri IV, ayant admis que Paris valait bien une messe, entra dans la capitale, entouré notamment de plusieurs médecins protestants qui, pour la plupart, étaient de fervents adeptes de l'iatrochimie. Peu soucieux de plaire à la Faculté ou à la Sorbonne, ils engagèrent immédiatement l'offensive, non seulement pour défendre l'antimoine, mais avant tout pour promouvoir une interprétation entièrement chimique du fonctionnement du corps humain, comme le fit, dès 1603, Joseph Duchesne, devenu médecin du roi. Au plus fort de la polémique, on vit même son confrère et ami Théodore Turquet de Mayerne, qui avait pris la défense de Duchesne contre des attaques violentes, contraint de prendre la route de l'exil et de gagner l'Angleterre ! En 1618, il y collaborera activement à la publication de la *Pharmacopeia Londinensis*, recueil thérapeutique approuvé par le Royal College of Physicians et qui faisait pour la première fois une place officielle aux remèdes chimiques.

À Paris, l'heure n'était pas au compromis : en 1615, les docteurs-régents publièrent un édit interdisant la vente des remèdes chimiques : comme beaucoup d'autres décisions du même ordre, il fut peu appliqué. Néanmoins, les poursuites continuèrent, contre le célèbre Théophraste Renaudot, par exemple, certes plus connu comme fondateur de la *Gazette française*, mais aussi médecin à ses heures, formé à l'école de Montpellier, elle-même ardemment engagée en faveur de l'antimoine. Protégé par le cardinal de Richelieu, Renaudot put d'abord sans dommage prodiguer à ses lecteurs des conseils de santé et vanter les mérites des médicaments chimiques. À la mort du Cardinal, en 1642, les foudres de la Faculté s'abattirent sur lui, et tous ses privilèges lui furent même retirés. Ce triomphe apparent du galénisme académique, auquel Guy Patin et Jean Riolan avaient de nouveau contribué par quelques philippiques, fut heureusement de courte durée

Les patients n'obéissaient pas toujours à la Faculté, et l'antimoine était même devenu un médicament à la mode. Mieux encore, l'exemple vint du roi lui-même.

En juillet 1658, Louis XIV fut affecté d'une forte fièvre qui ne cédait pas aux saignées et aux remèdes classiques. Finalement, ses médecins, inquiets, se déclarèrent pour l'antimoine, et le roi consentit à être soigné à l'aide d'un vin antimonial. Le succès fut complet. Dans le *Journal de santé* rédigé par ses médecins, l'un d'eux put alors écrire :

> « Ce qui est considérable en cette occasion, est que l'avantage que le roi a reçu en sa propre personne s'est communiqué à tous les particuliers, non seulement de son royaume, mais même de toute l'Europe, qui était persuadée que le roi devait mourir dans l'état qu'il était, et que, ce remède ayant produit un si bon effet, personne ne devait plus faire difficulté de s'en servir, puisqu'il avait été ordonné avec tant de succès à un si grand monarque. »

La faculté de médecine de Paris résista encore quelques années mais, en 1666, cent ans après la condamnation du médicament chimique, une assemblée vota largement l'inclusion des remèdes à base d'antimoine dans la liste des purgatifs approuvés. L'iatrochimie pouvait désormais se développer sans entrave.

Établie hâtivement sur des bases mal assurées par Paracelse au XVIe siècle, la médecine chimique trouva au siècle suivant son véritable théoricien en la personne du Bruxellois Jan Baptista Van Helmont. Son œuvre, essentiellement posthume et publiée à partir de 1648, connut un grand retentissement dans l'Europe entière.

Né en 1577, il devint médecin en 1599 à Louvain. Intéressé par les découvertes de son temps – il montrera, quoique sans excès, de l'intérêt tant pour Galilée que pour Harvey –, il découvrit surtout Paracelse et fut d'emblée séduit par le concept de la médecine chimique.

Son image est ambiguë, car s'il fut considéré par les alchimistes du XVIIIe siècle comme l'un de leurs devanciers, il consacra en fait une grande partie de sa vie à des expériences chimiques, au sens moderne du terme. Il affirmait notamment, après avoir renoncé tant aux éléments d'Aristote qu'aux *tria prima* de Paracelse, à ses yeux tout aussi arbitraires, que « le feu n'est ni un élément, ni une substance ; la flamme est une fumée allumée ». Dans une observation restée célèbre, il nota aussi qu'en arrosant régulièrement pendant cinq ans la pousse d'un jeune saule, le poids acquis par l'arbrisseau était sans commune mesure avec la faible décroissance de la terre dans laquelle il était plantée : cela signifiait, selon lui, que l'eau, et elle seule, s'était changée en bois et constituait l'élément primordial et universel. Le raisonnement était évidemment erroné, en raison d'une ignorance bien compréhensible de la biologie végétale, mais une méthodologie expérimentale s'ébauchait indiscutablement. De même, il créa le mot *gas* et reconnut notamment le « gas sylvestre » (en fait le gaz carbonique) résultant de la combustion du bois, de l'action du vinaigre sur de la chaux ou encore de la fermentation du moût de raisin.

C'est du reste ce modèle gazeux de la fermentation qui inspira le plus nettement ses conceptions physiologiques et médicales. Il formula en particulier une théorie assez complexe de la digestion, conçue non plus comme une « coction », mais impliquant à ses yeux six « ferments », et il avait rapproché assez judicieusement l'action d'un acide sur un gant de cuir de celle des sucs digestifs dans l'estomac.

D'inspiration vitaliste, Van Helmont demeurait néanmoins très attaché aux sources paracelsiennes, dont il reprit le modèle explicatif des « archées » pour rendre compte des processus pathologiques. Selon Van Helmont, une archée générale *(archeus influus)* gouvernait les archées locales *(archei institi)* de chaque organe. La maladie provenait de germes ou de grains – selon une métaphore végétale – qui se substituaient aux germes naturellement présents dans les processus physiologiques, par exemple pour produire les ferments de la digestion. Cette substitution entraînait l'apparition de substances étrangères et perturbaient ainsi l'archée locale – victime, selon Van Helmont, d'une *idea morbosa* –, provoquant l'apparition des troubles.

Cet édifice théorique était, on le voit, assez peu convaincant et n'avait finalement pas grand-chose à envier aux désordres des humeurs postulés par Galien. Van Helmont en tirait pourtant une conclusion plus intéressante : pour compenser l'action des graines étrangères, il était évidemment inutile de saigner ou de purger, mais il fallait trouver le médicament spécifique permettant de neutraliser et de chasser l'intrus : le mercure, l'antimoine ou d'autres métaux notamment. Repoussant en outre le système des correspondances symboliques chères à Paracelse, c'est dans l'essai systématique de diverses substances qu'il plaçait tous ses espoirs. Ce devait être, jusqu'à nos jours, la voie définitive de la pharmacologie clinique.

On trouve des idées comparables chez l'Anglais Thomas Willis. Professeur de philosophie naturelle à Oxford en 1660, il s'efforça de trouver une improbable synthèse entre les anciens éléments d'Aristote et les *tria prima* mis en exergue par Paracelse. Willis proposa ainsi un système curieux de cinq principes (sel, mercure, soufre, eau et terre), conçus désormais comme des particules matérielles – à l'instar des « graines » de Van Helmont – responsables d'activités chimiques bien définies. La fermentation occupe une place prépondérante dans le système de Willis, et le corps humain devient chez lui une immense centrale de distillation à partir de laquelle il tente d'expliquer, non seulement la digestion, mais aussi la conduction nerveuse[7] ou la contraction

7. Dans son *De cerebri anatome* (1664), Willis a par ailleurs laissé l'un des meilleurs traités d'anatomie du cerveau, décrivant notamment pour la première fois le cercle anastomosant toutes les artères de la base du crâne, dénommé *polygone de Willis*.

musculaire. Le clinicien n'avait cependant pas disparu en lui, car il fut le premier, en goûtant les urines de ses patients, à découvrir dans certaines d'entre elles la présence d'une « matière sucrée », reconnaissant ainsi la glycosurie caractéristique du diabète.

Avec François de La Boë, dit Sylvius[8], la médecine chimique accomplit encore quelques pas nouveaux vers la physiologie. Ses ouvrages furent publiés entre 1670 et 1680. Fortement impressionné par les acquis de la chimie minérale, ce professeur de médecine de Leyde – qui avait également étudié à Bâle, où persistait le souvenir de Paracelse – fit de la réaction acide-base et de l'effervescence produite par les acides sur diverses substances le fondement de sa théorie.

Pour La Boë, humeurs et archées sont des principes abstraits dont il faut se délivrer. Seuls demeurent les acides et les alcalis, dont les combinaisons agissent favorablement – comme au cours de la digestion par exemple, où il repère bien l'action de la salive, du suc pancréatique et de la bile –, mais peuvent aussi aboutir à des réactions inappropriées. Il suggère ainsi que les fièvres sont liées à des effervescences du sang dues soit à l'action d'alcalis (les fièvres malignes), soit à celle de certains acides (les fièvres bénignes). Il en déduit naturellement une thérapeutique logique, exclusivement chimique, pour neutraliser les composants en excès.

C'est donc l'école iatrochimique qui avait porté les coups les plus sévères à l'édifice galénique. Vers la fin du XVIIe siècle, cependant, ce modèle alternatif dut lui-même entrer en conflit avec un autre système, inspiré cette fois de la deuxième science émergente de cette époque, la physique. Ce fut l'école iatromécanique.

8. À ne pas confondre avec l'autre Sylvius, Jacques Dubois, anatomiste français du XVIe siècle.

Le mouvement décisif avait été donné par Descartes lui-même. Dans son traité *De l'homme (De homine)*, achevé dès 1633, mais publié seulement en 1662, la machine humaine – car c'est bien de cela qu'il s'agit désormais – est rationnellement expliquée en vertu d'un principe simple, en l'occurrence un feu sans lumière qui, dans le cœur, réchauffe et produit l'expansion du sang. Ce premier point étant acquis, Descartes en déduit tout le reste par un enchaînement de processus automatiques. La contraction cardiaque, sans dynamisme propre, résulte ainsi d'une simple réaction élastique à la dilation provoquée par le réchauffement du sang. Le sang, lancé à son tour dans les artères, libère ensuite dans les cavités cérébrales un fluide spécifique, l'esprit animal, qui pénètre en force dans les nerfs équipés de minimes clapets qui s'ouvrent pour lui livrer passage. Ce fluide, véhiculé comme un gaz subtil dans une conduite étanche et sous pression, parvient jusqu'aux muscles pour ouvrir d'autres clapets, qui remplissent d'esprit vital, comme on gonfle un ballon, le muscle qui se relâche, aux dépens du muscle antagoniste, qui lui transfuse son esprit vital et se contracte donc passivement, en quelque sorte…

À la métaphore iatrochimique de la distillerie, Descartes avait substitué celle de la pompe thermique !

Il faut observer que ce système singulier rompt avec tout vitalisme, car l'âme n'est plus requise pour entraîner le mouvement de cet étrange automate qu'est devenu l'homme. En vertu de l'intuition fondatrice de sa doctrine, le *Cogito*, Descartes soutenait en effet la séparation absolue de la matière *(res extensa)* et de la pensée *(res cogitans)*. Féru d'anatomie, il soupçonnait cependant qu'une petit glande, curieusement appendue au centre de cerveau, l'épiphyse, était un point de contact possible entre les deux substances. Encore cette hypothèse n'avait-elle de sens que chez l'homme car, chez l'animal, dépourvu de substance pensante, la physiologie n'était plus qu'une mécanique : les animaux n'étaient que des machines plus ou moins compliquées…

Le schématisme de ce modèle répondait à la simplification abusive des iatrochimistes, pour qui tout n'était que conflit entre les acides et les alcalis. Le traité *De l'homme* n'eut du reste qu'une influence mineure sur les conceptions médicales de son temps. En revanche, l'approche physique entraîna d'autres recherches, plus fructueuses, dans le domaine physiologique. C'était l'amorce d'un mouvement qui s'épanouira pleinement au XVIIIe siècle.

Cette inspiration nouvelle apparaît de façon brillante et originale dans l'œuvre du Padouan Santorio Santorio. Il fut le premier à systématiser le recours aux mathématiques pour conceptualiser les phénomènes physiologiques et il introduisit la métrologie en médecine : à l'approche purement qualitative des temps anciens, il convenait désormais de préférer l'approche quantitative, dont les succès avaient été si grands en physique...

Les moyens qu'il employa pour y parvenir l'impliquèrent personnellement tout au long de sa vie : il en passa la majeure partie sur une immense balance installée chez lui. Sur cet étrange instrument il avait établi son cabinet de travail, sa chambre, et disposé tous les objets nécessaires à sa vie quotidienne. Pendant de longues années, il effectua des pesées innombrables qui tenaient compte de ce qu'il avait ingéré et du poids de ses excrétats. Cette méthodologie exigeante lui permit notamment d'établir indirectement l'existence d'une perspiration insensible, c'est-à-dire d'une évaporation par les pores de la peau, déjà soupçonnée par les Grecs, qui en avaient fait parfois la modalité principale de la respiration. Dans le même esprit, il proposa pour la première fois l'usage du thermomètre afin d'évaluer la température corporelle et ses variations pathologiques, mais aussi d'un pulsomètre pour apprécier objectivement la fréquence du pouls.

Sanctorius consigna toutes ses observations dans son *De statica medicina*, publié à Venise en 1614. Le succès fut considérable et accrédita de façon définitive l'importance des mesures, non seulement lors des expériences de physiologie, mais aussi, ce qui était relativement nouveau, pour évaluer les perturbations du corps humain : une sémiologie nouvelle, fondée sur le recours à l'instrumentation médicale, y était en germe.

Un autre Italien, Gian Alfonso Borelli, un élève de Galilée, poursuivit dans la même voie. Adoptant entièrement la conception mécanique des fonctions du corps, il se pencha particulièrement sur la physiologie musculaire, problème qui passionnera du reste le siècle suivant. Véritable théoricien de l'iatromathématique, il s'efforça de mettre en équations, dans son *De motu animalium* (1680-1681, posthume), la force motrice et les caractéristiques des mouvements musculaires.

Au tournant du XVIIIe siècle, les deux écoles s'étaient un peu épuisées dans une querelle finalement sans objet : certains, comme Thomas Willis notamment, avaient commencé à admettre qu'aucune théorie simple ne pourrait suffire. C'est entre chimie et physique que désormais les secrets de la vie humaine – et de la pathologie – devraient être recherchés. Il ne restait qu'à en assurer la synthèse.

Ces débats théoriques, pour importants qu'ils fussent, n'avaient toutefois pas nécessairement d'incidence immédiate sur les pratiques cliniques. Le XVIIe siècle a connu une révolution intellectuelle, mais la vie médicale évoluait à un rythme beaucoup plus lent. Jean Riolan, conservateur opiniâtre mais humoriste à ses heures, observait lui-même, non sans quelque pertinence : « Tandis que les médecins se contredisent, les malades meurent… »

En Angleterre, un clinicien éminent, loin de ces questions spéculatives mais plus proche de ses patients, avait lui aussi proposé une autre révolution, au sens étymologique du terme : comme au terme d'un long voyage, elle consistait en un retour vers le Père de la médecine

Le retour d'Hippocrate : Thomas Sydenham

Né en 1624, Thomas Sydenham avait d'abord étudié à Oxford, puis sans doute à Montpellier, où il aurait compté parmi les élèves de Charles de Barbeyrac qui conseillait déjà, dans les années 1650, une redécouverte de l'hippocratisme et une attitude strictement clinique à l'égard des patients. Bachelier en médecine à Oxford en 1648, la carrière universitaire du jeune Sydenham fut interrompue par les soubresauts de la guerre civile, où lui-même avait opiné en faveur de Cromwell et de ses partisans – les *Têtes rondes (Roundheads)* –, à l'inverse de Harvey demeuré fidèle aux Stuarts et à leurs *Cavaliers*. Thomas Sydenham n'acquit finalement son titre de docteur qu'en 1676, à Cambridge. Installé à Londres, il consacra toute sa vie à la pratique de la médecine dans la capitale et ses environs, rencontrant très tôt un grand succès et attirant une clientèle nombreuse. Ses ouvrages, tardivement écrits et publiés seulement vers la fin de sa vie, ne sont pas d'un théoricien, mais rapportent avec une clarté remarquable la riche expérience d'un praticien chevronné, passionné par l'étude clinique des maladies. Après sa mort, suivant son exemple, son fils publiera une *Pratique médicale du Docteur Sydenham* qui restera longtemps un manuel didactique apprécié.

Pour Sydenham, si le galénisme a vécu, les iatrochimistes et les iatriomécanistes s'épuisent vainement en des querelles qui n'apportent que peu de profit à la médecine et aux patients. Il propose donc de prendre une autre voie qu'il désigne par l'hippocratisme.

Cette revendication ne doit cependant pas induire en erreur : Sydenham n'entend pas restituer intégralement la pensée d'Hippocrate – qu'il n'avait d'ailleurs pas vraiment étudiée dans le détail. Sous le patronage d'Hippocrate, il retient quelques idées simples : privilégier l'observation clinique sur les constructions doctrinales, en peaufinant la description des maladies et la recherche des signes diagnostiques ; retenir pour la thérapeutique des traitements simples et éprouvés.

Le reste, Sydenham le tire exclusivement d'une expérience clinique attentive. À l'égard des maladies, il insiste sur deux conceptions nouvelles.

La première est que les maladies sont des entités cohérentes et constantes dans leurs manifestations, caractérisées par des signes régulièrement observés, mais susceptibles de quelques variations d'un patient à l'autre, en fonction de sa constitution propre, de la saison, de l'âge, etc. L'art du médecin est de savoir reconnaître dans cette diversité apparente les espèces morbides *(species morborum)*, les maladies étant rapprochées des variétés de plantes, que l'art du botaniste distingue et classe. La maladie étant susceptible de modification au cours de son évolution, le clinicien doit aussi tenir compte de cette histoire naturelle *(historia naturalis)*.

Sydenham introduit ici un progrès majeur pour la pratique médicale. Loin des conceptions courantes – du reste héritées d'Hippocrate lui-même –, il affirme en effet que les symptômes ne sont pas l'objet de la médecine, mais que seul leur regroupement en tableaux cliniques permet de distinguer, par des signes spécifiques, les maladies particulières. C'est une refondation – ou peut-être une fondation – de la nosologie, de la science classificatoire des affections, qui sera à la base du système médical moderne élaboré au cours du XIXe siècle.

L'apport personnel de Sydenham en ce domaine fut d'ailleurs substantiel. Dans ses *Observations médicales sur l'histoire et le traitement des maladies aiguës (Observationes medicae circa morborum acutorum historiam et curationem)*, en 1676, il a notamment fournit une excellente description de la scarlatine, qu'il différencie soigneusement de la rougeole, mais aussi de la varicelle avec laquelle on la confondait souvent. On lui doit encore l'individualisation, en 1686, d'une maladie neurologique caractérisée par des mouvements anormaux très particuliers et incoercibles, superbement décrits. Alors rapprochée, mais pourtant très différente, de la danse de Saint-Guy qui avait sévi en d'autres circonstances au Moyen Âge, cette maladie fébrile porte encore le nom de chorée aiguë de Sydenham. Enfin, torturé toute sa vie durant par une goutte rebelle, Sydenham lui consacra en 1683 un *Tractatus de podagra* contenant une description de l'accès de goutte aigu. L'ouvrage demeura longtemps le classique de référence sur le sujet, et sa sémiologie de l'accès goutteux demeure toujours aussi exacte.

Sydenham avait aussi développé, et c'est le deuxième aspect de sa pensée, une vision générale de la maladie qui, cette fois, la rapprochait en effet d'Hippocrate.

Rejetant les humeurs de Galien, il n'est guère convaincu par les distillations acides ou alcalines de ses collègues iatrochimistes. Pour Sydenham comme pour le Maître de Cos, la maladie est un phénomène général qui implique tout le corps. Il précise en outre que les troubles locaux observés par le médecin ne font que traduire les efforts accomplis par le corps lorsqu'il tente de rétablir naturellement son équilibre compromis : c'est le vieux concept de la *natura medicatrix*. Il ne faut donc pas combattre ces symptômes en eux-mêmes, mais seulement les observer pour reconnaître la maladie dont ils témoignent. Incontestablement influencé par les travaux de Fracastor et les réflexions suscitées tant par les épidémies de peste depuis le Moyen Âge que par l'irruption de la vérole, Sydenham admet l'idée de particules morbides qui s'introduisent dans le corps pour induire un état pathologique. Il semble en faire, du reste, une théorie assez générale, en dehors même des maladies que nous considérons aujourd'hui comme infectieuses et transmissibles.

Quoi qu'on puisse penser de cette théorie physio-pathologique, Sydenham en tirait la conclusion simple que tout l'art du médecin était de traiter la maladie spécifique que son examen clinique lui avait permis de reconnaître. Fidèle encore à Hippocrate sur ce point, il ne rejetait ni les saignées ni les purges, mais les pratiquait sans excès. Luttant contre des maladies spécifiques, il accueillit sans dogmatisme les remèdes chimiques nouveaux. Il prit ainsi part à la querelle du quinquina. Cette substance végétale, alors récemment apportée du Pérou et contenant le principe actif connu aujourd'hui sous le nom de quinine, avait fait la preuve de ses vertus contre la malaria, mais aussi contre de nombreux états fébriles : il y avait des fièvres « quinquino-sensibles » et d'autres « quinquino-résistantes ». Sydenham contribua à préciser les indications de ce nouveau remède, dont il se fit le défenseur. De même, il donna de nouvelles indications à l'opium, utilisé par lui dans une préparation de sa composition, le *laudanum de Sydenham*, qu'il se prescrivait du reste pour apaiser les douleurs de sa goutte…

Parfois qualifié « d'Hippocrate des Anglais », médecin consciencieux et discret, à l'écart des facultés et des sociétés savantes, Sydenham témoigne de la persistance, au cœur du XVIIe siècle, d'une grande tradition clinique, soucieuse avant tout de l'examen attentif des malades et cependant ouverte aux idées nouvelles.

Or, grâce à une invention optique, c'est précisément le regard du médecin sur le corps qui allait changer d'échelle. Vu de plus près, le corps humain allait bientôt révéler un monde insoupçonné.

Un nouveau regard sur le corps : le monde microscopique

Avec sa lunette astronomique, Galilée avait découvert un ciel ignoré, déchu les planètes de leur rang d'astres parfaits et fait apparaître, dans les « espaces infinis » dont parlera Pascal, d'innombrables objets jusque-là ignorés. Le même Galilée avait eu l'idée, vers 1609, d'appliquer ce procédé d'observation aux mondes infiniment petits, en commençant par celui des insectes. À sa grande surprise, à travers les lentilles de son instrument, dénommé par lui *occhialino*, une mouche lui avait montré ses yeux à multiples facettes et avait exhibé son corps couvert de poils !

En réalité, la genèse de ce qui allait devenir le microscope avait été complexe. En 1538, dans son *Homocentrica*, Fracastor avait déjà rapporté qu'en accouplant deux lentilles, on pouvait grossir de petits objets, tandis qu'en 1590 peut-être, un opticien de Zélande, Hans Janssen, et son fils Zacharias avaient conçu un tube de cuivre de deux mètres de long pourvu de deux lentilles.

Ce n'est toutefois qu'en 1625 que Johannes Faber von Bamberg imagina le mot *microscope* sur le modèle du mot *télescope*. En peu d'années, les modèles se multiplièrent et se sophistiquèrent, faisant le plus souvent de ces instruments, assez coûteux, des amusements de salon et des objets recherchés pour équiper les « cabinets de curiosité » qu'établissaient partout en Europe les personnes de la bonne société.

Très tôt, pourtant, quelques hommes curieux de science songèrent à faire de ces microscopes le même usage que Galilée avait fait du télescope. De cette innovation devait naître ce qu'il est convenu d'appeler la « première révolution biologique », celle qui fit découvrir aux anatomistes un univers nouveau, à l'évidence totalement inconnu d'Hippocrate et de Galien.

C'est à Marcello Malpighi qu'on doit les premières observations microscopiques relatives aux tissus animaux, fondant la science qui devait plus tard se nommer l'*histologie*.

Né en 1628 près de Bologne, il étudia les arts et les lettres à Padoue et la médecine à Bologne, où il obtint son doctorat en 1653. C'est entre Bologne et Pise, où il travailla sous l'égide de Borelli, qu'il effectua l'essentiel de ses recherches, protégé par le grand-duc Ferdinand de Toscane et plus tard par le cardinal Pignatelli, devenu pape sous le nom d'Innocent XII. Élu membre de la Royal Society de Londres en 1669, premier médecin du souverain pontife, travailleur inlassable malgré les attaques violentes dont il fut parfois l'objet, Malpighi mourut au palais Quirinal de

Rome en 1694. De son labeur solitaire restait une contribution déjà considérable aux études micrographiques.

Véritable biologiste, il exerça une curiosité insatiable sur toutes les formes du vivant : les végétaux, les insectes, mais surtout les tissus animaux, et notamment ceux de l'homme. Dès 1659 parut un *De viscerum structura*, véritable texte fondateur de l'anatomie microscopique, contenant notamment la description de petites formations glomérulées situées dans la pulpe de la rate et dans la corticale du rein, structures toutes deux dénommées depuis *corpuscules (splénique ou rénaux) de Malpighi*. Ce n'était qu'un modeste début : à partir de 1661, il publia régulièrement ses découvertes sous forme de *Lettres*, pratiquement jusqu'à la fin de ses jours.

En 1661, le *De pulmonibus* décrit la structure vésiculaire fine du poumon, c'est-à-dire les alvéoles où s'effectuent les échanges respiratoires, que la physiologie pourra théoriser sur cette base au siècle suivant. En 1664, dans le *De cerebro*, revenant sur la distinction déjà introduite par Vésale entre la substance grise et la substance blanche du tissu cérébral, il révèle la structure fibreuse de cette dernière – qui contient en effet le prolongement des neurones, dont les corps cellulaires forment la substance grise En 1687, il attribue le nom d'*acini*, toujours en usage, aux petites formations globuleuses (du latin *acinus*, « petite baie, grain de raisin ») observées au sein des glandes et correspondant aux unités sécrétoires élémentaires de ces organes. En 1689 enfin, il donne la première description des ganglions lymphatiques.

Résumant des années de travaux, sa *Dissertation anatomique sur la structure des viscères (De viscerum structura exercitatio anatomica)*, publiée à Bologne en 1666, connut jusqu'à la fin du siècle de nombreuses rééditions et fut même traduite en français en 1683.

Son titre de gloire le plus éminent est cependant d'avoir apporté la touche finale à la théorie de Harvey : en 1661,

Malpighi découvre enfin les vaisseaux capillaires[9], conçus et nommés par Cesalpino un siècle plus tôt, on s'en souvient, mais surtout considérés à juste titre par Harvey comme nécessaires à sa théorie, bien qu'il n'ait jamais pu les distinguer dans les « porosités » des organes. En 1665, Malpighi y observera aussi les hématies.

Si Malpighi, bien que médecin lui-même, avait dû mener de rudes combats pour faire admettre ses découvertes, on comprend que l'autre grand acteur des premiers temps de la microscopie, Antonie Van Leeuwenhoek, étranger à la caste médicale, ait rencontré des obstacles bien plus considérables.

Dilettante accompli, né en à Delft en 1632 dans une famille de brasseurs, il avait appris dans son jeune âge, lors d'un apprentissage chez un drapier d'Amsterdam, à se servir de lentilles en guise de compte-fils. De retour dans sa ville natale et assez modestement établi, il passa la plus grande partie de sa vie à examiner toutes sortes d'objets de taille infime à l'aide d'un microscope rudimentaire, constitué d'une lentille simple enchâssée entre deux plaques de métal. Grâce à cet instrument, qu'il confectionna en de très nombreux exemplaires, il accumula des observations qu'il eut un jour l'audace d'adresser à la Royal Society, en 1673. Fidèle à son inspiration d'origine, cette honorable compagnie fit cependant bon accueil aux lettres que Van Leeuwenhoek ne cessa de lui adresser, jusqu'à la dernière en 1719, quatre ans avant sa mort : c'était alors la 375e observation qu'il communiquait. Depuis 1680, la Royal Society l'avait du reste admis en son sein. Singulier destin pour un simple huissier de la Chambre des échevins, qui lui valut de solides inimitiés malgré une réputation européenne, et quelques cruels sarcasmes sur les prétendues découvertes du « petit drapier de Delft ».

9. Ainsi qualifiés car fins comme des cheveux (latin *capillarius,* « relatif aux cheveux »).

Au fil des ans, tout passa sous le microscope de Van Leeuwenhoek. L'inventaire à la Prévert de ses objets d'étude est assez impressionnant : vinaigre, tranche de viande, morceau de feuille, fragment d'écorce, branchie de triton, laine de mouton, crotte de rat, poudre de diamant, cendre de tabac, fil d'araignée, queue de têtard, œil de moustique, pépin d'orange… Et s'il manque le raton-laveur, Van Leeuwenhoek s'était néanmoins penché sur les poils du hérisson !

Dépourvu de toute formation universitaire, « étranger aux lettres [et ignorant] absolument le latin, le français, l'anglais ou toute autre langue à l'exception de la sienne », comme le constatera avec regret l'érudit Thomas Molyneux, membre de la Royal Society venu un jour le visiter, Van Leeuwenhoek était du moins un observateur minutieux et doué.

Au nombre de ses découvertes, on mentionnera les capillaires et les globules sanguins, dont il confirme l'existence en 1673, après Malpighi, la striation des fibres musculaires squelettiques, la structure lamellaire du cristallin et les cellules en bâtonnets de la rétine. En 1675, il décrit des êtres unicellulaires, les infusoires, « créatures vivantes dans de l'eau de pluie qui avait séjourné pendant plusieurs jours dans un vase vernissé […] qui me parurent dix mille fois plus petits que les puces d'eau », et peut-être même, en 1683, les premières bactéries observées dans du tartre dentaire, « de petits animaux plus nombreux que toute la population des Pays-Bas et se mouvant de la façon la plus charmante ». Pour le coup, c'en était trop, et certains crièrent à l'imposture !

Il fallait pourtant se rendre à l'évidence : sous la lentille du microscope, le monde changeait beaucoup. Des êtres inconnus révélaient leur existence inattendue. D'où venaient-ils ? Comment étaient-ils produits ? Appartenaient-ils au corps de l'homme ou représentaient-ils les « germes » et les « graines » postulés par plusieurs médecins depuis Fracastor ?

Plus déconcertant encore : en 1677, un étudiant de Leyde ayant eu la curiosité singulière de soumettre à l'examen microscopique la substance d'un écoulement urétral consécutif à une probable blennorragie, il y vit grouiller une foule incroyable de petits corpuscules munis d'un long flagelle. Il les interpréta d'abord, semble-t-il, comme des sortes d'infusoires, et les attribua à la putréfaction. Van Leeuwenhoek ayant été informé, ce dernier confirma la découverte, mais retrouva les mêmes animalcules dans le sperme frais de nombreuses autres espèces.

Le microscope venait ainsi de relancer de façon imprévue un débat très ancien : l'origine de la vie, celle de tous les êtres de la création, mais avant tout celle de l'homme.

Un problème de génération : ovistes et spermatistes

Depuis l'Antiquité, il était admis que tout animal provenait de l'accouplement de deux parents, mâle et femelle. La Bible elle-même ne rappelait-elle pas qu'en prévision du Déluge, Dieu avait ordonné à Noé d'embarquer dans l'Arche un couple de chaque espèce ? Une idée communément reçue était aussi que pour les insectes ou les vers, par exemple, mais également pour certains petits animaux généralement associés à des idées répugnantes, comme les crapauds ou les rats, la génération spontanée était possible. La vie pouvait naître de l'inerte par la putréfaction, et là encore, les exemples tirés de textes vénérables ne manquaient pas. Aristote, dans son traité *De la génération des animaux*, s'étendait ainsi longuement sur le processus de la génération spontanée, affirmant que « les animaux et les végétaux naissent dans la terre et dans l'eau, parce que dans la terre existe de l'eau, dans l'eau du souffle, et que celui-ci est tout entier pénétré de chaleur psychique, si bien que tout est en quelque sorte plein d'âme » (III, 11). Pour Ambroise Paré comme pour Van Helmont, il ne fait encore aucun doute que l'on peut produire des souris à partir d'une chemise sale et d'un peu de froment car, ainsi que le rapporte le second, « le ferment sorti de la chemise est altéré par l'odeur des grains et transmue le blé revêtu de son écorce en souris » !

En 1668, le naturaliste italien Francesco Redi, dans ses *Expériences sur la génération des insectes*, apporta une première réfutation à l'idée de génération spontanée. Ayant soigneusement protégé à l'aide d'une fine gaze l'ouverture d'un récipient contenant un morceau de viande, il montra que les asticots, supposés naître de la putréfaction du muscle, ne pouvaient jamais se former sans contact direct de la viande avec des mouches venant y déposer leurs œufs. La croyance en la génération spontanée persistera dans quelques esprits jusqu'à la fin du XIXe siècle – entre 1860 et 1864, Pasteur devra lui-même reprendre et perfectionner les expériences de Redi pour clore définitivement ce débat –, mais une étape importante avait été franchie. Deux autres découvertes vinrent encore confirmer cette approche.

Le première était une simple observation de William Harvey, publiée dès 1651 dans ses *Dissertations sur la génération des animaux (Exercitationes de generatione animalium).* Ayant eu l'occasion de disséquer une biche peu de temps après un accouplement, il trouva dans son utérus une poche ovulaire, ce qui lui fit conclure que l'existence d'un œuf, évidente chez les oiseaux et d'autres animaux, s'observait aussi chez les mammifères. Sur cette seule constatation, Harvey formula le premier le concept fondamental de l'embryologie moderne :

> « Nous affirmons donc qu'absolument tous les animaux – vivipares compris, et aussi l'être humain – sont engendrés par un œuf. »

Le fameux adage *« Ex ovo omnia »* ainsi posé par Harvey, cela ne signifiait nullement que tout était pour autant résolu. Lui-même pensait que la semence mâle ne pénétrait pas dans la matrice, mais agissait « comme une sorte de contagion [se communiquant] à tout le corps féminin qui est fécondé en entier » : c'était simplement la théorie de l'*aura seminalis*, formulée par son maître Fabrice d'Acquapendente à propos des ovipares…

Dans l'immédiat, un savant hollandais, Reinier De Graaf, vint apporter à l'intuition de Harvey une confirmation remarquable. C'est du reste à De Graaf, membre de la Royal Society, que Van Leeuwenhoek adressera en 1673 ses premières observations. Travaillant à Leyde sous la direction de François de La Boë – l'un des théoriciens de l'iatrochimie, mais aussi un remarquable anatomiste –, De Graaf publia en 1672 un traité *Des organes de la femme servant à la génération (De mulierum organis generatione inservientibus)*. Rapportant les résultats de nombreuses dissections, il y décrit les follicules pré-ovulatoires – qui portent toujours son nom – et note que lors d'une gestation, ces follicules vides de leur contenu se transforment en un « corps jaune ».

Considérant avoir bien découvert des œufs dans l'espèce humaine, De Graaf suggéra enfin que les « testicules de la femme » devraient désormais porter le nom d'ovaires *(ovarium)*.

Les acteurs étant désormais identifiés, la question essentielle demeurait : comment, de l'œuf et de la semence masculine, pouvait naître un embryon ? Le débat qui s'engageait allait durer près de deux siècles.

La théorie forgée par les auteurs antiques, encore largement reçue au milieu du XVIIe siècle, ignorait naturellement l'œuf humain et reposait sur l'hypothèse de la « double semence ». Il y avait une semence mâle, le sperme, et une semence féminine. Cette dernière résultait en fait d'une confusion : les sécrétions vulvo-vaginales, apparaissant lors du coït, afin de lubrifier les voies génitales, avaient été simplement interprétées comme un équivalent féminin du sperme On admettait donc que leur mélange produisait l'embryon.

Pourtant, rien n'était aussi simple. Aristote, par exemple, attribuait au sang menstruel le rôle de semence féminine. Il considérait que la conception résultait d'une « coction » dans la matrice au contact du sperme, qui donnait l'impulsion initiale. Il assimilait plus précisément l'action du sperme à celle de la présure coagulant le lait pour former le caillé.

C'est Galien qui avait décrit le modèle final de la double semence. Le sperme, produit à partir du sang, dont il représentait un stade final d'évolution dans les testicules (« la troisième coction »), était une semence parfaite, tandis que la sécrétion féminine, d'origine ovarienne – ce qui était faux en l'occurrence –, était en revanche imparfaite, manquant notamment de chaleur. Cela expliquait, pour l'incorrigible finaliste qu'était Galien, la nécessité pour la femme d'accueillir en son sein la semence de l'homme, qui constituait pour elle un apport « abondant, épais et chaud », indispensable au déclenchement de la génération.

Or, les découvertes des microscopistes et les constatations de De Graaf ne s'accordaient guère avec ces vues spéculatives. Un autre élément acheva de les rendre intenables. En 1677, le médecin danois Thomas Bartholin démontra que la prétendue semence féminine n'était en fait qu'une sécrétion produite par des glandes situées de part et d'autre de l'entrée du vagin, glandes auxquelles il donna d'ailleurs son nom. Une nouvelle embryologie pouvait naître.

Comme on l'imagine sans peine, cette discipline nouvelle donna lieu d'emblée à des opinions divergentes.

La première opposition portait sur le mode de développement de l'œuf pour parvenir à un embryon complet et achevé.

Selon Harvey, qui reprenait à sa manière le modèle d'Aristote, l'embryon s'organisait peu à peu à partir de la matière indifférenciée des semences, en fonction d'un programme – Aristote parlait de « souffle » – qui faisait progressivement apparaître tous les constituants du corps. Harvey, en observant les différents stades de croissance d'un embryon de poulet, avait vu se former, au quatrième jour, « un point couleur de sang » qui semblait battre – c'était le cœur –, puis des vaisseaux de plus en nombreux. Plus tard, il avait vu se modeler la tête et enfin l'ensemble des viscères. Il y avait donc clairement un développement graduel de l'œuf, qualifié par Harvey d'*épigenèse*.

Or, cette conception, qui finira par l'emporter au XIXe siècle, fut pendant environ deux cents ans largement battue en brèche par une autre, le *préformationnisme*. Cette idée s'était imposée à la suite de la découverte des animalcules dans le sperme et de la mise en évidence de l'œuf chez femme. On admit assez généralement que le nouvel être en gestation ne se différenciait pas d'une substance initialement amorphe mais existait déjà, en entier et en très petit, à l'état de corpuscule organisé ou de germe. Seul un des deux sexes fournissait donc le modèle de l'embryon, l'autre ne lui apportant qu'une sorte de nourriture. Cette opinion soulevait en effet la question de savoir si le « germe » correspondait à l'œuf ou au spermatozoïde.

Malpighi formula l'hypothèse préformationniste à partir de ses observations sur l'embryon de poulet – comme Harvey, mais avec une conclusion opposée. En 1672, dans son traité *De formatione pulli in ovo (De la formation du poulet dans l'œuf)*, il affirma avoir distingué un embryon en développement dans un œuf non incubé pondu de la veille ! Cette variété de la thèse préformationniste reçut le nom d'*ovisme*.

Quelques années plus tard, les animalcules, c'est-à-dire les spermatozoïdes, ayant été décrits, il ne fallut pas attendre bien longtemps pour qu'apparaisse une nouvelle thèse : le *spermatisme*[10]. L'embryon était en effet préformé avant le début même de la gestation, mais c'est dans le spermatozoïde qu'il résidait. Plusieurs auteurs prétendront même avoir identifié, dans la tête

10. On parle aussi d'*animalculisme*.

du spermatozoïde, le corps recroquevillé, minuscule et pourtant déjà complet d'un fœtus : l'*homuncule* !

Enfin, dernière difficulté, les ovistes comme les spermatistes devaient répondre à une question ardue : d'où venaient et comment s'étaient eux-mêmes formés ces germes ?

Pour les disséminationnistes, les germes venaient du dehors du corps humain, l'homme et la femme les captant par l'alimentation ou la respiration[11]. Pour les partisans de l'emboîtement, nos premiers parents, fondateurs du genre humain, renfermaient déjà dans leurs ovaires ou leurs testicules non seulement tous les germes de leurs enfants, mais aussi tous ceux de la postérité humaine, de toutes les générations jusqu'à l'extinction de l'espèce…

Les balbutiements de l'embryologie conduisaient parfois, on le voit, à des hypothèses proprement fantastiques.

Au-delà du caractère absurde, à nos yeux, de certaines d'entre elles, ce débat – qui se poursuivra avec passion au XVIIIe siècle – était un témoin exemplaire d'une mutation profonde de la pensée médicale. La première révolution biologique avait fait découvrir à la médecine de nouveaux problèmes, l'obligeant à réfléchir sur de nouveaux aspects du corps humain : en ces matières, Hippocrate et Galien n'avaient décidément plus rien à dire.

Toutefois, loin de ces controverses, les enfants continuaient à naître depuis l'aube des temps, sans qu'on sût trop comment. Du reste, les médecins ne s'en étaient jamais vraiment souciés, laissant ce soin aux matrones.

Or, au XVIIe siècle, en même temps que la science embryologique, l'art de l'accouchement va réellement s'intégrer dans le champ de la médecine.

---

11. On mesure ici à quel point ces théories de la génération étaient influencées par les premières intuitions relatives aux germes infectieux.

Naissance de l'obstétrique médicale

Jusqu'à la fin du Moyen Âge et à la Renaissance encore, l'accouchement était une affaire de femmes où les hommes, fussent-ils médecins, n'avaient pratiquement aucune part. Un grand chirurgien comme Guy de Chauliac laissait tout aux matrones, même un geste des plus redoutables comme l'embryotomie, c'est-à-dire le morcellement *in utero* d'un fœtus mort.

Au début du XVIIe siècle, le rituel de la naissance d'un enfant était à peu près immuable, mais la formation des sages-femmes avait été de mieux en mieux organisée. La plupart d'entre elles apprenaient l'art de leurs aînées, parfois en tant qu'« apprentisses » à l'Hôtel-Dieu de Paris, où les accouchements des femmes du peuple étaient nombreux. Après trois années, elles devaient ensuite subir avec succès un examen à Saint-Côme, du reste assez rudimentaire, pour pouvoir exercer librement leur art. Bien souvent, pourtant, et surtout à la campagne, les matrones n'étaient que des femmes d'une certaine expérience, certes, mais des empiriques plus ou moins douées.

Le diagnostic de la grossesse reposait sur des signes simples, connus depuis toujours. L'arrêt des règles et le gonflement douloureux des seins étaient évocateurs, mais on savait aussi qu'ils pouvaient être trompeurs. En définitive, le seul signe infaillible était, au troisième ou quatrième mois, le mouvement propre du fœtus dont la mère percevait les tressaillements. Pierre Franco, le fameux inciseur, versé aussi en obstétrique, résumait le savoir de son temps en déclarant : « Pour le savoir [si elle est enceinte], mettons la main sur le ventre de la mère. »

Lorsque le travail commence, les hommes sont écartés et les matrones entrent en scène. Elles savent par le toucher vaginal apprécier l'état de dilatation du col. On installe la future mère dans un lit, le dos surélevé et les jambes écartées et fléchies, ou sur une chaise échancrée, selon un usage remontant à la plus lointaine Antiquité. Lors des douleurs d'expulsion, on masse le ventre de mère vers le bas, tandis qu'on oint la filière génitale d'huile de lys ou d'amande douce pour faciliter l'expulsion.

Après la naissance de l'enfant, il faut attendre la délivrance du placenta, qu'on dénomme *arrière-faix* ou *secondine*, et dont la rétention possible est dangereuse, car elle peut aboutir à une « putréfaction de la matrice » souvent mortelle. Il ne faut alors tenter de la détacher qu'avec précaution, une manipulation violente pouvant avoir les plus graves conséquences. On n'ignore pas non plus que dans les jours qui suivent l'accouchement, une fièvre peut survenir, souvent grave, volontiers fatale.

Car l'accouchement ne se passe pas toujours bien, et nombre de femmes y laissent leur vie. On ne dispose d'aucune statistique certaine, bien sûr, mais il n'est pas rare que le père de plusieurs enfants ait connu plusieurs veuvages, et la mortalité du nouveau-né lui-même n'est pas négligeable.

Pour cette raison, sans doute, l'art de l'accouchement commença à se médicaliser vers le XVIe siècle. On retrouve ici la figure familière d'Ambroise Paré, qu'on a parfois considéré comme le « père des chirurgiens-accoucheurs français ». Dès 1549, nous l'avons vu, il avait publié une *Briefve Collection de l'administration anatomique ; avec la manière de conjoindre les os et d'extraire les enfants tant mors que vivans du ventre de la mère, lorsque la nature de soy ne peult venir à son effect*. En 1573, ce sera encore *De la génération de l'homme et manière d'extraire les enfans hors du ventre de la mère*.

Reprenant et décrivant avec soin une technique dont on trouve déjà la trace dans l'œuvre de Celse, Paré rapporte son expérience de la version podalique, indiquée lorsque l'enfant présente par exemple le dos ou le ventre. Paré estime que ce travail, nécessitant une bonne connaissance de l'anatomie et exposant à des accidents pour la mère et l'enfant, est plus sûrement effectué par un chirurgien comme lui. Il montre comment l'accoucheur introduit sa main lubrifiée dans la matrice pour tenter de saisir les pieds du fœtus, qu'il lie ensuite. Il exerce alors une traction sur ce lien pour extraire l'enfant pendant que la mère accomplit des efforts de poussée. Dans son ouvrage, on trouve aussi des planches illustrant des modèles de spéculum qu'on engage dans le vagin afin de dégager et d'ouvrir au mieux le col.

Il y est enfin question d'une intervention mythique que Paré n'osa jamais pratiquer lui-même sur une femme vivante : la césarienne.

Contrairement à la légende qui fait dériver le nom de cet accouchement chirurgical de celui de Jules César, la césarienne ne fut pratiquée, depuis l'Antiquité jusqu'à la fin du Moyen Âge, que sur des femmes mortes[12]. Dans l'Europe chrétienne, on s'efforçait ainsi de sauver au moins l'enfant, ne fût-ce que pour l'ondoyer avant son décès si lui-même était en péril, lui épargnant de finir dans les Limbes, cet espace intermédiaire entre le Purgatoire et le Paradis où séjournaient les âmes innocentes des enfants morts sans baptême.

D'après un texte publié en 1582, la première césarienne connue sur une femme vivante aurait été pratiquée en 1500, dans des conditions assez effrayantes.

Jacob Nufer, exerçant en Suisse la gracieuse profession de châtreur de porcs, avait une épouse dénommée Élisabeth. Enceinte et parvenue à son terme, elle ne pouvait se délivrer malgré un travail de plusieurs jours. Plusieurs matrones et quelques lithotomistes[13] ne purent rien pour elle. Alors, son mari, après avoir requis l'accord des magistrats de la ville, s'empara d'un couteau et fendit le ventre de sa femme comme il l'eut fait sur un porcelet. L'enfant vivant fut extrait, et l'heureux père entreprit aussitôt de recoudre sa femme ainsi qu'il le faisait pour ses bestiaux. La

12. Jules César connut sa mère et ne naquit certainement pas de cette manière.

13. Il était alors assez habituel que des inciseurs, comme Pierre Franco, de passage dans un village, soient appelés en aide pour les accouchements difficiles.

jeune mère se serait rétablie et aurait même accouché – normalement – de jumeaux l'année suivante[14].

L'histoire, devenue légendaire, est à prendre avec des réserves, mais il semble bien que des cas de césariennes sur des femmes vivantes aient été de plus en plus fréquents vers la fin du XVIe siècle.

En 1581 parut un ouvrage intitulé *Traité nouveau de l'hystérotomotokie ou enfantement caesarien*. Son auteur, François Rousset, avait même reçu l'approbation d'Ambroise Paré. Traduit en latin dès 1590, il exposait la technique et les indications de cette opération. Après avoir marqué à l'encre le trajet de l'incision « entre le nombril et le flanc à trois ou quatre doigts de l'aine », il fallait, une fois la paroi ouverte, inciser également la matrice pour extraire l'enfant. Rousset ajoutait enfin qu'il fallait « remettre la matrice doucement dans son lieu sans y rien coudre ; sa rétraction vaut mieux que sa couture. Il faut incontinent gastroraphiser[15] la plaie du ventre extérieur. »

Le travail de Rousset – qui lui-même ne pratiqua jamais de césarienne – déclencha une polémique qui fit reculer Ambroise Paré. L'opération césarienne demeurera pendant longtemps une intervention à haut risque dont la technique, maintes fois modifiée, ne sera pas maîtrisée avant la fin du XIXe siècle.

L'obstétrique du XVIIe siècle peut être encore évoquée à travers deux de ses protagonistes les plus célèbres et sans doute les plus qualifiés : une sage-femme et un accoucheur.

Née en 1563 à Mons, en Belgique, Louise Bourgeois avait épousé à vingt et un ans un chirurgien-barbier élève d'Ambroise Paré, Martin Boursier. Attaché comme son maître aux armées du

14. Pour autant qu'on puisse accorder du crédit à ce récit, il n'en ressort pas clairement qu'il s'agissait vraiment d'une césarienne. Peut-être Jacob Nufer a-t-il délivré sa femme d'un grossesse extra-utérine au moyen d'une laparotomie sauvage…

15. C'est-à-dire suturer aussitôt.

roi, Boursier était absent de Paris lorsque Henri IV mit le siège devant la capitale en 1589. Dans le saccage qui s'ensuivit, la maison de Louise Bourgeois, dans le faubourg Saint-Germain, fut réduite à rien, et Louise se trouva brutalement dans un grand dénuement. Elle retint la leçon et se promit de trouver une occupation pour « gaigner quelque chose ».

La paix revenue et son mari rentré de la guerre, Louise entreprit de devenir sage-femme. Proche de Paré dont elle lut les œuvres, elle travailla pendant cinq ans avant de se faire recevoir sage-femme jurée à Paris, en 1598. Elle rapportera plus tard qu'une de ses examinatrices[16], Marguerite Thomas, dite Du Puy, s'était vainement opposée à sa réception au motif qu'étant femme de chirurgien et liée au premier chirurgien du roi, elle « s'entendrait avec ces médecins comme coupeurs de bourse en foire ».

Par les relations qu'elle sut nouer, sans doute, mais certainement aussi en raison de ses talents, Louise Bourgeois fit en effet une belle carrière. Devenue l'accoucheuse de Marie de Médicis, elle mit au monde Louis XIII en 1601. Dans un ouvrage intitulé *Six couches de Marie de Médicis*, elle racontera comment le jeune roi à peine né, le voyant pris d'une faiblesse, elle s'emplit la bouche de vin pour lui en faire boire un peu : « À l'heure même, il revint et savoura le vin que je lui avais donné. »

En 1626, elle laissera une *Instruction à ma fille*, un recueil de conseils professionnels où s'ébauche notamment une éthique du métier de sage-femme. L'année suivante, sa carrière s'interrompit malheureusement par la mort tragique de la duchesse de Montpensier[17], emportée en quelques heures, sans doute par une fièvre puerpérale, à la suite d'un accouchement surveillé par Louise Bourgeois. Injustement mise en cause dans un rapport médical,

16. À Paris, le jury d'examen des sages-femmes comprenait alors un médecin, deux chirurgiens et deux sages-femmes.

17. Épouse de Gaston d'Orléans, frère de Louis XIII. L'enfant de cette naissance tragique, Anne-Marie Louise d'Orléans, fut la « Grande Mademoiselle »,

elle tint à y répondre avec vigueur. Dans son *Apologie de Louyse Bourgeois, dite Bourcier, contre le rapport des médecins*, elle défend contre la corporation médicale la légitimité de son métier, n'hésitant pas à lancer à ses détracteurs quelques piques sans aménité :

> « Vous faites assez connaître que vous n'entendez rien du tout en la connaissance de l'arrière-faix et de la matrice d'une femme tant avant qu'après son accouchement ; non plus que votre maître Galien, lequel pour n'avoir jamais été marié et avoir peu assisté les femmes en leurs accouchements, s'étant mêlé d'enseigner une sage-femme par un livre qu'il fit exprès, il a fait paraître qu'il n'a jamais connu la matrice d'une femme enceinte ni même son arrière-faix. »

Le temps était loin, assurément, où les matrones illettrées ne pouvaient que courber l'échine devant la Faculté…

De ce côté-là, pourtant, un nouvel esprit se manifestait. C'est au milieu du XVIIe siècle, en effet, que parut le véritable et brillant fondateur de l'école obstétricale française et l'un des maîtres de l'obstétrique européenne.

En 1668, âgé d'à peine trente ans, François Mauriceau, maître chirurgien juré à Paris, publia sur *Les Maladies des femmes grosses et accouchées* un livre qui s'imposera pendant longtemps comme la référence d'une discipline qu'il avait contribué à instaurer définitivement.

Pour l'essentiel, la matière de l'ouvrage était tirée d'une assez longue pratique des accouchements à la clinique obstétricale de l'Hôtel-Dieu, qui recevait en permanence les femmes du peuple, au point qu'en janvier 1661 « les femmes grosses et accouchées [étaient] si pressées et serrées dans leur lit, y couchant quatre à la fois » qu'on dut cesser d'en admettre pendant deux semaines. Dans ce lieu qui échappait à la hautaine autorité de la Faculté, les chirurgiens travaillaient de plus en plus avec les sages-femmes, éclairant ces dernières et se perfectionnant eux-mêmes, en sorte qu'à la fin du siècle, un autre célèbre accoucheur, Mauquest de la Motte, tenait la « Salle des accouchées » de l'Hôtel-Dieu pour « la meilleure école de l'Europe ».

Le traité de Mauriceau, illustré notamment de superbes gravures sur les détails anatomiques des organes génitaux féminins et leurs modifications lors de la grossesse et de l'accouchement – et dont on lui reprochera la crudité et l'impudeur –, passe en revue tous les grands problèmes de la spécialité. Il décrit par exemple la procidence complète du cordon, susceptible d'étrangler le fœtus, parle des hémorragies de la délivrance et s'intéresse au *placenta praevia*, c'est-à-dire d'implantation basse, source également de complications hémorragiques. Ayant eu souvent à déplorer la fièvre puerpérale, il la rapproche avec justesse de la suppuration d'une plaie, soupçonnant ainsi sa nature infectieuse.

Mauriceau fut surtout impliqué dans l'une des grandes controverses de l'obstétrique à la fin du XVIIe siècle : l'affaire des forceps. Ces instruments en forme de spatules métalliques ajourées, destinés à mieux dégager la tête d'un fœtus dont l'extraction se révélait difficile, avaient été mis au point en Angleterre par un famille d'accoucheurs, les Chamberlen, qui en conservaient le secret comme un patrimoine. L'un d'entre eux, Hugh, vint à Paris en 1670, pour tenter de faire connaître et de vendre son procédé. Mauriceau l'accueillit et lui proposa d'appliquer les forceps lors d'un accouchement qui se présentait mal et se prolongeait dangereusement. Prié de pratiquer une césarienne sur la mère pour dégager le fœtus déjà mort depuis quatre jours, Mauriceau s'y était refusé comme l'auraient fait nombre de ses confrères qui considéraient avec lui l'opération comme constamment fatale.

Chamberlen fut convié à intervenir. Malgré tous ses efforts, au bout de quelques heures, il dut renoncer, et la parturiente mourut péniblement le lendemain. Mauriceau, pratiquant *post-mortem* la césarienne qu'il n'avait pas voulu effectuer auparavant, trouva une lacération du corps utérin, déchiré et perforé sous l'effet mal contrôlé des forceps.

Chamberlen dut retourner en Angleterre sous les commentaires peu charitables de Mauriceau. Ce dernier, pourtant, conçut plus tard un tire-tête fortement inspiré de l'instrument anglais, mais qu'il maniait sans doute mieux. Chamberlen, qui traduisit en anglais l'ouvrage de Mauriceau en 1673, ne lui tint pas rigueur de cette inélégance. En revanche, Philippe Peu, dans sa *Pratique des accouchemens* en 1694, daubera sur le tire-tête de Mauriceau, selon lui « plus propre à tirer la vie qu'autre chose », et préférant l'extraction au crochet…

Enfin, la manœuvre de Mauriceau « sur tête dernière », destinée à faciliter la flexion finale de la tête en cas de présentation du siège, passée à la postérité et qu'il décrivit soigneusement dans l'édition de 1675, traduit bien le degré de technicité auquel était parvenu l'obstétrique dès la fin du XVIIe siècle.

Après la chirurgie et dans son sillage, l'art d'accoucher avait fait son entrée par la grande porte dans le monde de la médecine.

La vie médicale au siècle de Molière

Au-delà de la satire si efficace et si pleine de drôlerie que Molière nous a laissée avec *Le Malade imaginaire*, le XVIIe siècle médical est bien celui d'un contraste singulier.

D'un côté, le bouleversement de la physiologie introduit par Harvey, après celui de l'anatomie par Vésale ; la découverte d'un nouveau moyen d'exploration du corps comme le microscope, et bientôt d'autres instruments visant à mesurer les signes pathologiques (pouls, fièvre) ; la répudiation des idées anciennes sur la génération, emportant pratiquement les dernières bribes du galénisme ; les premiers succès enfin de thérapeutiques nouvelles (quinquina, antimoine), irréductibles aux vieux principes de la pharmacopée traditionnelle. Toutes ces innovations, dont le développement ultérieur de la pensée médicale ne permet pas de sous-estimer l'importance, montrent qu'un véritable basculement du monde de la médecine s'opère effectivement à partir du XVIIe siècle.

Vers le dernier tiers de ce siècle, quand les ouvrages les plus marquant sont publiés, s'engage du reste ce que Paul Hazard a si remarquablement conceptualisé sous le nom de *Crise de la conscience européenne* et qu'il a situé entre 1680 et 1715 :

> « Un changement dont les conséquences sont venues jusqu'à notre présente époque s'est opéré dans les années où des génies comme Spinoza, Bayle, Locke, Newton, Bossuet, Fénelon, à ne rappeler que les plus grands, ont procédé à un examen de conscience total, afin de dégager nouvellement les vérités qui dominent la vie. Pour dire avec l'un deux, avec Leibniz, en étendant au monde moral ce qu'il disait du monde politique : *finis saeculi novam rerum faciem aperuit* : dans les années finissantes du XVIIe siècle un nouvel ordre des choses a commencé. »

Une telle analyse ne vaut pas seulement pour le monde des lettres, des arts et de la philosophie. Elle s'applique pleinement, on le voit, aux sciences et à la médecine.

Or, c'est ici qu'apparaît le contraste évoqué plus haut. Il nc faut certainement pas croire qu'entre 1628, date de la publication de Harvey, et les années 1670 à 1680 où Malpighi rendit publiques ses découvertes, tous les praticiens européens en ont eu connaissance et s'y sont ralliés. Dans une assez large mesure, ce furent des débats cantonnés à un petit cénacle de spécialistes, dont plusieurs étaient davantage des chercheurs et des savants que des médecins.

Plus encore, la résistance de certains milieux académiques comme la faculté de médecine de Paris, avec son intraitable Guy Patin par exemple, montre bien que le corps médical dans sa grande majorité n'était pas prêt à une réforme de sa doctrine et moins encore désireux de modifier sensiblement ses pratiques.

L'enseignement demeurait toujours immuable, et les forteresses d'un savoir en déclin n'admettaient quelques concessions qu'avec des années de retard – comme dans la guerre de l'antimoine –, souvent sous la pression des autorités et avec beaucoup de réticence.

Diafoirus a bien existé, il faut en convenir, même si des praticiens curieux ou simplement soucieux d'efficacité n'ont pas manqué de prescrire quelques remèdes nouveaux. On est frappé de constater que la médecine clinique ne change pratiquement pas par rapport au siècle précédent : le diagnostic reste fondé sur le pouls, l'uroscopie et la typologie des fièvres. La thérapeutique demeure essentiellement purgative, avec la phlébotomie, les ventouses et le clystère.

Les grands de ce monde, à commencer par le roi de France, qui s'entoure des meilleurs avis, en témoignent. Le remarquable *Journal de santé de Louis XIV* que nous ont laissé les médecins du Roi-Soleil ne nous dissimule rien des petites misères royales. Les moindres troubles sont consignés, datés, soigneusement décrits. On ne lit pourtant à travers ces notes que les mêmes commentaires sur le « désordre des humeurs », les « flux de ventre » et les « âcretés de bouche », tandis que les vésicatoires s'abattent sur le souverain et qu'au fil des pages apparaît une liste impressionnante de recettes de lavements d'une incroyable variété. La seule exception est le recours à l'antimoine en 1658 : mais on croyait le roi à l'article de la mort…

Curieusement, la même atonie paraît alors s'être emparée de la chirurgie, qui, au siècle précédent, avait fait preuve d'un si grand dynamisme. En France, et notamment à Paris, il semble même que les chirurgiens aient un peu baissé les bras dans leur querelle séculaire avec les médecins. En 1660, le Parlement leur imposa la réunion avec les barbiers, dont il s'étaient séparés depuis si longtemps, et cette dégradation leur valut de ne plus être reconnu comme un collège, mais comme un simple métier juré. Le célèbre et brillant Pierre Dionis, premier chirurgien de Madame la Dauphine, auteur en 1690 de l'*Anatomie de l'homme suivant la circulation du sang et les dernières découvertes*, puis en 1707 du *Cours d'opération et de chirurgie démontré au Jardin royal*, se trouvait donc ravalé au même rang que Jacques de Beaulieu – Frère Jacques –, lithotomiste errant et d'ailleurs estimé pour sa technique de la taille latérale, qui courait de ville en ville pour inciser les vessies calculeuses, comme jadis Pierre Franco…

Cet affront fut à peine racheté par l'un des succès les plus brillants du règne : la guérison de la fistule anale du roi – qui fit célébrer un *Te Deum* – en 1687. Son chirurgien, Charles Félix, trois fois mieux payé que les médecins du roi, fut même anobli.

Finalement, les seules nouveautés semblent venir de certains pays d'Europe, comme l'Italie ou l'Angleterre.

C'est là notamment que vers 1650 on eut l'idée de pratiquer pour la première fois l'infusion intraveineuse de substances comme le lait, puis des liqueurs opiacées ou émétiques.

En 1665, l'Anglais Richard Lower décrivit aussi un procédé pour faire passer le sang d'un animal dans un autre animal. Deux ans plus tard, le Français Jean-Baptiste Denis, avec le concours du chirurgien Paul Emmerez, transfusa cette fois le sang d'un agneau sur un homme très affaibli par une trop abondante phlébotomie. Le patient mourut en raison d'une évidente incompatibilité ayant entraîné une hémolyse ! En Italie, on renouvela l'expérience avec les mêmes conséquences : le procédé fut finalement interdit en France par un arrêt du parlement de Paris en avril 1668.

Ces essais pouvaient paraître décevants, mais ils conduisaient insensiblement à une nouvelle pratique de la médecine, faite de libres échanges à travers toute l'Europe. C'est peut-être du reste en ce dernier domaine qu'eut lieu l'innovation la plus intéressante : la naissance du journalisme médical.

Dès 1665, c'est le *Journal des savants* ; en 1679, un mensuel, *Les Nouvelles Découvertes sur toutes les parties de la médecine* ; *Le Temple d'Esculape*, pendant quelques mois en 1680 ; le *Journal de médecine*, entre 1683 et 1686 ; *Le Progrès de la médecine* enfin, de 1695 à 1709.

Cette diffusion de l'information était le plus sûr garant de l'avancement des connaissances : c'est sur ce principe que sera fondée l'aventure de l'*Encyclopédie, ou dictionnaire raisonné des sciences, des arts et des métiers,* au siècle suivant. On y trouvera du reste de nombreux articles relatifs à la médecine et la chirurgie.

Il n'y eut d'ailleurs plus de périodique médical en France à partir de 1709 et jusqu'en 1754 : trois ans après la publication du premier volume de l'*Encyclopédie*. Entre-temps, la médecine s'était irréversiblement engagée dans l'âge de la raison.

Chapitre IX

LA MÉDECINE DES LUMIÈRES

Les systèmes médicaux au début du XVIIIe siècle

L'étude du fonctionnement du corps humain, au cours du XVIIIe siècle, ne peut se séparer des conceptions philosophiques et scientifiques nouvelles qui apparurent alors. De même que bientôt, dans l'ordre politique, les révolutions européennes et l'emblématique guerre d'Indépendance américaine allaient remettre en cause ou anéantir les pouvoirs traditionnels, on était désormais soucieux, et plus encore qu'au siècle précédent, de comprendre les phénomènes observables au moyen de lois, formulables en particulier à partir d'expériences et non plus de raisonnements *a priori* ou d'enseignements dictés par la tradition.

À cette montée en puissance d'une pensée rationaliste et critique, s'affranchissant à la fois des conceptions religieuses et des doctrines médicales jusqu'alors prévalentes – mouvement que symbolisera vers la fin du siècle l'achèvement de l'*Encyclopédie* –, s'opposèrent du reste certaines résistances, qu'expriment notamment les théories animistes ou vitalistes. D'autre part, à côté de l'esprit des Lumières, la persistance de l'illuminisme – avec le magnétisme animal de Mesmer, par exemple – témoigne bien, en médecine comme ailleurs, de l'ambivalence réelle de ce siècle.

Il reste que, dès le début du siècle, le galénisme s'étant écroulé devant les progrès irrésistibles de la physiologie naissante, on éprouva une fois de plus le besoin de forger des concepts susceptibles de donner un sens aux acquis nouveaux des sciences fondamentales de la médecine. Il faut souligner que de tels édifices théoriques, comme ceux des siècles passés, furent l'affaire de quelques auteurs passionnés, mais n'eurent en général que peu d'effet sur l'avancement des connaissances cliniques. Les « systèmes médicaux », comme on les nommera, passionnèrent un certain public intellectuel, mais nous renseignent moins sur l'art des médecins que sur le regard que certains d'entre eux portaient alors sur la médecine. Ils traduisaient surtout le besoin de rassembler en une synthèse renouvelée les données éparses et souvent déconcertantes de la physiologie et de la microscopie, par exemple. À ce titre, ils nous apprennent beaucoup sur l'esprit médical de leur temps : ils furent en quelque sorte les derniers avatars de la médecine philosophique.

Lorsque la pensée médicale aura accompli cet ultime essai, elle en abandonnera définitivement le principe, au siècle suivant, pour admettre sans retour un nouveau paradigme : celui de la médecine expérimentale, dont Claude Bernard sera le fondateur et qu'il définira précisément comme « la négation formelle de toute espèce de systèmes ou de doctrines ».

Les théoriciens de l'homme-machine

Au XVIIe siècle, les échanges entre iatromécanistes et iatrochimistes n'avaient pas permis de trancher entre ces deux visions des phénomènes de la vie. Les systèmes privilégiant un fonctionnement purement physique et « automatique » du corps, très dépendants du modèle fondateur élaboré par Descartes, avaient certainement la préférence d'un grand nombre de théoriciens de la médecine, mais les progrès indéniables de la chimie contraignaient aussi à une forme de compromis. Sur ces bases, deux grands systèmes furent proposés.

Né près de Leyde en 1668, dans une famille de pasteurs, Hermann Boerhaave ne paraissait en rien prédestiné à devenir le créateur d'une doctrine médicale : il s'appliqua, sa vie durant, à être avant tout un praticien consciencieux.

Doté d'une vaste culture acquise au cours de ses études de théologie, de langues, de philosophie, de mathématiques, de chimie et enfin de médecine, il gagna surtout par son enseignement à la faculté de Leyde, à partir de 1701, la réputation d'un clinicien épris de médecine pratique et prônant à l'exemple de Sydenham un retour à Hippocrate. Le « néo-hippocratisme » signifiait pour l'essentiel, au XVIIIe siècle, le goût exprimé par nombre de médecins pour des « observations minutieuses » et des « raisonnements stricts », selon les termes mêmes de Boerhaave.

Mais Boerhaave, lecteur infatigable, familier de Harvey comme de Malpighi, n'ignorant rien des subtilités de la chimie, qu'il enseigna du reste aussi, éprouva le besoin de situer sa pratique « hippocratique » dans un cadre théorique unissant toutes les idées nouvelles.

Grâce à Boerhaave, Leyde devint pendant quelques décennies l'un des principaux centres de la médecine en Europe, attirant tellement de praticiens et d'étudiants qu'il fallut abattre les remparts de la ville pour édifier de nouveaux logements ! L'étendue de ses connaissances et la clarté de son style lui valurent tous les hommages et une gloire universelle, au point qu'on voyait en lui le *communis totius Europae praeceptor* (le « maître commun de toute l'Europe »), et que lui parvint un jour, dit-on, une lettre de Chine simplement libellée : « À Monsieur Boerhaave, médecin en Europe »...

Boerhaave n'a lui-même effectué aucune découverte d'importance, même si la partie clinique de son œuvre renferme de belles observations anatomo-cliniques, par lesquelles il s'efforçait déjà de rapprocher les constatations *post-mortem* des signes présentés par les malades de leur vivant – il décrivit ainsi une volumineuse tumeur médiastinale et une rupture œsophagienne[1].

Dans ses *Instructions médicales (Institutiones medicae),* publiées en 1708, il expose les bases de son système : tout le corps humain est composé de solides – les organes et leurs composants – et de liquides – non plus seulement les humeurs de Galien, mais tous les fluides qu'on y trouve, quels qu'ils soient. Leurs mouvements réciproques traduisent la vie, leur arrêt est signe de la mort. De leur équilibre, surtout, dépend la santé. Tout ce qui peut compromettre cet équilibre engendre la maladie et dicte du même coup logiquement les remèdes à appliquer.

Très marqué par le modèle physiologique de la digestion, il reconnaît en cette dernière une action mécanique du corps – une trituration des aliments par les mouvements de l'estomac –, mais n'ignore pas l'action chimique des ferments. La chaleur animale active la formation du chyle à partir des aliments, lesquels, véhiculés par le sang, atteignent le cerveau et y libèrent les esprits vitaux. Pour Boerhaave, l'activité du cerveau et celle des nerfs qui en naissent provient donc de l'énergie qui leur est communiquée par le sang à partir des aliments. Dans ce schéma, tout n'est que contraction, échauffement et dissolution chimique, sans intervention d'un quelconque principe immatériel.

La physiopathologie qu'il en tire est assez simple : les solides, c'est-à-dire les organes, peuvent être perturbés par l'air – un fluide, comme l'a montré Boyle, venu de l'extérieur – ou par un liquide – venu de l'intérieur. Les perturbations de ces fluides peuvent être dues à leurs propriétés physiques (secs, froids, humides, etc.) ou chimiques (acides, alcalins).

Boerhaave, soucieux d'intégrer toutes les données récentes, accorde aussi beaucoup d'importance à la dynamique de la circulation : il pense ainsi que la stagnation du sang – qui devrait

1. Nous verrons que son élève et successeur, Gaub, poursuivra dans la même voie.

toujours s'écouler – explique l'inflammation, et que le resserrement des petites artères ou des capillaires peut entraîner une tension génératrice de fièvre.

La thérapeutique devient ainsi rationnelle : on combat les troubles chimiques par la chimie (acides contre alcalins) et les troubles hydrauliques par les sédatifs, les toniques ou les évacuants.

On devine aisément pourquoi ce système séduisit les meilleurs esprits : abandonnant les entités métaphysiques de la médecine galénique, il proposait un tableau harmonieux et simple où toutes les découvertes du siècle trouvaient leur place.

C'est dans la même perspective que travailla Friedrich Hoffmann, le deuxième grand théoricien du mécanisme rénové au XVIIIe siècle.

Né en 1660, à Halle, dans un milieu piétiste, ami également de Robert Boyle, le maître de la dynamique des gaz, Hoffmann considérait que Dieu avait établi des lois physiques pour gouverner le monde – et la vie – et que, depuis lors, elles agissaient seules et spontanément.

Dans sa *Médecine rationnelle systématique (Medicina rationalis systematica)*, en neuf volumes publiés entre 1718 et 1740, il exposera les principes de son mécanisme intransigeant, fondé sur une devise : « Tout est mouvement. »

Suivant dans ses grandes lignes le système de Boerhaave, il insiste sur la production de « l'éther nerveux » dans le cerveau, fluide subtil qui se propage dans les nerfs, fait ensuite battre le cœur et entraîne enfin tous les phénomènes de la vie : contraction des muscles, sécrétions des glandes, etc. Très marqué aussi par la découverte des fibres – nerveuses ou musculaires –, il accorde une importance capitale à leur tonus, dont il fait dériver toutes les maladies.

Mécaniste en physiologie, Hoffmann était chimiste en thérapeutique et a laissé une classification des remèdes en quatre groupes (corroborants, sédatifs, évacuants ou altérants), essentiellement destinés à réguler le tonus affaibli ou excessif des fibres du corps.

Qu'ils s'inspirent de Francis Bacon et de Descartes avec Boerhaave, ou plus spécialement de Leibniz avec Hoffmann, les systèmes mécanistes avaient en commun, on le voit, de faire l'économie de l'âme pour expliquer la vie. Leurs auteurs n'étaient pas pour autant matérialistes et encore moins athées[2], mais ils voulaient concrétiser le projet, si propre à leur siècle, d'une science de la nature qui ne trouverait sa raison qu'en elle-même.

C'est justement contre ce principe que s'insurgea Georg Ernst Stahl. Il devint ainsi, pour reprendre l'expression utilisée par le célèbre historien de la médecine Charles Daremberg, le troisième membre du « triumvirat » des théoriciens systématiques du XVIIIe siècle.

L'âme et la vie

Devenu à trente-quatre ans, en 1694, « professeur de pathologie, diététique, physiologie, botanique et pharmacologie » à l'université de Halle où il avait rejoint Hoffmann dont il partageait les convictions piétistes, Stahl s'opposa pour le reste en tous points à son illustre collègue et pourtant ami. Auteur prolifique, dès sa *Vraie théorie médicale (Theoria medica vera)* en 1707, il avait pris en effet le contre-pied du mécanisme alors en vogue. En 1716, il quitta Halle pour Berlin où, devenu médecin à la Cour, il se consacra toute sa vie durant à ses recherches.

Stahl exprime dans son œuvre le paradoxe que durent vivre nombre de médecins de son siècle : intéressé par les découvertes

---

2. Contrairement à Julien Offray de la Mettrie, disciple de Boerhaave et auteur en 1747 de *L'Homme-Machine*, retentissant manifeste du matérialisme athée en physiologie et en médecine.

de la chimie et de la physiologie, il ne leur accorde cependant pas de rôle déterminant pour rendre compte des phénomènes de la vie et expliquer la survenue des maladies. Sceptique devant les spéculations, il proclame : « *Bonus theoricus, malus practicus.* » On lui reconnut du reste un vrai talent clinique, mais pourtant il ne manqua pas forger à son tour son propre système…

En 1702, puis en 1718 dans son *Traité du soufre*, il avait même apporté à la science chimique une contribution, malheureuse à nos yeux mais à l'époque fameuse, en formulant la théorie du « phlogistique » : pour expliquer l'inflammabilité de certaines substances, on supposait en effet que ces dernières renfermaient un « principe igné », le *phlogistique*, qui s'échappait d'eux lors de la combustion. Il faudra attendre Lavoisier pour abattre définitivement cette conception, qui s'apparentait encore fâcheusement aux derniers feux de la pensée alchimique et paracelsienne[3].

En médecine, Stahl avance dans une direction comparable. Pour lui, si la vie est en effet mouvement – celui des liquides et des fibres, dont il ne conteste pas l'existence –, les éléments du corps ne peuvent en eux-mêmes trouver les moyens de leurs actions. On doit par conséquent admettre l'existence d'un principe immatériel unificateur et organisateur des mouvements de la vie, c'est-à-dire l'*anima*, de l'âme enfin de retour dans la théorie médicale !

Pour Stahl, l'erreur fondamentale est surtout celle de Descartes, le fatal dualisme séparant irrémédiablement l'âme et le corps, alors que, au contraire, il est patent que l'âme imprègne en quelque sorte le corps et à chaque instant en dirige les progrès. Les détails de la physiologie importent peu, car cette seule certitude peut guider toute la médecine.

Revenant aussi, à sa façon, en clinicien qu'il était, à la tradition « néo-hippocratique », Stahl croyait fermement à la *natura*

3. En 1766, dans son célèbre *Dictionnaire de chymie*, Pierre Joseph Macquer qualifie encore la théorie du phlogistique de « sublime ».

medicatrix et voyait dans la fièvre ou les tremblements non des manifestations pathologiques, mais les signes d'une lutte de l'*anima* pour rétablir la santé du corps.

Pour aider la nature, c'est-à-dire l'âme, le médecin ne devait selon lui qu'intervenir le moins possible. Stahl pensait par exemple que les flux hémorroïdaires étaient salutaires et il se méfiait des médicaments chimiques.

Malgré le simplisme de sa doctrine, le troisième grand acteur des systèmes médicaux du XVIIIe siècle avait eu le mérite de souligner les faiblesses d'une vision mécaniste rudimentaire, devant l'infinie complexité et les mystères troublants de la vie.

De ce dernier « triumvir », on doit cependant rapprocher un quatrième larron. Il s'agissait cette fois d'un Français, issu de l'école de Montpellier, qui introduisit au milieu du siècle une conception moyenne, proche de l'animisme de Stahl, mais faisant cependant une place plus significative à la physico-chimie : le vitalisme.

Théophile de Bordeu, né à Pau en 1722, s'installa à Paris à l'âge de trente ans, après avoir acquis son doctorat en 1744 à Montpellier. De cette faculté si ancienne, non conformiste et fréquemment opposée au conservatisme parisien – elle avait notamment pris fait et cause pour l'antimoine et les remèdes chimiques dès le début de la querelle –, il avait hérité un esprit curieux et le goût des nouveautés. Collaborateur de l'*Encyclopédie,* pour laquelle il rédigea l'article « Crise », Bordeu deviendra aussi sous la plume de Diderot l'un des protagonistes du *Rêve de D'Alembert*, comme défenseur du vitalisme contre les doctrines matérialistes.

Les réflexions consignées dans ses *Recherches anatomiques sur la position des glandes et sur leur action*, en 1751, ouvrirent un nouveau chapitre de la physiologie et de la médecine : l'endocrinologie. En 1775, dans son *Analyse médicinale du sang*, ouvrage au titre étrangement moderne, on en conviendra, Bordeu écrivait notamment :

> « [...] chaque organe aussi ne manque pas de répandre autour de lui, dans son atmosphère, dans son département, des exhalaisons, une odeur, des émanations qui ont pris son ton et ses allures, qui sont enfin de vraies parties de lui-même.
> « [...] chaque organe est l'atelier où s'élabore une substance spécifique qui s'élimine dans le sang et agit ailleurs. »

C'était une première et excellente définition de l'hormone. Mais Bordeu en tira d'autres conséquences.

Pour lui, l'activité sécrétoire des glandes, universelle dans le corps, étroitement liée à l'action de la force nerveuse – ce que l'endocrinologie contemporaine confirme –, traduit surtout l'existence dans la matière vivante – qu'il compare à un « atelier » – de ce que son disciple et successeur Paul Barthez appellera un « principe vital ». Au confluent de l'âme, que la bienséance ne permet pas de nier mais que la science ignore, et de la physico-chimie aveugle, la vie apparaît ainsi comme une force singulière et irréductible à toute autre chose.

Doctrine moins scientifique que clinique, éminemment inspirée par l'émerveillement du médecin devant les révolutions du corps et par sa perplexité face aux énigmes de la maladie, le vitalisme demeurera jusqu'à la fin du XIXe siècle, et parfois plus tard encore, l'ultime rempart dressé contre une explication purement « matérialiste » de la vie.

À travers tous ces « systèmes », les théoriciens du XVIIIe siècle avaient tenté, on le comprend, de trouver un nouveau cadre permettant d'harmoniser les acquis de la nouvelle physiologie et d'éclairer leur pratique. Symboliquement, de Boerhaave et Hoffmann à Stahl et Bordeu, on était passé de la physico-chimie débutante à la biologie naissante. Si l'on renonça finalement à ces sortes de synthèses doctrinales, c'est parce que les progrès continus de la physiologie expérimentale rendirent peu à peu impossible une telle approche.

Il faut dire qu'en ce domaine, au fil du siècle, la moisson avait été abondante.

L'essor de la physiologie expérimentale

La question centrale de la circulation sanguine ayant été résolue, on se mit en devoir de réécrire, les uns après les autres, tous les chapitres de la physiologie antique.

La théorie hippocratique et galénique de la *digestion*, conçue comme une « coction » produisant le chyle par une sorte de cuisson suivie d'une putréfaction, avait depuis longtemps vécu. À la fin du XVIIe siècle, les opinions oscillaient entre la « trituration », défendue par les adeptes de l'iatromécanisme, comme le Français Philippe Hecquet, et l'action des « ferments », privilégiée par les iatrochimistes.

Si la première option avait en sa faveur l'évidence des contractions gastriques – parfois douloureuses lors des excès alimentaires –, divers arguments jouaient aussi en faveur de la seconde : la découverte par le naturaliste danois Nicolas Sténon, en 1663, d'un canal excréteur de la parotide[4] donnant issue à de la salive, et celle d'une sécrétion du pancréas par De Graaf, qui avait pratiqué sur un chien une dérivation externe du canal pancréatique en 1664, soulignaient la présence de sucs pouvant agir sur le bol alimentaire à tous les étages du tube digestif. Sur ces seules constatations et sans aucune expérimentation, Jean Astruc n'avait pas craint, dès 1714, dans son *Traité de la digestion*, d'affirmer que la salive, la bile et le suc pancréatique « fondent et dissocient

4 Toujours dénommé *canal de Sténon*.

en très peu de temps les aliments auxquels on les lie », ce qui était naturellement faux.

René Antoine Ferchault, seigneur de Réaumur, natif de La Rochelle, naturaliste animé d'une curiosité universelle[5], grand spécialiste des insectes et, sur ce terrain, l'adversaire de Buffon, apporta en 1752 une contribution précieuse à la compréhension du mécanisme de la digestion. À cette occasion, il fut l'un des premiers à décrire un protocole rigoureux de physiologie expérimentale, comportant une contre-épreuve, et à le mettre en œuvre.

Ayant fait ingérer à des buses de petits tubes métalliques perforés et remplis de viande, il observe, en les récupérant après régurgitation, que leur contenu est dissous et non putréfié, et qu'il subsiste sur les parois les traces d'une substance d'un goût acre. Pour confirmer l'action de ce suc gastrique, il renouvelle l'expérience en remplissant cette fois les tubes de petits fragments d'éponge. Le suc exprimé de ces éponges est enfin placé, *in vitro*, au contact de la viande, mais ne parvient pas à la digérer : l'expérience de Réaumur avait clairement mis en évidence une action chimique *in vivo,* mais n'avait pu la vérifier en dehors du corps de l'animal.

Un trentaine d'années plus tard, un autre expérimentateur habile, l'abbé Lazzaro Spallanzani, reprendra le protocole de Réaumur et le conduira à son terme. Après avoir recueilli par la même méthode le suc gastrique de divers animaux, Spallanzani montra que pour obtenir une digestion *in vitro*, il fallait porter les tubes à la température du corps, ce qu'il fit en les plaçant sous ses aisselles pendant trois jours…

La nature essentiellement chimique de la digestion était démontrée, mais il faudra bien longtemps pour comprendre que le suc gastrique n'était pas exclusivement acide, et que son

5. Il a également laissé son nom à une échelle thermométrique très utilisée en Europe jusqu'au début du XIXe siècle.

action était également due à des enzymes actives seulement à 37°C.

Le même abbé Spallanzani, originaire d'Émilie et qui enseigna à Modène, Pavie et Paris, où il fut professeur d'histoire naturelle, joua aussi un rôle important dans les controverses toujours vives au XVIIIe siècle à propos de la *génération.*

En 1757, le médecin et physiologiste Albrecht von Haller, que nous reverrons, pensait pouvoir écrire, avec un peu d'optimisme toutefois, que « personne ne [croyait] plus à la génération spontanée ». En revanche, le mécanisme intime de la génération lors de la rencontre des deux sexes restait un objet de débat.

Spallanzani est demeuré célèbre par les expériences qu'ils conduisit sur des crapauds et d'autres animaux pour établir, contre la théorie de l'*aura seminalis*[6], la nécessité d'une rencontre physique des cellules sexuelles (ovules et spermatozoïdes) pour former un embryon.

En 1677, mettant à profit la fécondation externe des batraciens (le mâle, lors de l'accouplement, ne fait qu'arroser de sperme les œufs pondus par la femelle, qu'il ne pénètre pas), il dota les infortunés crapauds de petites culottes qui lui permirent de recueillir ensuite quelques gouttes de leur précieuse liqueur séminale. Humectant alors des œufs vierges à l'aide de ce sperme, il obtint des têtards : la première insémination artificielle avait été réalisée. Quatre ans plus tard, il obtint le même résultat chez la chienne, et en 1791, l'Écossais John Hunter l'appliquera à l'espèce humaine, chez une femme dont le mari présentait une malformation du pénis ne lui permettant pas de se livrer à un coït fécondant.

Certes, un pas important avait été franchi, et l'on était assurément bien loin du modèle du « lait caillé » cher à Aristote,

6. Selon laquelle le sperme induisait une sorte de contamination fécondante de tout le corps de la femme, provoquant ainsi l'éveil et le développement d'un œuf.

mais la querelle entre partisans de la préformation et ceux l'épigenèse, pas plus que celle opposant les spermatistes aux ovistes, n'étaient résolues[7]. Une contribution importante fut néanmoins apportée par l'Allemand Caspar Friedrich Wolff, grâce à son étude du développement embryologique du poulet. Dans les années 1760, ses recherches aidées du microscope établirent en faveur de l'épigenèse que l'embryon, d'abord apparent sous la forme d'un mince feuillet, se plissait ensuite pour former un tube préfigurant le tube digestif, de même que se mettaient en place, successivement et par étapes, le système circulatoire et le système nerveux. Le raffinement des protocoles expérimentaux et le progrès des méthodes d'observation permettront seulement au XIXe siècle d'établir définitivement la vérité de la théorie épigénétique.

L'un des plus beaux succès de la recherche physiologique du XVIIIe siècle demeure cependant la mise en évidence des échanges gazeux qui se produisent lors de la *respiration*. Cette découverte illustra surtout l'étroite relation existant désormais entre les expériences des physiciens ou des chimistes et les préoccupations physiologiques de la médecine. Elle montra aussi que les découvertes de la science ne pouvaient plus seulement résulter d'une investigation solitaire mais exigeaient, le plus souvent, la confrontation ou le rapprochement de plusieurs recherches menées séparément et que leurs auteurs pouvaient échanger : la notion même de communauté scientifique émergeait ainsi peu à peu.

Certains expérimentateurs du XVIIe siècle avaient déjà tracé la voie. Ainsi en est-il de Robert Boyle, le physicien et chimiste irlandais, qui, dans les années 1660, avait construit des chambres équipées de pompes et montré que la respiration des êtres vivants captait dans l'air un principe dont l'épuisement, dans un espace confiné, conduisait à la mort.

7 Spallanzani était personnellement « oviste préformationniste ».

De même, Richard Lower, le médecin anglais qui procéda aux premières transfusions sanguines, avait observé en 1669 que le sang rouge sombre prélevé dans une veine devenait rouge vif, comme celui qu'on trouve dans les artères, lorsqu'on l'agitait au contact de l'air.

Dès les années 1680, à Oxford, le physiologiste John Mayow en avait conclu que la respiration avait pour fonction de fixer dans le sang une composante subtile de l'air dénommée par lui « esprit nitreux » *(« spiritus nitroaereus »).* Il restait à l'identifier.

Au début des années 1770, le chimiste anglais Joseph Priestley avait du reste repris, en les perfectionnant, les expériences inspirées par Boyle. Leurs résultats étaient sans équivoque : dans ses *Expériences et observations sur les différents types d'air*, il rapporte qu'une jeune pousse de plante dégage sous une cloche à eau un air capable de rendre à nouveau possible la combustion d'une chandelle prête à s'éteindre[8]. En 1775, il avait même établi que l'air produit par cette plante pouvait entretenir la respiration d'un petit animal – une souris – qui sans cela finissait par périr d'asphyxie sous la cloche : Priestley, on le voit, avait virtuellement isolé l'oxygène, mais ne put en formuler la conclusion théorique.

En effet, la théorie alors habituellement reçue à propos de la composition de l'air – la théorie du « phlogistique » – rendait à peu près impossible l'interprétation de ces phénomènes en termes de chimie. Formulée notamment par Stahl, comme nous l'avons déjà mentionné, cette théorie décrivait la réalité à l'envers, pourrait-on dire. Elle énonçait que l'inflammabilité d'un corps provenait d'un « principe inflammable », le phlogistique, résidant au sein de la substance à enflammer et qui s'en échappait lors de l'inflammation. L'air qui en résultait – en fait chargé de gaz carbonique, comme nous le savons aujourd'hui – était évidemment impropre à entretenir le feu, car chargé à son tour de phlogistique.

8. Car, nous le savons, la photosynthèse des plantes produit de l'oxygène.

Pour cette raison, l'air libéré par la plante était curieusement, mais logiquement, qualifié par Priestley d'air « déphlogistiqué », parce que précisément il pouvait ranimer une flamme : en d'autres termes, l'air riche en oxygène était, dans cette conception, un air amoindri d'une certaine façon, puisque privé de son phlogistique…

Il devait appartenir à Lavoisier de démêler cet écheveau théorique assez peu satisfaisant.

Antoine Laurent de Lavoisier, né en 1743 dans une famille de magistrats, fit d'abord des études de droit pour devenir avocat au barreau de Paris. Cependant, la science l'attira très tôt et, à l'âge de vingt-trois ans, il avait déjà été couronné par l'Académie des sciences : chimiste adjoint en son sein deux ans après, il en sera plus tard le directeur.

Pour s'assurer des revenus, Lavoisier entreprit aussi de gravir les échelons de la Ferme générale, immense puissance financière à qui l'État concédait alors le recouvrement des impôts – et toute l'impopularité liée à cette activité. Cette occupation causera sa perte lors de la Révolution. En novembre 1793, un décret prononça l'arrestation de tous les fermiers généraux, considérés comme responsables du désastre financier de l'Ancien Régime et du harcèlement fiscal des Français. Sûr de son bon droit et de sa conduite, savant estimé et reconnu, Lavoisier se constitua immédiatement prisonnier, pensant n'avoir rien à redouter. Son procès, expédié le 8 mai 1794, s'acheva néanmoins par une condamnation à mort aussitôt exécutée. La République n'avait pas besoin de chimistes…

Dès le début des années 1770, poursuivant les expériences de Priestley, Lavoisier avait notamment observé que la combustion du soufre ou du mercure accroissait le poids de ces substances – par oxydation –, et que l'air qui en résultait était impropre à la vie : par conséquent, il était clair que, lors de la combustion, les métaux ne perdaient rien – notamment pas le prétendu phlogistique – mais, au contraire, fixaient une composante de l'air – que nous savons être l'oxygène. En 1775, il put qualifier l'air déphlogistiqué « d'air vital »[9], car capable de maintenir la vie d'un petit animal – en l'occurrence un moineau –, et l'autre composante de l'air du nom « d'azote » (*a* privatif et du grec *zôê*, « vie »), que les animaux ne pouvaient pas respirer. C'est donc bien à la lumière de la physiologie que Lavoisier avait pu interpréter correctement ses expériences de chimie. Quinze ans plus tard, il pouvait résumer ainsi les grandes lignes de la physiologie moderne, qu'il avait puissamment contribué à forger :

> « En rapprochant ces résultats de ceux qui les ont précédés, on voit que la machine animale est principalement gouvernée par trois régulateurs : la respiration qui consomme de l'hydrogène et du carbone et qui fournit du calorique ; la transpiration qui augmente ou diminue suivant qu'il est nécessaire d'emporter plus ou moins de calorique ; enfin la digestion qui rend au sang ce qu'il perd par la respiration et la transpiration. »

Les principes de l'hématose du sang lors de la respiration et des échanges gazeux qui en résultent, comme ceux de la digestion chimique des nutriments lors de la digestion, avaient été définitivement posés. Les progrès de la microscopie au XIXe siècle assigneront à ces fonctions des structures organiques précises.

Une ultime fonction, elle aussi très liée aux découvertes de la physique, suscita enfin un intérêt extrême. Pour beaucoup, elle représentait bien plus qu'une simple fonction, mais plutôt une sorte de principe même de la vie. De la rencontre des fibres du corps et des mystères de l'électricité allait naître une foule d'idées nouvelles.

---

9. Il le nommera ensuite *oxigine* ou *oxigène*, donnant *oxygène* (du grec *oxus*, « acide » et *gennaien*, « engendrer »), car le soufre oxydé conduit à un acide.

« Tout est fibre » : l'irritabilité comme principe de la santé et de la vie

Dès leurs premières observations, les microscopistes avaient introduit, en regardant le tissu vivant de plus près, une notion promise à un très grand avenir. Les organes du corps n'étaient pas constitués d'une substance homogène, mais naissaient bien souvent de l'association évidente de petites structures élémentaires allongées qu'ils dénommèrent bientôt « fibres ».

Malphigi, dès 1666, en avait décrit dans le cortex cérébral, mais c'est l'infatigable et attentif Van Leeuwenhoek qui en avait rapporté les cas les plus intéressants. Il avait en particulier rapidement établi que le muscle était formé par le regroupement d'un nombre colossal de « fibres charnues », elles-mêmes décomposables en d'innombrables « filaments ».

Mieux encore, en 1667, Nicolas Sténon[10] avait noté que dans le muscle squelettique les fibres semblaient dotées d'une motricité propre, individuelle, toutes ne se contractant manifestement pas en même temps. Cette hétérogénéité intrigante pouvait donc laisser supposer que ces fibres étaient vraiment les éléments vivants fondamentaux du corps humain.

Dans son traité *Du mouvement musculaire (De motu musculari)*, en 1670, l'anatomiste anglais Thomas Willis proposa même une première théorie de le contraction musculaire, en imaginant que les fibres se gonflent et se vident au gré des mouvements du sang artériel et du fluide nerveux. Si le mécanisme invoqué était en partie faux, le principe de l'activation musculaire sous l'effet d'un stimulus était parfaitement juste. Dix ans plus tard, dans son ouvrage sur *Le Mouvement des animaux (De motu animalium)*, l'Italien Gian Alfonso Borelli, iatromécanicien convaincu, soutiendra du reste une thèse assez proche, mettant en œuvre un

10. Le Suédois Niels Stensen, découvreur notamment du canal excréteur de la parotide.

phénomène d'ébullition produisant des vésicules d'air responsables du gonflement des fibres.

En 1677, l'Anglais Francis Glisson, par ailleurs connu pour ses travaux d'anatomiste et de clinicien[11], franchit alors une étape conceptuelle importante en attribuant à toutes les fibres du corps – et non plus seulement à celles des muscles – une propriété générale leur permettant d'accomplir toutes les fonctions physiologiques, et qu'il nomma « irritabilité ».

Cette théorie des fibres suscita un grand écho au siècle suivant. Ainsi, dès 1700, Giorgio Baglivi, un élève de Malpighi, l'enrichit en distinguant entre les fibres musculaires striées squelettiques et les fibres musculaires lisses des viscères. Plus tard, quand Boerhaave réduit la physiologie à une interaction entre les solides et les fluides, par « solides » il entend désormais les fibres organiques, diverses par leur taille et leur forme. De leurs dysfonctionnements découle aussi toute la pathologie : d'où les conceptions thérapeutiques du Maître de Leyde, prolongées par Hoffmann, qui visent selon les cas à détendre ou à resserrer les fibres.

C'est ici que prend place l'œuvre considérable d'Albrecht von Haller, lui-même disciple de Boerhaave et l'un des plus prestigieux physiologistes de la deuxième moitié du XVIIIe siècle.

Né en 1708, à Berne, dans une famille illustre, il manifesta dès son plus jeune âge des talents multiples. Écrivant très tôt poèmes et histoires, il devint plus tard tout à la fois un physicien, un botaniste, un philosophe, un homme d'État et, naturellement, un médecin. Parcourant toute l'Europe et passant par Paris, Londres et Bâle, il fut l'élève de Boerhaave à Leyde, vécut aussi à Göttingen pendant dix-sept ans et revint enfin s'établir à Berne en 1745.

---

11. Dans son traité *De hepate* (1654), il décrivit la capsule du foie, toujours appelée depuis *capsule de Glisson*, et il a par ailleurs donné le premier tableau clinique complet du rachitisme.

Il déploya dès lors, jusqu'à sa mort en 1777, une activité stupéfiante, s'impliquant fortement dans la vie de cité mais édifiant surtout une œuvre scientifique, presque monumentale, qui lui valut une réputation internationale : de son vivant, on le surnomma « le Grand ». Auteur prolifique, publiant de volumineux ouvrages d'anatomie, de pathologie, de pharmacopée, d'histoire de la médecine, il entretint aussi une correspondance abondante avec les principaux savants de son époque.

Sa contribution la plus importante réside toutefois dans le domaine physiologique, avec les huit fort volumes de ses *Éléments de physiologie du corps humain (Elementa physiologiae corporis humani),* publiés entre 1757 et 1766, souvent fondés sur les travaux de ses élèves, dont il exigeait la confirmation expérimentale de leurs thèses.

Cette somme impressionnante expose dans une certaine mesure « l'état de l'art » vers la fin du XVIIIe siècle. Haller y aborde à peu près tous les sujets, confronte et discute les différentes théories, avec du reste plus ou moins de bonheur : s'il mentionne justement le rôle de la bile dans la digestion des graisses, il refuse en revanche de reconnaître le cerveau comme siège de la psyché et s'égare en contestant les vues embryologiques pourtant justes de Wolff. Mais l'essentiel de son œuvre est ailleurs.

Reprenant sur des bases expérimentales rigoureuses les idées de Glisson, Haller soumet les tissus musculaires d'animaux vivants, convenablement préparés, à des stimuli mécaniques, thermiques ou chimiques. Il finit par conclure que l'irritabilité est une propriété spécifique du muscle et distingue surtout entre les parties irritables du corps humain, c'est-à-dire les muscles – y compris le muscle cardiaque – et les parties sensibles, qu'il assimile aux fibres nerveuses. Pour Haller l'irritabilité est une force innée, uniquement liée à la structure du muscle et qui ne doit rien aux nerfs – comme le montrent l'activité cardiaque, mais aussi la contraction d'un muscle excisé.

En somme, Haller nommait « irritabilité » ce que nous appelons aujourd'hui « contractilité ». Surtout, ni l'âme ni les esprits animaux n'étaient en cause pour rendre compte de cette propriété du vivant.

Le développement des recherches sur l'électricité devait faire naître une autre théorie.

Connue depuis au moins le XVIe siècle, la production des phénomènes électriques, initialement par frottement de boules de métal ou de verre, avait été de mieux en mieux contrôlée au cours du XVIIIe siècle et l'électricité même stockée dans des condensateurs primitifs, les « bouteilles de Leyde ». Priestley, en 1767, pouvait ainsi déjà écrire une assez copieuse *Histoire de l'électricité.*

En 1791, Luigi Antonio Galvani, médecin et anatomiste de Bologne, découvrit presque par hasard que le contact d'une patte de grenouille avec une machine électrique entraînait une contraction du muscle, l'effet étant encore plus marqué entre deux plaques de métal. Dans le *Commentaire sur les forces électriques dans le mouvement musculaire (De viribus electricitatis in motu musculari commentarius)* qu'il publia aussitôt, l'opinion de Galvani fut que le muscle possédait une activité électrique qui rendait compte de ses propriétés d'irritabilité, au sens que Haller donnait à ce mot. Une controverse s'ensuivit presque immédiatement. Le physicien Alessandro Volta, reproduisant l'expérience de Galvani, en contesta la conclusion et montra que deux masses de cuivre et de zinc juxtaposées produisaient naturellement un courant continu auquel il fallait attribuer, et à lui seul, la contraction musculaire observée par Galvani. L'irritabilité n'était donc pas une propriété qui faisait naître l'impulsion électrique, mais elle permettait au muscle de recevoir cette dernière et d'y répondre. La source était dans les nerfs, conduisant en effet un fluide électrique. La route était désormais ouverte pour une électrophysiologie neuro-musculaire.

Devant ces résultats, la fureur théorisante s'empara à nouveau de quelques médecins. L'Écossais William Cullen, concluant que l'irritabilité devait désormais être considérée comme une propriété du système nerveux, estima que tous les agents pathologiques agissaient directement sur ce système. L'obsession uniciste, si fréquente en médecine, avait ainsi conduit à un système simple, mais évidemment très insuffisant, dénommé « nervisme »[12]. Selon un plan assez proche, à peu près à la même époque, son disciple John Brown défendit une conception qui distinguait, à l'imitation de plusieurs modèles antiques, deux groupes de maladies : les maladies sthéniques, lorsque les fibres du corps étaient exagérément excitées, et asthéniques, dans le cas inverse. L'un et l'autre de ces systèmes connurent dans l'immédiat un certain nombre d'adeptes, mais, ne débouchant en pratique sur rien d'innovant, ils furent finalement sans lendemain.

Vers la fin du siècle, le bilan était éloquent. En une quarantaine d'années, toutes les grandes fonctions physiologiques avaient été démystifiées. En 1816, François Magendie, dont nous reverrons le rôle majeur au XIXe siècle, pouvait enfin écrire :

> « Encore quelques années, et la physiologie, liée intimement aux sciences physiques, ne pourra plus faire un pas sans leur secours ; elle acquerra la rigueur de leur méthode, la précision de leur langage, et la certitude de leurs résultats. »

Une discipline nouvelle : l'anatomie pathologique

Le XVIIIe siècle fut aussi le grand siècle où s'effectuèrent la synthèse et l'enrichissement final des connaissances anatomiques. Désormais, l'essentiel du savoir anatomique était acquis, mais quelques observateurs purent toutefois apporter encore quelques précisions, de plus en plus fines.

12. Son système se nommait aussi *neuropathologie*, terme qui a subsisté avec un sens bien différent, pour désigner en général l'étude de toutes les affections du système nerveux.

Les noms les plus brillants qui l'illustrent sont ceux, par exemple, des frères William et John Hunter, en Grande-Bretagne, le premier s'étant notamment rendu célèbre par un très original traité intitulé *The Anatomy of the Human Gravid Uterus,* en 1774. En Allemagne, trois générations de Meckel vont s'imposer, véritable dynastie d'anatomistes dont le dernier représentant, Johann Friedrich, décrira au début du XIXe siècle une variante anatomique de l'intestin grêle dans sa partie terminale, où peut s'observer un diverticule auquel il laissera son nom et dont l'inflammation aiguë peut simuler cliniquement une appendicite : à cette occasion, la question se posera précisément de savoir si cette variante était normale ou constituait en soi une anomalie. En Italie, on peut mentionner Antonio Scarpa, professeur à Modène puis à Pavie, avec des travaux sur les nerfs cérébro-spinaux, les ganglions et les plexus nerveux, l'anatomie des oreilles, des yeux, des membres inférieurs.

Avec le progrès des techniques d'impression, la professionnalisation du dessin anatomique, devenu une véritable discipline à la fois scientifique et artistique, le soin de plus en plus minutieux des observations, bénéficiant d'une expérience internationale désormais ancienne, le XVIIIe siècle va surtout produire les plus beaux traités d'anatomie depuis le travail de Vésale.

Parmi les monuments de cette littérature, on ne peut oublier, en 1732, la magnifique *Exposition anatomique de la structure du corps humain* de Jacques-Bénigne Winslow, médecin d'origine danoise mais établi à Paris, qui étudia particulièrement les muscles et les vaisseaux du cou (carotide interne), la cavité abdominale, le diaphragme et l'arrière-cavité des épiploons (hiatus de Winslow). À Leyde s'impose la figure de Bernard Siegfried Albinus, qui publia en 1747 les très célèbres *Tables du squelette et des muscles du corps humain (Tabulae sceleti et musculorum corporis humani)*, magnifiquement illustrées. Pour la fin du siècle, le Français Félix Vicq d'Azyr, médecin de Marie-Antoinette et secrétaire perpétuel de la Société royale de médecine, nous a laissé un *Traité d'anatomie et de physiologie*, dédié à Louis XVI en 1786, insistant avec un support iconographique somptueux sur la morphologie du système nerveux central, du cerveau et du cervelet notamment. L'année suivante, l'Italien Paolo Mascagni produisit enfin, comme une parfaite récapitulation des connaissances de son temps en anatomie vasculaire, un ouvrage sur les vaisseaux lymphatiques *(De vasorum lymphaticorum)* que le médecin de l'Empereur à Sainte-Hélène, Francesco Antommarchi, aura l'indélicatesse de publier à nouveau sous son seul nom, avec des rehauts de couleur, en 1826.

À mesure que les inconnues résiduelles de l'anatomie descriptive devenaient de plus en plus rares et infimes, le propos de l'anatomie tendait aussi à s'élargir. Le mouvement était du reste venu d'ailleurs, en l'occurrence des premiers zoologistes modernes, comme Georges Cuvier, véritable fondateur de l'anatomie comparée des espèces animales, dont il posa les deux principes essentiels : la subordination des organes et la corrélation des formes[13] (*Leçons d'anatomie comparée*, 1800-1805). Projet que développera aussi son grand contradicteur, Étienne Geoffroy Saint-Hilaire, envisageant quant à lui l'évolution des organes dans la perspective du transformisme, dont il avait introduit la notion.

Toutefois, en dehors de ces spéculations assez éloignées du champ de la médecine, l'anatomie ressentait aussi le besoin d'être de moins en moins une science pure – dont l'horizon semblait désormais borné – et de plus en plus une science appliquée,

---

13. Ces deux principes signifient notamment que les différents organes d'une espèce donnée ne sont pas structurés de façon indépendante, mais que leur morphologie est liée du fait des relations fonctionnelles qu'ils entretiennent : la forme d'une dent permet de supposer celle de la mâchoire, laquelle renvoie à une conformation particulière du crâne, etc. Il existe donc une certaine « logique » de l'anatomie.

à la chirurgie notamment, dont elle pouvait éclairer la pratique. Il n'est pas indifférent de noter que Jean-Louis Petit et surtout Pierre Desault – le maître de Bichat –, par ailleurs deux des plus brillants chirurgiens de leur temps, ont laissé en ce domaine des travaux d'un genre nouveau, résolument orientés vers l'anatomie topographique et l'étude des voies d'abord.

Cependant, tous ces remarquables descripteurs, au-delà des variations anatomiques normales d'un sujet à l'autre, n'avaient pas manqué de noter les altérations manifestement liées à la pathologie présente au cours de leur vie chez les sujets autopsiés : ce devait être le fondement d'une discipline nouvelle, l'anatomie pathologique.

Ce genre des constatations remontait au demeurant à des temps assez anciens. Outre que des auteurs antiques avaient parfois signalé quelques lésions macroscopiques élémentaires, comme les tubercules de la phtisie, par exemple, les centaines de dissections pratiquées à partir de la Renaissance avaient souvent révélé des altérations morbides, comme les anévrysmes artériels, les hémorragies cérébrales, les si fréquentes cavernes de la tuberculose pulmonaire et, bien sûr, différentes sortes de cancers plus ou moins avancés.

Pourtant, ces observations n'avaient généralement pas retenu l'attention des anatomistes, en dehors de rares cas, comme dans un ouvrage du Florentin Antonio Benivieni publié en 1507, avec quelques mentions éparses dans l'œuvre de Jean Fernel, par exemple, ou encore dans celle de François de La Boë. On peut supposer deux raisons principales à cette étrange indifférence.

La première était d'ordre pratique : il fallait avant tout constituer une anatomie normale, rattraper vingt siècles d'errance théorique et comprendre, grâce à ce nouveau savoir, le fonctionnement du corps. Dans ces conditions, les aortes dilatées, les estomacs détruits par les tumeurs, les poumons rongés par l'infection étaient des obstacles à la connaissance bien plus que des objets d'étude.

La seconde raison était plus profonde encore. Jusqu'à la fin du XVIIe siècle, la compréhension de la maladie était restée très dépendante du modèle hippocratique, à peine révisé sur ce point par Galien, lequel était essentiellement fondé sur le principe d'une maladie globale du corps, dont les manifestations morbides locales n'étaient, en somme, que des épiphénomènes. Les médecins concentraient avant tout leur attention sur le trouble général des humeurs qui avait conduit à la maladie, bien plus que sur les ulcères et suppurations qui pouvaient en résulter. C'était là un obstacle épistémologique fort contre l'accession à la notion de pathologie d'organe.

Avec la constitution d'une physiologie substituant des fonctions localisées à la circulation des humeurs, et l'invention de la microscopie faisant apparaître un monde insoupçonné, ce modèle vola en éclats. Les systèmes médicaux dont nous avons parlé, en dépit de leur caractère artificiel et finalement stérile, auront eux-mêmes eu le mérite de souligner que les maladies devaient sans doute provenir d'un conflit entre les liquides et les solides, c'est-à-dire les organes et leurs fibres, devenus les lieux électifs de la pathologie. Du coup, on regarda autrement les corps disséqués, et une idée fit peu à peu son chemin, consistant à « résoudre tous les phénomènes pathologiques », selon le programme esquissé par Thomas Willis dès 1667, grâce à « des observations anatomiques solides ».

Le premier à s'y efforcer fut le Genevois Théophile Bonet, qui publia en 1679 un ouvrage au titre peu engageant : *Le Cimetière, ou anatomie pratique (Sepulchretum, sive anatomia practica).* Rapportant les protocoles de près de trois mille autopsies, il y décrivait un nombre important de lésions, plus ou moins mises en parallèle avec les maladies dont le patient avait souffert, proposant des interprétations malheureusement très conditionnées par une doctrine incertaine, peinant surtout à séparer les vraies lésions des altérations *post-mortem,* faute de méthode. Ainsi, par exemple, du « polype du cœur », souvent mentionné après lui et généralement considéré comme une maladie, alors qu'il ne s'agissait habituellement que d'un caillot induit après la mort par l'arrêt circulatoire et la stagnation du sang dans les cavités cardiaques[14]. L'essai n'était à l'évidence pas concluant, mais il traduisait clairement une tendance nouvelle de la recherche anatomique.

Cette approche ne fut systématisée et fructueusement exploitée pour la première fois qu'avec Giovanni Battista Morgagni, qui mit incontestablement en place les bases de l'anatomie pathologique.

Né à Forli en 1682 et formé dans le milieu intellectuel si riche et si libre de Padoue et de Bologne, où l'anatomie était cultivée depuis si longtemps, Morgagni avait eu pour maître Antonio Maria Valsalva, savant anatomiste autant que brillant clinicien, dont l'ouvrage sur *L'Oreille humaine (De aure humana),* publié en 1704, avait fait date. Valsalva lui-même avait été le disciple de Malpighi : Morgagni s'inscrivait donc d'emblée dans la « philosophie nouvelle » de la médecine.

Devenu en 1715 le titulaire de la première chaire d'anatomie de Padoue, il conserva ce poste jusqu'à sa mort en 1771. Pendant une soixantaine d'années, il avait entrepris de se livrer à un travail méticuleux et systématique dont il ne se résoudra à publier les résultats qu'en 1761. Ce fut l'immense traité *Des lieux et des causes des maladies recherchés par l'anatomie (De sedibus et causis morborum per anatomen indagatis).*

Curieusement rédigé sous forme épistolaire – genre cependant fréquent à l'époque –, le traité, qui rassemble quelque soixante-dix lettres adressées à un correspondant imaginaire et collige environ sept cents protocoles nécropsiques, se signale surtout par la méthode que Morgagni y déploie.

Chaque observation est doublement précise. D'abord parce que les constatations anatomiques sont très soigneusement

---

14. Il existe cependant, mais c'est un autre sujet, des thromboses intracardiaques, notamment auriculaires, survenant pendant la vie.

décrites, selon un plan assez systématique, et qu'elles tiennent compte de facteurs comme la date et l'heure du décès qui, rapportées à l'heure de l'autopsie, permettent de faire la part d'altérations *post-mortem*, d'artefacts que l'expérience apprend ainsi à reconnaître.

Morgagni soigne tout autant les données cliniques. Tous les renseignements disponibles sur le patient sont consignés, l'âge, la profession, le milieu dans lequel il a vécu et, naturellement, le détail des troubles qu'il a présentés, leur évolution et les circonstances immédiates de sa mort. Nous savons d'ailleurs qu'il procédait lui-même, quand il le pouvait, à des examens cliniques très poussés, n'hésitant à user de la percussion et même de l'auscultation immédiate, l'oreille contre le corps du malade, pour tenter de déterminer la taille ou la consistance d'une lésion sous-jacente.

Dans le *De sedibus*, Morgagni décrit, entre autres choses, les lésions de l'infarctus du myocarde, les anévrysmes aortiques, alors souvent d'origine syphilitique, les tumeurs du pylore, la splénomégalie d'un cirrhotique atteint d'hypertension porto-cave, la densification si particulière, évoquant la consistance du foie, qui affecte un poumon pneumonique (l'hépatisation), et encore la sérosité louche retrouvée à la base du crâne chez un enfant mort dans un tableau typique de méningite tuberculeuse.

Les fondements méthodologiques de l'anatomie pathologique étaient ainsi clairement posés, et l'on comprend que Morgagni ait remporté de grands éloges, gagnant le titre de « prince de tous les anatomistes de l'Europe » *(« anatomicorum totius Europae princeps »)* : en Italie, on l'appelait familièrement « Sa Majesté anatomique »…

Pourtant, le travail de Morgagni ne put aboutir à formuler complètement le concept anatomo-clinique qui, au XIXe siècle, structurera notre médecine moderne. Ce relatif échec a sans doute plusieurs causes. En particulier le caractère malgré tout souvent confus ou du moins fragmentaire des histoires cliniques, rendant souvent peu pertinents les rapprochements éventuels avec des lésions anatomiques, mais aussi la sélection des patients faite par Morgagni, qui s'occupait surtout de personnes issues des classes aisées, laissant de côté tout un champ de la pathologie, notamment les maladies infectieuses alors si fréquentes.

Son exemple fut néanmoins suivi par d'autres, comme le Français Joseph Lieutaud, avec son *Histoire anatomique médicale (Historia anatomico-medicae)* en 1767, compilant environ trois mille cinq cents observations cliniques accompagnées de leur compte rendu autopsique ; à Leyde, le successeur de Boerhaave, Hieronymus David Gaub, rédige en 1759 les *Instructions de pathologie médicale (Institutiones pathologiae medicinalis)*, tandis qu'un élève d'Albinus, Eduard Sandifort, publie entre 1777 et 1781 ses *Observations anatomico-pathologiques (Observationes anatomico-pathologicae)*. En Angleterre enfin, c'est un neveu de John Hunter, Matthew Baillie, qui est l'auteur en 1793 de *The Morbid Anatomy of Some of the Most Important Parts of the Body*. La plupart d'entre eux, cependant, ne dépasseront guère, ni par le fond ni par la forme, l'œuvre de Morgagni.

Il apparaît surtout que Morgagni n'avait pas lui-même accompli la « révolution copernicienne » de la médecine. En 1760, dans une correspondance avec Friedrich Meckel, il se demandait toujours si les lésions anatomiques constatées lors de l'autopsie étaient les causes ou, au contraire, les conséquences de la maladie elle-même ! Pour résoudre ce problème de taille, deux étapes devaient encore être franchies : l'une le sera avec Bichat et sa théorie tissulaire, la dernière permettra à Laennec d'effectuer la synthèse finale au siècle suivant.

Naissance de la clinique

Comme ceux qui l'avaient précédé, le XVIIIe siècle a certes connu, nous l'avons vu, des doctrinaires – et même des « systématiciens » –, mais l'on ne doit pas se méprendre sur l'ampleur du phénomène ni en exagérer la portée. En fait, une mutation s'est alors clairement opérée dans la pratique médicale ou, pour mieux dire, dans l'esprit des médecins, et ce un peu partout en Europe : le patient, le patient réel et non plus seulement ses substituts, comme l'urine, voire la simple description par correspondance de ses troubles, le patient enfin physiquement présent et approché a été définitivement placé au centre de l'art médical.

Le plus surprenant est que l'un des initiateurs les plus actifs de cette évolution fut Boerhaave lui-même, grand théoricien, nous le savons, mais avant tout clinicien passionné – et c'est du reste ce que signifiait avant tout pour lui, comme pour Sydenham, le concept de « néo-hippocratisme ». Autour de lui, des centaines d'étudiants et de praticiens confirmés vinrent de tout le continent – mais aussi d'Angleterre – pour observer le Maître, examinant les patients et conseillant à tous de procéder toujours à des analyses précises et documentées des troubles ressentis par le malade.

Il ne faisait en cela que poursuivre une tradition déjà instaurée au siècle précédent à Leyde, si l'on s'en rapporte au témoignage de François de La Boë, étonnant de modernité en 1658 :

> « J'ai conduit mes étudiants par la main, les invitant à la pratique médicale, me servant d'une méthode jusque-là inconnue à Leyde, et même ailleurs sans doute, qui consiste à les conduire tous les jours à visiter les hôpitaux. Je leur ai exposé sur place les symptômes de la maladie ; je leur fais entendre les plaintes de malades [...] »

Au sens propre du mot, l'enseignement clinique (du grec *klinê*, « lit ») a enfin réellement vu le jour au XVIIIe siècle.

Ce nouveau statut accordé au malade, mais aussi ce nouveau mode de transmission des connaissances, ont trouvé leur place dans un lieu lui aussi renouvelé au cours de ce même siècle : l'hôpital.

Certes, l'idée n'était pas neuve qui consistait à en faire un centre d'enseignement autant que de prise en charge sérieuse des patients, mais en Europe on n'avait guère progressé en ce sens depuis le haut Moyen Âge. On se souvient sans doute que dans le monde arabo-musulman, si les sources sont dignes de foi, certains praticiens fameux, comme Rhazès par exemple, avaient situé dans le *bimaristan* l'essentiel de leur activité, et qu'on y avait parfois donné aux étudiants une place et un vrai statut. Toutefois cet usage, peut-être davantage lié à une structure sociale particulière qu'à un authentique projet médical, n'avait pas fait école en Europe.

C'est là précisément qu'une transformation s'accomplit en quelques décennies.

Si l'on s'en tient à la France, vers la fin du XVIIIe siècle, on y comptait environ cent trente hôpitaux d'importance très variable. À Paris, une cinquantaine d'établissements recevaient en moyenne chaque année vingt mille patients. Ce dernier mot, cependant, recouvrait en fait des réalités très diverses. En parcourant le précieux *Mémoire* établi juste avant la Révolution par le célèbre chirurgien Jacques-René Tenon, on constate que les trois grand pôles sanitaires – l'Hôtel-Dieu, base historique de l'infrastructure hospitalière de la capitale, « où l'on n'entre que pour mourir » ; l'Hôpital général, créé en 1656, regroupant en fait divers établissements, dont Bicêtre et la Salpêtrière ; le Grand Bureau des Pauvres enfin – relevaient encore avant tout d'une double logique : celle de l'assistance charitable « aux pauvres incurables », à vocation religieuse, faiblement médicalisée, et celle de l'enfermement des vagabonds indisciplinés et des miséreux, à titre préventif en quelque sorte. Les personnes d'un rang social plus élevé étaient toujours soignées, accouchées, et même éventuellement opérées chez elles.

En France, la Révolution puis l'Empire, nous le verrons, vont transformer l'institution hospitalière pour en faire, au XIXe siècle, le lieu majeur où s'élabore et se transmet la science médicale, lieu d'excellence où l'on trouve aussi les praticiens les plus brillants. Mais dès la deuxième moitié du XVIIIe siècle, en France comme dans les autres pays de l'Europe, les hôpitaux vont être de plus en plus régis par les médecins et les chirurgiens. Si ces derniers avaient déjà pris pied à l'Hôtel-Dieu dès le XVIe siècle, pour panser les malades et accoucher les femmes – souvenons nous de la carrière de Paré et de celle Mauriceau –, leurs éternels « frères ennemis » de la faculté de médecine y feront leur apparition au tournant des années 1750. En 1778, lorsque la Société royale de médecine sera créée, elle proclamera comme l'un de ses principes essentiels que « le soulagement des hommes qui souffrent est le devoir de tous ».

La même tendance s'affirme alors partout. Ainsi de l'école de Vienne, très influencée par le mouvement né à Leyde, qui se signale avec Gerard Van Swieten : en 1745, il y réorganise complètement l'enseignement de la médecine et jette les bases d'une nouvelle structure de la médecine publique dans la capitale de l'Autriche.

C'est à Vienne précisément que s'illustra plus tard un rénovateur du diagnostic clinique, Leopold Auenbrügger. Il avait observé que pour estimer la quantité de vin qui restait dans un fût, son père, aubergiste de son état, avait coutume d'en frapper la paroi : un son mat garantissait une barrique presque pleine, tandis qu'un bruit sonore annonçait la fin prochaine de la réserve.

Formé à l'exigeante école issue de Boerhaave et de Sydenham, Auenbrügger eut alors l'idée d'appliquer ce principe simple à l'exploration clinique du contenu thoracique. La percussion, déjà signalée avant lui mais sans succès par quelques auteurs, ne connaîtra cependant de réelle diffusion que lorsque Corvisart la reprendra au début du XIXe siècle. Elle devint alors un des gestes élémentaires de l'examen physique des patients. Toute une sémiologie, notamment pulmonaire, en résultera – recherche d'une matité révélant une condensation ou une pleurésie, ou d'un tympanisme traduisant la présence d'air. Avec l'auscultation médiate introduite plus tard par Laennec, seront ainsi établis jusqu'à nos jours les quatre piliers de tout examen clinique : l'inspection, la palpation, la percussion et l'auscultation.

La description de la méthode de percussion donnée par Auenbrügger en 1761, dans son *Novum Inventum,* est d'une telle précision, d'une telle rigueur, qu'elle mériterait aujourd'hui encore de figurer dans un manuel à l'usage des étudiants en médecine :

> « Pendant la percussion, la chemise doit être resserrée sur la poitrine, ou alors la main l'opérateur doit être revêtue d'un gant de cuir rêche[15]. Si la poitrine nue est percutée de la main nue, le contact de ces surfaces lisses produit une sorte de bruit qui modifie ou altère le caractère naturel du son [produit par la percussion].
>
> « Pendant que l'on procède à la percussion, le patient est d'abord invité à respirer normalement, puis à retenir son souffle après une profonde inspiration. La différence de sonorité pendant l'inspiration et l'expiration et lors de la rétention du souffle est importante pour fixer notre diagnostic. [...]
>
> « Si un son net, identique des deux côtés, et proportionné à l'intensité de la percussion, n'est pas obtenu sur les régions sonores [des champs pulmonaires], alors c'est qu'une lésion pathologique se trouve dans la poitrine. »

Lui-même acquis aux confrontations anatomo-pathologiques, Auenbrügger, précurseur un peu méconnu à divers titres, avait en outre vérifié à plusieurs reprises lors d'autopsies que les patients qui avaient fait entendre une matité à la percussion, de leur vivant, présentaient des lésions pulmonaires densifiées, voire indurées, et plus ou moins purulentes.

Désormais soucieux de protocoles d'examen toujours plus rigoureux et détaillés, les médecins du XVIIIe siècle, ayant abandonné le concept de la maladie comme un désordre général du

---

15. Ce qui préservait aussi, sans doute, la « pudeur » de certains patients – ou de certaines patientes. Il faut observer à ce propos qu'Auenbrügger percutait directement du bout des doigts. La technique classique, codifiée plus tard et toujours en usage, prévoit que l'opérateur pose d'abord une main sur le corps du patient et la frappe ensuite à l'aide des doigts de l'autre main, ce qui garantit une transmission fidèle et constante du son.

corps et admis la notion de lésion locale, vont aussi commencer à segmenter le savoir médical en champs de spécialités. L'une des premières à s'individualiser, on ne s'en étonnera guère, fut la cardiologie.

En effet, l'achèvement de la découverte anatomique du système cardio-vasculaire et l'élucidation du mécanisme de la circulation du sang avaient fait du cœur, siège antique de l'âme et de la vie, l'un des organes les mieux connus. Si Hippocrate avait bien noté les caractères de la douleur angineuse, quand la poitrine est « serrée par une griffe », si Galien avait reconnu les épanchements péricardiques et Avenzoar les palpitations cardiaques, c'est au XVIIe siècle que quelques précurseurs avaient posé les premiers fondements de la future science cardiologique.

Publié en 1669 sous la plume de Richard Lower, déjà mentionné, le *Traité du cœur (Tractatus de corde)*, quoique traduit en français dix ans plus tard, ne rencontra peut-être pas tout l'intérêt qu'il eût pourtant mérité : ce fut sans doute le premier vrai traité de cardiologie. On y trouve notamment une description de l'insuffisance cardiaque responsable du tableau œdémato-ascitique, si fréquent l'époque et connu sous le nom « d'hydropisie ». Expérimentateur habile, il en avait d'ailleurs reproduit les signes lors d'une vivisection, en effectuant une compression digitale de l'aorte descendante sur un chien. Lower rapporte aussi les signes cliniques parfaitement reconnaissables de la péricardite liquidienne – qu'il appelle « l'hydropisie du cœur » –, de la péricardite constrictive, les complications cardiaques des affections pulmonaires, et ajoute à chaque fois des constatations anatomiques. Enfin, clinicien avisé, il observe le développement des varices et conseille la contention soigneuse pour en prévenir les conséquences fâcheuses. Quarante ans à peine après la découverte de Harvey, le chemin parcouru était assez impressionnant !

Au début du XVIIIe siècle, Raymond Vieussens, médecin, anatomiste et physiologiste, apporta dans son *Traité nouveau de la structure et des causes du mouvement naturel du cœur*, paru en

1715, de précieux compléments aux travaux de Lower en ouvrant le chapitre de la pathologie valvulaire. Il y décrit notamment le rétrécissement mitral : découvrant, lors de l'autopsie d'un patient, que « les valves de la valvule mitrale étaient réellement ossifiées, épaisses et contractées », il en reconstitue la physiopathologie et explique que le « malade respirait toujours avec beaucoup de difficulté », parce que « le sang commençait à dilater extraordinairement le tronc de la veine pulmonaire ». Il laissera de même une très belle description de l'insuffisance aortique.

C'est au milieu du XVIIIe siècle enfin, en 1749, que Jean-Baptiste Sénac livra son magistral *Traité de la structure du cœur, de son action et de ses maladies*, véritable somme fondatrice de la cardiologie.

Né en 1693 dans le district de Lombez, dans l'actuel Gers, Sénac avait sans doute accompli sa formation à Montpellier. À Paris dès 1723, il se fit connaître assez tôt par des travaux d'anatomie, des mémoires portant sur le diaphragme, les noyés, la taille et la saignée. Apprécié pour ses talents, il devint consultant du roi dès 1738, puis il s'attacha à la personne de Maurice de Saxe, pour être ensuite premier médecin du duc d'Orléans et enfin, en 1752, premier médecin du roi. Son ouvrage majeur venait à peine de paraître.

Dans le premier volume, de plus de quatre cents pages abondamment illustrées, il donne un exposé anatomique exhaustif sur le cœur, ses variations morphologiques et même ses aspects chez le fœtus. Dans le second volume, de six cents pages environ, une partie rassemble tout le savoir physiologique relatif aux mouvements du cœur et à la circulation, enfin sont abordées les maladies cardiaques. On mesure, en lisant cet ouvrage qui ne renferme d'ailleurs pas de nouveauté importante, que tous les chapitres de cette spécialité étaient désormais connus, avec des tableaux cliniques de plus en précis : les médecins de Molière étaient décidément bien loin, on était déjà dans un autre monde ! Seule la thérapeutique est déficiente car Sénac, croyant peu aux drogues spécifiques – mais lesquelles auraient-elles vraiment pu lui servir ? – s'en tenait encore au régime et aux saignées, dont les indications en pathologie cardio-vasculaire n'étaient du reste pas dépourvues de pertinence en un temps et un milieu – celui des grands de ce monde – où les patients pléthoriques et hypertendus ne devaient pas être rares…

C'est dans le cadre de cette efflorescence de la clinique et de ses premiers succès qu'il faut situer l'œuvre de François Boissier de Sauvages. Le premier, contre les systèmes médicaux essentiellement théoriques et soucieux exclusivement d'étudier les principes supposés des maladies (solides, liquides, etc.), Sauvages proposa de considérer désormais les maladies en fonction de leurs symptômes, de leurs aspects purement cliniques, et de les classer sur ces seules considérations. Il venait ainsi de fonder une discipline nouvelle autour de laquelle un long débat s'engagera tout au long du XIXe siècle : la nosologie (du grec *nosos*, « maladie »).

Formé à l'école du dogmatique Pierre Chirac, archiatre de Louis XV, pour qui l'homme n'était qu'une machine hydraulique et la maladie un dysfonctionnement de ses pompes, Sauvages abandonna très tôt ces vues sommaires. Renonçant surtout aux contradictions des systèmes, en fait peu utiles à la pratique médicale, il s'inspira fortement d'une des plus belles réussites intellectuelles de la science de son temps : celle du naturaliste suédois Carl von Linné.

Linné, qui était lui-même médecin, avait réussi le tour de force, au terme de quelques années d'observations et de réflexions, de mettre de l'ordre dans la diversité incroyable et *a priori* incompréhensible des espèces vivantes, animales ou végétales, qui peuplent la nature. Né en 1707 et formé par de nombreux voyages – dont un inévitable séjour auprès de Boerhaave –, Linné publiera en 1735 un *Système de la nature* qui connaîtra des rééditions multiples pendant plus d'un siècle. Se fondant sur le seul aspect des organes sexuels des plantes, il en avait d'abord proposé une classification systématique, puis il avait étendu ce principe au monde animal en imposant la classification dite « binaire », qui distingue le genre et l'espèce, fondée sur des critères de ressemblance de différents traits anatomiques.

Le succès prodigieux du système de Linné, jamais remis en question depuis, ne tenait pas seulement à sa commodité pour classer les espèces. Cette classification avait aussi l'avantage de faire apparaître des parentés entre ces dernières et pouvait même conduire à supposer entre les genres, regroupés en familles, une origine commune. L'aboutissement logique, en zoologie, en sera le concept de transformisme, c'est-à-dire d'évolution animale.

Sauvages soupçonna le même intérêt pour la médecine : en classant les maladies selon leurs aspects, on pourrait peut-être mieux les comprendre. Il exposera sa tentative dès 1731, dans un ouvrage dont le titre dit tout : *Nouvelles classes de maladies, qui dans un ordre semblable à celui des botanistes, comprennent les genres et les espèces de toutes les maladies, avec leurs signes et leurs indications.* Il le complétera encore en 1763 avec sa *Nosologie méthodique : dans laquelle les maladies sont rangées par classes, suivant le système de Sydenham, et l'ordre des botanistes*[16].

Il importe peu que son système en dix classes, quarante-quatre ordres, trois cent quinze genres, et deux mille quatre cents espèces de maladies, ensemble finalement arbitraire, ait été rapidement abandonné. Cet essai témoignait bien de l'émergence d'une pensée médicale radicalement nouvelle. Au-delà des anciens débats métaphysiques, longtemps si chers au médecins, c'est la clinique désormais qui devait décider de tout. À charge pour les praticiens du tout proche XIXe siècle, dans le cadre renouvelé de l'hôpital, d'identifier, de nommer avant de les combattre, les

16. En réalité, ce dernier ouvrage fut publié en 1763 en latin et, Sauvages étant mort en 1767, traduit en français sept ans plus tard.

maladies définies à la fois par des symptômes constants sur le vivant et par des lésions spécifiques sur le mort. C'était là, on le voit, un tournant fondamental et irréversible de toute la pensée médicale occidentale.

Il était pourtant encore un domaine, vieux comme le monde, où une telle approche semblait particulièrement malaisée : celui des affections mentales. Leur histoire était pittoresque, mais n'appartenait pas exclusivement à celle de la médecine.

Le fou, l'insensé, frappé par les dieux, possédé par les esprits pendant l'Antiquité, prenait part à une cohorte maudite dont Hippocrate extraira juste l'épileptique, dans son célèbre traité *De la maladie sacrée* ! Pour le reste, dans les trois délires qu'il avait décrits, le *phrenitis*, le *causus* et le *lethargus*, on reconnaît sans doute les formes graves ou comateuses terminales de certaines septicémies, mais non des entités relevant de la pathologie mentale. Quant à « l'impuissance des Scythes », le Maître de Cos y voyait la conséquence d'une pratique immodérée de l'équitation, quand nous y percevons plutôt un cas probable de travestisme, apparemment très ancré culturellement chez ce peuple antique.

La mélancolie, pour Galien, porte sa cause dans son nom même : une invasion par la bile noire, car c'est bien un trouble des humeurs, mais le mot est pris ici comme un liquide physiologique – du reste assez mystérieux – et non comme la couleur de la vie psychique. Enfin, la « folie des femmes », l'hystérie, est liée à des déplacements vagabonds de son utérus (du grec *hustera*, « matrice, utérus »), conséquence selon Galien d'une probable rétention des règles ou de la fameuse semence féminine : elle se traitera par le recours au coït…

Au Moyen Âge, les anciens dieux étant devenus des suppôts du démon, la folie est plus ou moins une forme de la sorcellerie, qu'elle révèle souvent.

Puis, à la Renaissance, alors que la croyance aux démons et à la possession était encore très commune, le regard commença un peu à changer. En témoigne l'œuvre de Jean Wier, un médecin hollandais qui, en 1563, dans son ouvrage sur *Les Prestiges des démons (De praestigiis daemonum)*, suggère que les prétendues sorcières sont souvent des êtres faibles, influençables, à l'esprit troublé par des passions diverses. Emportées dans la folie « par une imagination corrompue », il propose de voir en elles des « mélancholiques », à la manière antique. Tentative isolée à laquelle s'opposera farouchement l'immense Jean Bodin, dont la *Démonomanie des sorciers* (1581) était le manuel de base de tous les juristes et des théologiens amenés à poursuivre les sorciers : médicaliser la folie des démoniaques, c'était menacer le pouvoir de l'Église et même les fondements de la foi.

Au XVIIe siècle, Thomas Willis, l'un des pionniers de la neuro-anatomie, peine à trouver le siège de l'âme et plus encore celui de la folie. Au XVIIIe siècle enfin, c'est William Cullen, un médecin écossais, par ailleurs également l'auteur d'une nosologie concurrente de celle de Sauvages[17], qui pour la première fois emploie en 1766 le mot « névrose » ou « neurose » (de l'anglais *neurosis*). Mais de quoi s'agit-il ? En fait, de l'ensemble des maladies nerveuses qui se subdivisent en *comata* (paralysies et léthargies), *adynamiae* (hypotonies et hypocondries), *spasmi* (mouvements anormaux, mais aussi convulsion ou hystérie), et enfin *vesaniae*, c'est-à-dire les maladies de l'esprit sans fièvre ni lésion organique décelable, comme la manie ou la mélancolie. On n'en saura guère plus…

À la fin du XVIIIe siècle, quand paraît Philippe Pinel, la folie est donc toujours un monde aux contours flous, et le fou lui-même n'est qu'un « aliéné », c'est-à-dire, au sens propre du terme, un être à la fois étranger à lui-même et éternellement prisonnier – de sa folie, comme des murs derrière lesquels on l'enferme et des chaînes qui l'entravent au besoin.

17. *Synopsis nosologiae methodicae*, 1769.

Philippe Pinel, d'origine languedocienne, formé à l'école vitaliste de Barthez et lui-même l'auteur de recherches nosologiques inspirées de Cullen[18], fut sans doute frappé par l'étrangeté de la maladie mentale, parmi toutes les celles qu'il s'efforçait à classer. À partir de 1793, médecin à Bicêtre puis à la Salpêtrière où l'on enfermait aussi les fous, en homme de son temps, celui Rousseau et des encyclopédistes pour qui tout homme est un frère – la Révolution était passée par là – il fit ce que personne avant lui n'avait fait :

> « [...] pénétré moi-même de l'insuffisance de lumières que l'on peut puiser dans les livres sur le traitement de la manie, avide de m'instruire par l'examen attentif et le rapprochement des faits ; et oubliant profondément qu'un bonnet de docteur eût affublé ma tête, je mettais à profit le spectacle d'un grand rassemblement d'aliénés soumis à un ordre régulier, les scènes mobiles et quelquefois bizarres que leur délire fait naître, l'habileté du surveillant à régulariser ces mouvements, et à rétablir dans les cas fréquents une raison aliénée, par les seuls moyens de la douceur, ou d'une répression énergique, mais sage et humaine. [...] »

Sa résolution fut bientôt arrêtée : en 1796, il parvint enfin à obtenir que quarante-neuf aliénés détenus à Bicêtre soient libérés de leurs chaînes. Geste symbolique, devenu presque mythique à travers des récits plus ou moins reconstruits et des tableaux presque allégoriques, mais geste essentiel pourtant qui fondait la psychiatrie moderne. Après son *Traité médico-philosophique sur l'aliénation mentale* en 1800, dont le titre même dit toute l'ambiguïté, il restait encore à construire cette nouvelle branche de la médecine. C'est à quoi s'employa son élève et successeur, Jean-Étienne Dominique Esquirol qui, à partir de 1826, entreprendra de faire de l'hospice de Charenton, où l'on enfermait les fous et quelques détenus pervers – le marquis de Sade y séjourna –, le

18. *Nosographie philosophique, ou la méthode de l'analyse appliquée à la médecine*, 1797.

premier hôpital conçu, jusque dans son architecture entièrement refondue, pour le traitement des aliénés.

Au crépuscule du XVIIIe siècle, on le voit, l'ancienne médecine avait définitivement disparu. La clinique triomphait, la raison l'avait emporté, mais pourtant une cruelle impuissance continuait de grever lourdement la tâche des médecins : celle de la thérapeutique.

En dehors de l'indémodable saignée et des éternels clystères, et devant l'absence de médicaments « spécifiques » réellement actifs, la plupart des médecins et parmi eux les plus grands comme Boerhaave, Sydenham ou Stahl, marquaient un certain scepticisme et affichaient même leur réserve à l'égard des traitements chimiques, insistant volontiers sur les vertus de la nature, en particulier à propos de la fièvre toujours considérée par eux comme un signe de saine réaction de l'organisme qu'il convenait de respecter.

Toutefois, quelques modestes progrès avaient été enregistrés. La pharmacopée, en partie renouvelée par l'école iatrochimique, s'était en effet enrichie, depuis le siècle précédent, de quelques drogues nouvelles.

Le mercure, utilisé en onguent appliqué sur tout le corps était souvent indiqué dans la syphilis, alors considérée avant tout comme une maladie dermatologique ; quant à l'opium réintroduit par Sydenham, on s'en souvient, sous la forme du laudanum, il avait gagné sa place pour vaincre les douleurs et les spasmes digestifs.

Les Amériques avaient aussi permis de découvrir quelques substances exotiques. Plus que la poudre de bois de gaïac, dont l'infusion était souvent décriée dans le traitement de la vérole, et en marge de la guerre du quinquina, cette fois résolument gagnée par un remède dès lors largement prescrit et devenu ainsi le premier antipyrétique actif contre la « fièvre intermittente » – le plus souvent la malaria –, il faut encore rappeler l'introduction de l'ipéca.

Bien que rapporté du Brésil en 1572 sous la forme de la plante dont on l'extrait, l'ipécacuanha, les vertus antidiarrhéiques de l'ipéca, recommandé dans les dysenteries et les « flux de ventre », ne furent réellement connues qu'à la fin du XVIIe siècle. Là encore, la faveur royale fit son œuvre pour l'imposer : employée avec succès chez le Dauphin, rejeton de Louis XIV, par le Hollandais Helvétius, père du célèbre philosophe, la médication regardée jusque-là avec soupçon emporta tous les suffrages...

Un autre spécifique, promis lui aussi à un grand destin, vint encore accroître la pharmacopée vers la fin du siècle. En Angleterre, c'est d'une simple paysanne que William Withering aurait appris que l'infusion de feuille de digitale pourprée, banale fleur des champs, était utile contre l'hydropisie. Vérifiant cette affirmation par l'expérience et recommandant cet usage, Withering introduisit ainsi en 1785 dans la pharmacopée une substance majeure (la digitaline) qui y figure toujours.

Enfin, la mode étant à l'électricité et puisque certains, comme Galvani, avaient prétendu que tout dans le corps humain relevait de l'électricité animale ou du moins, pour d'autres comme Haller, dc l'irritabilité, on fit de ce phénomène physique nouveau une thérapeutique.

La bouteille de Leyde fut mise en œuvre dès 1747 par le Genevois Jean Jallabert pour tenter, assez « logiquement », de guérir une paralysie. On rapporta alors des succès partiels, mais bientôt on entendit des rumeurs fantastiques évoquant la guérison d'un cécité ou d'une démence, voire une authentique résurrection !

Les chocs électriques parfois difficilement contrôlables des premiers condensateurs leur feront bientôt préférer des dispositifs plus doux, comme le bain d'électricité statique introduit par l'abbé Bertholon en 1780, procédé d'un maniement plus aisé, préfigurant curieusement les cures magnétiques qui feront fureur quelques années plus tard. Au XIXe siècle, l'ingéniosité des inventeurs de machines électriques va encore faire des prouesses, mais les promesses de l'électrothérapie seront finalement revues à la baisse. De ces errements pittoresques naîtra pourtant l'électrophysiologie qui conduira à une connaissance plus approfondie des phénomènes de la conduction neuro-musculaire. De la thérapeutique électrique ne subsisteront finalement, au cœur même du XXe siècle, que les électrochocs indiqués dans le traitement des mélancolies profondes…

Le mouvement chirurgical

Après avoir connu une pause au XVIIe siècle, la chirurgie, au XVIIIe siècle, va d'abord acquérir de façon définitive sa totale indépendance et du même coup un prestige durable. Elle va également accomplir de notables progrès mais elle va surtout devenir, d'une certaine manière, un modèle pour la future médecine. Les doctes régents de la faculté de médecine de Paris qui étaient parvenus en 1660 à mettre à nouveau les chirurgiens en tutelle, n'avaient certainement pas prévu un tel retournement des choses !

En réalité, dans la plus pure tradition de l'Ancien Régime où les lois et règlements n'étaient souvent que peu ou pas appliqués, le mauvais coup porté aux chirurgiens de Paris fut une victoire à la Pyrrhus et n'eut pas vraiment les effets escomptés. Rien n'avait pu empêcher les chirurgiens de Saint-Côme, habitués aux joutes séculaires avec la Faculté, regroupés de force et contre leur gré avec les barbiers, de poursuivre des « exercices particuliers pour les examens de leurs aspirants ». La Faculté, qui prétendait imposer son savoir et avait fondé en 1604, rue de la Bûcherie, le premier amphithéâtre anatomique français, dut se borner à enseigner aux anciens barbiers, préposés aux « clous et aposthumes » : plutôt que de se livrer à cette tâche ingrate et quelque peu dégradante, les médecins choisirent de fermer leur école primaire de chirurgie pendant près de quarante ans…

Mieux encore – ou pire, aux yeux des médecins – le célèbre Pierre Dionis, premier chirurgien de Madame la duchesse de Bourgogne, nommé au Jardin royal en 1672 pour y « démontrer les vérités anatomiques et les opérations chirurgicales », en fit bientôt un lieu authentiquement académique qui attira immédiatement à lui nombre d'aspirants désireux de s'y former. Son *Cours d'opérations de chirurgie démontrées au Jardin royal*, publié en 1707, devint le modèle même d'une chirurgie didactique, rigoureuse, parfaitement exposée et brillamment enseignée. De mieux en mieux instruits, les chirurgiens se perfectionnaient aussi au quotidien dans les hôpitaux où ils avaient précédé depuis longtemps leurs collègues de la faculté de médecine.

En 1691, les chirurgiens parisiens purent même acquérir un terrain cédé par les Cordeliers[19] pour y poser le première pierre d'un nouvel amphithéâtre qui subsiste aujourd'hui comme l'École nationale des arts décoratifs, rue de l'Ecole-de-Médecine. Ces locaux, inaugurés en 1694, témoignaient de façon presque insolente de la vigueur et des ambitions de toute une profession.

Ces velléités de résister aux diktats des médecins donna lieu, en 1724, à une scène parisienne assez plaisante. Au mois de septembre, Georges Mareschal, premier chirurgien du roi, avait obtenu de son maître que soient créées à l'amphithéâtre Saint-Côme cinq places de démonstrateurs, chargés « d'expliquer les différentes parties de la chirurgie ».

Cet acte mit le feu aux poudres et la Faculté en émoi. C'en était trop et nos savants docteurs se révoltèrent. Un fait sans précédent se produisit : les médecins étaient dans la rue !

Au cœur d'un hiver rigoureux, revêtus de leurs toges rouges, conduits par leur doyen encore plus empourpré par la colère, un cortège de docteurs vint jusqu'à Saint-Côme pour protester. Un de leurs huissiers fit connaître aux étudiants et à leurs maîtres, enfermés dans l'amphithéâtre, les exigences de la Faculté :

19. Nom que portaient alors les Franciscains.

> « Voici vos seigneurs et maîtres de la Faculté. Ils viennent s'emparer de l'amphithéâtre que vous n'avez pu bâtir que pour eux ; ils vous portent tout le savoir qui est renfermé dans leurs livres. »

Les chirurgiens répondirent par des huées, mais les badauds de Paris, que la scène avait jusque là plutôt réjouis, prirent alors fait et cause pour les gens de Saint-Côme, et les pauvres docteurs empêtrés dans leurs fourrures durent promptement battre en retraite…

Ce n'était pourtant qu'un premier pas. En décembre 1731, soixante-dix chirurgiens-jurés de Paris, convoqués par Georges Mareschal, prirent part à la séance inaugurale de l'Académie royale de chirurgie. Même s'il fallut attendre quelques années pour faire admettre pleinement la nouvelle institution – dont les médecins n'auront pas d'équivalent avant 1778 –, la revanche des chirurgiens était complète.

Dès lors, on n'est guère étonné par la très célèbre Déclaration royale de 1743 : le 2 avril de cette année-là, Louis XV, fortement influencé par François de Lapeyronie, « Premier Chirurgien de Sa Majesté, Chef de la chirurgie du Royaume », accorda aux praticiens de Saint-Côme une véritable charte de leurs droits et de leurs devoirs, les séparant à jamais des barbiers et surtout les affranchissant de toute sujétion à l'égard de la faculté de médecine de Paris.

De nouveau le mouvement fut donné par la France, quelque peu en retrait depuis un siècle. Il se propagea dans le pays tout d'abord et Montpellier, siège de l'autre grande faculté de France où avait été créé, dès 1728, un doctorat de chirurgie, ville natale de Lapeyronie par surcroît, put inaugurer à son tour en 1755 un somptueux Hôtel Saint-Côme.

L'Europe entière suivit également, l'Angleterre notamment, où la corporation des barbiers et celle des chirurgiens furent pareillement disjointes dès 1745. Un peu partout s'illustrèrent alors de brillants opérateurs qui furent autant d'excellents pédagogues et de vrais chefs d'école.

L'un des premiers noms qui s'imposent est celui de Jean-Louis Petit. Il fut incontestablement de ceux qui donnèrent alors à la chirurgie, après sa reconnaissance officielle, ses lettres de noblesse.

Dans son *Traité des maladies des os*, en 1705, il décrit notamment, avec un soin nouveau et une grande clarté, la sémiologie des entorses, des fractures, de la rupture du tendon d'Achille et préconise la trépanation de la mastoïde en cas d'abcès – dont l'évolution spontanée conduisait presque inéluctablement à une méningite foudroyante. Confronté au problème de l'amputation, il contribue à en restreindre les indications. Ayant étudié la formation des caillots sur les tranches de sections il en vient à conseiller, pour juguler l'hémorragie souvent incoercible, grande crainte des opérateurs, l'usage d'un tourniquet à vis mis au point par ses soins, destiné à comprimer l'artère principale du membre pendant l'amputation et à favoriser ainsi l'hémostase spontanée.

Il décrivit également des nouveautés sémiologiques importantes qui ont conservé toute leur valeur. Il fut ainsi le premier, dans son remarquable *Traité des maladies chirurgicales et des opérations qui leur conviennent*, publié à titre posthume en 1774, à démontrer que lors d'un traumatisme crânien, il faut distinguer la commotion cérébrale, pouvant entraîner une perte de connaissance sans gravité, de la compression cérébrale engendrée par un hématome extra-dural, lequel ne se révèle par des signes neurologiques qu'après un « intervalle libre » de quelques heures : tous les étudiants en médecine savent aujourd'hui qu'un traumatisme crânien avec perte de connaissance initiale résolutive doit être laissé en observation pendant 24 heures. Dans le domaine de la chirurgie viscérale, il reconnut aussi les cholécystites suppurées « qu'on a souvent prises pour des abcès du foie », alors que le traitement en est beaucoup plus simple, et fut le premier à conseiller l'ablation systématique des ganglions axillaires lors de la résection d'un sein cancéreux, opération alors terrible dont le pronostic était généralement très sombre du fait de récidives presque inéluctables.

Le deuxième grand nom de la chirurgie française aux XVIIIe siècle est sans aucune doute celui de Pierre-Joseph Desault. S'il n'a pas laissé, à la différence de Jean-Louis Petit, de grande nouveauté diagnostique ou technique, il illustra en revanche parfaitement la seconde tendance lourde de la chirurgie française et européenne de son temps : l'organisation d'un enseignement de qualité. Dès 1785, à l'âge de quarante ans, il fut appelé à diriger les chirurgiens de l'Hôtel-Dieu. Soucieux de traiter ses patients, d'assurer sa consultation publique, il transforma ce lieu si ancien, et autrefois si désolant, en un centre d'enseignement où les séances opératoires et les vérifications autopsiques devenaient de véritables leçons magistrales. Créateur en 1791 du *Journal de chirurgie*, il fit en peu d'années de la clinique chirurgicale de l'Hôtel-Dieu l'un des plus hauts lieux de la chirurgie hospitalière en Europe, préfigurant les grands services des hôpitaux du XIXe siècle, où vinrent se former de toute l'Europe des centaines de praticiens.

Enfin, il ne faut pas oublier que l'un de ses plus grands titres de gloire fut aussi d'avoir compté parmi ses plus brillants élèves, l'un des plus attachés à sa mémoire au demeurant, l'inoubliable Xavier Bichat[20].

L'autre foyer principal du progrès chirurgical est incontestablement, à la fin du XVIIIe siècle, l'Angleterre.

William Cheselden avait ouvert la voie en se faisant connaître par sa virtuosité opératoire qui lui permettait d'extraire un calcul vésical en moins d'une minute, prouesse appréciable pour le patient en un temps où l'anesthésie était réduite à presque rien !

20. Bichat publiera du reste à titre posthume les *Œuvres chirurgicales* de Desault (1798-1799).

Il faut souligner à ce propos que la taille, jusque-là réservée aux empiriques, devint à partir de cette époque une opération jugée respectable, mieux maîtrisée et digne d'être pratiquée par des chirurgiens professionnels.

Sir Percival Pott, chirurgien à Londres, l'un des plus célèbres de son temps, laissa une description magistrale de la fracture de la cheville qui porte encore son nom et insista pour simplifier, lors de la réduction des fractures et des luxations, les appareillages compliqués qu'on mettait en œuvre à l'imitation des « bancs » déjà décrit par Hippocrate. Pour éviter les ankyloses consécutives à des luxations, les raccourcissements de membres dus à des fractures mal réduites, et les rétractions musculaires ou tendineuses, il conseilla de substituer aux machines anciennes des moyens plus légers et surtout un meilleur équilibre de l'extension et de la contre-extension pour laisser les muscles en relaxation.

En revanche, il paraît plus injuste de lui avoir également attribué la description de la spondylite tuberculeuse (mal de Pott) car cette tuberculose vertébrale avait déjà été décrite par Hippocrate, mais un peu oubliée il est vrai, et fut reconnue aussi à la même époque mais séparément par Jean-Pierre David.

Toujours dans le domaine britannique, les deux frères Hunter constituent à eux seuls, pour l'historien, un cas tout à fait à part et cependant très révélateur de l'état d'esprit des chirurgiens à la fin du Siècle des lumières. Leurs compétences et leurs champs d'intervention dépassèrent en effet bien souvent le seul art de la chirurgie, mais ils y appliquèrent la même ingéniosité et le même talent d'observation.

John et William, travaillant de concert, ont laissé une œuvre volumineuse qui témoigne de l'extrême diversité de leurs intérêts. Anatomistes particulièrement intéressés par l'appareil génital féminin, ils ont pu décrire la rétroversion de l'utérus et ponctionner des kystes ovariens. Dans le strict domaine de la chirurgie, ils ont aussi, à la suite d'une étude anatomique soigneuse, proposé le traitement simple des anévrysmes artériels par deux ligatures, au lieu de l'antique intervention, plus risquée, décrite par Antyllus et fidèlement transmise au fil des siècle.

John Hunter écrivit par ailleurs en 1786 un traité sur les maladies vénériennes, rapportant notamment l'inoculation de la blennorragie qu'il s'était imposée pour en suivre les phases et qu'il confondit malheureusement avec la syphilis.

On lui doit aussi le premier traité de dentisterie, annonçant là encore la prochaine récupération de cet art traditionnel des charlatans par le monde médical, avec son ouvrage *The Natural History of the Human Teeth, Exposing their Structure, Use, Formation, Growth and Diseases*, en 1787. Il faut noter qu'après la herniotomie et la taille, l'art dentaire, en France également, suivait une évolution savante ; on en trouve d'ailleurs des mentions des les traités de Dionis et de Jean-Louis Petit. En 1728 enfin, Pierre Fauchard, premier dentiste reçu dans le Collège des chirurgiens de Paris, publia sur ce sujet un ouvrage inaugural simplement intitulé *Le Chirurgien dentiste ou Traité des dents*.

Il ne restait en somme, aux marges de la chirurgie, que l'art des « abatteurs de cataractes ». Il fallait en faire naître l'ophtalmologie : ce fut l'œuvre de Jacques Daviel.

Né en 1693 près d'Évreux, Daviel s'était assez tôt engagé comme chirurgien aide-major aux armées puis, installé à Marseille, il était devenu démonstrateur en anatomie et chirurgie à l'hôpital du Saint-Esprit tout en étant chirurgien attaché à une galère.

Selon une technique immuable et très ancienne, décrite par Celse notamment, on procédait à l'abaissement de la cataracte en perçant la sclérotique – le « blanc de l'œil » – juste derrière la cornée et on abaissait ensuite de la pointe de l'aiguille lancéolée ce que les Babyloniens appelaient déjà « le nuage de l'œil ». À l'imitation d'un procédé arabe, on pouvait aussi en aspirer, voire en sucer la substance…

Ces techniques reposaient sur une grande méconnaissance des détails de l'anatomie oculaire. On apprit à mieux comprendre cette anatomie dans le cours du XVIIIe siècle. En 1745, Jacques Daviel, lors d'un accident opératoire ayant abouti à la fragmentation du cristallin, dès lors irrécupérable par la voie habituelle, décida de l'extraire en ouvrant la cornée. Publiée en 1753, la technique nouvelle, rapidement maîtrisée, deviendra le procédé de référence, et Daviel sera nommé en 1749 oculiste ordinaire du roi. Il avait simplement ouvert la voie à une spécialité chirurgicale qui s'épanouira au siècle suivant.

Quant à l'art des accoucheurs, lui aussi progressivement médicalisé au XVIIe siècle, il devint peu à peu une spécialité en soi, pratiquée par des chirurgiens, mais relevant d'un domaine désormais clairement à part. En France, vers la fin du XVIIIe siècle, l'obstétrique fut dominée en France, mais aussi dans une partie de l'Europe, par la forte personnalité de Louis Baudelocque.

Né en 1746 dans la Somme, d'un père chirurgien, il en suivit naturellement la voie et vint à Paris pour y faire ses études. Élève de Solayrès de Renhac, qui avait monté à Paris un cours d'accouchement assez apprécié, lorsque Baudelocque fut admis au Collège des chirurgiens en 1776, son intérêt pour l'obstétrique était déjà confirmé, puisque sa thèse portait précisément sur symphyséotomie. Ce fut d'ailleurs pour Baudeloque l'occasion de prendre part à l'une des nombreuses polémiques qui émaillèrent la vie de cet homme au caractère difficile.

La symphyséotomie, introduite par Jean-René Sigault en 1777, avait pour ambition de se substituer à la césarienne, réputée presque constamment mortelle – on se souvient que Mauriceau y répugnait fortement. L'intervention, plus simple, consistait à sectionner le ligament au niveau de la symphyse pubienne et à désolidariser ainsi les deux os iliaques, ce qui permettait d'élargir le bassin pour faire passer l'enfant. L'opération, qui n'était cependant pas sans danger, exposait aussi à de sérieuses séquelles : troubles définitifs de la marche et incontinence urinaire notamment.

Dans sa thèse, Baudelocque, observant une mortalité de 36 % chez la mère et de 62 % chez l'enfant, rejeta la symphyséotomie avec ce jugement lapidaire :

> « Toutes les fois qu'on a sauvé l'enfant, on a tué la mère, et quand on a sauvé la mère, on a tué l'enfant ; quand les deux individus ont été sauvés, l'opération n'était pas nécessaire. »

Baudelocque concluait en posant un principe qui dominera longtemps après lui l'obstétrique :

> « Le perforation[21] est à appliquer seulement sur un enfant mort. S'il vit, il faut pratiquer la césarienne. »

C'était toutefois faire bon marché du pronostic encore très sombre de la plupart des opérations césariennes…

Il conseillait du reste l'emploi, le plus souvent possible, des forceps. Oublié après la tentative malheureuse de Chamberlen, cet instrument avait été réintroduit, et Baudelocque en proposera même un modèle de son invention. Il mit également au point le « compas de Baudelocque », permettant de calculer aisément le « diamètre utile » du bassin sans avoir à procéder à un toucher vaginal.

Toute la science de Baudelocque fut rassemblée dans son traité de *L'Art des accouchements,* dont la première édition de 1781 fut suivie de nombreuses autres et connut un grand succès à travers toute l'Europe, notamment en Angleterre et en Allemagne.

Baudelocque avait fait école, car l'enseignement, pour lui aussi, était une nécessité. Dans sa Maternité de Port-Royal – héritière de celle de l'Hôtel-Dieu –, il se consacrait à la formation des sages-femmes, désormais professionnalisées, mais définitivement

---

21. On désignait ainsi une modalité de fragmentation du fœtus *in utero*, c'est-à-dire l'embryotomie, connue depuis des siècles, lorsque l'expulsion n'était pas possible par les voies naturelles.

mises en tutelle par les obstétriciens. Novateur en ce domaine également, il avait du reste conçu à leur intention des mannequins permettant de démontrer les manœuvres de l'accouchement.

Au moment où allait enfin se produire la révolution anatomo-clinique qui devait constituer la médecine moderne, la chirurgie, longtemps méprisée, décriée par les médecins, apparaissait pourtant bien comme le modèle de la médecine future. Ce n'était pas le moindre des paradoxes !

Proches du patient depuis toujours – et pour cause –, soucieux de n'intervenir qu'à bon escient – jusqu'au début du XXe siècle, un bon chirurgien sera toujours celui qui sait quand il ne faut pas opérer –, les praticiens de l'art chirurgical avaient aussi élaboré une sémiologie soigneuse et détaillée, comme la médecine elle-même n'en possédait pas encore.

Alors que les médecins se perdaient parfois encore en considérations théoriques assez artificielles ou s'essayaient à classer les maladies pour tenter de le comprendre, les chirurgiens énonçaient dans leurs traités, enseignaient dans leurs cours pratiques, les signes cliniques précis et sûrs leur permettant de porter une diagnostic ou de dépister une complication.

Par un singulier retour des choses, la chirurgie, à la fin du XVIIIe siècle, pouvait être un guide pour fonder une médecine nouvelle. C'est bien ainsi que l'ont vue les plus grands.

Laennec, par exemple, dans son *Traité de l'auscultation médiate*, résumera son projet en ces mots :

> « J'ai tâché de mettre, sous le rapport du diagnostic, les lésions organiques internes sur la même ligne que les maladies chirurgicales.[22] »

---

22. Rappelons qu'à cette époque, la chirurgie n'abordait pas les lésions intra-abdominales ou intra-thoraciques, en raison des difficultés techniques insurmontables, en l'absence d'anesthésie notamment. L 'habitude persistera longtemps de nommer « pathologie interne » l'ensemble des maladies relevant de la médecine, et « pathologie externe » celles relevant de la chirurgie.

Quant au chirurgien Desault, nous l'avons vu, il eut un génial élève : Xavier Bichat. Tout un symbole.

Jenner et l'aventure vaccinale

Les maladies infectieuses demeuraient au XVIIIe siècle, comme ce fut le cas jusqu'au début du XXe siècle, un fléau permanent et une cause majeure de décès.

En témoigne dramatiquement la grande épidémie de peste qui, partie de Marseille, s'abattit sur le sud de la France en 1720 : près de 150 000 personnes trouvèrent la mort en deux ans.

Toutefois, parmi toutes ces maladies infectieuses, la variole avait présenté depuis la fin XVIIe siècle un regain de virulence. Évoluant en Europe sur un mode endémo-épidémique, elle couvait sourdement, puis dévastait brusquement des populations entières pendants des mois, comme à Paris avec 14 000 morts en 1716 et 20 000 autres en 1723, Naples où elle fit 6 000 victimes en 1768, Orléans avec 14 000 décès en 1790, et autant à Paris encore durement éprouvé en 1796. On estime qu'elle dut tuer environ 60 millions de personnes en Europe occidentale pendant toute le XVIIIe siècle.

Connue depuis la haute Antiquité, bien que Rhazès en ait fixé les caractères cliniques, pour la distinguer notamment de la rougeole, elle était encore souvent confondue avec cette dernière aussi bien qu'avec la scarlatine[23]. Et si Ambroise Paré avait parlé de « petite vérole », c'était pour la différencier de la « grosse vérole », c'est-à-dire de la syphilis.

Maladie fébrile aiguë, évoluant en quelques jours, elle couvrait le corps de pustules purulentes, mais elle menaçait surtout de mort, laquelle survenait dans 10 à 20 % des cas. Le plus souvent,

---

23. Rappelons qu'à l'époque, toutes ces maladies éruptives étaient sérieuses et pouvaient elles-mêmes comporter des complications graves.

des enfants étaient frappés, et si les survivants conservaient leur vie durant un visage « grêlé », la séquelle la plus grave, consécutive à l'atteinte cornéenne, était la cécité, survenant dans un cas sur dix environ. Dénommée « la mort rouge », « le fléau des familles », elle n'épargnait personne, pas même les grands de ce monde : en mai 1774, Louis XV en mourut.

Si la thérapeutique était alors à peu près impuissante, en revanche, le concept de prévention fit peu à peu son chemin.

Les Chinois avaient été les premiers à s'engager dans cette voie. Ayant observé, comme on le fera en Europe au XVIIIe siècle, que lorsque l'on réchappait à la maladie on ne la contractait jamais une seconde fois, ils eurent l'idée, pour s'en prémunir, de recourir à la variolisation. La technique chinoise consistait habituellement à inhaler, à absorber par voie nasale, des croûtes séchées prélevées sur des pustules de varioleux. La méthode, au cours des siècles, fut propagée en Perse puis en Turquie notamment. En 1734, dans sa XIe *Lettre philosophique*, Voltaire rapporte en ces termes ce que l'on peut sans doute considérer comme les plus anciennes recherches virologiques :

> « Les femmes de Circassie sont, de temps immémorial, dans l'usage de donner la petite vérole à leurs enfants, même à l'âge de six mois, en leur faisant une incision au bras, et en insérant dans cette incision une pustule qu'elles ont soigneusement enlevée du corps d'un autre enfant. [...]
> « Les Circassiens sont pauvres, et leurs filles sont belles : aussi, ce sont elles dont ils font le plus de trafic, ils fournissent de beautés les Harems du Grand Seigneur, du Sophi de Perse [...].
> « Or, il arrivait souvent qu'un père et une mère, après avoir bien pris des peines pour donner une bonne éducation à leurs enfants, se voyaient tout d'un coup frustrés de leur espérance, la petite vérole se mettait dans la famille, une fille en mourait, une autre perdait un œil, une troisième relevait avec un gros nez, et les pauvres gens étaient ruinés sans ressource [...].
> « Les Circassiens s'aperçurent que sur mille personnes, il s'en trouvait à peine une seule qui fût attaquée deux fois d'une petite vérole bien complète [...]. Il restait donc, pour conserver la vie et la beauté de leurs enfants, de leur donner la petite vérole de bonne heure [...].

> « […] les Turcs, qui sont gens sensés, adoptèrent bientôt après cette coutume, et aujourd'hui il n'y a point de Bacha dans Constantinople qui ne donne la petite vérole à son fils et à sa fille en les faisant sevrer. »

Le mode opératoire avait évolué, les motivations étaient discutables, mais le procédé bien établi.

En 1717, lady Wortley Montague, épouse de l'ambassadeur britannique auprès de la Sublime Porte, fut informée de cette pratique. À Constantinople, elle eut aussi le loisir de vérifier, comme elle le rapportera dans une lettre, qu'au huitième jour de l'inoculation, les enfants devenaient un peu fébriles et gardaient le lit deux jours à peine. « Il est rare, précisait-elle, qu'ils aient plus de vingt à trente boutons au visage ; ils ne sont jamais marqués ». Le fils de l'ambassadeur, âgé de trois ans, fut alors variolisé, et tout se passa fort bien. De retour en Angleterre en 1721, lady Montague ne tarit pas d'éloges sur ce moyen de prévention d'une terrible maladie. Très liée à la princesse de Galles, elle fit porter l'information jusqu'au roi George Ier qui, en août 1721, fit procéder à un essai sur six condamnés à mort, sous la surveillance du Collège royal des médecins de Londres. Cet essai clinique, qui ne bénéficierait sans doute pas de nos jours de l'accord d'un comité d'éthique, fut couronné de succès, et la variolisation devint à la mode.

Toujours en 1734, la verve de Voltaire lui faisait encore écrire :

> « Peut-être dans dix ans prendra-t-on cette méthode anglaise, si les curés et les médecins le permettent ; ou bien les Français dans trois mois se serviront de l'inoculation par fantaisie, si les Anglais s'en dégoûtent par inconstance. »

Très rapidement adoptée en Angleterre, l'inoculation trouva sur le continent un fervent partisan en la personne de Théodore Tronchin, un médecin d'origine suisse ami de Voltaire, qui inocula les enfants du duc d'Orléans en 1756. La méthode, perfectionnée sous la forme de micro-piqûres par Angelo Gatti en 1761, se répandit alors dans toute l'Europe. Le comble fut atteint lorsque, en juin 1774, un mois après la mort de Louis XV, on se décida à « varioliser » enfin le jeune Louis XVI et ses deux frères.

À vrai dire, la technique était affectée de deux dangers.

Le premier était de déclencher, au lieu d'une variole bénigne et presque inapparente, une variole grave et mortelle ; cela survenait dans environ 2 à 5 % des cas, ce qui fera dire à La Condamine, adversaire du procédé : « La petite vérole nous décimait, l'inoculation nous millésime... »

Le second danger, plus sournois, était de diffuser dans la population un virus variolique, certes provisoirement atténué lors du passage d'un malade à l'inoculé, mais toujours susceptible de récupérer sa virulence ancienne et de propager ainsi la maladie. Du reste, à l'imitation d'une loi anglaise, un arrêt du parlement de Paris prescrivit « que ces sortes d'opérations ne pourraient avoir lieu qu'en dehors de villes » et que les inoculés ne pourraient « se communiquer dans le monde moins de six semaines avant la guérison »[24].

C'est précisément de la campagne que vint une autre solution.

Edward Jenner, rural et austère rejeton d'une famille de pasteurs, était né en 1749 à Berkeley, dans le Gloucestershire. Lors de ses études de médecine entreprises à Londres, il avait eu la chance de bénéficier des leçons du célèbre John Hunter, dont il était devenu l'élève et dont il restera plus tard l'ami. Revenu en 1772 dans son village, il se livra sans retenue à la vie d'un médecin de campagne, par ailleurs curieux de tout, passionné de zoologie et même poète à ses heures.

C'est ici qu'un doute persiste sur l'origine de sa première intuition concernant la vaccine. En 1780, un humble pasteur de l'Hérault, Rabaut-Pommier, avait entendu dire par des vachers que lorsqu'on attrapait une maladie commune de la vache, la

24. La période classique d'incubation de la variole était de quinze jours.

« picote », proche de la variole, on était protégé contre cette dernière. Il en aurait fait mention auprès d'Anglais de passage, et l'idée aurait pu gagner l'Angleterre de cette façon. Du reste, en 1774, un fermier anglais se serait lui-même livré à cette inoculation nouvelle avec toute sa famille. Une constatation de même nature eut encore lieu en 1791 dans le Holstein.

Il demeure qu'en la matière l'histoire officielle a unanimement consacré le récit de Jenner lui-même. Il avait été informé par certains de ses paysans que la vaccine (du latin *vacca*, « vache » ; en anglais, *cow pox*), maladie fréquente de la vache, pouvait protéger contre la variole. C'était une affection bénigne, faisant apparaître sur les pis des animaux atteints des vésicules qui rappelaient celles de la petite vérole. On la contractait aisément en effectuant la traite des animaux. Une maladie discrètement fébrile se déclarait parfois, quelques éruptions, puis tout rentrait dans l'ordre.

Jenner, lui-même variolisateur, poussa plus loin l'investigation et observa que ses inoculations varioliques ne produisaient aucun effet, aucun signe clinique, ni fièvre ni pustules, chez les patients qui avaient déjà contracté la vaccine. La conclusion semblait s'imposer : en inoculant la vaccine, maladie absolument bénigne, au lieu de la variole, on pourrait obtenir la même protection avec un bien moindre danger.

Le 14 mai 1796, il tenta l'expérience. Du pus prélevé sur le doigt d'une jeune fille atteinte de la vaccine, Sarah Nelmes, fut inoculé au bras d'un jeune garçon, James Phipps. Dix jours après, une pustule typique apparut, puis disparut. Quelques mois plus tard, Jenner tenta enfin d'inoculer la variole au même enfant : rien ne se produisit. L'expérience était concluante.

En 1798, assuré de ses résultats, il se résolut à les publier et à formuler cette simple conclusion :

> « Je crois bien avoir démontré que la petite vérole des vaches est un préservatif assuré contre la petite vérole ordinaire. »

Le succès fut lors foudroyant à travers toute l'Europe, et trois ans plus tard, la méthode atteignit même l'Amérique, où le président Thomas Jefferson se fit vacciner.

Dès 1800, tous les marins de la flotte anglaise purent bénéficier de la vaccination, il en sera de même pour l'armée française en 1805. En France, sous l'Empire comme sous l'Ancien Régime, l'exemple venu de haut s'imposa à tous : en 1811, l'Empereur ayant fait à son tour vacciner le roi de Rome, ce simple événement fit taire toutes les oppositions.

Certes, la technique de vaccination « de bras à bras » dut encore être améliorée, car on rapporta quelques cas de transmission de la syphilis en même temps que de la vaccine ! La mise au point de la technique « de génisse à bras » par prélèvement direct sur le pis d'une vache inoculée, déjà pratiquée à Naples en 1801, fut introduite en France et généralisée à partir de 1864 : elle mit un terme à cinquante ans de controverse sur la « syphilis vaccinale »...

Jenner mourut en 1820, couvert d'honneurs. Lorsque, dans les années 1880, Pasteur mit au point avec Roux une méthode d'immunisation contre le choléra des poules, bien que le principe en fût différent, il voulut lui donner aussi le nom générique de vaccination.

C'était un hommage délibéré et mérité au modeste fondateur de la prophylaxie anti-infectieuse.

Médecine et irrationnel au Siècle des lumières : le magnétisme animal de Mesmer

Entre les vitalistes, les animistes – qui recommandaient même l'abandon de l'enseignement de la chimie, tenue par eux pour inutile – et les mécanistes, le grand débat d'idées dont la médecine subit les effets, au XVIIIe siècle, a donné lieu à des mouvements parfois profondément originaux, en marge du « progrès des Lumières », comme le magnétisme de Mesmer.

Sans doute influencé par les succès de l'électro-physiologie, avec les travaux de Volta et de Galvani, s'inspirant peut-être des « bains d'électricité statique » de l'abbé Bertholon, mais se rattachant aussi à un courant de pensée très ancien sur « l'éther universel », Franz Anton Mesmer va pendant quelques années « galvaniser » physiquement et intellectuellement une grande partie de la France et même de l'Europe.

Né en 1734 à Iznang, en Souabe, Franz Anton Mesmer fit ses études à Vienne, où s'était alors établie une brillante école médicale. Il y devint docteur en 1766, avec une thèse qui soutenait déjà l'idée d'une influence des planètes sur les phénomènes physiologiques et pathologiques, en particulier nerveux *(Dissertatio physico-medica de planetarum influxu)*. Outre qu'elle se rattachait à une conception ancienne et fortement ancrée dans la tradition médicale depuis le Moyen Âge, cette théorie astrale n'avait *a priori* rien de très choquant en un temps où la physique newtonienne triomphante enseignait l'interaction universelle des corps – des planètes notamment – se maintenant réciproquement en équilibre par l'effet d'une mystérieuse gravitation.

Mesmer, sans doute sincèrement fasciné par les progrès de la science, en particulier de la physique et de l'électricité, était aussi probablement déçu, comme nombre de praticiens de son temps, par les faibles possibilités de la thérapeutique. Il voulut alors mettre en œuvre un principe nouveau, tiré de la nature, qui ouvrirait la voie à une médecine vraiment universelle.

Ce principe, il le trouva dans le magnétisme. Le sujet, à vrai dire, n'était pas entièrement nouveau.

Connus depuis l'Antiquité, le magnétisme naturel et les étranges propriétés des aimants avaient déjà été mis à profit dans un but médical.

Le grand Paracelse recommandait le traitement des plaies à l'aide d'aimants, ces mêmes aimants dont le sage Ambroise Paré se servait seulement pour retirer des blessures les fragments métalliques inaccessibles. Dans la pensée paracelsienne on pouvait aller plus loin et guérir la plaie elle-même, en extrayant par le magnétisme le principe vulnérant qui s'y était logé. C'était la notion de « correspondance » qui était ici exploitée, ce grand secret de la nature qui met en relation subtile tous les éléments de la création et fait que « le semblable attire le semblable ».

Au début du XVIIe siècle, dans un esprit assez proche, un autre Allemand du nom de Rudolph Goclenius, ou Göckel, professeur de physique et de médecine à Marbourg, avait en 1609 consacré un ouvrage entier au magnétisme curatif, appliqué là encore essentiellement aux blessures *(Tractatus de magnetica curatione vulnerum)*.

Un peu plus tard, l'immense Van Helmont lui-même, revenant sur le même sujet, s'était efforcé d'intégrer l'effet thérapeutique attribué aux aimants dans le mouvement des sciences. À ses yeux, l'influence invisible du magnétisme était le fait d'un agent, spirituel plus que matériel, pénétrant et faisant vibrer tous les corps de l'univers. En cela, il ne faisait que rejoindre les conceptions développées par les physiciens de son temps, qui tentaient, depuis Descartes, de situer la lumière et les sons dans un milieu subtil, baignant toutes choses et comblant le vide apparent de l'espace : il appelaient ce principe « l'éther » (du latin *aether*, « air subtil » ; du grec *aithêr*, de *aithein*, « brûler »).

L'œuvre sans doute la plus représentative de la place accordée au magnétisme, dans la pensée des savants et des médecins de cette époque, est celle du jésuite Athanasius Kircher, polymathe accompli et homme de science autant qu'homme de foi. Il s'agit du traité de *L'Aimant, ou de l'art magnétique (Magnes, sive de arte magnetica)*, publié en 1643. Kircher y expose parfaitement les acquis de la science expérimentale naissante sur les phénomènes magnétiques, mais cette première étape franchie, il étend le sujet en affirmant que le magnétisme vulgaire, dont on s'amuse en manipulant des aimants, n'est que la forme particulière d'une force naturelle qui se décline en de multiples aspects : magnétisme planétaire, végétal, animal et humain. Il s'agissait bien pour lui d'une sorte de magie, en effet, mais pour reprendre l'expression déjà utilisée par ses devanciers, c'était une « magie naturelle ».

En 1658 enfin, un personnage singulier, philosophe, botaniste et poète, ami de Descartes par surcroît, le chevalier Digby, publia un *Discours fait en une solennelle assemblée, touchant la guérison des plaies par la poudre de sympathie*. Le procédé était connu depuis longtemps : à la Renaissance encore, on avait maintes fois décrit l'action à distance de la « poudre d'arme » qui permettait de réparer une blessure par arme blanche.

Digby fit alors beaucoup de bruit autour de son secret, qui connut pendant quelques années la faveur du public, en France et en Angleterre notamment.

Dès cette époque, Kenelm Digby résumait parfaitement la tradition magnétique dans laquelle il se situait :

> « Le grand architecte de la nature, en fabriquant le corps humain, chef-d'œuvre de la nature corporelle, y a mis des esprits internes, comme des sentinelles, pour rapporter leurs découvertes à leur général, c'est-à-dire à toute l'imagination qui est comme la maîtresse de toute cette famille, afin que l'homme puisse savoir et reconnaître ce qui se fait hors de son royaume dans le grand monde ; et qu'il puisse éviter ce qui lui pourrait nuire et rechercher ce qui lui est utile. »

Un siècle plus tard, Mesmer allait reprendre l'essentiel de ce programme.

Dans les années qui suivirent la publication de sa thèse sur les influx planétaires, Mesmer élabora le concept d'un « fluide subtil » que, de façon très révélatrice, il nomma d'abord « gravité animale », par référence évidente aux travaux sur la gravitation et la mécanique céleste. Finalement plus à l'aise dans le maniement des aimants que dans celui des influences astrales, Mesmer en vint à la notion de « magnétisme animal ».

Incompris à Vienne lors de ses premiers essais, il se rendit à Paris en 1778, pour y connaître rapidement une gloire prodigieuse bien qu'éphémère.

D'emblée, le magnétisme de Mesmer reposait en effet sur une équivoque. Moins que de magnétisme, c'est de charisme personnel qu'il aurait fallu parler dans son cas. Sa méthode *princeps* reposait sur la polarité inverse du patient et du magnétiseur, ainsi que sur l'imposition des mains, supposée capable de rétablir un équilibre rompu, par une sorte de « transfusion magnétique ». Gravitation, magnétisme expérimental, transfusion : on voit bien quelles étaient les modèles plus ou moins conscients de Mesmer qui, dès 1778, résuma son système dans un *Mémoire sur la découverte magnétisme animal,* publié à Genève. Toutefois, son succès même allait faire évoluer le magnétisme animal dans une tout autre direction.

Rencontrant un enthousiasme inattendu dès ses premiers essais en France, débordé par la cohorte des patients désireux de bénéficier de son fluide, mais ne pouvant suffire à la tâche, Mesmer dut adapter son procédé. C'est ainsi que naquirent les fameux « baquets » autour desquels s'organisèrent les séances magnétiques.

Dans un grand réceptacle recouvert de bois, de la limaille de fer baignait dans de l'eau acidulée. De ce mélange « magnétique » sortaient des barres de fer recourbées que les patients pouvaient saisir, et des cordes grâce auxquelles ils pouvaient même former entre eux des chaînes magnétiques.

Les effets ne se firent pas attendre. On vit alors, dans les salons les plus brillants, des dames de la meilleure société tomber en pâmoison, victimes consentantes d'un délicieux malaise, tandis que des messieurs, plus dignes, les emportaient dans un boudoir pour calmer leurs feux magnétiques. Ce fut une vraie folie, mais aussi un succès incroyable.

On dut s'organiser et bientôt des Sociétés de l'Harmonie furent créées dans toute la France, où l'on pouvait à loisir cultiver le plaisir des cures magnétiques. Ces sociétés furent édifiées un peu à l'image des loges maçonniques, largement répandues dans le royaume depuis alors une cinquantaine d'années[25].

La franc-maçonnerie, mouvement des Lumières, certes, mais aussi société de pensée, communauté fraternelle, mouvement initiatique enfin, était vers la fin du XVIIIe siècle, son siècle d'or, un milieu d'une complexité considérable, aux visages multiples et parfois contradictoires. À Lyon notamment, sous la bannière de Jean-Baptiste Willermoz, soyeux de renom mais également mystique passionné, une maçonnerie d'inspiration théurgique s'était constituée, avide de phénomènes et en tout cas profondément curieuse de « connaissances rares et précieuses ». Dans son sillage, de nombreux maçons se jetèrent alors à corps perdu dans le magnétisme[26] Dans ce contexte, il prit bientôt une dimension nouvelle.

On n'avait pas abandonné le procédé originel des « passes magnétiques » permettant de transmettre à un sujet privilégié le fluide du magnétiseur. La technique en était bien codifiée :

> « Il faut d'abord se placer en face de ce malade, le dos au nord et approcher les pieds contres les siens ; ensuite porter, sans appuyer, les deux pouces sur les plexus des nerfs qui se trouvent au creux de l'estomac et les doigts sur les hypocondres. Il est bon de temps en temps de promener les doigts sur les côtés et principalement vers la rate, et faire changer de place aux pouce. »

En 1785, le chanoine et franc-maçon Jean Castellas, procédant à ces troublants attouchements sur une de ses patientes, Jeanne

25. Il est d'ailleurs très vraisemblable, quoique non formellement prouvé, que Mesmer ait été lui-même initié en franc-maçonnerie dans une loge autrichienne, avant son départ de Vienne.

26. C'est d'ailleurs à Lyon qu'on peut aujourd'hui admirer, au Musée d'histoire de la médecine, le dernier et unique baquet magnétique encore connu.

Rochette, parviendra même à provoquer chez elle un état de conscience particulier aussitôt qualifié de « sommeil magnétique » ou encore de « somnambulisme artificiel ». Apparemment projetée dans un autre monde, la jeune Rochette délivrait des messages, révélait des secrets et, en revenant à la conscience claire, paraissait avoir tout oublié. Aux confins de la mystique et de la thérapie, le magnétisme animal avait fondé l'hypnose médicale.

Mais déjà les autorités, et d'abord celles de la Faculté, avaient fini par s'émouvoir et entrepris d'interdire la médecine magnétique. L'Académie des sciences et la Société royale de médecine, sollicitées par Louis XVI, avaient alors émis un jugement sans nuance :

> « L'imagination sans magnétisme produit des convulsions. [...] Le magnétisme sans l'imagination ne produit rien. »

Dans un rapport demeuré secret et qui ne fut rendu public qu'en 1826, le savant Bailly avait surtout noté l'atmosphère érotique des séances et les composantes sexuelles évidentes de cette thérapeutique. Il concluait que « le traitement magnétique ne peut qu'être dangereux pour les mœurs ».

En 1784, Mesmer dut quitter la France pour la Suisse, et la Révolution acheva de balayer le mouvement magnétique. Toutefois, à la Restauration, il connaîtra un certain renouveau sur des bases plus sages. Chastenet de Puységur, successeur de Mesmer, avait très opportunément supprimé les baquets et les séances publiques. Le mouvement s'étiolera définitivement au cours de XIXe siècle mais, nourri d'autres influences, il aura encore des rejetons tardifs comme le spiritisme vers 1850, et à la fin du siècle, on verra même apparaître une « École pratique de magnétisme et de massage » et une « Société magnétique de France », sous l'égide du célèbre docteur Gérard Encausse, médecin et mage sous le nom de Papus dans le Paris occultiste de la Belle Époque.

L'épisode magnétique ne doit cependant pas susciter de jugement sommaire. Cette aventure illustre tous les contrastes du Siècle des lumières, partagé entre deux époques, deux pensées, balançant encore entre « l'âge métaphysique et l'âge positif » comme le dira plus tard Auguste Comte.

La médecine du Siècle des lumières porte bien la marque de ces hésitations. La Révolution française, symbole d'une rupture politique autant qu'intellectuelle et philosophique, précipitera sans doute, en médecine comme en beaucoup d'autres domaines, l'avènement d'une vision radicalement nouvelle.

Mais après tout, à la fin du XIXe siècle, lorsque l'éminent Jean-Martin Charcot, l'un des plus grands noms de la neuro-psychiatrie, fera usage de l'hypnose provoquée devant l'assemblée admirative de ses élèves, lors de ses fameuses leçons à la Salpêtrière où il provoquait l'hystérie démonstrative de ses patientes, n'était-il pas d'une certaine manière le lointain continuateur des méthodes de Mesmer ? Parmi ceux qui assistaient, silencieux, à ces séances, figurait un jeune médecin, viennois lui aussi : Sigmund Freud.

Un système atypique : l'homéopathie de Samuel Hahnehman

Si les œuvres du fondateur de l'homéopathie ont été pour l'essentiel publiées au XIXe siècle, leur auteur était néanmoins, par ses origines, par sa formation, par sa façon surtout d'envisager les problèmes de la médecine, un homme du XVIIIe siècle finissant. Il en a exprimé, au même titre le magnétisme animal, mais sur un autre registre, les limites et les contradictions.

Né en 1755 à Meissen, en Saxe, le jeune Samuel, bien qu'issu d'un milieu peu fortuné, put suivre des études brillantes grâce à une bourse et décida ensuite de se diriger vers la médecine. À vingt ans, étudiant en médecine à Leipzig et démuni de tout, mais pourvu déjà d'une vaste culture et d'un talent particulier pour les langues, il commença une carrière de traducteur afin de se ménager quelques ressources. Plus tard, il consacrera à la traduction des livres de médecine le plus clair de son temps, non seulement pour vivre, mais aussi pour édifier son propre système médical.

En 1777, à l'occasion d'un bref passage à Vienne, il eut la bonne fortune de rencontrer le baron de Bruckenthal, gouverneur de Transylvanie, qui, probablement séduit par les connaissances de ce jeune médecin, lui offrit d'être à la fois son bibliothécaire et son médecin particulier. Là, goûtant l'une des rares périodes d'opulence et de relative oisiveté de la première partie de sa vie, il fut aussi reçu dans une loge maçonnique de Hermanstadt dont il appréciera plus tard, dans ses moments difficiles, la douce fraternité.

Sa thèse en poche, il reprit la route et s'installa en 1780, menant pendant quelque temps la vie âpre d'un médecin de campagne. Après avoir épousé en 1783 la fille d'un pharmacien de Dessau, Haeseler, qui l'avait initié à la préparation des remèdes, Hahnehman s'établit à Dresde, où il connut pendant un temps une meilleure réussite. C'est là qu'il croisa Lavoisier, venu faire un conférence sur les douteux mystères du phlogistique. Enfin, en 1789, il choisit de s'installer de nouveau à Leipzig, la seule ville universitaire de Saxe où l'on enseignât la médecine. Les pratiques se pressèrent aussitôt dans le cabinet de ce médecin qui jouissait déjà d'une belle renommée.

Or, deux ans plus tard, ce fut la crise. Désespéré de ne pouvoir soulager ses patients avec les maigres ressources thérapeutiques de son temps, ne croyant plus aux remèdes qu'il donnait par habitude et moins encore aux saignées et aux lavements, ses scrupules furent les plus forts : il cessa brutalement d'exercer la médecine ! Malgré une nombreuse famille à nourrir, en butte à l'incompréhension de sa femme qui avait dû renoncer à sa vie bourgeoise, il se consacra de nouveau à des études de chimie, discipline qui l'avait toujours passionné, tout en se livrant pour subsister à l'obscur métier de traducteur scientifique. C'est pourtant de cette activité laborieuse que vint pour lui la lumière.

En 1790, ayant à traduire *La Matière médicale (Materia medica)*, un ouvrage de pharmacopée écrit par Cullen, médecin et nosographe écossais, il fut frappé par les données contradictoires que renfermait ce livre à propos des effets du quinquina, devenu depuis un siècle l'un des remèdes les plus prescrits. Piqué au vif par tant de confusion, Hahnemann, poussé par le démon – ou le génie ? – de l'expérimentation, résolut d'en faire l'essai sur lui-même. Ayant absorbé d'abord une assez forte dose du remède, il put alors constater à sa grande surprise que ce remède considéré comme souverain contre la fièvre intermittente déclenchait chez un sujet sain, à dose relativement élevée, les symptômes mêmes… d'une fièvre intermittente !

Hahnemann, après avoir renouvelé l'expérience et obtenu un résultat constant, fit des essais comparables avec le mercure, la digitale, ou encore la belladone – qui produisait une sorte de scarlatine passagère.

Cette découverte fut pour lui un choc, mieux : une révélation. Il en déduisit un principe simple, fondateur de toute l'homéopathie :

> « Les substances qui provoquent une sorte de fièvre coupent les différentes sortes de fièvres intermittentes. »

C'était pour lui la redécouverte expérimentale du vieil adage *« Similia similibus curantur »* (« C'est par les semblables qu'on guérit les semblables »).

En 1796, l'année même où Jenner révélait le principe de la vaccination, Hahnemann fonda l'homéopathie, s'engageant dans une suite impressionnante d'essais de toutes sortes de substances dont il décrivait soigneusement les effets, afin d'en fixer ce qu'il nommera désormais leur « pathogénésie » : les symptômes mêmes qu'ils étaient supposés pouvoir guérir à doses beaucoup plus faibles.

Dix ans plus tard, en sortit un premier recueil de vingt-sept remèdes, mais en 1810 surtout, l'exposé *princeps* de la doctrine homéopathique : l'*Organon de l'art de guérir*. Il entama aussitôt la rédaction de sa *Matière médicale,* qui demandera dix années encore.

Hahnemann avait recruté quelques adeptes, mais il s'était fait aussi beaucoup d'ennemis. Jusqu'en 1811, date de son retour à Leipzig, sa vie mouvementée, émaillée de déménagements incessants, sera faite de procès que lui intenteront ses confrères, mais aussi les pharmaciens, car il tenait à préparer lui-même ses remèdes !

En 1820, de nouveau traîné en justice et frappé d'interdiction, il consentit à accepter la protection que lui offrait le duc Ferdinand à Anhalt-Koethen. Prison dorée au demeurant, car pendant quinze ans, toujours l'objet de haines parfois violentes, Hahnemann n'en sortit pratiquement pas, mais il pourra y travailler encore en toute quiétude.

Sa femme ayant disparu en 1827, il connut enfin quelques années plus tard une romance inattendue.

À travers son œuvre, désormais largement diffusée, traduite en plusieurs langues, sa réputation s'était étendue à toute l'Europe. Comme il ne sortait pas et que son âge lui imposait le calme, on venait parfois à lui. En 1835, il reçut ainsi une jeune Française, Mélanie d'Hervilly, qui souhaitait le consulter : en février, il l'épousa. Le patriarche de la médecine homéopathique, guidé par son épouse, plus jeune que lui de cinquante ans, sortit de son ermitage. En juin 1835, il visita Paris et devint pour un temps, mais dans des conditions plus calmes, le médecin atypique et à la mode qu'avait pu être, en son temps, Mesmer le magnétique.

Hahnemann mourut le 3 juillet 1843, à quatre-vingt-huit ans. Cette année-là, le jeune Claude Bernard soutenait sa thèse : un autre monde médical, fondé sur le mouvement perpétuel, le refus des systèmes figés, venait de naître. Hahnemann avait paisiblement achevé et refermé le sien.

Si l'homéopathie, qui a connu depuis lors un grand destin, demeure un objet de débat, ce dernier n'est pas du ressort de l'historien. Il convient toutefois de s'arrêter sur sa place dans la pensée médicale du XVIIIe siècle finissant, dont elle est, à divers égards, un pur produit.

Le mouvement qui a conduit Hahnemann à édifier son propre système reposait sur trois opinions alors sans doute répandues chez nombre ses confrères : la thérapeutique était décevante, pour ne pas dire impuissante ; les systèmes médicaux abstraits, et détachés du réel ; la vérification expérimentale devait être désormais la base de la médecine. Qui ne souscrirait à ces trois points ? Or, s'ils furent effectivement à la source de l'homéopathie, toute la difficulté réside dans l'application qu'en fit Hahnemann.

À l'origine, l'homéopathie n'était qu'une nouvelle méthode thérapeutique, un moyen de découvrir de nouveaux remèdes et de préciser leurs indications. Mieux encore, c'est l'expérience qui désignait une substance, quelle qu'elle fût, comme un remède et lui assignait ses indications. Hahnemann avait d'ailleurs poussé les choses très loin : pour lui, un patient relevait d'un remède et d'un seul pour chaque maladie qu'il présentait.

Dès l'origine, Hahnemann a dû justifier l'empirisme de ses découvertes par le recours au principe ancien des « semblables ». Il en a aussi déduit, sans pouvoir donner plus d'explications, après la loi de « similitude », le principe des « dilutions infinitésimales ». Hahnemann pratiquait d'ailleurs des dilutions extrêmes, jusqu'à la trentième centésimale…

Mais les conditions mêmes de définition du remède – sa « pathogénésie » – obligèrent aussi Hahnemann à construire une sorte de nosologie en recul par rapport aux conceptions émergentes de son temps : il individualisait et soignait des symptômes, non des maladies. C'est du reste en ce sens que lui aussi se réclamait d'un retour à Hippocrate. Pour ce dernier, on le sait, le typhus, la grippe ou la malaria étaient avant tout des fièvres, des symptômes particuliers. Tout le travail de la nosologie moderne, initié dès la fin du XVIIIe siècle, sera au contraire de décrire de entités pathologiques constantes, identifiées, que le médecin doit reconnaître chez son patient sous le masque changeant de symptômes qui peuvent varier.

Rien de tel pour Hahnemann : dès l'origine, sa nosologie étant purement symptomatique, elle se trouva coupée radicalement du mouvement irréversible de la médecine anatomo-clinique en genèse.

Les choses auraient pu en rester là, mais il y eut plus grave Hahnemann imposa dans la préparation des remèdes la pratique de la dynamisation, c'est-à-dire de l'agitation, supposée nécessaire pour activer le remède dilué. Sommé de lui donner un fondement théorique, il le trouva dans le système de Stahl, et évoqua une sorte d'énergie immatérielle *(dynamis)* qui serait à la fois à la base des mouvements pathologiques du corps et de l'efficacité des remèdes : en somme, on n'était pas très loin des mystères du magnétisme. À l'ère de la chimie triomphante, une telle explication fleurait trop la « vertu dormitive » des médecins de Molière !

Enfin, les pathogénésies reflétaient surtout l'effet immédiat d'un remède et relevaient donc de manifestations aiguës. Les maladies chroniques semblaient leur échapper. C'est pour cette raison que très tard, en 1828, Hahnemann ouvrit un nouveau chapitre de l'homéopathie avec son *Traité des maladies chroniques*. Rivalisant à son tour avec Cullen ou Boissier de Sauvages, il proposait de classer toutes les pathologies en familles, comme la « sycose » – détérioration due à d'anciennes maladies vénériennes, notamment à la gonorrhée – ou le « psore » – terrain prédisposant aux maladies cutanées, et s'apparentant à la gale, notamment. Typologie incertaine que les homéopathes oublieront pour lui en substituer d'autres (les carboniques, les fluoriques, les phosphoriques). On saisit au passage l'effort d'Hahnemann pour donner à ses familles pathologiques un fondement objectif, du reste assez socialement ou moralement marqué – la gale, les infections vénériennes, etc.

Quel que soit le succès remporté auprès des malades – et l'un des successeurs immédiats de Samuel Hahnemann, Clemens von Bönninghausen, soulignait déjà l'importance des facteurs psychologiques –, la doctrine homéopathique, ignorant la physiologie et ne tenant aucun compte des données de l'anatomie pathologique, était attachée à un modèle intellectuel de la médecine en déclin irrémédiable.

Un autre modèle allait définitivement entraîner la pensée médicale dans un monde nouveau. Dix ans avant l'*Organon*, Bichat avait publié son *Traité des membranes*. Il était mort deux plus tard, mais c'est dans son sillage que vivait désormais la nouvelle médecine, assurément bien éloignée de l'hippocratisme hahnemannien.

La médecine révolutionnaire : Bichat et la théorie tissulaire

Lorsque la Révolution française éclate, nul ne sait encore quel bouleversement historique va connaître le France : une monarchie multiséculaire abattue en trois ans, des institutions anéanties, toutes les autorités anciennes remises en causes, la structure tout entière de la société refondue. Même le monde ne se mesurerait plus de la même façon : désormais, il faudrait parler en mètres, en kilogrammes et en litres.

La médecine, bien sûr, ne fit pas exception. Pour elle, ce fut sans doute le moyen de gagner quelques années en hâtant une mutation qui s'annonçait depuis déjà longtemps. Le statut des praticiens, de l'immense majorité de ceux, chirurgiens ou médecins, qui se préoccupaient de leurs patients, ne changea guère, car le problème ne se posait pas là. C'est à l'échelon de l'université, des sociétés savantes, en un mot des cadres hérités de l'Ancien Régime, que le nouveau pouvoir exerça sa volonté de réforme.

Le 15 septembre 1793, un décret de la Convention supprima toutes les universités. Pendant près de quinze ans, tout l'enseignement supérieur demeura désorganisé : en médecine, jusqu'en 1794, aucun enseignement ne fut plus dispensé, et jusqu'en 1803, aucun diplôme ne fut décerné.

On dut prendre néanmoins des mesures transitoires. Le chimiste et médecin Antoine Fourcroy, sollicité de produire un rapport pour envisager un nouveau mode de transmission du savoir médical, avait alors pointé avec pertinence une lacune cruelle de l'ancien système :

> « Ce qui a manqué jusqu'ici aux écoles de médecine, la pratique même de l'art, l'observation au lit de malades, deviendra une des principales parties de cet enseignement. »

La Révolution n'avait pas inventé cette idée, mais elle en rendait enfin l'application possible.

Le 4 décembre 1794, la Convention adopta une loi créant à nouveau trois « écoles de santé », respectivement à Paris, Montpellier et Strasbourg.

La grande nouveauté était une réunion impensable quelques années auparavant : celle des médecins et des chirurgiens, qui fréquenteraient désormais une seule et même école. En 1797, à Paris, on créa aussi un école de dissection pouvant recevoir cent vingt étudiants. De nouvelles matières furent mises au programme des cours : la médecine légale, l'histoire de la médecine, la physique, la chimie.

Le changement le plus considérable fut cependant l'adossement définitif de l'enseignement théorique à la pratique dans les hôpitaux, devenus publics et municipaux, auxquels furent affectés des « professeurs de clinique ». Les étudiants étaient désormais tenus d'y apprendre leur métier en pratiquant assidûment ce que l'on nommait joliment la « médecine d'observation ».

Ce modèle, initialement imposé par une révolution politique dont les conséquences s'étendirent à toute l'Europe, finira peu à peu par être admis dans tous les pays comme le cadre normal de l'enseignement médical et de la recherche clinique qui pouvait enfin prendre toute sa mesure.

C'est au milieu de cette refondation que surgit un homme singulier, une sorte de météore de l'histoire médicale dont la trace devait durer bien plus longtemps que sa courte vie.

Né en 1771 à Thoirette, dans l'Ain, Bichat fit ses premières études au collège de Nantua puis chez les Jésuites de Lyon. Son père Jean-Baptiste était médecin et avait été formé à Montpellier. Le jeune Xavier fut d'abord à Lyon, où il apprit les rudiments auprès d'un chirurgien, Marc-Antoine Petit, professeur de clinique chirurgicale à l'Hôtel-Dieu. Puis, Bichat vint à Paris. Là, il devint l'élève, le disciple, puis l'ami de Desault, l'un des chirurgiens les plus renommés de son temps et surtout un homme passionné par l'enseignement. L'époque le favorisait, à cet égard. En pleine période révolutionnaire et de laïcisation à marche forcée de la France, l'Hôtel-Dieu de Paris, dont le nom fleurait trop la « superstition », s'appelait désormais « Grand Hospice de l'Humanité ». Sous l'égide d'un tel maître, Bichat fit de rapides progrès, non seulement dans la pratique opératoire, mais aussi dans les travaux anatomiques, conduisant lui-même plus de six cents dissections en quelques mois. C'est d'ailleurs cet aspect de la science qui le retiendra après la mort de Desault en 1795. Si finalement il abandonnera la chirurgie pour la médecine, le sens de l'observation, la sémiologie rigoureuse, la longue pratique des vérifications autopsiques, que lui avait enseignés son maître, décidèrent à l'évidence de l'orientation de sa pensée.

Déjà atteint en 1798 d'une hémoptysie d'origine certainement tuberculeuse, il ne lui restait plus que quatre ans pour accomplir toute son œuvre. Animé d'un ardeur étonnante, il écrit dès 1800 le *Traité des membranes en général, et de diverses membranes en particulier*, texte fondateur de l'histologie et de la pathologie tissulaire, il publie l'année suivante une *Anatomie générale appliquée à la physiologie et la médecine*, en quatre tomes, et enfin, en 1802, les deux premiers volumes d'une *Anatomie descriptive*[27].

En juillet 1802, il fit une chute dans un escalier de l'Hôtel-Dieu, vraisemblablement atteint d'une méningite tuberculeuse. Le 22 juillet, à la consternation de ses amis, il succomba à l'âge de trente et un ans.

Sur le tableau, aujourd'hui conservé à l'ancienne faculté de médecine de Paris, *Bichat mourant assisté par les docteurs Esparron et Roux*, l'atmosphère paisible qui émane de la toile, l'abattement de ses deux élèves, la sérénité de Bichat s'approchant du trépas, sont à l'unisson de ce qu'écrivit aussitôt au Premier consul son ami Jean Nicolas Corvisart :

> « Il est resté sur un champ de bataille qui veut aussi du courage et qui compte plus d'une victime. Personne en si peu de temps n'a fait tant de choses et si bien. »

Officiellement « médecin expectant au Grand Hospice de l'Humanité », ce génie de la médecine n'avait même jamais porté le titre de docteur…

Tout le système de Bichat est né de sa pratique particulière de l'autopsie, la base de toute sa pensée. Il ne s'est pas borné à constater des lésions macroscopiques – ulcères, tumeurs, inflammations – dans le droit fil de l'anatomie pathologique selon Morgagni. Il a fini par soupçonner qu'on ne pouvait parler de l'estomac, du foie, du cœur, comme s'il s'agissait d'êtres en soi, alors que la dissection soigneuse faisait apparaître qu'eux-mêmes

27. Les trois autres volumes seront publiés par ses élèves après sa mort.

étaient constitués, non seulement de « fibres » comme on l'avait déjà évoqué avant lui, mais de regroupements particuliers de ces fibres, pour former comme des matériaux élémentaires de ces organes : vaisseaux, muqueuses, séreuses, glandes, muscles de toutes sortes, etc.

Bichat n'utilisera jamais le microscope, dont les modèles alors disponibles étaient du reste de très mauvaise qualité. Il soumet plutôt toutes ces pièces anatomiques à des traitements divers – dessication, putréfaction, action de divers substances chimiques. Or, les organes ne sont pas détruits de façon homogène, ni de la même manière à chaque fois. Plus encore, lorsqu'on les observe de près, on s'aperçoit que, selon la pathologie présentée par la patient, ce ne sont pas les mêmes constituants d'un organe qui sont atteints.

Bichat forge peu à peu sa pensée et formule enfin le concept fondateur : les maladies n'affectent pas un organe, mais les tissus qui le composent.

En 1794, lorsque les programmes d'enseignement de médecine, unissant les chirurgiens et les médecins – « les deux branches d'un même tronc » –, furent révisés, on décida d'exposer enfin une pathologie unique et commune à tous. Bichat n'eut pas de difficulté à faire valoir la sienne : à l'observation attentive, « chirurgicale » des pièces anatomiques, il joignait le concept unifiant d'une maladie qui résultait de toutes ces altérations élémentaires. C'était une conception qui changeait radicalement la perspective. Les interrogations de Morgagni sur la signification des lésions anatomiques étaient dépassées : l'anatomie pathologique devenait la clé des maladies, elle en montrait les causes et expliquait les troubles que constatait ensuite la clinique. Les nosographies symptomatiques du XVIIIe siècle avaient vécu.

Surtout intéressé par les revêtements du corps et des organes, Bichat voyait les tissus surtout en tant que « membranes ». En 1800, il en distingue trois sortes : les muqueuses, les séreuses, les fibreuses. Les premières protègent le tube digestif et l'arbre urogénital des corps étrangers ; les seconds (plèvre, péritoine, péricarde, synoviales) isolent les organes entre eux ; les dernières (tissu dense, périoste, aponévroses) solidarisent et renforcent certains organes.

Dans ses *Recherches physiologiques sur la vie et la mort*, toujours en 1800, impressionné par les théories de Haller, il émit l'idée que les maladies résultaient des propriétés vitales innées des tissus : en cela, il se rattachait évidemment aux systèmes de Stahl et de Bordeu. Il put ainsi formuler la célèbre définition de la vie : « L'ensemble des fonctions qui résistent à la mort. »

De cette définition apparemment simple découlera, chez Claude Bernard, par exemple, la recherche systématique des grands équilibres – « du milieu intérieur » –, coordonnant en permanence l'action des tissus, c'est-à-dire des grandes fonctions du corps. Ce sera l'un des dogmes fondateurs de la physiologie moderne.

Bichat laissait une œuvre brève mais pourtant essentielle. Il en avait du reste résumé les principes dans un programme sans équivoque :

> « Disséquer en anatomie, faire des expériences en physiologie, suivre les malades et ouvrir des cadavres en médecine, c'est là une triple voie, hors de laquelle il ne peut y avoir d'anatomiste, de physiologiste, de médecin. »

Lorsqu'il écrivait ces mots, peu avant de mourir, on était déjà au XIXe siècle, mais « ce siècle avait deux ans ». C'était comme un testament légué à ses successeurs par la médecine des Lumières.

Après la révolution politique, la révolution médicale était engagée.

Chapitre X

LA RÉVOLUTION MÉDICALE DU XIXe SIÈCLE

La méthode anatomo-clinique

Au soir du 18 Brumaire, le Premier consul s'exclame, à l'adresse de tous les Français :

« Citoyens, la Révolution est fixée aux principes qui l'ont commencée. Elle est finie. »

Dans l'ordre politique c'était assurément vrai, mais pour la médecine, la révolution allait au contraire commencer ou, pour mieux dire, s'accomplir, en grande partie d'ailleurs grâce aux réformes introduites par le Consulat puis l'Empire. Or, du fait de l'influence acquise par la France sur la plupart de ses voisins – en dehors de l'Angleterre, naturellement – au cours des dix années suivantes, ce sera aussi dans une large mesure la révolution médicale d'une grande partie de l'Europe.

Leyde, Boerhaave et La Boë étaient bien loin ; la France avait repris le sceptre de la médecine.

Le 10 mars 1803, la loi rétablit un cursus universitaire en médecine, sanctionné par des diplômes, mais l'échelle des grades différait beaucoup de celle de l'ancien système. Aux nouveaux bacheliers étaient ouvertes les carrières médicales, mais il fut institué, fait entièrement nouveau, deux catégories de praticiens : les officiers de santé et les docteurs en médecine.

Les premiers recevaient un enseignement plus court, étaient

dispensés de ce travail universitaire par excellence que symbolisait la thèse, et formaient une masse de praticiens de terrain pour les populations civiles comme pour les armées. Évidemment un peu déclassés, un peu méprisés même, par les savants médecins – c'était décidément un travers irréformable de la profession –, les officiers de santé constitueront néanmoins pendant des décennies une armature solide de la médecine dans tout le pays. Le plus célèbre d'entre eux, dans le monde littéraire, est le pauvre Charles Bovary, le mari d'Emma que met en scène Gustave Flaubert – dont le père avait été médecin et même interne des hôpitaux. Dans le roman de Flaubert, le rêve de Charles Bovary est de réaliser quelque exploit médical pour faire oublier sa condition subalterne et briller un peu plus aux yeux de son épouse et de la petite société de Yonville-l'Abbaye : on sait comment finit le drame…

Les officiers de santé, nés avec le siècle, mourront avec lui : la loi du 30 novembre 1892 mit leur corps en extinction, en autorisant toutefois ceux qui étaient en activité à cette date à poursuivre leur pratique. Certains d'entre eux, en fin de carrière, exerçaient encore au début des années 1920[1].

Selon une métaphore militaire permettant assez bien de décrire toute la société impériale, on pourrait dire que les officiers de santé étaient un peu les sous-officiers de la médecine. Les officiers supérieurs étaient des docteurs : à eux seuls s'ouvraient éventuellement le privilège de l'enseignement et les dignités de la Faculté.

Mais, dès 1802, une autre innovation, plus fondamentale encore, avait été introduite : le corps des internes des hôpitaux. Avant même la promulgation de la nouvelle organisation des études, le 23 février 1802, avait été créé « l'internat en médecine et

---

1. Dans *Knock ou le triomphe de la médecine* de Jules Romains (1923) le docteur Parpalaid, que Knock rencontre pour lui succéder éventuellement, demande à ce dernier avec un air de soupçon s'il ne serait pas officier de santé…

chirurgie des hôpitaux et hospices civils de Paris ». Six mois plus tard, le premier concours désignait les vingt-quatre premiers reçus. Selon un témoignage de l'époque, la tâche de ces nouveaux acteurs de la vie hospitalière était simple à définir – sinon aisée à remplir :

> « Ils voient les malades à leur arrivée, rendent compte de leur état, exécutent les pansements ordinaires, recueillent et rédigent les observations les plus intéressantes, font la visite du soir. »

Deux siècles plus tard, les fonctions de l'interne – y compris la fameuse « contre-visite » – n'ont guère changé. Mais le fonctionnement du service hospitalier en a été profondément modifié.

C'est alors, pour reprendre les célèbres analyses de Michel Foucault, que naît réellement la « clinique » au sens que nous donnons aujourd'hui à ce mot. C'est notamment – mais pas seulement, il est vrai – parce qu'une nouvelle structure sanitaire centrée sur l'hôpital a été mise en place, qu'un nouveau regard porté sur la maladie a pu se développer et finalement s'imposer.

Où, mieux qu'à l'hôpital, peut-on sereinement détailler avec précision et rigueur tous les troubles dont souffre un patient ? D'autant plus que désormais les internes, parce qu'ils sont « dans l'institution », y assurent une permanence, à la différence des médecins et chirurgiens qui jusqu'alors n'y faisaient que des apparitions épisodiques. C'est aussi la naissance de ce moment mythique de la vie de tout « carabin » : la prise de l'observation, c'est-à-dire le récit minutieusement reconstruit de l'histoire de la maladie – « l'anamnèse » –, suivi de l'examen physique, le tout étant consigné selon un plan à peu près immuable.

L'hôpital est aussi un lieu qui désormais va unifier la vie et la mort : à côté des salles de malades se tiennent les salles d'autopsie. L'observation, que la mort du patient n'achève pas, sera ainsi dûment complétée à l'amphithéâtre, lors de ce que l'on appellera d'un mot un peu rude la « vérification »…

Dans sa thèse rédigée en 1818, *Sommaire d'une histoire abrégée de l'anatomie pathologique*, un jeune praticien, Pierre Rayer, qui au terme d'une longue carrière finira à l'Académie de médecine et à l'Académie des sciences, décrivait ainsi ce nouveau monde :

> « Une époque toute nouvelle pour la médecine vient de commencer en France [...] ; l'analyse appliquée à l'étude des phénomènes physiologiques, un goût éclairé[2] pour les écrits de l'Antiquité, la réunion de la médecine et de la chirurgie, l'organisation des écoles cliniques ont opéré cette étonnante révolution, caractérisée par le progrès de l'anatomie pathologique. »

De cette alliance imprévue entre une pensée médicale qui se cherchait un nouveau destin depuis le milieu du siècle précédent, et les retombées non moins inattendues de la refondation politique et administrative de la France, va surgir enfin la médecine anatomo-clinique. Ce modèle définitif ne sera plus jamais modifié.

Certains, dès le début de l'Empire, avait ouvert la voie. Ils comptaient évidemment parmi ceux que le nouvel ordre politique avait placés au premier rang. Ici s'impose la figure de Jean Nicolas Corvisart, qui deviendra le médecin personnel de l'Empereur, avec qui, chaque semaine, il avait un entretien privé[3] et qui faisait en quelque sorte fonction de ministre officieux de la Santé.

Praticien habile et estimé, il mit en pratique cet esprit nouveau, analysant les faits médicaux avec une exactitude chirurgicale, sans esprit de système, mais avec le souci des comparaisons anatomiques. Redécouvrant et popularisant de façon définitive la percussion décrite par Auenbrügger au XVIIIe siècle, Corvisart

---

2. C'est-à-dire critique..,

3. L'Empereur aurait déclaré un jour : « Je ne crois pas à la médecine, mais je crois en Corvisart. » Plus tard, à Sainte-Hélène, se sentant très malade, l'Empereur réclamera, mais en vain, la venue de son médecin favori.

écrivit en 1806 un *Essai sur les maladies et les lésions organiques du cœur et des gros vaisseaux*, dont le titre parle de lui-même et qui illustra admirablement cette nouvelle approche.

Puis vint le fondateur. Avec Laennec, son entourage et ses disciples, la médecine anatomo-clinique a reçu son corpus théorique, les règles de sa méthode et acquis d'emblée quelques-unes de ses premières réussites. Si l'on a pu dire que la médecine moderne était née « dans le tablier de Bichat[4] » – lui-même frappé en plein élan créateur –, c'est bien dans les œuvres de Laennec que ses principes ont été établis.

Fils de la Bretagne encore bretonnante, René Théophile Hyacinthe Laennec, né à Quimper en 1781, avait d'abord étudié la médecine avec son oncle Guillaume, médecin-chef à l'Hôtel-Dieu de Nantes. Arrivé à Paris en 1801, il y devint aussitôt l'élève de l'incontournable Corvisart, qui sut découvrir en lui un sujet doué, alors même qu'il allait perdre le précieux Bichat.

Dès 1803, au milieu d'une troupe étourdissante de jeunes praticiens, médecins et chirurgiens acquis aux idées nouvelles, désireux de refaire le monde et accessoirement la médecine, il avait été l'un des fondateurs de la Société anatomique de Paris, avec Dupuytren, qui était alors chef des travaux anatomiques à l'École pratique de dissection. Laennec en fut aussitôt élu le premier vice-président[5]. Le programme de la nouvelle société savante était clair :

> « L'anatomie de l'homme et de l'homme malade, la physiologie dans l'état de santé et dans celui de maladie, seront l'objet de ses recherches et de ses exercices. »

---

4. Le mot est de Gustave Flaubert.

5. Il faut souligner qu'à la différence de nombre de ses condisciples et de ses confrères – mais au même titre que Dupuytren –, Laennec fut toute sa vie catholique fervent et ardent partisan des Bourbons. Il devint notamment le médecin de la duchesse de Berry, mère du futur comte de Chambord.

Dès les premiers mois, assistant à pratiquement toutes les séances, le jeune Laennec y présenta lui-même quatre observations anatomo-cliniques.

Docteur en médecine en 1804, Laennec mena ensuite une carrière fulgurante qui fit de lui, entre 1812 et 1815, un chef de service successivement à Beaujon, à la Salpêtrière et enfin à Necker. Il exerça également à la clinique médicale de la Charité où, dix ans plus tôt, il avait pris ses premières leçons sous la conduite de Corvisart. En 1822, il fut enfin nommé professeur de médecine au Collège de France.

Dès 1819, son maître-ouvrage, *De l'auscultation médiate, ou Traité du diagnostic des maladies des poumons et du cœur, fondé principalement sur ce nouveau moyen d'exploration*, avait connu un succès immédiat, lui assurant d'emblée une réputation européenne. Rédigeant par ailleurs, depuis 1804, des articles pour le *Journal de médecine, de chirurgie et de pharmacie*, il avait aussi fourni plusieurs entrées au fameux *Dictionnaire des sciences médicales* publié en 1812, ce qui lui avait permis de donner un rayonnement plus grand encore à ses idées et à ses découvertes.

En 1826, à quarante-cinq ans, comme trop de ses collègues des hôpitaux, et ce durant encore de nombreuses décennies, il fut emporté par la tuberculose pulmonaire dont il avait si bien décrit les lésions élémentaires, les variétés cliniques et l'évolution…

On peine à résumer une œuvre si dense, si rapidement construite, et cependant si riche de conséquences. Laennec a durablement donné son nom à quelques découvertes qui font toujours partie du savoir médical.

Il est certain toutefois que son souvenir reste avant tout indéfectiblement attaché à la technique de l'auscultation médiate : de nos jours encore, le stéthoscope négligemment posé autour du cou ne signale-t-il pas, dans tous les hôpitaux du monde, le médecin – étudiant, interne ou patron – pourvu de son instrument de travail emblématique ?

L'histoire de cette découverte a été rapportée par Laennec lui-même en des termes ambigus. Il prétendra en effet s'être trouvé un jour dans l'impossibilité de pratiquer sur une patiente qui présentait « un grand embonpoint », l'auscultation immédiate, consistant à simplement poser l'oreille contre la poitrine, comme le recommandait déjà Hippocrate. Si le motif est plausible, on peut supposer aussi que Laennec, catholique de province, était surtout très gêné par l'impudeur que pouvait constituer à ses yeux un contact si intime avec le corps de ses patients. Surtout quand il s'agissait de patientes – et plus encore si elles ne souffraient pas d'embonpoint...

Toujours est-il que Laennec se souvint, dira-t-il, de ce jeu auquel il avait vu se livrer des enfants, qui consistait à gratter l'extrémité d'un tronc d'arbre coupé pour faire entendre distinctement à l'autre extrémité le bruit projeté, conduit par les fibres du bois sur plusieurs mètres. Auenbrügger avait eu l'intuition de la percussion dans les caves de l'auberge paternelle ; Laennec acquit peut-être la sienne dans les squares parisiens de l'Empire.

S'emparant alors d'une grossière liasse de papiers, il en fit un rouleau serré qu'il appliqua sur le thorax de sa patiente. Un monde nouveau se révéla aussitôt.

En quelques années, il multiplia les observations, tout en faisant évoluer son prototype assez rudimentaire. Ainsi naquit le plus ancien stéthoscope, simple cylindre de bois évidé[6] dont une extrémité évasée pouvait s'appliquer largement sur la paroi du corps, tandis que l'autre, plus rétrécie, s'adaptait à l'oreille du médecin.

Le résultat de ces recherches forme l'essentiel du *Traité de l'auscultation médiate*, mais la lecture de ce livre si important

6. Ce qui permettait d'ajouter à la conduction du son par les fibres du bois, l'effet de résonance induit par la cavité centrale.

montre que la seule découverte du stéthoscope, presque fortuite, n'aurait pas apporté de grands résultats si Laennec n'avait préalablement constitué une doctrine nouvelle des relations entre le tableau clinique et les lésions anatomiques qui lui correspondent. C'est là un point essentiel, il faut y insister, un tournant majeur dans l'histoire de la pensée médicale.

Malpighi avait inventorié des altérations organiques sans toujours les relier de façon cohérente à la maladie du patient : on se souvient même qu'il s'interrogeait sur la signification des lésions anatomiques. Bichat avait avancé, mais sa pensée n'avait pas eu le temps de parvenir à sa pleine maturité. Pour lui encore, la clinique et l'anatomie pathologique étaient des domaines qu'il fallait évidemment rapprocher, mais tout en demeurant des champs différents et disjoints. La vérification anatomique permettait de mieux comprendre les signes présentés par le patient, mais, pour reprendre une célèbre formule appliquée quelques siècles plus tôt aux rapports entre la philosophie et la théologie, selon Bichat l'anatomie pathologique était un peu la « servante » de la clinique.

Avec Laennec, la perspective parvient à son aboutissement. Pour lui, les lésions organiques ne sont ni de simples effets ni les causes immédiates de la maladie constatée cliniquement : elles en sont, en quelque sorte, l'essence même. L'objet désormais assigné à la médecine n'est donc plus seulement de rassembler des symptômes pour fonder un diagnostic que corroboreront d'autres « symptômes », anatomiques cette fois ; la nouvelle ambition de l'art est de voir à travers l'examen clinique toujours plus fin, plus invasif pourrait-on dire, les lésions internes qui sont en fin de compte la maladie elle-même. Pour emprunter une célèbre formule à Michel Foucault, on devait ainsi passer « de la botanique des symptômes à la grammaire des signes ».

La riche et nouvelle sémiologie auscultatoire établie par Laennec – et pour l'essentiel inchangée de nos jours – traduit bien cette vision des choses. Se consacrant avant tout à la pathologie pleuro-pulmonaire, la plus accessible à l'auscultation, il décrivit en quelques années toutes les variétés de « souffles », de « râles », de « bruits », de « frémissements », de « frottements », comme autant de traductions sonores d'une lésion particulière que le stéthoscope, violant l'opacité du corps, permet de saisir à travers la paroi thoracique : cavernes, tubercules, abcès, épanchements pleuraux liquidiens ou aériques, condensation pulmonaire pneumonique[7].

La nosologie, l'antique science classificatoire des maladies devait nécessairement en être bouleversée à son tour. Elle ne pouvait plus être désormais qu'une classification des lésions sous-jacentes et de leur évolution : l'anatomie pathologique était devenue la maîtresse de la médecine et le clinicien son interprète.

Laennec montra brillamment le parti que l'on pouvait tirer de ce nouveau système à propos de l'une des maladies les anciennes et les plus constantes de la pathologie européenne : la tuberculose. Depuis la phtisie d'Hippocrate, et malgré quelques observations éparses et peu cohérentes recueillies depuis la Renaissance, on savait que cette maladie atteignait diversement les poumons mais également les intestins, voire les os. On ne savait rien de plus, on ne s'interrogeait guère du reste. Laennec va donner à la maladie, devenue presque emblématique de la nouvelle médecine, son unité définitive, et cette unité sera naturellement anatomique.

Quel que soit le stade, quelle que soit la présentation des lésions isolées (tubercules, cavernes, granulations miliaires), il affirma que toutes ces « productions accidentelles » étaient autant d'aspects d'une même maladie et, reprenant l'intuition de son collègue lui aussi trop tôt disparu, Gaspard Laurent Bayle, en 1810, que la tuberculose « est une maladie chronique d'une nature spéciale que l'on ne doit pas regarder comme le résultat d'une inflammation quelconque ».

7. L'étymologie même du mot « stéthoscope », forgé par Laennec, est révélatrice : du grec *stethos*, « poitrine », *scopion*, « regarder ».

Tout cela sans histologie, sans microscope, et bien sûr sans bactériologie et sans radiologie…

On pourrait allonger encore la liste des descriptions anatomo-cliniques de Laennec : la cirrhose atrophique dite « de Laennec », l'expectoration hémoptoïque de l'infarctus pulmonaire consécutif à une embolie, le « crachat perlé » faisant suite à la crise asthmatique, les hernies diaphragmatiques, etc.

Une école avait été fondée, et de nombreux et jeunes praticiens, acquis à ses principes, allaient en devenir les chefs à la suite de Laennec.

Par exemple, Pierre-Fidèle Bretonneau, que rien pourtant ne destinait à devenir l'une des gloires médicales de son temps. Né en 1778, contemporain de Laennec auquel il survivra longtemps, ce modeste Tourangeau s'était inscrit en 1795 à l'École de santé de Paris où, comme d'autres, il suivit les leçons de Corvisart. Appliqué mais d'une ambition modeste, il fut déçu par un échec selon lui injuste au doctorat et, acceptant de n'être que simple officier de santé, il regagna en 1801 sa Touraine natale pour y exercer la profession de médecin de campagne. Cela dura près de quinze ans. Attentif à soigner ses patients, il se passionna pour les épidémies et réfléchit sur la contagiosité, tout en se livrant à la chasse et aux plaisirs de l'horticulture.

Son destin le rattrapa tardivement. En 1815, ayant été pressé par ses proches de compléter sa formation et de passer sa thèse, il y parvint finalement, quoique sans empressement, et fut nommé médecin-chef à l'hôpital de Tours. Projeté dans l'univers hospitalier qui n'avait jamais été le sien, il sut aussi en exploiter toutes les possibilités : il devint à son tour un praticien consciencieux de la discipline anatomo-clinique.

Laennec s'était penché sur une « maladie-vedette », la tuberculose. Bretonneau préféra s'intéresser aux fièvres intestinales. Ces affections connues depuis des siècles, sévissant à l'état endémique dans les villes et surtout les campagnes, formaient un ensemble indistinct aux contours flous et à la nosographie incertaine. On ne différenciait guère ce que nous appelons aujourd'hui la typhoïde, les salmonelloses, les dysenteries bacillaires et même le typhus.

À l'exemple de Laennec, observant soigneusement depuis des années les tableaux cliniques et conjuguant, grâce à l'hôpital, la pratique de l'autopsie, Bretonneau n'eut guère de difficulté à isoler parmi tous ces syndromes une affection qu'il qualifia de « spécifique », définie non seulement par les signes cliniques, mais surtout par les lésions organiques qu'on retrouvait constamment associées. Il la nomma la « dothiénentérie[8] » : c'était notre typhoïde. Avec la même prescience que son illustre modèle, sans le secours d'autre moyen que la confrontation des lésions, il pouvait écrire :

> « Un germe spécial, propre à chaque contagion, donne naissance à chaque maladie infectieuse ; les fléaux épidémiques ne sont engendrés, disséminés que par leur germe reproducteur. »

Peu après, il individualisa de la même manière l'angine diphtérique, n'hésitant pas, comme l'avait fait jadis Vésale, à aller nuitamment en compagnie de son élève Velpeau déterrer des enfants récemment morts du « croup[9] » pour vérifier les lésions anatomiques !

La méthode anatomo-clinique obtenait de beaux succès, mais conduisait parfois à des équipées singulières...

L'un des élèves de Bretonneau porta à son degré le plus élevé la dignité et la réputation de cette école qui avait trouvé sa source dans l'enseignement de Laennec. La carrière prestigieuse de ce

---

8. Nom qui fait allusion, en grec, à la lésion caractéristique de la maladie : une ulcération en forme de « bouton » de la muqueuse intestinale.

9. Désignation habituelle de la diphtérie à cette époque. Elle subsistera longtemps dans la pratique.

médecin issu d'un milieu assez modeste est aussi un modèle de l'ascension sociale à laquelle la médecine pouvait à nouveau conduire.

Né à Tours en 1801, Armand Trousseau avait, dans des conditions matérielles assez précaires, accompli de solides études secondaires lorsqu'il commença sa médecine, sous l'égide de Bretonneau, évidemment. Il devait, du reste, nouer avec lui pendant quarante ans une amitié filiale qui en fit le brillant continuateur de l'œuvre de son maître.

Les étapes de son *cursus honorum* furent allégrement franchies par Trousseau : agrégé à la Faculté dès 1827, médecin des hôpitaux trois ans plus tard, il devint titulaire de la chaire de matière médicale à Paris – on dirait aujourd'hui de pharmacologie et de thérapeutique – et chef de service à l'hôpital Saint-Antoine en 1839. Treize ans plus tard, il atteignit la consécration suprême en accédant la chaire de clinique médicale de l'Hôtel-Dieu, l'un des lieux les plus prestigieux de la médecine à cette époque.

Ses élèves vinrent de tous les pays d'Europe, et il fut ainsi l'un des premiers à propager l'influence de la médecine française vers les États-Unis – alors nation « émergente » – par l'intermédiaire d'un de ses disciples, Jacob Da Costa, originaire de Philadelphie et venu se former à Paris. Doté d'un grand talent oratoire et d'un vrai don pour l'enseignement, il fut l'un des premiers à faire rayonner les acquis de la médecine française au plus haut niveau. D'abord fidèle éditeur des œuvres de son maître – Bretonneau s'était peu soucié de publier –, il fit connaître ses travaux sur la typhoïde, la diphtérie, les indications de la trachéotomie, mais porta aussi son intérêt sur les fièvres éruptives ou l'asthme. Très attaché aux maladies des enfants, il fut à ce titre l'un des lointains fondateurs de la pédiatrie.

En laissant un volumineux recueil intitulé *Clinique médicale de l'Hôtel-Dieu de Paris*, publié en 1861 et encore réédité en 1931, Trousseau avait aussi inauguré un genre littéraire nouveau, promis à un grand destin en médecine : celui des « leçons de clinique », enseignement magistral délivré au sein de l'hôpital, sur les lieux mêmes du diagnostic, et non à la Faculté. Jusque dans l'entre-deux-guerres, les plus grands noms de la médecine française illustreront ces démonstrations parfaites de la méthode anatomo-clinique.

Clinicien avisé jusqu'à ses derniers jours, Trousseau, qui avait décrit certaines phlébites révélatrices d'un cancer de l'estomac, en fit le diagnostic sur lui-même en 1867. Après s'en être ouvert à ses proches, avec une sorte de détachement, il attendit l'issue fatale d'un mal dont il connaissait le pronostic...

Parmi ces glorieux défricheurs, il faut encore accorder une place à Jean-Baptiste Bouillaud. Originaire d'Angoulême, interne à Paris en 1819 à l'âge de vingt-trois ans, il deviendra professeur de clinique médicale à la Charité en 1831 et, en 1862, président de l'Académie de médecine.

De son *Traité de l'encéphalite,* en 1826, à son gigantesque *Traité de nosographie médicale,* dont les cinq volumes paraîtront en 1846, en passant par son non moins célèbre *Traité clinique des maladies du cœur*, il fut également un représentant typique de cette école qui savait désormais établir entre les troubles apparemment les plus différents des liaisons sûres et significatives que la seule clinique ne pouvait suggérer. Le plus bel exemple en fut l'association qu'il démontra entre le rhumatisme articulaire aigu – douloureux mais sans lendemain – et l'endocardite « rhumatismale » qui pouvait s'ensuivre et faisait en réalité la vraie gravité de la « maladie de Bouillaud ». Les étudiants résumeront toute cette science dans une formule lapidaire répétée par des générations de carabins :

> « Le rhumatisme articulaire aigu lèche les articulations et mord le cœur »...

Tout n'était pas pour autant aussi simple. Le début du XIXe siècle a connu des résistances, parfois grotesques mais vives, à la médecine nouvelle. L'exemple le plus caricatural en est certainement fourni par François Broussais.

Le personnage, il faut le reconnaître, ne manquait pas d'un certain panache. Né en 1772 à Saint-Malo, fils d'un officier de santé et chirurgien de bord, le jeune François avait commencé sa médecine à Saint-Malo puis à l'hôpital maritime de Brest. Devenu à son tour officier de santé, il fut, comme son père, chirurgien sur des navires corsaires. Athlétique, courageux et d'un caractère peu commode, il vécut de la course pendant six ans.

En 1798, il vint à Paris pour se ménager une situation plus stable. Élève de Corvisart et de Bichat, il soutint en 1803 une thèse dédiée à Pinel. Toujours attiré par la guerre et les batailles de tous ordres – la suite de sa carrière le montrera –, il fut aussi chirurgien militaire et servit valeureusement à Austerlitz sous les ordre du célèbre Larrey – le « chirurgien de l'Empereur ».

Libéral, libre penseur, éloquent mais surtout polémiste, ce ne fut qu'en 1831, sous la monarchie de Juillet, qu'il put accéder à une chaire de pathologie et de thérapeutique médicale créée rien que pour lui. Il eut alors tout loisir de développer son propre système.

Broussais refusait en bloc les théories des systématiciens de l'Ancien Régime – ce en quoi on pouvait le suivre –, mais rejetait aussi le patient et minutieux travail anatomo-clinique, dont le raffinement lui paraissait sans objet : pour lui, Laennec était son plus terrible ennemi[10]. Face à ce dernier et à ses disciples, Broussais exposa une physiopathologie simple : toutes les maladies provenaient d'une gastro-entérite et toutes les affections n'étaient selon lui qu'autant de formes particulières d'un processus général à l'origine de toutes les maladies, l'inflammation.

---

10. Il y avait aussi entre les deux un énorme différend politique.

Nanti de ce système sommaire qui ne reposait sur aucune vérification, il en déduisait également une thérapeutique tout aussi élémentaire : la saignée, les ventouses, les sangsues et les révulsifs. De vrais remèdes pour rudes matelots : l'histoire de la médecine bégayait…

La vision simpliste et régressive de Broussais fit long feu : c'est la nouvelle médecine française qui devint en quelques années la référence dans l'Europe entière.

À Londres, le célèbre Guy's Hospital, groupant au début du XIXe siècle plus de cinq cents lits de médecine interne, verra paraître des noms aussi brillants que ceux de Richard Bright, fondateur de la science néphrologique et descripteur de l'insuffisance rénale chronique – le « mal de Bright » ; Thomas Hodgkin, donnant son nom à la « lymphoréticulose maligne » et ouvrant ainsi le vaste chapitre des hémopathies malignes ; Thomas Addison, isolant l'insuffisance surrénalienne, ou « maladie bronzée d'Addison ».

Dans le même temps à Vienne, l'autre grande école médicale d'Europe, Josef Skoda introduisait la pratique d'une sémiologie rationnelle, tandis que Carl von Rokitansky consacrait d'importants travaux aux confrontations anatomo-pathologiques.

On le voit, par cette énumération que l'on pourrait prolonger à loisir, dans le premier tiers du XIXe siècle une véritable communauté médicale se constitue peu à peu à travers tout le continent. La recherche et le progrès de la médecine ne seront plus seulement, désormais, le résultat de travaux isolés, d'intuitions brillantes de quelques génies de la clinique ou de l'anatomie. La diffusion des connaissances, facilitée par le développement des revues médicales, et bientôt l'organisation des premiers congrès internationaux de médecine, vont tout changer.

À cette maturité de la pratique médicale, désormais établie sur une clinique irréprochable et une définition anatomique des lésions, devait aussi répondre une autre évolution, parallèle et éclairante pour la compréhension de la pathologie et de la thérapeutique : la physiologie et la biologie, jadis si négligées, accédant au statut de sciences autonomes, allaient devenir en quelques décennies les sciences reines de la théorie médicale.

De Magendie à Claude Bernard : de la médecine expérimentale à la biologie médicale

Aux confins du XVIIe siècle finissant, marqué par la découverte du mécanisme de la circulation sanguine, et du XVIIIe siècle installant la physiologie au cœur de la médecine, une « première révolution biologique » s'était accomplie. Vers le milieu du XIXe siècle, une autre révolution biomédicale va se jouer pour tenter de toujours mieux comprendre, au plus profond du corps humain, le mécanisme de la vie et la genèse des maladies. De cette prodigieuse activité, où quelques noms s'imposent, sortira aussi une nouvelle division des sciences fondamentales de la médecine. De la médecine éclairée par la recherche physiologique expérimentale, on parviendra à une nouvelle approche diagnostique, fondée non plus sur des signes purement cliniques, mais également sur les désordres enfin quantifiables des humeurs - qu'on appellera désormais les « liquides physiologiques » : ce sera la biologie médicale.

L'initiateur de ce mouvement fut incontestablement François Magendie.

D'origine bordelaise, venu au monde comme nombre de ses collègues dans une famille médicale, en l'occurrence fils d'un chirurgien béarnais, Magendie sera toute sa vie attaché aux « idées nouvelles », en politique comme en médecine : libéral, adepte d'une philosophie positiviste, il deviendra plus tard un personnage de roman, puisque Balzac en fit, sous le pseudonyme transparent du « docteur Maugredie », un praticien moderne pour qui « le meilleur système médical était de n'en point avoir et de se tenir aux faits[11] ».

Nommé interne des hôpitaux à dix-neuf ans, lors de la deuxième promotion du concours institué pour sélectionner la future élite médicale, Magendie fit d'abord ses classes sous la direction du chirurgien Alexis Boyer, à l'hôpital Saint-Louis, et devint docteur en 1808. Il s'orienta en premier lieu vers l'anatomie et prit un poste de prosecteur – chargé de la préparation des démonstrations anatomiques – à l'École de médecine de Paris, entre 1811 et 1813.

En butte à diverses oppositions personnelles, il abandonna bientôt tout projet immédiat de carrière et, en 1814, il ouvrit tout à la fois un cabinet de consultation pour exercer la médecine clinique et un cours privé de physiologie. La méthode de son cours, très originale, était du reste un parfait résumé de ses principes : ses leçons, autant théoriques que pratiques, associaient des exposés magistraux à des démonstrations de laboratoire – en l'occurrence des séances de vivisection destinées à illustrer *in vivo* les résultats de ses recherches. Son enseignement parallèle eut un tel succès qu'il fut encouragé à en tirer un *Précis élémentaire de physiologie* dès 1816. Cinq ans plus tard, dans le même esprit, il fondera d'ailleurs le *Journal de physiologie expérimentale*, première revue au monde dans cette discipline.

Magendie a connu le bonheur des pionniers, car tout était à faire. Il choisit toutefois de s'orienter dans trois domaines particuliers, mais, au-delà des résultats qu'il obtint, il put avant tout établir définitivement les bases d'une méthode expérimentale dont son plus grand élève, Claude Bernard, saura exploiter après lui toutes les promesses.

Dès 1809, inaugurant la pharmacologie expérimentale, Magendie s'était notamment penché sur l'action de certaines drogues végétales et de substances chimiques récemment isolées comme

11. Honoré de Balzac, *La Peau de chagrin* (1831).

la strychnine ou l'émétine – extraite de l'ipéca. Ce ne furent là que ses premiers pas.

Revenant après tant d'autres sur les mystères de la digestion, Magendie avait affirmé en 1816 que la transformation des aliments dans le tube digestif résultait avant tout de phénomènes chimiques, sans pouvoir élucider le « mouvement moléculaire insensible » qui permettait ensuite aux substances qui en résultaient de s'intégrer au corps « dans la profondeur des organes ». Mettant au point des protocoles précis, il avait cependant établi que si l'on soumettait un chien à un régime exclusivement composé de sucre, d'huile et de graisse, c'est-à-dire totalement dépourvu de protéines – on disait alors de « matières azotées » –, ces animaux survivaient un peu plus longtemps que ceux à qui on imposait un jeûne complet, mais finissaient pourtant par mourir dans un état de maigreur extrême. Sans pouvoir dans l'immédiat aller plus avant dans la compréhension du phénomène, Magendie avait bien ouvert la voie à l'étude expérimentale du métabolisme et de la nutrition, mais il faudra attendre que les progrès parallèles de la chimie puissent aider à distinguer les différents constituants organiques de l'alimentation. Jusque dans les limites mêmes de ses résultats, on le voit, Magendie et ses disciples montrèrent ainsi à quel point, désormais, l'explication des mécanismes du vivant n'était plus séparable de l'avancement général de la physique et de la chimie.

C'est toutefois dans le domaine neuro-physiologique que Magendie a obtenu ses plus beaux succès. C'est dans ce domaine surtout que sa méthode expérimentale put acquérir à la fois ses lettres de noblesse et ses règles immuables.

La question de la localisation anatomique des fonctions nerveuses était un sujet assez ancien. Déjà, Galien avait procédé à des sections étagées de la moelle pour en observer les effets. Quelques années avant Magendie, Julien Legallois avait même repris ces expériences en procédant à des sections bulbaires ou des destructions partielles de la moelle.

En 1821, Magendie parvint à mettre à nu la moelle épinière d'un chiot vivant et à dégager les deux racines, antérieure et postérieure, dont la confluence après un court trajet séparé donne naissance à un nerf spinal qui se distribue ensuite à différentes parties du corps. Il observa alors qu'en sectionnant seulement la racine antérieure, le territoire d'innervation correspondant – une patte par exemple – demeurait sensible, mais désormais dépourvu de motricité, tandis que la section de la racine postérieure induisait l'effet inverse. Il parvint ainsi à cette notion majeure : les racines postérieures sont sensitives, les racines antérieures sont motrices, et les filets sensitifs et moteurs sont conjoints dans les nerfs périphériques. Cette division fondamentale de la physiologie nerveuse a fait considérer la découverte de Magendie à l'égal de celle de Harvey pour la circulation du sang. Il poursuivit d'ailleurs ses études du système nerveux en élucidant le mécanisme de la circulation d'un autre fluide, le liquide céphalo-rachidien, laissant au passage son nom à un orifice situé sur le toit du IVe ventricule, au-dessus du tronc cérébral, le « trou de Magendie », par lequel les cavités liquidiennes de l'encéphale entrent en communication avec les espaces sous-arachnoïdiens, permettant ainsi au liquide céphalo-rachidien de baigner le cerveau et la moelle épinière.

Devenu universellement célèbre en Europe, Magendie, qui n'avait jamais abandonné la pratique clinique, publiant même en 1821 un *Formulaire* de thérapeutique longtemps apprécié, obtint finalement un service hospitalier à l'Hôtel-Dieu en 1830 – sans renoncer au laboratoire, dont il fit une annexe essentielle de son service clinique – et l'année suivante fut élu au Collège de France.

Homme de contraste, Magendie ne fut pas en tous domaines un parfait visionnaire. Ainsi, ses sarcasmes sur le microscope sont demeurés célèbres –, mais à cette époque, il est vrai, peut-être encore un peu justifiés. Sans doute a-t-il, en revanche, montré moins de jugement en refusant d'admettre la contagiosité du choléra, dont une terrible épidémie se déclara en 1832, ou en exprimant son hostilité aux premières tentatives d'anesthésie générale : peut-être la trop longue fréquentation de ses sujets de vivisection, victimes pantelantes et involontaires des progrès de la physiologie expérimentale, lui avait-elle fait perdre un peu le sens de la souffrance humaine…

À partir de 1845, il se retira à la campagne, pour se consacrer à la physiologie végétale ! Depuis quelques années, cependant, il disposait d'un magnifique élève et d'un digne successeur. Avec lui, la deuxième révolution biologique allait prendre toute sa dimension.

Claude Bernard aurait pu ne jamais laisser son nom dans l'histoire de la médecine. Lorsque ce jeune homme issu du Beaujolais vint à Paris, en 1834, après un séjour peu décisif dans une pharmacie lyonnaise en qualité de commis, son ambition était d'une tout autre nature : il voulait être écrivain. Porteur d'un drame héroïque intitulé *Arthur de Bretagne*, il fut rapidement découragé par le célèbre critique parisien Saint-Marc Girardin de persévérer dans une voie qui ne s'annonçait guère brillante. Sans passion, Claude Bernard se résolut alors à passer son baccalauréat puis à entamer des études médicales. Interne à vingt-six ans en 1839 – quoique reçu sans brio –, il fut ensuite nommé à l'Hôtel-Dieu, où il fit alors la connaissance de Magendie au sommet de sa gloire. Cette rencontre fut déterminante. Préparateur au Collège de France dès 1841, il fut reçu docteur en médecine en 1843, et dès cette époque, le sujet de sa thèse en dit assez sur l'orientation de ses travaux : *Le Suc gastrique et son rôle dans la nutrition*. C'était, on le sait, l'un des sujets de prédilection de son maître. Tout au long de sa carrière du reste, Claude Bernard marchera essentiellement dans les traces de Magendie, dont il portera bien haut la méthode et prolongera brillamment tous les résultats dans les deux domaines qu'avait d'abord défrichés le maître : la neurophysiologie et la digestion. Malgré tout son talent – certains ont dit « tout son génie » –, hors de ces deux sujets, curieusement, ses acquis seront faibles.

Comme son maître, il se heurta d'abord à une certaine hostilité de la faculté, échouant en 1844 à l'agrégation. Son refuge fut dès lors le Collège de France. Suppléant Magendie à partir de 1847, il accédera à la chaire en 1855. En dix ans à peine, sa réputation s'était établie au-delà de toute espérance : en 1854, l'Académie des sciences l'avait admis en son sein ; en 1861, ce sera l'Académie de médecine. En 1869 enfin, il viendra s'asseoir dans le fauteuil précédemment occupé par Pierre Flourens à l'Académie française et connaîtra même les ors du pouvoir en accédant au Sénat. Il ne lui restait ainsi plus rien à espérer – hormis peut-être des funérailles nationales : elles lui furent accordées, sur proposition de Gambetta, en 1878...

À partir de 1848, les grandes découvertes de Claude Bernard commencèrent. La première d'entre elles, la plus célèbre sans doute, lui permit d'affirmer la « fonction glycogénique du foie ».

Dans un premier temps, Claude Bernard était parvenu à prélever du suc pancréatique frais chez un chien – comme on l'avait fait dès le XVIIIe siècle. On s'interrogeait encore sur le rôle de ce liquide dans les processus chimiques de la digestion. De façon inattendue, Claude Bernard put démontrer que loin de dissoudre les aliments – comme certains l'avaient depuis longtemps prétendu –, l'action isolée du suc pancréatique était une simple émulsification des corps gras. Il se profilait ainsi que l'action des sucs digestifs était sans doute plus spécialisée qu'on ne l'avait cru jusque-là. Un peu plus tard, Claude Bernard s'intéressa à une autre composante de l'alimentation, le sucre. Or, son approche expérimentale fut remarquable et très féconde. Tout d'abord, ayant prélevé du sang dans la veine porte – celle qui se rend au foie en véhiculant le sang provenu de réseau intestinal – chez un chien n'ayant ingéré aucune substance sucrée, il vérifia, assez logiquement, l'absence de sucre dans ce sang. Mais chez le même animal, il eut la surprise de retrouver du sucre en assez grande quantité dans les veines sus-hépatiques. Il répétera cette observation en opérant sur un foie isolé et lavé. La conclusion s'imposait d'elle-même : le foie était capable, en l'absence de sucre alimentaire, de fabriquer lui-même le sucre indispensable à la survie de l'organisme. En 1857, il parviendra même à isoler la substance hépatique de réserve, qualifiée de « glycogène », dont il montrera la parenté structurale avec l'amidon végétal.

Il faut souligner que cette découverte avait été initiée par une observation clinique. Le diabète sucré, connu depuis longtemps, caractérisé par une grande quantité de sucre dans les urines et dans le sang, posait une énigme. L'élimination urinaire de sucre y était intrigante, car elle était supérieure à la quantité de sucre ingérée, considérablement réduite chez ces patients. D'où venait ce sucre ? La physiologie expérimentale, en y répondant, bien que pratiquée sur des chiens dans un laboratoire isolé, montrait donc qu'elle n'était qu'une partie de ce que l'on nommera, avec Claude Bernard lui-même, la « médecine expérimentale ». Le principe même de cette approche physio-pathologique de la médecine sera du reste difficile à faire admettre universellement. En 1882, dans son *Traité de pathologie interne*, Sigismond Jaccoud, professeur à la faculté de médecine de Paris, affirmera encore : « La transformation du glycogène en sucre est un phénomène ou pathologique, ou cadavérique... »

Il reste qu'en abordant une autre grande fonction, la fonction nerveuse, Claude Bernard obtint encore des résultats de grande ampleur. En 1852, ayant sectionné le grand sympathique au niveau du cou chez un lapin, il observa une « énorme turgescence vasculaire » de l'oreille du côté lésé, phénomène dont il put vérifier l'origine nerveuse en rétablissant ensuite une vasoconstriction par stimulation galvanique du même nerf précédemment sectionné. La notion de « tonus vasoconstricteur », si importante en pathologie cardio-vasculaire, était ainsi établie.

Plus tard, il montra encore comment une stimulation nerveuse – en l'occurrence une piqûre du plancher du IVe ventricule du cerveau – pouvait induire une sécrétion hormonale : c'était le premier pas de la neuro-endocrinologie, promise jusqu'à nos jours à de si grands développements, en particulier sous l'égide du principal élève de Claude Bernard, Charles-Édouard Brown-Séquard. Renouant également avec l'une des premières passions de son maître, il étudia l'effet toxique de diverses substances, comme le monoxyde de carbone, dont il découvrit l'action asphyxique par blocage de l'hémoglobine – cause fréquente de mort à l'époque des poêles à charbon –, ou encore les propriétés myoplégiques du curare, par la suite mises à profit dans les protocoles d'anesthésie générale.

Même l'un de ses adversaires devait en convenir en 1860 :

> « Ce découvreur, plus chanceux qu'un autre, oblige aujourd'hui tous les regards à se tourner vers la table de vivisection du Collège de France. »

Ces recherches s'inscrivaient désormais dans une filière européenne, en particulier en Allemagne avec des expérimentateurs de grand talent comme Emil Du Bois-Reymond, Carl Ludwig ou encore Hermann Helmholtz.

Le bréviaire de cette école de pensée, – ou pour mieux dire son programme de travail et son cadre épistémologique – fut rédigé en 1865 par Claude Bernard, dans sa très fameuse *Introduction à l'étude de la médecine expérimentale*. À la fois exposé théorique et récit d'une aventure personnelle et des découvertes d'un pionnier, ce texte conçu comme une simple préface à ses *Principes de médecine expérimentale* – dont le manuscrit posthume ne sera édité qu'en 1947 – fut une sorte de nouveau *Discours de la méthode,* si l'on suit Henri Bergson : il eut sur l'évolution de la recherche expérimentale en médecine le même impact que les principes posés par Descartes, deux siècles plus tôt, pour accompagner l'émergence de la science moderne.

Un tel succès, historiquement indéniable, ne doit cependant pas masquer certaines difficultés qui furent soulevées très tôt.

Claude Bernard avait déduit de ses travaux une conception de la médecine et de la pathologie que peu de ses confrères étaient prêts à partager. Partant de ses découvertes essentiellement effectuées dans le domaine métabolique, hormonal et nerveux, il avait construit le modèle intellectuel du « milieu intérieur », sorte de carrefour de toutes les grandes fonctions où l'économie générale du corps assurait un équilibre permanent. Ce concept devait en effet se révéler fructueux dans la suite de l'histoire de la biologie. Néanmoins, il tendait à ne voir dans la maladie que l'exagération ou l'amoindrissement d'une fonction normale, et à n'identifier une affection que par cette altération fonctionnelle.

C'est notamment la mise en évidence de la fonction glycogénique du foie, tellement importante à ses yeux, qui lui inspira une affirmation malheureusement un peu excessive. Il écrivit un jour :

> « Toute maladie a une fonction normale correspondante dont elle n'est qu'une expression troublée, exagérée, amoindrie ou annulée. »

Ce schéma pouvait sans doute s'appliquer à certains désordres de la digestion ou du métabolisme glucidique et elle fut bientôt renforcée par la découverte, notamment, des premières maladies endocriniennes identifiées, soit par insuffisance de sécrétion d'une hormone – comme la maladie d'Addison – soit par excès de stimulation – comme la maladie de Graves-Basedow, qui est une forme d'hyperthyroïdie. C'était en revanche ignorer toutes les maladies inflammatoires ou les maladies infectieuses, qui ne correspondent évidemment à aucune « fonction normale » !

Cette conception trop simple n'était du reste que la traduction des protocoles de physiologie expérimentale qui, par nécessité, s'efforçaient dans chaque cas d'isoler une seule fonction et de n'étudier qu'elle, en fixant toutes les autres variables. Hautement didactique, cette approche analytique ne pouvait sans dommage être purement et simplement transposée au domaine pathologique, où s'entrecroisent si souvent des facteurs multiples.

Claude Bernard allait cependant plus loin encore et résumait parfaitement les conséquences ultimes de sa pensée en affirmant :

> « La médecine moderne est fondée sur la connaissance de la vie des éléments dans le milieu intérieur ; c'est donc une conception différente du corps humain. Ces idées sont de moi et c'est là le point de vue essentiel de la médecine expérimentale. »

Cette position, énoncée avec un certain orgueil – au reste assez légitime – renfermait une brillante intuition, mais recelait aussi une fâcheuse lacune.

L'intuition était celle qui présentait le « milieu intérieur », les liquides physiologiques – le sang, l'urine, etc. – comme des miroirs de la maladie : en un mot, la future biologie médicale, devenue aujourd'hui l'un des outils fondamentaux du diagnostic, était en germe dans cette définition de la « médecine moderne » selon Claude Bernard. À l'humorisme qualitatif et illusoire de Galien, on avait ainsi substitué une sorte de « néo-humorisme », objectif et quantifiable. Du reste, dès cette époque les progrès de la chimie ne pouvaient que faciliter cette évolution. Dès la fin du XVIIIe siècle, on avait identifié la présence spécifique de glucose dans l'urine « sucrée » des diabétiques, mais seule la réaction de Fehling, mise au point en 1848, permit d'en systématiser la recherche. En 1857, on sut reconnaître dans ces mêmes urines la présence d'acétone comme signe de l'acidose métabolique, redoutable complication du diabète. À la même époque, on pouvait déjà retrouver dans les urines des pigments et des sels biliaires comme témoins d'un ictère. En 1848, Claude Bernard lui-même déterminera le taux normal du glucose dans le sang et précisera la notion d'un seuil d'hyperglycémie déclenchant une excrétion urinaire. Quant à Richard Bright, après avoir établi en 1827 que l'albuminurie était liée à la néphrite chronique, il avait démontré dès 1836 la présence d'urée dans le sang des patients atteints de cette même maladie. On avait en peu d'années franchi les premières étapes d'une étonnante aventure technologique qui se poursuit encore.

En revanche, la vision de Claude Bernard semblait faire totalement l'impasse sur les acquis de l'anatomie pathologique – car il ne travaillait que sur les fonctions intellectuellement isolées par lui, et non sur les organes qui en étaient les supports – et ignorait aussi pour les maladies infectieuses l'action alors évoquée d'agents extérieurs – qui ne cadraient guère avec sa théorie du « milieu intérieur ». Claude Bernard ira d'ailleurs jusqu'à afficher, au départ, un scepticisme certain devant les premiers travaux de l'école microbiologique française, niant d'abord que des germes vivants puissent être considérés comme les agents étiologiques des maladies infectieuses !

Il s'agissait pourtant de deux domaines précieux pour la pratique de la médecine. Sans doute bien plus que les grandes découvertes physiologiques de Claude Bernard – qui laissèrent longtemps indifférents les médecins, avec qui il avait du reste peu de relations –, l'identification de lésions organiques permettant de corroborer un diagnostic clinique, et plus tard la mise en évidence des germes pathogènes, allaient être en quelques décennies deux autres acquis majeurs mis au service de la pratique médicale.

Au terme de ces deux ultimes aventures, la médecine moderne disposera de tous ses instruments diagnostiques. S'ouvrira alors pour elle, jusqu'à nos jours, le long chemin qui devait la conduire à élaborer des traitements efficaces.

La théorie cellulaire : un aboutissement

Bien avant l'essor de la physiologie expérimentale, nous l'avons vu, Bichat puis Laennec avaient posé les fondements de la méthode anatomo-clinique, c'est-à-dire avant tout de l'anatomie pathologique rationnelle. Après eux, cette discipline nouvelle n'avait pas cessé de prospérer.

Si Bretonneau, à Tours, avait parmi les premiers définit une maladie infectieuse – en l'occurrence la typhoïde – par une lésion anatomique – l'ulcération intestinale en « bouton » –, à Paris un autre grand clinicien avait brillamment poursuivi ce travail : Jean Cruveilhier. D'abord anatomiste et professeur en 1825, il travailla pendant dix ans à compiler une nombre immense d'observations pathologiques pour produire son *Traité d'anatomie pathologique générale*, publié entre 1830 et 1842. À partir de 1836 il fut d'ailleurs le premier titulaire de la chaire établie dans cette discipline à Paris. Son œuvre peut être considérée comme l'un des moments culminants de l'anatomie pathologique lorsqu'elle n'envisageait que les altérations macroscopiques des organes, c'est-à-dire les lésions visibles et analysables à l'œil nu.

Il faut en rapprocher le travail de Jean Lobstein, qui eut en 1819 l'honneur de présider la première chaire jamais créée en anatomie pathologique, à Strasbourg qui avait été désignée après la Révolution comme le siège d'une des trois nouvelles écoles de santé. Nommé en même temps directeur d'un musée, il sut réunir en quelques années des milliers de pièces anatomiques normales ou pathologiqucs : gigantesque « musée des horreurs », certes, mais également magnifique banque de données, à l'époque sans égale.

Il put à son tour, dans cette documentation considérable et dans sa propre expérience clinique, trouver la matière de son *Traité d'anatomie pathologique générale*, écrit entre 1835 et 1839.

Enfin, à la même époque, la deuxième grande école médicale en Europe, Vienne, allait produire elle aussi un pathologiste de très grand renom. Carl von Rokitansky, né en Bohême en 1804, avait très tôt subi l'influence de l'œuvre de Lobstein. Entre 1827 et 1866, dirigeant le département d'anatomie pathologique de Vienne, il pratiqua des dizaines de milliers d'autopsies et en retira plus de 30 000 protocoles écrits, contribuant à fixer une technique d'éviscération systématique et méthodique qui demeure de nos jours encore la référence des praticiens de l'art nécropsique. Entre

1842 et 1846, il publia son propre ouvrage : *Handbuch der pathologischen Anatomie*.

Depuis la mort de Bichat, on voit que les acquis de l'anatomie pathologique, au tournant des années 1840, étaient d'une très grande importance. Pratiquement aucun des grands appareils, aucun organe du corps n'avait échappé au bistouri des chercheurs. Toutes les variétés morphologiques de lésions – ulcères, scléroses, tumeurs, nécroses de toutes sortes – avaient été cent fois minutieusement décrites, répertoriées et rapportées à des pathologies cliniques soigneusement classées. Le travail accompli était impressionnant.

Cependant, vers 1840, Claude Bernard et ses physiologistes pouvaient encore sans dommage ignorer superbement toutes ces connaissances. L'anatomie pathologique avait abouti à un admirable corpus de descriptions clairement corrélées à la clinique, mais elle demeurait impuissante à expliquer la genèse des maladies. Cette lacune était une faiblesse majeure que la « médecine expérimentale » tentait précisément de combler. Avec, du reste, d'évidents succès.

Il faut dire que les apports des grands pathologistes à la compréhension des mécanismes de la maladie étaient assez peu convaincants.

Pour le grand Cruveilhier, et selon ses propres mots, « la phlébite [dominait] en quelque sorte la pathologie tout entière », et pour lui toutes les maladies pouvaient s'expliquer par le blocage qui en résultait en amont, dans les capillaires qui déversaient ainsi leur trop-plein dans les organes, déterminant toutes les maladies. Broussais, pourtant peu intéressé par l'analyse des tissus, n'aurait sans doute pas désapprouvé cette physiopathologie sommaire. Lobstein, en 1835, dans son *Essai d'une nouvelle théorie des maladies fondée sur les anomalies de l'innervation*, renouait plus ou moins avec les systèmes d'avant la Révolution et voyait dans les désordres du système nerveux la cause de toutes les affections. Quant à Rokitansky, pourtant inlassable explorateur des misères anatomiques et fin connaisseur des délabrements organiques, il affirmait que toutes les maladies provenaient d'anomalies siégeant dans le sang et prônait pratiquement, de façon assez incompréhensible, il faut l'avouer, le retour de l'humorisme galénique : un comble – un de ses collègues de Berlin dira même : « Un anachronisme monstrueux »...

En fait, la physiologie et la pathologie évoluaient chacune de leur côté, sans se soucier d'échanger ni de s'éclairer mutuellement, essentiellement parce que leurs acteurs eux-mêmes étaient avant tout préoccupés d'asseoir la légitimité de leurs disciplines respectives et assez peu désireux de justifier les travaux et les progrès des autres...

Que la science des fonctions – isolée par Claude Bernard de l'étude des structures organiques – et celles des lésions – trop ignorante des leçons du laboratoire – viennent à se rencontrer et une formidable synthèse pouvait se produire. De cette conjonction qui se produisit finalement vers le milieu du siècle naquit, pour le plus grand profit de la médecine, une théorie unificatrice, base de la biologie moderne : la théorie cellulaire.

Un obstacle technique demeurait à surmonter : la qualité médiocre des microscopes. Pendant longtemps l'objet demeura d'un emploi malaisé, n'autorisant que ses observations floues, imprécises, assez fastidieuses pour l'observateur et finalement peu convaincantes.

De là, sans doute, le scepticisme des plus grands : Bichat lui-même, parlant du microscope et des images fantomatiques qu'il laissait voir dans une sorte de grand puits sombre, s'était borné à ce jugement sans nuance : « Quand on regarde dans l'obscurité, chacun voit à sa manière. » On se souvient aussi des réserves de Magendie. S'agissant de l'existence des cellules, révélées par le microscope comme unités fondamentales de tous les tissus vivants, Auguste Comte, pourtant peu suspect d'être hostile au progrès des sciences, écrira encore dans les années 1850 :

> « L'abus de recherches microscopiques et le crédit exagéré qu'on accorde souvent à un moyen d'exploration aussi équivoque contribuent à donner une certaine spéciosité à cette fantastique théorie… »

Les instruments disponibles au début du XIXe siècle souffraient en effet de deux défauts majeurs. Le premier était « l'aberration chromatique », aboutissant à une difficulté de mise au point et à l'apparition dans le champ microscopique d'un cercle de diffusion irisé ; le second était la faible maîtrise du flux lumineux, conduisant à une grande déperdition de lumière. Entre 1820 et 1840 environ, ces deux problèmes furent progressivement résolus par l'introduction des lentilles achromatiques et du condenseur. Les études microscopiques purent alors reprendre leur cours. Cette fois, ce fut le vrai départ.

Un microscopiste du XVIIe siècle, Robert Hooke, avait reconnu, dès 1665, la structure alvéolaire du liège et qualifié de « cellules » (du latin *cellula*, « chambre ») ces petites cavités, sans naturellement leur attribuer la moindre signification précise. En 1672, Malpighi avait fait une constatation comparable toujours sur des végétaux, comme le feront à leur tour plusieurs naturalistes au début du XIXe siècle : le tissu végétal, avec ses cadres pecto-cellulosiques enserrant les cellules, rendait plus facile l'observation de ces micro-structures parfois aussi appelées « vésicules » ou « utricules » (du latin *utricula*, « petite outre »). Enfin, si Van Leeuwenhoek lui-même, de son côté, avait découvert les spermatozoïdes et les globules du sang, il n'avait pu effectuer le moindre rapprochement, en raison de leur dissemblance extrême, entre ces éléments et les « cellules » végétales.

C'est un botaniste allemand qui donna le coup d'envoi. En 1838, Mathias Jakob Schleiden affirma que la cellule était un petit organisme en soi et que les plantes n'étaient elles-mêmes que des agrégats de cellules individualisées et dotées d'un existence propre. Ses premiers schémas montraient assez distinctement les cadres cellulaires et le noyau. Theodor Schwann, qui travaillait alors à l'Institut d'anatomie de Berlin et enseignera ensuite à Louvain puis longtemps à Liège, très impressionné par ces observations, les rapprocha de ses propres constatations sur le développement des embryons de batraciens ou sur le cartilage de porc : dans certaines de ces structures, il crut reconnaître des éléments comparables à ceux notés par Schleiden, et il émit l'hypothèse que tous les tissus vivants pouvaient résulter de l'assemblage de cellules qu'il voyait du reste comme dérivant de d'agrégats de liquides organiques *(blastèmes)* donnant finalement naissance aux cellules elles-mêmes.

Peu après, le maître de Schwann, Johannes Müller, étudiant à son tour une lésion justement caractérisée par son extrême cellularité, à savoir un cancer, fut le premier à proposer que certaines maladies pouvaient naître d'une prolifération de cellules : au lieu de dériver de fluides normaux, ces cellules proviendraient de « blastèmes » pathologiques, inflammatoires notamment, conduisant à des cellules anormales.

La théorie cellulaire à peine ébauchée aurait pu rester dans le strict domaine des naturalistes, mais elle tint pourtant sa formulation finale d'un pathologiste. D'emblée, elle devint le fondement d'une vision nouvelle de la physiologie et de la pathologie. C'est à Rudolf Virchow qu'on dut cette unification.

Rudolf Ludwig Karl Virchow naquit en 1821 en Poméranie, d'une vieille famille aux origines polonaises. Après une enfance studieuse, il entreprit ses études médicales à Berlin, où il soutint sa thèse en 1843. Il fut alors affecté à l'hôpital de la Charité. S'intéressant au mouvement des idées en médecine, son dessein fut très tôt de contribuer à fonder une physiologie pathologique, c'est-à-dire une science permettant d'expliquer rationnellement et l'origine et la genèse des maladies.

Son maître Robert Froriep l'invita alors à se pencher sur la théorie de Cruveilhier qui soutenait, on le sait, que toutes les pathologies dérivaient d'une phlébite. Mieux encore, celle-ci n'était en fin de compte que le résultat d'une trouble des humeurs, en l'occurrence d'une dyscrasie[12] sanguine. Voilà qui fleurait beaucoup l'humorisme renaissant…

Par une approche expérimentale, Virchow reconstitua entièrement en 1845 le processus de l'embolie pulmonaire pris comme modèle d'étude, démontrant que l'inflammation n'y était nullement la cause de l'embolie elle-même, mais que cette dernière résultait de la greffe d'un thrombus – un caillot – émané des veines des membres inférieurs. Il établit en revanche que l'inflammation était un phénomène cellulaire consécutif à cette embolie, la destruction des parois vasculaires à son contact engendrant une invasion du sang par des cellules provenant des tissus voisins.

L'année suivante, il montra qu'une énorme prolifération de globules blancs dans le sang – qu'il nomma « leucémie » – différait de l'élévation du nombre de ces mêmes éléments lors de certaines affections, comme la septicémie, par exemple : il proposa le nom de « leucocytose » pour désigner cette autre situation. Virchow avait donc isolé, sur des bases cellulaires, une maladie et un signe qui fondaient la sémiologie de l'hématologie biologique.

Après avoir eu maille à partir avec les autorités allemandes en raison de ses opinions libérales, Virchow fut finalement nommé en 1849 à la chaire d'anatomie pathologique de Würzbourg. C'est là qu'il accomplira l'essentiel de son œuvre, avant de se consacrer de plus en plus, à partir des années 1860, à la vie politique et à l'anthropologie, jusqu'à sa mort en 1902.

C'est en partant des idées acquises lors de sa recherche sur l'embolie pulmonaire, mais aussi des progrès contemporains de l'embryologie, que Virchow va déduire sa théorie cellulaire.

---

12. Il faut rappeler que de nos jours, si le vieux terme hippocratique de « crase » a disparu du vocabulaire clinique ou physiologique courant, il persiste curieusement encore pour désigner la coagulation du sang, la plus vieille des « humeurs »…

Entre 1827 et 1837, en effet, Karl Ernst von Baer avait démontré que l'œuf des mammifères, découvert chez la chienne, se multipliait pour former les feuillets fondamentaux de l'embryon dont dérivaient ensuite tous les tissus. Dès 1839, on savait que les « blastomères » qui apparaissent lors des premiers stades de développement de l'embryon, étaient eux-mêmes analogues à des cellules. En 1852, Robert Remak, anatomiste et embryologiste, collègue de Virchow à Berlin, avait d'ailleurs observé une division cellulaire au microscope. La solution approchait.

Virchow, en examinant les tissu inflammatoires, avait identifié des altérations des cellules, mais aussi en reprenant après Müller l'examen de coupes de tumeurs cancéreuses, il avait aussi noté différents aspects, intermédiaires en quelque sorte, entre la normalité et la monstruosité. De tous ces faits naquit en lui l'idée que la prolifération dont naissait l'embryon à partir d'une cellule unique était comparable, sinon identique, à la prolifération des tumeurs, mais aussi à la production de toutes les cellules du corps.

En 1858, sa pensée est suffisamment mûre pour qu'il l'expose pleinement dans son livre majeur, *La Pathologie cellulaire (Die Cellularpathologie)*. L'axiome fondamental en avait été posé par lui trois ans auparavant : *« Omnis cellula e cellula »* – « Toute cellule provient d'une cellule. »

L'histoire de la biologie, mais aussi celle de la médecine, avait de nouveau tourné une page. Subitement tout s'éclairait.

En physiologie d'abord. Car les tenants d'une explication purement physico-chimique des phénomènes de la vie pouvaient se réconcilier avec ceux qui voyaient dans le corps des fonctions complexes se réguler en vertu d'un mystérieux programme qui assurait, pour reprendre encore la formule de Claude Bernard, l'équilibre « du milieu intérieur ». Désormais, ces interactions multiples avaient un lieu physique d'intégration, pourvu de son dynamisme propre, bien que mal connu encore. Loin des impasses de l'automatisme chimique, du vitalisme ou du néo-humorisme, la physiologie, la chimie et l'anatomie se trouvaient à présent réunies sur une base commune, la cellule[13]. Il est du reste remarquable que, dès cette époque, Claude Bernard, pourtant assez éloigné des mystères du microscope, ait eu à cœur d'inscrire autant que possible sa physiologie dans le cadre de la théorie cellulaire elle-même.

En pathologie surtout, le changement de perspective était saisissant. Un nouveau concept de la maladie en résultait, inévitablement. Virchow le formulera lui-même en 1895 :

> « Dans mon idée l'essence[14] de la maladie est une partie modifiée de l'organisme, ou bien une cellule modifiée de l'organisme, ou bien un agrégat modifié de cellules (tissu ou organe). »

En d'autres termes, la fonction « troublée, exagérée, amoindrie ou annulée » dans la maladie, selon Claude Bernard, pouvait se traduire par la notion de « lésion cellulaire ». La maladie avait apparemment atteint son plus petit niveau d'expression. Il restait en fait une autre étape à franchir, et elle ne le sera qu'au XXe siècle : l'étape moléculaire, au cœur de la cellule du reste. Dans l'immédiat, il s'établissait à l'évidence une continuité entre l'ulcère ou la tumeur observée depuis si longtemps à l'œil nu, l'altération microscopique des cellules de l'organe atteint, et enfin le trouble de la fonction dont cet organe était pourvu.

À partir de cette époque aussi, la médecine de laboratoire, après le dosage chimique des substances dans les liquides, s'enrichit d'un nouveau mode d'exploration : la biopsie. Étaient ainsi fondées l'histopathologie et la cytopathologie – le prélèvement de tissu ou de cellules aux fins d'examen microscopique – qui

---

13. Signalons aussi que la théorie cellulaire fondait aussi l'unité du monde vivant et portait donc en germe la théorie de l'évolution.

14. C'est-à-dire ici la cause fondamentale.

sont de nos jours encore deux des bases les plus solides du diagnostic médical de certitude, dans nombre de pathologies.

La théorie cellulaire est restée depuis ce temps le paradigme constant de la biologie et de la médecine. Elle avait établi un socle sur lequel pouvait s'édifier une science renouvelée. En 1896, l'un de ses grands spécialistes, Louis Félix Henneguy, l'exposait de manière à la fois modeste et prophétique en ces termes :

> « La théorie cellulaire représente donc un premier ensemble de données positives sur la constitution des êtres vivants : elle laisse le champ libre à toutes les recherches sur les phénomènes intimes dont la matière vivante est le siège, phénomènes que nous ignorons pour la plupart aujourd'hui et dont la connaissance permettra peut-être de donner une solution aux nombreux problèmes que cette théorie n'a pas et ne peut avoir la prétention de résoudre. »

C'est dans ce cadre même qu'allait à la même époque s'accomplir l'ultime révolution médicale du XIXe siècle. Elle devait cette fois conduire à percer enfin les secrets de l'une des plus terribles ennemies de l'homme depuis l'origine des temps, en attendant de pouvoir un jour la combattre efficacement : l'infection.

La révolution pastorienne et l'infectiologie

Depuis toujours, les médecins avaient reconnu ces affections sévissant par épidémies, ravageant les contrées, abattant des centaines d'hommes et de femmes, de façon soudaine autant qu'inexplicable. Depuis des siècles, ils avaient observé ces phénomènes sans pouvoir en comprendre la nature. Naturellement, ils s'étaient malgré tout efforcés d'en rendre compte à l'aide de théories diverses.

Tout d'abord, certaines affections n'étaient pas forcément reconnues en tant que maladies infectieuses, au sens que nous donnons à ce terme. En particulier en raison de leur extrême fréquence et plus encore de leur chronicité. Ainsi de la tuberculose, la phtisie d'Hippocrate, maintes fois décrite par les auteurs de tous les siècles, maladie universelle, connue de tous et en tous lieux. « Désordre des humeurs », « diathèse héréditaire », sa pathogénie était évidemment obscure, et les hypothèses allaient bon train, sans conséquence du reste sur une thérapeutique à peu près inefficace, en dehors des rémissions spontanées et parfois durables que la maladie pouvait autoriser. Bichat et Laennec, eux-mêmes victimes de cette affection qu'ils avaient si longtemps étudiée, l'avaient évidemment contractée en salle d'autopsie, en se penchant mille fois, sans crainte et donc sans précaution, sur les cavernes, les tubercules et les abcès des tuberculeux récemment décédés qu'ils éviscéraient à mains nues…

Dès le XVIe siècle, pourtant, Fernel puis Fracastor avaient évoqué la nature contagieuse de la tuberculose, comme de la syphilis, dont le caractère épidémique aigu était cependant beaucoup plus frappant. Finalement, Bordeu résumait une opinion assez consensuelle lorsqu'il écrivait en 1753 à propos des écrouelles – les adénopathies tuberculeuses :

> « Il existe donc dans la nature une sorte de miasme scrophuleux, qui est sans doute formé quelquefois par les révolutions qui arrivent aux différentes humeurs, et qui peut fort bien en passant d'un sujet à l'autre aller, comme le levain dans la pâte, gâter des humeurs saines. »

La théorie des « miasmes » reposait sur le modèle de l'empoisonnement, une sorte d'action néfaste due à une substance qui se pouvait transmettre d'un malade à un sujet sain. De là aussi, on s'en souvient, la rumeur du Moyen Âge sur les « graisseurs de portes » empoisonnant les huisseries pour diffuser la peste. Fausse dans son principe, elle avait cependant inspiré dans l'immédiat des mesures sages, comme la quarantaine, l'isolement des malades, la destruction par le feu de leur literie et de leurs vêtements, par exemple. De même, les premières mesures d'hygiène publique, comme la surveillance des eaux, l'évacuation des ordures, l'entretien de la voirie urbaine, furent inspirées par le souhait finalement très opportun de supprimer les substances qui véhiculaient des maladies. On verra plus loin que, vers 1860, sans nulle intuition de la microbiologie, Ignaz Semmelweis, le vaillant pionnier de l'antisepsie, reconnut et proposa de combattre efficacement la contagiosité de la fièvre puerpérale, désastre des maternités collectives, en cherchant simplement à détruire un produit toxique dénommé par lui « matière infectée ».

Bretonneau, en décrivant la typhoïde et la diphtérie, avait introduit la notion très pertinente de spécificité : à chaque maladie contagieuse était liée un « ferment » spécifique. C'est sur la nature de ce « ferment » que portait en fait tout le débat.

C'est là encore le monde microscopique, de mieux en mieux exploré au début du XIXe siècle, qui va faire évoluer les esprits. On savait depuis Van Leeuwenhoek que dans de l'eau croupie aussi bien que dans le tartre dentaire se trouvaient des millions d'infimes corpuscules ayant toutes les apparences de la vie. On connaissait le tænia, l'ascaris et l'oxyure depuis la haute Antiquité, mais, dès 1684, Redi avait déjà ouvert une porte en écrivant un ouvrage sur *Les Animaux vivants qui se trouvent dans les animaux vivants*, véritable traité fondateur de la parasitologie où plus de cent espèces de parasites était décrites, vers, acariens et insectes divers. De minuscules êtres vivants pouvaient donc vivre dans le corps d'autres animaux, éventuellement dans celui de l'homme.

Or, le développement des connaissances en parasitologie fut un premier pas décisif vers le monde des microbes. Au XIXe siècle, les « vers » devinrent à la mode : Laennec avait attribué le kyste hydatique du foie à la pénétration dans l'organisme d'un petit ver vivant, et Virchow avait également reconnu, cette fois grâce au microscope, le ver responsable de la trichinose. Le grand Claude Bernard, prenant l'exemple de la gale, dont l'acarien responsable, le sarcopte, avait été identifié, put ainsi affirmer en

1865 que les maladies parasitaires, dont l'origine était désormais comprise, seraient à leur tour « accessibles à l'expérimentation ».

Le problème n'était pas pour autant résolu. Les vers eux-mêmes, lorsqu'ils étaient présents, étaient en effet parfois interprétés comme un simple produit de la « putréfaction » entraînée par certaines maladies. Une tâche demeurait donc à accomplir pour aller plus loin : réfuter définitivement la thèse de la génération spontanée, toujours vivante malgré les rudes coups que lui avait portés Redi, environ cent cinquante ans plus tôt. Ce sera le premier acte de Pasteur, avant de fonder la microbiologie.

Rien ne destinait Pasteur à s'occuper de biologie et moins encore de médecine, car il n'était ni naturaliste ni médecin, seulement chimiste : mais quel chimiste ! Du reste, son intrusion – heureuse et géniale – dans le monde médical fut tardive et assez imprévue. Ce fut l'aboutissement étrange d'une œuvre singulière.

Louis Pasteur naquit en 1822 à Dole. Après des études juste honorables – à l'occasion de son baccalauréat ès sciences, il se vit d'ailleurs attribuer en chimie la mention « médiocre » –, il fut reçu en 1842 au concours de l'École normale de la rue d'Ulm, mais dans un rang qui ne lui convint pas. Au terme d'un deuxième essai, il obtint une très belle quatrième place et fut rapidement engagé en qualité de préparateur de chimie à l'École normale, où il soutint sa thèse de doctorat en 1847.

À cette époque, et pendant une dizaine d'années, ses travaux le conduisirent dans un domaine très spécialisé de la chimie, celui des isomères optiques de certaines molécules organiques : la fameuse question de la dissymétrie moléculaire. Véritable fondateur de ce que l'on nomme aujourd'hui la « stéréochimie », Pasteur étudia les propriétés optiques de cristaux d'acide tartrique. Par de minutieuses expériences sur la déviation de la lumière produite par différentes solutions de ces cristaux, il parvint à montrer que les cristaux retrouvés dans une fermentation de jus de raisin comportaient un mélange de deux variétés de molécules présentant une sorte de symétrie en miroir, tandis que la même substance produite de façon artificielle ne comportait qu'une des deux variantes, dite dextrogyre[15]. Pasteur, alors entièrement chimiste, avait ainsi suggéré, dès la fin des années 1850, que la dissymétrie moléculaire semblait être une propriété du vivant. L'acquis pouvait sembler modeste : en réalité, Pasteur venait à son insu de s'engager dans une voie qui allait le retenir jusqu'à la fin de ses jours.

En 1849, nommé professeur adjoint à la faculté de Strasbourg, il se maria avec la fille du recteur de l'académie, Marie Laurent. Trois ans plus tard, il était professeur titulaire et, en 1854, il devint professeur de chimie et doyen de la toute jeune faculté des sciences de Lille, alors récemment établie avec comme objectif avoué une collaboration active entre la science et l'industrie. À cette occasion, Pasteur allait accomplir un pas décisif vers la biologie. Ce fut la deuxième phase importante de ses travaux.

Peu après son arrivée à Lille, Pasteur fut contacté par les industriels de la bière, qui connaissaient souvent de graves mécomptes lors de la fermentation alcoolique, avec l'apparition semblait-il aléatoire d'une fermentation parasite qui compromettait irrémédiablement tout le processus.

Si la fermentation était connue depuis longtemps de manière empirique – la bière fut l'une des premières boissons de l'humanité : on la produisait déjà dans l'ancienne Égypte –, ses mécanismes demeuraient alors assez énigmatiques. Un grand chimiste allemand s'y était intéressé, Justus von Liebig. Appartenant à une école d'inspiration positiviste, il souhaitait avec d'autres combattre les derniers restes de « vitalisme » que pouvait comporter la science et il professait en conséquence que le fermentation était due à des substances chimiques capables de favoriser, de catalyser la transformation du sucre en alcool, par exemple. Il n'y avait donc là, à ses yeux, que de la chimie.

15. C'est-à-dire faisant dévier la lumière à droite.

Pasteur, qui était pour sa part sincèrement catholique, profondément croyant et convaincu d'une différence de nature entre le vivant et le non-vivant, adopta d'emblée un point de vue différent. Nommé en 1857 à la direction de l'École normale, où il avait fait ses premières armes et où il conduira désormais l'essentiel de sa carrière scientifique, il y poursuivit activement son travail. Il lui fallait retrouver la vie dans ces fameux jus de fermentation, où il avait lui-même découvert l'étrange dissymétrie moléculaire.

En quelques années, Pasteur démontra que chaque ferment était spécifique d'une fermentation donnée (alcoolique, lactique, acétique). Il put également établir qu'en faisant varier les conditions physico-chimiques du milieu – nous dirions aujourd'hui les conditions de culture –, on pouvait favoriser un « ferment » contre un autre, ce qui expliquait en pratique l'apparition de fermentations inattendues dans certains cas. Mieux encore, en 1861, après avoir isolé le ferment lactique puis le ferment alcoolique, il identifia celui de la fermentation butyrique – celle de la « putréfaction » – et le vit même s'agiter sous son microscope comme un filament vibrionnant qu'un courant d'air suffisait à tuer : Pasteur venait du même coup d'introduire une distinction qui deviendra plus tard d'une extrême importante en infectiologie, entre les germes aérobies – vivant en présence d'oxygène – et les anaérobies – qui vivent en l'absence d'oxygène. De ces premiers résultats sortira aussi la technique de chauffage permettant d'éliminer un ferment indésirable, c'est-à-dire un germe : la pasteurisation.

Pasteur, à quarante ans à peine, s'était déjà acquis une renommée flatteuse, couronnée en 1860 par un prix de physiologie attribué par l'Académie des sciences. Ses travaux sur la fermentation avaient abouti à un modèle important et prometteur. Des micro-organismes dotés d'une vie propre pouvaient donc exercer une action sur leur milieu ambiant. D'où provenaient-ils ? Comment se formaient-ils ? Déjà, l'idée lui était sans doute venue que de tels agents pourraient avoir une relation avec certaines maladies

« virulentes » de l'homme. Mais avant d'aborder ce dernier domaine – qui consacrera sa gloire –, il lui fallait abattre un ultime argument. L'occasion lui en fut bientôt donnée.

En 1859, un biologiste d'un certain renom, Félix Pouchet, directeur du Muséum d'histoire naturelle de Rouen et membre correspondant de l'Académie des sciences, publia un gros ouvrage intitulé *Hétérogénie, ou Traité de la génération spontanée*. Reprenant un débat vieux de plus de deux siècles, Pouchet y soutenait toujours, en vertu d'une philosophie « spiritualiste », que la vie pouvait spontanément surgir de l'inerte – sans doute comme Dieu était supposé avoir créé le monde *ex nihilo* et les êtres vivants à partir du limon de la terre…

Certes, les « spontanéistes » du XIXe siècle ne soutenaient plus la possibilité de créer des souris avec une chemise sale et un peu de blé, mais l'apparition de micro-organismes, d'infusoires, dans une infusion de foin laissée à elle-même, leur paraissait une preuve suffisante de la génération spontanée. Pouchet avait même imaginé et mis en œuvre des protocoles expérimentaux pour montrer que ces pullulations ne pouvaient pas provenir d'une contamination externe.

Le sujet fut tellement débattu que l'Académie proposa en 1860 un prix pour le meilleur mémoire permettant d'éclairer cette question lancinante. Pasteur décida aussitôt de s'y consacrer : ce travail durera pour lui environ cinq ans.

Mettant à profit son expérience de la méthodologie scientifique, désormais irréprochable, Pasteur va alors donner le meilleur de lui-même pour régler définitivement ce problème. Multipliant pendant des mois les épreuves et les contre-épreuves pour soutenir sa thèse, il se livre aussi à une critique sans faiblesse des protocoles de Pouchet. Ce dernier, par exemple, protégeait son infusion de toute contamination externe par une couche de mercure : Pasteur démontre que la poussière déposée à la surface du mercure peut traverser cette couche et explique ainsi l'apparition de germes dans la solution. De son côté, Pasteur invente un nouveau type de bouteille, en « col de cygne » : par un long col flexueux, l'infusion est en contact avec l'air extérieur, mais la forme du col empêche les poussières d'atteindre la solution : celle-ci, une fois rendue stérile par la chaleur, le demeure indéfiniment. Son interprétation de tous ces faits est constante : sans germe préalable, pas de contamination possible.

Pouchet proposa son ultime argument. Si l'air ambiant, l'air commun, apparemment pur, était en fait rempli, peuplé d'une multitude innombrable de germes microscopiques, il devrait en être troublé, nous apparaître comme un épais brouillard. L'argument nous paraît aujourd'hui puéril, mais Pasteur, qui ne méprisait jamais son adversaire, jugea utile d'y répondre.

Il transporta ses bouteilles sur la « mer des glaces », à Montanvert, dans le Jura : alors qu'à Paris plusieurs de ses bouteilles se contaminaient finalement, une sur vingt seulement subissait le même sort en altitude. Ce n'était donc pas l'air qui comptait, mais bien les germes dont la concentration est plus ou moins grande selon les lieux.

En 1861, Pasteur rédigea un premier mémoire à l'Académie des sciences. Après quelques échanges, une commission se réunit finalement en 1864 pour trancher entre les deux protagonistes. Il y eut alors un coup de théâtre, et Pouchet récusa la procédure puis il se retira[16] : Pasteur avait gagné et le prix lui fut acquis.

Tout était près pour la naissance de la microbiologie. En novembre 1860, dans une précédente intervention devant l'Académie des sciences – qui deux ans plus tard devait l'admettre en son sein –, Pasteur avait enfin osé déclarer :

16. Il publia cependant en 1864 un autre ouvrage, *Nouvelles Expériences sur la génération spontanée et la résistance vitale*, qui n'eut guère d'écho. C'était désormais un combat perdu, que certains tenteront cependant de poursuivre pendant encore une quinzaine d'années.

> « Ce qu'il y aurait de plus désirable, serait de conduire ces études assez loin pour préparer la voie à une recherche sérieuse de l'origine de diverses maladies. »

L'aventure commença en 1865. Dans le sud de la France, l'industrie du ver à soie battait alors son plein. Les magnaneries rencontraient cependant de réelles difficultés avec deux maladies affectant les cocons : la pébrine, qui en détruisait un grand nombre, et la flacherie, qui survenait notamment à la suite d'orages ou d'intempéries diverses. Comme Pasteur avait « sauvé » les distillateurs de Lille quelques années plus tôt, les industriels de la soie le contactèrent pour obtenir son aide. Ni naturaliste ni zoologiste, Pasteur hésita un moment, puis il partit pour Alès, dans le Gard. On rapporte qu'il fit une halte chez le célèbre entomologiste Jean-Henri Fabre, le « Virgile des insectes », afin d'obtenir de lui quelques informations élémentaires sur la vie des chrysalides et des papillons. Mais la méthode de Pasteur et de ses collaborateurs faisait désormais merveille. En quelques années de travail, ils montrèrent que la pébrine était due à un micro-organisme parfaitement identifiable sous la forme d'un corpuscule – déjà entrevu du reste par le naturaliste italien Emilio Cornalia – au sein des œufs de papillons. Le remède était simple : trier les « graines », en éliminant celles qui faisaient voir un corpuscule suspect. Comme pour le triage des ferment destinés à la brasserie, celui des œufs introduisait ainsi le microscope, longtemps objet de curiosité puis instrument scientifique, comme un outil de productivité économique…

Pasteur avait aussi mûri sa réflexion et compris que les maladies épidémiques, comme celles des vers à soie par exemple, pouvaient être enrayées par des mesures appropriées. Quels progrès ne pourrait-on réaliser en ce domaine si on les appliquait à la pathologie humaine ?

La même année, pourtant, le combat essentiel de sa vie allait s'engager, le tournant majeur de son œuvre scientifique allait s'opérer. Mais Pasteur avait pourtant d'autres soucis. En 1867, à la suite de difficultés avec les étudiants de l'École, il se retira de l'administration, mais obtint un laboratoire auquel il se consacra désormais entièrement. En 1868, il fut durement frappé par une hémiplégie qui lui laissera une incapacité motrice du bras et de la jambe gauches pendant tout le reste de sa vie. Physiquement diminué, déjà couvert d'honneurs à près de cinquante ans, Pasteur pouvait aspirer au repos après son entrée à l'Académie de médecine en 1873.

Or, à cette époque, une maladie ravageait les élevages d'ovins en France : le charbon[17]. Elle désolait les éleveurs, et rien ne permettait d'en venir à bout. Deux médecins avaient déjà défriché en partie le terrain. Casimir Davaine et Pierre Rayer, vers 1850, avaient montré la possibilité d'inoculer la maladie d'un mouton à un autre en injectant du sang d'un animal malade. Mieux encore, ils avaient observé dans le sang d'un mouton charbonneux des corpuscules filiformes. Dix ans plus tard, rapprochant cette observation des acquis de Pasteur sur le « vibrion butyrique », Davaine appela « bactéridies » les germes observés dans le charbon et réussit à les inoculer à des animaux de laboratoire.

En fait, une communauté bactériologique commençait à se mettre en place en Europe, dans le sillage des premiers travaux pastoriens. En 1876, un médecin allemand, Robert Koch, mit au point une technique permettant de suivre le cycle complet de l'agent du charbon, dénommé par lui *Bacillus anthracis*, et il découvrit aussi que dans certaines conditions ce bacille générait des spores susceptibles de résister longtemps pour transmettre à nouveau l'infection. L'année suivante, Pasteur et son collaborateur Joubert n'auront aucune difficulté à isoler le bacille aérobie

---

17. Dans le vocabulaire anglo-saxon, cette maladie, transmissible à l'homme, est nommée « anthrax » Dans la terminologie française, cette dernière expression désigne en revanche une infection cutanée locale, nécrosante et ulcérée, due au staphylocoque doré et sans rapport avec le charbon.

responsable du charbon en montrant que l'infection se transmettait par l'alimentation.

Une impulsion déterminante avait été donnée, les laboratoires fleurirent dans toute l'Europe : ce furent alors les « vingt glorieuses » de la bactériologie. Avant le début du siècle suivant, les germes de toutes les maladies infectieuses les plus courantes et parfois les plus meurtrières furent isolés, identifiés, répertoriés, cultivés. Pasteur lui-même put isoler le staphylocoque et le streptocoque entre 1878 et 1879 ; la même année, l'agent de la blennorragie, le gonocoque, fut reconnu par Albert Neisser ; en 1880, ce fut le tour des bacilles de la typhoïde et de la lèpre ; en 1882 et 1883, ceux du choléra et de la diphtérie. Dix ans plus tard, on connaissait les germes de la méningite cérébro-spinale, de la dysenterie, de la brucellose et de la peste...

Le succès était complet et la compréhension d'un pan entier de la pathologie en était bouleversée, des siècles de chimères et d'illusions se dissipaient enfin. Il fallut aussi donner un nom générique à ce nouveau monde : le médecin général Charles Sédillot, en 1878, proposa « microbe[18] » (du grec *micros*, « petit » et *bios*, « vie »). Littré – qui était aussi médecin – fut consulté et donna son accord ; l'Académie approuva.

Il y eut pourtant des résistances, comme on pouvait s'y attendre. Une certaine caste médicale ne voulut pas admettre une telle révolution apportée par un homme qui n'était pas médecin. Parmi les nombreuses perles que produisirent alors quelques doctes médecins, citons celle de Michel Peter, par ailleurs brillant élève de Trousseau, qui déclarait en 1883 :

18. Dès 1838, l'Allemand Christian Ehrenberg avait introduit le mot « bactérie » (du grec *baktêrion*, « bâton »), et l'Académie avait de son côté admis « bacille » (du latin *bacillus*, « bâtonnet ») en 1842. Le terme « bactériologie » ne rentrera dans l'usage courant qu'à la fin du XIXe siècle.

> « Je ne crois pas à cette invasion de parasites qui nous menace comme la onzième plaie d'Égypte [...] L'excuse de M. Pasteur, c'est d'être un chimiste qui a voulu, inspiré par le désir d'être utile, réformer la médecine à laquelle il est absolument étranger [...] la découverte des éléments matériels des maladies virulentes [ne jette] pas de grandes clartés sur l'évolution, le traitement, et surtout la prophylaxie des maladies virulentes. Ce sont là des curiosités d'histoire naturelle, intéressantes à coup sûr, mais à peu près de nul profit pour la médecine proprement dite et qui ne valent ni le temps qu'on y passe, ni le bruit qu'on en fait. Après tant de laborieuses recherches, il n'y aura rien de changé en médecine, il n'y aura que quelques microbes de plus. »

On peut sourire aujourd'hui en lisant cette ahurissante tirade, où la condescendance et la mauvaise foi le disputent à l'aveuglement. Peter, au demeurant, était relativement isolé, et le prestige de Pasteur était à cette époque déjà largement établi à travers le monde entier. Il y avait toutefois dans cette philippique un constat cruellement juste sur un point : on savait désormais comment et pourquoi les maladies infectieuses – appelées encore « maladies virulentes » – se propageaient, mais, pour autant, pouvait-on mieux lutter contre elles ? La thérapeutique, comme presque partout ailleurs en médecine, demeurait sans pouvoir...

On aurait eu peine à imaginer que Pasteur pût encore ajouter à sa gloire. Il le fit pourtant. Il avait sans doute souvent pensé à Jenner et à la vaccination prophylactique. L'espoir de parvenir à quelque chose de comparable dans les autres maladies infectieuses l'avait probablement maintes fois effleuré, mais la variole semblait être un cas exceptionnel : on avait eu la chance de trouver un virus très proche mais pratiquement bénin qui pouvait servir efficacement et sans risque à l'inoculation. Rien de tel ne paraissait exister pour les terribles bactéries que les laboratoires de l'Europe entière découvraient jour après jour.

En 1879, Pasteur travaillait sur une maladie vétérinaire, le choléra des poules. Selon une version « pieuse », souvent rapportée, il aurait à son retour de vacances, qu'il passait à Arbois, retrouvé une vieille culture du germe, oubliée par ses collaborateurs, et observé que son inoculation à des poules ne déclenchait pas la maladie. Il aurait eu alors l'idée d'inoculer à ces mêmes poules une culture jeune et fraîche, sûrement virulente : la maladie ne se serait pas non plus déclarée.

On a aujourd'hui des raisons de penser que le travail de Pasteur fut moins aléatoire. Il n'en demeure pas moins qu'il observa que la prolongation d'une culture de germes en laboratoire pouvait induire, au fil du temps, une atténuation de leur virulence, mais que l'inoculation de cette souche atténuée pouvait toujours protéger contre la maladie : le germe initial subissait en quelque sorte une « transformation vaccinale ».

En 1881, Pasteur décida de franchir le Rubicon intellectuel que constituait l'application de ses recherches à des mammifères – et sans doute bientôt à l'homme.

L'occasion lui en fut donnée par la Société d'agriculture de Melun, qui l'autorisa à conduire une expérience publique et contrôlée sur le charbon, maladie qu'il connaissait déjà fort bien.

Pasteur se mit d'abord en devoir de produire une souche atténuée de bacille charbonneux. Premier écueil : la méthode adaptée de celle du choléra des poules ne marchait pas ! Comme Robert Koch l'avait montré, le bacille pouvait, dans des conditions de survie difficile, former des spores résistantes, en attendant des jours meilleurs. S'inspirant alors des travaux déjà réalisés par le vétérinaire toulousain Henry Toussaint, Pasteur introduisit dans la culture un antiseptique à doses prudentes – en l'occurrence du bichromate de potassium – empêchant la formation de spores tout en permettant à la souche de s'atténuer.

L'expérience cruciale put enfin avoir lieu à la fin du mois de mai 1881 à Pouilly-le-Fort. Vingt-quatre moutons, six vaches et une chèvre subirent à quelques jours d'intervalle deux inoculations effectuées à l'aide d'une culture atténuée. Puis, quelques jours après, ils reçurent une dose de germes virulents en même temps que vingt-neuf autres animaux non préalablement « vaccinés ». Puis l'on attendit.

Au jour dit, le 2 juin 1881, ce fut un triomphe : tous les animaux non immunisés étaient morts ou sur le point de mourir. Tous les moutons vaccinés étaient, quant à eux, en parfaite forme.

Selon un témoin du temps, Pasteur « n'avait plus que des admirateurs » : la même année, les portes de l'Académie française s'ouvrirent devant lui.

Mais Pasteur avait encore quinze ans à vivre, et à travailler. Sa vie, véritablement exceptionnelle parmi celles des hommes de sciences, fut une succession de succès qu'on pouvait à chaque fois estimer définitifs, et de nouvelles victoires.

En 1885, toutefois, ce fut la dernière aventure. Au cours de l'été on lui amena un jeune Alsacien, Joseph Meister, mordu deux jours plus tôt par un chien enragé. La maladie préoccupait Pasteur depuis déjà quelques années. Alors en relative recrudescence, répandue à peu près partout en France, son pronostic était effroyable. Après une incubation assez longue, de plusieurs semaines, les symptômes se déclaraient et les patients mouraient inéluctablement dans un tableau affreux d'encéphalite.

Pasteur n'avait jamais pu mettre en évidence le germe de cette maladie : il s'agissait en effet d'un virus, inaccessible à l'examen microscopique. Mais le caractère infectieux était certain pour lui, et, constatant que les troubles étaient essentiellement nerveux, il pensait retrouver le germe dans le cerveau ou la moelle épinière des animaux enragés. Grâce à son collaborateur Roux, il put disposer de moelles rabiques desséchées, dont le virus n'était plus dangereux mais pouvait servir à l'immunisation. Des essais sur des chiens furent concluants.

Restait le jeune Joseph Meister. Fallait-il essayer sur l'homme ? En avait-on le droit ? Même Émile Roux, son fidèle élève, celui qui lui succédera, recula devant l'épreuve. Alors, Pasteur se tourna vers d'autres médecins. Le grand neurologue Alfred Vulpian notamment, mais aussi Jacques-Joseph Grancher, qui l'encouragèrent à tenter cette expérience de la dernière chance.

Entre le 7 et le 16 juillet, Pasteur fit injecter au jeune homme treize doses successives de moelle rabique desséchée, de moins en moins ancienne et plus en plus proche de la virulence, jusqu'à une émulsion absolument fraîche de moelle d'animal enragé...

L'enfant guérit[19]. L'ère pastorienne était définitivement ouverte.

Le reste de la vie de Pasteur n'est que la suite d'une légende réellement vécue : la fondation de l'Institut Pasteur, inauguré en 1888, et le 27 décembre 1892, à l'occasion de son soixante-dixième anniversaire, l'hommage immense qui lui est publiquement rendu à la Sorbonne, hommage du monde entier, une véritable apothéose.

Pasteur s'éteignit en 1895. Mais il laissait derrière lui un monde nouveau et des années de travail pour tous ceux qui, à travers le monde, ne cesseraient plus de s'inspirer de ses travaux.

L'accomplissement de la chirurgie : hémostase, anesthésie et asepsie

Les chirurgiens avaient mis beaucoup de temps à obtenir le même statut que leurs confrères médecins. Dans le premier tiers du XIXe siècle, cette conquête était enfin achevée. Désormais mieux formés, médecins « spécialisés »[20] en quelque sorte, ils se risquaient à des interventions plus ambitieuses que celles de leurs devanciers – ou tentaient de le faire. La relative perfection à

19. Pasteur notera plus tard : « Joseph Meister a échappé non seulement à la rage que ses morsures auraient pu développer, mais à celle que je lui ai inoculée pour le contrôle de l'immunité due au traitement, rage plus virulente que celle du chien des rues. »

20. L'expression « médecine opératoire » pour désigner certains actes de chirurgie devint alors d'usage courant.

laquelle l'anatomie était alors parvenue les y encourageait du reste.

On vit ainsi peu à peu des praticiens oser des gestes naguère impensables. Ne se limitant plus aux plaies et aux amputations, aux fractures et aux luxations, ayant perfectionné autant que possible la taille vésicale, la herniotomie et l'ablation de la cataracte, les chirurgiens envisageaient de nouvelles pratiques.

Sur les champs de bataille de l'Empire, la chirurgie de guerre avait malheureusement effectué des bonds gigantesques et la traumatologie avait beaucoup progressé. Dominique Jean Larrey en avait été le symbole. Présent dans tous les grands moments, il avait organisé le service de santé des armées et imposé le dogme de l'intervention précoce. Mais Larrey lui-même ne s'était pas contenté d'améliorer la technique des amputations à lambeaux circulaires – il en avait pourtant réalisé deux cents sur le seul champ de bataille de Borodino –, mais il s'était aussi essayé à des gestes plus subtils, comme la ponction péricardique, par exemple.

En fait, un peu partout en Europe, à partir de cette époque, on tente de développer une chirurgie un peu plus sophistiquée : la ténotomie sous-cutanée pour la correction du pied-bot, introduite par Jacques Mathieu Delpech en 1816 ; la myotomie pour traiter le torticolis congénital décrite par Dupuytren, mais aussi le traitement de la rétraction de l'aponévrose palmaire moyenne – « la maladie des tonneliers » – à laquelle le même Dupuytren donnera son nom.

La chirurgie plastique du visage reprend du lustre avec la correction de la fente labio-palatine bilatérale (« gueule de loup ») par Philibert Roux dès 1810, tandis qu'une meilleure connaissances de la vascularisation et des rapports anatomiques de la thyroïde, organe encore relativement superficiel mais d'un abord dangereux, permet des ablations réussies sans dommage vers 1820.

Toutefois, les chirurgiens auraient pu d'emblée faire beaucoup mieux, aller beaucoup plus loin. Si quelques tentatives d'ovariectomie et même d'amputation du col utérin furent couronnées de succès vers 1830, et si certains expérimentateurs tentaient déjà sur l'animal des résections intestinales, la grande chirurgie viscérale, la chirurgie de l'avenir, demeurait à peu près interdite et se heurtait à des obstacles jusqu'alors presque invincibles.

La chirurgie avait eu, de tout temps, trois ennemis historiques : l'hémorragie, la douleur et la suppuration. Rien n'avait jamais vraiment permis de les combattre efficacement.

Contenir l'hémorragie, soit pendant l'acte opératoire pour effectuer convenablement une résection, soit au décours de l'acte opératoire, sur un moignon d'amputation par exemple, avait été depuis toujours un problème complexe et un moment douloureux – et dangereux – pour le patient. Parfois citée par des auteurs anciens ainsi qu'au Moyen Âge, la ligature vasculaire, anatomiquement logique, avait été réintroduite en force par Ambroise Paré, on l'a vu, et elle s'était assez largement établie dans la pratique chirurgicale à la fin du XVIIIe siècle. Néanmoins, les méthodes plus brutales n'avaient pas encore disparu – et ne disparaîtront tout à fait qu'à l'extrême fin du XIXe siècle. On s'efforçait autant que possible de ligaturer les vaisseaux, après avoir amputé en comprimant l'artère principale du membre pendant l'intervention, mais le cautère n'était jamais loin.

Au début du XXe siècle encore, lorsque le chirurgien venait vérifier l'ablation d'un fil de ligature vasculaire, au cours d'une visite post-opératoire, il n'était pas rare de voir, à portée de main, le brasier et les cautères prêts à carboniser le moignon d'où pouvait jaillir un flot de sang quand on arrachait trop tôt une ligature mal cicatrisée ou mal posée…

Même si l'on parvenait finalement à arrêter l'hémorragie, on savait qu'une spoliation sanguine trop importante pouvait compromettre la vie du patient et dans l'immédiat le rendre incapable de soutenir l'intervention : c'était ce que nous nommons aujourd'hui le choc.

Dès le XVIIe siècle, on avait essayé de procéder à des transfusions sanguines, avec de graves déconvenues, et l'on renonça pratiquement à toute tentative jusqu'au début du XIXe siècle. En 1829, un médecin anglais, James Blundell, injecta en une demi-heure 350 cm^3 de sang frais venant de plusieurs donneurs à un patient mourant et obtint chez lui un mieux passager. Peu après, il récidiva en faveur d'une parturiente qui présentait une grave hémorragie de la délivrance, avec cette fois un plein succès. De nouveaux essais furent alors signalés, mais avec de nombreux échecs : le sang coagulait souvent dans les seringues, ou les patients, après une phase d'amélioration, finissaient par mourir. Le remède pouvait donc être pire que le mal.

Il faudra attendre 1900 pour que le Viennois Karl Landsteiner élucide les mystères des groupes sanguins, plus tard distingués dans le système ABO, et que l'on comprenne le mécanisme des incompatibilités transfusionnelles à l'origine de tous les tragiques mécomptes des transfusions aléatoires depuis trois siècles. Alors, la transfusion pourra devenir l'alliée du chirurgien.

Jusque-là, l'opérateur ne pouvait compter que sur la chance, son savoir anatomique et son habileté à éviter les gestes dangereux. Encore fallait-il lui en donner le temps : or, la souffrance du patient ne lui en accordait généralement que très peu…

Le problème immédiat du chirurgien était en effet la douleur immédiate et atroce du geste opératoire, qui l'obligeait à œuvrer au mieux dans un stress majeur et le plus vite possible : une gageure difficile à tenir, on en conviendra.

Sir James Young Simpson, l'introducteur du chloroforme en obstétrique, livrait encore en 1848 un ultime témoignage sur l'angoissant tableau du malade prêt pour l'opération. Ce qu'il en disait était vrai et inchangé, en fait, depuis des siècles :

> « Avant le temps des anesthésies, le patient qui devait subir une opération était semblable à un criminel se préparant à être exécuté. Il comptait

> les jours qui le séparaient de la date fatale. Ce jour venu, il comptait les heures. Il tendait l'oreille pour surprendre les bruits des roues de la voiture du chirurgien, son coup de sonnette, son pas dans l'escalier, son pas dans la chambre, le cliquetis de ses instruments redoutés, ses paroles graves et rares, ses ultimes préparations. Alors, tout en se révoltant contre son sort, il se laissait attacher et s'abandonnait au couteau cruel. »

Pendant longtemps, comme le rappelle ce récit, il n'y eut pas de salle d'opération dédiée, et les interventions se pratiquaient dans la chambre du patient, c'est-à-dire dans une salle commune, à proximité et donc à portée de voix – ou de cris – des autres malades…

Pour lutter contre la douleur opératoire, certains avaient recommandé, au Moyen Âge, l'emploi d'éponges imprégnées de soporifiques, et l'on avait aussi recouru à des clystères narcotiques, mais dans l'ensemble ces préparations opiacées avaient des effets limités, car les doses utilisées étaient trop faibles. Au fil du temps, on avait trouvé d'autres « petits moyens », comme les enveloppements froids par exemple, qui procuraient une hypoesthésie passagère. Ambroise Paré, quant à lui, employait la compression des gros tronc nerveux avant l'amputation d'un membre – il fallait également comprimer les artères pour limiter l'hémorragie –, mais l'habile chirurgien de la Renaissance savait aussi provoquer une légère perte de connaissance en comprimant la carotide au cou : il fallait cependant savoir doser ce geste, car le patient pouvait ne pas se réveiller !

Finalement, depuis le XVIIe siècle, la méthode de référence était le vin chaud : on enivrait le patient, on abaissait ainsi légèrement sa vigilance, et s'il résistait, on faisait surtout appel à sa dignité et à son courage et on lui donnait une balle de plomb à mordre : la « poire d'angoisse » dont se servaient aussi les bourreaux pour atténuer les cris de ceux qu'ils soumettaient à la question, et les voleurs pour faire taire leurs victimes…

Le chirurgien n'avait plus qu'un seul choix : besogner au plus vite, abréger au plus tôt le supplice nécessaire qu'il infligeait à son patient. Sauf si ce dernier, atteignant les limites du supportable, tombait en syncope, événement généralement salué par l'opérateur qui trouvait ainsi un moment de répit pour travailler plus à l'aise et inciser sans faiblesse.

Alfred Velpeau, brillant chirurgien de l'école française, résumait parfaitement l'opinion commune de son époque lorsqu'il écrivait en 1839 :

> « Éviter la douleur au cours des opérations chirurgicales est une chimère qu'il n'est plus permis de poursuivre aujourd'hui. Un instrument tranchant et la douleur dans la médecine opératoire sont deux concepts qui ne se présentent jamais séparés l'un de l'autre. »

En quelques années pourtant, tout allait se jouer, l'anesthésie allait naître, et Velpeau en serait lui-même l'un des premiers adeptes…

En 1799, un chimiste anglais, sir Humphrey Davy, avait étudié le protoxyde d'azote, isolé par Joseph Priestley en 1776 et dénommé « gaz hilarant[21] ». Davy mit surtout en évidence ses propriétés anesthésiques. Il nous a d'ailleurs laissé le récit de ce que l'on peut considérer comme la première anesthésie volontaire de l'histoire de la chirurgie :

> « Au moment de percer l'une des ces malencontreuses dents dénommées *dentes sapientiae*[22], j'éprouvai une inflammation étendue de la gencive, accompagnée de fortes douleurs qui empêchaient à la fois tout repos et toute activité. Le jour où l'inflammation devint insoutenable, j'aspirai trois grandes doses de protoxyde d'azote. Après quatre ou cinq inspirations, la douleur allait diminuant, l'excitation survenait, comme d'habitude, et le malaise disparaissait pendant quelques instants qui me parurent délicieux. »

Davy ne garda pas cette information pour lui, mais en Grande-Bretagne cette perspective n'enchanta guère les médecins et la

21. On connaissait alors surtout l'effet euphorisant de ce gaz.
22. C'est-à-dire les « dents de sagesse ».

gaz hilarant connut avant tout un succès de foire et devint une fantaisie à la mode.

En 1844, après avoir assisté à l'une de ces démonstrations des effets du gaz pour le grand public, un chirurgien-dentiste du Connecticut, Horace Wells, proposa d'en faire à nouveau l'essai sur lui-même. Son confrère John Riggs rapporta plus tard en ces termes les résultats de la nouvelle expérience :

> « Le Dr Wells s'assit dans le fauteuil, prit le ballon, l'ouvrit et aspira le gaz. Lorsqu'il fut suffisamment sous son influence, il renversa la tête et je lui arrachais une dent. Il me fallut déployer beaucoup de force, mais Wells ne manifesta aucune douleur. Après l'opération, il resta encore un certain temps sous l'influence du gaz, mais sitôt qu'il fut revenu à son état normal, il agita les bras en criant : "Une nouvelle ère commence pour les avulsions dentaires !" »

Peu après la publication de ce premier résultat, William Morton, un élève de Wells, présenta ce dernier à un célèbre chirurgien de Boston, John Warren, qui lui donna la possibilité de faire une démonstration publique de son procédé. Malheureusement, ce fut un échec, car le protoxyde ne possédait finalement qu'un effet analgésique faible et fugace, et la méthode était d'un emploi malaisé et assez aléatoire. Du reste, elle ne sera reprise que vingt ans plus tard, quand on aura montré que ce procédé anesthésique était plus sûr et moins dangereux si l'on mélangeait de l'oxygène au protoxyde. La technologie de l'anesthésie n'en était pas encore à ces raffinements…

Morton ne se découragea pas pour autant et voulut poursuivre la recherche anesthésique. Sur les conseils du chimiste Charles Thomas Jackson, il se tourna vers une autre substance, connue depuis déjà longtemps. L'éther commun – l'éther sulfurique – était apparu à la Renaissance, et il semble même que Paracelse, le premier des iatrochimistes, en avait entrevu les propriétés analgésiques, mais cette piste n'avait jamais été vraiment explorée et l'on y voyait surtout une substance volatile plus ou moins tonique et euphorisante[23].

Les propriétés anesthésiques de l'éther furent véritablement établies par l'Anglais Michael Faraday en 1818. Il avait alors réussi à endormir des animaux et même quelques volontaires humains, sans toutefois oser aller trop loin en raison des risques qu'il redoutait. Depuis, on l'utilisait parfois pour tenter de soulager les crises d'asthme.

William Morton tenta de nouveau ces expériences et essaya tout d'abord l'éther sur son épagneul, avec succès. Après avoir endormi quelques amis, il s'anesthésia lui-même. Le 16 octobre 1846, au Massachusetts General Hospital, lors d'une anesthésie conduite par Morton lui-même, John Warren procéda enfin à l'ablation d'une tumeur maxillaire et linguale. Ce fut un plein succès.

Le compte rendu de cette première grande intervention sous anesthésie générale fut publié en novembre de la même année. Le 21 décembre, le chirurgien londonien Robert Liston effectua par le même procédé l'amputation sans douleur d'une jambe. Aux dires d'un témoin de l'intervention, lorsque la jambe tomba sous la table, le digne opérateur se tourna vers ses étudiants et dit simplement : « Ce tour de passe-passe yankee bat le mesmérisme, messieurs »...

En quelques semaines, la méthode fut expérimentée à Paris, Vienne, Berlin. Dans l'ensemble le corps médical fut conquis : Velpeau, Larrey, Malgaigne, en France, donnèrent leur assentiment, et aux États-Unis où tout s'était noué, l'opérateur réputé qu'était Henry Jacob Bigelow put déclarer :

> « Nous venons d'assister à un événement capital dans les annales de la chirurgie. Notre métier est délivré pour toujours de son horreur. »

---

23. L'addiction à l'éther, plus rare de nos jours, est l'une des plus anciennes toxicomanies, avec celle liée à l'opium naturellement.

Dès lors, le mouvement anesthésique ne devait plus s'arrêter. Un peu plus tard, un nouveau produit entra en scène.

Le 19 janvier 1847, sir James Young Simpson, d'Édimbourg, usa du chloroforme pour atténuer les douleurs de l'accouchement. Ce produit avait été isolé au début des années 1830 et ses effets sur le système nerveux venaient d'être évalués par le physiologiste français Pierre Flourens. Cette nouvelle voie de l'anesthésie, introduite cette fois par l'obstétrique, suscita encore des réserves morales. En Grande-Bretagne, un digne pasteur insinua que de la sorte Dieu « serait frustré des cris profonds et sincères qui se lèvent à l'heure de la souffrance pour implorer son secours ». Plus doctement, le très sérieux *Lancet*, qui demeure aujourd'hui un des périodiques médicaux les plus respectés au monde, fit savoir « que l'usage du chloroforme pour un accouchement parfaitement normal ne se justifiait en aucune façon ».

Au vrai, le débat tourna court après que la reine Victoria eut expérimenté elle-même ce nouveau confort lors de la naissance de son septième enfant, le prince Léopold. Ce qu'il fut désormais convenu d'appeler « l'anesthésie à la reine » s'imposa en peu d'années comme une référence dans la lutte contre la douleur.

Certes, il faudra encore des années pour fixer les protocoles, restreindre les risques et déterminer les bons mélanges de l'éther, du chloroforme ou d'autres substances dont la liste s'allongera dès le début du XXe siècle. Dans l'immédiat, certaines d'entre elles permirent d'ailleurs une nouvelle approche : l'anesthésie locale.

On connaissait depuis longtemps une coutume des Incas du Pérou qui vénéraient le *coca*, dont ils offraient des branches à leur dieu soleil. Ils avaient appris à connaître les vertus de cette plante sacrée dont les feuilles, mâchées pendant des heures, donnaient de la force et de l'endurance au mal. Les Européens, lorsqu'il avaient plus tard employé des indigènes pour violer les tombes anciennes afin d'en extraire d'hypothétiques trésors, avaient vu leurs ouvriers se servir du pouvoir analgésique de ces feuilles pour se prémunir contre les maux de gorge suscités par un énorme dégagement de poussières irritantes.

En 1884, l'ophtalmologiste viennois Karl Koller eut l'idée d'utiliser le principe actif du coca, la cocaïne extraite par Albert Niemann en 1859, pour anesthésier l'œil par simple instillation pendant ses interventions. Le succès de cette tentative en suscita d'autres. Dans les années qui suivrent, on appris à injecter par voie sous-cutanée les mêmes substances, et ensuite vinrent les premiers essais d'anesthésie tronculaire et de rachi-anesthésie.

Il faudra attendre encore le début du XXe siècle pour que l'anesthésie sous intubation ouvre la voie aux grandes interventions, en chirurgie thoracique notamment, mais au tournant des années 1850, l'un des obstacles les plus anciens au progrès de la chirurgie avait été pratiquement abattu.

Toutefois, si les chirurgiens se sentirent un peu plus sereins, un peu plus audacieux aussi, le bénéfice n'en fut pas immédiat Certes, des gestes mieux maîtrisés, plus radicaux, plus curateurs, étaient désormais possibles, mais la mortalité post-opératoire demeurait importante. Il restait un autre obstacle à vaincre, le dernier mais pas le moindre : « la fièvre des plaies », la terrible et implacable infection post-opératoire.

Le problème n'était évidemment pas nouveau, mais depuis l'époque où l'on attendait de voir sourdre d'une plaie le « pus louable », témoin d'une « bonne coction des humeurs », les conceptions avaient un peu évolué. Avant même que ne s'accomplissent les progrès décisifs de la jeune microbiologie et que ne s'impose la vision de Pasteur, les chirurgiens avaient pu saisir de manière empirique que la purulence des plaies était clairement un mal dont il fallait se défaire.

Depuis le Moyen Âge, certains auteurs avaient conseillé à des différentes reprises les pansements imprégnés de vin, ou simplement d'eau claire : sur les champs de bataille, cette simple méthode avait parfois fait merveille. Mieux encore, dans les années 1840 un grand praticien français, Édouard Chassaignac, avait enseigné et mis en œuvre avec profit la pratique systématique du drainage, de l'évacuation réglée des foyers purulents de la plaie opératoire par des tubes souples.

Mais l'efficacité de ces petits moyens demeurait limitée. Un célèbre chirurgien écossais du début du XIXe siècle, John Bell, en était bien conscient lorsqu'il s'exclamait :

> « Aucun pansement n'a jamais pu arrêter un ulcère ; aucune écorce, aucune liqueur n'a jamais retardé le progrès de la gangrène ; ceci est un mal d'hôpital. Une fois sortis de ces murs infectés, les malades seront sauvés. »

Le premier qui décida d'agir contre cette fatalité fut un obscur médecin viennois, Ignaz Semmelweis, qui pratiquait des accouchements à la Maternité de l'Hôpital général au milieu des années 1840. La formidable intuition qu'il eut alors, et qu'il tenta vainement de faire partager, lui coûta sa carrière et finalement sa vie.

Nommé en 1846, à l'âge de trente ans à peine, assistant du service d'obstétrique, il lui fut donné d'effectuer une comparaison déroutante. Le service comprenait deux salles. Dans l'une d'elles, fréquentée par les étudiants, le nombre d'infections puerpérales, terribles fièvres septicémiques se terminant alors presque toujours par la mort de la jeune accouchée, était très élevé. En revanche, dans l'autre salle, dont ne n'occupaient que les sages-femmes, les infections du post-partum était très rares. Le chef du service, Johann Klein, alerté par Semmelweis, avait reconnu cette différence, mais il expliquait les infections puerpérales plus fréquentes par une inflammation due aux touchers vaginaux trop « rudes » des étudiants : les sages-femmes étaient simplement plus douces...

À la même époque, pourtant, un éminent praticien de l'hôpital vint à mourir des suites d'une « piqûre anatomique » c'est-à-dire d'une blessure contractée à l'amphithéâtre lors d'une autopsie.

Semmelweis fut frappé par la similitude des symptômes qu'il présenta et de ceux qui emportaient les victimes de la fièvre puerpérale. Dès lors, il fut convaincu que la seule différence entre les deux salles d'accouchement était que dans la première les étudiants se rendaient à l'amphithéâtre pour autopsier à mains nues et procédaient ensuite aux accouchements, sans se soucier évidemment de se laver les mains entre-temps. De leur côté, les sages-femmes, bien sûr, ne touchaient jamais aux cadavres. Semmelweis n'avait aucune prescience de la notion de germe pathogène[24] et ignorait naturellement, comme ses contemporains, ce que pouvait être un microbe. Pour lui, cependant, les miasmes responsables de la maladie, comme un poison, étaient transportés à partir des corps en décomposition par les mains souillées des accoucheurs.

Il mit en œuvre une méthode simple consistant pour tous les étudiants à se laver les mains au chlorure de chaux avant de procéder à un accouchement. Usant parmi les premiers d'une approche statistique pour valider sa méthode, il observa une impressionnante chute de fréquence de l'infection puerpérale qui passa de 12,24 % à 3,04 % au cours de l'année. L'année suivante, son incidence était de 1,27 %.

Or, loin de faire l'objet d'une reconnaissance unanime, Semmelweis fut immédiatement en butte au conservatisme de nombre de praticiens éminents qui refusèrent d'admettre les faits et l'obligèrent même à quitter Vienne pour aller à Pest, dans sa Hongrie natale. Là encore, l'application de ses principes dans une clinique d'accouchement réduisit la fièvre puerpérale à un événement rare. Pourtant, rien n'y fit, malgré la publication en 1861 de son *Étiologie de la fièvre puerpérale et sa prophylaxie*, il ne suscita que des sarcasmes et l'incompréhension d'une grande partie du monde médical.

---

24. Rappelons que le germe responsable de la fièvre puerpérale, le streptocoque, ne fut isolé par Pasteur qu'en 1879.

Désespéré, Semmelweis, qui n'avait jamais su faire face à ses adversaires sans créer de conflit plus grave encore, sombra dans la dépression. En 1865, il se rendit un jour dans la salle d'autopsie de l'hôpital et après avoir planté un scalpel dans le corps d'un cadavre, il se fit à lui-même une profonde entaille. Quelques semaines plus tard, il mourut, victime à son tour d'une piqûre anatomique volontaire, ultime protestation de la vérité de ses thèses[25]...

Si l'histoire tragique de Semmelweis a frappé les mémoires, il faut observer que quelques années plus tôt, aux États-Unis, un autre praticien avait abouti aux mêmes conclusions que lui – sans avoir à en subir d'aussi funestes conséquences.

Dès 1843, partant des mêmes constatations, Oliver Wendell Holmes, à Boston, avait incriminé la souillure des mains de l'accoucheur comme principale cause de la fièvre puerpérale. On avait encore crié au scandale et invoqué l'existence de cas d'infection du post-partum dans la pratique de l'éminent sir James Young Simpson : un gentleman aussi distingué pouvait-il avoir les mains aussi sales ? On n'avait pas écouté Holmes plus longtemps...

Cependant, les témoignages en ce sens se multipliaient un peu partout dans le monde. Ainsi, en 1857, le Français Stéphane Tarnier, sans avoir eu connaissance semble-t-il des travaux de Semmelweis, demandait dans sa thèse *Recherches sur l'état puerpéral et sur les maladies des femmes en couches* la séparation des femmes malades et des femmes indemnes. Parallèlement, en Grande-Bretagne, sir Thomas Spencer Wells avait décidé de promouvoir une « chirurgie de la propreté et de l'eau froide » et avait justifié, par une statistique élémentaire des complications post-opératoires, le bien-fondé de sa démarche.

---

25. C'était du moins la version classique aujourd'hui remise en question. Il reste certain que Semmelweis mourut de mort violente dans un asile d'aliénés...

En fait, ces précurseurs intuitifs ne soupçonnaient pas la nature même de l'infection. Ils avaient effectué des rapprochements empiriques et suggéré des mesures pertinentes, mais l'absence de base théorique convaincante ne leur avait pas permis de faire triompher leur pressentiment. Au début des années 1860, un événement changea tout.

Joseph Lister, né en 1827, était parvenu en 1860 à la tête du service de chirurgie de l'université de Glasgow. Il souscrivait lui-même aux analyses de John Bell et ne savait comment combattre les « miasmes pestilentiels » dont il constatait les ravages parmi ses opérés. Or, vers 1867, un de ses collègues, le chimiste Thomas Anderson, attira son attention sur les récents travaux d'un autre chimiste français, Pasteur, qui s'était déjà fait connaître par ses recherches sur les maladies du ver à soie. Lister se fit communiquer quelques publications du père de la microbiologie : ce fut pour lui une révélation.

Lister eut désormais la conviction que les miasmes n'étaient pas des poisons contenus dans l'air malsain, mais des êtres vivants et microscopiques contre lesquels on devait lutter.

Pour vérifier sa thèse, il choisit de l'appliquer à une chirurgie connue de tout temps pour ses redoutables complications septiques : la chirurgie osseuse. En opérant des fractures ouvertes, Lister décida d'y appliquer, après un nettoyage soigneux du foyer fracturaire, de larges pansements de gaze imprégnée de phénol. L'ensemble était enveloppé d'une feuille de plomb ou d'étain pour éviter l'évaporation trop rapide de l'antiseptique.

Les premiers essais furent difficiles, car les concentrations choisies n'étaient pas adaptées et l'acide phénique souvent corrosif. Après quelques tâtonnements, Lister parvint à isoler quelques mesures simples : lavage fréquent des mains pendant l'intervention dans une solution de phénol au 1/40e, instruments trempés dans une solution au 1/20e, pansement de gaze phéniquée.

Les résultats furent au rendez-vous : baisse très sensible des ostéites, des suppurations, des septicémies.

Lister dut faire face aux mêmes obstacles que Semmelweis n'avait pu vaincre, mais l'universitaire anglais, en raison de sa position et de sa réputation, fit front. Ses recherches furent publiées dans le courant des années 1860, et dans tous les congrès il défendit les principes de l'antisepsie. Nommé en 1877 au King's College de Londres, il dut pourtant subir avec quatre de ses assistants une véritable mise à l'écart par ses confrères. Mais un jour, ayant accepté d'opérer une tumeur récusée par le grand James Paget lui-même en raison d'un trop grand risque septique, Lister appliqua avec bonheur la méthode antiseptique. Honnête et finalement beau joueur, l'éminent Paget reconnut les mérites de son jeune rival :

> « Le succès Lister a été si grand, comparé à mes propres échecs, que je ne peux plus douter de sa valeur. »

Du jour au lendemain, ou presque, la situation fut renversée. D'abord les honneurs s'accumulèrent sur la tête de Lister, créé chevalier, puis baronnet, bientôt pair du royaume[26], et plus tard membre de la Royal Society. Ensuite et surtout, il fut suivi partout en Europe, et les principes de l'antisepsie s'imposèrent, même si dans certains pays – comme en France – la résistance dura un peu plus longtemps.

On comprend enfin que lors de la mémorable séance d'hommage à Pasteur, précédemment évoquée, qui eut lieu à la Sorbonne en 1892, quand le grand savant français apparut, escorté du président de la République et des plus hautes personnalités de l'État, il vit s'avancer vers lui lord Joseph Lister, qui évoqua devant tous l'immense dette de la chirurgie envers le découvreur des microbes.

---

26. Il fut le premier médecin anglais à recevoir cette distinction.

Tout n'était pas définitivement réglé pour autant. Lister avait convaincu ses confrères de se laver les mains, de désinfecter la zone opératoire et de nettoyer leurs instruments. Ils pouvaient ainsi détruire les microbes présents un peu partout. Pour parvenir à un résultat optimal, il fallait cependant viser à l'éviction des microbes eux-mêmes : de l'*antisepsie*, il fallait passer à l'*asepsie*.

Par exemple, Lister lui-même n'avait nullement imposé de changement dans l'habillement des chirurgiens au cours de leurs opérations. L'habitude du XIXe siècle était d'opérer après avoir revêtu une « redingote d'opérations», vieille et sale, incrustée de pus et de sang, et qu'il eût été malséant de prétendre laver : elle était le reflet des combats du chirurgien… On prenait aussi pour les sutures, au fur et à mesure des besoins, des bobines de fil que l'on frottait sur un pain de cire.

Il fallut ainsi, autour des années 1880, introduire peu à peu les blouses, les calots, puis les gants de caoutchouc, que le chirurgien américain William Halsted conseilla le premier. Vers 1874, Pasteur recommandait plutôt de traiter les instruments à l'eau bouillante et à la flamme, et une dizaine d'années plus tard, l'invention des autoclaves permit enfin de stériliser les pansements, les champs et les fils de suture.

À la fin du siècle, les salles d'opération – enfin individualisées – et leurs acteurs avaient à peu près acquis leur morphologie définitive.

La chirurgie en fut changée en peu d'années. Des zones jusque-là interdites furent enfin explorées, en particulier la cavité abdominale, le tractus gastro-intestinal, mais aussi les poumons et bientôt le cerveau et la moelle épinière. On put, au cours d'interventions de plus en plus longues, passer tout le temps nécessaire pour extirper des tumeurs et s'attaquer à des abcès profonds, jusqu'alors au-dessus de toute ressource thérapeutique.

En cinquante ans, la médecine s'était débarrassée d'erreurs millénaires, avait percé les secrets du corps humain, compris le mécanisme des maladies les plus graves et commencé à leur apporter des remèdes efficaces. Elle avait surtout acquis, pour la première fois de son histoire, un dynamisme propre, une méthode, une vision précise des progrès à accomplir et des buts à atteindre.

Il ne lui restait plus, en quelque sorte qu'à dérouler ce fil : depuis un siècle, elle n'a plus cessé de le faire.

ÉPILOGUE

L'envol de la médecine au XXe siècle

Embrasser dans son ensemble l'histoire et tous les développements de la médecine au cours du XXe siècle est une entreprise qui, aujourd'hui encore, sort du strict champ de l'histoire, pour au moins deux raisons.

La première est que le recul n'est peut-être pas encore suffisant pour juger des responsabilités, pour désigner les vrais acteurs et déterminer où se sont situées les vraies ruptures de la pensée et de la pratique médicales pendant le siècle écoulé.

La seconde, plus fondamentale, est que cette histoire est encore la nôtre : le virage emprunté par la médecine occidentale à la fin du XIXe siècle l'a placée de manière désormais irrésistible dans une course sans fin vers de nouvelles hypothèses, de nouvelles connaissances fondamentales, de nouveaux moyens d'exploration, et finalement de nouvelles armes thérapeutiques. Les énumérer est une tâche épuisante et peut-être sans intérêt majeur.

Au terme du survol qui nous a conduits des rives du Tigre et de l'Euphrate, voici plus de 5 000 ans, à l'aube du XXe siècle, nous nous bornerons à jeter un dernier regard sur le monde de la médecine tel qu'il était avant de s'engager dans l'incroyable aventure du XXe siècle.

Car après les avancées fabuleuses du XIXe siècle, il y eut de nouveau une stagnation. Du moins, une période d'attente.

En 1973, le professeur Jean Bernard, l'un des plus grands médecins de notre temps, qui a connu deux époques et presque deux mondes encore dans l'univers médical, en introduction à son livre *Grandeurs et Tentations de la médecine*, en a donné un superbe résumé en ces quelques lignes :

> « Un médecin de 1900, endormi par quelque sortilège, s'éveille en 1930. Les campagnes et les villes sont transformées avec les tracteurs dans les champs, le téléphone dans les maisons, les automobiles sur les routes et les avions dans le ciel. Les empires se sont écroulés, mais *la médecine a peu changé*. Comme trente ans auparavant, le médecin aide les cœurs fatigués, calme les toux rebelles, fluidifie les expectorations ; mais il ne modifie presque jamais le cours des maladies qui, bénignes, guérissent seules, graves, tuent presque toujours, et il assiste impuissant à l'évolution des septicémies, des méningites, des tuberculoses, des grandes insuffisances médullaires.
>
> « Un deuxième médecin assoupi en 1930, est tiré de sa léthargie en 1960. *Il ne reconnaît plus rien* : les méningites aiguës, la méningite tuberculeuse, les tuberculoses aiguës, les infections générales, l'endocardite maligne, les broncho-pneumonies évoluent vers la guérison. La maladie d'Addison peut être équilibrée, l'anémie pernicieuse n'est plus pernicieuse. Les chirurgiens ouvrent les cœurs et les cerveaux, les hématologistes sauvent les nouveau-nés en changeant tout leur sang, les psychiatres, devenus chimistes, corrigent les graves désordres de l'esprit. Les sondes, les lampes, les radios et les microscopes, explorent les viscères, les tissus, les cellules et leurs molécules mêmes. »

Tel est bien, en effet, l'impressionnant paradoxe de cette phase la plus récente de l'histoire de la médecine, celle que nous vivons aujourd'hui : au cours des cinquante années qui viennent de s'écouler, elle a plus progressé qu'au cours des cinquante siècles qui ont précédé !

Alors, faut-il oublier Hippocrate et Galien, Avicenne et Rhazès ? Guy de Chauliac mérite-t-il notre dédain ? Vésale et Ambroise Paré ont-ils démérité ? Quant à Claude Bernard et Louis Pasteur, leurs noms sont-ils désormais sans gloire ?

Non, bien sûr. Tous ces hommes, en près de vingt-cinq siècles de travail, de réflexion et de pratique de la médecine, ont conduit « l'art et la science » au point qui allait permettre à la médecine de se transcender et de donner enfin à l'homme, pour la première fois de son histoire, un pouvoir réel sur sa santé et sur sa vie – bientôt peut-être sur sa nature profonde et sur sa descendance...

À l'aube du XXe siècle, la médecine s'était enfin dotée des cadres intellectuels qui rendront un jour possible cette fulgurante ascension. Elle disposait déjà de quelques pouvoirs sur la maladie. Elle avait désormais conscience de ses limites et cherchait à se définir une nouveau statut pour répondre aux défis qui l'attendaient.

Santé publique et hygiène sociale

Sans doute plus qu'à aucune autre époque de leur longue histoire, les médecins, au tournant du XXe siècle, ont senti la nécessité de souligner le rôle social de la médecine. Le plus souvent, on l'a vu, l'art pouvait encore difficilement guérir, mais on en savait désormais suffisamment pour comprendre le déterminisme de nombre de maladies. D'où l'idée de les prévenir.

Dans ce domaine, les maladies infectieuses s'imposaient immédiatement comme un fléau social par excellence. La révolution pastorienne avait permis d'en percer le mystère, mais les antibiotiques et les thérapeutiques anti-infectieuses efficaces ne seront pas disponibles avant la fin des années 1940. Reconnaître tôt la maladie – c'est le *dépistage* – ou en empêcher la survenue – la *prévention* – étaient dès lors les deux seules voies praticables de l'infectiologie.

Le temps des grandes épidémies n'était certes pas révolu. En 1832 avait sévi un terrible choléra qui avait fait près de 20 000 morts à Paris, et 100 000 en tout dans les cinq années qui suivirent. Les ravages avaient été particulièrement intenses en

Provence[1]. Tous les dix ans environ, la maladie avait réapparu, mais au début du XXe siècle, elle s'était apaisée, du moins en Europe occidentale. On connut encore dans les années 1918 et 1919 une meurtrière « grippe espagnole », qui fit peut-être davantage de morts que la guerre elle-même...

Cependant, les grandes ennemies de la société restaient les maladies infectieuses chroniques. Deux grandes dames se partageaient alors la vedette et dominaient en fait toute la pathologie.

La tuberculose était une vieille compagne des médecins. Depuis Hippocrate, on avait peu à peu appris à décrire toutes ses formes, et même à rapprocher les différentes localisations de la maladie. En ce domaine, les travaux de Bichat et surtout de Laennec n'avaient presque plus rien laissé à désirer. L'étiologie de la maladie, tout au long de ces siècles, était en revanche demeurée tout aussi mystérieuse. Là aussi, les découvertes de Pasteur avaient finalement tout bouleversé.

Dès 1865, le Français Jean Antoine Villemin avait affirmé la nature infectieuse de la tuberculose. En 1882, l'Allemand Robert Koch annonçait à la Société de physiologie de Berlin qu'il avait isolé l'agent causal qui deviendra le *bacille de Koch.*

Dix ans plus tard, Koch montra aussi que l'injection sous-cutanée, à un cobaye préalablement tuberculisé, de bacilles vivants déterminait une ulcération nécrotique spontanément résolutive. Outre que le *phénomène de Koch* put fournir un premier moyen diagnostique de l'infection tuberculeuse, il montrait aussi la résistante naturelle d'un sujet tuberculisé à la réinfection. Ce sera la base même de la future vaccination. Mais de nombreux efforts étaient encore nécessaires.

En 1890, le même Robert Koch isola enfin un extrait de bouillon de culture de bacilles tuberculeux, formant une subs-

1. Cette épidémie forme la toile de fond du célèbre roman de Giono, *Le Hussard sur le toit.*

tance de nature mal définie mais dépourvue de pouvoir infectant : la *tuberculine*. Son injection intradermique à un sujet tuberculisé produisait également le phénomène de Koch : la cuti-réaction – et l'intradermo-réaction – étaient nées. On tenait au moins un moyen de dépister précocement l'infection. Encore fallait-il la traiter.

Les moyens thérapeutiques mis en œuvre contre la tuberculose, avant l'ère des vaccins et des antituberculeux, relevaient avant tout de la chirurgie. Deux interventions presque mythiques ont marqué des générations entières.

Le pneumothorax thérapeutique était le geste le plus courant. Il consistait à insuffler de l'air dans la plèvre d'un poumon atteint pour effondrer le parenchyme et « mettre le poumon au repos ». Pourvu d'une efficacité certaine quoiqu'en partie mystérieuse, définitivement codifiée par l'Américain John Murphy en 1906, la collapsothérapie restera pendant au moins quarante ans à la base du traitement des lésions tuberculeuses pulmonaires.

La seconde grande intervention était la thoracoplastie, qui consistait à remodeler la paroi thoracique, avec au besoin une résection costale plus ou moins mutilante, pour obtenir de la même manière l'exclusion de tout ou partie d'un champ pulmonaire. En cas d'échec, on procédait enfin à l'exérèse de segments pulmonaires, les développements de l'anesthésie et notamment de l'intubation ayant désormais autorisé l'essor de la chirurgie thoracique.

Mais ces moyens ne pouvaient suffire. Il fallait aussi, notamment en cas de « primo-infection », lors du fameux « virage de la cuti », prévenir l'évolution de la maladie. On développa alors des méthodes qu'Hippocrate lui-même avait déjà fixées.

Le Père de la médecine recommandait de suralimenter les phtisiques et de les mettre au repos au bord de la mer et au soleil. Dès la fin du XIXe siècle, la « cure hélio-marine » notamment à Berck, fut l'un des fondements du traitement de la maladie. Dans le même mouvement se mirent en place un peu partout en France ces lieux emblématiques de la tuberculose que furent les sanatoriums.

Le premier avait été créé en 1859 à Göbersdorf, par Hermann Brehmer, et trente ans plus tard, les premiers établissements français s'ouvrirent à Villepin, à Angicourt, à Bligny.

Les patients devaient y mener une vie calme, strictement réglée, faite de longues heures de repos sur des fauteuils, au grand soleil. On leur fournissait chaque jour une nourriture riche et abondante. Le sanatorium devint ainsi pour quelques décennies un des lieux de la sociabilité européenne où l'on passait des mois, voire des années, toutes générations et toutes classes sociales confondues[2]. De nombreux médecins y faisaient eux-mêmes des séjours thérapeutiques, car il était fréquent qu'un étudiant contracte la maladie au cours de ses études. Lorsqu'il était interne des hôpitaux, il était même habituel que son patron lui fasse obtenir à cette occasion une place d'assistant dans le sanatorium où il devait être admis !

C'est surtout avec la tuberculose que naquit la notion même d'hygiène sociale. En 1892 fut fondée en France la « Ligue centrale française contre la tuberculose », qui deviendra en 1919 le « Comité national de défense contre la tuberculose ».

Marqueur de la pauvreté, fléau social par excellence, la tuberculose suscita une véritable guerre de la part des médecins, qui employaient volontiers un langage martial pour combattre la maladie. Afin de répandre le dépistage, l'Europe se couvrit de dispensaires « d'hygiène sociale » où, à proximité des familles, on procédait aux tests tuberculiniques et l'on prodiguait toutes sortes de recommandations. Des affiches proclamaient :

> « La visiteuse d'hygiène est l'auxiliaire du médecin et des œuvres sociales dans la croisade contre la tuberculose. Soutenez-là. ».

2. Dans *La Montagne magique*, Thomas Mann a magistralement restitué l'atmosphère si particulière de ce monde clos du sanatorium.

Tandis que d'autres brochures soulignaient que la tuberculose pouvait être évitée par « la salubrité de l'habitation et par une bonne hygiène ».

À la lutte contre la maladie vinrent s'adjoindre des mesures sociales. S'opposer à la tuberculose était aussi une œuvre politique dont les sous-entendus moralisateurs n'étaient du reste pas absents, il faut bien le reconnaître.

La découverte en 1921 du vaccin par le BCG (Bacille de Calmette et Guérin) fut enfin la première grande avancée contre un fléau qui s'attaquait aux hommes depuis des millénaires.

Toutefois, une autre grande infection occupait depuis le XVe siècle l'esprit des médecins. Sa grande époque vint à la fin du XIXe siècle.

La syphilis ! Plus qu'une maladie, un véritable mythe. Pendant des décennies, elle fut accusée de tous les maux, soupçonnée dans toutes les pathologies obscures, et si le patient lui-même n'était pas « responsable » de son mal, c'est qu'il l'avait hérité de ses parents : la fameuse « hérédo-syphilis » tint lieu de théorie physio-pathologique pendant presque un siècle...

L'aspect de la maladie avait cependant bien changé depuis le retour des Conquistadores ! C'était devenu une maladie chronique, avec un chancre inaugural souvent minime – « moins que rien », disaient les spécialistes – qui disparaissait sans lendemain, puis au bout de quelques semaines des lésions cutanées elles-mêmes résolutives – « plus vexatoires que graves », disait-on encore. Commençait alors une longue période de latence qui conduisait enfin aux « accidents secondo-tertiaires » et faisait entrer le patient dans la catégorie honnie des « vénériens », affligés leur vie durant d'une « maladie honteuse ».

On savait à peu près tout sur l'évolution de la maladie depuis les travaux d'Alfred Fournier, véritable fondateur des études syphiligraphiques modernes dans le dernier tiers du XIXe siècle et premier titulaire de la chaire de clinique des maladies cutanées et syphilitiques de l'hôpital Saint-Louis. Depuis 1905, on connaissait aussi le germe causal et l'on disposait même des premiers tests diagnostiques comme celui de Bordet-Wassermann (le célèbre « BW »). Seule la thérapeutique, comme partout, comme toujours, demeurait en défaut. À part quelques cures de bismuth, substance recommandée dès la fin du XIXe siècle et qui montrait parfois une certaine efficacité, la maladie poursuivait le patient toute sa vie.

À la fin pouvaient survenir les complications majeures, comme la paralysie générale, la démence qui emportera Maupassant...

L'essentiel était donc la prévention. On usa des mêmes armes et des mêmes méthodes que pour la tuberculose : celles d'une véritable guerre médicale. Avec en outre une dimension moralisante et même culpabilisatrice encore plus marquée car, aux yeux des médecins et d'une grande partie de la société, la syphilis n'était pas une maladie comme les autres. Tout le problème était là.

Vers la fin de sa vie, Alfred Fournier, mort en 1914, avait fondé la « Société de prophylaxie sanitaire et morale » : tout un programme ! Quelques années plus tard, en 1923, ses élèves avaient à leur tour créé, dans le vocabulaire si expressif de l'époque, la « Ligue nationale française contre le péril vénérien ». Il en sortit du reste, en 1934, le grand Institut Alfred-Fournier à Paris, prolongeant jusqu'à nos jours, avec la même expertise mais dans un esprit renouvelé, la lutte contre les maladies vénériennes devenues depuis les « maladies sexuellement transmissibles » (MST) au premier rang desquelles, désormais, le SIDA[3].

De ce « devoir social » contre les «maladies honteuses » naîtront enfin en 1945 les dispensaires antivénériens (DAV). Mais alors, le problème était tout différent, car les antibiotiques avaient relégué la syphilis – comme la tuberculose elle-même – au rang

3. L'apparition de la pandémie de SIDA au début des années 1980 suscita d'ailleurs, dans divers milieux, les mêmes réactions méfiantes et hostiles qu'à l'égard de la syphilis quelques décennies plus tôt...

d'une maladie qu'on pouvait désormais traiter sans difficulté avec une injection ou quelques comprimés. Toute une époque et tout un monde avaient été oubliés en quelques années à peine…

Le corps transparent

Depuis l'Antiquité, le problème des médecins avait été de percer les secrets du corps, et déjà Hippocrate s'efforçait de deviner l'invisible par son approche clinique. De cette opacité de la machine humaine avaient découlé bien des illusions, bien des erreurs.

À la Renaissance, on l'a vu, une étape décisive avait été franchie avec la fondation d'une anatomie authentique. Elle avait elle-même fécondé les études physiologiques et donné lieu à une discipline reine, à la base de la théorie médicale moderne : l'anatomie pathologique.

Mais le corps restait opaque et malgré les avancées qui rendaient chaque jour possibles des gestes chirurgicaux de plus en plus osés, le médecin devait toujours tenter de deviner ce qui se tramait dans le corps de son malade.

À l'horizon du XXe siècle naissant, cette ultime barrière fut enfin franchie.

Au milieu du XIXe siècle, une chirurgien urologue, Antonin Jean Désormeaux, avait accompli un premier pas dans la profondeur du corps en introduisant l'endoscope – l'objet et le mot lui-même qu'il créa à cette occasion. À l'aide d'un dispositif rigide, il montra qu'on pouvait avec profit explorer la vessie et même y faire passer de fins instruments. Comme d'habitude, ce nouveau procédé d'exploration suscita des oppositions, et non des moindres. Un des maîtres de l'urologie française, Félix Guyon, déclarera en 1873 encore :

« L'endoscopie ne peut prétendre fournir les notions multiples, délicates et précises que donne l'exploration à l'aide des sondes, des bougies et des stylets. »

Dix ans plus tard, le principe même de l'endoscopie, longtemps réservée à la vessie, était mis en application pour explorer aussi l'œsophage et l'estomac, en attendant l'apparition du bronchoscope.

Mais nombre de secteurs demeuraient inaccessibles à l'endoscopie. Ces ultimes sanctuaires de la maladie cachée furent violés en 1896.

Un soir du mois de novembre 1895, un physicien de Würzbourg, Wilhelm Conrad Röntgen, avait vu subitement s'éclairer d'une lueur fluorescente une feuille de platino-cyanure de baryum qu'il avait placée à proximité d'un tube cathodique de Crookes, mis au point quelques années plus tôt.

Röntgen comprit aussitôt qu'il venait de mettre en évidence un rayonnement nouveau et inconnu – un rayonnement « X » – qui avait la faculté étrange de traverser les milieux opaques pour en donner une image sur une plaque photographique.

Au mois de janvier 1896, après une communication officielle de Röntgen à la Société médico-physique de Würzbourg, l'Europe entière fut saisie de cette nouvelle ahurissante : le corps était devenu transparent !

L'engouement pour cette nouveauté singulière fut tel qu'en peu de mois, les rayons X devinrent un divertissement de salon, de café et de baraque foraine – un peu comme le protoxyde d'azote à son origine. On pouvait pour quelques sous voir apparaître sur un écran le squelette de sa main. Les zoologistes pouvaient examiner d'infimes bestioles sans avoir à les ouvrir, et les douaniers avaient immédiatement vu le parti qu'ils pourraient tirer de cette indiscrète invention…

Les applications médicales ne tardèrent pas. Dès 1896, les premières images furent produites et une discipline nouvelle, la radiologie médicale, naquit ainsi. L'un de ses pionniers, Antoine Béclère, créera plus tard le premier service de radiologie des hôpitaux de Paris. Certes, il y eut là encore des résistances : un doyen parisien parlera même de « mystification », mais le perfectionnement rapide des techniques, l'introduction du radiocinéma et, plus encore, la mise en évidence de la radioactivité, toujours en cette année unique que fut 1896, fit même entrevoir les possibilités thérapeutiques de la méthode.

Au seuil du siècle nouveau, la médecine avait à peu près mis en place tous les instruments de son développement, pour comprendre la physiologie, pour dépister les maladies les plus graves, pour extirper de plus en souvent la souffrance des corps.

Mais, pour une cinquantaine d'années encore, elle allait de nouveau stagner, comme dans une ultime attente avant son essor définitif.

Être médecin au début du XXe siècle

Au début du nouveau siècle, la clinique demeurait la base essentielle de toute la médecine. Elle prit même une ampleur inégalée, une dignité sans précédent, au sein de cette institution si caractéristique de la médecine européenne au XXe siècle : l'hôpital.

Devenu résolument le lieu par excellence de transmission du savoir médical, avec ses cohortes de stagiaires, d'externes, d'internes, d'assistants et de patrons plus ou moins présents mais toujours redoutés. On y a fixé, et pour longtemps, le protocole – on pourrait presque dire le « rite » – de l'examen du malade : son interrogatoire, son examen physique – inspection, palpation, percussion, auscultation – qui devait conduire le plus souvent au diagnostic que peu d'éléments « para-cliniques » étayaient alors. En dehors de quelques clichés radiographiques – que l'on interprétait après l'examen clinique et sans jeter un regard sur le compte rendu du radiologue, car seul le clinicien pouvait trancher sur la signification de ces images –, on pratiquait quelques dosages (urée pour apprécier la fonction rénale, glycosurie et glycémie pour évaluer un diabète, séro-diagnostics pour quelques maladies infectieuses), et un peu de bactériologie (BK + ou BK – ?). On pouvait aussi « prendre la tension », et plus tard, avec l'ECG, on saura porter sur un graphique le rythme, la fréquence et les anomalies de fonctionnement du cœur.

Mais l'essentiel n'était pas là, pour au moins deux raisons.

La première était que le modèle anatomo-clinique légué par Bichat et Laennec n'avait finalement pas été dépassé. Les apports de Claude Bernard, la médecine expérimentale, tenaient peu de place dans la pensée médicale et pratiquement aucune dans la pratique. L'examen clinique avait atteint un degré impressionnant de sophistication, de minutie, de précision. À la fin du XIXe siècle, la grande école neurologique française avait en ce domaine accompli de véritables prouesses : par le seul examen du patient, on pouvait déterminer l'emplacement exact d'une lésion dans le complexe édifice du système nerveux, et presque préciser sa taille, sans imagerie, sans autre moyen d'exploration que le rituel étonnant de l'examen neurologique qui pouvait durer des heures.

On s'évertuait surtout à distinguer entre les maladies « organiques » – celles qui montraient finalement une lésion identifiable – et les autres, les maladies « fonctionnelles » – autant dire peu de chose aux yeux des médecins de cette génération. On saura plus tard, dans cette dernière catégorie qui représente en fait une proportion énorme des motifs de consultation, déceler des troubles plus discrets, des lésions plus subtiles, invisibles sous le scalpel ou sous le microscope, lorsqu'on aura dépassé l'horizon de la seule anatomie pathologique et qu'aura sonné l'heure de la pathologie moléculaire, la dernière révolution biologique de l'histoire de la médecine. Mais ce temps était alors encore bien loin..

Il y avait, naturellement, un complément admis de l'examen clinique : l'autopsie ! Son objet était avant tout de vérifier le diagnostic qui avait été porté – car les malades mouraient souvent devant les médecins impuissants. Peu à peu, la pratique des biopsies permettant un diagnostic « du vivant du malade» prit une place de plus en plus grande pour devenir de nos jours, avec la cytopathologie qui en dérive, un élément majeur de la démarche médicale, mais au début du XXe siècle, c'était encore une technique d'exception.

La seconde caractéristique de la médecine à l'aube du nouveau siècle, et tout son drame à vrai dire, était son impuissance thérapeutique quasi absolue, quelle que fût la pertinence des diagnostics.

Le portrait brossé par Jean Bernard le dit en quelques mots : on savait soulager quelques douleurs – l'aspirine devint d'usage courant à la fin XIXe siècle –, arrêter une toux trop tenace et donner un peu de digitaline aux insuffisants cardiaques. C'est à peu près à cela que se bornait les traitements médicaux.

Rien contre les infections. Une scarlatine était une angoisse pour toutes les mères de famille, la diphtérie faisait des milliers de morts, les septicémies étaient quotidiennes : un furoncle pouvait tuer. On a vu ce qu'il en était des deux plus importantes d'entre elles à cette époque, la tuberculose et la syphilis…

Rien contre les troubles métaboliques, du reste encore peu connus : dans le diabète, alors le premier et le plus répandu de tous l'insuline, découverte en 1921, ne sera vraiment disponible pour les traitements qu'au début des années 1930.

Rien contre les maladies cardio-vasculaires en dehors de la digitaline, même si le nitrite d'amyle, à la fin du XIXe siècle, commençait à soulager les douleurs de l'angine de poitrine, maladie dont on ne savait naturellement pas ralentir l'évolution.

La médecine contemporaine est finalement née dans les années 1940. Avec les antibiotiques bien sûr, mais d'une façon générale avec l'essor soudain de l'industrie pharmaceutique dont les moyens technologiques ont permis de produire en quelques années des centaines de molécules nouvelles : quatre siècles plus tard, c'était le triomphe des iatrochimistes !

La médecine contemporaine est née aussi d'une ultime révolution qui a placé le laboratoire au centre de la démarche diagnostique comme à l'origine de toutes les recherches sur les maladies, tout en perfectionnant à un degré inimaginable les méthodes d'exploration du « corps transparent ».

Or, tout cela était en germe dès la fin du XIXe siècle. La médecine avait alors exorcisé presque tous ses vieux démons et dissipé la plupart de ses illusions anciennes. Bientôt dotée de moyens nouveaux, inouïs, incomparables, il lui restait à accomplir une mission pourtant millénaire : soigner les hommes.

Hippocrate avait rejoint Claude Bernard et Louis Pasteur.

Mais ceci est une autre histoire…

BIBLIOGRAPHIE RAISONNÉE

Parmi une littérature extrêmement abondante, nous avons délibérément choisi, pour chacune des périodes historiques étudiées dans ce livre, de retenir les quelques ouvrages qui doivent selon nous être consultés en premier lieu. Nous avons aussi, autant que possible, privilégié les titres récents et disponibles, sans négliger quelques incontournables classiques. Le lecteur y trouvera toutes les pistes nécessaires pour une étude plus approfondie.

Introduction

BARIÉTY (Maurice) et COURY (Charles), *Histoire de la médecine*, Paris, Fayard, coll. « Les Grandes Études historiques », 1963, 1221 p.

Depuis près de quarante ans, le classique le plus usuel, le plus détaillé, le plus agréable à lire. On y trouve aussi de nombreuses notes biographiques, des tableaux synoptiques et une abondante bibliographie.

LAIGNEL-LAVASTINE (Maxime), dir., *Histoire générale de la médecine, de la pharmacie, de l'art dentaire et de l'art vétérinaire*, Paris, Albin Michel, 1936-1949, 3 vol., 683 + 672 + 817 p.

POULET (Jacques), SOURNIA (Jean-Charles) et MARTIGNY (Marcel), dir., *Histoire de la médecine, de la pharmacie, de l'art dentaire et de l'art vétérinaire*, Paris, Albin Michel-Laffont-Tchou, 1977-1980, 8 vol.

Véritable somme encyclopédique, sans équivalent en langue française. Avec tous les défauts d'un ouvrage collectif – parfois un réel manque d'unité – mais une immense variété de sujets, en particulier de nombreuses monographies sur l'histoire des spécialités médicales. Généreuse iconographie. La nouvelle édition ne remplace la première : elle a apporté quelques éléments nouveaux, mais certains chapitres du « Laignel-Lavastine » ont été supprimés malgré leur grand intérêt.

GRMEK (Mirko D.), dir., *Histoire de la pensée médicale en Occident*, Paris, Éd. du Seuil, coll. « Science ouverte », 1995-1999, 3 vol., 382 + 376 + 422 p.

Un véritable plaisir pour l'esprit. Cet ouvrage illustre une tendance nouvelle de l'histoire de la médecine qui explore plus le progrès des mentalités, la généalogie des doctrines et les relations de la médecine avec le corps social. Exigeant, mais passionnant. Très nombreuses références bibliographiques.

LECOURT (Dominique), dir., *Dictionnaire de la pensée médicale*, Paris, PUF, coll. « Quadrige », 2003, 1270 p.

Même si son propos est beaucoup plus vaste, visant les dimensions philosophiques et sociologiques de la médecine, cet ouvrage copieux renferme de nombreuses notices historiques. Pour spécialistes ou amateurs passionnés.

SOURNIA (Jean-Charles), *Histoire de la médecine*, 2e éd., Paris, La Découverte, coll. « La Découverte-Poche », 1997, 358 p.

HALIOUA (Bruno), *Histoire de la médecine*, 2e éd., Paris, Masson, coll. « Abrégés », 2004, 242 p.

Deux ouvrages au format de poche. On y trouve l'essentiel, des résumés informatifs et des indications bibliographiques utiles. Idéal pour une vision synoptique de l'histoire de la médecine.

Médecine assyro-babylonienne

Pas de travail récent sur ce sujet difficile. Deux classiques sont encore accessibles :

THORWALD (Jürgen), *Histoire de la médecine dans l'Antiquité*, trad. de l'allemand par Henri DAUSSY, Paris, Hachette, 1962, 329 p.

On y trouve aussi un chapitre important sur la médecine égyptienne.

CONTENAU (Gabriel), *La Médecine en Assyrie et en Babylonie*, Paris, Maloine, 1938, 231 p.

La référence, malheureusement jamais rééditée.

Médecine de l'Égypte ancienne

HALIOUA (Bruno), *La Médecine au temps des pharaons*, Paris, Liana Levi, 2002, 265 p.

Brillant, vivant, très bien documenté, et même rédigé avec humour, ce livre est une évocation réussie de la médecine des rives du Nil.

BARDINET (Thierry), *Les Papyrus médicaux de l'Égypte pharaonique*, Paris, Fayard, coll. « Penser la médecine », 1995, 590 p.
Les sources documentaires de la médecine égyptienne, transcrites, expliquées, analysées. Rien n'y manque. Pour les lecteurs courageux, c'est le complément indispensable du précédent.

La médecine grecque

JOUANNA (Jacques), *Hippocrate*, Paris, Fayard, 1992, 648 p.
Beaucoup plus qu'une biographie du « Père de la médecine ». Une analyse pénétrante et remarquablement documentée des sources, de l'esprit et des pratiques de la médecine grecque ancienne, par un des meilleurs connaisseurs du sujet. Très nombreuses indications bibliographiques.

GRMEK (Mirko D.), *Les Maladies à l'aube de la civilisation occidentale : recherches sur la réalité pathologique dans le monde grec préhistorique*, Paris, Payot, coll. « Médecine et sociétés », 1983, 527 p. ; 2e éd., « Bibliothèque historique », 1994, 532 p.
Moins qu'une histoire de la médecine grecque – ou plus, si l'on préfère –, c'est une évocation brillante de la pathologie et de la démographie du monde grec ancien.

La médecine dans la Rome ancienne

On trouvera de nombreux et copieux aperçus dans les ouvrages généraux mentionnés plus haut et d'utiles indications dans :

MUDRY (Philippe) et PIGEAUD (Jackie), dir., *Les Écoles médicales à Rome : actes du 2e colloque international sur les textes médicaux latins antiques, Lausanne, septembre 1986*, Genève, Droz, Nantes, Université de Nantes, « Publications de la Faculté des lettres, université de Lausanne », 1991, 317 p.

PENSO (Giuseppe), *La Médecine romaine : l'art d'Esculape dans la Rome antique*, Paris, R. Dacosta, coll. « Histoire de la médecine », 1984, 607 p.

La médecine arabo-musulmane

JACQUART (Danielle), MICHEAU (Françoise), *La Médecine arabe et l'Occident médiéval*, Paris, Maisonneuve et Larose, coll. « Islam et Occident », 1990, 271 p. ; rééd., coll. « Références », 1996.

Une superbe évocation des sources de la médecine arabo-musulmane et des conditions de son influence sur la médecine médiévale en Europe. Nombreuses références.

MAZLIAK (Paul), *: Avicenne et Averroès : médecine et biologie dans la civilisation de l'Islam*, Paris, Vuibert, coll. « Culture scientifique », 2004, 256 p.
À travers deux personnages emblématiques de la médecine, mais aussi de la philosophie et de la science pendant la « Renaissance de l'Islam », nombreux aperçus sur les sources et les pratiques de la médecine à cette époque.

La médecine médiévale

JACQUARD (Danielle), *La Médecine médiévale dans le cadre parisien : XIVe-XVe siècle*, Paris, Fayard, coll. « Penser la médecine », 1998, 587 p.

– *Le Milieu médical en France du XIIe au* XVe *siècle*, Genève, Droz, Paris, diff. Champion, coll. « Hautes Études médiévales et modernes », 1981, 487 p.
Deux copieuses monographies, magnifiquement documentées, par l'une des meilleures spécialistes du sujet. Très nombreuses références.

HUARD (Pierre) et GRMEK (Mirko D.), *Mille ans de chirurgie en Occident : V^e^-XVe siècles*, Paris, R. Dacosta, 1966, 182 p.

WICKERSHEIMER (Ernest), *Dictionnaire biographique des médecins en France au Moyen Âge*, Paris, E. Droz, 1936, 2 vol. ; nouvelle édition sous la dir. de Guy BEAUJOUAN, Genève, Droz, Paris, Champion, 1979, 2 vol., 781 p., plus un *Supplément* éd. par Danielle JACQUART, 365 p.

La médecine de la Renaissance

DUMAÎTRE (Paule), *Ambroise Paré, chirurgien de quatre rois de France*, Paris, Perrin, Fondation Singer-Polignac, 1986, 409 p. ; 2e éd., 1990, 416 p.

WICKERSHEIMER (Ernest), *La Médecine et les médecins en France à l'époque de la Renaissance*, Paris, A. Maloine, 1905, 575 p. ; réimpr., Genève, Slatkine, 1970.

PAGEL (Walter), *Paracelse : introduction à la médecine philosophique de la Renaissance*, trad. de l'anglais par Michel DEUTSCH, Grenoble, Arthaud, coll. « Signes des temps », 1963, 407 p.

La médecine au XVIIe siècle

MILLEPIERRES (François), *La Vie quotidienne des médecins au temps de Molière*, Paris, Hachette, Paris, 1964, 255 p. ; rééd., Librairie générale française, coll. « Le Livre de poche », 1983, 284 p.

Dans le style si attachant d'une célébrissime collection, une évocation réussie : allez en consultation avec un médecin dans le Paris de Louis XIV...

VALLOT (Antoine), DAQUIN (Antoine), FAGON (Guy-Crescent), *Journal de santé de Louis XIV*, établi et précédé de *La Lancette et le Sceptre* par Stanis PEREZ, Paris, Éd. Jérôme Millon, coll. « Mémoires du corps », 2004, 448 p.

Les maladies du Roi Soleil, les réflexions de ses médecins leurs choix thérapeutiques.

GRMEK (Mirko D.), *La Première Révolution biologique : réflexion sur la physiologie et la médecine du XVIIe siècle*, Paris, Payot, « Bibliothèque scientifique », 1990, 358 p.

Une réflexion approfondie et passionnante sur les sources de la médecine moderne au tournant du Grand Siècle. Nombreuses références.

La médecine au Siècle des Lumières

Médecine et sciences de la vie au XVIIIe siècle, Paris, Albin Michel, 1984, 253 p.

Les actes d'un colloque international sur les relations complexes et parfois équivoques entre les disciplines impliquées dans l'émergence de la médecine moderne.

DOBO (Nicolas) et ROLE (André), *Bichat: la vie fulgurante d'un génie*, Paris, Perrin, 1989, 364 p.

Une évocation des efforts ultimes de la pensée médicale du XVIIIe siècle à travers l'un de ses héros.

La médecine au XIXe siècle

Nombreuses études disponibles, à la fois sur les progrès enregistrés et sur l'œuvre de quelques pionniers.

DEBRÉ (Patrice), *Louis Pasteur*, Paris, Flammarion, coll. « Grandes Biographies Flammarion », 1995, 562 p. ; rééd., coll. « Champs », 1997.

FAURE (Olivier), *Les Français et leur médecine au XIXe siècle*, Paris, Belin, coll. « Modernités », 1993, 316 p.

LEMAIRE (Jean-François), *La Médecine napoléonienne*, Paris, Nouveau Monde éd.-Fondation Napoléon, 2003, 367 p.

LÉONARD (Jacques), *La Vie quotidienne du médecin de province au XIXe siècle*, Paris, Hachette, 1977, 285 p.

– *La France médicale : médecins et malades au* XIX*e siècle*, Paris, Gallimard-Julliard, coll. « Archives », 1978, 286 p.

PROCHIANTZ (Alain), *Claude Bernard : la révolution physiologique*, Paris, PUF, coll. « Philosophies », 1990, 124 p.

SALOMON-BAYET (Claire), dir., *Pasteur et la révolution pastorienne*, Paris, Payot, coll. « Médecine et sociétés », 1986, 436 p.

SOURNIA (Jean-Charles), *La Médecine révolutionnaire (1789-1799)*, Paris, Payot, coll. « Médecine et sociétés », 1989, 306 p.

VERGEZ-CHAIGNON (Bénédicte), *Les Internes des hôpitaux de Paris : 1802-1952*, Paris, Hachette, coll. « La Vie quotidienne », 2002, 318 p.

INDEX DES NOMS PROPRES

Les chiffres en gras désignent les passages où il est plus particulièrement question du personnage cité. Les noms des médecins arabes ont été uniformisés en suivant Rashed ROSHDI, dir., *Histoire des sciences arabes*, Paris, Éd. du Seuil, 1997, 3 vol.

Cet ouvrage a été imprimé par la
SOCIÉTÉ NOUVELLE FIRMIN-DIDOT
Mesnil-sur-l'Estrée
pour le compte des Éditions Tallandier
en décembre 2004

Composé par Nord Compo
à Villeneuve-d'Ascq

Dépôt légal : septembre 2004
N° d'édition : 3029-2 – N° d'impression : 71420
ISBN : 2-84734-154-4
Imprimé en France – Printed in France